भू-आकृति विज्ञान
(Geomorphology)

भू-आकृति विज्ञान

(Geomorphology)

बी. सी. जाट

रावत पब्लिकेशन्स

जयपुर • नई दिल्ली • बैंगलोर • हैदराबाद • गुवाहाटी

ISBN 978-81-7033-875-8 (HB)
ISBN 978-81-7033-876-5 (PB)

Reprinted, 2023

Published by
Prem Rawat for **Rawat Publications**
Satyam Apts., Sector 3, Jawahar Nagar, Jaipur - 302 004 (India)
Phone: 0141 265 1748 / 7006 Fax: 0141 265 1748
E-mail : info@rawatbooks.com
Website: rawatbooks.com

New Delhi Office
4858/24, Ansari Road, Daryaganj, New Delhi 110 002
Phone: 011-23263290

Also at *Bangalore, Guwahati* and *Kolkata*

Printed at Nice Printing Press, New Delhi

विषय सूची
(Contents)

भूमिका
(Preface)

भू-आकृति विज्ञान का विकास भौतिक भूगोल की प्रमुख शाखा के रूप में हुआ। इसके विकास की प्रारंभिक पृष्ठभूमि भूविज्ञान से सम्बद्ध रही है जब इसमें स्थलमण्डल की संरचना, संगठन तथा स्वरूप का अध्ययन किया गया लेकिन वर्तमान में इसमें स्थलरूपों के विकास एवं स्वरूप का अध्ययन समाहित होने पर भूगोल की स्वतन्त्र शाखा के रूप में विकास हुआ है। पृथ्वी तल के भौतिक परिवेश में होने वाले स्थानिक एवं सामयिक परिवर्तनों तथा इनके मध्य पाये जाने वाले संबंधों की सम्मिलित परिघटनाओं का अध्ययन भू-आकृति विज्ञान की मूल विषय वस्तु है इसका विकास प्राचीन शास्त्रीय युग में तीव्रता से हुआ लेकिन मध्यकाल में धार्मिक प्रभावों के चलते इसका स्वतन्त्र स्वरूप विकसित नहीं हो पाया।15वीं एवं 17वीं शताब्दी के दौरान इसमें नवीन विषय वस्तु का समावेश हुआ जिसमें लियोनादो द विंसी, गुएटहार्ड, जेम्स हट्टन, जान प्लेफेयर, चार्ल्स लियेल, पावेल गिलबर्ट तथा डटन का इसमें प्रमुख योगदान रहा है डब्ल्यू एम.डेविस एवं वाल्टर पेंक ने भू-आकृतिक विज्ञान को वैज्ञानिक स्वरूप प्रदान किया जिसके फलस्वरूप 19वीं शताब्दी में भू-आकृति विज्ञान एक स्वतन्त्र विषय के रूप में स्थापित हुआ।

प्रस्तुत पुस्तक में वर्तमान परिप्रेक्ष्य में सम्पूर्ण नवीन विषय वस्तु को समग्र रूप में समाहित किया गया है। इसकी रचना विश्वविद्यालय अनुदान आयोग द्वारा निर्धारित दिशा निर्देशों के अनुसार की गई है जिसमें भारतीय विश्वविद्यालयों के स्नातक एवं स्नातकोत्तर स्तर के विभिन्न पाठ्यक्रमों की समन्वित योजना को सटीक रूप में प्रस्तुत किया गया है जो इसके साथ ही प्रतियोगी परिक्षाओं के लिए भी उपयोगी है। इस रचना की भाषा को सरल, सुगम एवं प्रबल रूप में प्रस्तुत कर उपयुक्त स्थानों पर विश्वस्तरीय मानचित्रों, चित्रों एवं आरेखों का समावेश कर इसे अधिक सूचनापरक एवं उपयोगी बनाया गया है ताकि भूगोल विषय के अतिरिक्त अन्य विषयों के पाठक भी सरलता से इस विषय को समझ सकें। पुस्तक के प्रारंभ में इसके विकास एवं मूल संकल्पनाओं को पृथ्वी के भूगार्भिक इतिहास के संदर्भ में स्पष्ट किया गया है तत्पश्चात् सतही एवं अधोसतही क्रियाकलापों एवं इनके परिणामों को प्रस्तुत किया गया है। महाद्वीपीय विस्थापन एवं प्लेट विवर्तनिकी सिद्धान्त को नवीन तथ्यों का समावेश कर भारतीय परिप्रेक्ष्य में स्पष्ट किया गया है साथ ही भूतल के परिवर्तनकारी भ्वाकृतिक प्रक्रमों का विवरण देते हुए वृहद संचलन की विवेचना की गई है। अतं में ढाल तत्वों का विवरण देते हुए व्यावारिक भुआकृतिक विज्ञान की भी सटीक व्याख्या प्रस्तुत कर भू-आकृति विज्ञान का मानव हित में उपयोग स्पष्ट किया गया है।

पुस्तक के लेखन में प्रेरणास्पद एवं सुझावपूर्ण प्रोत्साहन हेतु मैं श्रद्धैय डॉ रामकुमार गुर्जर, भूगोल विभाग, राजस्थान विश्वविद्यालय, जयपुर के प्रति आभारी हूं। इस कार्य को पूर्ण करने में प्रो. (श्रीमती) लक्ष्मी शुक्ला, प्रो.माजिद हुसैन से भी प्रेरणा मिली जिनके विचारों एवं कृतियों के द्वारा विगत दशक में मैं अत्यधिक प्रभावित रहा। मैं प्रो.माजिद हुसैन एवं प्रो. सविन्द्र सिंह का आभारी हूँ जिनकी कृतियों में से मैंने कुछ चित्र एवं आरेख उपयोग में लिये हैं। प्रो. आभा लक्ष्मी सिंह, विभागाध्यक्ष अलीगढ मुस्लिम विश्वविद्यालय, अलीगढ से भी इस कार्य को पूर्ण करने में सहयोग मिला। स्वर्गीय प्रो.सावल राम चौधरी, पूर्व

विभागाध्यक्ष, राजकीय स्नातकोत्तर महाविद्यालय, नीमकाथाना, के प्रेरणास्पद सुझाव मेरे लिए स्मरणीय रहेगें जो प्रति पल मुझे इस पुस्तक की रचना के लिए प्रेरित करते रहे हैं। रावत पब्लिकेशन्स के श्री कैलाश रावत का भी निरंतर अथक प्रयास रहा जिसके फलस्वरूप नियत समय में यह पुस्तक पाठकों के समक्ष प्रस्तुत हो पायी है।

पुस्तक लेखन के दौरान उपयुक्त वातावरण प्रदान कर सहयोग करने के लिए मैं अपने माता-पिता, अनुज नानूराम एवं रमेश चन्द्र एवं पत्नी श्रीमती प्रेम के प्रति भी आभारी हूँ। मेरी पुत्री प्रेरणा के मुस्कान भरे जिज्ञाशु प्रश्न भी इस कार्य को पूर्ण करने में सहयोगी रहे हैं। साथ ही मेरे मित्रों एस.एल. चौपड़ा, व्याख्याता, बानसूर महाविद्यालय, बानसूर (राज.) , डॉ महावीर सिंह, सुरेश चन्द्र व्याख्याता, भूगोल, व साथी व्याख्याता, श्री आर.सी. यादव, डॉ जे.एन. गुर्जर व उन सभी भारतीय एवं विदेशी विद्वानों के प्रति विशेष आभारी हूँ जिनसे इस पुस्तक की रचना में विभिन्न स्त्रोतों का प्रत्यक्ष एवं परोक्ष रूप से प्रयोग किया गया है।

भू-आकृति विज्ञान नामक यह पुस्तक प्रथम प्रयास है जिसमें विगत दशक के शोध एवं लेखन का सटीक सारांश प्रस्तुत किया गया है। आशा है यह संस्करण आपकी आवश्यकताओं पर खरा उतरेगा तथा साथ ही इसके आगामी संस्करणों को और सारगर्भित एवं प्रभावी बनाने के आप अपने सुझाव भेजते रहेंगे। इसके लिए मैं पाठक समुदाय का आभारी रहुंगा।

बी. सी. जाट

चित्र सूची
(List of Figures)

सारणी सूची
(List of Tables)

बाक्स सूची
(List of Boxes)

1

भूआकृति विज्ञान की प्रकृति, विषय क्षेत्र एवं संकल्पनाए

(Nature, Scope and Concepts of Geomorphology)

भूआकृति विज्ञान का भौतिक भूगोल में स्थान
(The Place of Geomorphology in Physical Geography)

भूगोल के प्रारंभिक स्वरुप में भौतिक भूगोल का विकास हुआ जिसमें पृथ्वी के विभिन्न परिमण्डलों; स्थलमण्डल, जलमण्डल तथा वायुमण्डल का क्रमबद्ध अध्ययन सम्मिलित किया गया तथा कालान्तर में इन तीनों परिमण्डलों के जैविक समुदाय के विकास के लिए अनुकूल दशाओं वाले भौगोलिक क्षेत्र को पृथक रुप में पहचाना गया जिसे जीवमण्डल कहा गया। भूआकृति विज्ञान भौतिक भूगोल की प्रमुख शाखा के रूप में विकसित हुई जिसे भूदृश्य का भूगोल भी कहा जाता है। इसमें स्थलमण्डल की संरचना, संगठन तथा स्वरुप का अध्ययन किया जाता है। **'भूआकृति विज्ञान'** शब्द का प्रयोग सर्वप्रथम अमेरीकी विद्वान पावेल (Powell J.W.) तथा मेकगी (McGee WJ) ने 1880 में किया इन्होने इसे भूविज्ञान से विकसित शाखा बताया।[1]

भूआकृति विज्ञान स्थलरूपों का विज्ञान है जिसमें मुख्यतः भूपटल की संरचना पर प्रकाश डाला जाता है। भूआकृति विज्ञान अग्रेंजी भाषा के **'जियॉमार्फोलोजी'** शब्द का पर्याय है जिसकी उत्पत्ति ग्रीक भाषा के तीन शब्दों, **जीओ (Geo), मॉर्फी (Morphe)** तथा **लोगोस (Logos)** से मिलकर हुई है जिनका अर्थ क्रमशः **Geo = Earth** (पृथ्वी), **Morphe = Shape or Form** (रूप) तथा **Logos = Discourse** (वर्णन) होता है। अर्थात् **पृथ्वी के आकार या स्वरूप का वर्णन** ही भूआकृति विज्ञान है। यद्यपि प्रारंभिक समय में भूआकृति विज्ञान पृथ्वी की भूआकृतियों का विज्ञान माना जाता था लेकिन वर्तमान में यह विस्तृत हुआ है तथा इसमें पृथ्वी तल के विवरण के साथ ही स्थल रुपों के परिवर्तनशील स्वरुप, इनके परस्पर अन्तःक्रियात्मक संबंधों, तथा इन संबंधों को बनाये रखने वाले भ्वाकृतिक प्रक्रमों का विभिन्न भौगोलिक कारकों की नियंत्रणकारी भूमिका के संदर्भ में अध्ययन किया जाता है। भूआकृति विज्ञान को विभिन्न विद्वानों ने निम्नलिखित रुप में परिभाषित किया है:

वोरसेस्टर महोदय के अनुसार, "भूआकृति विज्ञान वह विज्ञान है जो पृथ्वी तल के उच्चावच लक्षणों का व्याख्यात्मक वर्णन करता है।"[2] यहाँ पर भूआकृति विज्ञान को केवल पृथ्वी के उच्चावच संबंधी लक्षणों के अध्ययन तक ही सीमित रखा गया है। जबकि **प्रो. थार्नबरी** ने भूआकृति विज्ञान में स्थलाकृतियों के अतिरिक्त महासागरीय नितल की बनावट एवं द्वीपों को भी समाहित किया है उनके अनुसार, "भूआकृति विज्ञान मूलतः भूविज्ञान ही है," (Geomorphology is Primarily geology)[3] जिसमें अन्तः सागरीय आकृतियों (Submarine Forms) का भी अध्ययन किया जाता है।

मोंकहाउस के अनुसार, "भूआकृति विज्ञान भू-आकृतियों की उत्पत्ति और विकास की वैज्ञानिक विवेचना है।"[4] प्रसिद्ध अमेरिकी भूवैज्ञानिक **आर्थर स्ट्रेहलर** के अनुसार, "भूआकृति विज्ञान सभी प्रकार की भूआकृतियों की उत्पत्ति तथा उनके क्रमबद्ध विकास की व्याख्या करता है तथा यह भौतिक भूगोल का मुख्य भाग है।"[5]

जर्मन विद्वान माचेत्सचेक (Machatschek, F.) के अनुसार, "पृथ्वी के ठोस तल की आकृति का निर्माण करने वाली

भौतिक प्रक्रियाओं का तथा उनके द्वारा निर्मित भूआकृतियों की जानकारी ही भूआकृति विज्ञान है।"

इस प्रकार भूआकृति विज्ञान वह विज्ञान है जिसमें भूसतह की सामान्य बनावट, स्थलरुपों की उत्पत्ति, विकास, विवरण तथा वर्गीकरण का अध्ययन किया जाता है साथ ही इनके अन्तःसंबंधों, संबंद्ध सरंचना तथा भूवैज्ञानिक इतिहास के साथ आये परिवर्तन पर भी प्रकाश डाला जाता है। अनेक विद्वान भूआकृति विज्ञान (Geomorphology) एवं भूआकारिकी विज्ञान (Physiography) को समानार्थी मान लेते हैं जबकि दोनों में पर्याप्त अन्तर है। (बाक्स 1.1) जहाँ भूआकृति विज्ञान में प्रक्रियाओं तथा शक्तियों (Forces) पर बल दिया जाता है वहीं भूआकारिकी विज्ञान में प्रादेशिक परिणामों को महत्वपूर्ण माना जाता है जिसका क्षेत्र विस्तृत है।

बाक्स 1.1 *भूआकृति विज्ञान एवं भूआकारिकी विज्ञान*
(Geomorphology and Physiography)

भूआकृति विज्ञान एवं भूआकारिकी विज्ञान अंग्रेजी भाषा में सामान्य अर्थ रखते हुए प्रतीत होते हैं लेकिन दोनों के विषय क्षेत्र परस्पर भिन्न हैं। फिजियोग्राफी शब्द को सर्वप्रथम डाना ने 1863 में अपनी पुस्तक *'Manual of Geology'* में निम्नवत परिभाषित किया : फिजियोग्राफी भूविज्ञान के अन्त होने पर प्रारंभ होती हे जो भूसतह के व्यवस्थित लक्षणों, भौतिक सचंलनों तथा परिवर्तनों का अध्ययन करता है। यह अध्ययन भूसतह तक सीमित न रहकर वायुमण्डल तथा सागरीय गतियों को भी सम्मिलित करता है जबकि भूआकृति विज्ञान केवल स्थलमण्डल का ही अध्ययन करता है। फिजियोग्राफी का वास्तविक विकास हक्सले (Huxley T.H.) ने किया जब 1877 में उनकी पुस्तक 'Physiography' प्रकाशित हुई। इस दौरान सयुंक्त राज्य अमेरिका में प्रसिद्ध भूगोलवेत्ता डेविस ने भूआकृति विज्ञान शब्द को प्राथमिकता दी तथा विस्तृत रूप में प्रयोग किया। इनके विषय क्षेत्र में पर्याप्त अन्तर होने पर भी हिन्दी भाषा में मुख्यतः इन दोनों शब्दों के लिए भूआकृति विज्ञान शब्द का प्रयोग किया

भूआकृतिक विचारों के विकास का इतिहास (History of Development of Geomorphic Ideas)

प्राचीन काल में सिंचाई विकास के दौरान जल के उपयोग करने के साथ ही मानव भूआकृति विज्ञान का महत्व समझने लगा था। आज से 5000 वर्ष पूर्व नील नदी में बाढ़ आयी तभी जल प्रबन्धन की सोच विकसित हुई तथा विशाल नदियों के व्यवहार को समझा जाने लगा। इसी प्रकार चीन एवं भारतीय सभ्यताओं में भी देखने को मिला है। यूनान एवं रोमन काल में अनेक भूगोल वेत्ताओं ने भूपटल की भूआकृतियों का अध्ययन किया है यहाँ से वैज्ञानिक विचारों का विकास हुआ है।

हेरोडोटस (Herodotus, 485-425 B.C.): आपने एशिया माइनर, यूनान, पर्शिया, काला सागर आदि की यात्राएं कर कुछ भूवैज्ञानिक अवलोकन प्रस्तुत किये थे। उन्होंने नील नदी में प्रतिवर्ष जमा होने वाली गाद (Silt) एवं मृत्तिका की दर एवं मात्रा के महत्व को पहचाना तथा यह कथन प्रस्तुत किया कि, "**मिश्र नील नदी का वरदान है।**" यूनानी लोगों के इस अन्धविश्वास को स्पष्ट किया कि पर्वत किसी देवता के क्रोध से नहीं टूटते वरन् इनके पीछे भूकम्प मुख्य शक्ति है। मिश्र में पहाड़ी क्षेत्रों में सीपियों के जमावों का अध्ययन कर बताया कि यहाँ पूर्व में सागरीय विस्तार था।

अरस्तू (Aristotle, 384-322 B.C.): अरस्तू ने अपने समय के जलस्त्रोतों का अध्ययन कर बताया कि इनमें प्रवाहित होने वाला जल निम्नलिखित स्त्रोतों से प्राप्त होता है: (i) वर्षा से प्राप्त जल का कुछ भाग भूमिगत होकर नीचे की ओर रिसता रहता है जो आगे चलकर जल स्त्रोतों के रूप में प्रवाहित होता है। (ii) भूमि में विद्यमान मृदा वायु के संघनन (Condensation) की क्रिया से जलवाष्प के जल में परिवर्तित होने से जल प्राप्त होता है। (iii) पृथ्वी के नीचे भापयुक्त अवस्था वाला जल भी सघंनित होकर जल का रूप ले लेता है। अरस्तू ने अपने सहयोगियों के साथ अध्ययन कर बताया था कि समुद्री भाग किसी समय शुष्क स्थलीय भाग थे तथा भविष्य में भी ये सूख सकते हैं।

उन्होंने बताया कि यूनान में चूना एवं संगमरमर प्रधान शैलें हैं जिस कारण भूमिगत प्रवाह अधिक है तथा कार्स्ट

स्थलाकृतियाँ बनती हैं अरस्तू ने भूमिगत नदियों के द्वारा होने वाले अपरदन एवं निक्षेप का भी अध्ययन किया था, इसके लिए उन्होंने काला सागर तटीय क्षेत्रों के उदाहरण प्रस्तुत किये थे।

स्ट्रेबो (Strabo, 54 B.C.-25 A.D.): इन्होंने विभिन्न क्षेत्रों का भ्रमण कर अवलोकन प्रस्तुत किये। स्ट्रेबो ने स्थानीय भूमि के उत्थान तथा अवतलन के उदाहरण प्रस्तुत किये। आपने नदियों की अपरदन निक्षेपण तथा डेल्टा निर्माण क्रिया का व्यवस्थित अध्ययन किया। उन्होंने आगे स्पष्ट किया कि डेल्टा निर्माण नदियों के मार्ग एवं स्थलीय प्रकृति पर निर्भर करता है यदि नदी का मार्ग छोटा एवं स्थल चट्टानी है तो वहाँ ज्वारनदमुख (Estury) बनेगा। स्ट्रेबो एक प्रादेशिक भूगोलवेत्ता थे जिन्होंने भूआकृतियों के निर्माण की सम्पूर्ण प्रक्रिया को प्रस्तुत किया है। विसुवियस पर्वत को ज्वालामुखी से निर्मित बताया। उसने यह भी अवलोकन किया कि ज्वार भाटा डेल्टा निर्माण को प्रभावित करता है।

सेनेका (Seneca, Lucius Annaevs, 4 B.C.-65 A.D.): इनका विशिष्टीकरण भौतिक भूगोल में था इन्होंने भूकम्प द्वारा होने वाले चट्टानी क्षरण तथा डेल्टा निर्माण का विस्तृत विवरण दिया है। नदियों के अपरदन कार्य को स्पष्ट कर बताया कि नदियाँ कटाव द्वारा घाटी को गहरा करती हैं। इन्हें वर्षा से पर्याप्त जल नहीं मिल पाता है। इस प्रकार प्राचीन विद्वानों ने अपने समय के परिप्रेक्ष्य में स्तरीय कार्य कर भू-आकृति विज्ञान को विकसित किया।

रोमन एवं यूनानी साम्राज्य में भूआकृति विज्ञान के क्षेत्र में निरन्तर विकास होता रहा लेकिन जैसे ही इनका पतन हुआ इसाई धर्मावलम्बियों का बोलबाला बढ़ गया फलस्वरुप ज्ञान पर धर्म का प्रभाव पड़ने लगा। सम्पूर्ण भौगोलिक अध्ययन बाइबिल के अनुसार होने लगा। इस काल को अन्धयुग कहा गया। यह यूरोप में तीसरी शताब्दी से 12 वीं शताब्दी तक चला। यूरोप में धार्मिक नियमों से प्रभावित भौगोलिक अध्ययन हो रहा था तभी अरबवासी भारत, मध्य एशिया तथा पूर्वी अफ्रीका के समुद्र तटीय क्षेत्रों से अपनी यात्राओं एवं व्यापार से जुड़ने लगे थे। इसी दौरान कुछ ऐसे ग्रन्थ भी लिखे गये जिनमें भूआकृतिक प्रक्रमों का विवरण मिलता है। 10 वीं से 12 वीं शताब्दी के मध्य लिखित ग्रन्थ *"शुद्धता के भाइयों की वार्ता का ग्रन्थ"* (The Discourses of the Brothers of purity) में नदी तथा पवन के द्वारा अपरदन एवं निक्षेपण क्रियाओं को स्पष्ट किया गया है अरब भूगोलवेत्ताओं में अवीसेना (980-1037 A.D.) या इब्न-सिना (Ibn-Sina) को भूआकृति विज्ञान का लेखक माना गया है। इन्होंने पर्वत निर्माण, नदी व पवन द्वारा अपरदन तथा घाटियों के विकास क्रम को स्पष्ट किया है।

आकस्मिकतावाद या प्रलयवादिता (Catastrophism)

भूआकृति विज्ञान के क्षेत्र में प्रथम शताब्दी से 14वीं शताब्दी तक के लम्बे अन्तराल के उपरान्त 15वीं से 17वीं शताब्दी के दौरान नवीन विषयवस्तु का समावेश हुआ। भूआकृति विज्ञान के विद्वान यह मानने लगे कि भूआकृतियों का निर्माण आकस्मिक घटनाओं के परिणामस्वरुप हुआ है। पृथ्वी की आयु का आकलन कुछ हजार वर्षों में किया गया जिस कारण मनुष्य ने अपने जीवन काल में पर्यवेक्षित एवं अवलोकित भूगर्भिक घटनाओं को ही महत्वपूर्ण माना तथा इन घटनाओं को आकस्मिक रूप में निर्मित होना माना। ज्वालामुखी एवं भूकम्प नामक आकस्मिक क्रियायें अल्प समय में अपने प्रलयवादी प्रभाव से हृदय विदारक दृश्य उत्पन्न कर देती है। इन आकस्मिक घटनाओं से मानव के सामने देखते ही देखते विभिन्न प्रकार की भूआकृतियाँ निर्मित हो जाती हैं। इस प्रभाव के कारण धीमी गति से निर्मित होने वाली भूआकृतियों पर मानव का ध्यान नहीं गया तथा आकस्मिकतावाद को महत्व मिला। यह प्रभाव भूआकारों के निर्माण तक ही सीमित नहीं रहा वरन् इसका प्रभाव जीव-विज्ञान पर भी पड़ा तथा यह माना गया कि कुछ जीव पृथ्वी पर आकस्मिक रूप से उत्पन्न हुए तथा इसी प्रकार विलुप्त हो गये तथा इनका स्थान नवीन जीवों ने ले लिया।

15वीं से 17वीं शताब्दी के मध्य आकस्मिकतावाद का प्रभाव रहा लेकन इस दौरान भी कुछ विद्वानों ने विकासशील प्रवृत्ति के अनुसार कार्य किये। इनमें लिओनार्दो द विंसी, बफन, टार्गायोनी होजेरी गुएटहाड, दैस्मारेत तथा डी सॉसर प्रमुख हैं।

लिओनार्डो द विंसी (Leonardo-da-Vinci, 1452-1519): ये इटली के प्रसिद्ध वास्तुकार, इंजिनियर तथा वैज्ञानिक थे, इन्होंने भूसतह पर धीमी गति से बनने वाली भू-आकृतियों का निरीक्षण किया तथा प्रथम बार स्पष्ट किया कि नदियाँ स्वयं ही

बिना किसी बाहरी प्रक्रम की सहायता से अपरदन क्रिया द्वारा घाटियों का निर्माण करती हैं। प्रवाहित जल अपरदन द्वारा प्राप्त तलछट को अन्यत्र ले जाकर जमा करता है।

अठ्ठाहरवीं शताब्दी में आधुनिक विज्ञान का विकास प्रारम्भ हुआ जिसमें मूलतः इंजिनियरों का योगदान रहा जो भूआकारों के गतिक पक्ष से अवगत थे। ये विद्वान् भूआकारों के गतिक पक्ष का अध्ययन नहरों तथा सड़कों के निर्माण के लिए करते थे। इसी दौरान लेम्बलार्डी (Lamblardie) ने पेज डी काक्स (Pays de Caux) के तटवर्ती क्षेत्र से कंकड़ों (Pebbles) के प्रवाह को मापने का प्रयास किया। डूबॉयज (Du Boys) ने नदी द्वारा प्रवाहित कणों तथा प्रवाह वेग (Velocity) में सम्बन्ध स्पष्ट किया। ये सड़क एवं पुल अभियान्त्रिक थे। इन लोगों ने प्रायोगिक दृष्टिकोणों से भूआकृतिक विचारों को विकसित करने का आधार प्रदान किया। लुइस फिलिप के शासन के अन्त होने के बाद सुरेल (Sorrell) ने इन विचारों का अनुसरण करते हुऐ **प्रचण्ड धारा सिद्धान्त (Theory of Torrent)** दिया तथा 1:25,000 तथा 1:50,000 मापनी पर मानचित्र भी प्रस्तुत किये।

बफन (Buffon, 1707-1788): प्रसिद्ध फ्रांसीसी विद्वान बफन ने अपरदन के सभी प्रकृमों में नदियों को सर्वाधिक शक्तिशाली माना है। नदियाँ किसी भी उत्थित भाग को धीरे-धीरे अपरदित करके सागर तल तक ले जाती हैं। इसके काल में भौगोलिक ज्ञान पर बाइबिल के विचारों का प्रभाव था।

टार्गायोनी-टोजेटी (Targioni-tozetty, 1712-1784): प्रसिद्ध इटेलियन विद्वान टोजेटी ने भी नदी अपरदन की शक्ति को स्पष्ट किया उनके अनुसार नदियाँ सर्वत्र समानरुप में अपरदन नहीं करती हैं जिसका प्रमुख कारण चट्टानी सरंचना में भिन्नता है। कठोर चट्टानें देर से तथा मुलायम चट्टानें शीघ्रता से कट जाती हैं। चट्टानी संरचना मार्ग मोड़दार बन जाते हैं। इस प्रकार टार्गायोनी टोजेटी ने सम्पूर्ण अपरदन क्रिया का नियन्त्रक कारक चट्टानों की संरचना को माना है।

गुएट्हार्ड (Guetthard, 1715-1786): ये प्रमुख फ्रांसीसी भूवैज्ञानिक थे। इन्होंने नदियों द्वारा पर्वतों के अवक्रमण (Degradation) द्वारा काटकर नीचा करने की क्रिया को स्पष्ट किया। निक्षेपण के बारे में उन्होंने बताया कि नदियाँ अपरदन से प्राप्त तलछट को समुद्र में न ले जाकर उसके अधिकाशं भाग को नदी के मार्ग में ही जमा करती हैं। स्थलीय भागों के अवक्रमण अथवा निम्नीकरण में उन्होंने नदी की तुलना में सागरीय अपरदन को प्रभावी माना है। उन्होंने उत्तरी फ्रांस के तटीय भागों पर अपरदन से निर्मित अनेक भृगुओं का अध्ययन किया। गुएटहार्ड ने मध्य फ्रांस के अनेक पहाड़ियों (जिन्हें Puys कहा गया है) को ज्वालामुखी से निर्मित माना है।

देस्मारेस्त (Desmarest, 1725-1815 A.D.): ये प्रसिद्ध फ्रासीसी भूवैज्ञानिक थे। उन्होंने बताया कि मध्यवर्ती फ्रांस की नदी घाटियों का निर्माण स्वयं इन नदी घाटियों ने ही किया है जिनसे होकर ये प्रवाहित हो रही है। देस्मारेस्त महोदय ने भूआकारों के विकास की विभिन्न अवस्थाओं का भी अध्ययन किया था।

डी-सॉसर (De-Saussure, 1740-1799 A.D.): सॉसर महोदय स्वीटजरलैण्ड के प्रसिद्ध भूवैज्ञानिक थे जिन्होंने ही सर्वप्रथम तत्कालीन समय में **भूविज्ञान** शब्द का प्रयोग किया। आल्पस पर अनेक शोध किये तथा स्पष्ट किया कि यहाँ पायी जाने वाली गहरी नदी घाटियों का निर्माण स्वयं इन नदियों द्वारा की किया गया है। इन्होंने हिमनदियों के अपरदन कार्यों का भी अध्ययन किया। डी-सॉसर महोदय ने हिमानी अपरदन से निर्मित स्थलाकृति **'मेष शिला' (Roche Moutonne)** का नामकरण किया था। यद्यपि उन्होंने सर्वत्र देखे गये तथ्यों को उसी रूप में निरुपित नहीं किया फिर भी उनके द्वारा संग्रहित सूचनाओं के आधार पर जेम्स हट्टन ने एकरुपतावाद का सिद्धांत प्रतिपादित किया था।

जेम्स हट्टन (Jems Hutton, 1726-1797)

आधुनिक भूविज्ञान के जन्मदाता जेम्स हट्टन का जन्म स्काटलैण्ड के एडिनबर्ग में हुआ तथा यहीं उन्होंने आयुर्विज्ञान में अध्ययन किया लेकिन इनकी रुचि रसायन एवं भूविज्ञान में बनी रही।[6] उन्होंने प्लूटोनिस्ट (Plutonist) विचाराधारा का नेतृत्व किया जिसका मानना था कि ग्रेनाइट शैलों की उत्पत्ति आग्नेय क्रिया से हुई है इससे पूर्व वारेनियन (Warenian) विचारधारा द्वारा यह माना जा रहा था कि ग्रेनाइट की उत्पत्ति सागरीय जल में रसायनिक प्रक्रिया से हुई है। इसे वारेनियन या नेप्चूनवादी

(Neptunist) विचारधारा कहा गया। साथ ही हट्टन महोदय ने कायान्तरित शैलों के साक्ष्य भी पहचाने। इन्होंने सन् 1785 में **'रायल ज्यॉग्राफिकल सोसाइटी'** एडिनबर्ग के समक्ष अपना भूवैज्ञानिक शोध पत्र पढ़ा जो तीन वर्ष बाद सन् 1788 में सोसाइटी के ट्राजेंक्शन (Transaction) के प्रथम खण्ड में *"Theory of the Earth; or an Investigation of the Laws Observable in the Composition, Dissolution and Restoration of Land upon the Globe."* नामक शीर्षक से प्रकाशित हुआ। इनके विचारों को सन् 1795 में दो खण्डों में *"Theory of the Earth with Proofs and Illustrations"* नामक पुस्तक में प्रकाशित किया गया। इस पुस्तक में शैलों के निर्माण एवं प्रकार, पर्वत शिखरों पर अपरदन द्वारा ढ़ाल की उत्पत्ति, समप्राय: मैदानों का निर्माण, सागर तटीय अपरदन चक्र, हिमनदों के अपरदन चक्र, लावा उद्‌गार, पर्वत एवं घाटी निर्माणकारी शक्तियों तथा नदी व हिम नदी के प्रवाह प्रणाली सिद्धांत की विस्तृत विवेचना की गई है।

चित्र 1.1 *जेम्स हट्टन*

हट्टन महोदय के पृथ्वी या भूसिद्धांत को एकरुपतावाद (Uniformitarianism) की विचारधारा भी कहते हैं। इस संकल्पना में समझाया गया है कि **'वर्तमान भूत की कुंजी है'** (The Present is the Key to the Past)। इसका तात्पर्य है कि भूसतह के आधुनिक स्वरुप, स्थलरुपों की बनावट तथा आकार को देखकर इसके इतिहास का पता लगाया जा सकता है। पृथ्वी तल पर प्राचीन काल में जितने भी परिवर्तन हुए हैं, वे सभी उन प्राकृतिक या भौतिक नियमों की क्रियाओं के फलस्वरुप हुए हैं जो प्राकृतिक नियम वर्तमान में भी क्रियाशील हैं। वर्तमान समय में पृथ्वी तल पर यदि कोई स्थलरुप उद्‌भूत हो रहा है तो ऐसा ही क्रम प्राचीन काल में भी सम्पन्न हुआ है। इसी प्रकार जो अपरदनकारी प्रक्रम वर्तमान में क्रियाशील है वे भूतकाल में भी क्रियाशील रहे हैं। तथा भविष्य में ऐसा होता रहेगा। हट्टन महोदय ने ही सर्वप्रथम पृथ्वी के इतिहास में चक्रीय अवस्था (Cyclic Nature of the Earth History) का प्रतिपादन किया था। उनके अनुसार भूगर्भिक इतिहास में चक्रीय पुनरावृत्ति होती रहती है। जिस आधार पर यह कहा जाता है कि **'न तो आदि का पता है, न अन्त का भविष्य' (No Vestige of a Beginning, no Prospect of an End)** हट्टन महोदय ने प्रकृति की नियमबद्धता एवं क्रमबद्धता में विश्वास रखते हुए कहा था कि—भूतकाल के भूगर्भिक परिवर्तन न तो प्रलयवादी थे और न ही आकस्मिक। वर्तमान काल में भूगर्भिक परिवर्तन हो रहे हैं ये भूतकालीन परिवर्तनों के समरुप हैं। हट्टन की इसी विचारधारा को एकरुपतावाद की विचारधारा कहा जाता है। हट्टन महोदय प्रकृति की नियम-बद्धता तथा क्रमबद्धता में विश्वास रखते हैं इस आधार पर उन्होंने बताया कि **"हमारी पृथ्वी के भूतकालीन इतिहास की व्याख्या वर्तमान में दृष्टिगत घटनाओं के द्वारा होनी चाहिए।"** इस सिद्धान्त द्वारा पादरियों द्वारा प्रतिपादित प्रलयवादिता के विचार कमजोर पड़े। हट्टन ने इस तथ्य पर बल दिया कि प्रकृति की विधियाँ एवं साधन केवल प्रेक्षणों (Observations) द्वारा ही खोजे जा सकते हैं। हट्टन ने सागरीय अनाच्छादन क्रिया से तथा नदी के अपरदन तथा निक्षेपण से निर्मित स्थलाकृतियों का विशेष अध्ययन किया था लेकिन उनका सर्वाधिक ध्यानाकर्षण सरिताओं द्वारा निर्मित घाटियों पर बना रहा। आगे चलकर जान प्लेफेयर ने उनके नदी तन्त्र तथा इसके भ्वाकृतिक महत्व को प्रभावशाली विधि से वर्णित किया। प्लेफेयर ने स्पष्ट किया कि एक मुख्य नदी होती है तथा उसकी अनेक सहायक सरितायें होती हैं। उन्होंने सहायक सरीताओं के मिलन स्थल को स्पष्ट किया। ये सभी कार्य यह प्रमाणित करते हैं कि हट्टन ने भूआकृति विज्ञान के विकास के मूलाधार तैयार किये जिन्हें उनके शिष्यों ने निरन्तर शोध कर आगे बढ़ाया। इसी कारण उन्हें होम्स ने आधुनिक भूविज्ञान का जन्मदाता बताया है।

जान प्लेफेयर (John Playfair, 1748-1819)

जान प्लेफेयर हट्टन के मित्र थे ये एडिनबर्ग में गणित तथा दर्शनशास्त्र के प्रोफेसर थे। प्लेफेयर ने हट्टन की मृत्यु के उपरान्त सन् 1802 में **'हट्टन के भू-सिद्धांत के उदाहरण'** (Illustrations of the Huttonian Theory of the Earth) नामक पुस्तक

प्रकाशित कर हट्टन के सिद्धांतों तथा निष्कर्षों को वैज्ञानिक रुप में प्रस्तुत किया। प्लेफेयर ने हट्टन के विचारों एवं निष्कर्षों को इतने सहज रुप में प्रस्तुत किया कि विभिन्न विद्वान इनसे काफी प्रभावित हुए। सरचार्ल्स लियेल विशेष रुप से प्रभावित हुए तथा आगे चलकर 'एकरुपतावाद' के सिद्धांत के महान आख्याता (Exponent) बन गये।

हट्टन के बाद यूरोप में विकास (Development in Europe after Hutton)

19वीं शताब्दी में जेम्स हट्टन के उपरान्त यूरोप में भूआकृति विज्ञान में विकास के साथ ही उत्तरी अमेरिका में भी क्षेत्रीय अध्ययन किया गया। यूरोप में हट्टन के बाद सर चार्ल्स लियेल, लुई आगासीज, वेनेत्ज, बर्नहार्डी, कारपेन्टीयर, रेमजे, रिचथोफेन ज्यूक्स, पेशेल, अल्ब्रेच्ट पेंक आदि ने विशेष अध्ययन प्रस्तुत कर हिमानी अपरदन व हिमयुग, सरिता अपरदन, सागरीय अपरदन तथा वायु अपरदन की विस्तृत विवेचना की।

सर चार्ल्स लियेल (Sir Charles Lyell, 1797-1875)

चित्र 1.2 *चार्ल्स लियेल*

चार्ल्स लियेल हट्टन की एकरुपतावाद (Uniformitarianism) की विचारधारा के महान् आख्याता (Exponent) रहे हैं। इन्होंने भूविज्ञान के सिद्धांतों के बारे में पुस्तकें लिखी लेकिन हट्टन के सरीता अपरदन सिद्धांत को पूर्णतया नहीं समझ सके थे। लियेल ने अपनी पुस्तक '**भूविज्ञान के सिद्धांत**' (Principles of Geology) के 1872 में प्रकाशित ग्यारहवें संस्करण में लिखा है कि *"पृथ्वी पर कुछ घाटियों को केवल वर्षा एवं प्रवाहित जल ने काटा है। तथा यह संभव है कि भूमिगत संचलनों (Subterranean movements) ने अपरदन की प्रक्रिया को तीव्र करके उन घाटियों के निर्माण में सहयोग दिया है।"*[7] लियेल को प्रवाहित जल की अपरदनात्मक क्षमता में विश्वास कम था। उसने सागरीय अनाच्छादान (Marine Denudation) को सर्वाधिक महत्व दिया था हिमानी द्वारा विस्थापित खण्डों (Glacial Erratics) को महासागरीय जल के द्वारा प्रवाहित किया जाना माना था।

(1) हिम काल की संकल्पना (Concept of Ice Age)

यूरोप में 19वीं शताब्दी का एक प्रमुख विकास हिमयुग के साक्ष्यों की पहचान रहा है। इस हिमकाल में लगभग सम्पूर्ण उत्तरी यूरोप हिमावरित (Ice Covered) था। इस साक्ष्य का सर्वप्रथम पता लगाने का श्रेय प्रसिद्ध विद्वान लुईस आगासीज (Louis Agassiz, 1807-1873) को है। ये स्वीटजलैण्ड के निवासी थे इनके अतिरिक्त स्वीटजरलैण्ड के कृषकों ने तत्कालीन हिमनदों की सीमा से नीचे प्राचीन हिमोढ देखे थे तथा यह माना कि प्राचीन काल में भी ये हिमनद आज कि तुलना में अधिक विस्तृत रहे हैं। सन् 1815 में जान प्लेफेयर ने जब जूरा पर्वत की यात्रा की तो वहाँ उपस्थित विस्तृत गोलाश्मों (Boulders) को पहचाना तथा बताया कि ये गोलाश्म पर्वतीय हिमनदों (Alpine Glaciers) द्वारा प्रवाहित कर लाये गये हैं। इसी प्रकार सन् 1821 में स्वीस विद्वान वेनेत्ज (Venetz) ने भी पर्वतीय हिमनदों के विस्तार में विश्वास जताया। सन् 1824 में नार्वे के एस्मार्क (Esmark) ने यह स्वीकार किया। सन् 1829 में पुनः वेनेत्ज बताया कि हिमनद पर्वतों तक सीमित न रहकर नीचे मैदानी भागों तक विस्तृत रहे हैं।

यूरोप में हिमयुग के बारे में शोध एवं निरीक्षण कार्य जारी रहा तथा प्रसिद्ध जर्मन विद्वान बर्नहार्डी (Bernhardi) ने सन् 1832 में एक शोध पत्र प्रकाशित कर बताया कि हिमकाल के दौरान हिम की चादरें सम्पूर्ण उत्तरी यूरोप महाद्वीप पर फैली थी जिसे उन्होंने पूर्व के विद्वानों की तरह पर्वतीय हिम न कहकर महाद्वीपीय हिम चादर कहा है। सन् 1834 में वेनेत्ज के सहयोगी

जीन डी कार्पेण्टिअर (Jean de charpentier) ने भी वेजेत्ज द्वारा वर्णित हिमचादर को वास्तविक बताया। इन्होंने महाद्वीपीय हिमानी (Continental Glaciers) का नामकरण किया। इसके कारण ही लुई आगासीज की हिमनदन (Glaciation)* मे रुचि उत्पन्न हुई। सन् 1836 में आगासीज ने वेनेत्ज तथा कार्पेण्टीअर के कार्यक्षेत्रों का दौरा किया तथा कार्पेण्टीअर के कार्यों से पूर्णतया सहमत हुए। सन् 1837 में इन्होंने हेलवेटिक सोसायटी (Helvetic Society) के समक्ष हिमकाल पर एक शोधपत्र पढ़ा जिसका सारांश सन् 1840 में हिमनदों के अध्ययन 'Etudes Sur Les glaciers' नामक शीर्षक से प्रकाशित हुआ। इसी शोध पत्र में यूरोप में महान हिमयुग की संकल्पना प्रस्तुत की। यद्यपि इनसे पूर्व बर्नहार्डी प्लेफेयर, वेनेत्ज तथा कार्पेण्टीअर इस संकल्पना पर प्रकाश डाल चुके थे फिर भी **'महाद्वीपीय हिमानीकरण की संकल्पना'** (Concept of Continental Glaciation) का जनक लुई आगासीज को ही माना जाता है।

स्काटिश भूवैज्ञानिक जेम्स गीकी (James Geikie) तथा पेंक व ब्रकनर ने भी हिमयुग पर शोध किया। गीकी ने बताया कि प्रत्येक महाहिमकाल के मध्य एक गर्म अन्तर्हिम काल भी आया था जिससे हिम पिघल जाती थी। इन विचारों को गीकी ने सन् 1894 में *'महान् हिमयुग'* नामक पुस्तक में प्रकाशित किया। पेंक तथा ई-ब्रकनर ने आल्पस पर्वत के हिमानीकरण पर अध्ययन किया तथा महान् हिमयुगों को क्रमशः गुंज (Gunj), मिण्डल (Mindle), रिस (Riss) तथा वुर्म (Wurm) नामक चार भागों में विभाजित किया।[8]

(2) सागरीय अपरदन की संकल्पना (Concept of Marine Erosion)

यूरोपीय विद्वानों ने सागरीय अपरदन के महत्व को स्पष्ट किया इनमें सर एण्ड्रयू रेमजे (1814-1891), चार्ल्स लियेल तथा रिचथोफेन (1833-1905) के कार्य महत्वपूर्ण रहे हैं। सर एण्ड्रयू रमजे ने दक्षिणी पश्चिमी इंग्लैण्ड तथा वेल्स के उच्च भागों में सागरीय अपघर्षण द्वारा निर्मित मैदानों का विवरण प्रस्तुत किया। रिचथोफेन ने चीन की भौगोलिक यात्राओं के दौरान सागरीय अपघर्षण के महत्व को स्वीकार किया था। चार्ल्स लियेल तो जीवन भर सागरीय अपरदन के महत्व को स्पष्ट करता रहा। उन्होंने बताया कि उथले सागर में तरंगे एवं धारायें गहरे समुद्री अधःस्थल (Sea floor) की भू-आकृतियों का निर्माण कर सकती हैं। ब्रिटेन के वील्ड (Weald) प्रदेश में इसी प्रकार की बनी हुई कगारस्थलाकृत्ति (Escarpment) तथा घाटियाँ देखी गई हैं।[9] यहाँ का अपवाह तन्त्र तथा उससे संबंद्ध स्थलाकृतियाँ (घाटी व कगार) और आन्तरिक निचले क्षेत्रों का विकास एक अधिनूतन (Pliocene) युग के अपरदित मैदान द्वारा हुआ है। इसके तटों को अत्यन्त नूतन (Pleistocene) कालीन सागर द्वारा अपघर्षित किया गया था।

(3) सरिता अपरदन की संकल्पना (Concept of Stream Erosion)

सरिता अपरदन के बारे में अध्ययन करते हुए प्रसिद्ध ब्रिटिश भूवैज्ञानिक जॉर्ज ग्रीनवुड ने सन् 1857 में सरिता (नदी) मार्ग में अपरदन के **'अस्थायी आधार तल'** (Temporary Base-Level) की संकल्पना को स्पष्ट किया। ग्रीनवुड ने बताया कि किसी नदी के प्रवाह मार्ग में उसके द्वारा घाटी के निम्नवर्ती भाग की ओर अपरदन करने की अन्तिम सीमा को शैलों की कठोरता निर्धारित करती है। तत्कालीन समय में ग्रीनवुड का यह अध्ययन काफी महत्वपूर्ण रहा।

सन् 1862 में एक अन्य प्रमुख भूवैज्ञानिक ज्यूकन (Juken) ने नदी घाटी विकास के संबंध में एक शास्त्रीय शोध पत्र प्रकाशित किया। इसमें उन्होंने दक्षिणी आयरलैण्ड की नदियों पर अध्ययन कर दो प्रकार की मुख्य सरिताओं के अस्तित्व को पहचाना था, प्रथम अनुप्रस्थ सरितायें (Transverse Streams), जो भूवैज्ञानिक संरचना के आर-पार प्रवाहित होती हैं। तथा द्वितीय अनुदैर्ध्य सरितायें (Longitudinal Streams), जो भूवैज्ञानिक संरचना के अनुरुप उसके समानान्तर या संरचना की दिशा

---

* हिमनद द्वारा किसी क्षेत्र विशेष को आवरित करना या वहाँ हिमानी क्रियाओं को हिमनदन कहते हैं। दूसरे शब्दों में हिमनद के द्वारा किये गये अपरदन तथा निक्षेपण कार्यों को भी हिमनदन कहते हैं।

में मुलायम शैलों के स्तर में बहती है। ज्यूकन महोदय का विश्वास था कि पहले अनुप्रस्थ सरीता का उद्‌भव होता है तत्पश्चात् अनुदेर्ध्य सरितायें विकसित होती हैं। इस प्रकार उन्होंने अनुदैर्ध्य सरिताओं को सहायक सरितायें (Subsequent Streams) माना है। उसने सरिता अपहरण (Stream Piracy) की प्रक्रिया को पहचाना तथा विस्तृत अध्ययन किया।

उन्नीसवीं शताब्दी के तीसरे दशक तक पुस्तकों को भूआकृति विज्ञान के विषय क्षेत्र में योगदान की दृष्टि से महत्व दिया जाने लगा। इस दृष्टि से सन् 1869 में पेशेल द्वारा प्रकाशित पुस्तक "Neve Probleme der vergleichenden Erdkunde als Versuch einer Morphologie der Erdoberblache" महत्वपूर्ण थी इसमें भूआकृतियों के विकास के सिद्धांतों के द्वारा व्यवस्थित क्रम में उत्पत्ति को समझाया गया है। सन् 1886 में रिचथोफेन की पुस्तक 'भूआकृति विज्ञान' तीन खण्डों में बर्लिन से प्रकाशित हुई। इसमें नदी प्रणाली, हिमनदन तथा सागरीय अपघर्षण की विस्तृत विवेचना की गई है। इसके द्वितीय खण्ड में स्थलाकृतियों के विकास क्रम को स्पष्ट किया गया है। सन् 1894 में प्रसिद्ध जर्मन भूवैज्ञानिक एल्ब्रेच्ट पेंक की पुस्तक **"Mor phologie der Erdoberflache"** प्रकाशित हुई। इसमें भूआकारों की उत्पत्ति पर विस्तृत विवेचना की गई थी।

इस प्रकार यूरोप में उन्नीसवीं शताब्दी के अन्त तक भूविज्ञान से स्वतंत्र रुप में भूआकृति विज्ञान के अध्ययन हेतु पर्याप्त ज्ञान प्राप्त हो चुका था उस समय इसे भूआकारिक भूविज्ञान (Physiographic Geology) कहा गया। इसी समय जर्मन भूवैज्ञानिकों ने वायु अपरदन के महत्व को भी स्पष्ट किया। इस संदर्भ में जे. वाल्टर तथा एस. पसार्गे के कार्य सराहनीय रहे हैं। पसार्गे ने कालाहारी के मरुस्थल का अध्ययन कर इन्सलबर्ग नामक भूआकृति को वायु अपरदन की अन्तिम अवस्था में निर्मित होना बताया। स्कॉटलैण्ड निवासी एल. सी. किंग ने दक्षिणी अफ्रीका की मरुस्थलीय स्थलाकृतियों का अध्ययन किया। वान रिचथोफेन ने चीन के सिंकियाँग प्रान्त में विस्तृत तकला माकन के मरुस्थल में निर्मित 'लोयस' (Loess) स्थलकृति का अध्ययन प्रस्तुत किया।

उत्तरी अमेरिका में विकास (Development in North America)

भूविज्ञान के विकास काल के रुप में जिस प्रकार जितेल (Zittel, 1901) ने 1790 से 1820 के काल को **'भूविज्ञान का विरोचित काल'** (The herioc age of geology) कहा है उसी प्रकार उन्नीसवीं शताब्दी के अन्तिम चौथाई भाग में सन् 1875 से 1900 के काल को **'अमेरीकन भूआकृति विज्ञान का विरोचित काल'** (The heroic age in American Geomorphology) के रूप में माना जा सकता है। इस समय अनेक प्रमुख संकल्पनाओं का विकास हुआ संयुक्त राज्य अमेरिका में गृहयुद्ध के उपरान्त पश्चिमी संयुक्त राज्य में किये गये भूवैज्ञानिक सर्वेक्षण परस्पर एक दूसरे से प्रत्यक्ष या अप्रत्यक्ष रुप में संयोजित रहे हैं। इनमें से चार विद्वानों के कार्य पूर्वगामी माने जाते हैं। ये व्यक्ति जे.डब्लू पावेल, जी.के.गिलबर्ट, सी.ई.डटन तथा डब्लू.एम.डेविस हैं।

जे. डब्ल्यू. पावेल (J.W.Powell, 1834-1902)

पावेल संयुक्त राज्य अमेरिका में गृह युद्ध के दौरान सेना में मेजर के पद पर रहे तथा देश की सेवा की। उसने भूवैज्ञानिक विचारों का विकासवादी दिशा दी। पावेल ने कोलोरेडो के पठार तथा उइन्टा (Uinta) पर्वतों पर भूवैज्ञानिक सर्वेक्षण किये। उनकी वैज्ञानिक दक्षता को देखकर 1915 में डेविस ने प्रशंसा करते हुए कहा है कि, "पावेल के जीवन से सबल एवं शक्तिशाली स्वतंत्र व्यक्तित्व झलकता है वह पूर्व में ना खोजे गये परिस्थानों की प्रेरणा द्वारा अनेक नवीन सिद्धांतों को तेजी से खोज कर लेता था।"[11] उन्होंने उइण्टा पर्वत की भूगर्भिक संरचना का अध्ययन करके यह निष्कर्ष निकाला कि पृथ्वी की संरचना को भू-आकृतियों के वर्गीकरण का आधार माना जाना चाहिए। पावेल महोदय ने नदी अपरदन के परिणामों को पर्याप्त महत्व दिया तथा नदी घाटियों को संरचना के आधार पर दो भागों में विभक्त किया:

(1) चट्टानों के स्तरों एवं घाटी के मध्य संबंधों के आधार पर वर्गीकरण—ये दो प्रकार की होती हैं, प्रथम अनुदैर्ध्य घाटियाँ तथा द्वितीय अनुप्रस्थ घाटियाँ।

(2) उत्पत्ति के आधार पर घाटियाँ—ये तीन प्रकार की होती हैं—

(i) *पूर्ववर्ती घाटी (Antecedent Valley)* – ये घाटी किसी पर्वत श्रेणी के उत्थान से प्रवाहित होने वाली घाटी होती है।

(ii) *अनुवर्ती घाटी (Consequnt Valley)* – किसी पर्वत श्रेणी के उत्थान के उपरान्त ढाल के अनुरुप प्रवाहित होने वाली नदी घाटी को अनुवर्ती नदी घाटी कहते हैं।

(iii) *अध्यारोपित (Superimposed Valley)* – यह नदी घाटी प्राचीन चट्टानी सतह पर बनी थी, वह वर्तमान में नहीं है और वर्तमान चट्टानी सतह जिस पर वह बह रही है उससे उसका कोई सम्बन्ध नहीं है।

पावेल ने सन् 1875 में **आधार तल (Base Level)** की संकल्पना का प्रतिपादन किया। इसे भूवैज्ञानिक इतिहास में एक महत्वपूर्ण कार्य माना गया। यद्यपि अस्थायी आधार तल (Temporary Base Level) के बारे में इनसे पूर्व ब्रिटिश भूवैज्ञानिक जार्ज ग्रीनवुड ने भी दिया था। पावेल के अनुसार नदियाँ अपरदन द्वारा एक सीमा तक ही गहरा कर सकती हैं नदी अपरदन की इस निम्नतम सीमा को ही आधार तल कहते हैं। अपरदन की यह सीमा सागर तल द्वारा निश्चित होती है। उन्होंने इस सम्बन्ध में स्पष्ट किया है कि यदि कोई नदी बिना किसी बाधा के अपरदन करती हुई सागर तल को प्राप्त कर लेती है तो इससे निर्मित मैदानी भाग को समप्रायः मैदान (Peneplain) कहते हैं। इस आधार पर पेनीप्लेन के बारे में भी सर्वप्रथम पावेल ने ही बताया लेकिन डेविस ने सन् 1889 में इसे अधिक स्पष्ट कर **'पेनीप्लेन'** शब्द दिया था पावेल महोदय ने सागर तल को अन्तिम आधार तल (Grand Base Level) तथा नदियों के तलों को स्थानीय आधार तल (Local Base Level) नाम दिया। इन्होंने केलिफोर्निया की कोलोरेडो नदी के ग्राण्ड केनियन (Grand Canyon) की शैल संरचना में विधमान महान विभिन्नताओं का अध्ययन करके बताया कि इस केनियन द्वारा प्राचीन भूगर्भिक काल का स्पष्टीकरण किया जा सकता है। शैल संरचना में विस्थापन के कारण उत्पन्न भ्रंश कगारों (Fault Scarps) तथा अपरदन द्वारा निर्मित कगारों (Erosional Scarps) के मध्य भारी भूआकृतिक अन्तर पाया जाता है।

कार्ल गिलबर्ट (Grove Karl Gilbert, 1843-1918)

गिलबर्ट संयुक्त राज्य अमेरिका के प्रथम भूआकृति वैज्ञानिक थे। उनकी भूआकारिकी भू-विज्ञान मे गहरी रुचि थी। उन्होंने भूपृष्ठीय अपरदन (Subarial erosion) की प्रक्रियाओं का विश्लेषण किया तथा सरिताओं (Strams) द्वारा भूमि कटाव से घाटियों में होने वाले परिवर्तनों तथा रुपान्तरणों का गहन अध्ययन किया था। उसने घाटियों के विकास में पार्शिवक समतलन (Lateral Planation) की भूमिका को महत्वपूर्ण माना। इनका अध्ययन क्षेत्र केलिफोर्निया रहा। इन्होने नदी भार (Load), नदी आयतन (Volume) वेग (Velocity) तथा नदी ढाल प्रवणता (Slope Gradient) में तुलनात्मक सम्बन्ध स्थापित किया।

गिल्बर्ट ने ग्रेट साल्ट लेक (Great Salt Lake) से पूर्व निर्मित बोनविले झील (Lake Bonneville) तथा इसकी तट रेखाओं व निकास (outlets) के प्लीस्टोसीन कालीन इतिहास का अध्ययन किया था। इसी प्रकार उन्होंने उटाह राज्य के हेनरी पर्वत को अन्तर्वेधी (Intrusive) आग्नेय शैलों से निर्मित लेकोलिथ संरचना के अपरदन का परिणाम बताया। सर्वप्रथम उन्होंने ही ग्रेट बेसिन में उत्पन्न भ्रंश खण्डों (fault Blocks) की व्याख्या कर 1870 में पर्वत का नामकरण किया। इन्होंने ही सर्वप्रथम वलित एवं ब्लॉक पर्वतों के मध्य अन्तर स्पष्ट किया तथा पर्वत निर्माण की प्रक्रिया के लिए **'Orogeny'** शब्द प्रस्तावित किया।

सी. ई. डटन (C. E. Dutton, 1841-1912)

डटन ने भूसतह पर विकसित विशिष्ट भू आकृतियों का विश्लेषणात्मक अध्ययन किया। उन्होंने कोलोरेडो के पठारी क्षेत्र में वर्तमान गंभीरखड्डों (Canyons) के निर्माण से पूर्व एक ऐसे भूमि अवनयन (Land Reduction) के युग को पहचाना जिसके दौरान यह क्षेत्र बहुत कम उच्चावच वाला रहा था। इस अपरदनात्मक युग को **'महाअनाच्छादन काल'** (The Great Denudation age) कहा गया। उन्होंने कोलोरेडो के पठार के क्षेत्र में **'आधार तल'** के विकास के अनेक उदाहरण प्रस्तुत किये

जिनके आधार पर बाद में डेविस ने समप्रायकरण (Peneplanation) का विचार दिया था। डटन महोदय ने ही सर्वप्रथम भूपटल की सन्तुलन की दशा को प्रकट करने के लिए सन् 1889 में **भूसन्तुलन** (Isostasy) शब्द दिया था।

विलियम मोरिस डेविस (W.M.Davis, 1850-1934)

चित्र 1.3 *विलियम मोरिस डेविस*

अमेरिकन भूगर्भिक इतिहास में डेविस को एक महान् परिभाषक एवं विश्लेषक माना गया है। भूआकृति विज्ञान के विकास में इनका योगदान अन्य सभी विद्वानों से अधिक माना गया है। इन्होंने भूआकृति विज्ञान में अनेक नवीन संकल्पनाओं को स्थापित किया। संयुक्त राज्य अमेरिका में **डेविसियन स्कूल आफ जियॉमार्फोलॉजी** तथा '**अमेरिकन स्कूल**' को समानार्थी माना गया। इनसे पूर्व भूआकृतिक विवरणों का केवल आनुभाविक विवरण ही प्रस्तुत किया गया लेकिन इन्होंने अनेक नवीन संकल्पनाओं के साथ भूआकृतिक विज्ञान में तथ्यात्मक स्वरुप को स्थापित कर इसे एक नवीन स्वरुप प्रदान किया था। डेविस ने भूआकृतियों के वर्णन में उत्पत्ति मूलक विधि (Genetic Method) का प्रयोग किया। इनको '**भ्वाकृतिक चक्र**' (Geomorphic Cycle) की संकल्पना के लिए सदैव याद किया जायेगा। यद्यपि इस सम्बन्ध में इनसे पूर्व आंशिक जानकारी देस्मारेत ने भी दी थी। डेविस ने भू-आकारों एवं दृश्यभूमियों के विकास में स्थलरूपों का एक व्यवस्थित अनुक्रम (Systematic Sequence) बताया था जिसके द्वारा विकास की अवस्थाओं को आसानी से पहचाना जा सकता है। अनुक्रम को डेविस ने यूवावस्था (Youth) प्रौढावस्था (Maturity) और वृद्धावस्था (Old age) कहा था। उनका विचार था कि भूआकारों में विस्तृत रुप में उपस्थित विभिन्नता भूगर्भिक संरचना (Geological Structure), भ्वाकृतिक प्रकृमों (Geomorphic Processes) तथा विकास की अवस्थाओं में भिन्नता के कारण मिलती है। भूवैज्ञानिक अंकेक्षण द्वारा यह स्पष्ट हुआ है कि पृथ्वी पर अपरदन क्रिया हो रही है तथा इसके द्वारा अवसादी शैलों का निर्माण हो रहा है। इस प्रकार अनाच्छादन क्रिया द्वारा भूपृष्ठ अवनयित होकर आधार तल को प्राप्त कर लेता है। भूपटल पर इस प्रकार की गतिविधियों को मद्देनजर रखते हुए ही डेविस ने अपरदन चक्र की संकल्पना का प्रतिपादन किया था। इसके लिए उन्होंने सर्वप्रथम सन् 1889 में पेनीप्लेन का अध्ययन प्रस्तुत किया तत्पश्चात् सन् 1899 में एक मॉडल द्वारा अपरदन चक्र की संकल्पना को प्रस्तुत किया।

डेविस ने पावेल की आधार स्तर (Base-Level) की संकल्पना को समप्राय मैदान (Peneplain) नाम दिया तथा बताया कि भूसतह पर उत्थित भूभाग अपरदन चक्र की विभिन्न अवस्थाओं से गुजरकर अपरदित होने पर अन्त में आधार तल प्राप्त कर लेता है जब आकृति विहीन भूसतह बनाती है जिसे डेविस ने समप्रायः मैदान कहा है। डेविस जीवन पर्यन्त भूआकृति विज्ञान को व्यवस्थित तथा संगठित रूप देने के लिए संकल्पनात्मक अध्ययन करता रहा तथा अनेक पुस्तकें तथा 400 शोध पत्र प्रकाशित किये। उनकी महत्वपूर्ण पुस्तक **'Physical Geography'** सन् 1898 में तथा **'भौगोलिक लेख' (Geographical Essays)** सन् 1909 में प्रकाशित हुऐ थे। भौगोलिक लेखों में ही डेविस ने अपरदन चक्र की विस्तृत विवेचना प्रस्तुत की थी।

डेविस को अमेरीकन स्कूल ऑफ जिऑमॉर्फोलॉजी का जनक कहा जाता है इन्होंने ही भूआकृतिविज्ञान को भूगोल का अंग माना था। डेविस का मत था कि भूविज्ञान (Geology) मुख्यतः अतीत की ओर ध्यानाकर्षित करती है जबकि भूआकृति विज्ञान वर्तमान को आगे रखती है तथा इसी कारण यह भूगोल का मुख्य अंग है।

मूल भ्वाकृतिक संकल्पनाए (Fundamental Geomorphic Concepts)

भूगोल में विभिन्न शाखाएं अपनी विशिष्ट संकल्पनाओं के साथ विकसित हुई हैं जिनके आधार पर उस विषय का अध्ययन किया जाता है। भू-आकृति विज्ञान में भी कुछ मूलभूत संकल्पनाएं विकसित हुई हैं जिनका अध्ययन भूदृश्यों की व्याख्या तथा मूल्याँकन

में सहायक सिद्ध होगा। इन संकल्पनाओं को प्रो. थार्नबरी ने निम्नलिखित रूप में वर्णित किया है[10] :

संकल्पना 1. *"वर्तमान समय में जो भूगर्भिक प्रक्रम तथा नियम कार्यरत हैं, वे ही समस्त भूगर्भिक इतिहास में कार्यरत थे, लेकिन उनकी सक्रियता में अन्तर था" (The same physical processes and laws that operate today, operated throughout geologic time, although not necessarily always with the same intensity as now.)* इस संकल्पना को एकरूपतावाद के सिद्धान्त (Principle of unformitarianism) के नाम से भी जाना जाता है। यह आधुनिक भूविज्ञान का आधारभूत सिद्धान्त है। इस सिद्धान्त का प्रतिपादन सर्वप्रथम स्काटिश भूगर्भवेत्ता जेम्स हट्टन द्वारा सन् 1785 में किया गया तथा 1802 में प्लेफेयर द्वारा परिमार्जित (Restated) किया गया। इसे आगे चलकर चार्ल्स लियेल ने अपनी पुस्तक "भूविज्ञान के सिद्धान्त" में प्रमुख स्थान दिया। हट्टन के विचार इस संकल्पना से भिन्न थे जिनमें कुछ मौलिक कमियाँ थीं उन्होंने बताया था कि भूगर्भिक प्रक्रम, भूगर्भिक इतिहास के प्रत्येक काल में समान रूप से सक्रिय रहे जिसके आधार पर ही उन्होंने यह प्रतिपादित किया था कि वर्तमान भूत की कुंजी है (The present is key to the past)। इस वाक्य में उन्होंने स्पष्ट किया कि वर्तमान में भूपटल को प्रभावित करने वाले प्रक्रम भूतकाल में भी सक्रिय थे। अतः वर्तमान समय के प्रक्रमों एवं स्थलाकृतियों के आधार पर इनके इतिहास का पता लगाया जा सकता है। हम जानते हैं कि हट्टन महोदय का यह कथन सत्य नहीं है । उदाहरण के लिए वर्तमान की तुलना में प्लीस्टोसीन व अन्य हिमयुगों में हिमनदों की सक्रियता अधिक थी। प्लीस्टोसीन युग में हिमानी की अपरदन शक्ति अधिक थी इसका मूल कारण जलवायु की अस्थिरता थी क्योंकि पृथ्वी पर वर्तमान समय की तरह जलवायु वितरण पूर्व में नहीं था। आज जहाँ आर्द्र जलवायु पायी जाती है तथा जलीय प्रक्रम सक्रिय हैं वहाँ पूर्व में शुष्क जलवायु पायी जाती थी। इस तरह वर्तमान मरुस्थल पूर्व में आर्द्र रह चुके हैं। उदाहरणार्थ इंग्लैण्ड में कोयला खनन के दौरान भूमध्य रेखीय जलवायु की वनस्पति तथा थार के रेगिस्तान में समुद्री जीवाश्म मिले हैं।

भू-पटल पर विवर्तनिक घटनाओं की तीव्रता में अन्तर रहा है। वर्तमान की तुलना में टर्शियरी तथा क्रिटेशियस युगों में ज्वालामुखी अधिक सक्रिय रही है जिसके फलस्वरूप ही महाद्वीपों पर लावा की परत जमा हुई। इसी तरह के अनेक उदाहरण हैं जिनसे विभिन्न भूगर्भिक प्रक्रमों की समय के साथ तीव्रता में अन्तर मिलता है। हट्टन के इस भ्रम का मूल कारण यह रहा है कि वे सरिताओं से अधिक प्रभावित थे तथा सरिताएं प्रत्येक काल में सक्रिय रही हैं। प्रक्रमों के स्वरूप को स्पष्ट करने पर पाया गया है कि इनके कार्य की क्षमता भिन्न हो सकती है लेकिन सामान्य स्वभाव में समानता मिलती है जैसे कोई भी यह विश्वास नहीं कर सकता कि नदियों द्वारा वर्तमान की तरह घाटियों का निर्माण नहीं किया गया। यदि प्लीस्टोसीन हिमकाल के दौरान विस्तृत घाटी हिमनद ने अनेक प्रकार की अपरदनात्मक तथा निक्षेपात्मक स्थलाकृतियों का निर्माण किया तथा इसी प्रकार वर्तमान में भी इसी तरह सक्रिय हैं। यदि भूमिगत जल भू-पटल के चूनाप्रस्तर वाले भागों में पार्मियन तथा पेनशिलवेनियम युगों में घुलनकार्य द्वारा घोल रन्ध्रों (Sinkholes) का निर्माण किया तो ये वर्तमान में विश्व के विभिन्न भागों में सक्रिय हैं। इस प्रकार बिना एकरूपतावाद के सिद्धान्त के भूविज्ञान में वास्तविक विवरण संभव नहीं है।

जेम्स हट्टन महोदय ने सर्वप्रथम पृथ्वी के इतिहास में चक्रीय अवस्था (Cyclic Nature of the Earth History) का प्रतिपादन किया तथा स्पष्ट किया कि पृथ्वी के इतिहास में भी चक्र की पुनरावृत्ति होती रहती है तथा प्रत्येक भूगर्भिक प्रक्रम अपने पूर्व के इतिहास में अनेक चक्र पूर्ण कर चुके हैं लेकिन यह स्पष्ट नहीं किया जा सकता कि कोई प्रक्रम प्रथम बार कब सक्रिय हुआ था तथा अब उसका अन्त कब होगा। इसी आधार पर हट्टन महोदय ने भूगर्भिक प्रक्रमों के बारे में यह सिद्धान्त दिया है कि—"न तो प्रारंभ का कोई लक्षण है, न अन्त का भविष्य" (No vestige of a beginning, no prospect of an end.)।

संकल्पना 2. *"भू आकृतियों के विकास में भूगर्भिक संरचना एक महत्वपूर्ण नियन्त्रक कारक है, जो भू-आकृतियों में प्रतिबिम्बित होती है।" (Geologic structure is a dominant control factor in the evolution of land froms and is reflected in them.)* चट्टान की स्थिति एवं प्रकृति को संरचना कहते हैं। इसमें यह देखा जाता है कि चट्टान का आकार, वलन, भ्रंश आदि में से किस रूप में है। भूगर्भिक संरचना को स्थलरूपों को प्रभावित करने वाले कारकों में महत्वपूर्ण माना गया है। ब्राउन (E. H. Brown) महोदय ने कहा है कि "स्थलरूपों के विकास में भूगर्भिक संरचना को एक महत्वपूर्ण नियन्त्रक कारक मान लेना एक प्रवृत्ति है और निश्चय ही यह तथ्य अनेक बार सत्य भी होता है।" भू-आकृति विज्ञान में संरचना शब्द को

व्यापक अर्थों में प्रयुक्त किया गया है। संरचना से अभिप्राय शैलों की स्थिति एवं प्रकृति दोनों से लिया है। संरचना में भू-पटल शैलों की व्यवस्था (Arrangement) तथा स्थिति (Disposition) के साथ-साथ शैलों की प्रकृति व अपरदन से पूर्व के प्रारंभिक स्वरूप का भी अध्ययन किया जाता है। संरचना को यहाँ वलन, भ्रंश या विषम विन्यासों (Unconformities) जैसे संकीर्ण अर्थों में नहीं लिया जा सकता है वरन् इसमें उन सभी पदार्थों को सम्मिलित किया जाता है जिनसे शैल बनी है तथा इसी कारण एक भूआकार दूसरे से भौतिक तथा रासायनिक गुणों की दृष्टि से भिन्नता दर्शाता है। इन गुणों में शैल की स्थिति, संधियों की उपस्थिति या अनुपस्थिति, संस्तरण सतह (Bedding Planes), भ्रंश एवं वलन् शैल की कठोरता (massiveness), नति एवं नतिलम्ब (Dip and strike) संगठन में सहभागी खनिजों की भौतिक कठोरता, खनिजों की रासायनिक परिवर्तन के प्रति अति संवेदनशीलता (Susceptibility), शैलों की पारगम्यता (Permeability) आदि को सम्मिलित करते हैं। शैल संरचना में सर्वप्रथम शैलों की परतों का रूप (Stratigraphic) देखा जाता है तथा उनकी स्थिति धरातल के ऊपर दृश्यमान (Outcrop) अथवा धरातल के नीचे (Sub surface) दोनों में से कैसी है। इसके साथ ही शेल स्तरों के प्रादेशिक सम्बन्धों का अध्ययन भी महत्वपूर्ण माना जाता है। सामान्यतया शैल संरचना में निम्नलिखित तीन पक्षों को सम्मिलित किया जाता है—

(i) **चट्टानों की प्रकृति** (Nature of Rocks) – चट्टानों की प्रकृति के आधार पर ही स्थलरूपों का विकास तथा स्वरूप निर्धारित होता है। "चट्टानें एक ओर पृथ्वी के इतिहास की रूपरेखा प्रस्तुत करती हैं तो वहीं दूसरी ओर तत्कालीन भू-आकारों को आधार प्रदान करती हैं। चट्टानों की प्रकृति में चट्टानों के प्रकार, संगठन (Composition) आदि का अध्ययन किया जाता है। चट्टानों के संगठन में इनके भौतिक एवं रासायनिक गुणों, कठोरता, पारगम्यता तथा सन्धि आदि को सम्मिलित करते हैं। इसी आधार पर भू-आकृतियों के निर्माण एवं स्वरूप में भिन्नता आ जाती है।

(ii) **चट्टानों की परतों की व्यवस्था और स्थिति** (Arrangement and disposition of Rockbeds) – चट्टानों की परतों की व्यवस्था में उनकी वलित, भ्रंशित, गुम्बदाकार या समान गुणों वाली रवेदार (Crystalline) संरचना पर बल दिया जाता है। वलित संरचना में अपनति एवं अभिनति बन जाती है जहाँ जालीनुमा प्रवाह प्रणाली (Trellis Drainage Pattern) विकसित होता है तथा उनमें अनुवर्ती (Consequent) परवर्ती (Subsequent), प्रत्यानुवर्ती (Obsequent) तथा नवानुवर्ती (Resequent) प्रवाह प्रणाली वाली नदियों का उद्भव होता है।

(iii) **चट्टानों का संगठन एवं शैल विज्ञान** (Composition of Rocks and Lithology) – चट्टानों के संगठन में इनकी रासायनिक बनावट, कठोरता, पारगम्यता व सन्धियों आदि को सम्मिलित करते हैं इस पर जलवायु का भी प्रभाव पड़ता है क्योंकि एक ही प्रकार की चूना निर्मित शैल उष्णार्द्र प्रदेश में घुलनशील एवं कोमल होती है तथा जब वह उष्ण एवं शुष्क प्रदेशों में होती है तो कठोर मानी जाती है। पारगम्यता की दृष्टि से शैलों में जल का रिसना महत्वपूर्ण माना गया है। अभेद्य शैलों में जल नहीं रिसता तथा सतही प्रवाह अधिक होता है।

इस प्रकार स्पष्ट है कि संरचना भू-आकृतियों के निर्माण में महत्वपूर्ण नियंत्रक कारक मानी गई है जो भू-आकारों में स्पष्ट दृष्टिगत होती है।

डेविस महोदय ने भी संरचना, प्रक्रम एवं अवस्था को स्थलाकृतियों के विकास में महत्वपूर्ण कारक माना। भूगर्भिक संरचना का महत्वपर्ण पहलू चट्टान की प्रकृति या प्रकार होता है। सर्वत्र चट्टानें समान स्वभाव की नहीं होती हैं। वुलरिज एवं मोरगन के अनुसार, "चट्टानें चाहे आग्नेय हों या अवसादी, एक ओर तो पृथ्वी के इतिहास की हस्तलिपि प्रस्तुत करती हैं तो दूसरी ओर समकालीन दृश्यावली के लिए आधार प्रस्तुत करती हैं।" चट्टानों की कठोरता एवं लचीलेपन के आधार पर ही उन पर अपक्षय तथा अपरदन की क्रियाएं भी विभिन्न दर से कार्य करती हैं। जिस कारण स्थल रूपों में विविधता आ जाती है कुछ विशेष चट्टानों का तो स्थलरूपों के निर्माण में इतना अधिक प्रभाव तथा नियन्त्रण होता है कि सम्पूर्ण स्थलाकृति का नामकरण ही उसके आधार पर कर दिया जाता है। कोमल चट्टानों पर निम्न स्थलरूपों तथा घाटियों का निर्माण होता है। इस प्रकार कहा जा सकता है कि किसी भौगोलिक क्षेत्र के स्थलाकृतिक मानचित्र तथा भूगर्भिक मानचित्र की तुलना करने पर वहाँ के उच्चावच तथा चट्टानों की संरचना में पर्याप्त समता मिलती है।

चट्टानों की रासायनिक संरचना भी स्थलाकृतियों के निर्माण को नियन्त्रित करती है। चट्टानों की कठोरता, पारगम्यता (Permeability), शैल सन्धियों की प्रकृति चट्टानों की रासायनिक संरचना पर निर्भर करती हैं। यदि शैल में स्तरों का विकास हो गया है तो उस पर समतल आकृतियाँ विकसित होती हैं। यदि मुलायम चट्टान पर प्रतिरोधी चट्टान का आवरण छत्रक चट्टान के रूप में है तो तीव्र ढाल वाले कगारों का निर्माण होता है। चूने के प्रदेशों में कार्स्ट स्थलाकृति विकसित होती है।

संकल्पना 3. *"भ्वाकृतिक प्रक्रम भू-आकृतियों पर अपने विशेष चिन्ह छोड़ जाते हैं तथा प्रत्येक भ्वाकृतिक प्रक्रम द्वारा उसके विशेष गुणों की भू-आकृतियों का निर्माण होता है।" (Geomorphic processes leave their distinctive imprint upon land forms and each Geomorphic process develops its own characteristics assmblage of land forms.)*

थार्नबरी महोदय ने भ्वाकृतिक प्रक्रिया (Process) तथा कारक (Agent) को परस्पर भिन्न माना है तथा पृथक् अर्थों में प्रयुक्त किया है। उन्होंने भ्वाकृतिक प्रक्रिया में उन सभी भौतिक एवं रासायनिक परिवर्तनों को सम्मिलित किया है जो पृथ्वी पर सतह को प्रभावित करते हैं जबकि भ्वाकृतिक कारक के प्राकृतिक माध्यम हैं जो धरातलीय सतह से अवसाद (पदार्थों) को अन्यत्र ले जाने में समर्थ हैं जैसे—नदी, पवन, हिमनद आदि। जबकि वास्तव में भ्वाकृतिक प्रक्रिया एवं प्रक्रमों में भिन्नता नहीं है क्योंकि प्रक्रिया (Process) प्रक्रमों (Agent) की कार्य विधि है।

उत्पत्ति स्थल के आधार पर भ्वाकृतिक प्रक्रमों को निम्नलिखित तीन वर्गों में विभक्त किया जा सकता है—

1. **बहिर्जात प्रक्रम** : इन्हें पेंक द्वारा Exogenetic तथा लासन द्वारा Epigene कहा गया है ये प्रक्रम भूसतह पर वायुमण्डल तथा जलमण्डल में उत्पन्न होते हैं, इनमें नदी, भूमिगत जल, हिमनद, पवन, महासागरीय धारायें, तरंगें तथा लहरें सम्मिलित की जाती हैं।
2. **अन्तर्जात प्रक्रम** : इन्हें पेंक द्वारा Hypogene तथा लासन ने Endogeous कहा है ये प्रक्रम भूतल के नीचे उत्पन्न होते हैं इनमें पटल विरुपण (Diastrophism) तथा ज्वालामुखी क्रिया (Vulcanism) को सम्मिलित करते हैं।
3. **पृथ्व्येत्तर प्रक्रम** : (Extra-terrestrial Process) इनका सम्बन्ध पृथ्वी से नहीं होता है इनमें उल्का (meteorites) प्रमुख हैं।

बहिर्जात प्रक्रम (Epigene or Exogeneous process) भूतल पर समतलन (Planation) का कार्य करते हैं। ये निरन्तर सक्रिय रहते हुए अन्तर्जात बलों द्वारा भू-पटल पर उत्पन्न विषमताओं को कम कर सतह को समतल करते रहते हैं। समतलन कार्य दो प्रकार से किया जाता है। **प्रथम,** निम्नीकरण (Denudation) द्वारा जिसमें अनाच्छादन प्रमुख है। विभिन्न अनाच्छादनकारी कारक उच्च भूसतह को काट-छाँट कर निम्नीकरण करते हैं। **द्वितीय,** अभिवृद्धि या निक्षेपण (Aggradation) की क्रिया है जिसमें निम्नवर्ती क्षेत्र अवसाद जमा होने पर समतल हो जाते हैं।

भू आकारों में स्वयं की विशिष्ट विशेषताएं होती हैं जो भ्वाकृतिक प्रक्रमों द्वारा इनके विकास पर निर्भर करता है। उदाहरणार्थ बाढ के मैदान, जलोढ पंख तथा डेल्टा आदि सरिता के कार्यों के घोलरन्ध्र, आश्चुताश्म, कन्दराएं आदि भूमिगत जल के तथा सर्क, मोरेन तथा ड्रूमलिन हिमनद के कार्यों के उत्पाद हैं। इस प्रकार भ्वाकृतिक प्रक्रम भू-आकारों पर अपने विशेष चिन्ह छोड़ते हैं। भू-आकारों का पृथ्वी पर विकास क्रमबद्ध रूप से होता है अर्थात् भू-आकृतियों के विकास का क्रमिक सम्बन्ध पाया जाता है। इस प्रकार एक निश्चित भू-भाग में निश्चित प्रकार की भू-आकृतियाँ हैं तो वहाँ पर कौन-कौन से प्रक्रम क्रियाशील रहे होंगे। ज्ञातव्य हैं कि प्रक्रमों का प्रमुख कार्य निम्नीकरण है। प्रत्येक क्रियाशील प्रक्रम एक निश्चित सीमा तक निम्नीकरण (Denudation) करते हैं। इस निम्नतम सीमा को आधार तल कहते हैं। आधार तल (Base-Level) की सर्वप्रथम जानकारी पावेल महोदय ने दी थी। उन्होंने बताया कि आधार तल सागर तल पर निश्चित रहता है। इसे स्थायी आधार तल कहते हैं। एक नदी में कई स्थानीय या अस्थायी आधार तल होते हैं।

संकल्पना 4. *"भूतल पर जैसे ही विभिन्न अपरदनात्मक कारक कार्यरत होते हैं, स्थलरूपों का एक व्यवस्थित अनुक्रम उत्पन्न होता है।" (As the different erosional agents act upon the earth's surface there is produced an orderly sequence of land forms) ।*

भू-आकृतियों का विकास क्रमिक अवस्थाओं में होता है तथा प्रत्येक अवस्था के अपने विशिष्ट लक्षण होते हैं। डेविस महोदय ने इन अवस्थाओं को चक्रीय क्रम देते हुए युवावस्था, प्रौढावस्था तथा वृद्धावस्था आदि के रूप में वर्गीकृत किया है। कोई भी अपरदनात्मक प्रक्रम युवावस्था से आरम्भ होकर अन्त में समप्रायः मैदान (Peneplain) तक पूर्ण होता है। समप्रायः मैदान का निर्माण अपरदन चक्र के पूर्ण होने पर ही सम्भव है। डेविस महोदय के अनुसार किन्हीं दो प्रदेशों पर भूगर्भिक संरचना, प्रक्रम तथा जलवायु दशाएं समान होने पर वहाँ निर्मित होने वाले स्थलरूप भी समान होंगे। लेकिन प्रक्रम की अवस्थाएं भिन्न होने पर वहाँ विकसित स्थलरूप भी भिन्न होंगे। डेविस महोदय ने नदी को अपरदन का प्रमुख प्रक्रम मानते हुए बताया कि एक जटिल संरचना वाले पर्वतीय भागों में नदी द्वारा युवावस्था में विशिष्ट स्थलरूपों (वी-आकार की घाटी, गॉर्ज, केनियन, क्षिप्रिका, जलप्रपात) का निर्माण होगा, जबकि प्रौढ़ावस्था में नदी वेदिका, संरचनात्मक सोपान, विसर्प व वृद्धावस्था में बाढ़ के मैदान, प्राकृतिक तट बाँध, गोखुर झील तथा डेल्टा का निर्माण होता है।

इस प्रकार डेविस ने स्पष्ट किया कि "भूसतह पर विभिन्न अपरदनकारी कारकों के कार्य करने से भू-आकृतियों का एक व्यवस्थित अनुक्रम उत्पन्न हो जाता है।" (An orderly sequence of landforms is produced where the different erosional agent act upon the earth's surface.)

भूतल के किसी स्थलखण्ड पर विभिन्न प्रकार के प्रक्रम अलग-अलग अवस्थाओं में विभिन्न स्थलरूपों का निर्माण करते हैं तथा ये स्थलरूप अपने विकास की विभिन्न अवस्थाओं में भिन्न-भिन्न विशेषताएं (Distinctive characteristis) रखते हैं। इन भू-आकृतियों या स्थलरूपों का विकास एक निश्चित प्रणाली के अनुसार क्रमक या उत्तरोत्तर अवस्थाओं (Successive Stages) में होता है। इसलिए इस संकल्पना को भ्वाकृतिक चक्र या अवस्थाओं की संकल्पना भी कहते हैं। भ्वाकृतिक चक्र या अवस्था की संकल्पना का विशेष महत्व यह भी है कि किसी प्रक्रम का अवस्था के साथ समय का सापेक्षिक सम्बन्ध होता है। यद्यपि किसी उच्च भाग के समप्राय मैदान बनने का समय निश्चित नहीं होता है लेकिन यह निश्चित है कि कोई उच्च भूभाग समप्राय मैदान बनने की प्रक्रिया में किन-किन भू-आकृतिक परिवर्तनों से गुजरेगा।

संकल्पना 5. *"भू-आकृतियों के विकास में सरलताओं की अपेक्षा जटिलतायें अधिक होती हैं।" ("Complexity of geomorphic evolution is more common than simplicity.") ।*

संरचना, प्रक्रम तथा अवस्था की विवेचना करते समय स्थलाकृतियों के निर्माण एवं विकास पर भी प्रकाश डाला गया है। सैद्धान्तिक रूप से प्रत्येक प्रक्रम द्वारा भिन्न-भिन्न गुणों वाली भू-आकृतियों के विकास का उल्लेख किया जाता है, लेकिन वास्तविक रूप में यह तथ्य सिद्ध नहीं हो पाता है, क्योंकि किसी भी भूसतह पर एक समय में एक से अधिक प्रक्रम क्रियाशील रहते हैं, अतः स्थलरूपों का निर्माण विभिन्न अपरदन चक्रों के मध्य सम्पादित होता है। इस प्रकार भू-आकृतियों के विकास में विषमताओं और जटिलताओं की उपस्थिति स्वाभाविक है। वर्तमान में विद्यमान भू-आकृतियों का निर्माण आधुनिक काल के अपरदन चक्र द्वारा हुआ है, लेकिन इनमें प्राचीन चक्रों से निर्मित भू-आकृतियों के अवशिष्ट विद्यमान हैं। ये अवशिष्ट भू-आकृतियाँ आगे उत्पन्न होने वाले चक्र द्वारा परिमार्जित एवं परिवर्धित (Revised and Enlarged) होकर अपने वास्तविक स्वरूप में न होकर केवल भ्वाकृतिक चक्र के अवशिष्ट लक्षण के रूप में रह जाती हैं। ये जटिलता एक ही भूभाग पर विभिन्न प्रक्रमों के सक्रिय होने से उत्पन्न होती है। जैसे मरुस्थलीय भागों में पवन अपरदन करने वाला मुख्य प्रक्रम है लेकिन वर्षा होने पर प्रवाहित जल भी सक्रिय हो जाता है जिस कारण पवन के साथ प्रवाहित जल से भी स्थलाकृतियों का निर्माण हो जाता है। सन् 1952 में होरबर्ग ने भू-आकृतिक दृश्यभूमियों को निम्न पाँच वर्गों में बाँटा है—

(i) साधारण भूदृश्य (Simple Landscapes)

(ii) मिश्रित भूदृश्य (Compound Landscapes)

(iii) एकचक्रीय भूदृश्य (Monocyclic Landscapes)

(iv) बहुचक्रीय भूदृश्य (Multicyclic Landscapes)

(v) अनावृत्त या पुनर्जीवित भूदृश्य (Exhumed or Resurrected Landscapes)

(i) **साधारण भूदृश्य** (Simple Landscapes) – ये भूदृश्य केवल एक ही भ्वाकृतिक प्रक्रम द्वारा निर्मित होते हैं जिस कारण इनमें जटिलता भी कम पायी जाती है। यद्यपि साधारण भूदृश्यों को एक ही प्रक्रम से निर्मित मान लिया गया है जबकि ऐसा सम्भव नहीं है। सुविधा के लिए सर्वप्रधान प्रक्रम को पूर्णतया उत्तरदायी मान लेते हैं जबकि इसमें अन्य प्रक्रमों का भी सहयोग होता है। उदाहरण के लिए जल से निर्मित स्थलाकृति के विकास में जल के अतिरिक्त अपक्षय तथा शैल चूर्ण को स्थानान्तरित करनें में पवन की प्रमुख भूमिका होती है।

(ii) **मिश्रित भूदृश्य** (Compound Landscapes) – मिश्रित भूदृश्यों में स्थलाकृतिक विकास में दो या दो से अधिक प्रक्रमों की भूमिका होती है। पृथ्वी के धरातल पर अधिकांशतया मिश्रित भूदृश्य ही मिलते हैं। उदाहरणार्थ पृथ्वी के अन्तर्जात बलों द्वारा हिमालय पर्वत का उत्थान हुआ है जहाँ प्रवाहित जल, हिमनद तथा भूमिगत जल (देहरादून क्षेत्र में) आदि कार्य कर रहे हैं।

(iii) **एक चक्रीय भूदृश्य** (Monocyclic Landscapes) – जब किसी स्थलखण्ड पर स्थलाकृतियों का निर्माण एक ही अपरदन चक्र में हुआ हो, तो उसे एक चक्रीय भूदृश्य कहते हैं। ऐसी स्थ्लाकृतियों में केवल एक ही अपरदन चक्र के चिन्ह पाये जाते हैं (Monocyclic Landscapes are those that bear the imprint of only one cycle of erosion) लेकिन भूतल पर वास्तविक रूप में एकचक्रीय स्थलाकृति मिलना काफी कठिन है। लावा मैदान, लावा पठार तथा ज्वालामुखी शंकु आदि एक चक्रीय स्थलाकृतियाँ हैं।

(iv) **बहुचक्रीय भूदृश्य** (Multicyclic Landscapes) – जिन भूदृश्यों का निर्माण अनेक अपरदन चक्रों से होता है उन्हें बहु चक्रीय स्थलाकृतियाँ कहते हैं। भूसतह के अधिकांश भाग पर बहुचक्रीय भूदृश्य पाये जाते हैं। नवीन चक्र से पूर्व की स्थलाकृतियाँ अपने मूलरूप में न रहकर केवल अवशिष्ट रूप में ही मिलती हैं। प्रकृति में यदि एक अपरदन चक्र के पूर्ण होने से पूर्व ही उसमें बाधा उत्पन्न हो जाती है तो उससे निर्मित स्थलाकृतियाँ बहुचक्रीय बनती हैं। विश्व के अधिकांश भागों में ऐसी स्थलाकृतियाँ मिलती हैं। पुरानी अपरदित स्थलाकृतियाँ केवल घाटी के ऊपरी भागों में मिलती हैं। नदी के दोनों किनारों पर घाटी के अन्दर घाटी तक नदी वेदिकायें मिलती हैं। भारत में दामोदर नदी घाटी हजारी बाग के पठार के पास जहाँ इसमें मेडा नदी जलप्रपात द्वारा मिलती है द्विचक्रीय घाटी के रूप में उपस्थित है।

विगत वर्षों में भूदृश्यों के मिश्रित विकास के लिए 'बहु जलवायुविक भूदृश्यों' (Polyclimatic Landscapes) का विचार उद्‌भूत हुआ है। इसमें एक से अधिक जलवायुवीय दशाओं में विभिन्न भ्वाकृतिक प्रक्रमों द्वारा अनेक भूदृश्यों का विकास हुआ है। ऐसी स्थलाकृतियाँ टर्शियरी काल में हिमयुग के उतार चढाव के दौरान विकसित हुई थीं।

(v) **अनावृत या पुनर्जीवित भूदृश्य** (Exhumed or Resurrected Landscapes) – ये वे स्थलाकृतियाँ हैं जिनका निर्माण भूगर्भिक इतिहास में हुआ था परन्तु ये आग्नेय या अवसादी आवरण के नीचे ढक जाती हैं। जब एक या अनेक भ्वाकृतिक प्रक्रमों द्वारा यह आवरण हटा दिया जाता है तो ये पूर्व निर्मित भूदृश्य पुनः प्रकट हो जाते हैं। इन्हें अनावृत या पुनर्जीवित भूदृश्य कहते हैं। जैसे हिमकाल के दौरान हिमावरण के नीचे स्थलरूप ढक गये थे जो हिमकाल के उपरान्त हिम के पिघलने से पुनः प्रकट या अनावृत्त (Exposed) हो गये। पुनर्जीवित स्थलाकृतियाँ नवीन (प्लीस्टोसीन काल युग) तथा अति प्राचीन (प्री केम्ब्रियन की) दोनों प्रकार की होती हैं। प्लीस्टोसीन काल की स्थलाकृतियों की सैकड़ों नदियों ने पुनर्जीवित किया है। ये स्थलाकृतियाँ स्थानीय विस्तार ही रखती हैं तथा वर्तमान भूदृश्यों का एक छोटा भाग ही हैं। लेकिन अपनी विशिष्टता में प्रमुख स्थान रखती हैं। इन्हें परिहिमानी स्थलाकृतियाँ कहते हैं।

संकल्पना 6. *"पृथ्वी की अधिकांश स्थलाकृति प्लीस्टोसीन काल की हैं तथा टर्शियरी युग से प्राचीन स्थलाकृतियाँ कम हैं।" (Little of the earth's topography is older than tertiary and most of it no older than pleistocene) ।*

पृथ्वी तल पर बहुत कम क्षेत्रों की स्थलाकृति (Topography) टर्शियरी युग से अधिक प्राचीन हैं तथा कुछ क्षेत्रों की स्थलाकृति टर्शियरी युग की हैं शेष अधिकतम क्षेत्रों की स्थलाकृति का निर्माण अत्यन्त नूतन काल (Pleistocene Age) में हुआ है।

एशले ने वर्तमान स्थलाकृति की युवावस्था के बारे में स्पष्ट किया है कि विश्व परिदृश्य का अधिकांश भाग, पर्वत, घाटियाँ, तट, झीलें, नदियाँ, जलप्रपात, भृगु तथा महाखड्ड आदि मायोसीन काल (23 से 5 मिलियन वर्ष पूर्व) के बाद के हैं जिन्हें मानव के विकास के बाद से काट दिया गया है तथा जो वर्तमान में अवशेष स्थलाकृतियाँ हैं उनका पूर्व मायोसीन धरातल से निकट सम्बन्ध है। उन्होंने आकलित किया कि वर्तमान भूसतह का कम से कम 90 प्रतिशत भाग उत्तर टर्शियरी काल में विकसित हुआ है। यद्यपि इस निष्कर्ष पर विश्वसनीयता कम है फिर भी यह स्पष्ट है कि अनेक भूगर्भिक संरचनायें अति प्राचीन हैं। यह पूर्व में भी स्पष्ट किया जा चुका है कि भूगर्भिक संरचना इस पर विकसित स्थलाकृतियों से प्राचीन है।

संकल्पना 7. *"प्लीस्टोसीन काल के दौरान हुए भूगर्भिक एवं जलवायुवीय परिवर्तनों के विधि प्रभावों के पूर्ण मूल्याँकन के बिना वर्तमान भूदृश्यों की उचित व्याख्या असंभव है।" (Proper interpretatin of present day landscapes is impossible without a full appreciation of the manifold influences of the geologic and climatic changes during the pleistocene.) ।*

भू-आकृति विज्ञान में अत्यन्त नूतन काल में विभिन्न प्रकार के भू-वैज्ञानिक परिवर्तन हुए हैं। पटल विरूपण के द्वारा हिमालय, रॉकीज, आल्पस जैसी महान् पर्वत श्रृंखलाओं का निर्माण हुआ है। इनके अतिरिक्त जलवायु परिवर्तन से हिमयुग और उष्ण युग का अनुक्रम चलता रहा है। इन परिवर्तनों के विभिन्न प्रभावों को पूरी तरह समझे बिना वर्तमान दृश्यभूमियों की व्याख्या नहीं की जा सकती है।

हिमनदन (Glaciation) प्रत्यक्षतः कई मिलियन वर्ग मील क्षेत्र को प्रभावित करता है, लेकिन इसके प्रभाव वास्तविक हिमावरित क्षेत्रों में ही दृष्टिगत होते हैं। इनके विस्तार में जलवायु की महत्वपूर्ण भूमिका होती है। मध्य अक्षांशों में जलवायु सर्वाधिक प्रभाव डालती है।

संकल्पना 8. *"विभिन्न भ्वाकृतिक प्रक्रियाओं के विविध महत्व को समझने के लिए विश्व की जलवायु का मूल्याँकन आवश्यक है।" (An appreciation of the world climates is necessary to a proper understanding of the varying importance of the different geomorphic processes) ।*

जलवायु के तत्वों में विशेषकर तापमान एवं वर्षण आदि भ्वाकृतिक प्रक्रमों की कार्यविधि को प्रभावित करते हैं। ये प्रभाव प्रत्यक्ष एवं अप्रत्यक्ष होनों रूपों में परिलक्षित होते हैं। प्रत्यक्षतः वनस्पति के प्रकार एवं आवरण की मात्रा के रूप में होते हैं। इसी प्रकार वर्षा की मात्रा एवं प्रकृति तथा वाष्पीकरण से सम्बन्ध आदि भ्वाकृतिक प्रक्रमों को प्रभावित करते हैं। तापमान का प्रभाव हिम तथा तुषार की तीव्रता पर पड़ता है। पवन की तीव्रता एवं दिशा आदि कारक भी महत्वपूर्ण हैं। स्पष्ट है कि विश्व की जलवायुवीय दशाओं के अनुसार ही विभिन्न भ्वाकृतिक प्रक्रम कार्य करते हैं।

संकल्पना 9. *"भ्वाकृतिक प्रक्रियाओं द्वारा धरातलीय उच्चावच के निर्माण की संकल्पना" (Geomorphic processes operate at differential rates and there is surface relief) ।* पृथ्वी तल का समतलन विभिन्न दर से होता है क्योंकि भू-पृष्ट की शैलें, शैल विज्ञान तथा संरचना में भिन्न होती हैं। शैल संरचना में भिन्नता के कारण प्रक्रमों की प्रकृति भी भिन्न हो जाती है। कुछ शैलों में अपरदन का प्रतिरोध करने की क्षमता कम होती है तथा कुछ में अधिक पायी जाती है। शैलों के संगठन (Composition) तथा संरचना (Structure) का प्रभाव भू-आकृतियों के साथ ही क्षेत्रीय स्थलाकृतियों पर भी दृष्टिगत होता है। शैल संरचना के प्रभावों तथा मौसमी कारणों से भ्वाकृतिक प्रक्रियायें नियन्त्रित होती हैं जिस आधार पर किसी स्थान की स्थलाकृति विकसित होती है। इस प्रकार विभिन्न जलवायुवीय दशाओं में भ्वाकृतिक प्रक्रियायें विभिन्न दरों से क्रियाशील रहते हुए उच्चावच का निर्माण करती हैं।

संकल्पना 10. *"भू-आकृति विज्ञान यद्यपि प्राथमिक रूप से वर्तमान भूदृश्यों के साथ सम्बद्ध है लेकिन इसकी अधिकतम उपयोगिता ऐतिहासिक विस्तार के मूल्याँकन से प्राप्त होती है।" (Geomorphology, although concerned primarily with present day landscapes, attains its maximum usefulness by appreciation of historical extension) ।*

यद्यपि भू-आकृति विज्ञान का सम्बन्ध प्राथमिक रूप से वर्तमान भूदृश्यों की उत्पत्ति के विश्लेषण तथा वर्णन से है, लेकिन

भूदृश्यों के भूतकालीन प्रक्रमों के प्रभावों को समझने के लिए भू-आकृति विज्ञान का अध्ययन उपयोगी हो जाता है। इसलिए एक भू-आकृति वैज्ञानिक को एक ऐतिहासिक दृष्टिकोण अपनाना चाहिए यदि उसे किसी प्रदेश के भ्वाकृतिक इतिहास की उचित व्याख्या करनी है। एकरूपतावाद के सिद्धान्त का प्रयोग इस दृष्टिकोण को संभव बनाता है। प्राचीन अपरदन प्रदेश की पहचान कर उसके प्राचीन भू-आकारों का अध्ययन करना चाहिए यह उपागम भू-आकृति विज्ञान में सर्वथा उपयुक्त है। इस प्रकार भू-आकारों के विभिन्न पक्षों (Aspects) का अध्ययन पुरा भू-आकृति विज्ञान (Paleogeomorphology) कहलाता है। भू-आकृति विज्ञान की ऐतिहासिक प्रकृति को सर्वप्रथम ब्रायन (Bryan, 1941) ने पहचाना था।

भू-आकृति विज्ञान में नूतन प्रवृत्तियाँ (Recent Trends in Geomorphology)

19वीं शताब्दी में जैसे ही भू-आकृति विज्ञान का स्वरूप एक स्वतन्त्र विषय के रूप में स्थापित हुआ इसमें नूतन प्रवृत्तियों का समावेश प्रारंभ हो गया, जिनका आधार अठारहवीं शताब्दी का भू-आकृतिक विकास रहा। जेम्स हट्टन द्वारा चक्रीय व्यवस्था के विकास के उपरान्त इस विषय में क्रान्तिकारी परिवर्तन आये। स्वीस विद्वान जॉन जैकोब सचर ने हिमनद की गतियों का अध्ययन किया था, बर्नहार्डी ने हिमनद के कटाव पर प्रकाश डाला था। डी. कारपेन्टीयर ने **"हिमानी सिद्धान्त"** का प्रतिपादन किया। यूरोपीय भू-आकृतिविदों ने काफी योगदान दिया। इनमें चार्ल्स लियेल, लुई आगासीज (हिमयुग की संकल्पना), प्लेफेयर, बर्नहार्डी, कारपेण्टिअर, रेमजे, रिचथोफेन, पेशेल, पेंक आदि प्रमुख हैं। पॉवेल निम्नतम अपरदन तल या आधार तल (Base Level) का अध्ययन किया। गिल्बर्ट ने **'असमान ढाल का नियम'** प्रस्तुत किया। प्रसिद्ध अमेरिकी भू-वैज्ञानिक डट्टन (Dutton C.E.) ने सर्वप्रथम **'भूसन्तुलन'** (Isostasy) शब्द का नामकरण किया था। डेविस महोदय ने स्थलरूपों की उत्पत्ति से सम्बन्धित 'अपरदन चक्र के सिद्धान्त' (Cycle of Erosion) का प्रतिपादन करके भू-आकृति विज्ञान को नवीन स्वरूप दिया। भू-आकृति विज्ञान के व्यवस्थित अध्ययन के लिए सर्वप्रथम अल्ब्रेट पेंक ने भू-आकृति विज्ञान पर पुस्तक लिखी। इनके पुत्र वाल्थर पैंक ने अमेरिकी विद्वान डेविस द्वारा प्रतिपादित अपरदन चक्र की संकल्पना की आलोचना करते हुए लिखा कि अपरदन चक्र एवं भू-उत्थान दोनों साथ-साथ चलते हैं, जबकि डेविस ने स्थल रूपों के विकास में संरचना, प्रक्रम तथा अवस्था को अधिक महत्वपूर्ण माना है।

भू-आकृति विज्ञान में विगत दशकों में निम्नलिखित नूतन प्रवृत्तियाँ उभर कर सामने आयी हैं—

1. एकरूपतावाद के सिद्धान्त को हट्टन महोदय ने प्रतिपादित किया था, जिसे सावधानीपूर्वक प्रयोग किया जाता है। यह सिद्धान्त सर्वत्र लागू नहीं होता है। जैसे कई मरुस्थलीय प्रदेशों में एकरूपता न होकर कुछ नदी-घाटियों की शाखाएं विद्यमान रहती हैं। यद्यपि वहाँ वर्तमान काल में वर्षा नहीं होती है। महाद्वीप विस्थापन के सिद्धान्त तथा प्लेट विर्वतरिकी के आधार पर स्थलखण्ड एवं जलवायु पेटियाँ गतिशील रहती हैं, जिससे भी एकरूपता के सिद्धान्त का सावधानीपूर्वक विचार किया जाता है।
2. भौगोलिक पक्ष की अपेक्षा भू-वैज्ञानिक पक्ष पर अधिक बल दिया जाता है। जैसे—अधोभौमिक जल के अपक्षय की व्याख्या करने में खनिज विज्ञान तथा शैलस्तर क्रमों (Stratigraphic) आदि के सिद्धान्तों को मद्देनजर रखा जाता है।
3. डेविस के अपरदन चक्र की विचारधारा का महत्व कम होता जा रहा है। इसके स्थान पर वाल्टर पैंक के विचार को महत्व दिया जा रहा है। भू-आकृतियों के ढाल से सम्बन्धित नवीन सिद्धान्तों जैसे—पैंक-किंग-मॉडल, हैक का "गतिक सन्तुलन सिद्धान्त" (Dynamic Equilibriuam theory) तथा प्लेट टेक्टोनिक सिद्धान्तों को महत्व मिल रहा है। आर्थर होम्स के संवहन धारा सिद्धान्त को भी मान्यता मिल चुकी है।
4. भू-आकृति विज्ञान में भू-आकृति के प्रादेशीकरण की प्रवृत्ति बढ़ती जा रही है।
5. भू-आकृति विज्ञान के सिद्धान्तों को व्यावहारिक जीवन में उपयोग करने की प्रवृत्ति बढती जा रही है। भू-आकृति विज्ञान के सिद्धान्तों का उपयोग इंजीनियरिंग, भू-विज्ञान में सिंचाई के लिए, बाँध बनाने, सड़कों, रेलमार्गों, पुलों तथा नहरों आदि में किया जाता है।
6. भू-आकृति विज्ञान में मात्राकरण (Quanitification) का प्रयोग बढ़ रहा है। भू-आकृति विज्ञान में मात्रात्मक विवेचन को

आकारमिति (Morphometry) कहते हैं। इसमें सांख्यिकीय तथा गणितीय विधियों का उपयोग बढ़ता जा रहा है।

7. भू-आकृति विज्ञान में मॉडल निर्माण तथा परीक्षण विधियों का उपयोग बढ़ता जा रहा है। इसमें प्राकृतिक अनुरूप विधि (Natural Analogue System), भौतिक विधि (Physical System) तथा सामान्य विधि (General System) आदि मॉडलों का प्रयोग हो रहा है।
8. भू-आकृति विज्ञान का अधिकाधिक आर्थिक, सामाजिक, राजनैतिक तथा मानवीय आवश्यकताओं की पूर्ति के लिए उपयोग हो रहा है। इसमें कृषि सिंचाई साधन, विद्युत निर्माण प्रमुख क्षेत्र हैं।
9. भू-आकृतियों की व्याख्या के कारण केवल स्थलखण्डों की ही नहीं वरन् जलखण्डों के भू-पटल की भू-आकृतियों का अध्ययन निरीक्षण किया जा रहा है।
10. तन्त्र संकल्पना का प्रयोग हो रहा है, इसमें एक वस्तु का दूसरी वस्तु से सम्बन्ध तथा उनका वस्तुओं से सम्बन्ध एवं उनके व्यक्तिगत गुणों का अध्ययन किया।

Notes

1. A. Goudie, *The Dictionary of Physical Geography*, 2000, p. 222.
2. P.G. Worcester, *A Textbook of Geomorphology.* 1949, pp. 3-4.
3. W.D. Thornbury, *Principles of Geomorphology*. 1954, p. 1.
4. F.J. Monkhouse, *A Dictionary of Geography*.
5. A.N. Strahler, *Physical Geography*, 1960, p. 2.
6. A. Homes, *Principles of Physical Geology*, 1965, Nelson, p. 43.
7. Charles Lyell, *Principles of Geology*.
8. A. Goudie, *The Nature of Environment,* 1997.
9. W.D. Thornbury, op. cit., pp. 8-9.
10. W.D. Thornbury, op.cit., p. 10.

2

पृथ्वी का भूगर्भिक इतिहास

(Geological History of the Earth)

पृथ्वी की आयु लगभग 450 करोड़ वर्ष मानी गई है, जिससे विभिन्न प्रमाणों एवं आधारों पर आकलित किया गया है। इसकी उत्पत्ति के बारे में प्राचीनतम से लेकर आधुनिकतम विचारों का विश्लेषण किया जा चुका है लेकिन आज भी पृथ्वी की उत्पत्ति का प्रामाणिक कारण स्पष्ट नहीं हो सका है। पृथ्वी की आयु का स्पष्ट निर्धारण न होने का प्रमुख कारण समुचित प्रमाणों का अभाव माना जाता है क्योंकि विभिन्न प्रकृति के प्रमाण परस्पर मेल नहीं खाते तथा भ्रम बना रहता है। यदि यह माना जाये कि आँखों के सामने घटित घटना को ही सत्य माना जाये तो यह भी उपयुक्त प्रतीत होता क्योंकि भूगर्भिक घटनायें विभिन्न दरों से घटित होती हैं जिनके अध्ययन के लिए लम्बा समय आवश्यक होगा। अतः हमें पृथ्वी पर मिले विभिन्न प्रमाणों पर ही विश्वास करना होगा। ये प्रमाण शैलों तथा जीव-जन्तुओं व पादपों के जीवाश्मों के रूप में मिलते हैं।

पृथ्वी की आयु के निर्धारण का अध्ययन **"भूकालक्रमविज्ञान"** (Geochronology) में किया जाता है। प्रारम्भिक समय में पृथ्वी की आयु निर्धारण विभिन्न प्रमाणों के आधार पर किया गया जो निम्नलिखित हैं :

1. **पृथ्वी का ठण्डा होना** (Cooling of the Earth)—पृथ्वी के ठण्डे होने की दर के आधार पर पृथ्वी की आयु का निर्धारण किया। विभिन्न गणनाओं के उपरान्त सिद्ध हुआ है कि भूसतह के नीचे की ओर प्रति 32 मीटर पर 1° सेल्सियस तापमान की वृद्धि हो जाती है। इस सम्बन्ध में स्कॉटलैण्ड के विद्वान् लार्ड केल्विन ने सन् 1862 में एक संकल्पना प्रस्तुत की तथा बताया कि प्रारम्भिक समय में पृथ्वी एक पिघले पिण्ड के रूप में थी जो कालान्तर में धीरे-धीरे ठण्डी हुई है। केल्विन महोदय ने भूसतह की ताप प्रवणता की गणना करके पृथ्वी की आयु 2 करोड़ वर्ष से 40 करोड़ वर्ष के मध्य बताई।

2. **सागरों की लवणता (Salinity of the Oceans)**—सागरीय जल लवणीय होता है, जिसमें स्थानिक भिन्नता मिलती है। ऐसा माना जाता है कि यह लवणता सागरों के निर्माण के समय नहीं थी। कालान्तर में धरातलीय जल स्रोतों (नदियों) द्वारा लवण सागरों में पहुँचे। शोध के उपरान्त पाया गया कि नदियों द्वारा लाये गये लवण तथा सागरीय लवण में समानता मिलती है। अतः यदि प्रतिवर्ष के लवणीय जमाव की दर का पता लगा लिया जाये तो सागरों की आयु का पता लगाया जा सकता है। जोली ने इस सन्दर्भ में प्रयोग कर स्पष्ट किया कि सागरों में विद्यमान लवणों की कुल मात्रा 1.26×10^{22} ग्राम है तथा भूसतह से प्रतिवर्ष 1.56×10^{14} ग्राम लवण जमा किया जाता है तथा इस गणना के आधार पर सागरों की आयु निम्न होगी :

   $$\text{सागरों की आयु} = \frac{1.26 \times 10^{22}}{1.26 \times 10^{14}} \; 80,000,000 \text{ वर्ष।}$$

   उपर्युक्त आकलन द्वारा केवल सागरों की आयु का पता लगा है, पृथ्वी की आयु का नहीं। सन् 1755 में एडमंड हेली ने महासागरीय लवणता का मापन किया तथा एक दशक उपरान्त पुनः यह कार्य किया तथा इस अवधि में सागरीय लवणता में हुई वृद्धि के आधार पर पृथ्वी की आयु निर्धारण का प्रयास किया। लवणता के जमाव की दर के आधार पर पृथ्वी की

आयु का निर्धारण करने में मुख्य समस्या यह है कि सागरों में नदियों द्वारा प्राप्त होने वाला लवण अवसादों द्वारा जमा होकर स्थल में परिवर्तित होता रहता है। अतः ऐसी दशा में लवणों की कुल मात्रा का आकलन कैसे होगा। नदियों के अतिरिक्त ज्वालामुखी तथा तटीय पवनों द्वारा भी सागरों में लवण जमा होते हैं। अतः केवल नदियों को ही लवणों के जमाव का स्रोत नहीं माना जा सकता है।

3. **अवसादीकरण** (Sedimentation) – विभिन्न प्राकृतिक प्रक्रमों द्वारा अवसादी शैलों का जमाव किया जाता है। अवसाद एवं अवसादी शैलों का जमाव एक सतत् प्रक्रिया है। अवसादों के निरन्तर जमाव से अवसादी शैलों की सघनता बढ़ती जाती है। यदि इनके जमाव की कुल मोटाई तथा वार्षिक दर निकाल ली जाये तो प्रथम अवसादी शेलों के निर्माण की आयु का पता लगा लेंगे तथा इस आधार पर पृथ्वी की आयु का आकलन किया जा सकता है। इनका साधारण आकलन निम्नलिखित रूप में किया जा सकता है :

$$\text{प्रथम अवसादी शैल का निर्माण काल} = \frac{\text{अवसादी शैल की कुल सघनता या गहराई}}{\text{प्रतिवर्ष जमाव की दर}}$$

इस प्रकार अवसादी शैलों की मोटाई या गहराई की माप तथा तलछट जमा होने की दर का आकलन 1860 से 1910 के दौरान अनेक स्थानों पर किया गया तथा इस आधार पर पृथ्वी की आयु 30 लाख वर्ष से 160 करोड़ वर्ष के मध्य आकलित की गई।

4. **जीवाश्म** (Fossils) – भूपटल पर स्थित विभिन्न प्रकार की शैलों में मृत जीवों के अवशेष या अस्थिपंजर दबे मिलते हैं। इन्हें जीवाश्म कहते हैं। ये अवसादी शैलों में मिलते हैं तथा इन जीवाश्मों के आधार पर ही अवसादी शेलों की सापेक्षिक आयु ज्ञात की जाती है। इस सन्दर्भ में प्रसिद्ध फ्रांसीसी भूवैज्ञानिक जे. वी. कुवियर (1769-1832) तथा ब्रोगंनि आर्ट (1770-1847) ने पेरिस के समीपवर्ती क्षेत्रों की अवसादी शैलों का अध्ययन किया। इसी प्रकार सर चार्ल्स लायल (Sir Charles Lyell - 1797-1875) ने जीवाश्मों का विस्तृत अध्ययन किया जिसका विवरण उनकी पुस्तक *"The Principles of Geology"* में दिया है।

5. **अपरदन की दर** (Rate of Erosion) – अनेक भूवैज्ञानिकों ने यह मत दिया कि पृथ्वी पर स्थित विभिन्न भू-आकारों के अपरदन की दर का आकलन करके पृथ्वी की आयु ज्ञात की जा सकती है। यदि हम वर्तमान तक के कुल अनाच्छादनकारी पदार्थों की मात्रा तथा अनाच्छादन की वार्षिक दर का पता लगा लेते हैं, तो पृथ्वी की आयु का आकलन आसान हो जायेगा। सामान्यतः कुछ भूवैज्ञानिकों ने यह अनुमान लगाया है कि एक मीटर मोटी सतही परत के अपरदित होने में लगभग 30 हजार वर्ष लगेंगे।

6. **रेडियोधर्मी तत्व** (Radioactive Elements) – सर्वप्रथम सन् 1896 में प्रसिद्ध फ्रांसीसी भौतिक विशेषज्ञ हेनरी ने यूरेनियम से बाहर आने वाली शक्ति (Power) पर अनुसंधान कर बताया कि इससे फोटोग्राफी की प्लेटें बिना प्रकाश के (अंधेरे में) क्रियाशील हो जाती हैं। हेनरी महोदय ने यूरेनियम के इस गुण को रेडियो सक्रियता नाम दिया। इसके उपरान्त सन् 1903 में पियरे क्यूरी (Pierre Curie) ने रेडियो सक्रिय तत्वों के विखण्डन से उष्मा उत्पत्ति का प्रथम प्रमाण दिया। एक वर्ष उपरान्त सन् 1904 में रदरफोर्ड़ ने रेडियो सक्रिय तत्वों की सहायता से चट्टानों की आयु की गणना करने का प्रयास किया।

रेडियो सक्रिय तत्वों में यूरेनियम एवं थोरियम में सर्वाधिक रेडियो सक्रिय कण उपलब्ध रहते हैं। ये दोनों तत्व भूपटल में पायी जाने वाली शैलों में विभिन्न रूपों में मिलते हैं। ये तत्व विखण्डन द्वारा उष्मा उत्पन्न करते हैं यूरेनियम विघटित होने पर ऊष्मा की उत्पत्ति द्वारा उसका रूप बदल जाता है तथा सीसा का निर्माण हो जाता है। अतः शैलों में विद्यमान सीसे (Lead) की मात्रा से यह ज्ञात किया जा सकता है कि कितने समय में इतने यूरेनियम से सीसे का रूपान्तरण हुआ है। इस प्रकार उक्त शैल की आयु भी ज्ञात की जा सकती है। शैलों में यूरेनियम के विखण्डन से हीलियम गैस भी उत्पन्न होती है तथा बैसाल्टिक शैलों

की उपस्थिति हीलियम की मात्रा ज्ञात करके भी चट्टानों की आयु ज्ञात की जा सकती है। रेडियो सक्रिय पदार्थों की उपस्थिति आज से 1500 करोड़ वर्ष पूर्व मानी गई है जिस आधार पर पृथ्वी की आयु 20 से 30 करोड़ के मध्य मानी गई है।

समय की खोज (Discovery of Time)

स्काटलैण्ड के एडिनबर्ग में भूवैज्ञानिक शोधार्थियों के एक समूह द्वारा भूगार्भिक समय की खोज की गई, इस समूह का नेतृत्व प्रसिद्ध भूवैज्ञानिक जैम्स हटन (James Hutton - 1726-1797) ने किया। इन्होंने काल निर्धारण की पारम्परिक विधियों को नकार दिया तथा आर्कबिशप अशर (A. Bishop User) नामक ईसाई पादरी द्वारा सत्रहवीं शताब्दी में पृथ्वी की आयु के बारे में दिये गये विचारों का विरोध किया। सन् 1658 में लन्दन में प्रकाशित पुस्तक *"The Annals of The World"* में यह विवरण मिलता है कि अशर ने पृथ्वी की उत्पत्ति ईसा से 4004 वर्ष पूर्व 2 अक्टूबर को प्रातः सात बजे होना बताया जिस आधार पर पृथ्वी की आयु लगभग 6000 वर्ष हुई। हट्टन तथा उनके सहयोगी विद्वानों ने ऐसे धार्मिक प्रभावों के विरुद्ध प्रामाणिक अध्ययन प्रारम्भ किया। इन्होंने स्कटिश तट की शैलों का अध्ययन किया। उन्होंने बताया कि समय की जड़ें प्रत्येक व्यक्ति की सोच से अधिक गहरी हैं। हट्टन की समय की खोज पृथ्वी के इतिहास में घटित घटनाओं के परिणामस्वरूप उत्पन्न शैलीय पदार्थों की व्याख्या पर आधारित था। इस दृष्टिकोण से पृथ्वी के बारे में प्रचलित सोच को नई दिशा दी।

हट्टन महोदय ने बताया कि *'वर्तमान भूत की कुंजी है'* (The present is key to the past)। अर्थात् भूसतह वर्तमान में स्थित स्थलरूपों की संरचना, आकार तथा स्वरूप को देखकर इसका इतिहास खोज सकते हैं। हट्टन महोदय ने बताया कि पृथ्वी पर प्राचीन काल से भूगर्भिक परिवर्तन होते आये हैं तथा वर्तमान में भी हो रहे हैं। प्राचीन काल में हुए भूगर्भिक परिवर्तन आकस्मिक या प्रलयवादी (Catastrophic) नहीं थे। वर्तमान में हो रहे भूगर्भिक परिवर्तन भी इनके समरूप ही थे। हट्टन की इसी विचारधारा को **"एकरूपतावाद"** (Uniformitarinism) की विचारधारा कहते हैं। इसका विवरण सन् 1785 में *'रॉयल ज्यॉग्राफिकल सोसायटी ऑफ एडिनबर्ग'* के समक्ष प्रस्तुत शोध पत्र *"Concerning the system of the Earth, its Duration and Stability"* में मिलता है। यह बाद में 1755 में *"The theory of Earth with Proof and Illustration"* नामक पुस्तक में प्रकाशित हुआ।

हट्टन ने सर्वप्रथम पृथ्वी के इतिहास में चक्रीय अवस्था का प्रतिपादन किया तथा कहा कि, **"न तो आदि का पता है, न अन्त का भविष्य"** (No vestige of a biginning no prospects of an end.)। इसी प्रकार हट्टन ने अपनी पुस्तक में लिखा है कि ***"शैलें पृथ्वी के इतिहास की पुस्तक के पृष्ठ हैं।"*** *(Rocks are the pages of the books of earth History)।* आगे उन्होंने बताया कि शैलों की उत्पत्ति का समय ज्ञात करने के लिए शैलों की परतों का परस्पर सम्बन्ध, रासायनिक रचना तथा बनावट का अध्ययन करना पड़ता है। इस आधार पर कहा जा सकता है कि जो कार्य कॉपरनिकस ने अन्तरिक्ष के बारे में किया, वही हट्टन ने समय के लिए किया। हट्टन से पूर्व मानवीय इतिहास को ही सम्पूर्ण इतिहास माना जाता था। अब आधुनिक वैज्ञानिक उपकरणों की सहायता से भूवैज्ञानिकों ने अनेक भूगर्भिक तथ्यों का अध्ययन किया है। आधुनिक विज्ञान पृथ्वी के इतिहास को समझने में काफी विकसित हो चुकी है। **तापीयगतिकी** (Thermodynamics), विद्युत चुम्बकत्व (Electro magnetism) रसायन विज्ञान (Chemistry) तथा अन्य इनसे सम्बद्ध वैज्ञानिक संकायों ने विभिन्न सिद्धान्तों के आधार पर पृथ्वी की उत्पत्ति तथा विकास के बारे में अनेक खोजें की हैं।

मानक भूगर्भिक समय मापनी (The Standard Geological Time Scale)

पृथ्वी की आयु का निर्धारण होने पर उसकी उत्पत्ति से लेकर वर्तमान समय तक के कालक्रम (Chronology) को किस प्रकार व्यवस्थित किया जाये तथा साथ ही यह भी स्पष्ट किया जाये कि किस समय पृथ्वी पर कौनसी भौतिक तथा जैविक घटना घटित हुई। इन सभी समस्याओं के निदानार्थ विभिन्न प्रमाणों तथा प्रयोगों के उपरान्त भूवैज्ञानिकों ने मानक भूगर्भिक समय मापनी का निर्माण किया है। इस दिशा में प्रथम प्रयास फ्रांसीसी विद्वान बफन (Buffon) ने किया। इन्होंने पृथ्वी के इतिहास को सात युगों

में विभक्त किया। बफन महोदय ने यह स्पष्ट नहीं किया कि कौन-सा युग कब प्रारम्भ हुआ। शैलों का अध्ययन करने के उपरान्त पृथ्वी के इतिहास की प्रमाणिक समय सारणी यूरोप में तैयार की गई जिसे बाद में विश्वस्तर पर अपनाया गया।

मानक भूगर्भिक समय मापनी को विभिन्न स्तम्भों के रूप में दर्शाया गया है, जो कल्प (Aeon or Eon), महाकल्प (Era), काल (Period) एवं युग (Epoch) को प्रदर्शित करते हैं। भूगर्भिक समय के पदानुक्रम की दृष्टि से कल्प (Eon), महाकल्प (Era), काल (Period), युग (Epoch), आयु (Age), तथा समय (Chron or Chrono) का क्रम अवरोही क्रम (Descending Order) में व्यवस्थित है। भूगर्भिक इतिहास को प्रारम्भिक समय में दो प्रमुख कल्पों (Aeons) में विभक्त किया गया। ये कल्प **क्राइप्टोजोइक कल्प** (Cryptozoic Eon) तथा **फेनेरोजोइक कल्प** (Phanerozoic Eon) हैं जिन्हें बाद में तीन कल्पों में विभक्त कर दिया गया (i) क्राइप्टोजोइक कल्प (Cryptozoic Eon) (ii) प्रीकेम्ब्रीयन कल्प (Pre Cambrian Eon) (iii) फेनेरोजोइक कल्प (Phanerozoic Eon)

इसी प्रकार कल्पों को पुनः चार प्रमुख महाकल्पों (Eras) में विभक्त किया गया : (1) प्रीकेम्ब्रीयन महाकल्प (Pre Cambrian Era) (2) पुराजीवी महाकल्प (Paleozoic Era) (3) मध्यजीवी महाकल्प (Mesozoic Eon) (4) नवजीवी महाकल्प (5) (Cainozoic or Cenozoic Era)।

कल्पों (Eons) की समयावधि के अनुसार सबसे बड़ा कल्प प्रीकेम्ब्रीयन कल्प रहा जिसकी अवधि सम्पूर्ण भूगर्भिक इतिहास की 87.6 प्रतिशत रही तथा इसके बारे में अधिक स्पष्ट तथा विस्तृत जानकारी भी नहीं मिलती है। प्रीकेम्ब्रीयन कल्प के दो भाग हैं : (i) आद्य (Archean) तथा (ii) प्रोटेरोजोइक। शेष 12.4 प्रतिशत समयावधि की भौगोलिक जानकारी प्राप्त हुई है। इसे फेनेरोजोइक कल्प कहा जाता है। *Phanerozoic* दो शब्दों *Phanero* तथा *zoic* से मिलकर बना है जिनका अर्थ **क्रमशः** *Phanero* = *दृष्टिगत (visible)* तथा *Zoic* = *जीवन (Life)* है। अर्थात् इस कल्प में दृष्टिगत जीवन का विवरण दिया गया है जिसके प्रमाण तथा जीवावशेष मिलते है। इसे तीन महाकल्पों—पुराजीवी, मध्यजीवी तथा नवजीवी में विभाजित किया गया है। इस प्रकार सम्पूर्ण भूगर्भिक इतिहास को पृथ्वी पर विकसित जैविक तथा अजैविक भूदृश्यों के अनुसार विभिन्न समयावधियों में विभक्त कर एक मानक भूगर्भिक समय मापनी के रूप में प्रस्तुत किया गया है जिसका विवरण निम्नलिखित है:

1. प्रीकेम्ब्रियन महाकल्प (Precambrian Era)

यह भूगर्भिक इतिहास का प्राचीनतम महाकल्प है। इस महाकल्प में भूपर्पटी संगठित हुई थी। प्रोटेरोजोइक (Proterozoic), अजोइक (Azoic) तथा आर्कियन (Archean) इसके समानार्थी शब्द माने गये हैं। जबकि कुछ स्थानों पर इन्हें प्रीकेम्ब्रियन कल्प के महाकल्प माना गया है। प्रीकेम्ब्रियन को क्राइप्टोजोइक (Cryptozoic) का समानार्थी भी बताया गया है। *Cryptozoic* दो शब्दों *Crypto* तथा *zoic* से मिलकर बना है। जिनका अर्थ क्रमशः *Crypto* = *अदृश्य (Hidden)* = तथा zoic = *जीवन (Life)* होता है अर्थात् वह समयावधि जिसका दृष्टिगत विवरण नहीं मिलता है।

प्रीकेम्ब्रियन महाकल्प की समयावधि 4600 मिलियन वर्ष पूर्व से 570 मिलियन वर्ष पूर्व तक मानी गई है। इस दौरान पृथ्वी पर अनेक भूगर्भिक घटनाऐं सम्पन्न हुई। प्रीकेम्ब्रियन शैलें मुख्यतः रवेदार (Crystalline) आग्नेय तथा कायान्तरित हैं जो अत्यन्त जटिल (complex) हैं। भारत का प्रायद्वीप पठार प्रीकेम्ब्रियन शैलों से निर्मित है। प्रीकेम्ब्रियन काल से पूर्व की हिम चादर गर्म जलवायु से टूट गई थी। वनस्पति में केवल सागरीय घास की परत थी। इस समय जीवन केवल उष्ण सागरों में था जिसके स्वरूप तथा उत्पत्ति का कारण स्पष्ट नहीं हो सका है। प्रीकेम्ब्रियन शैलों में धात्विक खनिज बहुलता से मिलते हैं, जिनमें सोना, लोह-अयस्क, चांदी, तांबा, मैगनीज क्रोमियम प्रमुख हैं।

2. पुराजीवी महाकल्प (Paleozoic Era)

पुराजीवी महाकल्प अंग्रेजी भाषा के *'Paleozoic'* का पर्याय है जो दो शब्दों *Paleo* तथा *zoic* से मिलकर बना है। इनका अर्थ क्रमशः *Paleo* = *Ancient* (प्राचीन) तथा *zoic* = *Life* (जीवन) होता है अर्थात् प्राचीन काल का जीवन। इसकी समयावधि

चित्र 2.1 *भूगर्भिक समय मापनी, यह मापनी वास्तविक तथा सापेक्षिक तिथिकरण की विधियों की सहायता से संगठित की गई है। वास्तविक तिथियाँ (Absolute Dates) रेडियोएक्टिव तिथिकरण जैसी आधुनिक तकनीकी विधियों से निर्धारित की गई है। (Geological Society America, After R.W. Christopherson)*

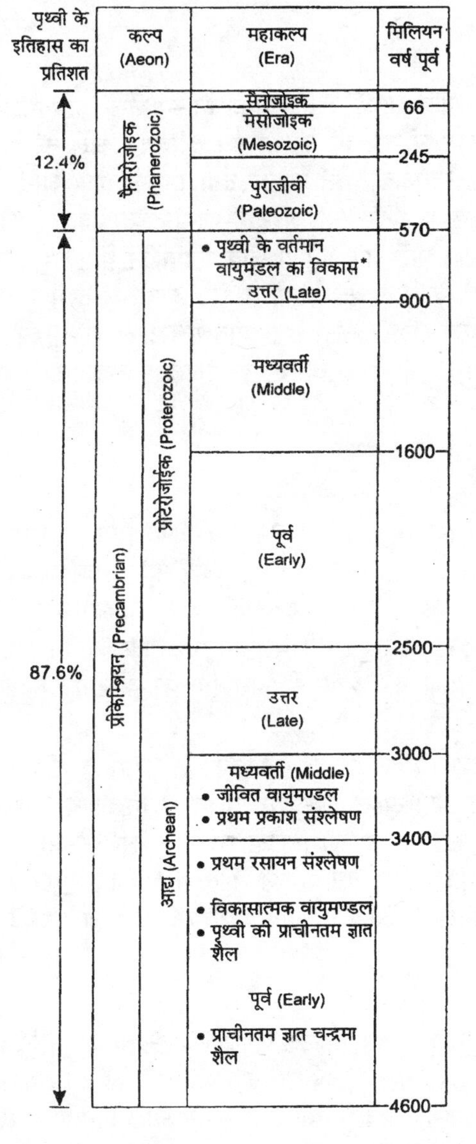

महाकल्प (Era)	काल (Period)	युग (Epoch)	मिलियन वर्ष पूर्व	
नवजीवी / सैनोजोइक (Cenozoic)	चतुर्थक • प्रथम मानव	होलोसीन	0.01	0.04% / 1.4% / 5.3% / 12.4%
		प्लीस्टोसीन	1.6	
	• प्रथम होमीनायॅड तृतीयक • प्रथम घास • प्रथम विशाल स्तनधारी	प्लायोसीन	5.3	
		मायोसीन	23.7	
		ओलीगोसीन	36.6	
		इयोसीन	57.8	
		पैलियोसीन	66.4	
मध्यजीवी (Mesozoic)	• लारामाइड पर्वतन (orogeny) • नेवेडन पर्वतन क्रिटेशियस • अटलांटिक बेसिन में दरार(Rifting) • डायनोसौर चरमोत्कर्ष पर • फूलदार पादप		144	
	जुरासिक • प्रथम पक्षी और स्तनधारी		208	
	ट्रायसिक • पैंजिया का निर्माण • डायनोसौर के विकास काल		245	
पुराजीवी (Paleozoic)	परमियन • अलेघेनी पर्वतन		286	
	कार्बोनीफेरस	पेनसिलवेनियन • प्रथम सरीसृप	320	
		मिसीसिपियन • प्रथम पंखदार कीट	360	
	डेवोनियन • प्रथम वृक्ष, उभयचर		408	
	सिल्यूरियन • प्रथम पादप, कीट		438	
	ओर्डोविसियन		505	
	कैम्ब्रियन • प्रथम मछली, शैलफिश		570	
प्रीकेम्ब्रियन				

* Approximate stage in the development of earth's atmosphere.

570 मिलियन वर्ष पूर्व से 245 मिलियन वर्ष पूर्व तक मानी गई है। इसे केम्ब्रियन, ओर्डोविसियन, सिलुरियन, डिवोनियन, कार्बोनिफेरस तथा परमियन आदि छः कालों में विभक्त किया गया है। कभी-कभी इसे प्राथमिक महाकल्प (Primary Era) भी कहते हैं। विश्व की प्रमुख पर्वत निर्माणकारी घटनाएं इस महाकल्प में सम्पन्न हुई। इनमें केलेडोनियन (Caledonian) तथा वारिस्कन (Variscan) उल्लेखनीय हैं। इस महाकल्प के छः काल निम्नलिखित हैं :

(i) केम्ब्रियन काल (Cambrian Period)

केम्ब्रियन शब्द *'केम्ब्रिया'* (Cambria) से बना है, जो वेल्स (Wales) का लेटिन नाम है। जहाँ सर्वप्रथम इन शैलों का अध्ययन किया गया। यह काल 570 मिलियन वर्ष पूर्व आरम्भ हुआ तथा 505 मिलियन वर्ष पूर्व तक चला। केम्ब्रियन काल की शैलें वेल्स, उत्तरी पश्चिमी स्कॉटलैण्ड तथा पश्चिमी इंग्लैण्ड में मिलती हैं। इसी प्रकार की शैलें कनाडा तथा संयुक्त राज्य अमेरिका के ग्राण्ड कैनियन क्षेत्र में भी मिलती हैं। इस काल में शैल-स्लेट में तथा बलुआ पत्थर क्वाईजाइट में कार्यान्तरित मात्रा हुई थी। इस समयावधि में शेलों में संसार के प्राचीनतम जीवों के जीवाश्म (Fossils) पाये जाते हैं। ये जीव रीढविहीन थे। इस समय समुद्र छिछला था तथा मुख्य विस्तार उत्तरी अमेरिका, आस्ट्रेलिया, यूरोप एवं ब्रिटेन के कुछ भागों में था। जीवों का उद्गम समुद्रों में हुआ। इस काल के जीवों में शैवाल (Algae) कवक (Fungi), डायटम (Diatoms) तथा जीवाणु (Bacteria), स्पोंजी (Sponges), घेंघा (Snails), मौलस्क (Molluscs) तथा ट्राइलोबाइट (Trilobite) प्रमुख थे। इस काल में ट्राइलोबाइट की अधिकता थी जिस कारण इसे ट्राइलोबाइट काल भी कहते हैं।

(ii) ओर्डोविसियन काल (Ordovician Period)

इसका नामकरण मध्य वेल्स की एक प्राचीन सेल्टिक जनजाति ओर्डोविसेज (Ordovices) के नाम पर किया गया है। इसकी समयावधि 505 मिलियन वर्ष पूर्व से 438 मिलियन वर्ष पूर्व तक मानी गई है। इस काल में विस्तृत रूप में ज्वालामुखी उद्गार हुए तथा कैलेडोनियन पर्वत निर्माणकारी हलचल हुई। ओर्डोविसियन काल की शैलें वेल्स के अतिरिक्त उत्तरी अमेरिका तथा उत्तरी-पश्चिमी यूरोप में मिलती हैं। इस दौरान सागरीय तली में भी ज्वालामुखी उद्गार हुए थे। जलवायु में उष्णता आयी। पादप केवल सागरों तक ही सीमित थे तथा अब भी जीवन सागरों में ही पाया जाता था। प्रथम रीढदार जीव का अविर्भाव हुआ। सागरों का विस्तार हुआ तथा तलछटी शैलों का विकास हुआ।

पूर्वी संयुक्त राज्य अमेरिका में टेकोनियन (Taconian) पर्वत निर्माणकारी हलचल हुई। अफ्रीका के सहारा के रेगिस्तान में मिले जीवाश्मों के अध्ययन से पता चलता है कि पहले यहाँ पर हिमावरण था। ट्राइलोबाइट इस युग में भी मिलते थे। पादप जीवन में सागरीय घासपात से आगे विकास नहीं हो पाया तथा स्थल पर कोई जीवन नहीं मिलता था। इस काल में सागरीय जीवों में सी लिली (Sea Lily), स्टेनफिश (Stanfish), ग्रेप्टोलाइट (Graptolites) तथा प्रवाल (Corals) आदि प्रमुख हैं। उत्तरी अमेरिका की ओर्डोविसियन शैलों में कुछ विचित्र शैलों के जीवाश्म मिले हैं, जिन्हें आधुनिक मछलियों की माना गया है।

(iii) सिलूरियन काल (Silurian Period)

सिल्यूरियन काल का नामकरण भी वेल्स की एक *'सिल्यूरेस' (Silures)* नामक प्राचीन सेल्टिक जनजाति (Celtic Tribe) के नाम पर किया गया है। इसका समय 438 मिलियन वर्ष पूर्व प्रारम्भ होकर 408 मिलियन वर्ष पूर्व तक माना गया है। इस काल की शैलें वेल्स के सीमावर्ती भागों श्रॉपशायर (ग्रेट ब्रिटेन) बाल्टिक प्रदेश तथा कनाडा एवं संयुक्त राज्य अमेरिका के नियाग्रा प्रपात क्षेत्र में मिलती हैं। इस काल में सागर तल में काफी उतार-चढाव आया, जिसका प्रभाव स्थलीय भागों पर भी पड़ा।

इस काल की केलेडोनियन भू-हलचल ने सम्पूर्ण स्थलीय भाग को प्रभावित किया। मछलियों का आगमन इस काल में प्रारम्भ हो गया था। इस समय स्थलीय पौधों का उद्गम शुरू हो गया था। कूकसोनिया (Cooksoniea) पादप इस समय उत्पन्न हुआ लेकिन इनमें पत्ते नहीं थे। इनके जीवाश्म आस्ट्रेलिया में मिले हैं। जल जीवों की मात्रा में वृद्धि हुई। इनमें प्रवाल (Corals)

सागरीय लिली (Sea Lily), ग्रेप्टोलाइट (Graptolites), जियन्टो (Gianto) तथा बिच्छू (Scarpians) प्रमुख थे। ये बिच्छू 9 फीट तक लम्बे होते थे। इस काल में सांस लेने वाले जीवों का भी विकास हुआ। सागरों में रीढ़वाले जीवों (Vertabrates) का विकास हुआ। प्रवालों का विकास विस्तृत रूप में हुआ तथा प्रथम स्थलीय पादप भी इसी काल में विकसित हुआ।

(iv) डिवोनियन काल (Devonian Period)

इसका नामकरण दक्षिणी-पश्चिमी इंग्लैण्ड की डेवोन (Devon) काउण्ट्री के नाम पर किया गया है। इसका काल 408 मिलियन वर्ष पूर्व से 360 मिलियन वर्ष पूर्व तक माना गया है। केलेडोनियन हलचल का उच्चतम विकास इसी काल में हुआ तथा महाद्वीपों पर उच्च पर्वतमालाएँ बनीं। यूरोप में स्केण्डेनेविया, स्कॉटलैण्ड के उत्तर-पश्चिम, उत्तरी आयरलैण्ड में पर्वतों का निर्माण हुआ। स्थलीय भागों में भी विस्तार हुआ। इस काल में ज्वालामुखी उद्गार हुए। लाल बलुआ पत्थर का विकास यूरोप में हुआ। जलवायु उष्ण तथा अर्द्धशुष्क रही थी।

पृथ्वी पर हरित आवरण में वृद्धि हुई तथा जड़ों, तने तथा पत्तियों वाले वृक्षों का विकास हुआ। फर्न की ऊंचाई 40 फीट तक पायी जाती थी। कशेरूकी (Vertebrates) जीवों का तीव्रता से विकास हुआ। सभी प्रकार की मछलियों के पूर्वज विकसित हो चुके थे। आदिम शार्क (Primitive Shark) का आविर्भाव हुआ जो 20 फीट तक लम्बी थी।

इस काल में मछलियों की संख्या अत्यधिक बढ़ी थी जिस कारण इसे **मछली युग** (Age of Fish) कहते हैं। सागरीय क्षेत्रों में प्रवाल शैलें बनने लगी थीं। प्रथम उभयचर (Amphibian) इसी काल में अस्तित्व में आये। इनमें इस्थियोस्टेज (Ichthyostage) प्रमुख थे। अकशेरुकी जीव सागर को छोड़कर स्थलीय भागों से अनुकूलन करने लगे थे। इनमें आर्थोपोडा वर्ग के जन्तु कनखजूरे (Millipedes), शतपाद (Centipedes), कुटकी (Mites), बिच्छू (Scorpians) तथा मकड़ियाँ (Spiders) मुख्य थे। इसी काल में मरुस्थलों में बलुआ पत्थर बने थे।

(v) कार्बोनीफेरस काल (Carboniferous Period)

विस्तृत रूप में फैले कोयले के रूप में फैले कार्बन की उपलब्धता के आधार पर इसका नामकरण किया गया है। इसी कारण इसे **'कोयला युग'** (Coal Age) भी कहते हैं। इसका विस्तार 360 मिलियन वर्ष पूर्व से 286 मिलियन वर्ष पूर्व तक माना गया है। कार्बोनीफेरस काल की शेलों को दो भागों में विभक्त किया गया है; प्रथम, पेन्सिलवेनियन, तथा द्वितीय मिसिसीपियन। इसका नामकरण ऊपरी मिसिसीपी घाटी के नाम पर किया गया है। इस काल में आरमोरिकन (Armorican) भू-हलचल हुई जिससे सभी महाद्वीपों में पर्वतों का निर्माण हुआ। इस हलचल से ब्रिटेन तथा पश्चिमी फ्रांस सर्वाधिक प्रभावित रहे।

इस काल में जलवायु परिवर्तन हुआ तथा तापमान में वृद्धि हुई। जलवायु अधिक आर्द्र हुई तथा वर्षा की अधिकता के कारण दलदलों (Swamps) का अत्यधिक विस्तार हुआ। इन पर सघन वन क्षेत्रों का विकास हुआ। वृक्षों की ऊंचाई 100 फीट तक हो गई थी। भू-हलचल के कारण ये वन समुद्रों में डूब गये तथा कालान्तर में इनके ऊपर अवसाद की परतें जमती गई। जब ये भाग पुनः ऊपर उठे तो इन पर फिर वनावरण विकसित हुआ तथा पुनः जलमग्न हुए। यही क्रिया बार-बार हुई तथा भूमिगत हुए वनों के कायान्तरण से कालान्तर में कोयले का निर्माण हुआ। यही कोयला वर्तमान में हमें उपलब्ध होता है। यह क्रिया सर्वाधिक उत्तरी गोलार्द्ध में हुई। उभयचरों का विकास जारी रहा तथा सागरीय तथा स्थलीय जीव जन्तुओं में विविधता आयी। प्रथम बार सरिसृपों ने स्थलों पर प्रजनन किया। कुछ कीड़े-मकोड़ों में पंखों का विकास हुआ। इसी काल में गोंडवाना में हिमानीकरण हुआ।

(vi) परमियन काल (Permian Period)

मर्किसान (Marchisan) के सुझाव पर 1841 में इस काल का नामकरण रूस के पर्म (Perm) प्रान्त के नाम पर किया गया। इसका समय 286 मिलियन वर्ष पूर्व से 245 मिलियन वर्ष पूर्व तक का माना गया है। इस काल में वेरिस्कन (Variscan)

भू-हलचल घटित हुई जो आर्मोरिकन के समकालीन थी। इसी समय यूरोप, एशिया तथा पूर्वी संयुक्त राज्य अमेरिका (अप्लेशियन) में पर्वत निर्माण हुआ। उत्तरी गोलार्द्ध में जलवायु खुश्क रही जबकि दक्षिणी गोलार्द्ध के अनेक भाग हिमावरित रहे। ट्राइलोबाइट समाप्त हो गये। नुकीली पत्ती वाले वृक्षों का विकास हुआ। सदाबहार वनों में कमी आयी तथा सूखा सहन करने वाले पर्णपाती पौधों का विकास हुआ।

इस युग में सरीसृपों (Reptiles) का सर्वाधिक विकास हुआ, जिस कारण इसे **"सरीसृप युग"** भी कहा जाता है। इनमें डाइमेस्ट्रोडोन प्रमुख था। रेंगने वाले डायनोसोर भी पाये जाते थे। पैंजिया के दक्षिणी भागों में ग्लोसोप्टोरिस (Glossoptories) पाया जाता था इसके अवशेष वर्तमान समय में भारत, अफ्रीका तथा आस्ट्रेलिया में मिलते हैं। इस काल में सागरीय जीवों तथा पादपों का प्रभाव सागरों से हटकर स्थलों में बढ़ने लगा था।

3. मध्यजीवी महाकाल (Mesozoic Era)

भूगर्भिक समय मापनी में मध्यजीवी महाकाल की अवधि 245 मिलियन वर्ष पूर्व से 66.4 मिलियन वर्ष पूर्व तक मानी गई है। प्रथम स्तनधारी तथा पक्षी इसी महाकल्प में में उत्पन्न हुए। इस महाकल्प में जलवायु इतनी शुष्क हो गई थी कि अण्टार्कटिका की हिम पिघलने लगी थी। विशाल पशुओं का आगमन हुआ। टेथीज सागर इसी समयावधि में दो भागों में विभाजित हुआ था। मध्यजीवी महाकल्प को तीन कालों में विभक्त किया गया है जिनका विवरण निम्नलिखित है—

(i) ट्रायसिक काल (Triassic Period)

इसका नामकरण जर्मनी के तीन वलित पर्वतों के नाम पर किया गया है। इसका प्रारम्भ 245 मिलियन वर्ष पूर्व तथा अन्त 208 मिलियन वर्ष पूर्व माना गया है। यहीं से मध्यजीवी महाकल्प का प्रारम्भ होता है। इस समय गोंडवाना प्रदेश ब्राजील, दक्षिणी व मध्य अफ्रीका, मेडागास्कर, दक्षिणी भारत तथा आस्ट्रेलिया आदि के रूप में परस्पर जुड़ा हुआ था।

ट्रायसिक काल की जलवायु पेड़-पौधों के विकास के अनुकूल थी, जो बाद में आर्द हो गई थी। सायकाड (Cycads), फर्न (Fern) तथा नुकीली पत्तियों वाले शंकु (Conifers) वनों का विकास हुआ। डायनोसोर इसी युग में उत्पन्न हुये तथा प्रथम स्तनधारी जीव (Mammals) का भी आगमन हुआ। मछली के आकार वाले मासाहारी सरीसृप विकसित हुए, जिनमें स्थियोसोर्स (Ichtyosaurs) तथा फ्लाइंग फिश (Flying Fish) प्रमुख हैं। डायनोसोर 6 फीट तक लम्बे थे। पेड़-पौधों की कमी के कारण वायुमण्डल में ऑक्सीजन की कमी रही जिस कारण अन्य जीवों का विकास नहीं हो पाया। प्रथम तितली तथा दीमक का भी इसी समय आगमन हुआ।

(ii) जुरासिक काल (Jurassic Period)

इसका नामकरण वान हम्बोल्ट द्वारा 1795 में फ्रांस के जूरा (Jura) पर्वत के नाम पर किया गया है। इसका विस्तार 208 मिलियन वर्ष पूर्व से 144 मिलियन वर्ष पूर्व तक माना गया है। इस काल में सागरों का विस्तार हुआ। स्थल के अधिकांश स्थानों पर वनों तथा दलदली मैदानों का झीलों था विसर्पोयुक्त नदियों के साथ विस्तार हुआ। पश्चिमी संयुक्त राज्य अमेरिका के समुद्र में मिट्टी का जमाव हुआ तथा कोलोरेडो के पठारी भाग में मरुस्थलीय दशाएँ विकसित हुई। जलवायु मृदु दशाओं वाली रहीं तथा वनस्पति के प्रचुर मात्रा में विकसित होने के लिए पर्याप्त मात्रा में वर्षा की उपलब्धता रही। शंकुधारी, फर्न तथा ट्रीफर्न का विकास हुआ। फूलों वाले पौधे भी विकसित हुए।

इस काल में विशाल जीवो का तीव्रता से विकास हुआ। ये जन्तु जल-थल तथा वायु तीन परिवेशों में रहते थे। इनकी गर्दन लम्बी तथा भारी होती थी। ये जीव शाकाहरी थे तथा विवेक का अभाव था। इनकी लम्बाई 33 मीटर तथा वजन में 36 मैट्रिक टन तक था। उड़ने वाले पशु **'उरंग'** कहलाते थे। **'टेरीडेक्टाइल'** इसी प्रकार का एक उरंग था। तीन आँख वाली **स्फेनोडन छिपकली** का भी इसी युग में आगमन हुआ। आर्कियोप्टेरिक्स (Archaeopteryx) नामक प्रथम पक्षी इसी काल में विकसित

हुआ। विभिन्न प्रकार के मगरमच्छों (Crocodiles) का भी आविर्भाव हुआ। इस युग में सर्वाधिक प्रभाव डायनासोर का रहा, जो सम्पूर्ण काल में प्रभावी रहे। डायनोसोर के दो समूह थे, प्रथम सारिस्कियन (Saurischian), जो छिपकली के सदृश्य थे तथा द्वितीय आर्निथिस्कियन (Ornithischian) थे, जो पक्षी सदृश्य थे।

(iii) ***क्रिटेशियस काल*** *(Cretaceous Period)*

इस काल का नामकरण ग्रीक शब्द क्रेटा (Creta) के नाम पर हुआ है, जिसका अर्थ है—**खड़िया (Chalk)**। इसकी समयावधि 144 मिलियन वर्ष पूर्व से 66.4 मिलियन वर्ष पूर्व मानी गई है। इस काल में स्थल भाग पर सागरीय आक्रमण हुआ तथा ब्रिटेन से रूस तक का भूभाग जलमग्न हो गया था। जलमग्न होने के कारण यहाँ चूने की परतें जमा हो गई थीं, नदियाँ धीमी गति से प्रवाहित होने लगीं तथा विशाल डेल्टाओं का निर्माण हुआ। ज्वालामुखी उद्गार से लावा दक्षिणी भारत के पठारी भाग में फैल गया। लेरेमाइड भूहलचल हुई तथा अमेरिका का कार्डिलेरा पर्वत बना।

जलवायु निरन्तर मृदु होती रही जिस कारण वनस्पति का विस्तार हुआ। ग्रीनलैण्ड तथा आस्ट्रेलिया में हिमावरण बना। पैंजिया का विघटन प्रारम्भ हुआ तथा अफ्रीका एवं अमेरिका के मध्य समुद्र का उद्गम हुआ। गोण्डवाना भूखण्ड छोटे-छोटे भागों में विभाजित होना प्रारम्भ हो गया था। टेथीज सागर के उत्तर में स्थित लारेशिया में चिलोनिया (Chelonia) एवं थिराप्सिडा (Therapsida) जन्तुओं का विकास हुआ जलवायु शुष्क एवं आर्द्र होने पर पतझड़ वनों का विकास हुआ, जिनमें अंजीर (Fig), मैग्नोलिया (Magnolia), पॉपलर (Poplar) प्रमुख वृक्ष हैं। इस काल में डायनोसोर विलुप्त प्रायः हो चुके थे। भीमकाय कछुए तथा सागरीय साँप विकसित हुए। मछलियाँ पूर्ण विकसित हो गई थीं। फूलदार पौधों का जन्म हुआ। रेंगने वाले पशुओं का विकास हुआ।

4. नवजीवी महाकल्प (Cenozoic or Cainozoic Era)

नवजीवी महाकल्प जो अंग्रेजी के *'Cenozoic'* का पर्याय है, दो शब्दों *Ceno* तथा *zoic* से मिलकर बना है, जिनका अर्थ क्रमशः *Ceno* = *Recent* (नूतन) तथा *Zoic* = *Life* (जीवन) है। अर्थात् नूतन या आधुनिक जीवन (Modern Life) का इतिहास नवजीवी महाकल्प में बताया गया है। इसका प्रारम्भ 66.4 मिलियन वर्ष पूर्व हुआ था। इसे दो कालों (Periods) तथा 7 युगों (Epoches) में विभाजित किया गया है। प्रथम काल, तृतीयक (Tertiary) तथा द्वितीय चतुर्थक (Quternery) है। तृतीयक काल को पांच युगों तथा चतुर्थक काल को दो युगों में बाटा गया है। मानव चतुर्थक काल के जीव हैं।

(i) तृतीयक काल (Tertiary Period)

यह काल 66.4 मिलियन वर्ष पूर्व प्रारम्भ तथा 1.6 मिलियन वर्ष पूर्व समाप्त हुआ। इस दौरान अनेक भूगर्भिक हलचलें हुई तथा स्थल में उत्थान हुआ। पृथ्वी पर महाद्वीपों का आधुनिक स्वरूप इसी काल में विकसित हुआ। हिमालय, आल्पस, रॉकीज तथा एण्डीज पर्वत इसी काल में बने। इसकाल को निम्नलिखित 5 युगों में विभाजित किया गया है :

पुरानूतन युग *(Palaeocene Epoch)*

इस युग की अवधि 66.4 मिलियन वर्ष पूर्व से 57.8 मिलियन वर्ष पूर्व के मध्य मानी गई है। इस युग में रॉकी पर्वत का उद्‌भव हुआ। घास-पात में वृद्धि हुई। आदि स्तनधारियों (Primitive Mammals) में उच्च विकास हुआ। घोड़े का जन्म हुआ तथा लगभग आधुनिक रूप में विकसित हुआ। यूरोप, उत्तरी अमेरिका अभी भी परस्पर जुड़े हुए थे। प्रथम माँसाहारी स्तनधारियों का आगमन इसी समय हुआ। इन्हें **'क्रिओडोण्ट्स'** (Creodonts) कहा जाता था। प्रारम्भिक तीक्ष्ण दन्तक (Rodents) भी इस युग में जीवित रहे। इनमें कुतरने या चबाने (Gnawing) के लिए लम्बे कृन्तक (Incisors) थे। इस युग के जीवों में प्लेसियाडेपीस (Plesiadepis), फेनाकोड्स (Phenacodes), परामिस (Paramys) प्रमुख थे।

आदिनूतन युग (Eocene Epoch)

इसका विस्तार 57.8 मिलियन वर्ष पूर्व से 36.6 मिलियन वर्ष पूर्व तक माना गया है। इस युग में भूतल में दरारें बनीं तथा लावा बाहर आकर भूसतह पर फैल गया। आर्कटिक, स्कॉटलैण्ड आयरलैण्ड तथा भारत के दक्कन के पठार पर लावा का सर्वाधिक जमाव हुआ। पतझड़ वृक्षों तथा फूलदार पादपों का विकास हुआ। जलवायु उष्ण हुई तथा लन्दन में मलेशियन प्रकार के वनों का विकास हुआ।

इसी युग में प्रथम बार खुर वाले जीवों (Ungulates) का आगमन हुआ। मछलियों का वर्तमान स्वरूप के सदृश्य विकास हो चुका था। आधुनिक स्तनधारियों की अनेक प्रजातियों का विकास हुआ। हाथी तथा गेंडे (Rhinoceros) के पूर्वजों का घोड़े, सुअर तथा मवेशियों का आगमन हुआ। मयनमार क्षेत्र में आदि बन्दर तथा गिब्बन का उद्‌भव हुआ।

अल्पनूतन युग (Oligocene Epoch)

यह युग 36.6 मिलियन वर्ष पूर्व से प्रारम्भ होकर 23.7 मिलियन वर्ष पूर्व समाप्त हुआ। पूरे युग में स्थलीय उत्थान जारी रहा। अल्पाइन हलचल के परिणामस्वरूप आल्पइन पर्वत का विकास हुआ। वन क्षीण हुए तथा घास का विस्तार हुआ। घास खाने वाले स्तनधारियों की संख्या में वृद्धि हुई। आधुनिक कुत्ता तथा भालू के पूर्वजों का विकास हुआ। प्रथम कपि या वानर (Ape) का डोयडीकोरस इसी प्रकार का कपि था। संभवतया इसे ही मानव का पूर्वज माना गया था। छोटे दात व सूण्ड वाले हाथी का भी विकास हुआ। कुछ शाकाहारी जन्तुओं, गाय, भैंस, भेड़, बकरी आदि के पूर्वजों का भी आगमन शुरू हो गया था।

मध्यनूतन युग (Miocene Epoch)

इनका विस्तार 23.7 मिलियन वर्ष पूर्व से 5.3 मिलियन वर्ष पूर्व तक माना गया है। इस युग में शक्तिशाली भूहलचलें हुई। भूमध्य सागर भू आवेष्टित (Landlocked) सागर बना। यूरोपियन तथा एशियाई भूखण्ड परस्पर पूर्णतया जुड़ गये थे। वर्षा की मात्रा में वृद्धि होने से अनेक क्षेत्रों में अपरदन बढ़ा। आल्पस तथा हिमालय का निर्माण पूर्ण हुआ तथा अनेक स्थानों पर ज्वालामुखी उद्गार भी हुए। मायोसीन युग की वनस्पति वर्तमान वनस्पति के समान थी। हाथी, घोड़े, गेंडे आदि आधुनिक विकास की ओर अग्रसर रहे। ये आस्ट्रेलिया तथा दक्षिणी अमेरिका में विचरण करते थे क्योंकि अभी ये गोण्डवानालैण्ड के रूप में परस्पर जुड़े हुए थे। मानव के पूर्वज होमोइरेक्टस (Homoeractus) का आगमन मध्य अफ्रीका में प्रारम्भ हो गया था। सागरों में भीमकाय शार्क (20 मीटर तक लम्बी) की संख्या में कमी आयी जबकि बोनीफिश तथा मानी फिलेज का विकास शुरू हुआ। कपि (Ape) की संख्या बढ़ी। अण्टार्कटिका में मानव जितने लम्बे आदिपेंग्विन रहने लगे।

अतिनूतन युग (Pliocene Epoch)

अतिनूतन या प्लायोसीन युग का विस्तार 5.3 मिलियन वर्ष से लेकर 1.6 मिलियन वर्ष पूर्व तक माना गया है। इस युग में विशाल शाकाहारी स्तनधारियों का आधिपत्य रहा, जिनमें मेमूथ (Mammoths), जंगली भैंसे (Bison) तथा गैंडे (Rhinocers) प्रमुख थे। प्रथम हॉमिनायड्स या मानवसम (Hominids) का इस युग में आगमन हुआ। इनका मस्तिष्क कपि (Ape) से बड़ा था। महासागर अपने वर्तमान स्वरूप में विकसित होने लगे थे। स्थलीय अवतलन फलस्वरूप उत्तरी सागर, काला सागर, केस्पियन सागर तथा अरल सागर का जन्म हुआ। भीमकाय शार्क विलुप्त हो गई थी। मानव सदृश्य कपि आस्ट्रेलोपिथियकस (Australopithecus) का प्रभाव बढ़ने लगा। उष्ण कटिबन्धीय भागों में घासों की अधिकता के कारण मध्य अफ्रीका में बिना पूंछ के बन्दर का विकास हुआ। हाथी का विकास हुआ तथा उसका विस्तार अफ्रीका, यूरोप, एशिया तथा उत्तरी अमेरिका में हुआ। साइबेरिया में मिले हाथी के जीवाश्मों को मेमूथ कहा गया है जबकि सामान्यतः विशाल स्तनधारियों को मैमूथ कहा जाता है। मैमूथ प्लीस्टोनीन में विलुप्त हो गये थे।

चित्र 2.2 *जैविक विकास द्वारा पृथ्वी पर जीवन के विभिन्न रूपों के विकास का सामान्यीकृत इतिहास चौबीस धण्टे की समय मापनी पर संगठित है। (After T. Garrison)*

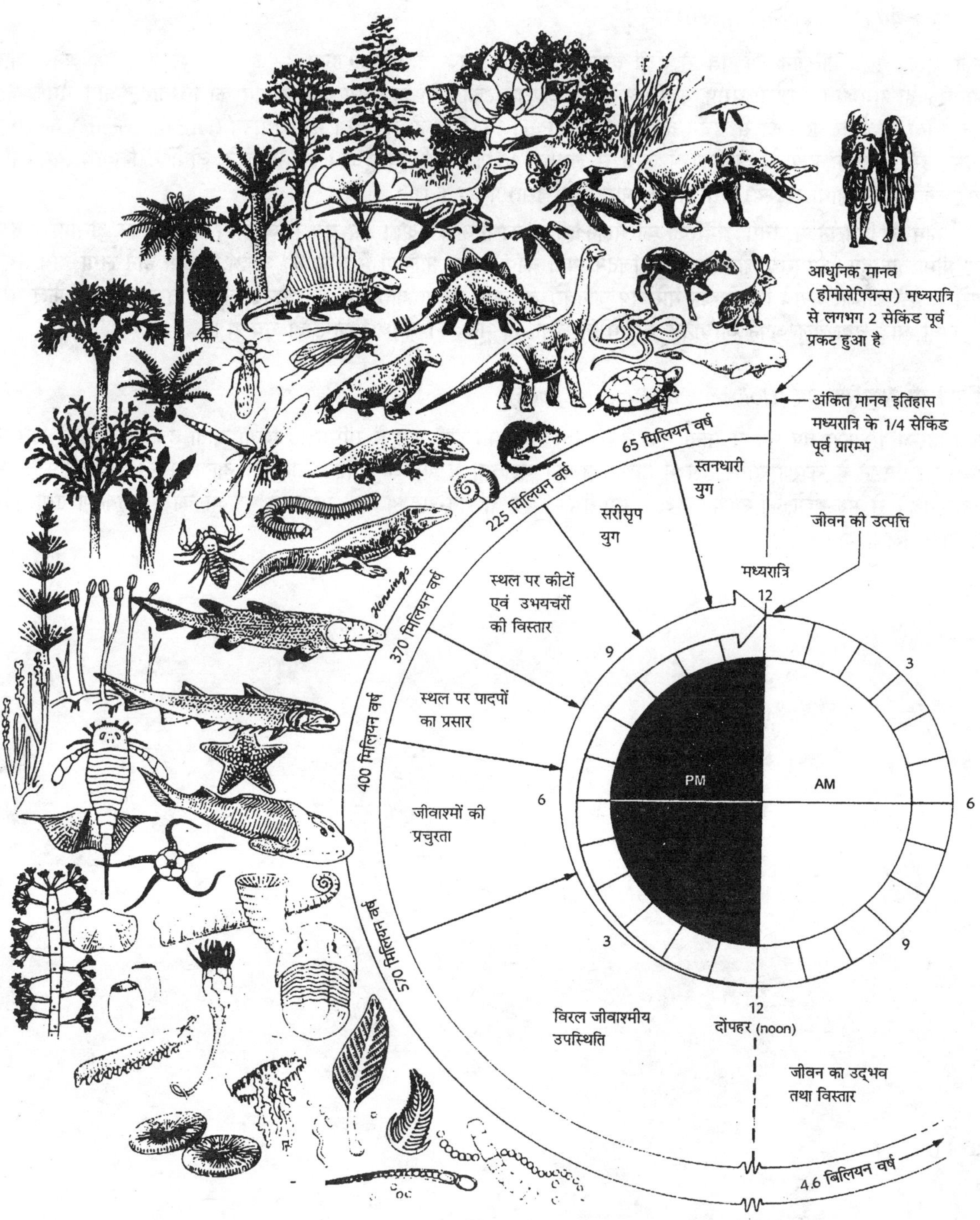

(ii) चतुर्थक काल (Qurternary Period)

अत्यन्तनूतन युग *(Pliestocene Epoch)*

इसका प्रारम्भ 1.6 मिलियन वर्ष पूर्व से हुआ तथा 10,000 वर्ष पूर्व ही समाप्त हुआ है। इस युग में पृथ्वी के अनेक भाग हिमावरित हो गये थे। मुख्यतः यूरोप, उत्तरी अमेरिका, अण्टार्कटिका तथा हिमालय क्षेत्र में हिम का विस्तार हुआ। मेमूथ जैसे अनेक जीवों के शरीर पर ठण्ड से बचने के लिए समूर (Fur) विकसित हो गये थे। मेधावीमानव (Homosepiens) का प्रथम आगमन इसी काल में हुआ व अफ्रीका में आज से लगभग 10,000 वर्ष पूर्व हुआ। इस काल के जीवों में शिवाथेरियम (घोड़े जैसा), डेनोथेरियन (हाथी सदृश्य), मेगोलोसर्स (बारहसिंगे जैसा) प्रमुख हैं।

हिम के पिघलने से उत्तरी अमेरिका की महान झीलों का निर्माण हुआ। इस युग में जलवायु में परिवर्तन असामान्य तथा चरम सीमा तक हुए। सागरीय जीवन वर्तमान जितना था। कपि सदृश्य प्राणियों में बुद्धि का अच्छा विकास होने लगा था। उसने पत्थरों से ऐसे औजार बनाये जिनसे वह मारे गये जानवरों को काट सकता था। यह आदिमानव एशिया तथा यूरोप में फैल गया था। हाथी, घोड़े तथा बैल अपने आधुनिक रूप में विकसित हो गये थे। मेमूथ विलुप्त हो गये थे।

अभिनव या आधुनिक युग *(Holocene or Recent Epoch)*

इसका प्रारम्भ 10,000 वर्ष पूर्व से माना गया है। आधुनिक समय इसी युग में सम्मिलित किया जाता है। इस युग में हिम के निरन्तर घटते रहने के कारण सागर तल में उत्थान हुआ। जलवायु में भी आनुपातिक परिवर्तन आता गया। उत्तरी अफ्रीका में शुष्कता बढ़ने से मरुस्थलों का उद्भव हुआ। सागरीय जीवन वर्तमान सदृश्य था। मानव ने पशुओं का पालतूकरण तथा कृषि कार्य सीख लिया था।

3

पृथ्वी की आन्तरिक संरचना
(Interior Structure of the Earth)

पृथ्वी की आन्तरिक संरचना के बारे में प्राप्त जानकारी पर विभिन्न मतों में वैचारिक भिन्नता रही है। मानव आदिकाल से ही पृथ्वी की उत्पत्ति, आयु तथा आन्तरिक संरचना के बारे में भौगोलिक जानकारी जुटाने में प्रयत्नशील रहा है। यह जानकारी विभिन्न स्रोतों से प्राप्त हुई है जिनमें प्राकृतिक स्रोतों में ज्वालामुखी उद्गार, भूकम्पीय तरंगें तथा भूतल में धसाँव प्रमुख हैं। इनके अतिरिक्त अनेक मानवीय गतिविधियों (कुओं, खदानों तथा संछिद्रों) द्वारा भी पृथ्वी की आन्तरिक संरचना की जानकारी मिली है।

प्रत्यक्ष प्रमाणों के अभाव में यद्यपि पर्याप्त जानकारी नहीं मिल पायी है लेकिन पृथ्वी के आन्तरिक भागों में गहराई के साथ तापमान, दबाव तथा घनत्व में होने वाले परिवर्तन से विभिन्न तथ्यों का आकलन किया जाता है। पृथ्वी के आन्तरिक भागों की तापीय एवं भौतिक दशाओं के द्वारा पृथ्वी की संरचना एवं संगठन के बारे में जानकारी प्राप्त करने में भी सहायता मिलती है। पृथ्वी की आन्तरिक संरचना के बारे में जानकारी देने वाले विभिन्न साधनों को निम्नलिखित तीन भागों में विभक्त किया जा सकता है :

1. अप्राकृतिक साधन (Artificial Sources)

(i) **दबाव** (Pressure)—दबाव एवं घनत्व में अनुकूल सम्बन्ध पाया जाता है अर्थात् दबाव बढ़ने पर घनत्व भी बढ़ता है लेकिन आधुनिक अनुसंधानों द्वारा यह सिद्ध हो गया है कि पृथ्वी के आन्तरिक भाग में दबाव बढ़ने के साथ घनत्व बढ़ता है लेकिन एक सीमा बाद दबाव के अधिक होने पर भी घनत्व नहीं बढ़ता है। इससे स्पष्ट हुआ है कि पृथ्वी के अन्तरतम भाग (core) का अधिकतम घनत्व बढ़ते दबाव से न होकर अधिक भार एवं उच्च घनत्व वाले तत्वों के बने होने से है। अनेक शोध करने पर पाया गया है कि पृथ्वी का अन्तरतम भाग लोहा एवं निकिल के मिश्रण से बना है। इस प्रकार के चुम्बक प्रधान तत्वों की उपस्थिति पृथ्वी की चुम्बकीय स्थिति को भी स्पष्ट करती है।

(ii) **घनत्व** (Density)—पृथ्वी का औसत घनत्व 5.5 है। इसका आकलन सर्वप्रथम 1774 में न्यूटन के गुरुत्वाकर्षण के सिद्धान्त के अनुसार किया गया जिसमें यह कहा गया था कि, *"आकर्षण शक्ति पदार्थ के द्रव्य की मात्रा के अनुपात में बढ़ती है और उनके मध्य की दूरी के अनुपात में कम होती है।"* महाद्वीपों की सतही परत का घनत्व 2.7 है, जो सिलिका एवं एल्यूमिनियम (Silica + Aluminium = Sial) से बनी है। जबकि पृथ्वी के अन्तरतम भाग (core) के पदार्थों का घनत्व ऊपरी परतों से अधिक है। यहाँ पाये जाने वाले पदार्थ जल की तुलना में 10 से 12 गुना भारी हैं। अतः यह माना गया है कि पृथ्वी का अन्तरतम भाग (core) निकिल तथा लोहे (Nickle + Ferreum (iron) = Nife) से बनी है। मध्यवर्ती परत का घनत्व लगभग 4.3 है, जिसमें सिलिका तथा मैग्नेशियम (Silica + Magnesium) की प्रधानता है। इस आधार पर भू-गर्भवेत्ताओं का मत है कि पृथ्वी विभिन्न परतों से बनी है, जिनमें गहराई के साथ घनत्व बढ़ता जाता है। (चित्र 3.1)

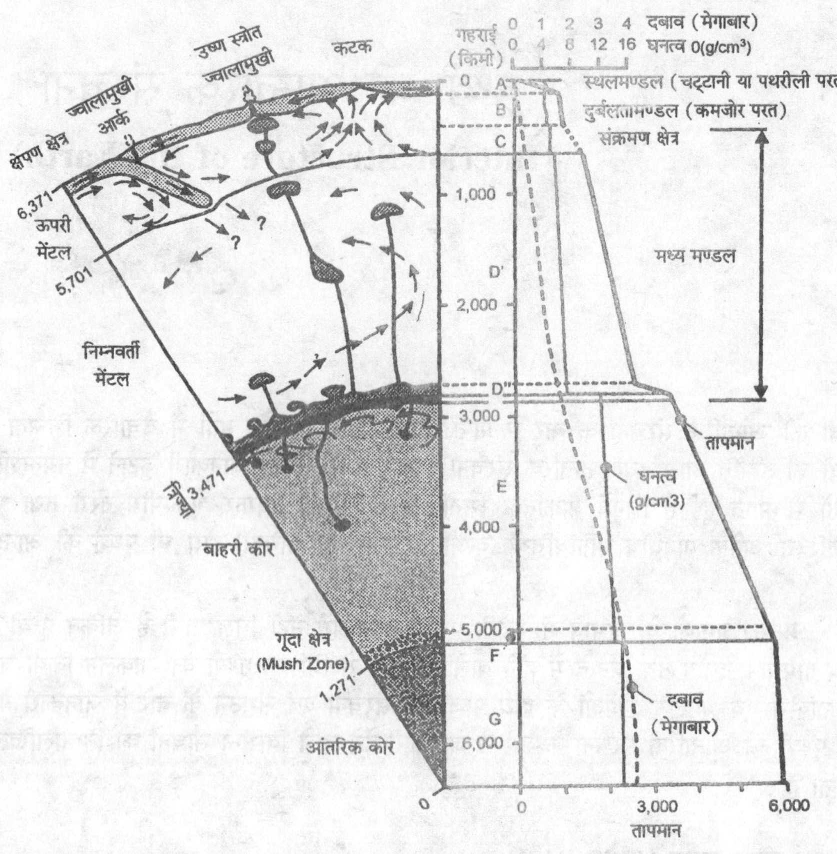

चित्र 3.1 *ठोस पृथ्वी की परतें, A से G भूकंपीय क्षेत्रों को प्रदर्शित करते हैं। गहराई के अनुसार दबाव, घनत्व एवं तापमान में वृद्धि हो जाती है। (R.J. Huggett, 1991)*

(iii) तापमान (Temperature) – यह सर्वविदित तथ्य है कि भू-सतह से पृथ्वी के आन्तरिक भाग की ओर जाने पर तापमान 1° सेल्सियस प्रति 32 मीटर की गहराई पर बढ़ जाता है। इस दर से तापमान बढ़ने पर 48 किमी. की गहराई पर दुर्बलता मण्डल (Asthenosphere) का तापमान 1200° सेल्सियस से 2000° सेल्सियस तक हो जायेगा। जिस कारण चट्टानें तथा खनिज ठोस अवस्था में नहीं रह सकते। अतः स्पष्ट है कि लावा के उद्गार के स्रोत इसी गहराई पर स्थित हैं। यदि यह माना जाये कि तापमान 1° सेल्सियस प्रति 32 मीटर की दर से बढ़ता है, तो पृथ्वी के केन्द्र का तापमान 4000°C होना चाहिए। भू-वैज्ञानिकों द्वारा यह भी स्पष्ट किया जा चुका है कि पृथ्वी के आन्तरिक भागों में तापमान बढ़ने की दर आरम्भ में तीव्रता से बढ़ती है तथा गहराई पर जाकर घटती है, क्योंकि भू-सतह में तापमान के मुख्य स्रोत रेडियोधर्मी खनिज हैं, जिनकी सर्वाधिक मात्रा 100 किमी तक की गहराई पर ही पायी जाती है। इसके उपरान्त घटती मात्रा में ही उपलब्ध होते हैं। इस प्रकार पृथ्वी के आन्तरिक भाग की तापीय स्थिति निम्नलिखित रूप में पायी जाती है:

(a) 48 किमी. की गहराई पर लगभग 1100° सेल्सियस तापमान पाया जाता है।

(b) 400 तथा 700 किमी. की गहराई पर क्रमशः लगभग 1500° सेल्सियस तथा 1900° सेल्सियस तापमान मिलता है।

(c) मेंटल (आवरण परत) तथा द्रवित अन्तरतम भाग (Molten core) के मध्यवर्ती भाग में लगभग 2900 किमी की गहराई पर लगभग 4700° सेल्सियस तापमान मिलता है।

(d) बाहरी द्रवित भूक्रोड (Outer Molten Core) तथा आन्तरिक क्रोड (लगभग 5100 किमी. की गहराई पर) में लगभग 4300° सेल्सियस तापमान मिलता है।

स्पष्ट है कि भूपटल के नीचे औसतन 1 किमी. की गहराई पर लगभग 31.25° सेल्सियस तापमान बढ़ जाता है। इसी आधार पर केलविन ने पृथ्वी के केन्द्रीय भाग का तापमान 7000°F बताया है। इस प्रकार पृथ्वी के आन्तरिक भागों में गहराई के साथ तापमान व दबाव में वृद्धि होती जाती है।

2. प्राकृतिक साधन (Natural Sources)

(i) **ज्वालामुखी क्रिया** (Volcanicity)– ज्वालामुखी क्रिया के द्वारा भू-सतह पर लावा का विस्तार होता है। इस आधार पर विभिन्न भू-वैज्ञानिकों का मत है कि भू-गर्भ में द्रवावस्था वाली परत पायी जाती है। यहीं से ज्वालामुखी क्रिया के दौरान तप्त लावा तथा गैसें भू-सतह पर आती हैं। स्पष्ट है कि ज्वालामुखी से निसृत पदार्थों की प्रकृति के आधार पर पृथ्वी की आन्तरिक संरचना के बारे में सामान्य जानकारी अवश्य प्राप्त होती है लेकिन कोई प्रामाणिक तथ्य नहीं मिलते हैं।

(ii) **भूकम्प विज्ञान** (Seismology)– भूकम्प विज्ञान में भूकम्पीय तरंगों क्रियाविधि, तथा कारण-प्रभाव का अध्ययन किया जाता है। उन्नीसवीं शताब्दी में पृथ्वी की आन्तरिक संरचना की प्रकृति के बारे में वैचारिक भिन्नता एक बड़ा विवाद का विषय बन गई थी। इस बारे में हो रहा सैद्धान्तिक विकास प्रमाणों के अभाव में अवरुद्ध हो गया। 1906 में रिचार्ड ओल्डहम (R.D. Oldham) ने स्पष्ट किया कि सम्पीड़ित भूकम्पीय तरंगें (P. Waves) पृथ्वी के आन्तरिक भागों में अचानक धीमी हो जाती हैं तथा आगे तक प्रवेश नहीं कर पाती हैं। पृथ्वी के द्रवित आन्तरिक भाग के बारे में यह शक्तिशाली प्रमाण था। इसके तीन वर्ष उपरान्त एण्ड्रीजा मोहोरोविसिक ने पता लगाया कि पृथ्वी के अन्दर 60 किमी. की गहराई पर भूकम्पीय तरंगों की गति लगभग 7.2 से 8.0 किमी. प्रति सेकेण्ड है। उन्होंने ही **"मोहो"** भूकम्पीय असम्बद्धता ('*Moho*' Seismic discountinuity) की खोज की जो भूपर्पटी एवं मेण्टिल के मध्य सीमांकन करती है। (बाक्स 3.1) 1926 में बीनो गुटनबर्ग (Gutenberg, B.) ने भी भूकम्पीय असम्बद्धता के बारे में अनेक साक्ष्य खोजे। इसे **गुटनबर्ग असम्बद्धता** कहा गया तथा 1950 में परमाणु विस्फोटों से प्राप्त प्रमाणों के आधार पर विश्व स्तर पर मान्यता मिली।

स्पष्ट है कि भूकम्पीय तरंगों द्वारा पृथ्वी की आन्तरिक संरचना के बारे में पर्याप्त जानकारी प्राप्त की जा सकती है। भूकम्पीय तरंगों (Seismic Waves) का अध्ययन भूकम्प लेखी (Seismograph) द्वारा किया जाता है।

पृथ्वी के आन्तरिक भाग में जहाँ भूकम्पीय हलचल आरम्भ होती है उसे भूकम्पमूल (Focus) कहते हैं तथा इसके ठीक ऊपर भूसतह पर स्थित भाग को, अधिकेन्द्र (Epicentre) कहते हैं। भूकम्प मूल से मुख्यतः तीन प्रकार की भूकम्प तरंगें उत्पन्न होती हैं। पृथ्वी की विभिन्न परतों से प्रवाहित होने वाली इन भूकम्पीय तरंगों के व्यवहार से पृथ्वी के संगठन तथा संरचना के सम्बन्ध में सर्वाधिक प्रमाणिक साक्ष्य प्राप्त होते हैं। भूकम्पीय हलचल के दौरान प्राथमिक तरंगें (Primary or P-Waves) द्वितीयक या गौण तरंगें (Secondary or S-Waves) तथा धरातलीय तरंगें (Surface Waves) उत्पन्न होती हैं :

बाक्स 3.1 *मोहोरोविसिक असम्बद्धता (Mohorovicic Discontinuity)*

मोहोरोविसिक असम्बद्धता ऐसी सतही सीमा है जो भूपर्पटी (Earth's crust) को मेण्टिल से पृथक करती है। इसका सीमांकन उस स्तर पर किया जाता है जहाँ पी-तरंगें (P-waves) तीव्रता से वेग परिवर्तित करती हैं। यह परिवर्तन 6.7 से 7.2 किमी/सेकेण्ड (भूपर्पटी के नीचे) से 7.6 से 8.6 किमी/सेकेण्ड (ऊपरी मेण्टल के शिखर पर) रहती हैं। इनकी गहराई सागरीय तली के नीचे 5 से 10 किमी. से महाद्वीपीय भागों के नीचे 32 किमी. तक रहती हैं। यह अधिकतम 60 किमी. की गहराई (पर्वतों के नीचे) तक पहुँच जाती है। इसकी मोटाई 0.2 से 3 किमी. तक मानी गई है।

इसका नामकरण इसके खोजकर्ता एण्ड्रीजा मोहोरोविसिक (A. Mohorovicic, 1857-1936) नामक क्रोशियन भूकम्प वैज्ञानिङ के नाम पर किया गया है। जिन्होंने 1909 में इसे प्रस्तुत किया। संक्षिप्त में इसे *मोहो* (Moho) अथवा *एम-असम्बद्धता* भी कहते हैं।

(a) **प्राथमिक या लम्बवत् तरंगें** (Primary or Longitudinal Waves) – इन्हें सम्पीड़ित तरंगें (Compressional Waves) भी कहते हैं। ये तरंगें ध्वनि तरंगों के समान होती हैं। जिसमें तरंग व कणों की गति **सीधी** रेखा में होती है। ये तरंगें अत्यधिक गतिमान वाली लघु तरंग दैर्ध्य तथा ठोस पदार्थों में तीव्रता से गति कर सकती हैं। साथ ही ये तरंगें ठोस भागों के अतिरिक्त भूक्रोड (core) में स्थित तरल भाग में भी प्रवाहित होती हैं। तरल पदार्थों में इनकी गति धीमी हो जाती है। इन तरंगों के अध्ययन द्वारा हमें पृथ्वी की आन्तरिक संरचना के बारे में काफी जानकारी मिली है।

(b) **द्वितीयक या गौण तरंगें** (Secondary or S-waves) – इनकी प्रकृति जल व प्रकाश तरंगों के समान होती है। इन्हें तिर्यक या आड़ी (Transverse) तरंगें भी कहते हैं। इनमें कणों की गति तरंग की दिशा के समकोण पर होती है। द्वितीयक तरंग तरल पदार्थों में यात्रा नहीं कर सकती है। ये तरंगें उच्च आवृत्ति तथा लघु तरंग दैर्ध्य (Short wave length) वाली होती हैं, जो भूकम्प मूल (Focus) से विभिन्न दिशाओं में घनत्व के अनुपात में विभिन्न तीव्रता से यात्रा करती हैं। ये द्रवावस्था में लुप्त होकर अत्यधिक गहराई तक प्रवेश कर जाती हैं। इनकी उत्पत्ति तनाव शक्ति के कारण मानी जाती है।

(c) **धरातलीय तरंगें** (Surface or L-waves) – इन्हें दीर्घ अवधि तरंगें भी कहा जाता है। ये सामान्यतः भूसतह को प्रभावित करती हैं तथा कुछ गहराई पर जाकर समाप्त हो जाती हैं। धरातलीय तरंगें निम्न आवृत्ति तथा लम्बी तरंग दैर्ध्य वाली होती हैं, जो अधिकेन्द्र (Epicentre) के पास अचानक विकसित होती हैं। इन्हें भूकम्प के दौरान सर्वाधिक भयंकर तथा विनाशकारी माना जाता है। ये सभी तरंगों में सर्वाधिक लम्बी हैं।

जब भूकम्प उत्पन्न होता है, तो भूकम्पीय तरंगें अधिकेन्द्र के पास भूकम्पलेखी यन्त्र द्वारा अंकित की जाती हैं। आरम्भ में लघु तथा कमजोर कम्पन (Tremor) होता है, जिसे प्राथमिक तरंग कहते हैं। एक छोटे अन्तराल के बाद अपेक्षाकृत तीव्र कम्पन होती है, जिसे द्वितीयक या गौण तरंग कहते हैं तथा अन्त में अधिक समय तक आने वाली तरंगों को धरातलीय तरंगें कहते हैं। इन भूकम्पीय तरंगों के वेग (Velocity) एवं मार्ग के आधार पर पृथ्वी की आन्तरिक संरचना तथा संघटन के बारे में जानकारी प्राप्त की जा सकती है। भूकम्पीय तरंगें ध्वनि तरंगों के समान होने के कारण ठोस पदार्थों में तीव्रता से प्रवाहित होती हैं जबकि तरल पदार्थों में इनकी गति धीमी हो जाती है। एक शोध के उपरान्त पाया गया है कि समान प्रकृति वाली ठोस चट्टानों में भूकम्पीय तरंगें सीधी चलती हैं जबकि चट्टानों की इस ठोस प्रकृति में घनत्व में परिवर्तन आते ही भूकम्पीय तरंगें तिरछी चलने लगती हैं। स्पष्ट है कि पृथ्वी के आन्तरिक भागों में चट्टानें विभिन्न प्रकृति एवं घनत्व वाली हैं जिनका स्पष्टीकरण इनसे प्रवाहित होने वाली भूकम्पीय तरंगों की दिशा एवं गति द्वारा हो जाता है। पृथ्वी के अन्दर घनत्व में भिन्नता के कारण ही भूकम्पीय तरंगें तिरछी चलती हैं। पृथ्वी के आन्तरिक भागों में घनत्व में वृद्धि हो जाती है। इन भागों में जहाँ दो भिन्न घनत्व की परतें मिलती हैं वहाँ इन तरंगों का अपवर्तन (Refraction) और परावर्तन (Reflection) हो जाता है। इस स्थिति में भूगर्भ का कुछ भाग इन तरंगों के प्रभाव से दूर रह जाता है, जिसे **छाया प्रदेश (Shadow Zone)** कहते हैं। इसकी खोज वैज्ञानिकों ने 1966 में की थी (चित्र 3.4)।

चित्र 3.2 *समान प्रकृति के पदार्थों से निर्मित होने पर पृथ्वी में भूकम्प तरंगें न तो परावर्तित होती न ही अपरिवर्तित वरन् एक प्रवाह पथ पर सीधी रेखा के सहारे चलती हैं।*
(after Majid Husain)

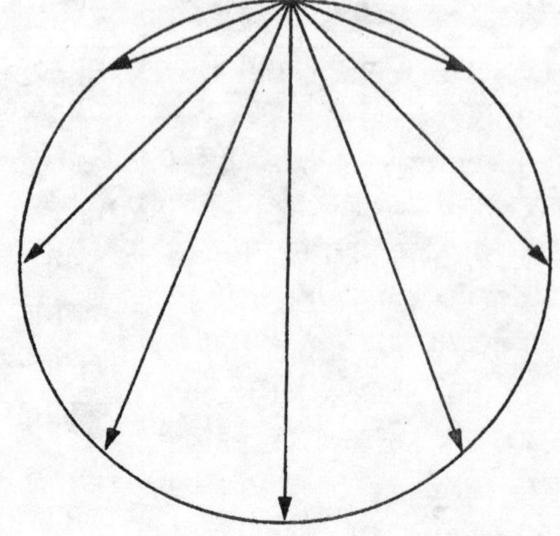

यदि पृथ्वी समान प्रकृति के ठोस पदार्थों से निर्मित होती जिनका घनत्व भी भिन्न न होता तो भूकम्पीय तरंगें समान गति से

एक सीधी रेखा के सहारे चलतीं। लेकिन पृथ्वी एक ही स्वभाव वाले ठोस पदार्थों (Homogeneous Solid) से निर्मित नहीं है इसकी विभिन्न भौतिक दशायें हैं, जो गहराई के साथ परिवर्तित हो जाती हैं। पृथ्वी का घनत्व भी बदल जाता है, जिस कारण लहरें परावर्तित होकर वक्राकार हो जाती हैं जिसके फलस्वरूप उनका मार्ग भी वक्राकार (curved path) हो जाता है।

चित्र 3.3 *पृथ्वी के आन्तरिक भागों की विषम दशा के कारण भूकम्पीय तरंगें वक्राकार मार्ग का अनुसरण करती हैं। (after Majid Husain)*

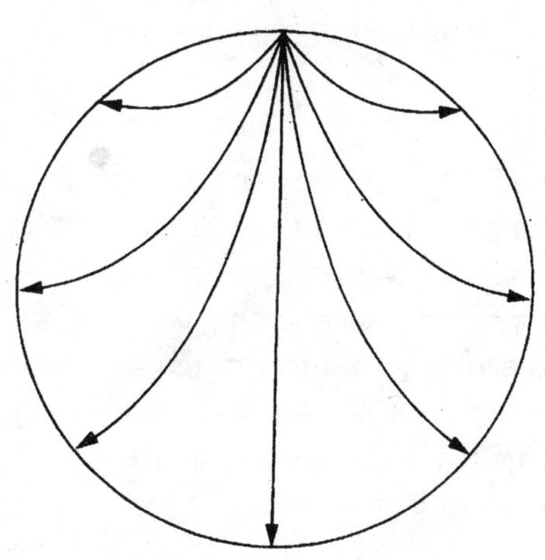

1906 में क्रोशिया की कल्पा घाटी में आये भूकम्प से दो अन्य भूकम्पीय तरंगों की पहचान की गई, जो भूकम्प के बाह्य केन्द्र से 1000 किमी. की दूरी पर P तथा S तरंगों के सदृश्य है। अतः इन्हें Pg तथा Sg तरंगों का नाम दिया गया। इनकी गति P व S तरंगों से धीमी है।

इनकी उपस्थिति भूकम्प मूल के निकट दर्ज की गई है। ये तरंगें P तथा S तरंगों की तुलना में देर से सतह पर पहुँचती हैं। भूकम्प केन्द्र Pg तथा Sg तरंगों से सर्वाधिक प्रभावित होता है।

भूकम्प में किसी स्थान विशेष पर (0° लेबल) 'पी' तरंगों का छात्राक्षेत्र (Shadow Zone) नियत रूप से भूकम्प मूल (Focus) से 103° तथा 143° पर स्थित होता है। इसमें कुछ मात्रा में रेखीय प्रवाह में परिवर्तन हो जाता है। छाया क्षेत्र का सर्वोतम विश्लेषण यह है कि पृथ्वी में स्थित अन्तरतम (Core) में होकर 'पी' तरंगें सापेक्षिक रूप में धीमी गति से चलती हैं। भूकम्पीय तरंगें प्रावार (Mantle) के साथ एक वक्राकार मार्ग का अनुसरण करती हैं तथा भूकम्प मूल से भूसतह पर 0° से तथा 103° के मध्य प्रकट होती हैं। चित्र 3.4 में किरण (Ray) 1 अन्तरतम को छोड़कर 103° पर प्रकट हो रही है। किरण 2 फिर भी की तुलना में थोड़ी ढालू (Steeper) है तथा अन्तरतम की सीमा को भेद रही है जहाँ से यह मुड़कर पृथ्वी की विपरित दिशा में

चित्र 3.4 *भूकम्पीय तरंगों के दौरान निर्मित छाया चित्र (after Majid Husain)*

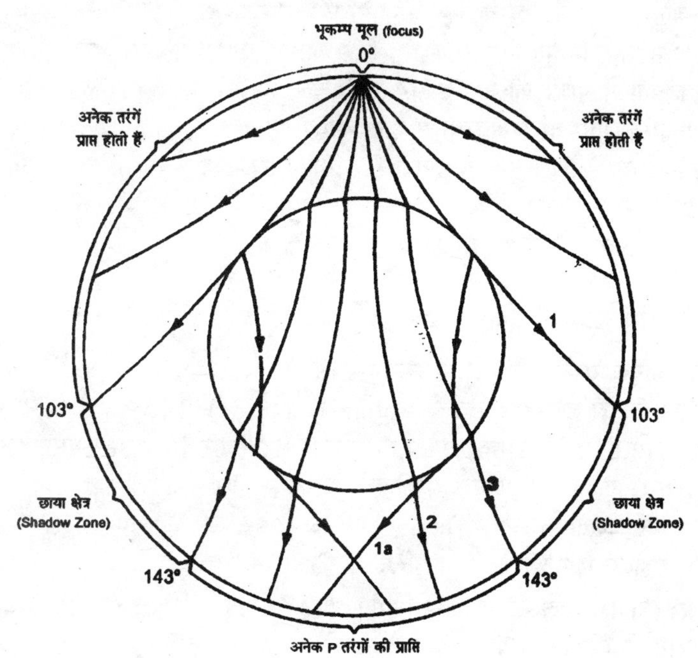

पहुंचती हैं। किरण 3 भी इसी के समानान्तर मुड़ती हुई विपरित भाग में फोकस से 143° पर पहुँच रही है। अन्य किरणें भी 1 से अधिक घुमावदार हैं तथा फोकस से अन्तरतम के पास मुड़कर 143° तथा 180° के मध्य प्रकट हो रही हैं। इस प्रकार 'पी तरंगों के अन्तरतम (core) तथा प्रावार (mantle) के मध्य सीमा के सहारे मुड़ने के कारण भूसतह के एक भाग पर छाया क्षेत्र बन जाता है। यह ऐसा क्षेत्र होता है जहाँ 'पी' तरंगें नहीं पहुंचती हैं। छाया क्षेत्र से भूकम्प वैज्ञानिकों ने यह गणना की है कि अन्तरतम की सीमा भूसतह से 2900 किमी. नीचे हैं।

भूकम्पीय असम्बद्धता (Seismic Discontinuities)

भूकम्पवेत्ताओं ने पृथ्वी के अन्दर दो प्रमुख परतों की पहचान की है, जो पृथ्वी को विभिन्न गुणों वाले कटिबन्धों (Zones) में विभक्त करती है। प्रथम बाहरी परत जिसे मोहोरोविसिक असम्बद्धता कहते हैं जो भूपर्पटी (crust) तथा मोण्टिल (Mantle) को पृथक करती है। इसकी औसत गहराई महासागरों के नीचे 0.2 से 10 किमी. तथा महाद्वीपों के नीचे 32 किमी. तक मानी गई है। मेण्टिल से कोर (core) को पृथक् करने वाली असम्बद्धता गुटनबर्ग असम्बद्धता कहलाती है जिसकी गहराई 2900 किमी है। इसका आकलन 1914 में बीनो गुटनबर्ग नामक जर्मन भूकम्पवेत्ता ने किया था। इसी आधार पर गुटनबर्ग ने बताया कि पृथ्वी के अन्तरतम भाग (Inner core) में ठोस पदार्थों की प्रधानता है। इस प्रकार कोर (core) तथा मेण्टिल की सीमा 2900 किमी पर बताई गई जहाँ S तरंगें समाप्त हो जाती हैं, तथा P तरंगों की गति में आकस्मिक कमी आ जाती है। बाहरी कोर (Outer core) का निर्माण द्रवित लोह मिश्रण तथा कुछ हल्के तत्वों (Si, S, O, C तथा H) से हुआ है।

पृथ्वी की उत्पत्ति से सम्बन्धित सिद्धान्तों के साक्ष्य (Evidence from Theories of the Origin of the Earth)

पृथ्वी की उत्पत्ति के बारे में प्रस्तुत विभिन्न विद्वानों ने भिन्न-भिन्न विचार दिये हैं, जिनमें पृथ्वी को ठोस, तरल एवं वायव्य तत्वों का संगठन बताया गया है। चैम्बरलिन तथा मोल्टन द्वारा प्रस्तुत ग्रहाणु परिकल्पना (1904) में पृथ्वी को ठोस ग्रहाणुओं के एकत्रीकरण के उपरान्त निर्मित होना बताया है जिस आधार पर पृथ्वी ठोस होनी चाहिए। इसी प्रकार जींस एवं जेफ्रे द्वारा प्रस्तुत ज्वारीय परिकल्पना में पृथ्वी की उत्पत्ति सूर्य से निकले ज्वारीय पदार्थ (Tidal Matter) से निर्मित माना है, जिस आधार पर पृथ्वी का आन्तरिक भाग तरल अवस्था में होना चाहिए। लाप्लास (Laplace, 1796) तथा काण्ट ने पृथ्वी की उत्पत्ति वायव्य राशि से होना बताया है। लाप्लास ने अपनी निहारिका परिकल्पना में पृथ्वी की उत्पत्ति तो वायव्य निहारिका से मानी है लेकिन इसकी आन्तरिक संरचना तरल अवस्था से मानी है। जबकि जोपपरिज (Zoeppritz) एवं रिट्टर (Ritter) ने पृथ्वी के केन्द्रीय भाग को गैसों से निर्मित माना था, जो अतार्किक सिद्ध हुआ।

कटिबन्ध एवं पदार्थ (Zones and Materials)

पृथ्वी की रासायनिक संरचना के बारे में एडवर्ड स्वेस (Edward Suess, 1831-1914) नामक आस्ट्रीयन भूगर्भवेत्ता ने अपनी पुस्तक डस एन्टालिट्ज डर अरड़े (Das Antlitz Der erde) में विस्तृत विवेचन प्रस्तुत किया है। भूपटल का ऊपरी भाग तलछटी शैलों द्वारा निर्मित है जिसका घनत्व एवं गहराई बहुत कम है। इसमें फेल्सपार तथा अभ्रक की अधिकता है। इसे भूपटल (Earth's crust) कहते हैं। भूपटल पृथ्वी की वह बाहरी परत (The outer most layer of the earth) होती है, जो मोहोरोविसिक असम्बद्धता के ऊपर स्थित है। पृथ्वी के कुल संघटन में इसका 0.1% से भी कम योगदान है। भूपटल या भूपर्पटी के नीचे स्वेस महोदय ने पृथ्वी के निम्नलिखित तीन कटिबन्ध (परतें) बताये हैं:

(i) **सियाल** (Sial) – तलछटी शैलों से निर्मित भूपटल के नीचे सियाल परत स्थित है, जिसकी रचना ग्रेनाइट चट्टान से हुई है इस परत में सिलिका तथा एल्यूमिनियम की प्रधानता है इसलिए इसे सियाल (SIAL = Si - Silica + Al =

Aluminium) कहा जाता है। इसका औसत घनत्व 2.9 तथा गहराई 50 से 300 किमी. है। यहाँ पोटेशियम, सोडियम, एल्यूमिनियम तथा अम्लीय (Acid) तत्वों की प्रधानता है। इसकी मोटाई महाद्वीपीय भागों पर अधिक तथा महासागरीय भागों में कम मिलती है। हाफमेन (Hoffman, M.) के अनुसार, "Sial is a Petrological name for the upper layer of the earth's crust, composed of rocks that are rich in Silica and alumina; it may be the source of granite magma. It is characteristic of the upper continental crust."

चित्र 3.5 *स्वेस के अनुसार पृथ्वी की आन्तरिक संरचना*

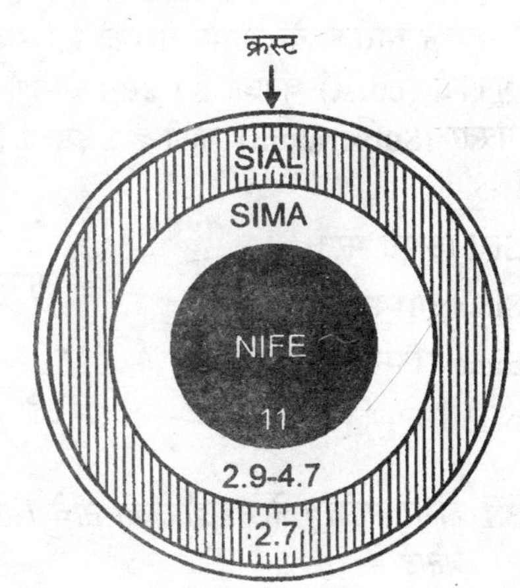

(ii) **सीमा** (Sima)—सियाल के नीचे स्थित दूसरी परत सीमा कहलाती है जिसका नामकरण इस परत में प्रधानता से पाये जाने वाले तत्वों के नाम पर किया गया है। जिसके अनुसार : Sima = Si = Silica (सिलिका) + Ma = Magnesium (मैग्नेसियम)। इस परत की औसत गहराई 1000 से 2000 किलोमीटर तथा घनत्व 2.9 से 4.7 है। इसकी रचना बेसाल्ट आग्नेय चट्टानों से हुई है। इसी परत से ज्वालामुखी उद्गार के दौरान गर्म एवं तरल लावा निसृत होता है। यहाँ मैग्नेसियम, कैलशियम एवं लोह के सिलिकेट तथा क्षारीय पदार्थों की प्रधानता है। हाफमेन के अनुसार, "Sima is a Petrologic name for the lower layer of the earth's crust, composed of rocks that are rich in *Silica* and *Magnesia*. It is equivalent to the Oceanic crust and to the lower portion of the continental crust under lying the Sial."

(iii) **नीफे** (Nife)—सीमा परत के नीचे स्थित पृथ्वी की आन्तरिक (अन्तिम) परत जिसमें निकिल एवं फेरियम (Nife = Ni = Nickel + Fe = Ferrium, लोहा) की प्रधानता है। इसी आधार पर इसे नीफे कहते हैं। पृथ्वी के केन्द्रीय भाग में फेरियम (लोहा) की प्रधानता है। जिस कारण ही पृथ्वी में चुम्बकीय शक्ति का पता लगा है तथा स्थिरता (Rigidity) का बोध होता है। इसका घनत्व 11 तथा गहराई (व्यास) 6880 किमी. है।

जेफरे (Jaffrey) का मत

पृथ्वी की आन्तरिक संरचना के बारे में सन् 1906 में क्रोशिया की कल्पा घाटी में आये भूकम्प के आधार पर विस्तृत अध्ययन किया था। इन्होंने भूकम्पीय तरंगों का गहन अध्ययन कर पृथ्वी की आन्तरिक संरचना को चार परतों में विभक्त कर प्रस्तुत किया था। जो निम्नलिखित हैं :

(i) **बाहरी या प्रथम परत**—इसकी रचना अवसादी शैलों से हुई है। इसमें Pg एवं Sg तरंगें चलती हैं तथा घनत्व 2.7 है।

(ii) **द्वितीय परत**—यह परत ग्रेनाइट से निर्मित है।

(iii) **मध्यवर्ती परत**—यह बेसाल्ट से निर्मित है, जिसमें थैचीलाइट (Thachylite) अथवा डायोराइट (Diorite) शैलों की प्रधानता है। इसका घनत्व 3 है।

(iv) **निम्नवर्ती परत**—इसके निर्माण में डूनाइट (Dunite), पेरिडोटाइट (Peridoitite) तथा एक्लोजाइट (Eclogite) शैलों का योगदान है। यह पृथ्वी का केन्द्रीय भाग है।

होम्स (Holmes) का मत

प्रसिद्ध ब्रिटिश भूगर्भ वैज्ञानिक आर्थर होम्स (Arthur Holmes – 1890-1965) ने पृथ्वी की आन्तरिक संरचना की विस्तृत विवेचना संवहन धाराओं के आधार पर की है। इन्होंने स्वेस महोदय द्वारा वर्णित सियाल तथा मध्यवर्ती सीमा परत का सम्मिलित रूप में भूपर्पटी (curst) बताया है। इसमें सम्पूर्ण सियाल परत तथा सीमा के ऊपरी भाग को सम्मिलित किया गया है। दूसरी परत अधःस्तर (Substratum) मानी है। इसका निर्माण सीमा के निचले भाग तथा नीफे से हुआ है। इसे निम्नवत् प्रकट कर सकते हैं :

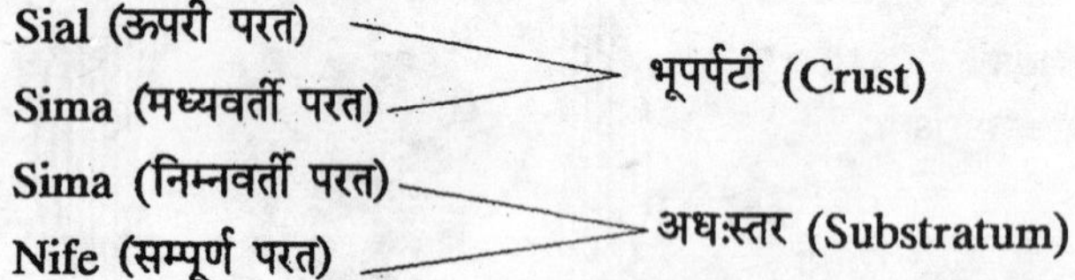

सारणी 3.1 *होम्स महोदय ने महाद्वीपों के नीचे सियाल की गहराई विभिन्न प्रमाणों के आधार पर निम्नलिखित रूप में बताई है*

प्रमाण	सियाल की मोटाई
तापीय आधार पर	20 या इससे कम
भूकम्पीय धरातलीय लहरों के आधार पर	15 या अधिक
दबाव तरंगों के आधार पर (P तथा S)	20 से 30 के मध्य
सबसे गहरी भूसन्नति की गहराई के आधार पर	20 या अधिक

भूकम्पीय अनुप्रस्थ विवरण (Seismic Tomography)

टोमोग्राफी (Tomography) ग्रीक शब्दों **Tomos** तथा **Graphien** से मिलकर बना है। जिनका अभिप्राय क्रमशः अनुप्रस्थ (Section) तथा विवरण (Description) होता है अर्थात् भूकम्पीय अनुप्रस्थ विवरण में पृथ्वी के संगठन तथा संरचना (Composition and Structure) की अनुप्रस्थ स्थिति का कम्प्यूटर से त्रिविमिय (Three-Dimensonal) प्रतिबिम्ब (Image) प्राप्त करते हैं। इसकी सहायता से प्रावार (Mantle) के घनत्व एवं दबाव का पता लगाया जाता है। इसके उपरान्त भूकम्पीय कम्पनों का अध्ययन कर पृथ्वी की आन्तरिक संरचना का अनुप्रस्थ काट (Cross-section) तैयार करते हैं। जिसे भूकम्पीय परावर्तन परिच्छेदिका (Seismic Reflection Profile) कहते हैं।

भूकम्पीय अनुप्रस्थ विवरण में भूकम्पीय तरंगें एक्स तरंगों (X-Rays) की तरह प्रयोग की जाती हैं। भूकम्प वैज्ञानिक हजारों भूकम्पीय तरंगों की तीव्रता का विश्लेषण करते हैं, जो उत्पत्ति स्थल से विभिन्न दिशाओं में प्रसारित होती हैं। परिणामस्वरूप इनके कल्पना चित्रों (Images) द्वारा उन प्रदेशों को दर्शाया जाता है, जहाँ तरंगें सामान्य से तीव्र या धीमी गति से प्रवाहित होती हैं। विभिन्न भू-भौतिक वैज्ञानिकों तथा भू-आकृति वैज्ञानिकों द्वारा ज्वालामुखी क्षेत्रों के पास किये गये शोध एवं अवलोकन के उपरान्त पाया गया है कि भूकम्पीय तरंगें असामान्य तप्त चट्टानों द्वारा धीमी गति से तथा शीतल चट्टानों से तीव्रता से चलती हैं। इस आधार पर टोमोग्राफी द्वारा तापमान मानचित्र (Temperature Map) की व्याख्या की जा सकती है। समीपवर्ती भागों से मेण्टिल में गर्म भाग अपने समीपवर्ती भागों से कम घनत्व वाले होंगे जो उभरे होंगे। जबकि मेण्टिल के ठण्डी शैलों वाले भाग डूबते हुए होंगे। इस प्रकार भूकम्पीय टोमोग्राफी द्वारा मेण्टिल का त्रिविम चित्र प्राप्त किया जा सकता है। इसके द्वारा वर्तमान में कोर के बारे में और अधिक आधुनिक जानकारियाँ प्राप्त की गई हैं। कोर (Core) मेण्टिल के आरम्भिक

मानचित्रों की सीमाओं से यह स्पष्ट हुआ है कि कोर की सतह समतल नहीं है इसमें विभिन्न गहराइयों के अवदाब स्थित हैं।

भूकम्पीय तरंगों तथा टोमोग्राफी के अध्ययन के आधार पर स्पष्ट हुआ है कि पृथ्वी के अन्दर विभिन्न घनत्व वाले कटिबन्ध पाये जाते हैं। इस प्रकार भूकम्पीय लहरों के व्यवहार तथा भूकम्प टोमोग्राफी विश्लेषण के आधार पर पृथ्वी की आन्तरिक संरचना को तीन प्रमुख कटिबन्धों (Zones) परतों के रूप में विभक्त किया जा सकता है :

(i) **भूपर्पटी** (Crust) – भूकम्पीय तरंगों की प्रवृत्ति के आधार पर भूपर्पटी की गहराई के बारे में एक मत नहीं है। पृथ्वी की 8 से 48 किमी. मोटाई वाली बाहरी परत भूपर्पटी मानी गई है जो मोहोरोविसिक असम्बद्धता के ऊपर स्थित है। इसकी मोटाई ब्रेडशॉ (M. J. Bradshaw) अबॉट (A. J. Abbott) तथा गेल्सथोर्पे (A.P. Gelsthorpe) ने महाद्वीपों के नीचे 50 किमी. तथा महासागरों के नीचे 5 किमी. मानी है। क्रिस पार्क ने मेण्टिल से घिरी हुई पतली परत को भूपर्पटी कहा है जिसकी मोटाई 8 से 65 किमी बताई है। भूकम्पीय लहरों की गति में अन्तर के आधार पर इसे दो भागों में विभक्त किया गया है। एक ऊपरी परत (Upper layer - Sial) तथा दूसरी निचली परत (Lower layer - Sima)। ऊपरी परत में P लहरों की गति (5.57 किमी/सेकेण्ड) निचली परत की (6.5 किमी/सेकेण्ड) तुलना में कम पायी जाती है। ऊपरी भूपर्पटी का घनत्व 2.7 तथा निचली भूपर्पटी में 2.95 है। नूतन शोध के उपरान्त पाया गया है कि दोनों परतों में अधिक अन्तर नहीं है। इनमें घनत्व में अन्तर का कारण इन पर पाया जाने वाला दबाव है।

भूपर्पटी की सर्वाधिक मोटाई पर्वतीय भागों के नीचे तथा सबसे कम गहराई महासागरों के नीचे पायी जाती है। यह विभिन्न प्रकार की शैलों से निर्मित है। इसके ऊपरी भाग में अवसादी शैलों की प्रधानता है। इनके नीचे रवेदार शैलों (ग्रेनाइट एवं नीस) की एक परत पायी जाती है जिसके नीचे बेसाल्ट मिलती है। अनेक स्थानों पर रवेदार शैलों का आवरण विस्तार से पाया जाता है, जैसाकि पश्चिमी आस्ट्रेलिया, प्रायद्वीपीय भारत, मध्य अफ्रीका, ब्राजीलियन पठार, पूर्वी कनाडा, स्कण्डेनिविया तथा उत्तरी पूर्वी एशिया में मिलता है। भूपर्पटी तथा मेण्टिल के सम्पर्क क्षेत्र को मोहो असम्बद्धता (Moho Discontinuity) कहते हैं। यहाँ मोहो असम्बद्धता की गहराई में इस परत के रासायनिक संगठन में भिन्नता के कारण अन्तर मिलता है जिसकी गहराई महासागरीय मैदानों के नीचे 5 से 7 किमी. तथा वलित पर्वतों के नीचे 45 से 70 किमी. के मध्य मिलती है।

सारणी 3.2 *पृथ्वी का आन्तरिक संगठन*

कटिबन्ध (Zone)	**सतह से दूरी (कि.मी.)**	**मोटाई (Thickness) (कि.मी.)**	**घनत्व (Density) (g. cm^{-3})**
भूपर्पटी (Crust)	0-60	5-32	2.8-3.0
प्रावार (Mantle)	2900	2900	3.3-5.6
बाहरी अन्तरतम (Outer Core)	5000	2100	9.5-12
आन्तरिक अन्तरतम (Inner Core)	6371	1400	13+

(ii) **मैण्टिल** (Mantle) – भूपर्पटी तथा अन्तरतम (The Core) की मध्यवर्ती परत को मैण्टिल कहते हैं, जहाँ भूकम्पीय लहरों की गति में आकस्मिक वृद्धि हो जाती है। इसकी ऊपरी सीमा मोहोरोविसिक असम्बद्धता द्वारा तथा निचली सीमा गुटनबर्ग असम्बद्धता द्वारा निर्धारित है। मैण्टिल की गहराई 2900 किमी. तक पायी जाती है। तथा घनत्व मोहो असम्बद्धता के पास 5.7 पाया जाता है। यह भाग सघन तथा कठोर शैलों से बना है, जिनमें मैग्नेशियम तथा लोहा आदि खनिजों की प्रधानता है। अपनी मैण्टिल में सल्फाइड तथा निचली मैण्टिल में निकेल व लोहा मिलता है। मैण्टिल को दो भागों में विभक्त किया जा सकता है। प्रथम ऊपरी मैण्टिल अथवा दुर्बलता मण्डल (The Asthenosphere) तथा द्वितीय निचला मैण्टिल

या मध्य मण्डल (The Mesosphere)। दुर्बलता मण्डल में लचीले पदार्थ तथा पिघली अवस्था मिलती है। मध्य मण्डल में ठोस पदार्थों की उपस्थिति है। गुटनबर्ग ने बताया कि इसके निचले भागों में (2900 किमी. पर) भूकम्पीय तरंगों की प्रवृत्ति परिवर्तित हो जाती है। जिसके अन्तर्गत पी-तरंगों की तीव्रता कम हो जाती है तथा एस-तरंगें विलुप्त हो जाती हैं, जो ठोस पदार्थ से तरल अवस्था की उपस्थिति को प्रकट करती हैं। यहाँ शैलों का संघटन भी बदल जाता है।

(iii) **अन्तरतम** (Core) – पृथ्वी के केन्द्रीय भाग को अन्तरतम (Core) के नाम से जाना जाता है। इसका विस्तार सतह से 2900 किमी. (गुटनबर्ग असम्बद्धता) की गहराई से लेकर 6371 किमी. (पृथ्वी के केन्द्र) तक है। यहाँ लोहा व निकेल जैसे ठोस तत्वों की प्रधानता है। यहाँ पर लगभग 2700° C तापमान आकलित किया गया है। मैण्टिल व अन्तरतम की सीमा को गुटनबर्ग या विकर्ट (Wiechert) असम्बद्धता कहते हैं। यहाँ से अन्तरतम के केन्द्र तक घनत्व में अन्तर आ जाता है। इस सीमा पर घनत्व 5.5 पाया जाता है, जबकि अन्तरतम के केन्द्र में घनत्व 13.6 तक हो मिलता है। सामान्यतः अन्तरतम का घनत्व 9.5 से 14.5 के मध्य पाया जाता है।

अन्तरतम में भूकम्पीय लहरों की गति में परिवर्तन हो जाता है। यहाँ (2000 किमी से आगे) ठोस भागों में प्रवाहित होने वाली S-तरंगें अचानक विलुप्त हो जाती हैं तथा P-लहरों की गति में अचानक कमी हो जाती है जो 13.7 किमी प्रति सेकेण्ड से घटकर 8 किमी. प्रति सेकेण्ड हो जाती है इस क्षेत्र को अन्तरतम का बाहरी भाग माना गया है। इस प्रकार P तथा S तरंगों की तीव्रता के आधार पर स्पष्ट हुआ है कि पृथ्वी में ठोस आन्तरिक अन्तरतम (Inner core) तरल बाहरी अन्तरतम (Outer core) सघन प्रावार (Thick mantle) मुलायम दुर्बलता मण्डल तथा कठोर स्थल मण्डल पाया जाता है।

पृथ्वी का यान्त्रिक विभाजन (Mechanical Division of the Earth)

विभिन्न आधारों एवं नवीन प्रयोगों के उपरान्त स्पष्ट हुआ है कि पृथ्वी की आन्तरिक संरचना की सर्वमान्य जानकारी भूकम्पीय लहरों द्वारा प्राप्त हुई है। इस आधार पर पृथ्वी के निम्न मण्डल बताये गये हैं :

(i) **स्थल मण्डल** (Lithosphere) – पृथ्वी के बाहरी ठण्डी सतह जो मैण्टिल से ऊपर लगभग 75 किमी. की मोटाई में पायी जाती है, स्थलमण्डल कहलाता है। इसकी निचली सीमा मोहो असम्बद्धता से आबद्ध है। इसमें ग्रेनाइट शैल की प्रधानता है। मुख्यतः यहाँ सिलिका तथा एल्यूमिनियम (Silica and Aluminium - Sial) पाये जाते हैं। इसका घनत्व 3.5 है। इसमें अनेक विद्वानों ने भूपर्पटी के साथ ऊपरी मेण्टिल को भी सम्मिलित किया है।

(ii) **दुर्बलतामण्डल** (Asthenosphere) – स्थलमण्डल के ठीक नीचे 75 से 250 किमी. की गहराई पर एक न्यून तीव्रता वाला क्षेत्र पाया जाता है। इसका नामकरण भूकम्पीय लहरों की आपेक्षिक न्यून गति के आधार पर किया जाता है जो इस क्षेत्र से प्रवाहित होती है। यह लचीला (Pliable) तथा मुलायम है। यहाँ पाये जाने वाले उच्च तापमान के कारण विभिन्न पदार्थ पिघली अवस्था में मिलते हैं। इसकी निचली सीमा के बारे में वैज्ञानिकों में मतैक्य नहीं है। इसके लचीले स्वभाव के कारण इसे प्लास्टिक मण्डल भी कहते हैं। यहीं मैग्मा उत्पत्ति होती है तथा भूकम्पीय तरंगें तीव्रता से प्रवाहित होती हैं। इसे गतिक क्षेत्र (Zone of Mobility) भी कहते हैं।

(iii) **पाइरोस्फीयर** (Pyrosphere) – इसे मध्यमण्डल (Mesosphere) अथवा मिश्रित मण्डल भी कहते हैं। इसका विस्तार 250 से 2880 किमी. तक है, जो दुर्बलतामण्डल की निचली सीमा से प्रारम्भ होकर सम्पूर्ण मैण्टिल तक विस्तृत है। इसका घनत्व 5.6 है। मध्यमण्डल में बेसाल्ट की प्रधानता है।

(iv) **बैरीस्फीयर** (Barysphere) – इसका विस्तार 2880 किमी. अन्तरतम (Core) से 6371 किमी. तक है, जिसे वर्तमान समय में अन्तरतम नाम से ही जाना जाता है। इसका घनत्व 5.6 से 13 तक है। यहाँ उच्च घनत्व का कारण भारी तत्वों (लोहा व निकिल) का पाया जाना है।

4

महाद्वीपीय विस्थापन एवं प्लेट विवर्तनिकी

(Continental Drift and Plate Tectonics)

पृथ्वी का कुल सतही क्षेत्रफल 510 मिलियन वर्ग किमी. है जिसके 70.87 प्रतिशत भाग पर जल तथा 29.13 प्रतिशत भाग पर स्थलीय भाग स्थित है। विस्तृत जलीय एवं स्थलीय भागों को क्रमशः महासागर एवं महाद्वीप कहते हैं, जो पृथ्वी के प्रथम श्रेणी के भूआकार (Landforms of first order) हैं। द्वितीय श्रेणी के भूआकारों में अन्तर्गत पर्वत, पठार तथा मैदानों को तथा तृतीय श्रेणी के भूआकारों में स्थानीय स्थलाकृतियों (पहाड़ियाँ, बालुका स्तूप, घाटियाँ, गॉर्ज भृगु, सर्क, हिमगह्वर आदि) को सम्मिलित किया जाता है। प्रथम वर्ग के भूआकारों को सदैव स्थायी माना गया है जबकि द्वितीय वर्ग के भूआकार भूगर्भिक हलचलों अथवा रचनात्मक क्रियाओं के कारण बने हैं। तृतीय श्रेणी के भूआकार अनाच्छादनकारी शक्तियों द्वारा निर्मित हुए हैं।

महाद्वीप (Continents)

पृथ्वी के कुल क्षेत्रफल का 29.13 प्रतिशत अर्थात् लगभग 149 मिलियन वर्ग किमी भाग पर स्थलीय भाग का विस्तार है, जो संसार के सबसे बड़े महासागर प्रशान्त महासागर (160 मिलियन वर्ग किमी) से कम है। इस आधार पर अनेक वैज्ञानिकों ने यह सुझाव दिया कि पृथ्वी को पृथ्वी की जगह जलीय गृह नाम दिया जाना चाहिए। प्राचीन काल से पृथ्वी पर जल एवं स्थल का यह वितरण बदलता रहा है, जिसके प्रमुख कारण जलवायु परिवर्तन (हिमयुग) एवं विवर्तनिक घटनाएं (भूकम्प एवं ज्वालामुखी) मानी गइ हैं। जलवायु परिवर्तन द्वारा अनेक बार जलीय क्षेत्र का अधिकांश भाग बर्फ के रूप में जमा हो गया था। इनके अतिरिक्त प्लेट विवर्तनिकी द्वारा भी महाद्वीपों का कृमिक अवास्थितिकरण हुआ है।

सारणी 4.1 *महाद्वीपों का भौगोलिक विवरण*

महाद्वीप	क्षेत्रफल (लाख वर्ग किमी)	प्रतिशत क्षेत्रफल	औसत ऊंचाई मीटर (फीट)	उच्चतम बिन्दु मीटर	
एशिया*	440.27	29.4	923 (3000)	माउण्ट एवरेस्ट	8848
अफ्रीका	302.71	20.2	585 (1900)	मा. किलीमंजारो	5895
उत्तरी अमेरिका	242.57	16.9	615 (2000)	मा. मेक्निले	6194
दक्षिणी अमेरिका	178.82	11.7	554 (1000)	मा. एकांकुआ	6959
अण्टार्कटिका	132.09	8.9	1846 (6000)	विसंनमैसिफ	4897
यूरोप	104.04	7.0	302 (980)	मा. एल्बुस	5642
आस्ट्रेलिया**	89.00	5.9	308 (1000)	मा.कोशिस्को	2228
योग	1489.5	100.0	840 (औसत)		

*रूस को एशिया में सम्मिलित किया गया है। **आस्ट्रेलिया देश का क्षेत्रफल 7682300 वर्ग कि.मी. है।

महासागर (Oceans)

पृथ्वी के कुल क्षेत्रफल के 70.87 प्रतिशत भाग पर जलीय विस्तार पाया जाता है, जिसका 97.2 प्रतिशत भाग महासागरों में स्थित है तथा शेष भूसतह पर हिम के रूप में तथा सतही व भूमिगत जल के रूप में पाया जाता है। वायुमण्डलीय जलवाष्प को भी जलमण्डल का भाग माना जाता है। पृथ्वी पर कुल पाँच महासागर हैं। जल एवं स्थल का वितरण दोनों गोलार्द्धों (Hemispheres)* में समान रूप से नहीं मिलता है। उत्तरी गोलार्द्ध में समस्त स्थल भाग का 75 प्रतिशत विषुवत रेखा के उत्तर में स्थित है। जबकि दक्षिणी गोलार्द्ध में जलीय भाग की अधिकता है। इस प्रकार से जल एवं स्थल के वितरित होने का प्रभाव जलवायु पर पड़ता है क्योंकि महासागर आर्द्रता के प्रमुख स्रोत हैं जो वर्षा का प्रमुख कारण है।

सारणी 4.2 *विश्व के महासागर एवं प्रमुख सागर*

महासागर/सागर	क्षेत्रफल (लाख वर्ग किमी)	प्रतिशत	अधिकतम गहराई मीटर (गहरा स्थान)
प्रशान्त महासागर	1652.42	46.91	11033 मीटर (मेरियाना*)
अटलांटिक महासागर	823.62	23.38	8381 मीटर (प्यूरटोरिको)
हिन्द महासागर	735.56	20.87	8047 मीटर (डायमेंटिना)
आर्कटिक महासागर	129.86	3.97	—
मलाया सागर	91.43	2.31	6505 मीटर (की (Kei))
कैरीबियन सागर	27.53	0.80	7070 मीटर (केमन)
भूमध्य सागर	25.05	0.71	—
बेरिंग सागर	22.69	0.64	—
मैक्सिको की खाड़ी	15.44	0.44	—
कुल	352.36	100	3730 मी (औसत)

* मेरियाना जिसे प्रायः गर्त माना जाता है वास्तव में एक खाई (Trench) है जिसमें चैलेंजर गर्त स्थित है जो संसार का सबसे गहरा गर्त है।

महाद्वीप एवं महासागरों की उत्पत्ति (Origin of Continents and Oceans)

पृथ्वी तल पर महाद्वीप एवं महासागरों का वर्तमान वितरण देखकर यह प्रश्न उठता है कि इनके वर्तमान स्वरूप के पीछे कौनसी शक्तियों का प्रभाव रहा है। क्या ये स्थल रूप स्थायी रहे है अथवा गतिशील रहे हैं। इन सभी समस्याओं को मद्देनजर रखकर विभिन्न विद्वानों ने अनेक प्रमाणों के आधार पर अपने मत प्रस्तुत किये हैं, जो एक सीमा तक इन प्रश्नों का जवाब देने में सफल रहे हैं।

महाद्वीपीय विस्थापन की परिकल्पना (Hypothesis of Continental Drift)

क्रिस्टोफर कोलम्बस के 1492 में अमेरिका पहुँचने के साथ ही सागरीय तथ्यों के बारे में जानकारी एकत्रित करने का कार्य आरम्भ हुआ जब उन्होंने दुबारा यात्रा की तो अटलांटिक महासागर के पश्चिम तट का मानचित्रण करवाया। 16वीं शताब्दी तक

* गोलार्द्ध जो अंग्रेजी के "Hemisphere" का पर्याय है, जो ग्रीक शब्दों में, hemi = half तथा sphere = sphaie (भाग) से मिलकर बना है। भूमध्य रेखा से उत्तरी ध्रुव तक का भाग उत्तरी गोलार्द्ध तथा भूमध्य रेखा से दक्षिणी ध्रुव तक का भाग दक्षिणी ध्रुव के नाम से जाना जाता है।

पुर्तगालियों ने अटलांटिक महासागर के तटवर्ती भागों का उत्तम आशा अन्तरीप तक का मानचित्रण करवाया। 1620 में प्रसिद्ध इंग्लिश प्रकृति वैज्ञानिक फ्रेंसिस बेकन ने अध्ययन कर बताया कि अफ्रीका तथा अमेरिका के तटीय भाग अच्छी तरह मेल खाते हैं जिस आधार पर कहा जा सकता है कि ये दोनों महाद्वीप एक ही समय में बने हैं तथा पूर्व में परस्पर समाजित थे। ओरटेलियस (Ortelius, A-1527-1598) ने अपनी रचना "*Thesaurus Geographicus*" (1596) में कुछ महाद्वीपों की तट रेखाओं को सुमेलित रूप में वर्णित कर स्पष्ट किया है। 1668 में पी. प्लासेट नामक फ्रेंच विद्वान ने भी महाद्वीपों की समरूपता सम्बन्धी विचार प्रस्तुत किये। ये सभी अध्ययन महाद्वीपीय प्रवाह की परिकल्पना के पक्ष में ठोस प्रमाण रहे जिन्हें आगे विभिन्न विद्वानों ने आधार बनाया।

महाद्वीपीय प्रवाह सिद्धान्त (Continental drift theory)

महाद्वीपीय प्रवाह क्रम सम्बन्धी विचारों का बीजारोपण यद्यपि 17वीं शताब्दी में महासागरों के मानचित्रण तथा संरचना सम्बन्धी जानकारी प्रस्तुत करने के साथ ही हो गया था। जिसे समय के साथ प्रमाण जुटा कर फ्रेंसिस बेकन, प्लासेट, एन्टोनियो स्नाइडर, एफ. बी. टेलर आदि ने आगे बढ़ाया।

एन्टोनियो स्नाइडर (Antonio Snider) नामक फ्रेंच विद्वान ने इस सन्दर्भ में सर्वप्रथम गहराई से विचार प्रस्तुत किये। उन्होंने अपनी पुस्तक "*Creation and its mysteries Revealed*" में स्पष्ट किया कि महाद्वीप विस्थापित होने से पूर्व किस प्रकार एक साथ संयोजित थे। इसका मानचित्र उन्होंने अपनी रचना "*Carboniferous Geography*" में प्रस्तुत किया। उन्होंने इस बारे में उत्तरी अमेरिका तथा यूरोप से जीवाश्मों को संग्रहित कर प्रमाण स्वरूप प्रस्तुत किये। लेकिन इनके प्रवाह कारण विज्ञान तथा आम लोगों के लिए अधिक प्रभावी नहीं रहे तथा कुछ वर्षों में प्रभावहीन हो गये।

चित्र 4.1 *एन्टोनियो स्नाइडर द्वारा 1858 में निर्मित मानचित्र (after Majid Husain)*

महाद्वीपीय प्रवाह सम्बन्धी विचारों को सर्वप्रथम सिद्धान्त रूप में 1908 में स्वीकार किया गया जो 1910 में प्रकाशित हुए। जब अमेरिकी भूवैज्ञानिक टेलर (Taylor, Frank B.) ने विभिन्न भूगर्भिक साक्ष्य प्रस्तुत कर इसे एक संगठित आधार प्रदान किया। टेलर के अनुसार स्थल भागों का क्षैतिजीय स्थानान्तरण हुआ। उनकी परिकल्पना का मुख्य उद्देश्य टर्शियरी युग के वलित पर्वतों की भौगोलिक विवेचना करना था। टेलर के समक्ष मुख्य समस्या उत्तरी एवं दक्षिणी अमेरिका के रॉकीज तथा एण्डीज पर्वतों का उत्तर से दक्षिण दिशा में तथा अल्पाइन पर्वतों (आल्पस एवं हिमालय) का पूर्व से पश्चिम में विस्तार होना थी। इस समस्या के सन्दर्भ में उन्होंने अपना सिद्धान्त प्रस्तुत किया। टेलर ने सिद्धान्त का आरम्भ क्रिटेशियस युग से किया। उनके अनुसार महाद्वीपों का प्रवाह विषुवत रेखा की ओर हुआ जिसका मुख्य कारण ज्वारीय शक्ति माना है।

वेगनर का महाद्वीपीय विस्थापन सिद्धान्त (Continental Drift Theory of Wegener)

प्रसिद्ध जर्मन जलवायुविद् अल्फ्रेड लोथर वेगनर (Afred Lothar Wegener - 1880-1930) ने 1915 में *'महाद्वीप एवं महासागरों की उत्पत्ति'* (*Origin of Continents and Oceans*) नामक पुस्तक में बताया कि वर्तमान में वितरित सभी महाद्वीप प्राचीन काल में एक वृहद महाद्वीप के रूप में परस्पर संयोजित थे। वेगनर की इस पुस्तक का 1920 तक अंग्रेजी अनुवाद नहीं होने से विचारों का अधिक प्रसार नहीं हो सका। वेगनर की इस संकल्पना के प्रमुख आधार महाद्वीपों की आकृति तथा भूगर्भिक

प्रमाण रहे थे।

वेगनर एक जलवायु वैज्ञानिक था जिसका मुख्य उद्देश्य यह समझना था कि विश्व की जलवायु में मुख्यतः क्या भिन्नताएं हैं तथा इनके क्या कारण रहे हैं? उन्हें पृथ्वी के अनेक स्थानों पर ऐसे प्रमाण मिले, जिनके आधार पर जलवायु परिवर्तन सम्बन्धी परिकल्पना को आधार मिले। इस समस्या के समाधान हेतु उन्होंने अनेक प्रमाण एकत्रित किये। अफ्रीका एवं ब्राजील से जीवाश्म प्राप्त किये। उन्होंने महाद्वीपों की विभिन्न अवस्थाओं का मानचित्रण किया। वेगनर के मस्तिष्क में पृथ्वी की प्राचीन जलवायु के अध्ययन के दौरान कुछ प्रश्न आये जिनके आधार पर उन्होंने अपना प्रवाह सिद्धान्त प्रस्तुत किया। ये प्रश्न निम्नलिखित थे :

बाक्स 4.1 *महाद्वीपीय प्रवाह सिद्धान्त के पक्ष में साक्ष्य (Evidences in Support of Continental Drift Theory)*

- *पुरा जीवाश्मविज्ञान (Palaeontology)*: प्रमुख महासागरों के दोनों ओर पादप एवं वनस्पति के समान जीवाश्म पाये गये। जहाँ आज शीत जलवायु है वहाँ उष्ण कटिबन्धीय प्रजातियों के जीवाश्म मिले हैं।
- *जैवभूगोल (Biogeography)* : वर्तमान में भिन्न जलवायु वाले प्रदेशों में समान पादप एवं जीव जन्तुओं का वितरण पाया गया।
- *भूआकृतिविज्ञान (Geomorphology)*: प्रमुख महासागरों की तट रेखाएँ विपरित दिशा में परस्पर मिलाने पर सही रूप में मिलती है तथा हिमनदीय भूआकार वहाँ मिले है जहाँ आज उष्ण जलवायु है।
- *भूविज्ञान (Geology)* : वर्तमान में विशाल महासागरों से विभक्त भूक्षेत्रों की शैल संरचना में समानता पायी गई है। अण्टार्कटिका में कोयला क्यों मिला? आस्ट्रेलिया दक्षिणी अमेरिका तथा दक्षिणी अफ्रीका में हिमनदीय जमाव क्यों मिले जबकि आस्ट्रेलिया में आज एक भी हिमनद नहीं है। ज्वालामुखी तथा भूकम्प का वितरण भी समान रूप में मिलता है।

1. लन्दन, पेरिस तथा ग्रीनलैण्ड में उष्ण कटिबन्धीय फर्न कैसे विकसित हुए।
2. टुण्ड्रा जलवायु के शीत प्रदेशों में कोयला कैसे पाया जाता है।
3. ब्राजील, प्रायद्वीपीय भारत, आस्ट्रेलिया तथा कांगो बेसिन में हिमावरण क्यों पाया गया।

इस प्रकार उन्हें पृथ्वी पर वनस्पति के ऐसे प्रमाण मिले जिनसे उन स्थानों पर परिवर्तन में विकसित होने में विपरीत दशाएँ पायी जाती हैं। इसी प्रकार अनेक संसाधनों (कोयला) का वितरण भी भिन्न क्षेत्रों में मिलता है जिनका वर्तमान दशाओं में वहाँ मिलना असम्भव है। इन सभी प्रश्नों पर इस विस्तार से चिन्तन करने के उपरान्त वेगनर महोदय के मस्तिष्क में दो परिकल्पनाएँ उत्पन्न हुई जो निम्नलिखित हैं :

1. *सभी महाद्वीप वर्तमान स्थानों पर स्थायी रहे हों तथा जलवायु कटिबन्धों में एक स्थान से दूसरे स्थान पर स्थानान्तरण हुआ हो। ज्ञातव्य है कि जलवायु कटिबन्धों का स्थानान्तरण पृथ्वी पर सूर्य की किरणों के चमकने पर निर्भर करता है अर्थात् पृथ्वी एवं सूर्य के सम्बन्ध परिवर्तित हुए हों। सूर्य का अपनी सीमाओं पर नियन्त्रण खोना वेगनर को असम्भव प्रतीत हुआ तथा इस सन्दर्भ में उन्हें प्रत्यक्ष प्रमाण भी नहीं मिले।*
2. *सभी जलवायु कटिबन्ध स्थायी रहे होंगे, तथा स्थल खण्डों (महाद्वीप) का स्थानान्तरण हुआ होगा। इस सम्भावना ने वेगनर महोदय को सर्वाधिक प्रभावित किया तथा महाद्वीपों के प्रवाह सम्बन्धी सिद्धान्त प्रस्तुत किया।*

सिद्धान्त का स्वरूप

वेगनर ने पुराजलवायु शास्त्र (Palaeoclimatology), पूरा वनस्पति शास्त्र तथा भूविज्ञान आदि के प्रमाणों के आधार पर यह मान लिया था कि कार्बोनीफेरस युग में सभी महाद्वीप एक ही स्थलखण्ड के रूप में संयोजित थे। वेगनर ने इसको **पैंजिया (Pangaea)** नाम दिया। पैंजिया जो अंग्रेजी के **Pangaea** का पर्याय है, **Pan = all (सभी)** तथा **gaea = earth (पृथ्वी)** शब्दों से मिलकर बना है। वेगनर ने यह माना कि पैंजिया के चारों ओर एक विशाल महासागर था, जिसे **'पेन्थालासा'**

चित्र 4.2 *पेंजिया तथा पैथालासा, वर्तमान महाद्वीपों की 200 मिलियन वर्ष पूर्व की स्थिति यह स्पष्ट करती है कि इनमें पर्याप्त समानता थी (after A. H. Doer, 1990)*

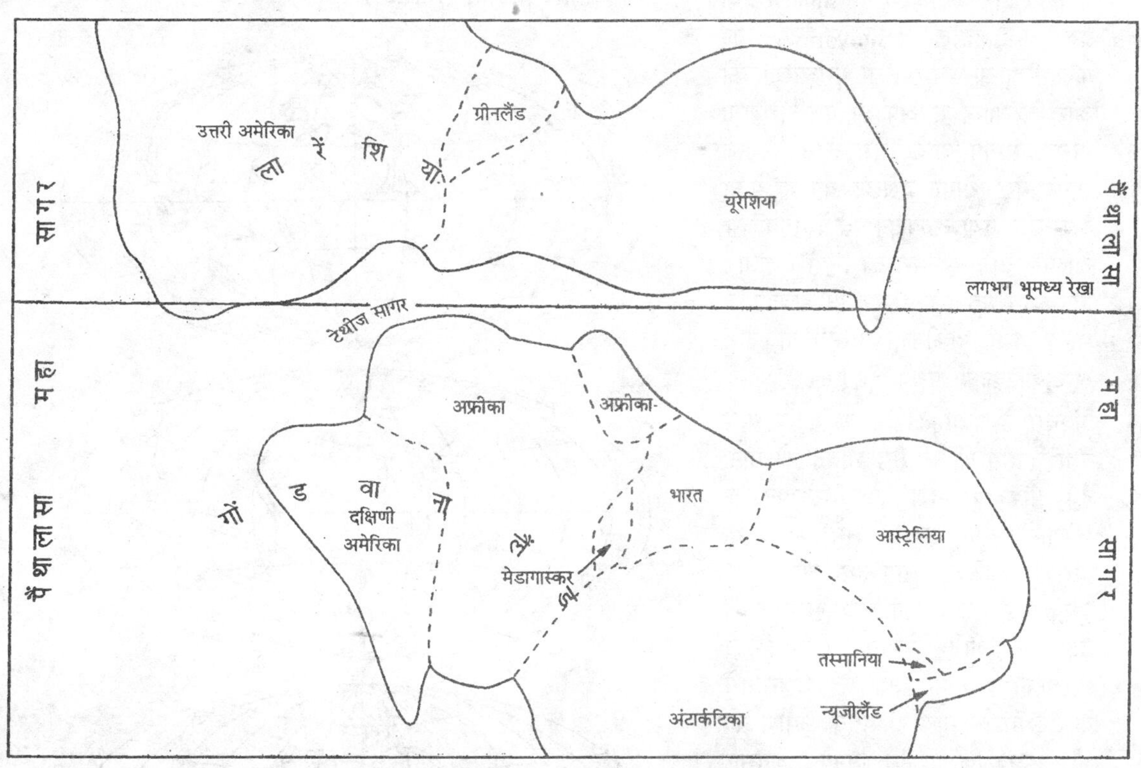

(Panthalassa) नाम दिया गया। पैंथालासा अंग्रेजी के **'Panthalassa'** का पर्याय है जो **Pan-all (सभी)** तथा **thalassa = Oceans (महासागर)** से मिलकर बना है। पैंजिया के उत्तर भाग को लारेंशिया (Laurasia) तथा दक्षिणी भाग को गोंडवाना लैण्ड (Gondwana land) के नाम से जाना जाता है। लारेशिया में उत्तरी अमेरिका, ग्रीनलैण्ड तथा यूरेशिया को तथा गोण्डवाना लैण्ड में दक्षिणी अमेरिका, अफ्रीका, मेडागास्कर, भारत, आस्ट्रेलिया तथा अण्टार्कटिका को सम्मिलित किया गया है। लारेंशिया तथा गोण्डवाना लैण्ड इनके मध्य में स्थित एक लम्बी तथा उथली भूअभिनति द्वारा विभक्त थे। इसे वेगनर ने **टेथीज** (Tethys) भूअभिनति कहा है। कार्बोनिफेरस युग में दक्षिणी ध्रुव अफ्रीका के नेटाल (डर्बन) के पास तथा उत्तरी ध्रुव प्रशान्त महासागर के मध्य स्थित था।

पैंजिया महाद्वीप में तीन परतें थीं। ऊपरी सियाल परत, मध्यवर्ती भाग सीमा तथा केन्द्रीय भाग नीफे से निर्मित माना है। वेगनर ने महाद्वीपीय भाग सियाल से तथा महासागर सीमा से निर्मित माने हैं, उनके अनुसार सियाल सीमा पर बिना किसी अवरोध के तैर रहा है। यह महाद्वीप लगभग 300 मिलियन वर्ष पूर्व कार्बोनिफेरस काल में प्रवाहित होना आरम्भ हुआ जिसके परिणामस्वरूप पृथ्वी का वर्तमान स्वरूप तथा महाद्वीपों की सापेक्षिक स्थिति प्राप्त हुई। वेगनर महोदय ने पेंजिया के प्रवाह की निम्न दो दिशायें बतायी थीं :

(i) भूमध्य रेखा की ओर (Towards the equator)

(ii) पश्चिम में (Towards the West)

(i) भूमध्य रेखा की ओर महाद्वीपों के प्रवाहित होने का कारण गुरुत्वाकर्षण तथा द्रव के उछाल (Buoyancy) का पारस्परिक सम्बन्ध रहा था भूमध्यरेखा की ओर विस्थापन से अफ्रीका एवं यूरेशिया परस्पर समीप आये जिस कारण टेथीज सागर में निक्षेपित तलछट वलित होकर ऊपर उठी तथा अल्पाइन पर्वतों (हिमालय, आल्पस तथा एटलस) का निर्माण हुआ। विषुवतीय प्रवाह के कारण ही प्रायद्वीपीय भारत तथा अफ्रीका, आस्ट्रेलिया तथा अण्टार्कटिका से पृथक हुए।

(ii) पश्चिम में प्रवाहित होने का कारण सूर्य तथा चन्द्रमा की ज्वारीय शक्ति को माना है। पश्चिमी दिशा में विस्थापन के परिणामस्वरूप उत्तरी अमेरिका तथा दक्षिणी अमेरिका, यूरोप तथा अफ्रीका से पृथक् हुए तथा अटलांटिक महासागर का उद्‌भव हुआ। वेगनर महोदय ने विस्थापन द्वारा महाद्वीपों एवं महासागरों के उद्‌भव के साथ ही पर्वत निर्माण को भी स्पष्ट किया है। उनके अनुसार विषुवत् रेखीय विस्थापन के कारण टर्शियरी काल में अल्पाइन पर्वत बने जबकि पश्चिम में विस्थापित होने से रॉकी तथा एण्डीज पर्वतों का निर्माण हुआ।

चित्र 4.3 *वेनगर द्वारा बनाया गया पैंजिया महाद्वीप का मानचित्र जिसमें पैंजिया का विस्थापन प्रदर्शित किया गया है।*
(after Majid Husain)

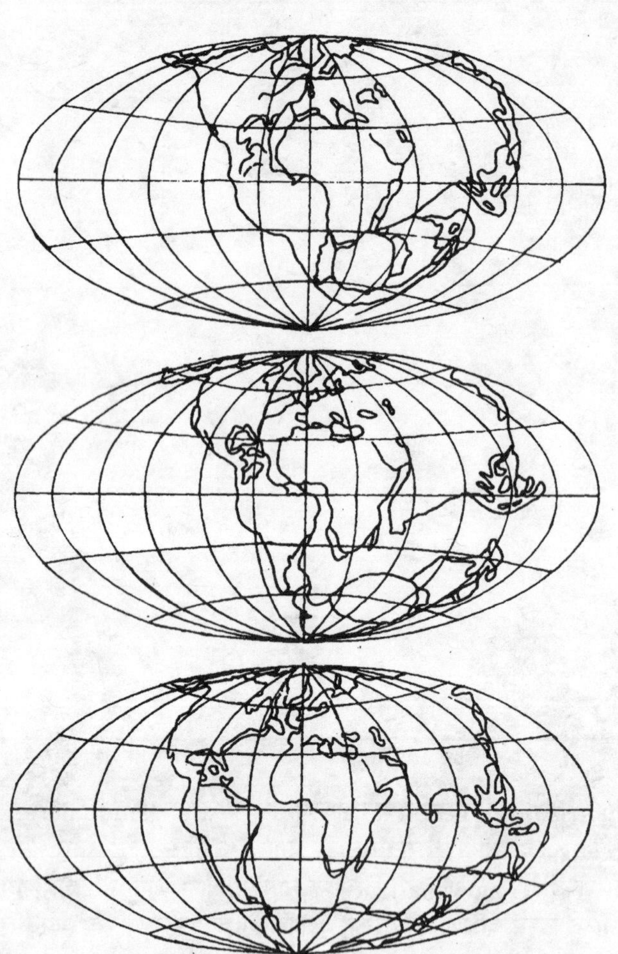

महाद्वीपीय प्रवाह के पक्ष में प्रमाण (Evidences in support of the Continental Drift)

वेगनर ने अपनी परिकल्पना को पुष्ट करने के लिए जलवायु विज्ञान, भूगर्भ विज्ञान, वनस्पतिशास्त्र, जन्तुशास्त्र तथा गणित आदि विषयों के दृढ़ आधार पर विभिन्न प्रमाण प्रस्तुत किये। ये प्रमाण निम्नलिखित हैं :

***महाद्वीपों के जोड़ मिलाने वाले प्रमाण** (Evidences of the Juxtafix of Continents)*

दक्षिणी अटलांटिक महासागर के दोनों दिशाओं (पूर्वी तथा पश्चिमी) की तट रेखाओं में पर्याप्त समानता पायी जाती है। यदि दोनों को परस्पर मिलाया जाये तो ऐसा प्रतीत होता है कि पूर्व में ये दोनों तट एक दूसरे से जुड़े हुए थे।

दक्षिणी अमेरिका का पूर्वी तथा दक्षिणी अफ्रीका महाद्वीप का पश्चिमी तट परस्पर आसानी से संयोजित हो सकते हैं। इसे

मिलाकर बनाने वाली स्थिति (Jigsaw-fit) से वेगनर की परिकल्पना को काफी बल मिला। इसी प्रकार ग्रीनलैण्ड तथा एलिस्मेरे (Ellesmere) द्वीप भी परस्पर सम्बद्ध हो जाते हैं। भारत, मैडागास्कर तथा अफ्रीका महाद्वीप को मिलाने पर बनने वाला चित्र पूर्ण लगता है। अटलांटिक महासागर के मध्य स्थित मध्यवर्ती अटलांटिक कटक (जलमग्न पहाड़ी) का पाया जाना वेगनर के विचारों के पक्ष में अच्छा प्रमाण है। वेगनर ने इसी जलमग्न पर्वत के सहारे यूरोप, अफ्रीका तथा अमेरिका को संयोजित होना बताया है। प्रसिद्ध भूगर्भवेत्ता एल.सी. किंग (L.C. King) ने स्थलीय भागों के परस्पर संयुक्त होने में विश्वास प्रकट किया है।

चित्र 4.4 *संरचनात्मक समानता के साक्ष्य (प्रमुख बेसाल्ट पठार) (after Majid Husain)*

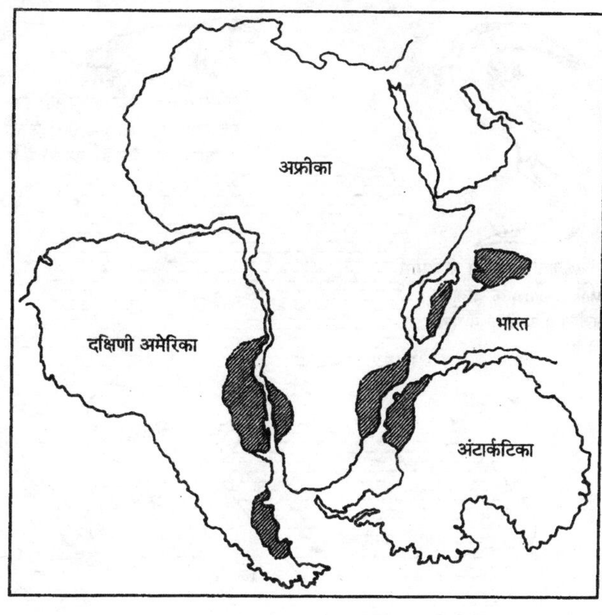

संरचनात्मक तथा स्तरक्रम विन्यास सम्बन्धी साक्ष्य (Structural and Stratigraphic Evidences)

यदि महाद्वीपों को पुनः जोड़ा जाये तो विभिन्न महाद्वीपीय तटों की संरचना तथा शैलों की प्रकृति में समरूपता मिलती है। उत्तरी पश्चिमी अफ्रीका तथा ब्राजील के तटवर्ती भागों में पर्याप्त साम्यता है। इसी प्रकार ब्रिटेन के कैलीडोनियन पर्वत उत्तरी अमेरिका के अप्लेशियन पर्वत से समानता रखता है। इसी क्रम में पश्चिमी यूरोप की हरसीनियन पर्वत श्रेणी उत्तरी अमेरिका के पूर्वी तट (न्यूफाउण्डलैण्ड तट) से समानता रखता है।

उत्तम आशा अन्तरीप तथा अर्जेन्टीना के ब्यूनस आयर्स की चट्टानी संरचना तथा निर्माण समय में भी समरूपता है। अटलांटिक महासागर के दोनों ओर के तटवर्ती भागों की चट्टानें क्रिटेशियस युग (144 मिलयन वर्ष पूर्व) की मानी जाती हैं। इस आधार पर यह कहा जा सकता है कि इनका विभाजन जुरासिक काल में (200 मिलियन वर्ष पूर्व) आरम्भ हुआ।

पुरा जीवाश्मीय साक्ष्य (Palaeontological Evidences)

पृथ्वी के विस्थापित भूखण्डों (महाद्वीपों) पर एक समान जीवों का पाया जाना इस तथ्य की पुष्टि करता है कि पूर्व में जो महाद्वीप एक साथ संयोजित थे। इतने विशाल सागरों के द्वारा विभक्त इन महाद्वीपों पर जीवों का तैर कर जाना सम्भव नहीं है। मीजोसोर्स (Mesosaurus) नामक जलीय सरीसृप (Aquatic Rcptiles) के जीवाश्म दक्षिणी पूर्वी अमेरिका तथा दक्षिणी अफ्रीका में ही मिले हैं। यदि मीजोसोर्स तैरने में समर्थ होता तो उसका वितरण समीपवर्ती महाद्वीपों उत्तरी अमेरिका तथा यूरोप आदि में भी मिलता। लेकिन ऐसा नहीं था, ये जीव इन दोनों भूखण्डों के जुड़े होने के कारण ही इन पर वितरित थे। फर्न तथा ग्लोसोप्टारिस (Fern and Glossoptoris) वनस्पति के जीवाश्म अफ्रीका, आस्ट्रेलिया, भारत तथा दक्षिणी अमेरिका में विस्तृत रूप से मिलते हैं। बाद में इसके अवशेष अण्टार्कटिका में भी मिले हैं। फर्न वनस्पति केवल उपध्रुवीय जलवायु में ही विकसित होते हैं लेकिन इसके जीवाश्मों का वितरण उष्ण जलवायु वाले सागरों से विभक्त पृथक् क्षेत्रों में मिले हैं। स्पष्ट है कि ये सभी स्थल खण्ड सम्मिलित रूप में थे जब यहाँ ठण्डी जलवायु दशायें थीं।

वर्तमान में कोयले का वितरण उत्तरी पूर्वी संयुक्त राज्य अमेरिका, ब्रिटेन आदि ठण्डे प्रदेशों में मिलता है। जबकि कोयला

चित्र 4.5 *महाद्वीपीय प्रवाह के पुराजीवाश्मीय साक्ष्य (after W.K. Hamblin)*

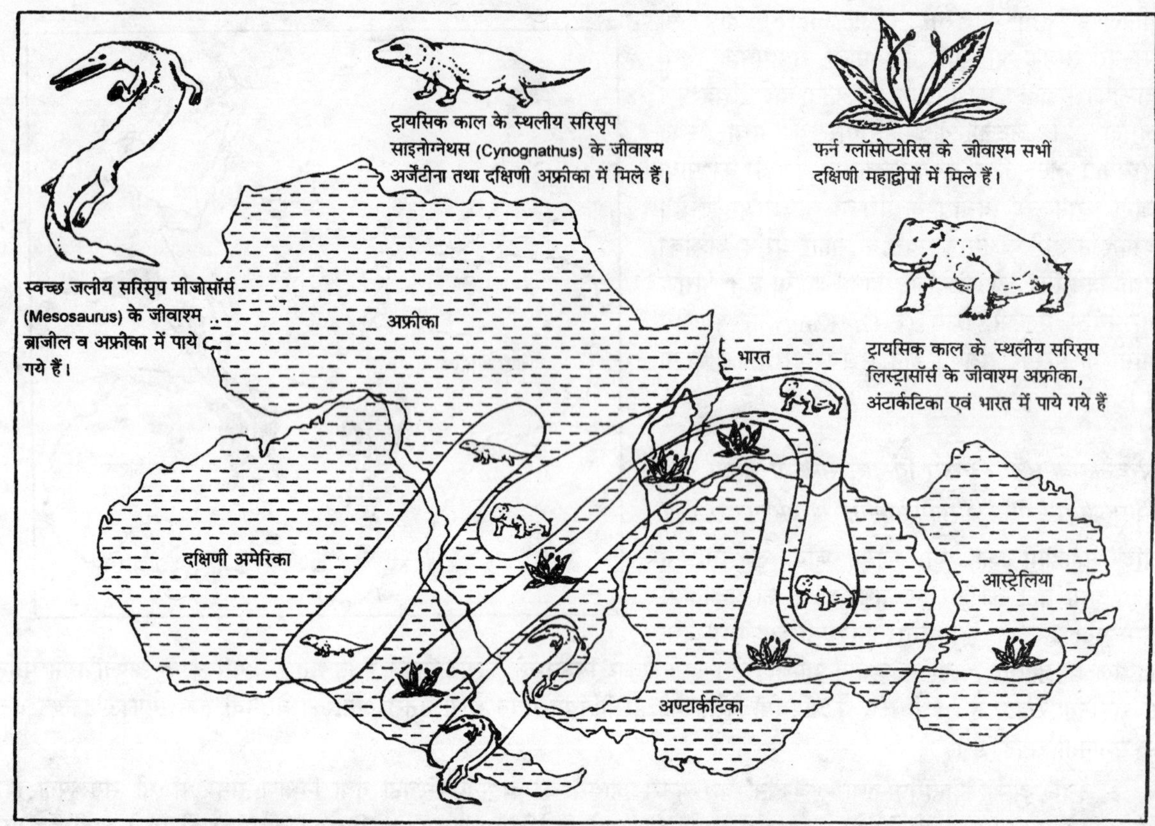

निर्माण की दशायें केवल भूमध्यरेखीय क्षेत्रों में ही हैं। इस आधार पर भी अनुमान लगाया जाता है कि पूर्व में महाद्वीपों के एक साथ संगठित होने से ठण्डे प्रदेश उष्ण जलवायु दशाओं में थे जो बाद में प्रवाहित होकर विभिन्न अवस्थितियों में पहुंच गये। लिस्टरोसोर्स (Lystrosaurus) के जीवाश्म दक्षिणी अफ्रीका, दक्षिणी अमेरिका, एशिया तथा अण्टार्कटिका में विस्तृत रूप में मिले हैं। ये जीव पुराजीवी (Paleozoic) तथा मध्यजीवी (Mesozoic) महाकाल के स्तनधारी सदृश्य सरीसृप थे। ये जीव स्थलवासी थे तथा इतने विशाल महासागरों को तैर कर पार करने में समर्थ नहीं थे।

पुराजलवायुवीय साक्ष्य (Palaeoclimatic Evidences)

जलवायु परिवर्तन के साक्ष्य शैलस्तर क्रम विन्यास में स्पष्ट पाये जाते हैं। अण्टार्कटिका में कोयले की उपस्थिति यह स्पष्ट करती है कि यहा पूर्व में विस्तृत वनावरण था जबकि वर्तमान में हिमावरण है। इसी तरह हिमनदीय जमावों की परतें तथा उनके उत्खनित चिन्ह (Grooved Marks) दक्षिणी अफ्रीका, दक्षिणी अमेरिका, आस्ट्रेलिया तथा भारत (तचलर, उड़ीसा) आदि उष्ण कटिबन्धीय प्रदेशों में मिले हैं। इस उपस्थिति के आधार पर यह अनुमान लगाया जाता है कि पृथ्वी एक समय के लिए ठण्डी हुई हो जिस कारण हिमकाल आया हो लेकिन यह तथ्य सत्य नहीं रहा क्योंकि इसी समय उत्तरी गोलार्द्ध में पाए जाने वाले दलदलों में सघन वनस्पति की उपस्थिति मिली है, जो कालान्तर में प्रमुख कोयला क्षेत्र बने तथा वर्तमान में संयुक्त राज्य अमेरिका, यूरोप तथा साइबेरिया में मिलते हैं। दूसरी परिकल्पना के अनुसार सभी भूखण्ड एक साथ संयोजित (Joined) थे जिनका केन्द्र अफ्रीका था।

चित्र 4.6 भूमध्य रेखा तथा ध्रुवों की बदलती हुई स्थितियाँ (after Majid Husain)

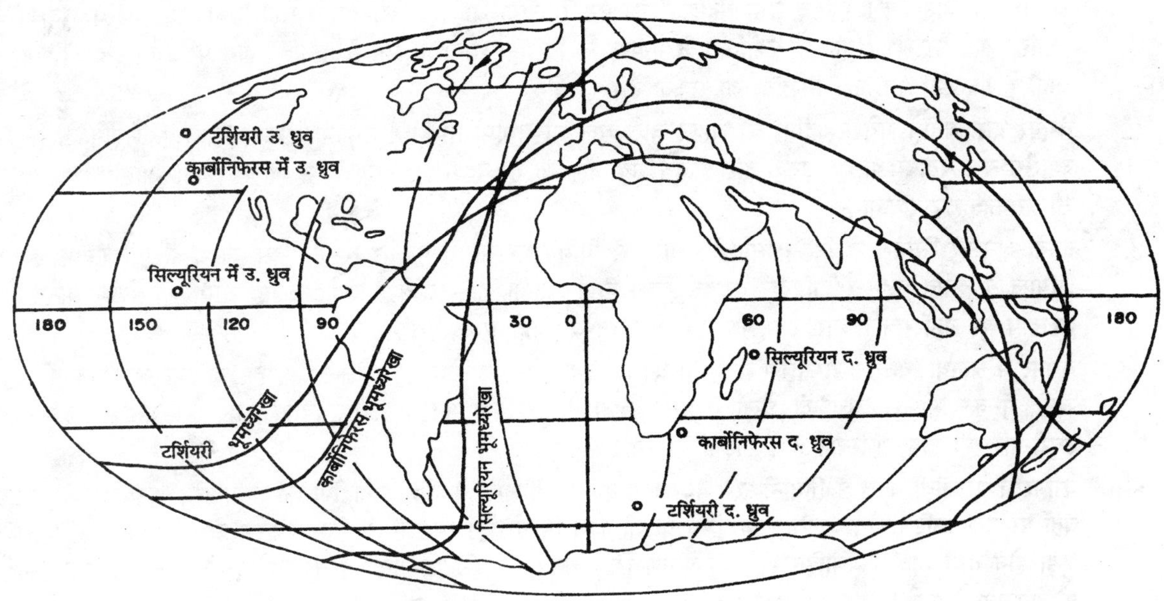

बाद में बर्फ के प्रवाह द्वारा यह सिद्ध भी हो चुका है कि बर्फ का प्रवाह दक्षिणी अफ्रीका से सभी दिशाओं में विकिरित प्रतिरूप में हुआ। दक्षिणी पश्चिमी अफ्रीका में बर्फ के आवरण की कमी का कारण सक्रिय अपरदन की क्रियायें रही हैं।

हिमानीकरण के साक्ष्य (Evidences from Glaciation)

पुराजीवी महाकाल के उत्तरार्द्ध में (लगभग 30 करोड़ वर्ष पूर्व) दक्षिणी गोलार्द्ध में महाद्वीपों का एक बड़ा भाग हिमावतरित हो गया था। यहा पर हिमानी के प्राचीन जमावों के स्पष्ट चिन्ह यहा मिलते हैं।

पुराचुम्बकीय साक्ष्य (Palaeomagnetic Evidences)

वेगनर ने बताया कि प्रत्येक भूगर्भिक युग में ध्रुवों की स्थिति बदलती रही है, जिसे वेगनर ने "ध्रुवीय प्रवाह या संचलन" (Polar Wandering) कहा है। पुराचुम्बकीय आंकड़ों से पुराजीवी महाकाल में पेंजिया का अस्तित्व स्वीकार किया गया है।

वेगनर के प्रवाह सिद्धान्त का मूल्यांकन (Evaluation of Wegener's Drift Theory)

वेगनर का प्रारम्भिक कार्य प्राचीन जलवायु का अध्ययन प्रस्तुत करना था। लेकिन जैसे ही उन्हें महाद्वीपीय प्रवाह सम्बन्धी व्यवस्था में विश्वास हुआ तो वे साक्ष्य जुटाने में लग गये तथा अनेक गलती कर बैठे। यद्यपि उन्होंने महाद्वीपीय तटों के मध्य सादृश्य स्थापित करने का वैज्ञानिक कार्य किया लेकिन अपनी परिकल्पना की सत्यता को प्रमाणित करने के लिए अनेक त्रुटियों को नजरअन्दाज किया जिस कारण उनके विचारों की अनेक आलोचनाएँ हुई इनमें निम्नलिखित मुख्य हैं :

1. जोड़ मिलाने वाले प्रमाणों की आलोचना हुई अन्ध महासागर के दोनों ओर स्थित महाद्वीपों में कुछ सादृश्य अवश्य है लेकिन उन्हें एक ही भूखण्ड के दो भाग मानना उचित नहीं है, क्योंकि दक्षिणी अमेरिका एवं गिनी की खाड़ी की संगत

भुजाओं में 15 डिग्री का अन्तर आता है। इसी प्रकार अटलांटिक के मध्य स्थित अन्तःसागरीय कटक भी तटों के मध्य साम्य स्थापित करने में समस्या बनता है। ग्रीनलैण्ड एलिसमेरे तथा बेफिनलैण्ड द्वीपों को भी मिलाकर प्रवाह सिद्धान्त का आधार देना अनुचित है। यदि सभी महाद्वीपों को पुनः मिलाया जाये तो जैसे वेगनर महोदय ने सुमेल करके बताया वैसे प्रवाहित होने पर संभव नहीं है, क्योंकि एक भूखण्ड के विभिन्न भागों के रूप में प्रवाहित होने पर उनमें इतनी विकृति आ जाती है कि उन्हें पुनः नहीं मिलाया जा सकता है।

2. वेगनर द्वारा बताये गये महाद्वीपों को बहाने वाले बल भी पर्याप्त नहीं हैं। उन्होंने पश्चिम में प्रवाहित होने के लिए जो ज्वारीय बल बताया था वह उनके द्वारा बताये गये बल की तुलना में 10 अरब गुणा अधिक होना चाहिए तभी महाद्वीपों को प्रवाहित कर सकेगा।
3. उनके अनुसार सियाल से निर्मित महाद्वीप सीमा से निर्मित महासागरों पर तैर रहे हैं, जिस कारण ही पश्चिम में प्रवाह में सियाल में दबाव पड़ने से पश्चिम कार्डिलेरा का निर्माण हुआ जो असत्य है क्योंकि यदि सीमा को कठोर मानते हैं तो महाद्वीप बह नहीं सकते और नरम मानते हैं तो पर्वत बन नहीं सकते हैं।
4. वेगनर ने बताया कि ग्लोसोप्टोरिस वनस्पति का वितरण भारत, आस्ट्रेलिया, दक्षिणी अफ्रीका, दक्षिणी अमेरिका, फाकलैण्ड आदि में कार्बोनीफेरस युग की शैलों में पाया जाता है, जो विस्थापन के कारण वितरित हुई है। जबकि यह वनस्पति उत्तरी-पश्चिमी अफगानिस्तान तथा साइबेरिया आदि में भी मिलती है।
5. वेगनर ने पुराजीवी काल में हिमानीकरण के कारण दक्षिणी गोलार्द्ध के सभी महाद्वीपों का हिमावरित होना बताया। लेकिन वहाँ पर उष्ण कटिबन्धीय जलवायु के पौधों के जीवाश्म मिलते हैं। स्पष्ट है कि हिमानीकरण द्वारा महाद्वीपों का एक साथ जुड़ा होने तथा बाद में प्रवाहित होने का प्रमाण सिद्ध करने में कठिनाई आती है क्योंकि जलवायु का निर्धारण अक्षांशों के अनुसार होता है।
6. वेगनर ने महाद्वीपों का विस्थापन केवल उत्तर एवं पश्चिम में ही माना है जबकि टेलर ने महाद्वीपों का विस्थापन ध्रुवों से बाहर प्रत्येक दिशा में होना बताया है।

उपरोक्त आलोचनाओं के उपरान्त भी वेगनर का महाद्वीपीय विस्थापन सिद्धान्त महाद्वीपों, महासागरों तथा पर्वतों के निर्माण में मध्यपूर्व जानकारी प्रस्तुत करता है। सागर नितल में प्रसरण (Sea Floor Spreading) तथा प्लेट विवर्तनिकी मॉडल द्वारा वेगनर की विचारधारा की पुनर्स्थापना हुई है तथा महाद्वीपीय प्रवाह सिद्धान्त को वैज्ञानिक स्वरूप मिल गया है।

सागर-नितल का प्रसरण (Sea-Floor Spreading)

भूआकृति विज्ञान में सागर नितल प्रसरण का विचार एक नवीन विकास है जो महाद्वीपीय प्रवाह के सिद्धान्त को सही सिद्ध करता है। इसका प्रतिपादन संयुक्त रूप से प्रिस्टन विश्वविद्यालय के प्रो. हैरी हेस (Harry, H. Hess) तथा राबर्ट डीट्ज (Robert S. Dietz) ने 1960 में किया। सागर नितल प्रसरण का विचार सागरीय भूवैज्ञानिकों तथा भूभौतिकविदों के सम्मिलित शोध के विश्लेषण का परिणाम है इनमें मारिस एविंग तथा उसके सहयोगी शोधकर्ताओं की प्रमुख भूमिका रही है। हेस और डीट्ज ने इन सागरीय तलों के प्रसरण को ऐसी प्रक्रिया या विधि बताई जो पर्वत श्रृंखला का निर्माण करती हैं तथा महाद्वीपीय संचलन को गति देती है। हेस के अनुसार अन्तःसागरीय पर्वत श्रृंखलाएं जिन्हें मध्य महासागरीय कटक कहते हैं, का निर्माण उष्ण क्षेत्रों से तप्त मैग्मा के ऊपर की ओर प्रवाह से हुआ है। ये उष्ण क्षेत्र ऊपरी मैण्टिल, दुर्बलतामण्डल (Asthenosphere) तथा इससे गहरे सम्बन्धित क्षैत्र माने गये हैं। जब मैण्टिल से संवहन द्वारा मैग्मा ऊपर भूपटल (The crust) पर आता है तो भूपटल विभाजित (Fractured) हो जाता है तथा मैग्मा सागरीय भागों में फैलकर ठण्डा होकर नवीन सागरीय नितल का रूप ले लेता है फलस्वरूप कटक का निर्माण हो जाता है।

सागरीय भूवैज्ञानिकों ने 1950 से 1960 के दौरान विभिन्न शोध विश्लेषण कर सागरीय नितल के बारे में निम्नांकित निष्कर्ष निकाले :

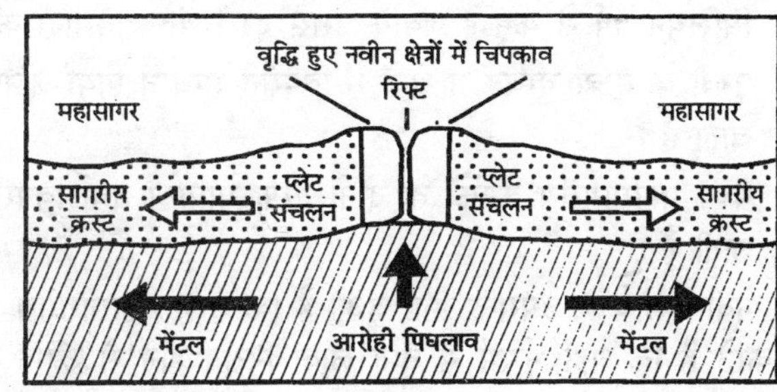

चित्र 4.7 *मैग्मा के ऊपरी संचलन (Upward Movement) के कारण सागर-नितल का प्रसरण। मैण्टिल से मैग्मा सागरीय पर्पटी (Ocean Crust) के संलग्न प्लेट के किनारों पर आकर ठोस अवस्था में उन्हें विपरीत दिशा में खिसकाकर सागर नितल प्रसरण का कारण बनता है। (after G.H., Dury, 1981)*

1. सागरीय नितल के नीचे स्थित पर्पटी केवल 6 से 7 किमी. मोटी पायी जाती है जबकि महाद्वीपीय भागों पर यह लगभग 30 से 40 किमी. तक पायी जाती है।
2. सागरीय भूवैज्ञानकों को कध्य अटलांटिक कटक की जानकारी थी लेकिन उन्होंने यह पता लगाया कि मध्य महासागरीय कटक वर्तमान में सभी महासागरों में उपस्थित है जो भूकम्प एवं ज्वालामुखी से सम्बन्धित है।
3. सागरीय नितल की शैलें कहीं भी क्रिटेशियस युग (135 मिलियन वर्ष पूर्व) से पूर्व की नहीं मिलती हैं।

उपर्युक्त खोजों के आधार पर हेरी हैस (Hess, H., 1960) ने बताया कि सागरीय नितल गतिशील है तथा मैग्मा पृथ्वी के मैण्टिल से संवहन द्वारा ऊपर सागरीय पटल पर मध्य महासागरीय कटकों के सहारे आता है जहाँ से कटक के दोनों ओर जमा हो जाता है तथा अन्त में महाद्वीपीय तटों के सहारे स्थित खाइयों (Trenches) में भर जाता है। वास्तव में सागरीय नितल सापेक्षिक रूप से पृथ्वी तल की नवीन स्थलाकृति है। इस प्रसरण प्रक्रिया द्वारा सागर नितल का निर्माण होता है। दूसरी ओर महाद्वीपों को पुरानी तथा स्थायी स्थलाकृतियाँ माना गया है जो सक्रिय रूप से खिसक रहे हैं तथा साथ-साथ मैण्टिल के पीछे संवहन तरंगें उत्पन्न होती हैं। ये सभी तथ्य यह सिद्ध करते हैं कि महाद्वीप एवं महासागर गतिशील हैं।

प्रो. हेरी हैस ने अपने सागर नितल प्रसरण के सिद्धान्त के पक्ष में निम्नांकित साक्ष्य प्रस्तुत किये हैं—

1. मध्य महासागरीय कटकों के सहारे भूकम्पों का पाया जाना।
2. मध्य महासागरीय कटों के शिखरों (Crests) पर अवसादों की कमी (Dearth) तथा मध्य अटलांटिक कटक के सहारे स्थित सक्रिय ज्वालामुखी द्वीपों का पाया जाना सागर नितल प्रसरण के सिद्धान्त को स्पष्ट करता है। इसके अतिरिक्त कटक से दूर जाने के साथ ही अवसादी जमावों की मोटाई भी बढ़ती जाती है। लेकिन यह तथ्य असंगत (Inconsistent) है क्योंकि कटक से दूर स्थित क्षेत्र पुराने हैं जहां लम्बे समय से अवसाद जमा होती रही है।
3. महासागरीय कटक से दूरी के साथ बेसाल्टिक परत के ऊपर स्थित सागरीय अवसाद के किनारे (The Edge of Marine Sediments) विस्तृत हो जाते हैं। उदाहरण के लिए अटलांटिक महासागर में कटक के सहारे स्थित अवसाद की आयु सात

बाक्स 4.2 *पुराचुम्बकत्व (Palaeomagnetism)*

पुराचुम्बकत्व वह विज्ञान है जिसमें पृथ्वी के प्राचीन चुम्बकीय क्षेत्रों के पुनर्निर्माण का अध्ययन किया जाता है जिसमें पृथ्वी के प्राचीन शैलों के चुम्बकीय साक्ष्यों के आधार पर महाद्वीपों की पूर्व की स्थिति का ऑकलन किया जाता है। शैलों में ये चुम्बकीय लक्षण आंशिक रूप से पृथ्वी के चुम्बकीय क्षेत्रों में स्थित आग्नेय शैलों के ठण्डे होने से पूर्व विद्यमान थे। पुराचुम्बकत्व साक्ष्य यह दर्शाते हैं पृथ्वी के चुम्बकीय क्षेत्र परस्पर विपरीत स्वभाव रखते हैं। अर्थात् उत्तरी चुम्बकीय ध्रुव दक्षिणी चुम्बकीय ध्रुव परस्पर विपरीत आकर्षण रखते हैं तथा यूरोपीय तथा उत्तरी अमेरिका की शैलों के ध्रुवीय प्रवाह (Polar Wandering) के साक्ष्य भिन्न हैं। जो यह स्पष्ट करते हैं, कि महाद्वीप एक-दूसरे से दूर संचलित हुए हैं।

मिलियन वर्ष से कम है जबकि इससे दूर स्थित अवसादों की आयु 160 मिलियन वर्ष आकलित की गई है।

4. पृथ्वी के मुख्य चुम्बकीय क्षेत्रों मं विपरीत सम्बन्ध पाया जाना। इन्हें चुम्बकीय क्षेत्र या चुम्बकीय द्वी-पोल के रूप में जाना जाता है।

5. मध्य महासागरीय कटकों के दोनों तरफ सामान्य तथा विपरीत चुम्बकीय विसंगतियाँ (Magnetic Anomalies) पायी जाती हैं।

नवीन शोध के उपरान्त स्पष्ट हुआ है कि मध्य महासागरीय कटकों के सहारे भूगर्भिक ऊर्जा के पर्याप्त स्रोत है। जो यह सिद्ध करते हैं कि यहाँ भूगर्भ से तप्त लावा निसृत होने से ऊष्मा की प्राप्ति होती है। हेस द्वारा प्रस्तुत साक्ष्यों से यह निष्कर्ष निकाला कि (i) सागर नितल का सतत् प्रसरण हो रहा है, (ii) मध्य महासागरीय कटकों के सहारे नवीन बेसाल्ट परत का निर्माण हो रहा है, (iii) बेसाल्ट से निर्मित नवीन परत दो समान भागों में विभक्त होकर मध्य महासागरीय कटकों से दूर विस्थापित हो जाती है, (iv) मध्य महासागरीय कटकों के दोनों ओर सकारात्मक एवं ऋणात्मक चुम्बकीय विंसंगतियों (Magnetic Anomalies)* की पट्टियां वैकल्पिक रूप में मिलती है। पृथ्वी के भू चुम्बकीय क्षेत्र (Geomagnetic fields) सामयिक रूप से विपरीत दिशा में बदलते रहते हैं। जिसमें दक्षिणी चुम्बकीय ध्रुव उत्तरी चुम्बकीय ध्रुव के साथ अपनी अवस्थिति बदलता रहता है। इस ध्रुवीय विपरीत परिवर्तन के दौरान नवीन बेसाल्ट के भूपटल पर आने से सागर तल का प्रसरण होता है।

चित्र 4.8 *मध्य महासागरीय कटक की अवस्थिति*

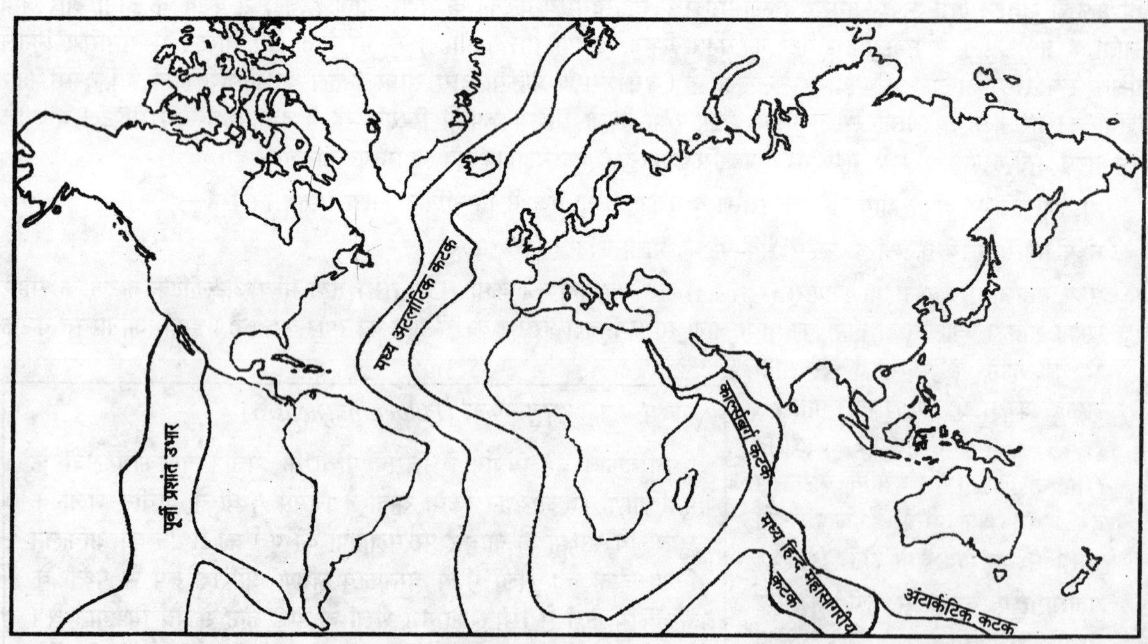

* भूपृष्ठ के किसी विशेष स्थान पर (at a particular point) वास्तविक रूप में पायी जाने वाली चुम्बकीय मात्रा से विचलन को चुम्बकीय विसंगति कहते हैं। अर्थात् आंकलन के आधार पर उस स्थान की चुम्बकीय दशा जितनी होनी चाहिए उससे ज्यादा या कम होना विसंगति कहलाता है। यह पृथ्वी के आन्तरिक चुम्बकीय क्षेत्रों में परिवर्तन होने से उत्पन्न होती है। शैलों के निर्माण के समय पायी जाने वाली चुम्बकीय शक्ति में परवर्तन होता रहता है।

जब शैलें सामान्य भूचुम्बकीय (Geomagnetic) क्षेत्रों के दौरान निर्मित होती हैं तो चुम्बकीय विसंगति सकारात्मक (Positive) होती है जबकि शैलें ध्रुवीय परिवर्तन (Reversal Polarity) के दौरान बनती हैं, जब भूचुम्बकीय क्षेत्र परस्पर विपरीत बदलते हैं तो नकारात्मक (Nagative) चुम्बकीय विसंगति कहलाती है। इसके अतिरिक्त सागरीय तलीय प्रसरण की निम्नांकित स्थितियों को भी स्पष्ट करती है: महाद्वीपीय विस्थापन, मध्य-महासागरीय कटकों के सहारे भूकम्प का पाया जाना तथा उनके शिखरों (Summits) पर अवसादों की अनुपस्थित मध्य अटलांटिक कटक के सहारे सक्रिय ज्वालामुखी द्वीपों की उपस्थिति तथा सागरीय नितल पर तथा सागरीय द्वीपों पर 135 मिलियन वर्ष से प्राचीन शैलों की अनुपस्थिति अर्थात् इन क्षेत्रों में क्रिटैशियस युग के बाद की शैलें मिलती हैं। वर्तमान समय में सागर नितल प्रसरण का सिद्धान्त अधिक स्पष्ट रूप में विकसित होकर प्लेट विवर्तनिकी सिद्धान्त का एक भाग बन गया है। इस सिद्धान्त से जहाँ एक ओर महाद्वीपीय विस्थापन के विचार पुनर्जीवित हुए हैं वहीं दूसरी ओर इसके आधार पर ही नवीन संकल्पना प्लेट विवर्तनिक सिद्धान्त विकसित हुआ है जो इन दोनों विचारधाराओं को स्पष्ट करता है।

प्लेट विवर्तनिकी (Plate Tectonics)

वर्तमान समय में स्थलमण्डलीय परिवर्तन को प्लेट विवर्तनिकी मॉडल द्वारा स्पष्ट किया जा रहा है। प्लेट विवर्तनिकी मॉडल को भूविवर्तनिकी (Geotectonic) मॉडल भी कहा जाता है। विवर्तनिकी अंग्रेजी के **'Tectonic'** शब्द का पर्याय है जो ग्रीक भाषा के **tektonikos** से लिया गया है जिसका अभिप्राय *निर्माण या रचना (Building or Construction)* होता है। इसे आन्तरिक शक्तियों के परिणामस्वरूप होने वाले भूपृष्ठ के विरूपण (Deformation) के लिए प्रयुक्त किया गया है जो स्थलमण्डल पर विभिन्न संरचनाओं का निर्माण करता है।

प्लेट विवर्तनिकी शब्द का सर्वप्रथम प्रयोग टोरण्टो विश्वविद्यालय के प्रो. टूजो विल्सन (Tuzo Wilson) ने सन् 1965 में किया था। पार्कर ने 1967 में प्लेट संचलन पर प्रकाश डाला तथा सन् 1967 में ही इन विचारों को परिष्कृत एवं परिमार्जित करके वैज्ञानिक रूप में प्रिंसटन विश्वविद्यालय के मोर्गन (W. J. Morgan) ने प्रथम बार सिद्धान्त रूप में प्रकाशित किया। यह संकल्पना हैरी हैस के '*सागर नितल प्रसरण*' के सिद्धान्त पर आधारित है। इस प्रकार यह वेगनर के महाद्वीपीय प्रवाह सिद्धान्त के आधार पर सागर नितल प्रसरण के सिद्धान्तों का संश्लेषित रूप में परिष्कृत (Sophisticated) तथा व्यापक (Comprehensive) सिद्धान्त है।

प्लेट विवर्तनिकी एक भूमण्डलीय गतिकी (Global Dynamics) सिद्धान्त है जिसमें स्थलमण्डल को विभिन्न आकार की प्लेटों की एक श्रृंखला के रूप में निर्मित होना माना गया है जो विभिन्न दशाओं में संचलन (Movement) करती है यह संचलन प्रत्यक्षतः ऊपरी मैण्टिल से उत्पन्न संवहन से सम्बन्धित है। इन प्लेटों के किनारे भूगर्भिक क्रिया के प्रमुख स्थान हैं, जिनके सहारे सागर नितल में प्रसरण, ज्वालामुखी उद्गार, भूपटलीय विरुपण (Crustal Deformation), महाद्वीपीय विस्थापन तथा पर्वत निर्माण आदि क्रियाएं होती हैं। ये क्रियायें विवर्तनिकी प्रक्रियाओं, मैग्मा का ऊपर की ओर प्रवाह, प्लेट संचलन भूपटल का अधोगमन (Subduction), वलन, भ्रशंन, भूकम्प तथा ज्वालामुखी क्रियाओं द्वारा सम्पन्न होती है। इस प्रकार प्लेट विवर्तनिकी मॉडल द्वारा स्थलमण्डलीय विरूपण, भूगर्भिक संरचना, आग्नेय, अवसादी तथा कायान्तरित शैलों का वितरण एवं विविधता आदि के साथ पृथ्वी के लम्बे अवधि तक होने वाले विवर्तनिक विकास को स्पष्टतः समझा जा सकता है।

प्लेट विवर्तनिकी में दो प्रकार की विवर्तनिक प्रक्रियायें होती हैं। प्रथम भूपटल के आन्तरिक भाग से संवाहनिक धारा के रूप में जो पदार्थ ऊपर आता है उसका शीतलन (Cooling) होता है तथा शीतलन होने पर वह पदार्थ पुनः संकुचित तथा सघन होकर अधोगमित (Subducted) हो जाता है यह सघन पदार्थ रचनात्मक प्लेट के किनारों के सहारे दुर्बलतामण्डल से सृजित भूस्तर को तरल रूप में प्राप्त होता है जो धीरे-धीरे मध्य महासागरीय कटक के सहारे क्षैतिज संचलन करता हुआ दूर जाकर शीतल होकर सघन हो जाता है जिससे इस सागरीय भूपटल का घनत्व मैण्टिल से अधिक हो जाता है। फलस्वरूप यह भूपटलीय भाग मध्यमण्डल में स्थित मैण्टिल में डूब जाता है जहाँ तापमान की अधिकता के कारण पुनः पिघल कर रचनात्मक किनारों की ओर

चित्र 4.9 दुर्बलतामण्डल, स्थलमण्डल तथा मध्यमण्डल में अन्तःक्रिया। स्थलमण्डल रचनात्ममक प्लेट के किनारों पर दुर्बलतामण्डल से पदार्थ प्राप्त करता है तथा मध्यमण्डल में विनाशात्मक प्लेट के किनारों पर पदार्थों को खोता है। स्थलमण्डल में पदार्थ पार्श्विक रूप से रचनात्मक तथा विनाशात्मक प्लेटों के सहारे संचलित होता है। (After C. Park, 1980)

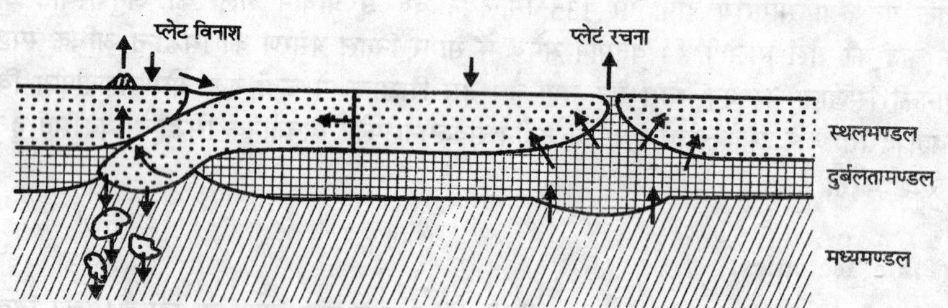

संचलित हो जाता है। इस प्रकार प्रथम प्रक्रिया में शीतलन तथा पुनः चक्रण (Recycling) होता रहता है।

यह क्रिया ज्वालामुखी तथा भूकम्प से भी सम्बिन्धित है। ठण्डी सागरीय पट्टी जिस मध्यमण्डल में डूबती है उसकी गहराई 670 किमी. मानी गई है। स्थलमण्डल पृथ्वी की संवाहनिक व्यवस्था में एक ठण्डी सतह के रूप में पाया जाता है यह दुर्बलतामण्डल से पदार्थ प्राप्त करता है जो इसके नीचे स्थित मध्यमण्डल की रचनात्मक सीमा से प्राप्त होता है। यह पदार्थ मध्य महासागरीय कटक के सहारे फैलकर संगठित होता रहता है जबकि विनाशात्मक सीमा के सहारे इन्हीं मण्डलों में पदार्थों का ह्रास होता है। प्रावार (Mantle) में पदार्थ एक प्लास्टिक की तरह व्यवहार करता है तथा ये बड़ी मात्रा में धीरे-धीरे सवांहनिक तरंगों के रूप में भूपटलीय शैलों पर संचालित होता है इसी कारण प्लेटों में सचलन (Movement) होता है।

द्वितीय विवर्तनिक स्वरूप में महाद्वीप को सम्मिलित किया जाता हैं। प्रथम क्रिया में सम्पन्न संवाहनिक धाराओं द्वारा प्राप्त पदार्थ सागरीय पटल (Oceanic crust) को ही मिलता है। महाद्वीपीय स्थलमण्डल मैण्टिल की संवाहनिक प्रक्रिया में भाग नहीं लेता है यह लगभग 150 किमी. मोटी परत है जो निम्न घनत्व की तथा तरणशील (Buoyant) पर्पटी है, जिसे ***विवर्तनिक मण्डल* (Tectosphere)** भी कहते हैं। यह भूपर्पटी सापेक्षिक रूप से ऊपरी मैण्टिल पर तरणशील (Floating) रहती है। अर्थात् दुर्बलतामण्डल के ऊपर तैरती है। महाद्वीप टूटते व पुनः संयोजित होते रहते हैं। महाद्वीपों के टूटने से पृथक भूभाग को ***स्थलज* *(Terranes)*** कहते हैं। ये स्थलज जब तक दूसरे महाद्वीप से नहीं मिल जाते प्रवाह करते रहते हैं। इस क्रिया में ये स्थलज का अधोगमन भी हो सकता है। या फिर ये संयोजित होने वाले महाद्वीप के सहारे टूट (Sheared) भी जाते हैं। जब ये स्थलज प्रवाहित होकर दूसरे महाद्वीप से मिलते हैं तो इन्हें **विदेशज स्थल (Exotic or suspect Terranes)** कहते हैं। उत्तरी अमेरिका का पश्चिमी सागरीय क्षेत्र (Seaboard) इसी प्रकार का स्थलज है। महाद्वीपों के प्रवाह में यह देखा गया है कि ये मैण्टिल के ऊष्ण क्षेत्रों (Mantle hot zones) से दूर विस्थापित होते हैं। स्थायी महाद्वीपों के नीचे स्थित मेंटिल में उष्णता से विशाल महाद्वीप टूटकर अनेक छोटे भूभागों में से संचलित हो गये हैं तथा कुछ स्थित हैं। उदाहरणार्थ अफ्रीका पैंजिया का मुख्य भूभाग या जिसके दोनों ओर से गोंडवाना तथा लारेंशिया भूखण्ड विस्थापित हो गये हैं। इस प्रकार दोनों विवर्तनिक प्रक्रियाओं द्वारा पृथ्वी पर महासागर एवं महाद्वीप परस्पर गति करते हैं प्रथम प्रक्रिया में महासागरीय नितल प्रभावित होता है तथा द्वितीय में महाद्वीप जहाँ मैण्टिल एवं प्लेट के समीपवर्ती क्षेत्रों में क्रिया होती है। इन किनारों पर महाद्वीपीय भागों पर होने वाला अपरदन अवसादी त्रिपार्श्वों (Sedimentary Prisms) को महाद्वीपीय किनारों से कायान्तरण द्वारा बांधने का कार्य करता है। (Huggett, 1997)

प्लेटों का वितरण (Distribution of Plates)

प्लेट स्थलमण्डल का एक बड़ा भाग (Broad Segment) होती है जिसमें ऊर्ध्वाधर रूप में ठोस ऊपरी मैण्टिल तथा सागरीय तथा महाद्वीपीय भूपृष्ठ (Crust) सम्मिलित किया जाता है जो दुर्बलतामण्डल (Asthenosphere) पर तैरती हुई स्वतन्त्र रूप से दूसरी प्लेटों की ओर संचलित होती रहती है। ला पिकन (La Pichon) ने 1968 में सम्पूर्ण पृथ्वी को 6 बड़ी तथा 9 छोटी प्लेटों में विभक्त किया जिनका विवरण निम्नांकित है—

बड़ी प्लेट (Major Plates) – (1) अफ्रीकन प्लेट, (2) अमेरिकन प्लेट, (3) अण्टार्कटिक प्लेट, (4) आस्ट्रेलियन प्लेट, (5) यूरेशियन प्लेट तथा (6) प्रशान्त प्लेट।

लघु प्लेट (Minor Plates) – (1) अरेबियन प्लेट, (2) बिस्मार्क प्लेट, (3) केरीबियन प्लेट, (4) केरोलिना प्लेट, (5) कोकोस प्लेट, (6) जुआन डी फूका प्लेट, (7) नज्का या पूर्वी प्रशान्त प्लेट, (8) फिलीपीन्स प्लेट तथा (9) स्कोशिया प्लेट।

प्लेटों की संख्या के बारे में वर्तमान समय में मतभेद हैं क्योंकि ऊपर वर्णित प्लेटों की संख्या के विरुद्ध जहां मोर्गन महोदय ने 6 बड़ी तथा 20 लघु प्लेटें बताई हैं वहीं नेशनल ज्याग्राफिक सोसाइटी, वाशिंगटन डी. सी. के. कार्टोग्राफिक विभाग के अप्रेल 1995 में प्रकाशित एक प्रतिवेदन के अनुसार वृहद् प्लेटों की संख्या 7 है तथा लघु प्लेटों की संख्या 16 बताई है। सामान्यतया भारतीय प्लेट जिसमें आस्ट्रेलिया भी सम्मिलित है, केम्ब्रिज विश्वविद्यालय की एक नवीन शोध के अनुसार भारतीय तथा आस्ट्रेलियन दोनों की पृथक् प्लेटें बताया है। सन् 1980 तक विभिन्न शोध कार्यों के उपरान्त लगभग 24 छोटी-बड़ी प्लेटों की स्वतन्त्र रूप में पहचान करके मानचित्रण किया जा चुका है (चित्र 4.10) इसी विश्लेषण के आधार पर पृथ्वी पर निम्नांकित बड़ी प्लेटों की पहचान की गई है।

1. ***प्रशान्त प्लेट** (The Pacific Plate)* – इसका अधिकांश विस्तार अलास्का से अण्टार्कटिक प्लेट तक प्रशान्त महासागर के नितल (Floor) पर है।
2. ***उत्तरी अमेरिकी प्लेट** (The North American Plate)* – यह प्लेट केलिफोर्निया के सान एण्ड्रियाज भ्रंश तथा सम्बन्धित संरचना के सहारे प्रशान्त प्लेट से मिलती है तथा इसमें उत्तरी अमेरिका भूभाग स्थित है।
3. ***यूरेशियन प्लेट** (The Eurasian Plate)* – इसकी पश्चिमी सीमा मध्य अटलांटिक कटक के उत्तरी भाग में 35° उत्तरी अक्षांश से प्रारम्भ होती है जहाँ से उत्तरी अमेरिकी प्लेट की पूर्वी सीमा प्रारम्भ होती है। यह कटक इन दोनों प्लेटों की सीमा बनाता है जो एक रचनात्मक (Constructive) क्षेत्र है। यूरेशियन प्लेट में उत्तरी हिमालय से लेकर सम्पूर्ण यूरेशियन भूभाग सम्मिलित है।
4. ***अफ्रीकन प्लेट** (The African Plate)* – इसका विस्तार मध्य अटलांटिक कटक से 35° उत्तर से 55° दक्षिणी अक्षांशों के मध्य है। इसमें अफ्रीका महाद्वीप तथा मेडागास्कर द्वीप सम्मिलित हैं जो दक्षिण में अण्टार्कटिक प्लेट से तथा दक्षिण पूर्व में आस्ट्रेलियन-भारतीय प्लेट से मिलती है।
5. ***दक्षिणी अमेरिकी प्लेट** (The South American Plate)* – इसका विस्तार मध्य अटलांटिक कटक के पश्चिम में 20° उत्तरी अक्षांश में पाया जाता है, जो दक्षिण-पश्चिम में अण्टार्कटिक प्लेट मिलती है। इसमें दक्षिणी अमेरिका भूभाग तथा समीपवर्ती सागरीय क्षेत्र सम्मिलित हैं।
6. ***आस्ट्रेलियन-भारतीय प्लेट** (The Australian-Indian Plate)* – इसमें आस्ट्रेलिया तथा भारतीय उपमहाद्वीप (हिमालय के उत्तर से) दोनों सम्मिलित हैं। यह यूरेश्यन प्लेट से हिमालय के पास तथा प्रशान्त प्लेट से न्यूजीलैण्ड के पास मिलती है। न्यूजीलैण्ड भी हिमालय की तरह सीमा पर स्थित है।
7. ***अण्टार्कटिक प्लेट** (The Antrarctic Plate)* – अण्टार्कटिक प्लेट अण्टार्कटिका भूभाग को सीमाबद्ध करती है जो दक्षिणी महासागरों के मध्य स्थित है। ये उत्तर में आस्ट्रेलियन-भारतीय प्लेट, प्रशान्त प्लेट, नज्का लघु प्लेट, दक्षिणी अमेरिका प्लेट, स्कोशिया लघु प्लेट तथा अफ्रीकन प्लेट से मिलती है।

चित्र 4.10 *विवर्तनिक प्लेटों का विश्व वितरण तथा इनके प्रसरण (Spreading) तथा अधोगमन (Subduction) क्षेत्र (After Huggett and Ollier, 1997)*

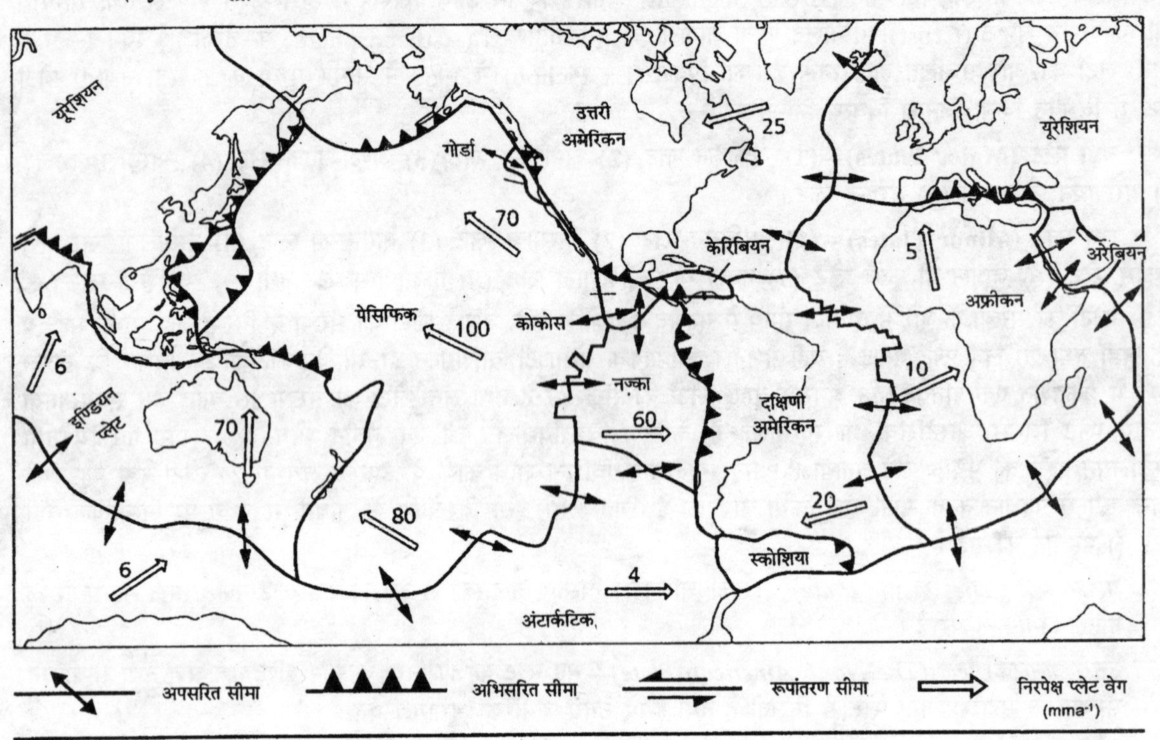

प्रारम्भ में पृथ्वी पर इन सात स्थलमण्डलीय प्लेटों की ही पहचान की गई थी लेकिन बाद में कुछ लघु प्लेटों की खोज भी की गई। लघु प्लेटों में नज्का प्लेट (Nazca Plate) सबसे बड़ी है जो दक्षिणी अमेरिका प्लेट तथा पश्चिमी में प्रशान्त प्लेट से मिली हुई ह । नज्का प्लेट के ठीक उत्तर में दो लघु प्लेटें हैं, जो उत्तरी अमेरिकी प्लेट को दक्षिणी अमेरिकी प्लेट से पृथक करती हो। इनमें बड़ी *केरीबियन प्लेट (Caribbean Plate)* है, जो मध्य अमेरिका तथा दक्षिणी कैरीबियन प्रदेश में स्थित है। दूसरी *कोकोस प्लेट (Cocos Plate)* है, जो इसके पश्चिम में तथा नज्का के उत्तर में स्थित है। इसका उत्तरी पश्चिमी विस्तार पश्चिमी तथा मध्य मेक्सिको में है जिसे *रिवेरा प्लेट (Rivera Plate)* कहते हैं। रिवेरा तथा कोकोज दोनों की सम्पूर्ण पर्पटी सागरीय (Oceanic Crust) है।

दक्षिणी अमेरिका कें दक्षिण-पूर्व में केरीबियन प्लेट के सदृश्य ही *'स्कोशिया प्लेट' (Scotia Plate)* स्थित है। इसी प्रकार उत्तरी अमेरिका के पश्चिमी तट पर (संयुक्त राज्य अमेराका तथा कनाड़ा की सीमा पर) प्रशान्त महासागर में *'जुआन डी फूका प्लेट' (Juan de Fuca Plate)* स्थित है। इसके दक्षिण में ओरेगन तथा उत्तरी केलिफोर्निया (U.S.A.) में *गोर्डा (Gorda)* नामक एक लघु प्लेट स्थित है। अन्य लघु लेकिन महत्वपूर्ण प्लेटों में फीलिपीन्स प्लेट (Philippine Plate) प्रमुख हैं, जो यूरेशियन प्लेट तथा प्रशान्त प्लेट के मध्य स्थित है तथा अरेबियन प्लेट (Arabian Plate) प्रमुख है। यह प्लेट अरब प्रायद्वीप को सहारा देती है जबकि फीलिपीन्स प्लेट पूर्वी एशिया के द्वीपीय चाप (Island Arcs) को सीमाबद्ध करती है। ये द्वीपीय चाप इसकी पश्चिमी सीमा क्षेत्र बनाते हैं जो भूपटल के अत्यधिक सक्रिय भाग हैं। अरेबियन प्लेट इसकी तुलना में स्थिर है यद्यपि इसके किनारों पर पटल क्रिया (Crustal Activity) होती रहती है। इनके अतिरिक्त न्यूगिनी एवं पापुआ के उत्तर में स्थित *बिस्मार्क प्लेट (Bismark Plate),* इसके उत्तर में *केरीलोना प्लेट (Carilona Plate),* अरेबियन प्लेट के दक्षिण पश्चिम में

सोमाली गौण प्लेट (Somali Subplate), *अरेबियन प्लेट* एवं काला सागर के मध्य *'अनातोलियन प्लेट'* (Anatolian Plate) तथा *चीनी गौण प्लेट* (China Sub Plate) आदि महत्वपूर्ण प्लेटों की पहचान की गई है। प्लेटों के विश्व वितरण से स्पष्ट है कि स्थलमण्डलीय प्लेटों (Lithospheric Plates) के वर्तमान मानचित्र में भविष्य में पुनः संशोधन होगा क्योंकि अभी भी कुछ महत्वपूर्ण गौण प्लेटों की पहचान नहीं की गई है।

प्लेट विवर्तनिकी सिद्धान्त में प्लेटों की प्रकृति के बारे में यह बताया गया है कि पृथ्वी का सम्पूर्ण धरातल आन्तरिक रूप में ठोस (Rigid) है लेकिन सापेक्षिक रूप से पतली (100-150 किमी.) हैं। ये प्लेटें सतत् रूप से परस्पर एक-दूसरे से तथा पृथ्वी के घुर्णन अक्ष के सन्दर्भ में गतिशील हैं। वास्तविक रूप से सभी भूकम्पीय तथा ज्वालामुखी क्रियायें व विवर्तनिक गतियाँ प्लेट किनारों के सहारे अवस्थित हैं। प्लेटों का क्षेत्रफल उनकी गहराई तथा सघनता की तुलना में विशाल है। यह भी माना गया है कि प्लेटों की गहराई महासागरीय पर्पटी (Oceanic Crust) के नीचे महाद्वीपों की तुलना में कम पायी जाती है।

प्लेटों का संचलन (Movement of Plates)

पृथ्वी की सभी स्थलमण्डलीय प्लेटों में संचलन होता रहता है जिसमें इनकी नियमित दिशायें होती हैं। प्लेट विवर्तनिकी शब्द का प्रयोग यहां गति (Motion) के सन्दर्भ में किया गया है। पृथ्वी की अधिकांश दृश्यभूमि (Landscapes) तथा भूआकारों के लिए प्लेट संचलन प्रत्यक्ष रूप से उत्तरदायी हैं। प्लेटों के संचलन की दिशा के बारे में अनेक अध्ययन किये जा चुके हैं। इससे स्पष्ट हुआ है कि अफ्रीकन प्लेट पूर्व की आर संचलित हो रही है तथा दक्षिणी अमेरिकी प्लेट पश्चिम की ओर प्रवाहित है। इनके परस्पर विपरित दिशा में प्रवाहित होने से मध्य अटलांटिक कटक के सहारे नवीन भूपृष्ठ का सृजन हो रहा है। अन्य प्लेटों का संचलन यद्यपि निर्धारित है लेकिन इतना स्पष्ट नहीं किया जा सका है।

महाद्वीपीय प्लेटों की संचलन की गति 2 से.मी. प्रतिवर्ष है जबकि महासागरीय प्लेटों की औसत गति 5 सेमी. प्रति प्रति वर्ष है। विश्व में ग्रीनलैण्ड गौण प्लेट सर्वाधिक गति (20 सेमी. प्रति वर्ष) से संचलित हो राही है। भारतीय प्लेट प्रतिवर्ष 0.6 से 1.0 सेमी. की गति से उत्तर पूर्व में प्रवाहित हो रही है। पृथ्वी की विभिन्न प्लेटों के मध्य निम्न तीन प्रकार की गतियां (Motions) होती हैं—

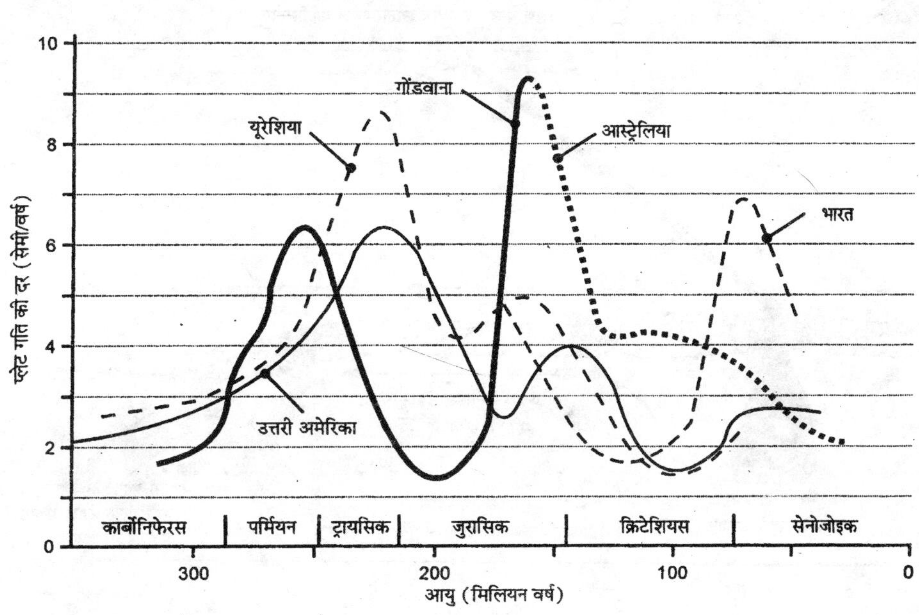

चित्र 4.11 *महाद्वीपीय प्लेटों का वेग। यह विगत 300 मिलियन वर्ष के ध्रुवीय परिभ्रमण मार्ग से आकलित किया गया है। (after Piper, 1987)*

1. अपसरण या प्रसरण (Divergence or Spreading)
2. अभिसरण या टक्कर (Convergence or Collision) तथा
3. पार्श्विक विस्थापन या घर्षण (Lateral Displacement or Friction)।

प्लेट की सीमायें या किनारे (Plate Boundaries or Margines)

प्लेटों के संचलन द्वारा पृथ्वी पर भूपृष्ठीय पदार्थों (Crustal Materials) का पुनर्वितरण होता है जिसके फलस्वरूप महाद्वीपों तथा महासागरों की स्थिति, आकार (size) तथा आकृति (shape) निर्धारित होती है। स्थलरूपों का परिवर्तन सर्वाधिक तथा प्लेट की सीमाओं पर दृष्टिगत होता है जहां भूगर्भिक अस्थिरता सर्वाधिक होती है। इस सन्दर्भ में विभिन्न प्लेट सीमाओं के सहारे स्थित भूकम्प तथा ज्वालामुखी क्षेत्रों का अस्तित्व स्पष्ट होता है। प्लेटों की सीमाएं सीधी या वक्राकार होती हैं तथा एक प्लेट की गति एवं आकृति में दूसरी से अनेक ज्यामितिय भिन्नतायें भी मिलती है। स्थलमण्डलीय प्लेटों के तीन प्रकार के किनारे होते हैं—1. अपसरित किनारे 2. अभिसरित किनारे तथा 3. संरक्षी किनारे।

अपसरित प्लेट सीमा या रचनात्मक प्लेट किनारे *(Divergent Plate Boundaries or Constructive Plate Margins)*

जब दो प्लेटें परस्पर विपरीत दिशा में संचलन करके एक दूसरी से दूर जाती हैं तो इन्हें अपसरित प्लेट सीमाएँ कहते हैं। अपसरित प्लेट किनारे मध्य महासागरीय कटक के सहारे पाये जाते हैं जहाँ उष्ण पदार्थ मेण्टिल से ऊपर आकर रिक्त स्थान भरता है अर्थात् नवीन पृष्ठ (Crust) की रचना करता है जिस कारण इन्हें रचनात्मक प्लेट किनारे भी कहते हैं। सागरीय कटक ऊंची होती है क्योंकि यहाँ जमा होने वाला पदार्थ उष्ण तथा कम घनत्व वाला होता है। प्राचीन सागरीय कटक की तुलना में इस पर निर्मित

चित्र 4.12 *प्लेटों का अपसरित संचलन तथा सागर तल का प्रसरण। पृष्ठीय प्लेटों के विपरीत दिशा में पार्श्विक संचलन से सागरीय कटकों का निर्माण होता है जिसमें ऊपरी मैण्टिल से पिघला मैग्मा संवहन धाराओं द्वारा सागरीय भूपृष्ठ पर आता है। (After A.H., Doerr, 1990)*

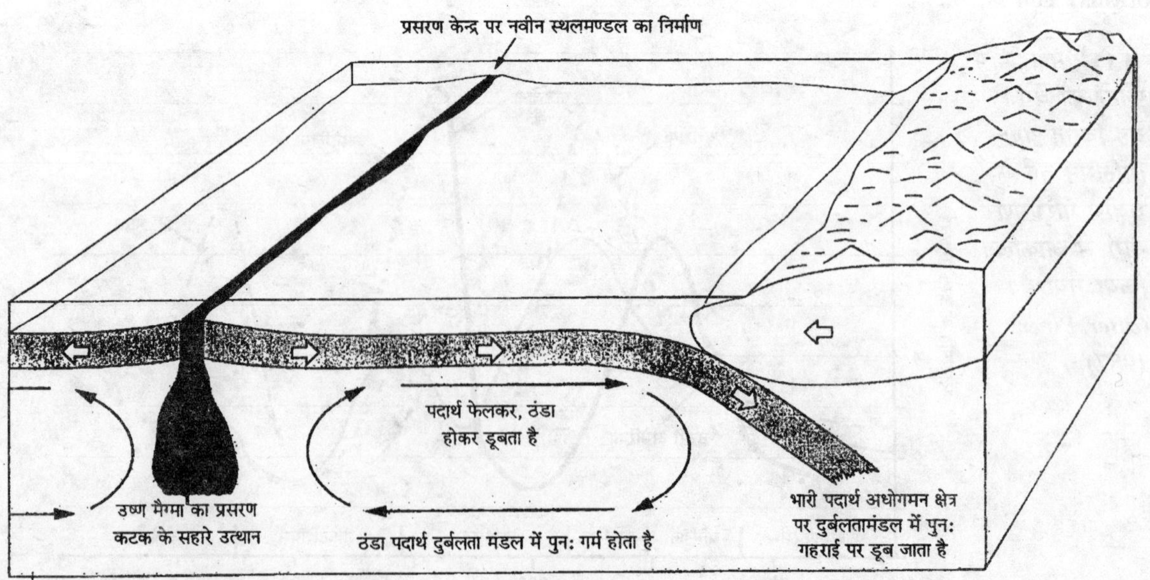

नवीन शिखर पर उष्ण प्रवाह छः गुणा अधिक होता है। कटक एक ऐसे क्षेत्र को प्रदर्शित करती है जिसके सहारे दो प्लेटें गति करके एक दूसरी से दूर जाती है। लेकिन फिर भी ये एक-दूसरे से पृथक् नहीं होती है। क्योंकि प्रत्येक प्लेट के परस्पर दूर जाने के साथ-साथ नवीन पदार्थों का जमाव होता रहता है। इसलिए मध्य-महासागरीय कटकों को रचनात्मक प्लेट किनारों के रूप में जाना जाता है क्योंकि यहाँ नवीन पदार्थों का सृजन होता रहता है।

अपसरित प्लेट किनारे तनावपूर्ण प्रकृति के होते हैं जहाँ पतली भूपर्पटी में तनाव (Tension) होने से भ्रंश घाटी (Rift Valley) के रूप में खुल जाती है। कुछ भूगोलवेत्ताओं के अनुसार यह प्रक्रिया महाद्वीपीय भूपर्पटी को भी प्रभावित करती है। जब किसी ऐसी प्लेट पर तनाव उत्पन्न होता है जिसकी सियाल पर सीमा परत से संचलन करके पृथक् है तो वहाँ भ्रंश घाटी बनती है। पूर्वी अफ्रीकी का रिफ्ट घाटी ऐसे ही बनी थी। इस सीमा के सहारे भविष्य में भ्रंशन होने की संभावना बताई गई है। यहाँ भूपर्पटी काफी पतली है। लाल सागर इस प्रक्रिया में अधिक पूर्वगामी अवस्था को प्रदर्शित करता है जहाँ अरेबियन प्लेट अफ्रीकन प्लेट से पृथक् होती है तथ इन दोनों के मध्य बेसाल्ट तलीय सागरीय (Basalt Floored Sea) पाया जाता है तथा समय के साथ आगे चलकर लाल सागर विस्तृत (Widen) होगा तथा एक नवीन महासागर बन जायेगा। स्पष्ट है कि **"सागर नितल प्रसरण"** नामक भूगर्भिक शब्दावली की जगह **"भूपटलीय प्रसरण"** (Crustal Spreading) नामक भौगोलिक शबदावली आसानी से प्रयुक्त होगी। यद्यपि आज भी यही माना जा रहा है कि कोई सागरीय नितल का प्रसरण नहीं हो रहा है यह तो पोंजिया नामक वृहत् महाद्वीप में प्रथम बार भ्रंशन क्रिया के दौरान बनी रिफ्ट घाटी है।

विनाशात्मक या प्लेट अभिसरित किनारे (Destructive or Convergent Plate Margins)

जब दो प्लेट परस्पर एक-दूसरे की ओर संचलित होकर अभिसरित होती हैं तथा टकराती हैं, तो इन्हें विनाशात्मक किनारे कहते हैं। जिस प्रकार अधिकाँश रचनात्मक किनारे महासागरीय कटकों के सहारे पाये जाते हैं, वैसे ही अधिकांश विनाशात्मक किनारे

चित्र 4.13 *अधोगमन की प्रक्रिया एवं अधोगमन क्षेत्र। अधोगमन क्षेत्र में एक भूपृष्ठीय प्लेट मेण्टिल के नीचे घुस जाती है जहाँ कुछ शैल पदार्थ पिघली अवस्था में होता है। (After A.H., Doerr 1990)*

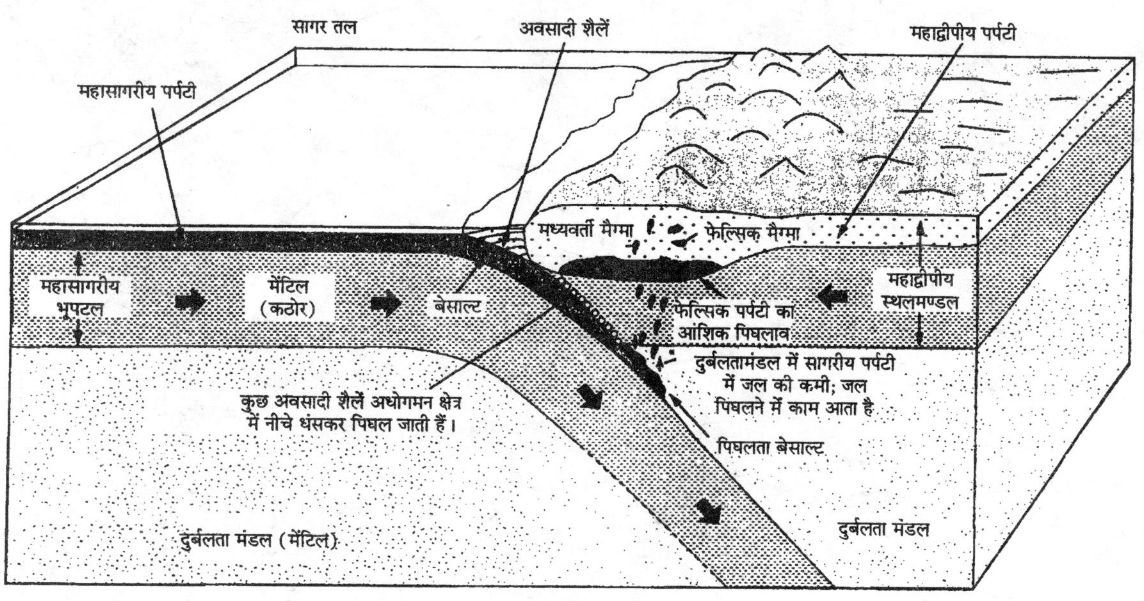

गहन महासागरीय खाइयों (Oceanic Trenches) के सहारे मिलते हैं। महासागरीय खाइयों पर परस्पर जब प्लेटें मिलती हैं तो किनारों के सहारे एक प्लेट नीचे की ओर 45° के कोण पर डूब जाती है। इस प्रकार दो प्लेटों के अभिसरण से टकराने से भूसतह का विनाश होता है जिस कारण इसे विनाशात्मक प्लेट किनारे कहते हैं। दो प्लेटों के टकराते समय भारी प्लेट हल्की प्लेट के नीचे डूबती है। इस प्रक्रिया को अधोगमन (Subduction) कहते हैं।

अधोमन क्षेत्र में जब कोई निम्न घनत्व की महाद्वीपीय प्लेट उच्च घनत्व की महासागरीय प्लेट के साथ अभिसरण (Convergence) करती है तो महाद्वीपीय प्लेट के नीचे महासागरीय प्लेट का अधोगमन या क्षेपण होता है। ये अधोगमन क्षेत्र सघन विवर्तनिक गतिविधियों के क्षेत्र होते हैं। अधोगमित प्लेट (Subducted Plate) नीचे दुर्बलतामण्डल (Asthenosphere) के *बेनी आफ जोन* (Beni of Zone) में जाकर उष्ण हो जाती है तथा इसकी शैलें पिघल जाती हैं। इस पिघले पदार्थ का कुछ भाग पुनः दरारों से ऊपर आता है। अतः स्पष्ट है कि अधोगमन क्षेत्रों के सहारे ज्वालामुखी का पाया जाना सामान्य है। प्लेटों का संचलन काफी धीमा है यह औसतन प्रतिवर्ष 2 से 3 सेमी है लेकिन यह संचलन विशाल मात्रा में ऊर्जा उत्पन्न करने के लिए पर्याप्त है। इसी प्रकार अधोगमन क्षेत्र विश्व के सर्वाधिक खतरनाक भूकम्पीय क्षेत्र है। 26 जनवरी 2001 को भुज (भारत) में आये भूकम्प का कारण अरेबियन एवं भारतीय प्लेट का अभिसरण माना गया था।

पृथ्वी पर तीन प्रकार के अभिसरण क्षेत्र पाये जाते हैं, जिनमें दो प्रकार के अभिसरण क्षेत्रों में अधोगमन होता है। इनमें एक जहाँ सागरीय भूपृष्ठ का महाद्वीपीय भूपृष्ठ के नीचे अधोगमन तथा एक सागरीय भूपृष्ठ का दूसरे सागरीय भूपृष्ठ के नीचे

चित्र 4.14 *मुख्य महासागरीय खाइयों (Trenches) की अवस्थिति। इनके सहारे अनेक मुख्य सक्रिय अधोगमन क्षेत्र पाये जाते है। (after A. Goudie, 1993)*

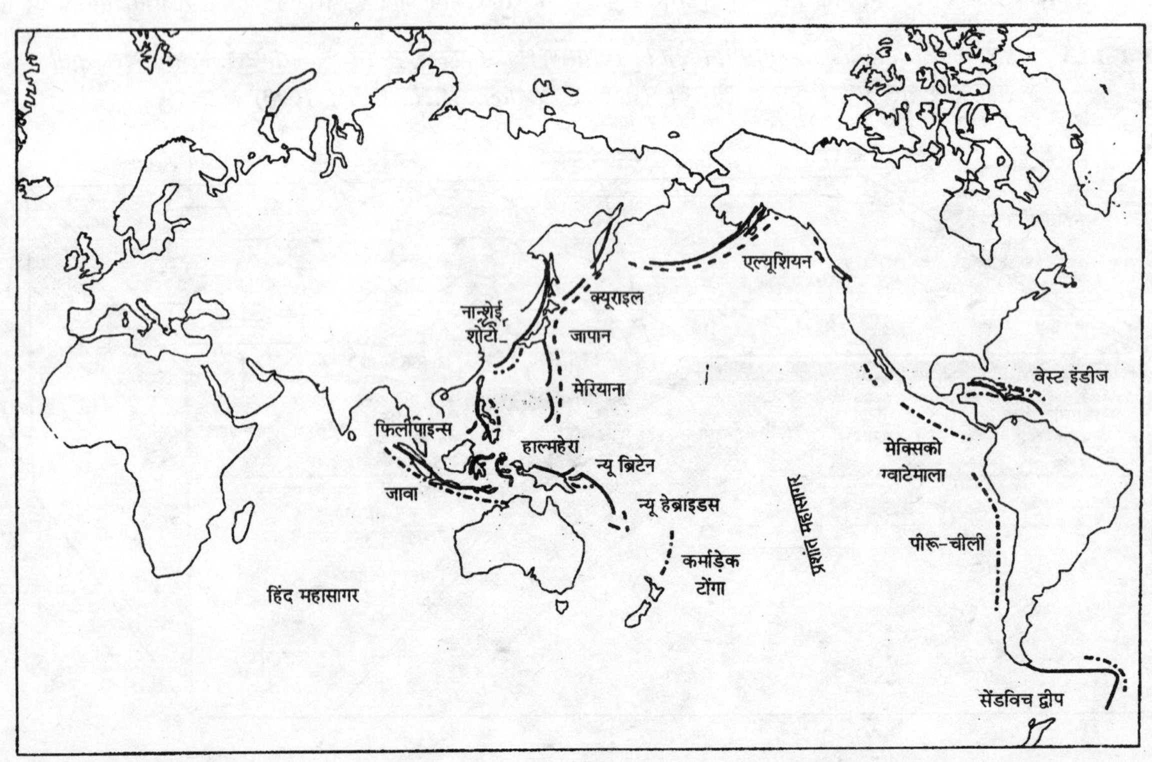

अधोगमन महत्वपूर्ण है। कुछ घटनाओं में महासागरी प्लेट महाद्वीपीय प्लेट के नीचे डूबने के स्थान पर ऊपर चढ़ जाती है। इसे **ऊपरगमन (Obduction)** कहते हैं। ऐसी घटना साइप्रस में हुई जहाँ सागरी प्लेट के महाद्वीपीय प्लेट के ऊपर चढ़ने से ट्रोडोस (Troodos) पर्वत का निर्माण हुआ है। इस प्रकार विभिन्न प्लेटों में तीन अभिसरण क्षेत्र होते हैं जिनका विवरण निम्नांकित है:

(i) ***सागरीय - महाद्वीपीय प्लेट का अभिसरण*** *(Oceanic - Continental Plate Convergence)*

इसमें महासागरीय प्लेट का महाद्वीपीय प्लेट के नीचे अधोगमन होता है। इसका सर्वोत्तम उदाहरण दक्षिणी अमेरीकी प्लेट का पश्चिमी किनारा है जहां नज्का (Nazca) सागरीय प्लेट दक्षिणी अमेरीकी महाद्वीपीय प्लेट के नीचे अधोगमित हो रही है। इस संघट्टन क्षेत्र (Collision zone) में भूपृष्ठ काफी गहराई तक घुस गया है तथा तट से संलग्न बाहरी सागरीय खाई (Trench) बन्द हो गई है। इसके कुछ किमी. पूर्व में महाद्वीपीय शैलों का विशाल एण्डीज पर्वत में शिकन (Crumple) हो गया है, जहां नियमित वलन कमजोर पड़ गये हैं। यहाँ ज्वालामुखी क्रिया तथा भकम्पीय कम्पन भी नियमित रुप से परिलक्षित हो रही है। अवसादों को अधोगमन क्षेत्रों के द्वारा अधिगृहित कर लिया गया है जहाँ ये पिघले लावा का भाग बन गई हैं। यहां हम शैल चक्र की प्रक्रिया भी देख सकते हैं।

चित्र 4.15 *एक अभिसरित (Convergent) .प्लेट सीमा जहां दो सागरीय प्लेटें मिल रही हैं जिनमें एक-दूसरी के नीचे क्षेपित (Subducted) हो रही है। इससे एक गहरी महासागरीय खाई का निर्माण हुआ, जिसके किनारों पर ज्वालामुखी उद्गार द्वारा द्वीपीय चाप (Island Arcs) का सृजन हुआ है।*

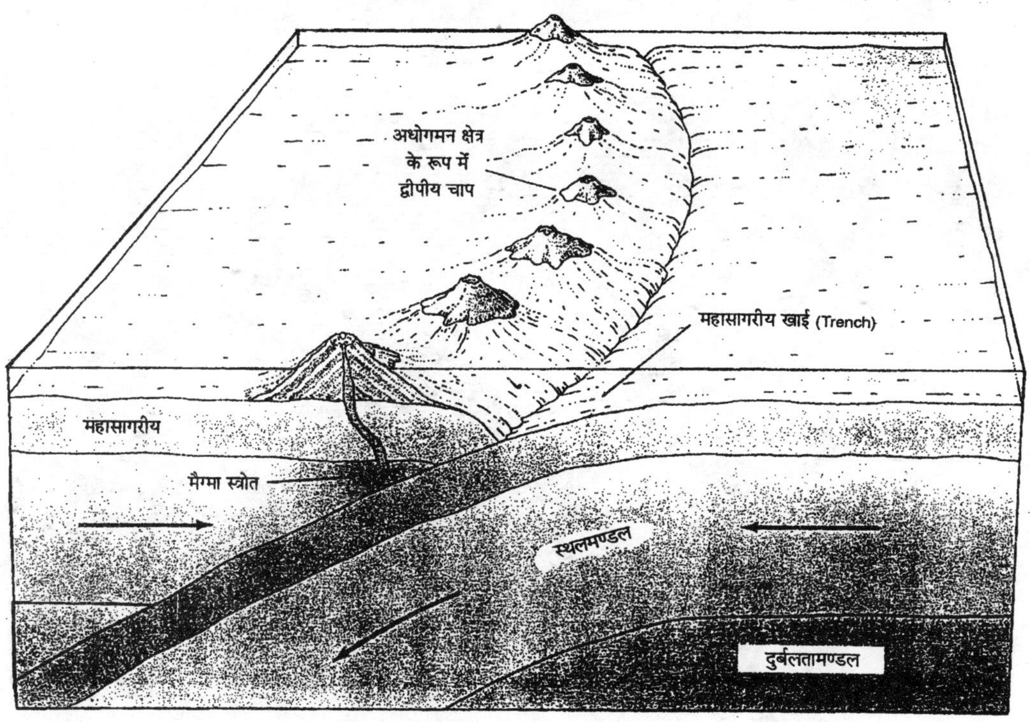

(ii) सागरीय - सागरीय प्लेट अभिसरण (Oceanic - Oceanic Plate Convergence)

इसमें दो सागरीय प्लेट सीमाओं का अभिसरण होता है। जब एक सागरीय प्लेट दूसरी सागरीय प्लेट से टकराती है तो अधोगमन या क्षेपण होने से सागरीय खाइयों (Oceanic Trenchcs) का निर्माण होता है। इन क्षेत्रों के सहारे ज्वालामुखी प्रायः सागर तल से ऊपर निकल आती है। (चित्र 4.15) उत्तरी तथा पश्चिमी प्रशांत महासागर में प्रशांत, उत्तरी अमेरीकी, यूरेशियन, फिलीपीन्स तथा भारतीय-आस्ट्रेलियन प्लेट के संघट्टन क्षेत्र (Collision Zone) में एक द्विपीय चाप (Island Arc) तथा द्वीपीय समूहों (Archipelageoes) का निर्माण हुआ है। जिनमें एल्यूशियन, जापान तथा प्रशांत के अग्निवृत (Ring of fire) क्षेत्र प्रमुख हैं।

(iii) महाद्वीपीय प्लेट का महाद्वीपीय प्लेट से अभिसरण (Continental to continental Plate Convergence)

इस प्रकार के अभिसरण में दो महाद्वीपीय प्लेटें परस्पर टकराती हैं इसका सर्वोत्तम उदाहरण यूरेशियन प्लेट तथा भारतीय-आस्ट्रेलियन के मध्य हो रहा अभिसरण है। यूरेशियन प्लेट दक्षिण की ओर संचलित हो रही है, तथा भारतीय उपमहाद्वीप उत्तर की ओर संचलित हो रहा है। ऐसे महाद्वीपीय अभिसरण से ठोस विरुपण (Massive Deformation) तथा विशाल सियाल संहति (Sialic Mass) का निर्माण होता है एक महाद्वीपीय भाग दूसरे पर अभिभूत हो जाता है। अर्थात् दूसरे भाग को

चित्र 4.16 *दो महाद्वीपीय प्लेटों का अभिसरण क्षेत्र में टकराव (Collision)। इसमें पर्याप्त मात्रा में भूपृष्ठ का निरूपण होता है तथा उच्च उच्चावच विकसित होता है। हिमालय इसका उपयुक्त उदाहरण है। (after Majid Husain)*

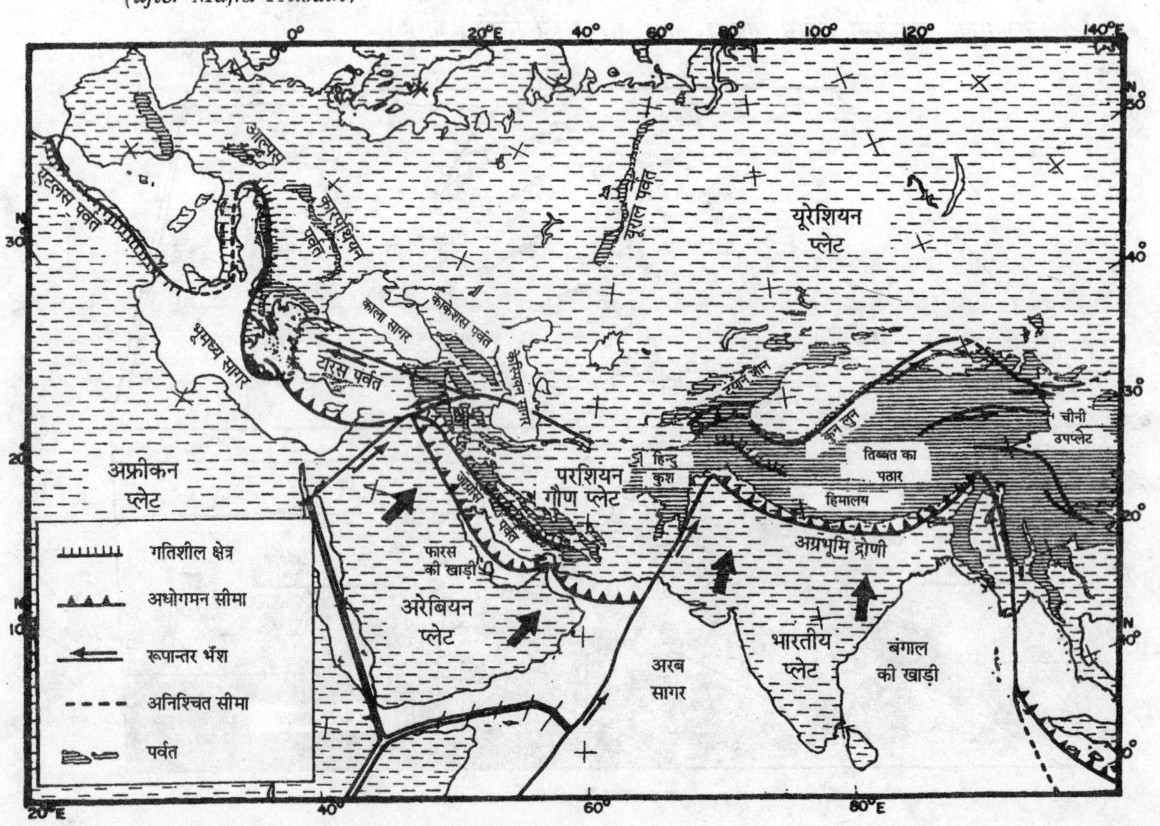

दबा देता है लेकिन निम्न घनत्व वाला महाद्वीपीय भाग भी नीचे की ओर दुर्बलतामण्डल या मेन्टिल में नहीं जाता है तथा इस संपर्क क्षेत्र के सहारे यह भूभाग सघन (Thicken) हो जाता है। यहाँ भूकम्पीय क्रिया पायी जाती है जबकि ज्वालामुखी क्रिया सागरीय-महाद्वीपीय प्लेट की तरह सक्रिय नहीं होती है।

संरक्षणात्मक प्लेट किनारे *(Conservative Plate Margines)*

ये ऐसे किनोर होते हैं जहाँ प्लेट न तो नवीन सतही क्षेत्रों की रचना करती है तथा नहीं भूतल का ह्रास होता है क्योंकि इनमें पार्श्विक प्लेट संपर्क (Lateral Plate Contact) होता है। इस क्रिया द्वारा पार्श्विक या रूपांतर भ्रंश (Transform fault) बनते हैं। इस प्रकार न तो भूपृष्ठ का सृजन होता है तथा न ही विनाश। प्लेट किनारों के परस्पर खिसकने से भूकम्प संभावना यद्यपि अवश्य बनती है। प्रशांत प्लेट की पूर्वी सीमा के सहारे पार्श्विक या रूपांतर भ्रंश व्यवस्था मिलती है केलिफोर्निया का सान एण्ड्रीयाज भ्रंश (San Andreas Fault) इसका प्रसिद्ध उदाहरण है। ऐसा माना जाता है कि आज से लगभग 50 मिलियन वर्ष पूर्व पश्चिमी केलिफोर्नया एल्यूशियन खाई (Trench) से आकस्मिक टकराया होगा। यह भ्रंश भूकम्प की दृष्टि से एक संवेदनशील क्षेत्र है तथा मानचित्र पर स्वर्णिम राज्य की एक खतरनाक रेखा है। सान एण्ड्रीयाज भ्रंश का पश्चिमी भाग प्रशांत प्लेट का भाग है जबकि इसका पूर्वी भाग उत्तरी अमेरीकी प्लेट का भाग है। इसका विस्तार दक्षिण मे कैलिफोर्निया की खाड़ी तक है। दूसरा संरक्षी किनारा यूरेशियन तथा अफ्रीकी प्लेट के मध्य का किनारा है जो मध्य अंटलाटिक कटक के अक्ष पर लम्बवत् है।

प्लेट विवर्तनिकी सिद्धान्त के आधार पर कुछ अनुमान लगाये गये हैं, *प्रथम* यह कि सागरीय नितल का प्रसरण हो रहा है। उदाहरण के लिए सागरीय कटक सक्रिय भूपटल है जहां सतत् रूप से नवीन पर्पटी का निर्माण हो रहा है। द्वितीय, पृथ्वी का पृष्ठीय क्षेत्रफल स्थायी है तथा विगत 600 मिलियन वर्षों में पृथ्वी का अर्द्धव्यास 5 प्रतिशत से अधिक नहीं बढ़ा है अर्थात् भूपटल का क्षेत्रफल जितना नष्ट हुआ है उतना नवीन रुप मे सृजित हो गया। इस प्रकार यह भी स्पष्ट है कि प्लेट के किनारों के विनाश या निर्माण से पृथ्वी के क्षेत्रफल में कोई अंतर नहीं आता है यह केवल इनके संचलन की व्यवस्था है। जिसमें जितना भूपृष्ठ भाग विनाशात्मक प्लेट के सहारे अधःस्तर में जाकर पिघलता है उतना ही भाग मैग्मा के रुप रचनात्मक प्लेट के किनारों के सहारे ऊपर आकर नवीन भूपर्पटी का निर्माण करता है फलस्वरुप पृथ्वी का आकार समवत बना रहता है।

प्लेटों में गतियों के कारण (Causes of Plate Motions)

विश्व की सभी प्लेटें विभिन्न दिशाओं में गतिशील हैं। महाद्वीपीय प्लेटों की औसत गति 2 सेमी प्रतिवर्ष तथा महासागरीय प्लेटों की औसत गति 5 सेमी प्रतिवर्ष है। जबकि प्रतिवर्ष पृथ्वी की प्लेटों की गति औसत रूप से 1 से 6 सेमी प्रतिवर्ष है। सागरीय खाइयों के सहारे यह दर 5 से 15 सेमी प्रतिवर्ष है। विश्व में सर्वाधिक तीव्र गति से ग्रीनलैण्ड प्लेट 20 सेमी प्रतिवर्ष की दर से उत्तर पश्चिमी दिशा में प्रवाहित हो रही है। प्लेटों में गति के मुख्य कारण निम्नांकित हैं—

1. **पृथ्वी का परिभ्रमण** (Rotation of the Earth)—पृथ्वी जब परिभ्रमण करती है तो इसके धरातल का भूमध्यरेखीय भाग अधिक तीव्रता से घुर्णन करता है। जिस कारण इस भाग पर केन्द्रोपसारी बल (Centrifugal Force) अधिक कार्य करता है। स्मरणीय है कि केन्द्रोपसारी बल क्रमशः भूमध्य रेखा से ध्रुवों की ओर जाने पर कम होता है इस कारण ध्रुवीय क्षेत्रों में स्थित प्लेट भूमध्य रेखा की ओर गतिशील होगी। इसका उदाहरण भारतीय आस्ट्रेलियन प्लेट है जो दक्षिणी ध्रुव से भूमध्य रेखा की ओर प्रवाहित हो रही है लेकिन अभी तक भी इसका अधिकांश भाग भूमध्य रेखा के दक्षिण में है। आयलर सिद्धान्त (Euler's Theory) में आयलर महोदय ने केन्द्रोपसारी बल के प्लेट की गति एंव दिशा पर प्रभाव को स्पष्ट किया है।
2. **संवहन धारायें** (Convection Currents)—पृथ्वी के मेण्टिल में बड़ी मात्रा में रेडियोधर्मी पदार्थों से उत्पन्न ऊष्मा (Radiogenic Heat) का सकेंद्रण (100 जूल) प्रति वर्ष) होता रहता है जिनके कारण संवहन धारायें उत्पन्न होती हैं जब

ये धारा मेण्टिल से ऊपर आती हैं तो पार्श्विक रूप में अपसरित (Diverge) तथा प्रसरित (Spread) होती है अतः प्लेटें पार्श्विक रूप से गति करती हैं ये धारायें अपने साथ इनके ऊपर स्थित धरातलीय प्लेट को भी संचालित कर देती हैं। यह स्थिति महासागरीय कटकों के सहारे दृष्टिगत होती है। यद्यपि महासागरीय कटकों के सहारे हाने वाला ऊष्मा का उच्च प्रवाह इसका प्रमुख साक्ष्य है फिर भी इसमें दो समस्यायें सामने आयी हैं *प्रथम* मेण्टिल एक परतनुमा भाग है जो संवाहनिक क्रिया में बाधा उत्पन्न करेगी द्वितीय यह कि 700 किमी. के नीचे मेण्टिल इतना प्रतिरोधी है कि प्लेटों के अधोगमन को नहीं घुसने देगा।

प्रावार कलंगी (Mantle Plume) भी इसके लिए उत्तरदायी है। मेण्टिल से बेलनाकार उठती हुई संवहन तरंग को **प्लूम या कलंगी** (Plume) कहते हैं। प्लूम प्लेट को पिघलाकर धक्का देकर ऊपर उठाती है जिससे प्लेट अधःस्तर या दुर्बलतामण्डल (Asthenosphere) पर तैरती है। मैण्टिल में उत्पन्न भूतापीय ऊर्जा हॉट स्पॉट (Hot Spot) द्वारा भी भूसतह पर आती है।

3. **गुरुत्व (Gravity)** – विभिन्न अवलोकनों से यह स्पष्ट हुआ है कटक (Ridge) समस्थितिक संतुलन से सम्बन्धित है। अतः जब सागरीय खाइयां (Trenches) अवसादों से भर जाती हैं तो अधिक विस्तृत हो जाती हैं जिससे उनका भूसंतुलन बिगड़ जाता है। ये पृथ्वी के सर्वाधिक ऋणात्मक गुरुत्व विगंसति को प्रदर्शित करते हैं।

इनके अतिरिक्त प्लेटों की पट्टी का अधोगमन क्षेत्र पर खींचना (Slab Pull) या कटक का धक्का लगना (Ridge Push) भी प्लेट संचलन के लिए उत्तरदायी है। जब सागरीय प्लेट समीपवर्ती भाग से ठण्डी तथा सघन होती है तो शेष पट्टी को धक्का देती है जिससे उसमें गति होती है। इस प्रकार प्लेटों की गति पर्याप्त रूप से सिद्ध होती है जिसमें मेण्टिल से ऊपरी प्रवाह से प्लेट गति करती है, खाई के सहारे नीचे की ओर डूबती है व संवहन तरंगों द्वारा पुनः धरातल की ओर तथा गुरुत्व द्वारा पुनः नीचे खिसकती है।

बाक्स 4.3 *उष्ण स्थल (Hot Spots)*

पृथ्वी तल पर लगभग 122 ऊष्ण स्थलों की पहचान की गई है। इनमें 69 महाद्वीपों पर तथा 63 महासागरीय बेसिन पर स्थित हैं। ये ज्वालामुखी क्रिया के एकाकी क्षेत्र होते हैं जिनसे मेण्टिल से आने वाला ऊष्ण पदार्थ निकलता है। ऊष्ण स्थल महासागरीय तथा महाद्वीपीय भूपर्पटी दोनों के नीचे मिलते हैं जो मेण्टिल को जकड़े हुए हैं। इनका निर्माण मेण्टिल से मैग्मा के बेलनाकार प्रवाह (Plume) के रूप में ऊपर आने से हुआ है। प्लूम (Plume) ऊपर उठतीहुई बेलनाकार संवाहनिक तरंग होती है। जिनकी जड़ें 670 किमी. नीचे स्थित संक्रमण क्षेत्र तक होती है इस प्रकार प्लेट का ऐसा क्षेत्र जो हॉट-स्पॉट के ऊपर स्थित है, एक छोटे भूगर्भिक काल (हजारों साल तक) में ऊष्ण रहते हैं। इस प्रकार के सतही ऊष्ण स्थानों में दक्षिणी अटलांटिक महासागर की केप वर्डे ज्वालामुखी तथा सहारा अफ्रीका की तिबेस्ती पर्वत माला सर्वोत्तम उदाहरण हैं। ये हॉट स्पॉट ज्वालामुखी के ऐसे मेण्टिल प्लूम हैं जो कोर मेण्टिल (Core-Mantle) की सीमा पर उत्पन्न होते हैं। सामान्यतः एक मेटिल प्लूम प्लेट के इसके ऊपर खिसकने पर भी अपनी पूर्व की स्थिति मे बना रहता है। महासागरों में इसी क्रम में अनेक द्वीपों का निर्माण हुआ है हवाई द्वीप इसी प्रकार का द्वीप है प्रशांत प्लेट इस ऊष्ण स्थल के सहारे संचलित हुई तथा उष्ण पदार्थ ऊपर की ओर प्रवाहित हुये। इस प्रकार की अवधि 80 मिलियन वर्ष मानी गई है। महाद्वीपों पर यह ज्वालामुखी का एक मालाक्रम (String of Volcanoes) विकसित कर देते हैं। इस प्रकार का क्रम उत्तरी अमेरिका के स्नेक नदी के मैदान में मिलता है, जहां वर्तमान में एक ऊष्ण स्थल वायोमिंग राज्य के यलोस्टन नेशनल पार्क के नीचे स्थित है। यहां इसने 80 किलोमीटर चौड़ी पट्टी का निर्माण किया है। आइसलैण्ड भी एक सक्रिय ऊष्ण स्थल का उदाहरण है जो मध्य महासागरीय कटक पर स्थित है यहां दुर्बलतामण्डल से नियमित उद्गार के कारण पर्याप्त पदार्थ निःसृत हुआ है। फलस्वरुप अब भी आइसलैण्ड का विस्तार हो रहा है। तथा सबसे नूतन शैलें आइसलैण्ड के मध्य में मिलती हैं। आइसलैण्ड के अतिरिक्त अजोरस तथा ट्रिस्टॅन द कुन्हा (Triston da Cunha) ऊष्ण स्थल भी सागरीय कटक पर स्थित हैं तथा विगत 10 मिलियन वर्षों से सक्रिय है।

पृथ्वी के भूकम्पीय क्षेत्र तथा प्लेट विवर्तनिकी (Seismic Zones of the Earth and Plate Tectonics)

पृथ्वी पर भूकम्प तथा ज्वालामुखी क्षेत्र निश्चित पट्टियों में मिलते हैं। ये क्षेत्र प्लेट सीमाओं के सहारे पाये जाते हैं। वास्तव में भूकम्पीय पट्टियों को ही प्लेटों की सीमाओं के निर्धारण का आधार माना गया है। भूकम्पीयता (Seismicity) मध्य महासागरीय कटकों (Ridges) खड्डों की चाप व्यवस्था (Tench Arc Systems), मुख्य भ्रंश क्षेत्रों तथा युवा वलित पर्वतीय क्षेत्रों तक ही सीमित है तथा ये क्षेत्र ही प्लेट सीमाओं को चिन्हित करते हैं। सभी प्लेट सीमाओं विशेषकर मध्य महासागरीय कटकों पर उथले भूकम्प मूल (Focus) वाले भूकम्प मिलते हैं लेकिन 500 किमी से गहरे मूल वाले भूकम्प सागरीय खड्ड (Trench) क्षेत्रों में मिलते हैं। इन्हीं क्षेत्रों से प्लेट का नीचे जाना प्रारंभ होता है जो सागरीय खड्डों की सतह से 300 से 400 किमी की गहराई तक पहुंच जाते हैं। कभी कभी ये 700 किमी तक की गहराई में विस्तृत हो जाती हैं।

इस क्षेत्र का महाद्वीपीय भूभाग की ओर झुकाव होता है तथा झुकाव का कोण (Angle of Inclination) 30 डिग्री से 80 डिग्री के मध्य होता है। यद्यपि विशिष्ट स्थितियों में यह 45 डिग्री से 60 डिग्री के मध्य ही होता है ऐसे क्षेत्र सम्पूर्ण प्रशांत तट के सहारे मिलते हैं। इन्हें *बेनी ऑफ जोन (Beni of Zones)* या *प्रशांत अग्नि वृत्त (Pacific Ring of Fire)* कहते हैं। यह माना गया है कि बेनी ऑफ जोन स्थलमण्डल की निम्नवर्ती गति (Downward Motion) से सम्बन्धित हैं।

बाक्स 4.4 *बेनी ऑफ जोन (Beni off Zone)*

महासागरीय पर्पटी (Crust) के उच्च घनत्व के कारण महाद्वीपीय या दूसरी महासागरीय प्लेट के नीचे मेण्टिल में निम्नवर्ती विस्थापन (Displacement) हो जाता है तथा यहाँ कायान्तरण के कारण ये पिघल जाती हैं। इस क्षेत्र को प्रसिद्ध भूकम्पवैज्ञानिक ह्यूगो बेनीऑफ (Hugo Beni off) के नाम पर बेनी ऑफ जोन कहते हैं। इनके साथ वदती (Wadati) के शोध करने के कारण अब इसे *बदती-बेनीऑफ जोन* कहते हैं। बेनी ऑफ जोन में अधोगमन के उपरांत पहुंचा भूपृष्ठ पदार्थ (Crust Material) पिघल कर लावा का रूप ले लेता है। यह दुर्बलता मण्डल (Asthenosphere) की उपरी सीमा पर पाया जाता है।

सागर तलीय प्रसरण तथा पूरा चुम्बकत्व के प्रमाणों के आधार पर यह स्पष्ट हो गया है कि महाद्वीप तथा महासागरीय बेसिन कभी भी स्थिर नहीं रहे है ये पृथ्वी के भूगर्भिक इतिहास में गतिशील रहे हैं तथा वर्तमान में भी एक दूसरे से सम्बद्ध गति कर रहे हैं। वैज्ञानिकों ने महासागरीय बेसिन के खुलने तथा बन्द होने के पर्याप्त विस्तृत साक्ष्य खोज लिये हैं। उदाहरण के लिए भूमध्य सागर, केस्पियन सागर तथा अरल सागर आदि टेथीज सागर के अवशिष्ट भाग हैं तथा प्रशांत महासागर नियमित रूप से सिकुड़ रहा है क्यों कि इसका कटक के सहारे अमेरीकन प्लेट का क्रमिक अधोगमन हो रहा है। इसके विपरित अटलांटिक महासागर विगत 200 मिलियन वर्षों से विस्तृत हो रहा है। लाल सागर भी खुलने लग गया है वाइन (F. J. Vine) के अनुसार लाल सागर का प्रति वर्ष 1 सेमी प्रसरण हो रहा है इसी प्रकार अदन की खाड़ी भी विस्तृत हो रही है। फ्रांस के पास स्थित बिस्के की खाड़ी सिकुड़ रही है। बाजा, (केलिफोर्निया प्रायद्वीप) पूर्व में उत्तरी अमेरीकी प्लेट से जुड़ा हुआ था लेकिन सागर तल के प्रसरण के कारण टूट कर पृथक हो गया है।

प्लेट विवर्तनिकी मॉडल की आलोचना (Criticism of Plate Tectonic Model)

प्लेट विवर्तनिकी मॉडल द्वारा विभिन्न भू-आकारों के निर्माण तथा महाद्वीपीय विस्थापन की परिकल्पना को स्पष्टीकरण मिला है। यद्यपि भूवैज्ञानिक व भूभौतिकविद सहमत हैं कि प्लेट विर्वतनिक सिद्धान्त सिद्ध हो चुका है लेकिन फिर भी इसके सम्बन्ध में कुछ समस्यायें हैं जिनका संतोषजनक समाधान नहीं मिला है। इनके आधार पर मॉडल की निम्नांकित आलोचनायें की जाती हैं—

1. नवीन भूपटल (Crust) के सृजन की दर भूपृष्टीय ह्रास की दर से अधिक है अर्थात् जितनी मात्रा में भूपृष्ठ का अधोगमन (Subduction) होता है उससे अधिक प्रसरण (Spreading) होता है।
2. प्लेट विवर्तनिकी सिद्धान्त यह स्पष्ट नहीं करता है कि अधोगमन या क्षेपण प्रशांत तट तक ही सीमित क्यों है जबकि प्रसरण सभी महासागरों में पाया जाता है।

3. बेनी ऑफ जोन सभी जगह नहीं पाया जाता है, उदाहरण के लिए उत्तरी अमेरिका में मध्यवर्ती एवं गहरे भूकम्प मूल (Focus) नहीं मिलते हैं।
4. भूकम्प क्रिया द्वारा प्लेटों का पार्श्विक संचलन स्पष्ट किया गया है लेकिन इसकी सघनता (Thickness) को स्पष्ठ नहीं किया गया है जिससे प्लेट संचलन को परिभाषित करने में समस्या उत्पन्न हो रही है।
5. यह स्पष्ट किया जा चुका है कि सभी प्लेटें एक इकाई के समान व्यवहार करती हैं। जबकि कुछ भूगर्भवेत्ता यह कह रहे हैं कि प्लेटों की संख्या बढ़ सकती है।
6. प्लेट विवर्तनिक सिद्धान्त पर्वत निर्माण की प्रक्रिया को स्पष्ट करने में असफल रहा है क्योंकि आस्ट्रेलिया की पूर्वी उच्च भूमि, दक्षिणी अफ्रीका के ड्रेकनसबर्ग पर्वत तथा ब्राजील के सियरा डेल्मर आदि प्लेट विवर्तनिकी से सम्बन्धित नहीं हैं।
7. प्लेट विवर्तनिक सिद्धान्त में एक ही प्लेट का विभिन्न विसरित दिशाओं में संचलन होना बताया गया है जो बिल्कुल असंभव है।

प्लेट विवर्तनिक मॉडल में उपर्युक्त कमियाँ होने के उपरांत भी यह एक क्रांतिकारी तथा व्यापक सिद्धान्त है जो महाद्वीपों तथा महासागरों के वर्तमान वितरण की वैज्ञानिक व्याख्या प्रस्तुत करता है। साथ ही यह सिद्धान्त भूकम्प तथा ज्वालामुखी के वितरण प्रारूप की संतोषजनक व्याख्या करता है। भूआकृति विज्ञान पर प्लेट विवर्तनिक सिद्धान्त का वही प्रभाव पड़ा जो प्रभाव जीवविज्ञान पर विकासवादी सिद्धान्त का पड़ा था। अतः यह सिद्धान्त भूविज्ञानों में एक आमूलचूल विकास है।

5

भू-संचलन
(Earth Movements)

पृथ्वी का भूपटल विभिन्न परिवर्तनकारी शक्तियों द्वारा निरन्तर प्रभावित रहता है। यह एक ओर आन्तरिक शक्तियों द्वारा असमतल बना दिया जाता है, तो दूसरी ओर बाहरी शक्तियों द्वारा समतलीकरण कर विभिन्न भू-आकारों का निर्माण किया जाता है। प्रकृति की कोई भी वस्तु स्थिर नहीं है। पृथ्वी पर पाये जाने वाले तत्व परस्पर सम्मिलित रहकर विभिन्न प्रकार से भूपटल को प्रभावित करते हैं। किसी भी एक तत्व का स्वतन्त्र प्रभाव पर्याप्त मात्रा में परिवर्तन नहीं कर पाता है। एक समय वर्तमान हिमालय के स्थान पर टेथीज सागर नामक भू-अभिनति स्थित थी, इसी टेथीज सागर से विभिन्न बलों के प्रभाव से कालान्तर में हिमालय पर्वत की रचना हुई। लेकिन अनेक प्रभाव इतने दीर्घकालीन न होकर आकस्मिक भी होते हैं। ज्वालामुखी एवं भूकम्प इसी प्रकार के बल हैं। 1872 के भूचाल के कारण केलिफोर्निया की आबेंस घाटी में 7 मीटर ऊंची पहाड़ी का निर्माण हो गया था।

भूसतह पर अनेक परिवर्तन इतनी मन्द गति से होते हैं, जिनका सरलता से आभास नहीं हो पाता है क्योंकि इनकी अवधि मानव जीवन की अल्प अवधि (अधिकतम लगभग 100 वर्ष मानी जाती है) से कई गुना अधिक होती है। ये परिवर्तन हजारों वर्षों के उपरान्त दृष्टिगत हो पाते हैं। हिमालय, आल्पस, रॉकीज तथा एण्डीज पर्वतों का निर्माण दीर्घकालीन परिवर्तनों का परिणाम था। ये परिवर्तन 1960 के दशक से पूर्व केवल भूपटल पर ही देखे जाते थे अर्थात् इनका प्रभाव महाद्वीपीय ही माना जाता था लेकिन प्लेट विवर्तनिकी सिद्धान्त द्वारा पुष्टि की गई है कि महासागरीय धरातल भी अनेक आन्तरिक व बाह्य तथा आकस्मिक एवं दीर्घकालीन शक्तियाँ प्रभावित करती हैं, जिनके फलस्वरूप सागरीय तली (Ocean Bottom) पर अनेक छोटे-बड़े भू-आकारों का निर्माण होता है। सागर तली पर परिवर्तनकारी शक्तियों से निर्मित भू-आकारों में समुद्री पहाड़याँ (Sea mount) तथा गुयोट (Guyot) प्रमुख हैं। ऐसी जलमग्न पहाड़ियाँ, जिनके शिखर सागर तल से 1000 मीटर से अधिक ऊँचे हैं, *'समुद्री पहाड़ियाँ'* कहलाती हैं। जबकि सपाट शीर्ष वाले समुद्री पर्वतों को *'गुयोट'* कहा जाता है। इनका निर्माण ज्वालामुखी क्रिया द्वारा माना गया है।

भूपटल को प्रभावित करने वाले बलों की उत्पत्ति दो प्रकार से मानी जाती है। प्रथम, पृथ्वी के आन्तरिक भागों में उत्पन्न शक्तियाँ, तथा द्वितीय बाह्य शक्तियाँ, जो सूर्यताप के आधार पर वायुमण्डलीय परिवर्तनों के परिणामस्वरूप उत्पन्न होती हैं। पृथ्वी के आन्तरिक भागों में उत्पन्न होने वाले बल किसी प्रतिबल (Stress) के कारण पैदा होते हैं। पृथ्वी तल पर विवर्तनिकी क्रिया से तनाव (Tension) सम्पीड़न (Compression) तथा अपरूपण (Shear)* का आभास होता है। इन स्थितियों को उत्पन्न करने वाले बलों को उत्पत्ति के आधार पर दो भागों में विभक्त किया गया है:

---

*. जब प्रतिबल किसी भूखण्ड को विकर्ण की दो परस्पर विपरीत दिशाओं में बल डालकर प्रभावित (धकेलता) करता है, तो अपरूपण (Shearing) कहते हैं।

1. अन्तर्जात बल (Endogenetic Forces)
2. बहिर्जात बल (Exogenetic Forces)

इन बलों को थार्नबरी ने भूआकृतिक प्रक्रम (Geomorphic Process) कहा है।

भूपटल को प्रभावित करने वाले बल (Forces Affecting the Earth's Crust)

अन्तर्जात बल (Endogenetic Forces)--पृथ्वी के आन्तरिक भाग में उत्पन्न होने वाले ये बल भूपटल पर विषमता उत्पन्न करते हैं। इनकी उत्पत्ति चट्टानों के प्रसरण (Tension) तथा सिकुड़न या सम्पीड़न (Compression) के परिणामस्वरूप होती है। इन बलों को निर्माणकारी शक्तियाँ (Constructional Forces) भी कहा जाता है। इनकी उत्पत्ति पृथ्वी के आन्तरिक भाग में होने से प्रत्यक्ष रूप से इनके बारे में पर्याप्त भौगोलिक जानकारी प्राप्त नहीं हो पाती है। आन्तरिक शक्तियों के रूप में इन बलों की उत्पत्ति उष्ण पृथ्वी के ठण्डे होने से संकुचित होने, परिभ्रमण गति में ह्रास तथा पृथ्वी के आन्तरिक भाग में रेडियोधर्मी पदार्थों के विघटन से उत्पन्न ऊष्मा एवं संवाहनिक धाराओं के कारण मानी जाती है। भूवैज्ञानिकों के अनुसार भूपटल के नीचे विद्यमान तापीय अन्तर के कारण चट्टानों में सम्पीड़न एवं प्रसरण होता है। ये आन्तरिक क्रियायें मैग्मा द्वारा संचालित होती हैं। मैग्मा के साथ गैस, वाष्प आदि भी मिश्रित रहते हैं, जिनके सामूहिक प्रभाव से मैग्मा पृथ्वी के बाहरी भाग में प्रवाहित होता है। यदि यह मैग्मा अन्य पदार्थों के साथ पृथ्वी की आन्तरिक परतों में जमा हो जाता है, तो इसे **अन्तर्वेशन** (Intrusion) कहते हैं, जबकि मैग्मा के भूसतह पर जमाव को **बहिर्वेधन** (Extrusion) कहते हैं।

बाक्स 5.1 *भूपटलीय निर्माण एवं विरूपण प्रक्रियायें (Crustal Formation and Deformation Processes)*

पृथ्वी का भूपटल (Crust) लगभग 8 से 65 किमी. मोटा है इसकी अधिकतम मोटाई महाद्वीपों पर तथा न्यूनतम महासागरों पर मिलती है। यह पृथ्वी के कुल व्यास का 1 प्रतिशत से भी कम है। भूपटलीय निर्माण में विवर्तनिक गतिनिधियों का महत्वपूर्ण योगदान है। अवशिष्ट पर्वत एवं महाद्वीपीय अन्तरतम (Cores) जिन्हें (Shields) कहते हैं प्राचीन काल में हुई विवर्तनिक घटनाओं के परिणाम है। वर्तमान में सक्रिय वलन एवं भ्रंशन (Folding and Faulting) द्वारा पर्वतों तथा अन्य भूआकारों का निर्माण हो रहा है। अधःसतही पदार्थों (Sub surface materials) के उद्गार से प्राप्त पिघली शैलों के सतही संचयन से भी भूपटलीय भूदृश्यों का निर्माण होता है। इसमें ज्वालामुखी क्रिया की महत्वपूर्ण भूमिका रहती है। इस प्रकार विभिन्न प्रक्रियाओं द्वारा भूपटल का निर्माण होता रहता है। महाद्वीपीय भूपटल के निर्माण में सागर नितल के प्रसरण तथा सागरीय पर्पटी (Oceanic Crust) के निर्माण का भी योगदान रहता है। सागरीय पर्पटी का अधोगमन (Subduction) होने से यह पुनः पिघलकर मैग्मा के रूप में धरातल पर आती है। दुर्बलतामण्डल से मैग्मा मध्य महासागरीय कटक के सहारे ऊपर आता है। इसमें सिलिका, लोहा तथा मैग्निशियम की अधिकता होती है। ये पदार्थ प्रसरण केन्द्रों के सहारे ऊपर उठता है तथा ठण्डा होकर सागर तल का रूप ले लेता है। इसी प्रकार सिलिका प्रधान मैग्मा विस्फोटक ज्वालामुखी उद्गार द्वारा भूसतह पर पहुँचता है तथा ठण्डा होकर भूपृष्ठ निर्माण में सहभागी होता है।

भूपटलीय विरूपण की प्रक्रिया में शैलें विवर्तनिक बलों, गुरुत्व तथा उनके ऊपर स्थित शैलों के भार से पड़ने वाले बल (Stress) से प्रभावित होती हो। इन बलों में तीन प्रमुख हैं : प्रथम सम्पीड़न (Compression), द्वितीय, तनाव (Tension) तथा तृतीय अपरूपण (Shearing)। इन बलों के परिणामस्वरूप भूपटल पर वलन एवं भ्रंशन की क्रिया होती है। स्पष्ट है कि भूपटल पर एक ओर निर्माणकारी प्रक्रिया क्रियाशील है तो दूसरी ओर इसे परिवर्तित करने वाले बल भी सक्रिय हैं।

आन्तरिक शक्तियों की उत्पत्ति में भूवैज्ञानिकों ने उपर्युक्त वर्णित सभी कारणों को संश्लेषित कर निम्नलिखित चार कारण स्पष्टतः बताये हैं—

(i) **ज्वारीय शक्ति** (Tidal Stress) – सूर्य और चन्द्रमा की आकर्षण शक्ति के कारण भूपटल में खिंचाव उत्पन्न होता है। पृथ्वी का महाद्वीपीय भाग दृढ़ एवं प्रतिरोधी होने के कारण कम प्रभावित रहता है, लेकिन सागरीय जल तरल होने के कारण अधिक प्रभावित होता है। इस प्रकार पृथ्वी पर ज्वारीय शक्ति के कारण सागर एवं स्थल में परिवर्तन होने से भूसतह में सन्धियाँ उत्पन्न होने से आन्तरिक शक्तियाँ प्रभावी हो जाती हैं।

(ii) **गुरुत्वीय प्रतिबल** (Gravitational Stress) – सम्पूर्ण पृथ्वी गुरुत्व बल से सन्तुलित एवं प्रभावित होती है। पृथ्वी तल पर विभिन्न वस्तुएँ आकर्षित रहती हैं जिनके आकर्षण पृथ्वी के केन्द्र की ओर रहते हैं। इस बल से तनाव एवं सम्पीड़न की क्रिया को बल मिलता है तथा अनेक स्थलाकृतियाँ बनती हैं।

(iii) **सागरीय तली में प्रसरण का बल** (Sea Floor Spreading Force) – सागरीय कटकों के समीप नवीन महासागरीय धरातल का निर्माण हो रहा है। प्लेट विवर्तनिकी सिद्धान्त से इस तथ्य की पुष्टि हुई है कि अमेरिकन प्लेट के प्रशान्त सागरीय प्लेट की ओर प्रसरण से मध्य अटलांटिक कटक के सहारे नवीन धरातल का निर्माण हो रहा है। इस कारण भूपटल पर भ्रंशन एवं वलन की क्रिया को गति मिलती है।

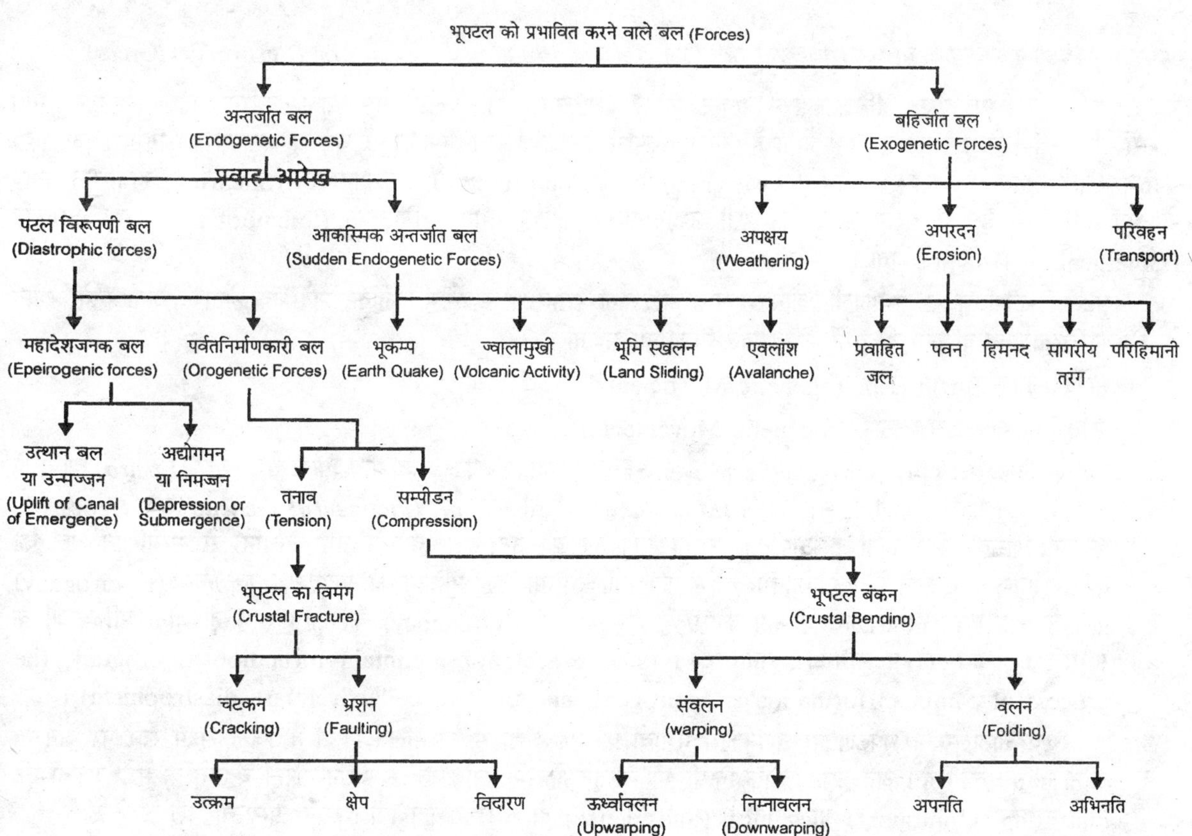

(iv) **विवर्तनिक शक्तियाँ** (Tectonic Forces) – सम्पूर्ण पृथ्वी 7 बड़ी तथा 14 छोटी भूप्लेटों में विभक्त हैं। ये प्लेटें गतिशील रहते हुए भूपटल पर विभिन्न प्रकार के रचनात्मक (Constructive) तथा विध्वंसात्मक (Destructive) प्रभाव दिखाती हैं। इनमें संचलन का एक कारण रेडियोधर्मी तत्वों को भी माना गया है।

अन्तर्जात बलों को निम्नलिखित दो भागों में विभक्त किया गया है—

आकस्मिक अन्तर्जात बल (Sudden Endogenetic Forces)

भूपटल को प्रभावित करने वाले आकस्मिक अन्तर्जात बलों में ज्वालामुखी एवं भूकम्प प्रमुख हैं। ज्वालामुखी क्रिया से निसृत विभिन्न प्रकार के पदार्थों के पृथ्वी के आन्तरिक तथा बाहरी भागों में जमा होने से अनेक भू-आकारों का निर्माण होता है, जिनमें पर्वत (किलीमंजारों तथा फ्यूजीयामा पर्वत) पठार, (कोलम्बिया तथा ढक्कन का पठार) तथा मैदान (फ्रान्स, न्यूजीलैण्ड तथा आइसलैण्ड के मैदानी भाग) प्रमुख स्थलाकृतियाँ हैं। भूकम्प द्वारा भी भूसतह पर परिवर्तन होते हैं। नदियों के मार्ग बदल जाते हैं । (1950 में असम भूकम्प के समय ब्रह्मपुत्र नदी में अवरोध आ गया था)। झीलें बन जाती हैं 1811-12 में पश्चिमी टेन्नेसी प्रान्त (U.S.A.) में रीलफुट झील बन गई थी। अनेक स्थानों पर दरारें व गहरे गर्तों की रचना हो जाती है। रचनात्मक कार्यों के साथ ही भूकम्प द्वारा एक लम्बी अवधि में स्थापित सांस्कृतिक पर्यावरण (सांस्कृतिक भूदृश्य) की सांत्यता क्षणभर में ही टूट जाती है तथा उसका विनाश हो जाता है।

भूपटलीय विरुपण प्रक्रियायें या पटल विरुपणी बल (Crustal Deformation Processes or Diastrophic Forces)

ये बल भूगर्भ में लम्बवत् एवं क्षैतिज रूप में उत्पन्न होते हैं तथा मन्द गति से लम्बे समय तक कार्यरत रहते है। इनका प्रभाव हजारों लाखों वर्षों के उपरान्त दृष्टिगत होता है* पटलविरुपणी शक्तियों द्वारा भूपटल पर बडे भू-आकारों का निर्माण होता है। क्षैतिज बल के कारण धरातल पर तनाव (Tension), सम्पीड़न (Compression) तथा अपरूपण (Shearing) होता है। तनाव से भ्रंश तथा सम्पीड़न से वलन पड़ते हैं। इसी प्रकार सागर तटीय भागों में निमज्जन (Submergence) तथा उन्मज्जन (Emergence) की क्रियाएँ होती हैं।

पटल विरुपणी घटना दीर्घकालीन होने के साथ ही इसका प्रभाव भी स्थानीय न होकर प्रादेशिक होता है, अतः इनके प्रभाव के क्षेत्रीय विस्तार की दृष्टि से दो वर्गों में विभक्त किया जा सकता है—

1. महादेशजनक संचलन (Epeirogenetic Movements)
2. पर्वत निर्माणकारी संचलन (Orogenetic Movements)

1. **महादेशजनक संचलन** (Epeirogenetic Movements) – महादेशजनक शब्द ग्रीक भाषा के *एपीरो (Epeiro)* शब्द से बना है, जिसका अर्थ होता है, *मुख्य भूमि (Main land)* अथवा *महाद्वीप (Continent) I Genetic शब्द Genesis* से बना है जिसका अर्थ होता है *उत्पत्ति*। अर्थात् महाद्वीपों की उत्पत्ति (अवतलन तथा उत्थान) से सम्बन्धित बल को महादेशजनक बल कहते हैं। जी. के. गिल्बर्ट ने महाद्वीपों के निर्माण की प्रक्रिया को *महादेश जनक क्रिया* (Epeirogeny) कहा है तथा पर्वत निर्माणकारी प्रक्रिया को *पर्वत निर्माण क्रिया* (Orogeney) कहा है। साथ ही दोनों प्रक्रियाओं के सम्मिलित प्रभाव को पटलविरुपण बताया है। (The process of mountain formation is orogeny, the process of continent formation is epeirogeny, and the two collectively are diastrophism)।

   एच. हाउलिंग ने भूपटल पर वलनकारी प्रभावों को इस श्रेणी में सम्मिलित किया है, जिन्हें सूक्ष्म स्तर पर अनुभव करना कठिन कार्य है। अतः स्पष्ट है कि किसी भी विस्तृत क्षेत्र में तनाव एवं सम्पीडन दौरान चट्टानों के मुड़े अथवा टूटे बिना उत्थान (Upliftment) या अवतलन (Subsidence) हो, तो इसे महाद्वीपीय रचना सम्बन्धी बल कहते हैं।

---

* बल्टिक सागर का तट प्रति 1000 वर्षों में लगभग 1.3 मीटर तक ऊपर उठ रहा है।

"Crustal movements of the shields in later geological time have been of a type known as epeirogenic movements; that is, rising or sinking of the crust over broad areas without appreciably breaking or bending the rocks.

महादेशजनक संचलन भूपटल के स्थायित्व में परिलक्षित होता है जिसमें स्थायी कटिबन्धों पर इन संचलनों के प्रभाव से तनाव एवं सम्पीड़न होता है। ये संचलन दिशा के अनुसार दो भागों में प्रभावी रहता है—

(i) अधोगमन अथवा निमज्जन (Depression or Submergence)

(ii) भूउत्थान अथवा उन्मज्जन (Uplift of land or Emergence)

जब महादेशजनक संचलन ऋणात्मक होता है, तो एक बड़ा भू-भाग अवतलित हो जाता है तथा उथला सागर एवं महाद्वीपीय मग्न तट का आविर्भाव होता है, इसके बाद जब धनात्मक संचलन, अथवा उत्थान होता है तो सागर तल पर एक बड़ा अवसादी आवरण उत्पन्न होता है। इस प्रकार जब कोई भूभाग अपेन प्रादेशिक विस्तार में समीपवर्ती भूभाग से धँसाव के कारण नीचा हो जाता है, तो इस क्रिया को अधोगमन कहते हैं तथा दूसरी ओर किसी महाद्वीपीय भाग के ऊपर उठने की क्रिया को भू-उत्थान (Uplift of Land) कहते हैं। भारत का गंगा का डेल्टा तथा मुम्बई पाण्डिचेरी के तटीय भागों में ऐसे संचलन हो चुके हैं लेकिन इनका प्रभाव महादेशीय न होकर स्थानीय ही माना जाएगा।

2. **पर्वत निर्माणकारी संचलन** (Orogenic Movements)—स्थलाकृतियों की रचना की दृष्टि से अन्तर्जात बलों में पर्वत निर्माणकारी संचलन की प्रमुख भूमिका है। पर्वत निर्माणकारी जिसके लिए अंग्रेजी भाषा में 'Orogenic' शब्द प्रयुक्त है। यह लेटिन भाषा के *Oros* तथा *Genesis* से मिलकर बना है, जिनका अर्थ क्रमशः *ओरोज (oros) = पर्वत तथा जेनेसिस (Genesis) = उत्पत्ति* होता है। पर्वत निर्माण की प्रक्रिया के लिए '*Orogeny*' शब्द गिलबर्ट (G. K. Gilbert) ने दिया था तथा सर्वप्रथम इन्होंने ही भ्रंशोत्थ व वलित पर्वतों के मध्य अन्तर स्पष्ट किया। यह संचलन क्षैतिज रूप में उत्पन्न होता है, जिस कारण इसे स्पर्शीय (Tangential Forces) भी कहते हैं। यह संचलन दो रूपों में कार्य करता है। जब क्षैतिज बल दो विपरीत दिशाओं से क्रियाशील होता है, तो उससे तनाव (Tension) उत्पन्न होता है। जिसके परिणामस्वरूप भ्रंश (Fault), दरार (Fracture) तथा चटकन (Cracks) पड़ते हैं। अतः इस बल को '*तनावमूलक*' बल कहते हैं। दूसरे प्रकार के संचलन में भू-खण्ड पर क्षैतिज बल एक ही दिशा में (आमने-सामने) केन्द्रित होकर क्रियाशील होते हैं, तो सम्पीड़न क्रिया से चट्टानों में वलन (Folding) तथा संवलन (Warps) पड़ जाते हैं। इन दोनों क्रियाओं के प्रभाव से भूपटल पर पर्वत निर्माण क्रिया सम्पन्न होती है। यह क्रिया कुछ स्थितियों (ज्वालामुखी क्रिया) के अतिरिक्त आकस्मिक न होकर दीर्घकालीन क्रिया है। अतः ये क्षैतिज बल निम्न दो वर्गों में विभक्त किये जा सकते हैं—

चित्र 5.1 *अंतर्जात (विवर्तनिक) एवं बहिर्जात (भ्वाकृतिक) प्रक्रियायें जो एक पर्वतोत्पति स्थल को आकार प्रदान करती हैं।*

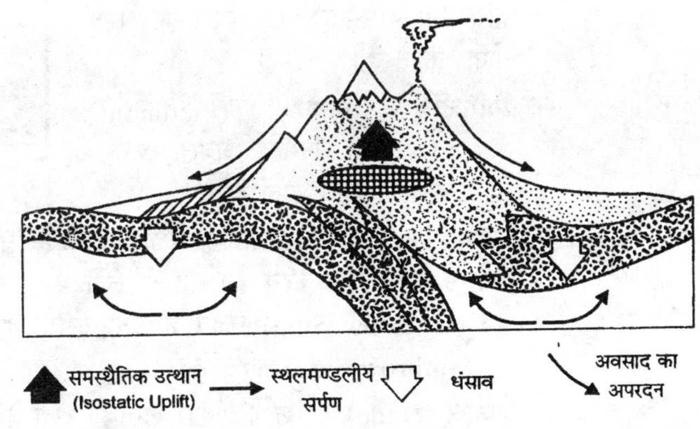

1. तनावमूलक बल — भ्रंश (Faults)
2. सम्पीडनमूलक बल — वलन (Folds)

1. **भ्रंशन** (Faulting) – अन्तर्जात बलों द्वारा क्षैतिज संचलन (Horizontal Movement) के कारण उत्पन्न तनाव तथा कभी-कभी अत्यधिक सम्पीड़न के कारण होने वाले चट्टानों के स्थानान्तरण को भ्रंशन कहते हैं। वरसेस्टर के अनुसार, *"पृथ्वी के एक दरार को भ्रंश कहते हैं, जिसके सहारे एक भाग दूसरे भाग की अपेक्षा सरक जाता है।"* *("A fault is a fracture in the earth along which one side has moved with reference to the other side.")*

भ्रंशन के निम्नलिखित प्रमुख अंग हैं—

(i) **भ्रंश तल** (Fault Plane) – यह वह सतह है, जिसके सहारे चट्टानों का संचलन होने से स्थानान्तरण होता है। यह लम्बवत् झुका हुआ, वक्राकार तथा क्षैतिज रूप में भी हो सकता है।

(ii) **अधः क्षेपित खण्ड** (Down Thrown Block) – भ्रंश तल के सहारे नीचे धँसा हुआ भाग अधःक्षेपित खण्ड कहलाता है।

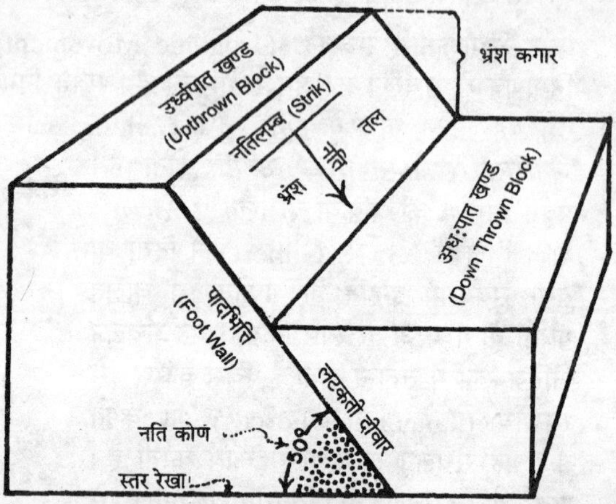

(iii) **भ्रंश नति** (Fault Dip) – भ्रंश तल तथा क्षैतिज तल के मध्य के कोण को *भ्रंश नति (Fault Dip)* कहते हैं।

(iv) **आधार भित्ति** (Foot Wall) – भ्रंश तल की निचली दीवार को आधार भित्ति कहते हैं।

(v) **शीर्ष भित्ति** (Hanging Wall) – भ्रंश तल की ऊपरी दीवार को शीर्ष या ऊपरी भित्ति कहते हैं।

(vi) **भ्रंश कगार** (Fault Scarp) – भ्रंश तल द्वारा बनी असमतल सतह रेखा को भ्रंश कगार कहते हैं।

(vii) **गिरिपदीय कगार** (Piedmont Scarp) – इनका निर्माण प्रबल भ्रंशन क्रिया के फलस्वरूप होता है।

चित्र 5.2 *एक साधारण भ्रंश के भाग*
(after Majid Husain)

(viii) **क्षेपण** (Throw) – भ्रंश प्रक्रिया में चट्टानों के विस्थापन होने से शैल परतों में जो लम्बवत् रूप में परिवर्तन होता है, उसे क्षेपण कहते हैं। यह दो रूपों में होता है प्रथम भ्रंश का ऊपरी खण्ड होता है जिसे उत्क्षेपण क्षेत्र (Upthrow Side) कहते हैं तथा दूसरा भ्रंश का निचला खण्ड होता है जिसे निम्न क्षेपण क्षेत्र (Downthrow Side) कहते हैं।

(ix) **उत्कोण** (Hade) – भ्रंश तल और लम्बवत् रेखा के मध्य बनने वाले कोण को उत्कोण कहते हैं।

(x) **पार्श्वक्षेप** (Heave) – यह वह क्षैतिज दूरी है, जो विस्थापन के कारण विदरित परतों के सिरों के बीच पाया जाता है।

(xi) **भ्रंश नति लम्ब** (Fault Strike)—नति (Dip) के साथ समकोण बनाने वाली रेखा को नतिलम्ब कहते हैं ये नति के साथ 90° का कोण बनाती है।

भ्रंशों के संचलन की दिशा एवं निर्माणकारी शक्ति में भिन्नता के आधार पर निम्न रूपों में वर्गीकृत किया जा सकता है—

1. **सामान्य भ्रंश** (Normal Fault) – अन्तर्जात बल के कारण भूखण्ड में दरार पड़ जाने पर जब दोनों खण्ड विपरीत

चित्र 5.3 *भ्रंशों के प्रकार*

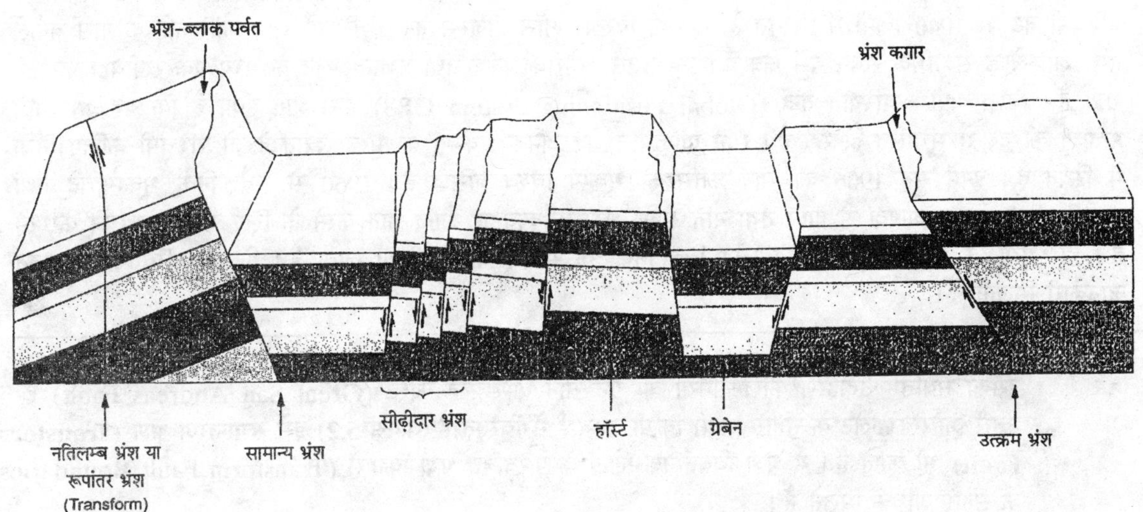

दिशा में खिसकते हैं, तो इसे सामान्य भ्रंश कहते हैं। भ्रंश तल ढालू (Steep) से लगभग उर्ध्वाधर (Vertical) होता है (सामान्यतः 65 से 90° के मध्य) । सामान्य भ्रंश के परिणामस्वरूप ढालू सीधी (Straight) तथा भृगु सदृश्य भूदृश्य बनता है जिसे भ्रंश कगार कहते हैं। भ्रंश कगार कुछ मीटर से सेकड़ों मीटर ऊँचा होता है। दो सामान्य भ्रंशों के मध्य एक संकरे भाग का क्षेपण हो जाता है तो इसे **ग्रेबेन (Graben)** कहते हैं।

2. **उत्क्रम भ्रंश** (Reverse Fault) – सामान्य भ्रंश के विपरीत इसमें दोनों खण्ड एक-दूसरे के पास खिसकते हैं तथा भ्रंश तल के ऊपर वाला खण्ड नीचे वाले खण्ड के ऊपर चढ जाता है, इसे उत्क्रम भ्रंश कहते हैं। उत्क्रम भ्रंश 45° कोण से अधिक नति के होते हैं। ऐसे भ्रंश तीव्र सम्पीडनात्मक बलों का परिणाम होते हैं। ये लम्बाई में कम ही मिलते हैं क्योंकि अनाच्छादानकारी प्रक्रियाओं से प्रभावित रहते हैं तथा अन्त में कगारनुमा बन जाते हैं जो सामान्य भ्रंश की कगार की तरह दिखती है।
3. **क्षेप भ्रंश** (Thrust Fault) – क्षेप भ्रंश भी एक प्रकार का उत्क्रम भ्रंश ही होता है, किन्तु इसमें कोण निम्नकोण होता है।
4. **सोपानी भ्रंश** (Step Fault) – जब किसी भू-भाग में तनाव या सम्पीड़न द्वारा कई समानान्तर भ्रंश इस प्रकार पड़ते हैं कि भूभाग अनेक सीढ़ियों में परिवर्तित हो जाता है तो, इसे सोपानी भ्रंश कहते हैं। इन पर सोपानी ढाल बन जाता है ये सामान्यत फाल्ट ब्लॉक स्थलाकृति में मिलते हैं। रिफ्ट घाटी के किनारों पर भी मिलते हैं। इसमें भ्रंश तल के साथ उर्ध्वाधर विस्थापन (Vertical Displacement) होता है।
5. **अधिक्षेप भ्रंश** (Over Thrust Fault) – इसमें ऊपर वाली चट्टान अपनी आधार भित्ति पर चढ़ जाती है। इसको भ्रंश तल क्षैतिज रहता है।
6. **तिर्यक भ्रंश** (Oblique or Slip Fault) – इस भ्रंश में उर्ध्वाधर एवं क्षैतिज दोनों प्रकार के संचलन होते हैं।
7. **पार्श्विय या नतिलम्बी भ्रंश** (Lateral or Strik-Slip Fault)—इस भ्रंश में क्षैतिज संचलन होता है। जिसमें भ्रंश रेखा के सहारे अपरूपण (Shearing) के रूप में संचलन होता है इसमें कगारों की रचना नहीं हो पाती है

बाक्स 5.2 *सान एण्ड्रियाज भ्रंश (The San Andreas Fault)*

सान एण्ड्रियाज भ्रंश विश्व का प्रसिद्ध अवलोकित भ्रंश तंत्र (Observed Fault System) है जो केलिफोर्निया के पश्चिमी तट पर 1040 किमी में विस्तृत है। इसका विस्तार लॉस एंजिल्स तक है जिसमें सान फ्रांसिस्को के पास बर्कले तथा ऑकलेण्ड सर्वाधिक सघन बसे क्षेत्र हैं। यह उत्तरी अमेरीकी प्लेट तथा प्रशान्त प्लेट के मध्य एक रेखीय रूपान्तरण भ्रंश हैं। विश्वव्यापी अवस्थिति तन्त्र (Global Positioning System GPS) द्वारा ज्ञात हुआ है कि यह 46 मिमि प्रतिवर्ष की दर से संचलित हो रहा है। सान एण्ड्रियाज क्षेत्र अनेक भूकम्पों का मुख्य स्त्रोत है जो पश्चिमी केलिफोर्निया में स्थित है। इनमें सन् 1906 का सान फ्रांसिस्को भूकम्प विश्व प्रसिद्ध है। 1960 से भूवैज्ञानिक, भूकम्पविद् तथा भूभौतिकविद् भूकम्प आपदा से हानि तथा नति सर्पण भ्रंश के व्यवहार आदि ज्ञात करने के लिए गहन अध्ययन कर रहे हैं। इस भूगर्भिक घटना का अध्ययन प्लेट विवर्तनिकी के सन्दर्भ में भी किया जाता है। जिससे परिवर्तनकारी नूतन जानकारी मिलती हैं।

इसका सर्वोत्तम उदाहरण केलिफोर्निया का ग्रेट सान एण्ड्रियाज फाल्ट (Great San Andreas Fault) है जो उत्तरी अमेरीकी प्लेट के सहारे 1040 कि.मी. लम्बाई में विस्तृत है (बाक्स 5.2) इसे **रूपान्तरण भ्रंश (Transform Fault)** भी कहते हैं। ये भ्रंश विवर्तनिक प्लेटों के परिवर्तित भ्रंश किनारों (Transform Fault Boundaries) के सहारे अधिक मिलते हैं।

सीढ़ीदार भ्रंशों से दो प्रमुख स्थलरूप बनते हैं—(i) भ्रंशघाटी (Riftvalley) तथा होर्स्ट या ब्लॉक पर्वत। जब दो समानान्तर भ्रंशों के मध्य का भाग नीचे अवतलित हो जाता है तो बीच में एक लम्बी एवं संकरी घाटी बन जाती है, जिसे भ्रंश घाटी कहते हैं। कभी-कभी दो समानान्तर भ्रंशों के दोनों ओर के भाग उत्थित हो जाते हैं, जिस कारण मध्य की नीची रही भूमि घाटीनुमा बन जाती है।

वलन (Folding)—पृथ्वी के अन्तर्जात बलों के कारण क्षैतिज संचलन की क्रिया से चट्टानों में सम्पीड़न (Compression) से लहरदार मोड़ पड़ जाते हैं, जिन्हें वलन कहते हैं। फिंच के अनुसार, *"समतल परतदार चट्टानों के अधिक मात्रा में मुड़ जाने को ही वलन कहते हैं।"* वलन के दौरान बनने वाला झुकाव (Flexure) एक चाप का रूप ले लेता है। इस चाप का ऊपरी पीठनुमा घुमावदार भाग अपनति (Anticline or Antiform) तथा द्रोणीनुमा भाग अभिनति (Syncline or Synform) कहलाता है। प्लेट विवर्तनिकी के अनुसार जब दो विवर्तनिक प्लेटों का अभिसरण (Convergence) होता है, तो प्रावार (Mantle) में सवांहनिक तरंगों द्वारा एक दूसरे पर पार्श्विक रूप में बल डालती है तथा वलन पड़ जाते हैं।

वलन के निम्नलिखित अंग होते हैं—

1. **चट्टान परत** (Bed)—प्रत्येक वलन का निर्माण शैल परतों से होता है।
2. **अधिकतम चक्र** (Hinge)—शैल परतों में जहाँ अधिकतम लहर होती है, उसे अधिकतम चक्र कहते हैं तथा ऐसी रेखा जिस पर नति की दिशा तथा परिवर्तन की मात्रा स्पष्ट होती है अधिकतम चक्र रेखा (Hinge Line) कहते हैं। इस रेखा के सहारे स्थित क्षेत्र अधिकतम चक्र क्षेत्र (Hinge Area) तथा वलन का नाक (Nose of the Fold) कहलाता है।
3. **अक्षीय तल** (Axial Plane)—यह ऐसी सतह होती है, जहाँ पर अधिकतम वक्र की समस्त रेखाएँ मिलती हैं। प्रत्येक अपनति या अभिनति के वलन की दोनों भुजाओं के मध्य के कोण आदि की आर्दिक रेखा अक्षीय तल कहलाती है।
4. **वलन की भुजाएँ** (Limbs of the Folds)—प्रत्येक वलन में दोनों ओर के भागों को वलन की भुजाएँ कहते हैं। यह दो अधिकतम चक्रों (Hing) के मध्य स्थित होती है।
5. **द्रोणी रेखा** (Trough Line)—यह प्रत्येक परत के सबसे निचले बिन्दुओं को जोड़ने वाली रेखा होती है।

चित्र 5.4 *वलन के अंग (after Majid Husain)*

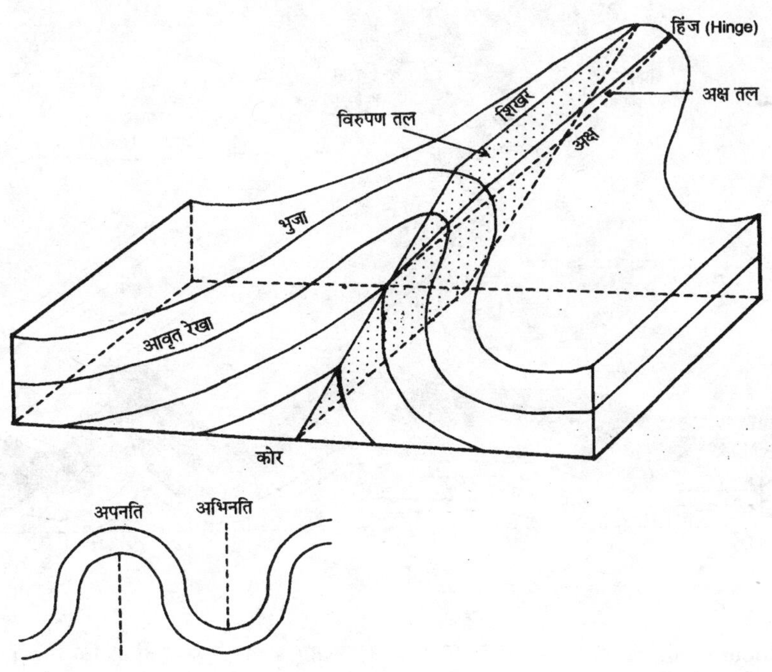

6. **शीर्ष रेखा** (Crest Line) – किसी भी वलन के सर्वोच्च बिन्दुओं को मिलाने वाली रेखा को शीर्ष रेखा कहते हैं।
7. **अपनति एवं अभिनति** (Anticlines and Synclines) – वलन के दौरान ऊपर उठे उत्तल (Convex) प्रकार के ऊपरी भाग को अपनति तथा निम्नतम द्रोणीनुमा भाग को अभिनति कहते हैं।

वलनों के प्रकार (Types of Folds)

चट्टानों की प्रकृति के सम्पीडन की अवस्था के आधार पर वलन निम्न प्रकार के होते हैं—

1. **सममित वलन** (Symmetrical Folds) – ये वलन साधारण प्रकार के होते हैं, जिनकी भुजाएँ (Limbs) दोनों ओर समान झुकी होती हैं। इसे सरल वलन भी कहते हैं स्वीटजरलैण्ड के जूरा पर्वत में सममित वलन मिलते हैं।
2. **असममित वलन** (Asymmetrical Folds) – इसमें एक भुजा दूसरी भुजा की अपेक्षा कम या अधिक झुकी होती है। इसकी एक भुजा छोटी तथा अधिक ढाल वाली तथा दूसरी भुजा लम्बी तथा मंद ढाल वाली होती है इसका उदाहरण इंग्लैण्ड का दक्षिणी पेनाइन पर्वत है।
3. **एकनत वलन** (Monoclinal Folds) – इस प्रकार के वलन में एक भुजा साधारण झुकी होती है, जबकि दूसरी भुजा धरातल के साथ समकोण बनाती हुई खड़े ढाल वाली होती है। इसका निर्माण लम्बवत भूसंचलन अथवा असमान क्षैतिज भूसंचलन द्वारा होता है आस्ट्रेलिया का ग्रेट डिवाइडिंग रेन्ज इसी प्रकार का है।
4. **समनत वलन** (Isoclinal Folds) – तीव्र सम्पीडन के कारण प्रत्येक वलन की दोनों भुजाएँ इतनी झुक जाती हैं कि वे समानान्तर लगती हैं। इसमें आगे का भाग लटका हुआ (Perched) महसूस होता है। पाकिस्तान के कालाचिंता पर्वत में इसी प्रकार के वलन मिलते है।

चित्र 5.5 *वलन के प्रकार (After A.H. Doerr, 1990)*

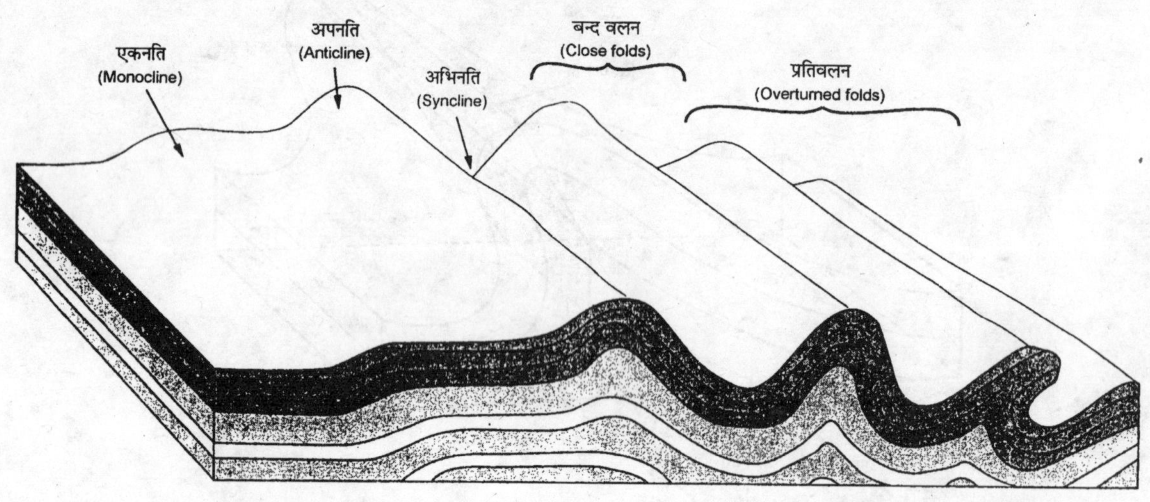

5. **श्यान वलन** (Recumbent Folds) – श्यान वलन में दोनों भुजाएँ इतनी झुक जाती हैं कि वे क्षैतिज हो जाती हैं। इसे दोहरा वलन भी कहते हैं। संयुक्त राज्य अमेरीका का कैरिक कैसल प्रसिद्ध श्यान वलन है।
6. **प्रतिवलन या अधिक्षिप्त वलन** (Over Thrust Folds) – अधिक सम्पीड़न के कारण जब एक भुजा दूसरी पर उलट जाती है, तब उसे प्रतिवलन कहते हैं। इस वलन में सम्पीड़न बल इतना अधिक होता है कि शैलों की परतें अक्ष पर टूटकर एक दूसरे पर चढ जाती है जब ऐसे वलन की एक भुजा टूटकर दूर जाकर अन्य चट्टानों पर चढ जाती है तो इसे ग्रीवाखण्ड (Nappe) कहते हैं अधिक्षिप्त वलन एवं ग्रीवाखण्ड कश्मीर की पीर पंजाल श्रेणी एवं गढवाल हिमालय में मिलते हैं।
7. **अवनमन वलन** (Plunging Fold) – जब किसी चट्टान के वलन की अक्ष (Axis) क्षैतिज तल के समानान्तर न होकर क्षैतिज तल के साथ कोण बनाती है, तो उसे अवनमन वलन कहते हैं।
8. **पंखा वलन** (Fan Folds) – यह एक अपनति होती है, जिसमें अनेक लघु अपनतियाँ तथा अभिनतियाँ दिखाई देती हैं। इसे समपनति (Anticlinorium) भी कहते हैं। छोटा नागपुर की सिंहभूमि समपनति इसका उदाहरण है।
9. **खुले वलन** (Open Folds) – यदि दो भुजाओं के मध्य का कोण अधिक कोण (Obtuse angle) बना हो, तो इस प्रकार के वलन को खुला वलन कहते हैं।
10. **बन्द वलन** (closed Folds) – जब सम्पीड़न के दौरान किसी वलन की भुजाओं के बीच न्यूनकोण (Acute angle) बना हो तो, इसे बन्द वलन कहते हैं।

वलन क्षेत्रों का पर्यावरणीय तथा संसाधन पक्ष

(Environmental and Resource Aspects of Fold Areas)

भूपटल पर वलन उत्पन्न होने पर उनके नवीन उच्चावच का पर्यावरणीय तथा आर्थिक महत्व परिवर्तित हो जाता है। अप्लेशियन पर्वत के दक्षिणी एवं मध्यवर्ती पेंसिलवानिया में 150-600 मीटर ऊंची कटक का निर्माण हआ इसके मध्यवर्ती निम्न भागों से

अनेक राजमार्ग गुजरते हैं। अनेक जल प्रवाहों द्वारा इस कटक को काट दिया गया है। कुछ महत्वपूर्ण नगर भी इन नदी प्रवाहों के सहारे बस गये हैं। उदाहरणार्थः इसके ब्लू माउण्टेन को सस्केचवान नदी ने काट दिया है जिसके सहारे हैरिसबर्ग नगर बसा है। इन घाटियों के मध्य सघन कृषि की पट्टियाँ स्थित हैं। संसाधनों की उपलब्धता की दृष्टि से भी अनेक वलन क्षेत्र अधिक महत्व के हैं। विश्व का 50 प्रतिशत एन्थ्रेसाइट कोयला पेसिंलवानिया अप्लेशियन क्षेत्र में स्थित है। इसमें वलन के दौरान पडने वाले दबाव के कारण बिटुमिनस कोयला एन्थ्रेसाइट में कायान्तरित हुआ है। इसकी उपलब्धता भू-अभिनति के तलीय भाग तक है। इसी प्रकार वलनों के अपनतिय मोड़ों में पैट्रोलियम भी पाया जाता है। यह पैट्रोलियम उच्च अपनतिय भागों के संचलन करके बलुआ पत्थर की चट्टानों में संचलित हो जाता है।

वलन के दौरान पड़ने वाले दबाव से अनेक चट्टानों का रूपान्तरण (शैल - स्लेट में) हो जाता हे। अन्य वलित क्षेत्रों में अरकसांस का ओउचिटा पर्वत, स्विटजरलैण्ड का जूरा पर्वत, फ्रेंच आल्पस प्रदेश प्रमुख हैं। जूरा पर्वतीय क्षेत्र में विशाल चूना पत्थर के जमाव हैं।

वलन एवं भ्रंश से संबंधित कुछ महत्वपूर्ण स्थलाकृतियाँ
(Some Important Landforms Related to Fold and Fault)

1. **ग्रीवा खण्ड या नापे** (Nappe) – नापे का निर्माण पर्वत निर्माणकारी संचलन के दौरान अधिक सम्पीड़न तथा संचलन होने से होता है। अधिक सम्पीड़न से परिवलन (Recumbent Fold) की एक भुजा दूसरी पर उलट जाती है तथा टूटकर चढ़ जाती है। इस क्रिया को उत्क्रम (Thrust) कहते हैं। इस प्रकार निर्मित जटिल वलन (Complex Fold) को नापे कहते हैं। आल्पस तथा हिमालय पर्वतों के वलित क्षेत्रों में नापे के अनेक उदाहरण मिलते हैं। आल्पस पर्वत में हैल्वेटिक नापे (Helvetic Nappe), पिनाइन नापे (Pennine Nappe), आस्ट्राइड नापे (Austride Nappe) तथा दिनारिड नापे (Dinaride Nappe) आदि प्रमुख हैं। हिमालय में भी अनेक नापे का अध्ययन किया गया है। कश्मीर में डॉ. वाडिया, शिमला क्षेत्र में पिलाग्रिम, गढ़वाल में आदिन महोदय तथा कुमायूँ हिमालय में हीम तथा गैसर महोदय ने ग्रीवा खण्डों का अध्ययन किया है।

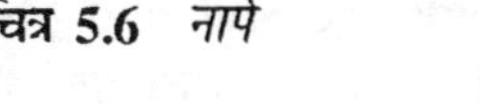
चित्र 5.6 *नापे*

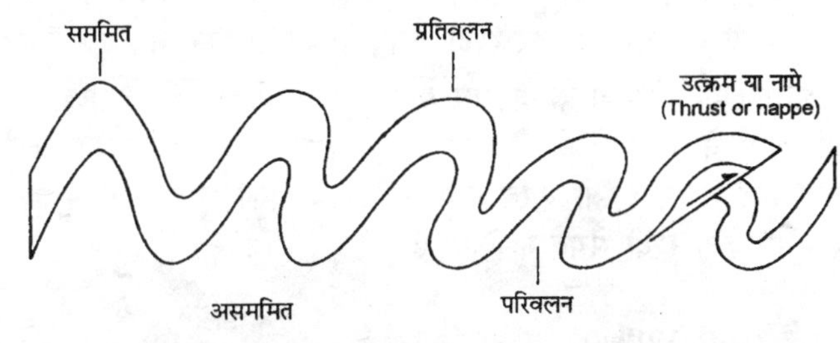

2. **समपनति** (Anticlinerium) – सम्पीड़न के कारण जब एक लम्बी तथा जटिल अपनति, जिस पर विभिन्न छोटे-छोटे अपरमुखी वलन (Up fold) तथा नतवलन (Down fold) बन जाते हैं तो इस प्रकार की स्थलाकृति को समपनति कहते हैं। इसमें किसी वृहद अपनति में अनेक छोटी अपनतियाँ तथा अभिनतियाँ बन जाती हैं स्काटलैण्ड का पर्वतीय प्रदेश ऐसा ही है।

चित्र 5.7 *समपनति एवं समभिनति (after Majid Husain)*

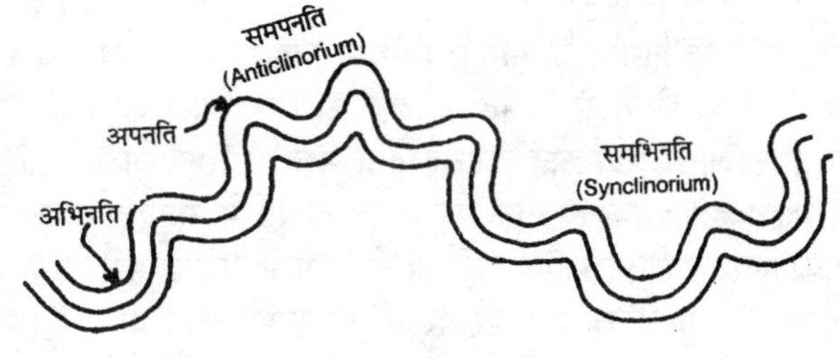

3. **समभिनति** (Synclinorium) – सम्पीड़न के कारण अपनति की तरह ही एक लम्बी समिश्र अभिनति बन जाती है, जिस पर

उपरमुखी एवं नतवलन निर्मित हो जाते हैं। इन दोनों की लम्बाई कई किलोमीटर होती है इसमें एक विशाल अभिनति के अन्तर्गत कई छोटी-छोटी अपनतियाँ एवं अभिनतियाँ बन जाती हैं। पाकिस्तान का पोटवार प्रदेश इसी क्रम का है।

4. **हॉर्स्ट** (Horst)—हॉर्स्ट (Horst) एक जर्मन भाषा का शब्द है, जो हार्स पर्वत से लिया गया है। इस शब्द का प्रयोग एडवर्ड स्वेस (Suess) ने सर्वप्रथम ऐसे भूखण्ड के लिए किया था, जिनकी ऊपरी सतह समतल तथा किनारे खड़े होते हैं। हर्स्ट शब्द जर्मन भूगर्भ शास्त्रियों द्वारा एकाकी पर्वतों के लिए भी किया गया है। इसके लिए रम्प पर्वत (Rump Mountain) शब्द का प्रयोग भी किया गया है।

हॉर्स्ट का निर्माण भ्रंशन क्रिया द्वारा होता है, इसमें दो सामान्य भ्रशों के मध्य का भू-भाग ऊपर उठा रह जाता है तथा इसके दोनों ओर के भाग नीचे धँस जाते हैं तो ऊपर उठा भाग हॉर्स्ट कहलाता है। विश्व में ऐसे अनेक उदाहरण मिलते हैं। संयुक्त राज्य अमेरिका में वासाच श्रेणी एवं सियरा नेवादा, जर्मनी में ब्लेक फोरेस्ट तथा वासजेज, पाकिस्तान की साल्ट श्रेणी आदि महत्वपूर्ण हैं।

ग्रेबेन (Graben)

ग्रेबेन (Graben) एक जर्मन भाषा का शब्द है, जिसका अभिप्राय एक लम्बी संकरी द्रोणी होता है। इसे एक वृहद् खाई (Ditch) भी कहा गया है। वुलरिज एवं मोरगन ने (Wooldridge S.W. and Morgan, 1937) ने ग्रेबेन को एक रिफ्ट घाटी कहा है। बेंकर (Bencker, 1942) ने बताया कि एक लम्बे संकरे सागरीय गर्त को ग्रेबेन कहते हैं, जिसके किनारे ढालू होते हैं। जबकि स्वेज की खाड़ी का अध्ययन कर रश्दी सैयद ने बताया कि ग्रेबेन एक रिफ्ट घाटी ही होती है।

भौगोलिक परिभाषा के अनुसार ग्रेबेन एक लम्बी, संकरी द्रोणी होती है, जिसका निर्माण दो समीपवर्ती समानान्तर भ्रंशों के मध्यवर्ती भाग के नीचे धँसने से होता है। इस प्रकार यह पूर्णरूपेण खाई सदृश्य स्थलाकृति होती है। इसका सबसे अच्छा उदाहरण लाल सागर है, जो अरब प्रायद्वीप को अफ्रीकी भूखण्ड से पृथक् करता है। इसके उत्तरी भाग का भूगर्भिक अध्ययन प्रसिद्ध भूगोलवेत्ता रश्दी सैयद ने किया है।

रिफ्ट घाटी (Rift Valley)

भूपटल में तनाव उत्पन्न होने पर किसी क्षेत्र में दो साधारण भ्रंश कई किलोमीटर में इस प्रकार पड़ें कि इनके बीच का भाग नीचे दब जाये तथा एक निम्न बेसिन का निर्माण हो जाये तो इसे भ्रंश घाटी (Rift Valley) कहते हैं। भ्रंश घाटी एक रेखीय अवदाब या द्रोणी (Depression or Trough) होती है जो मध्यवर्ती भूपटल के डूबने से बनती है। इस अवदाब को ग्रेबेन (Graben) कहते हैं। तथा इससे सम्बन्धित आकारीकीय दृश्य (Morphological Feature) को रिफ्ट घाटी कहते हैं। अनेक बार ग्रेबेन को ही रिफ्ट घाटी कहा जाता है लेकिन ये रिफ्ट घाटी का केवल मध्यवर्ती तथा उसकी तुलना में छोटा भाग होता है। अधिकांश भ्रंश घाटियां लम्बी, संकरी एवं अत्यधिक गहरी होती हैं। राइन नदी घाटी जो प्रसिद्ध भ्रंश घाटी है बासेल तथा बाइन्जेन नगरों के मध्य 320 किमी. लम्बी तथा 32 किमी. चौड़ी हैं। इसके एक ओर हार्स्ट तथा वाससेज तथा दूसरी ओर ब्लेक फोरेस्ट एवं ओडेन बोल्ड पर्वत स्थित हैं। विश्व की सर्वाधिक लम्बी भ्रंश घाटी पूर्वी अफ्रीकन रिफ्ट घाटी है।

रिफ्ट घाटी के निर्माण के बारे में विभिन्न विद्वानों में मतैक्य नहीं हैं। प्रारम्भ में यह कहा गया कि एक मेराब (Arc) के मध्य पत्थर गिरने या धँसने से निर्मित अवदाब को रिफ्ट घाटी कहते हैं। इस प्रक्रिया में शैलों में तनाव उत्पन्न होने से दो भागों का विपरीत दिशाओं में खिसकाव होता है तथा मध्य में रिफ्ट घाटी बनती है। वर्तमान में इसे मान्यता नहीं है। इसे तनावमूलक परिकल्पना कहते हैं। इसके विपरीत स्मिथ एवं बलार्ड ने सम्पीड़नात्मक परिकल्पना प्रस्तुत की जिसके अनुसार रिफ्ट घाटी का निर्माण आकस्मिक न होकर क्रमिक रूप से है जिसकी बलार्ड महोदय ने तीन अवस्थायें बतायी हैं। प्रथम अवस्था में शैलों में सम्पीड़न होता है तथा क्षैतिज बल परस्पर आमने सामने काम करते हैं। सम्पीड़न अधिक होने से शैलों में चटकन होने लगता है। द्वितीय अवस्था में दरार पड़कर एक भाग दूसरे पर चढ़ जाता है तथा इसके विपरीत दूसरा भाग नीचे चला जाता है। अर्थात्

अधोगमन या क्षेपण (Subduction) हो जाता है। तृतीय अवस्था में दरार चोड़ी होकर घाटी विकसित हो जाती है।

वर्तमान में रिफ्ट घाटी के निर्माण की व्याख्या प्लेट विवर्तनिकी द्वारा की गई है। रिफ्ट घाटी के निर्माण में भूपटल का उच्च अपरूपण बल (Shear Stress) के कारण पृथक्करण एवं विभाजन (Seperation and splitling) हो जाता है तथा भ्रंश घाटी बन जाती है। सक्रिय भ्रंशन क्रिया मैण्टिल प्लू (Mantle Plume) के ऊपर पायी जाती है। प्लूम एक लहरदार संवाहन तरंग होती है जो मैण्टिल से ऊपर की ओर गति करती है। प्लूम के कारण नवीन भूपृष्ठ का उत्थान होता है अतः रिफ्ट घाटी का निर्माण प्लूम की अनुपस्थिति में ही होता है। प्लेट विवर्तनिकी के अनुसार जब दो प्लेटों में अपसरण (Divergence) होता है, तो वे परस्पर पृथक् होती हैं तथा दुर्बलतामण्डल (Asthenosphere) से मैग्मा का यहां प्रसरण होता है जिससे नवीन भूपृष्ठ बनती है लेकिन स्थलमण्डल पर इसके दूसरी ओर भूपटल दूर जाता है जिससे भूपटल पतला होकर रिफ्ट के आकार में खुल जाता है। ऐसा अधिकांशतया सागरीय कटकों के सहारे होता है। लेकिन कुछ भूगोलवेत्ताओं ने ऐसा महाद्वीपों पर भी होना माना है। इसका सर्वोत्तम उदाहरण पूर्वी अफ्रीकन भ्रंश घाटी है जहां अफ्रीका महाद्वीप का भ्रंशन हो रहा है। (चित्र 5.8) इस भ्रंश क्षेत्र के सहारे भूपटल पतला हो रहा है। लाल सागर अपने विकसित आकार में उभर रहा है तथा अरबेयिन प्लेट अफ्रीकन प्लेट से पृथक् हो रही है। इस आधार पर यह कहा जा रहा है कि भविष्य में लाल सागर एक महासागर का रूप ले लेगा।

चित्र 5.8 *रिफ्ट घाटी का निर्माण एवं विकास (After P. Smithson, K. Addison, and K. Atkinson, 2002)*

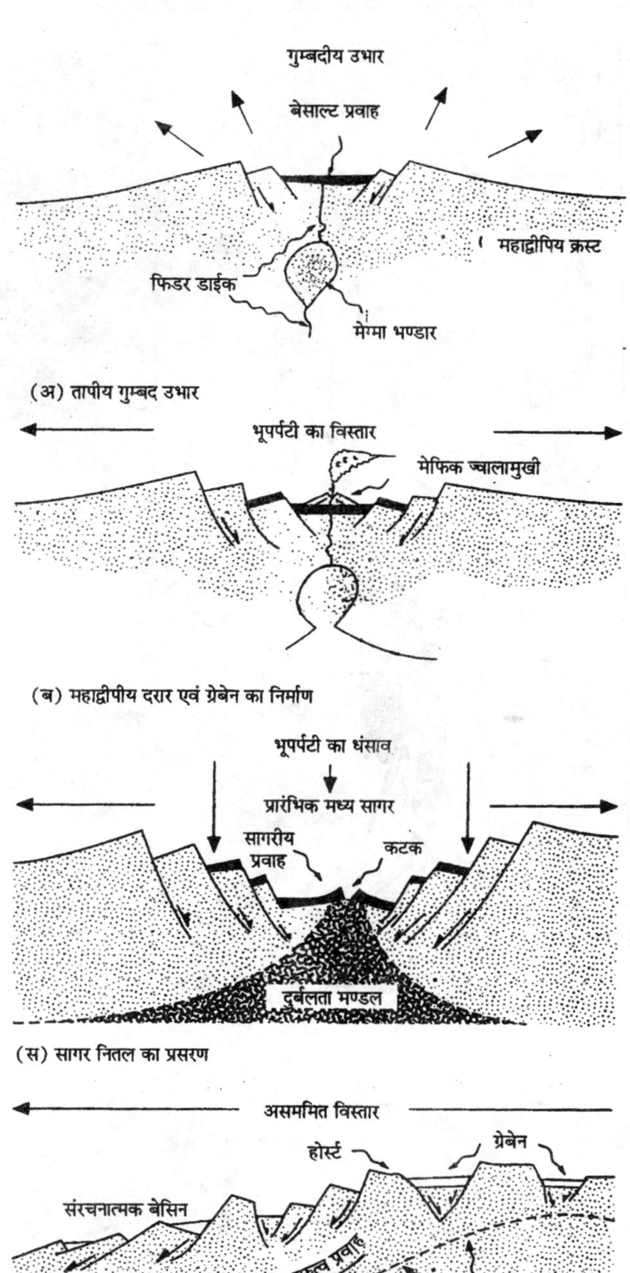

अफ्रीका की भ्रंश घाटी (The Rift Valley of Africa)

स्थलमण्डलीय भूपटल का भ्रंशन द्वारा रिफ्ट घाटी बनने का अफ्रीका की भ्रंश घाटी सर्वोत्तम उदाहरण है। इसका भूगर्भवेत्ता विगत 100 वर्षों से गहन

चित्र 5.9 *अफ्रीकन रिफ्ट घाटी (After C.C. Park, 1997)*

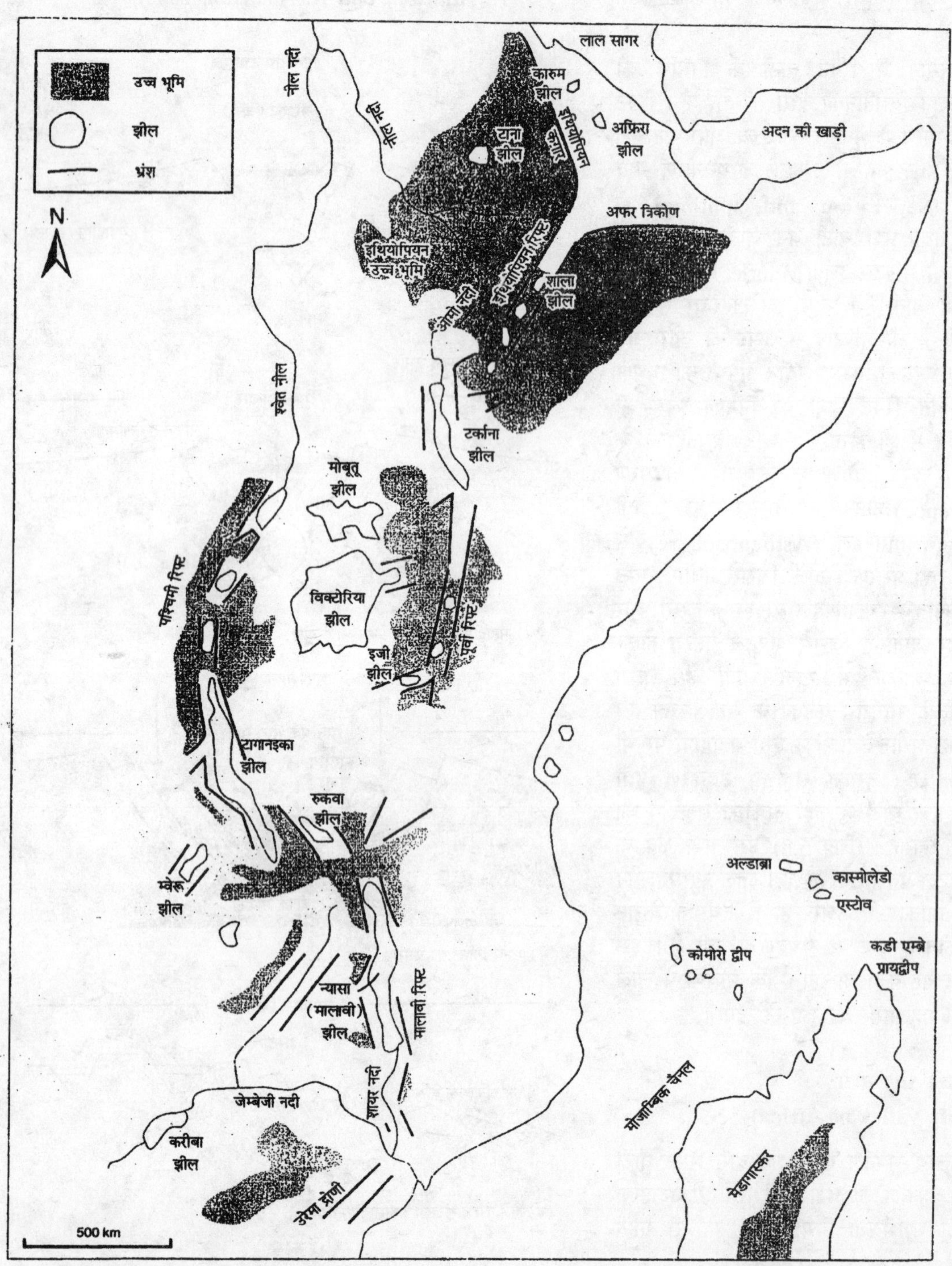

अध्ययन कर रहे हैं। इसका विस्तार लाल सागर के पूर्वी भाग से 3000 किमी. माना गया है। इस तल के सहारे भूपृष्ठ का पृथक्करण हुआ है जो अफ्रीका से धीरे-धीरे अलग हुआ है। इस भ्रंश घाटी में अनेक द्रोणीनुमा ग्रेबेन स्थित हैं। प्रत्येक ग्रेबेन पृथक भ्रंश घाटी के रूप में है जिसकी चौड़ाई 30 से 60 किमी के मध्य है। इसकी तल पर प्रमुख नदियां तथा झीलें स्थित हैं जिनमें न्यासा व रूडोल्फ झीलें प्रमुख हैं। पूर्वी विक्टोरिया झील के पास दो बड़े ज्वालामुखी भी हैं। इनमें एक माउंट किलीमंजारो (5895 मी.) तथा दूसरा माउण्ट केन्या है। जो लगभग भूमध्य रेखा पर स्थित है।

प्लेट विवर्तनिकी एवं सागर तल प्रसरण के साक्ष्यों के आधार पर यह कहा गया है कि भविष्य में पूर्वी अफ्रीका का रिफ्ट घाटी का पूर्वी भाग पृथक् स्थल (Terraine or suspect land) का रूप लेगा। प्लेट टेक्टोनिक एवं मेंटिल सवंहन की प्रक्रिया द्वारा संचालित भूपटलीय टुकड़ों (Migrating Crustal Pieces) को पृथक स्थल (Terranes) कहते हैं। ये अपने निर्माणकारी, इतिहास, संघटन तथा संरचना की दृष्टि से संयोजित महाद्वीप से भिन्न होते हैं। पृथक स्थल (Terranes) को कभी भी किसी प्रदेश के भूभाग (Terrain) का समानार्थी नहीं माना जा सकता क्योंकि यह किसी स्थल की स्थलाकृति (Topography) को दर्शाता है।

बहिर्जात बल (Exogenetic Forces) – आन्तरिक शक्तियाँ या बल सदैव पृथ्वी पर रचनात्मक कार्य करते हैं, जबकि बाह्य शक्तियाँ अनाच्छादन का कार्य करके नवीन स्थलाकृतियों का निर्माण् करती रहती हैं। इन शक्तियों में स्थैतिक शक्तियाँ (अपक्षय) तथा गतिशील शक्तियाँ (अपरदन) प्रमुख हैं। स्थैतिक शक्तियों में भौतिक, रासायनिक तथा जैविक अपक्षय प्रमुख है जबकि गतिशील शक्तियाँ प्रवाहित जल, पवन, हिमनद, भूमिगत जल, सागरीय लहरों तथा वृहद संचलन (Mass Wasting) के रूप में क्रियाशील रहती हैं। इसकी विस्तृत विवेचना आगे विभिन्न अध्यायों में पृथक रूप से की गई है।

भ्रंशों का महत्व (Importance of Faults)

भ्रंश भूआकृतिक, पारिस्थितिकीय तथा सामाजिक-आर्थिक दृष्टि से महत्वपूर्ण है। भ्रंशों के कारण भूकम्प आते हैं। शैलों का परस्पर पिसने से चूर्ण बन जाता है। अपारगम्य शैल के विरुद्ध अवसादी पारगम्य शैलों का भ्रंशन होता है जिनमें पैट्रोलियम जमाव पाय जाते हैं। अत: अवसादी स्तरों (Strata) के भ्रंशन क्षेत्र तेल दोहन के अच्छे क्षेत्र होते हैं। भ्रंशन द्वारा उष्ण एवं शीत स्रोतों (Hot and cold springs) के सहारे भूजल की प्राप्ति होती है। विश्व के अधिकांश उष्ण एवं शीत स्रोत भ्रंश रेखाओं के सहारे ही मिलते हौ जबकि इनके सहारे जल प्रपात विकसित हो जाते हैं। भ्रंशों का अपक्षय तथा अपरदन की दृष्टि से भी महत्व है। भ्रंश संधियों का अपरदन कठोर भाग की तुलना में अधिक होता है।

6

भूसन्तुलन की संकल्पना
(Concept of Isostasy)

गतिशील पृथ्वी के भूपटल पर विभिन्न ऊँचाई एवं आकार में उच्च पर्वत, विषम पठार, समतल मैदान तथा निम्न सागरीय बेसिन आदि भू-आकार स्थित हैं। इन्हें तीन श्रेणियों में क्रमबद्ध कर सकते हैं, प्रथम श्रेणी में महाद्वीप एवं महासागर, द्वितीय श्रेणी में पर्वत, पठार व मैदान तथा तृतीय श्रेणी में घाटियाँ, पर्वत खण्ड व पहाड़ियों को सम्मिलित करते हैं। ये सभी भू-आकार परिभ्रमण करती हुई घुर्णनशील पृथ्वी पर सापेक्ष रूप में सन्तुलित रहते हैं। ये स्थलाकृतियाँ एक निर्धारित नियम के अन्तर्गत ही सन्तुलित दशा में रह सकती हैं तथा जब कभी भूपटल पर आन्तरिक अथवा बाहरी शक्तियाँ सक्रिय होती हैं तो इसमें परिवर्तन आता है। इसी क्रम में धरातल पर एक ओर आन्तरिक शक्तियों द्वारा विभिन्न भूआकारों का निर्माण होता है तो, दूसरी तरफ बाहरी शक्तियाँ निरन्तर अपक्षय एवं अपरदन (अनाच्छादन) द्वारा भूसतह को समतल कर अपरदित अवसादों को सागरीय क्षेत्रों में जमा कर रहे हैं। इन सभी क्रियाओं को पृथ्वी की एक अदृश्य शक्ति नियन्त्रित करती है, जिसे विद्वानों ने भू-सन्तुलन या समस्थिति कहा है।

समस्थिति (Isostasy) ग्रीक भाषा के दो शब्दों *'Iso'* तथा *'Statis'* से मिलकर बना है, जिनका अर्थ क्रमशः *समान, (Iso = Equal)* तथा *खड़ा होना (Statis = Standing)* होता है। अर्थात् *समान खड़ा होना।* सामान्यतः समस्थिति का अभिप्राय घुर्णन करती हुई पृथ्वी पर स्थित उच्च या निम्न क्षेत्रों के मध्य भौतिक अथवा यान्त्रिक स्थिरता की दशा से है। आर्थर होम्स के अनुसार, *"समस्थिति सन्तुलन की वह दशा है, जो भूपटल पर स्थित विशाल पर्वतमालाओं, पठारों तथा मैदानों के मध्य पायी जाती है।"* (Isostasy is the corresponding state of balance which exists between extensive blocks of the earth's crust which rise to different levels and appear at the surface as mountain ranges, wide spreasd plateaus or plains)[1]

समस्थिति की सैद्धान्तिक रूप से स्पष्ट व्याख्या करते हुए जे. स्टीयर्स ने लिखा है कि, *"पृथ्वी की सतह पर जहाँ कहीं भी सन्तुलन पाया जाता है, समान धरातलीय क्षेत्रों के नीचे पदार्थ की मात्रा समान होगी।"* (The Doctrine of isostasy states that "Wherever equilibrium exists on the earth's surface, equal mass must underlie equal surface areas")[2]

1956 में एल. यू. डिसिटर ने समस्थिति को निम्नलिखित रूप में परिभाषित किया है, *"समस्थिति से अभिप्राय, महाद्वीप, महासागर, पर्वत, पठार तथा मैदान की तरह भूपटल के विभिन्न घटकों एवं नीचे धंसे भागों के मध्य स्थित सन्तुलन की दशा से है, जो आन्तरिक भाग (Mantle) में क्षतिपूर्ति तल (Level of compensation) के सहारे स्थित है।"* अतः हम कह सकते हैं कि गतिशील (परिक्रमण एवं परिभ्रमणशील) पृथ्वी के भूपटल पर स्थित विभिन्न क्षेत्रों के भू-आकारों में पायी जाने वाली सन्तुलन की दशा भूसन्तुलन कहलाती है।

भूसन्तुलन के बारे में सर्वप्रथम कार्य सन् 1735 में एण्डीज पर्वत में सर्वेक्षण करते समय पियरे बाफर (Bougher. P.) द्वारा किया गया। इसके उपरान्त सन् 1859 में भारत में हिमालय पर्वत की तलहटी में भू-गणितीय सर्वेक्षण (Geodetic Survey) के दौरान सर जार्ज एवरेस्ट द्वारा गुरुत्वाकर्षण सम्बन्धी विसंगतियाँ (Anomalies) पायी गयीं लेकिन समस्थिति अथवा

भू-सन्तुलन (Isostasty) शब्द का सर्वप्रथम प्रयोग प्रसिद्ध अमेरिकी भूवैज्ञानिक सी. ई. डटन (C.E. Dutton) ने 1889 में किया जो 1892 में प्रकाशित हुआ।[3] उन्होंने बताया कि, *"भूपटल में दबाव की समानता के कारण पायी जाने वाली स्थिरता (Stability) अथवा सन्तुलन (Equilibrium) को ही समस्थिति कहते हैं।"* उन्होंने आगे बताया कि पृथ्वी तल से ऊपर उठे भागों तथा नीचे धंसे भागों में सन्तुलन पाया जाता है। तथा ऊंचे उठे भागों का घनत्व कम है, तथा नीचे धंसे भागों का अधिक। सन्तुलन की इस व्यवस्था में सभी का भार एक रेखा के सहारे समान होगा, जिसे समस्थिति तल (Isostatic Level) अथवा समदाब तल (Level of Uniform Pressure) के रूप में जाना जा सकता है। इस सन्दर्भ में स्टीयर (Stear, J.A.) महोदय ने स्पष्ट किया है कि, *"यदि भू-सतह पर सन्तुलन की दशा पायी जाती है, तो समान धरातलीय क्षेत्रों के नीचे स्थित पदार्थों का भार भी समान होगा।"*

भूपटल सापेक्षिक रूप से निम्न घनत्व के पदार्थों का संगठन है इसमें पृथ्वी के कम घनत्व वाले तत्व पाये जाते हैं। जिस कारण यह अधिक घनत्व वाले मैन्टिल (Mantle) में तैरती है। भूपटलीय सघनता (Thickness) में एक स्थान से दूसरे स्थान पर अन्तर पाया जाता है। महाद्वीपीय भूपृष्ठ महासागरीय पृष्ठ की तुलना में भारी होता है। महाद्वीपों का पर्वतीय उच्च धरातल सागर तल से ऊपर तैरता है क्योंकि इसका भूस्थलमण्डलीय भाग डूबता रहता है जब तक कि इसका द्रव्यमान समान नही हो जाता है महाद्वीपीय पर्वत काफी ऊँचाई में स्थित है जो ऊर्ध्वस्थल में गहराई तक जड़ें जमाकर सन्तुलन की दशा में रहते हैं। जबकि निम्नवर्ती प्रदेशों की जड़ें उथली हैं इस प्रकार तैरते हुऐ जहाज की तरह सम्पूर्ण महाद्वीप समस्थैतिक सन्तुलन बनाये रखते हैं। इसकी सर्वोतम व्याख्या उच्च पर्वतीय क्षेत्रों द्वारा की जा सकती है जो भूसतह पर ऊपर उठते है लेकिन उसी प्रकार अपनी सियाल पदार्थों की जड़े भी गहरी करते हैं ये जड़े गहराई में सीमा (Sima) तक पहुंच जाती हैं इस प्रकार भूपटल पर समस्थिति पायी जाती है। क्योंकि भूपर्पटी उच्च घनत्व वाले मेण्टिल से उछाल प्राप्त करती है जिससे मेण्टिल घनत्व एवं मोटाई के अनुसार भूपर्पटी विस्थापित होती रहती है। उच्च घनत्व वाली भूपर्पटी अधिक गहराई तक मेण्टिल में डूब जाती है।

बाक्स 6.1 *महाद्वीपीय एवं महासागरीय पर्पटी (Continental and Oceanic Crust)*

- *महाद्वीपीय भूपर्पटी (Continental Crust)* : यह महासागरीय पर्पटी की तुलना में मोटी होती है (65 किमी तक) लेकिन इसका घनत्व कम है अतः यह हल्की होती है। यह सघन भाग पर तैर रही है इसमें मुख्यतः ग्रेनाइट सदृश्य खनिज मिलते हैं। महाद्वीपीय पर्पटी को सियाल (Sial) कहते हैं।
- *महासागरीय पर्पटी (Oceanic crust)* : यह पर्पटी पतली लेकिन सघन तथा भारी (Denser and heavier) है। इसकी अधिकतम गहराई 8 किमी है। ये बेसाल्टिक शैलों से निर्मित है भूगर्भविद् इसे सीमा (Sima) कहते हैं।

भूसन्तुलन की भौगोलिक विवेचना करने के उपरान्त इस पर आधारित निम्नलिखित संभावनाएं दृष्टिगत होती हैं—

(i) पृथ्वी की आन्तरिक संरचना से सम्बन्धित अध्याय में बताया गया है कि महाद्वीप सियाल (Sial) से तथा महासागर भारी द्रव सदृश्य सीमा (Sima) से निर्मित है। इस आधार पर कहा जा सकता है कि यदि महाद्वीप भारी द्रव में तैर रहे हैं, तो समय के साथ एक सीमा पर ये परस्पर समीप आ सकते हैं तथा दूर भी जा सकते हैं। पृथ्वी पर समय-समय पर होने वाली भू-गर्भिक घटनाओं के कारण महाद्वीपीय भाग टूटकर तैरते हुए एक-दूसरे से दूर जाने की संकल्पना सत्य प्रतीत होती है, जिसे महाद्वीपीय विस्थापन की संकल्पना कहा गया है।

(ii) पृथ्वी के भूगर्भ में रेडियो सक्रिय (Radio active) पदार्थों की उपस्थिति है। इनसे नियमित रूप से ऊष्मा उत्पन्न होती रहती है। जो सीमा (Sima) के नीचे संग्रहित होती रहती है, क्योंकि ऊपरी परत (सियाल) की ठोस प्रकृति के कारण यह ऊष्मा बाहर नहीं निकल पाती है तथा सीमा के नीचे गतिशील हो जाती है जिसके परिणामस्वरूप महाद्वीपीय भागों का अवतलन होकर सागरीय क्षेत्रों का विस्तार होने लगता है। साथ ही अनेक बार सागरीय क्षेत्रों में उत्थान भी हो जाता है।

चित्र 6.1 *भूपर्पटी में पदार्थों की स्थिति, सघन (Thick) महाद्वीपीय पर्पटी तथा पतली महासागरीय पर्पटी (मोहो) के नीचे स्थित मेण्टिल स्थल मण्डल द्वारा पृथक होती है तथा स्थल मण्डल द्वारा पृथक होती है तथा स्थल मण्डल एवं दुर्बलता मण्डल के मध्य की सीमा महाद्वीपीप खण्डों से दबाई गई है (After A.H. Strahlar, 1994)*

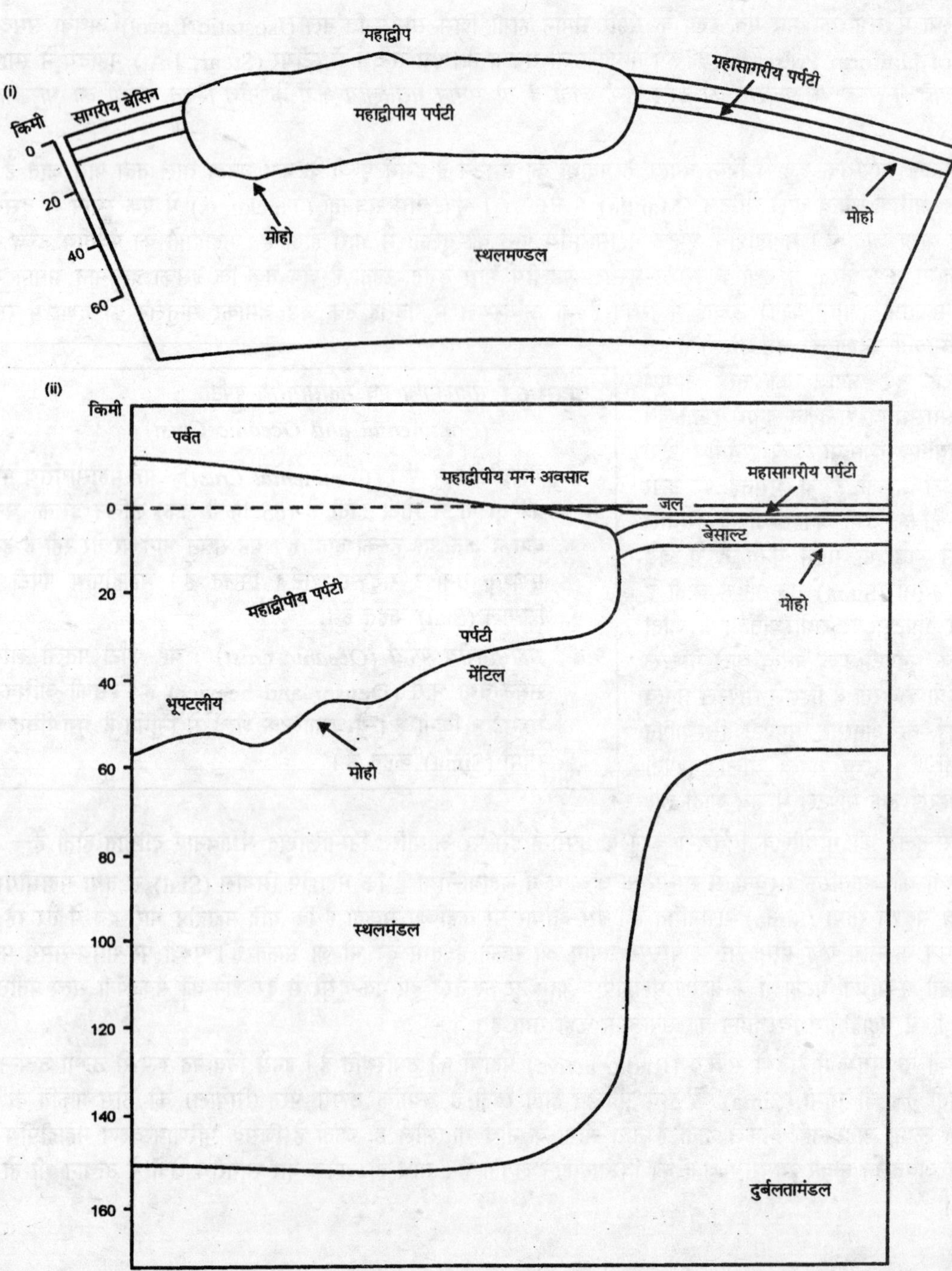

(iii) हिमकाल के दौरान हिमावरण के कारण हिममण्डित क्षेत्रों में भार बढ़ गया था, जिससे सियाल सीमा में अवतलित हुआ था। हिमकाल के पूर्ण होने पर हिम पिघला तथा पुनः अवतलित भाग में उत्थान हुआ। इस सन्दर्भ में एक गणना से स्पष्ट हुआ है कि बोथनिया की खाड़ी का उत्तरी भाग प्रति 30 वर्ष की अवधि में एक फीट उत्थित हो रहा है।

(iv) पर्वतीय क्षेत्रों से अनाच्छादन द्वारा उत्पन्न तलछट कट कर सागरीय क्षेत्रों में जमा हो जाती है, जिसके कारण पर्वतीय भागों का भार कम तथा सागरीय तली का भार अधिक हो जाता है। सागरीय तली में अति भार होने के कारण अवतलन हो जाता है तथा पर्वतीय भाग हल्के होने से उत्थित हो जाते हैं। इस क्रिया के सन्तुलित रूप में पूर्ण होने के लिए सीमा पदार्थों का पर्वतीय आधार की ओर प्रवाहित होना आवश्यक है, ताकि पर्वतों में उत्थान हो।

भूसन्तुलन के स्थानिक पक्ष

इन सभी संभावनाओं के अतिरिक्त भू-सन्तुलन के अन्य कारण भी माने जा सकते हैं, लेकिन वर्तमान समय में विश्व के अनेक देशों में इनके लिए भू-सन्तुलन को उत्तरदायी माना जा चुका है। संयुक्त राज्य अमेरिका में हैफोर्ड एवं बौवी (Hafford and Bowie) द्वारा किये गये अनेक शोध कार्यों के उपरान्त भू-सन्तुलन का सिद्धान्त सत्य सिद्ध हो चुका है।

भूसन्तुलन की संकल्पना का सैद्धान्तिक रूप में विकास (Theoritical Development of Isostatic Concept)

भू-सन्तुलन को सैद्धान्तिक स्वरूप सर्वप्रथम भारत में मिला। जब 1859 में गंगा-सिन्धु के मैदान में अक्षांशों के निर्धारण के लिए भू-गणितीय सर्वेक्षण (Geodetic Survey) हो रहा था।[4] यह कार्य भारतीय भूसर्वेक्षण के मुख्य निर्देशक सर जार्ज एवरेस्ट (Sir George Everest) के निर्देशन में त्रिभुजीकरण (Triangulation) विधि द्वारा हो रहा था। इस कार्य हेतु देश के कुछ क्षेत्रों को आधार बिन्दु बनाया गया था जिनके अक्षांश एवं देशान्तर सावधानीपूर्वक निर्धारित करने थे ताकि बाद में अन्य क्षेत्रों के सर्वेक्षण में त्रुटि से बचा जा सके। इन क्षेत्रों में अक्षांश का निर्धारण खगोलीय निरीक्षण (Astronomical Observation) तथा त्रिभुजीकरण विधियों द्वारा किया गया। गणितीय आधार पर दोनों विधियों का एक ही मान आने पर गणना सही मानी जाती है, लेकिन यहाँ चयनित दोनों क्षेत्रों, कल्याण तथा कल्याणपुर के अक्षांशीय अन्तर दोनों विधियों में समान नहीं मिले तथा दोनों विधियों में 5.236" का अन्तर आया।* कल्याण हिमालय से मात्र 96 किलोमीटर दूर स्थित था। अतः दोनों मापों में अन्तर का कारण स्पष्ट करते हुए सर जार्ज एयरी महोदय ने बताया कि यह क्षेत्र हिमालय के समीप स्थित है जिस कारण पेण्डलूम हिमालय की आकर्षण शक्ति से प्रभावित होता है। इस प्रकार इस सन्दर्भ में प्रथम तथ्य का सूत्रपात हुआ तथा यह माना गया कि हिमालय की आकर्षण शक्ति के कारण माप में अन्तर आया था।

प्राट महोदय ने इस सन्दर्भ में आश्चर्यजनक दृष्टिकोण अपनाते हुए अनुमान लगाया कि इन बिन्दुओं में अन्तर का कारण हिमालय से निकटता के कारण उत्पन्न आकर्षण का प्रभाव था। उन्होंने बताया कि हिमालय पर्वत कम घनत्व वाले सियाल पदार्थों से निर्मित है, जिसका औसत घनत्व 2.75 माना गया है। यदि इस घनत्व के आधार पर गणना करते हैं, तो यह अन्तर अधिक होना चाहिए था (लगभग 15.885")। बाद में हिमालय पर्वत का व्यवस्थित अध्ययन करने पर पाया गया कि हिमालय के सियाल द्वारा निर्मित होने पर भी यह आकर्षण शक्ति का पूरा प्रभाव स्पष्ट नहीं कर पा रहा है। बाद में एयरी एवं प्राट महोदय ने इस समस्या के निराकरण के लिए निम्नलिखित सुझाव दिये :

(i) हिमालय में आधार शैलों के ऊपर स्थित पदार्थ का सन्तुलन निम्नवर्ती पदार्थों से होता है, जिनका घनत्व कम है। इस आधार पर कह सकते हैं कि हिमालय का भार कम है, जिस कारण ही इसकी गुरुत्वाकर्षण शक्ति कम है।

---

* त्रिभुजीकरण विधि द्वारा माप = 5° 23' 42.294"

खगोलीय विधि द्वारा माप = 5° 23' 37.058"

अन्तर = 5.236"

(ii) हिमालय का आन्तरिक भाग भारी न होकर खोखला है, जिसके अन्दर चट्टानी संरचना न होकर बुलबुले के समान रचनात्मक कण हैं, जिनका भार तथा घनत्व दोनों कम हैं, जिस कारण गुरुत्वाकर्षण शक्ति कम हो गयी। यह तर्क सन्दर्भनुरूप न होकर मिथ्या प्रतीत होता है, क्योंकि विश्व की सर्वोच्च स्थलाकृति बुलबुलेनुमा खोखले आधार पर कैसे आधारित रह सकती है।

(iii) एक अन्य संभावना के अनुसार यह माना गया है कि जिन चट्टानों से हिमालय की रचना हुई है, उनका घनत्व स्वयं कम होगा, जिसके फलस्वरूप इस पर्वतीय खण्ड का भार एवं आकर्षण दोनों में कमी होगी।

(iv) प्राट एवं एयरी ने पृथ्वी के अन्दर एक ऐसे तल की कल्पना की जिसके नीचे चट्टानों का घनत्व समान रहता है तथा ऊपरी भाग में विभिन्नता पायी जाती है। इस आधार पर यह परिकल्पना की गई कि ऊंचे पर्वतीय भाग कम घनत्व वाले तथा नीचे अवतलित भाग उच्च घनत्व वाले हैं।

इस प्रकार विभिन्न विद्वानों में एकमत विचार न होने के कारण भिन्न-भिन्न आधारों पर विभिन्न सिद्धान्त प्रस्तुत किये गये जिनमें कुछ सिद्धान्तों की भौगोलिक विवेचना आवश्यक है।

प्रैट की संकल्पना *(Pratt's Concept)*

प्रैट ने अध्ययन करने के उपरान्त इस संकल्पना का प्रतिपादन किया तथा बताया कि पर्वत, पठार, मैदान आदि के घनत्व समान नहीं हैं। पर्वतों के घनत्व कम तथा मैदानों का घनत्व अधिक है। ये भूखण्ड अधिक घनत्व वाले सीमा (Sima) में तैर रहे हैं। उन्होंने बताया कि ऊँचे भूखण्डों (हिमालय) का घनत्व कम तथा नीचे भूखण्डों (गंगा का मैदान) का घनत्व अधिक है। उन्होंने अपनी संकल्पना को सिद्ध करने के लिये एक प्रयोग प्रस्तुत किया। उन्होंने एक बर्तन में पारा भरकर उस पर विभिन्न घनत्व परन्तु समान भार वाले अनेक धातुओं के टुकड़े तैराये। इन टुकड़ों का पारे में प्रवेश समान गहराई पर लेकिन ऊँचाइयाँ भिन्न थीं। जस्ते का आपेक्षिक घनत्व 7.1 व प्लेटीनम का 21.50 है, जो जस्ते के टुकड़े का तीन गुना है। अतः यह टुकड़ा प्लेटीनम के टुकड़े की तुलना में तीन गुना बाहर निकला है अर्थात् द्रव के बाहर निकली ऊँचाइयाँ घनत्व के विपरीत अनुपात में (Inversely Proportional) होती है। प्रैट ने एक क्षतिपूर्ती तल (Level of Compensation) की धारणा को प्रस्तुत किया। इस तल के ऊपर घनत्व में अन्तर पाया जाता है तथा इसके नीचे घनत्व समान रहता है। प्राट के अनुसार भू-सन्तुलन की स्थिति समान गहराई तथा विभिन्न घनत्व।

चित्र 6.2 *प्राट के अनुसार समस्थिति की संकल्पना (after Majid Husain)*

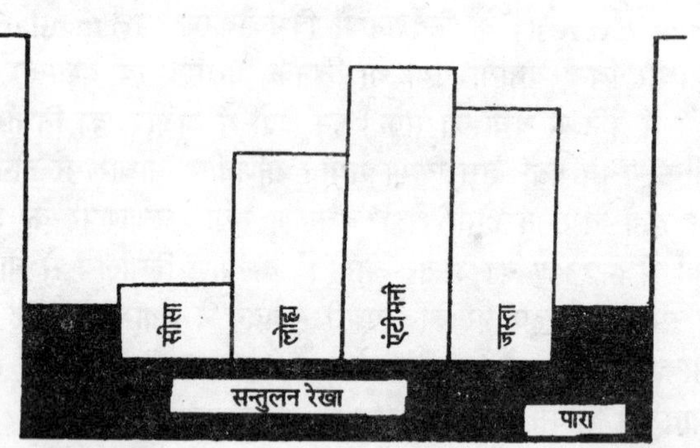

एयरी की संकल्पना *(Airy's Concept)*

ब्रिटेन के प्रसिद्ध अन्तरिक्षविज्ञानी सर जॉर्ज एयरी (1859) ने आर्कमिडिज द्वारा प्रस्तुत तैरने के सिद्धान्त को आधार मानते हुए अपने विचार प्रस्तुत किये। उन्होंने बताया कि जिस प्रकार प्लावी हिम (Iceberg) के नौ भाग जल में डूबे रहते हैं और एक भाग बाहर रहता है। इसी प्रकार पर्वतों के मुख्य घने भाग लचीले लावा में धँसे हुए हैं। इस अवस्था के बिना उच्च पर्वत कभी भी धरातल पर टिके न रहकर गहराई तक स्थित हैं। इनके नीचे हल्के पदार्थ पाये जाते हैं। उन्होंने समान घनत्व किन्तु विभिन्न ऊँचाई वाले लोहे के टुकड़ों को पारे से भरे बेसिन में डुबोया। ये टुकड़े अपने आकार के अनुसार विभिन्न गहराइयों तक डूबते

गये। अधिक उभरा टुकड़ा अधिक गहराई तक तथा कम उभरा टुकड़ा कम गहराई तक धँसेगा। यही व्यवस्था स्थल खण्डों के संदर्भ में लागू होती है। इस प्रकार एयरी ने समान घनत्व व विभिन्न गहराइयों की कल्पना की।

चित्र 6.3 *एयरी के अनुसार समस्थिति की संकल्पना (after Majid Husain)*

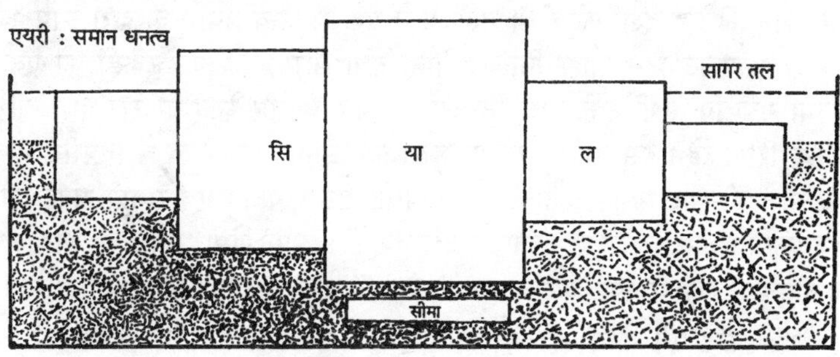

प्रैट की तुलना में एयरी का मत अधिक सत्य एवं मान्य है। इनकी कल्पना के अनुसार कोई भी भूखण्ड जितनी ऊँचाई रखता है, उतनी ही गहराई तक स्थित रहता है। इस आधार पर हिमालय जितना भू-सतह से ऊपर है (8848 मीटर) उसका नौ गुणा भाग ($8848 \times 9 = 79632$ मीटर) नीचे अधःस्तर में होगा। इस प्रकार भूगर्भ में उच्च ताप के कारण हिमालय की जड़ें द्रवित होंगी, जिस कारण एयरी के विचार भ्रामक लगते हैं।

***हेफर्ड एवं बोवी की संकल्पना** (Concept of J. H 'Hayford and W. Bowie)*

हैफोर्ड एवं बोवी ने संयुक्त राज्य अमेरिका के विभिन्न क्षेत्रों का भू-मापन करके भू-सन्तुलन सिद्धान्त प्रतिपादित किया।[5] हैफोर्ड ने स्पष्ट किया कि भूपर्पटी (Earth's crust) के निचले भागों में घनत्व में भिन्नता पाई जाती है। भूसतह के नीचे एक ऐसे तल की कल्पना की है, जिसके नीचे सदैव घनत्व समान पाया जाता है। इस तल को क्षतिपूर्ति तल (Level of compensation) कहा गया है। बोवी ने गुरुत्व शक्ति (Force of Gravity) का प्रयोग करके निरीक्षण किया। पृथ्वी अपने तल एवं समीपवर्ती वस्तुओं को अपनी ओर आकर्षित करती है। पृथ्वी की बनावट विभिन्न घनत्व वाले तत्वों से निर्मित है, जिस कारण गुरुत्वाकर्षण पर अक्षांश, देशान्तर समुद्र तल से ऊँचाई एवं विभिन्न भू-आकारों का प्रभाव पड़ता है। पृथ्वी ध्रुवों के समीप चपटी है, जिस कारण विषुवत रेखा के क्षेत्रों की तुलना में पृथ्वी के केन्द्र से अधिक समीप है, परिणामस्वरूप ध्रुवों पर गुरुत्वाकर्षण अधिक होता है। स्पष्ट है कि भूमध्य रेखा से ध्रुवों की ओर जाने पर गुरुत्वाकर्षण बढ़ता है।

पृथ्वी तल समतल न होकर सर्वत्र पर्वत, पठार, मैदान तथा सागरीय क्षेत्रों का विस्तार है। अतः पर्वतीय भाग ऊंचे हैं, एवं सागरीय भाग नीचे हैं। ऊंचे भागों में पृथ्वी के केन्द्र से दूर होने के कारण नीचे भागों की अपेक्षा गुरुत्वाकर्षण कम होता है। बोवी ने गुरुत्वाकर्षण पर प्रभाव डालने वाले कारकों को मद्देनजर रखते हुए भूमापन कार्य कर साहुल रेखा से प्राप्त परिणामों से उसकी तुलना की थी। इस दौरान कुछ स्थानों पर अन्तर भी पाया गया जिसे बोवी ने गुरुत्व विसंगति (Gravity Anomaly) कहा। इस गुरुत्व विसंगति के आधार पर विभिन्न स्थानों पर पाये जाने वाले भूसन्तुलन के अन्तर को ज्ञात कर सकते हैं।

चित्र 6.4 *क्षतिपूर्ति तल की संकल्पना (after Majid Husain)*

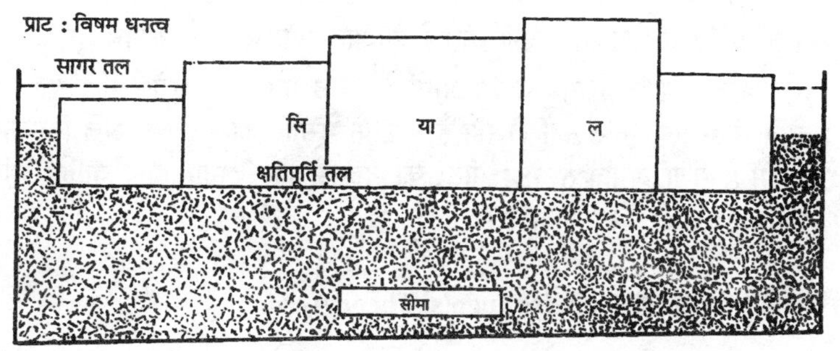

हैफोर्ड तथा बोवी महोदय ने क्षतिपूर्ति

तल की गहराई धरातल के नीचे 100 किमी तक मानी है, जहाँ घनत्व समान रहता है। वास्तविक रूप से आन्तरिक मैदान, पर्वत, पठार एवं तटवर्ती क्षेत्र की ऊंचाई में काफी अन्तर पाया जाता है, लेकिन इन स्थलाकृतियों में घनत्व की भिन्नता के कारण सन्तुलन कायम रहता है। जिस आधार तल पर ये सभी समान रूप से सन्तुलित रहते हैं, उसे समतोल तल के नाम से जाना जाता है। सन्तुलन की इस दशा को बोवी महोदय ने एक सामान्य प्रयोग के द्वारा स्पष्ट रूप से समझाया है। उन्होंने विभिन्न धातुओं (चाँदी, जस्ता, पाइराइट, टिन, लोहा, निकिल, ताँबा तथा सीसा) के आठ टुकड़ों को एक चौकोर पात्र में पारा भरकर एक साथ तैराया, तब पाया गया कि सभी टुकड़ों का निचला तल एक आधार रेखा पर रहा तथा अधिक घनत्व वाले टुकड़े नीचे तथा कम घनत्व वाले ऊपर स्थित रहे। इस प्रयोग से स्पष्ट हुआ कि ऊँचाई एवं घनत्व में विपरीत सम्बन्ध पाया जाता है तथा समान क्षेत्रफल वाले भाग के नीचे भी भार समान रहता है। अतः पर्वत, पठार, मैदान एवं समुद्री सतह की विभिन्न घनत्व वाली शैलों से निर्मित भूखण्ड हैं, जिनका विस्तार भूसतह से क्षतिपूर्ति तल तक है। अपने इसी प्रयोग के आधार पर बोवी महोदय ने प्राट एवं एयरी के विचारों को तुलनात्मक रूप से स्पष्ट कर बताया कि यद्यपि इनके विचारों में समरूपता नहीं है, तथापि साम्यता स्पष्ट होती है।

हैफोर्ड एवं बोवी महोदय ने यद्यपि भू-जन्तुलन से सम्बन्धित तथ्यों को स्पष्ट करने का तर्क-संगत प्रयास किया लेकिन उनके कुछ तर्क गलत सिद्ध हुए। उन्होंने पृथ्वी तल को लम्बवत स्तम्भ के रूप में माना है, जबकि वास्तव में यह क्षैतिजिक परत के रूप में स्थित है। साथ ही उन्होंने यह भी बताया कि पृथ्वी के अन्दर 100 किलोमीटर की गहराई पर एक क्षतिपूर्ति तल है। जबकि पृथ्वी के अन्दर प्रति 32 मीटर की गहराई पर $1^{o}C$ तापमान बढ़ जाता है, तो 100 किलोमीटर की गहराई पर चट्टानों का गलनांक बिन्दु (Melting point) आ जायेगा। इस आधार पर क्षतिपूर्ति तल की कल्पना गलत सिद्ध होती है।

जोली की संकल्पना (Joly's Concept)

जोली महोदय ने भू-सन्तुलन से सम्बन्धित अपने विचार सिद्धान्त के रूप में सन् 1925 में प्रस्तुत किये। उनकी दृष्टि में एयरी, हैफोर्ड तथा बोवी के विचारों में एकरूपता थी। दोनों पक्ष समान क्षेत्रफल के नीचे समान पदार्थ को हटाने की प्रकृति में विश्वास रखते थे। जोली महोदय हैफोर्ड तथा बोवी के क्षतिपूर्ति तल की संकल्पना को स्वीकार नहीं करते हैं, जिसके नीचे समान रहता है, तथा ऊपर परिवर्तित रहता है। उनके अनुसार भूगर्भिक क्रियाओं के सक्रिय रहने के कारण ये तल बन नहीं पायेगा। उन्होंने क्षतिपूर्ति तल की जगह *क्षतिपूर्ति कटिबन्ध* (Zone of compensation) को मान्यता दी है, जिसकी मोटाई 16 किलोमीटर बताई है। इस क्षेत्र के ऊपर स्थित पदार्थों को सन्तुलित करने वाला पदार्थ उपस्थित रहता है, अर्थात् समान घनत्व वाले क्षेत्र के नीचे 16 किमी के विस्तार वाला कटिबन्ध स्थित है, जिसका घनत्व एक समान न होकर परिवर्तनशील रहता है। इस कटिबन्ध में कम घनत्व वाले भाग हल्के घनत्व के रूप में गहराई तक डूबे रहते हैं, तथा भारी घनत्व वाले भाग भारी पदार्थ से युक्त रहता है। इस प्रकार इस क्षेत्र में भिन्न-भिन्न घनत्व वाले भागों का निचला भाग भी एकरूप न होकर भिन्न-भिन्न होता है।

जोली के विचार एयरी के 'तैरने के सिद्धान्त' से समरूपता रखते हैं। उनके मतानुसार भूपर्पटी कम घनत्व वाले सियाल तत्वों से बनी है जिसका औसत घनत्व 2.67 है तथा यह अधिक घनत्व वाले सीमा (3.00) पर तैर रहा है। उन्होंने बताया कि भूपटल पर स्थित महाद्वीप अपनी ऊंचाई से आठ गुना सीमा में समाये हुए है।

जोली महोदय ने महाद्वीपीय भागों के आठ गुना भाग भूगर्भ में स्थित माना है, जो एयरी के विचारों से समरूपता रखता है, लेकिनयह सत्य प्रतीत नहीं हो रहा है, क्योंकि भूसतह का सर्वोच्च स्थल हिमालय पर्वत (माउण्ट एवरेस्ट 8848 मीटर) है जिसका भूगर्भ में 8 गुणा अर्थात् 67784 मीटर की गहराई तक विस्तार होना चाहिए लेकिन इतनी गहराई पर चट्टानों का द्रवणांक बिन्दु (Melting Point) आ जाता है।

हिस्कानेन का सिद्धान्त (Heiskanen's Theory)

सन् 1933 में भू-सन्तुलन के सम्बन्ध में हिस्कानेन ने एयरी तथा प्राट के विचारों को संगठित रूप में प्रस्तुत किया। उनके मतानुसार सागर तली की चट्टानें उच्च भागों की अपेक्षा अधिक घनत्व वाली हैं। (समुद्र तल पर 2.76 ग्राम प्रति घन मीटर से

उच्च पर्वतीय क्षेत्रों में 2.70 ग्राम प्रति घनमीटर तक)। हिस्कानेन ने अनुमान स्पष्ट किया कि यह परिवर्तन निम्नवर्ती भागों की ओर चलता रहता है, जिसके फलस्वरूप पृथ्वी की भूपर्पटी में अनेक स्थानों पर शैलें गहराई के अनुसार अधिक घनत्व वाली होती हैं।

उन्होंने यह माना है कि विभिन्न स्तम्भों की लम्बाई एवं घनत्व भिन्न-भिन्न होता है। घनत्व की इस भिन्नता के आधार पर हिस्कानेन ने बताया कि उच्च घनत्व छोटे स्तम्भों द्वारा प्रदर्शित किया जायेगा, जिसके अन्तर्गत घनत्व निम्नवर्ती भागों की ओर बढता जाता है। इस प्रकार इस सिद्धान्त द्वारा पर्वतों के मूल (Roots of Mountains) तथा पर्पटी (Crust) के विभिन्न भागों में घनत्व की भिन्नता का हल भी तलाश किया जा सकता है।

डटन की संकल्पना (Concept of Dutton)

प्रसिद्ध अमेरिकी भूगोलवेत्ता डटन ने ही सर्वप्रथम भू-सन्तुलन या समस्थिति शब्द का प्रयोग 1889 में किया था।[6] उनका प्रमुख उद्देश्य महाद्वीपों एवं महासागरों के मध्य सन्तुलन की अवस्था को स्पष्ट करना था। डटन महोदय के मतानुसार भूसतह पर स्थित पर्वत, पठार, मैदान तथा महासागरीय बेसिन आदि विषम ऊँचाई वाले भू-आकारों के नीचे समान घनत्व पाया जाता है। ऊँचे उठे भागों का निर्माण कम सघन शैलों से तथा नीचे स्थित भू-भागों का निर्माण अधिक सघन शैलों से हुआ है। उनके मतानुसार इन विभिन्न घनत्व वाले भू-आकारों के भार में कमी या वृद्धि होने पर सम्पूर्ण भूपटल का सन्तुलन प्रभावित होता है। उन्होंने आगे बताया कि ये परिवर्तन धीमी गति से होने के कारण दीर्घकाल में महसूस किये जाते हैं।

डटन महोदय ने भी भू-सन्तुलन की स्पष्ट व्याख्या करने के लिए हैफोर्ड तथा बोवी की तरह एक की कल्पना की है, जिसे समदाब तल (Level of Uniform Pressure), भू-सन्तुलित तल (Isostatic Level) अथवा क्षतिपूर्ति तल (Level of Compensation) नाम दिया है। इस तल पर ऊंचे उठे भू-भाग तथा नीचे धंसे भागों का दबाव समान रहता है। इस प्रकार डटन के विचार प्रैट के विचारों से समरूपता रखते हैं। उन्होंने बताया कि भू-सतह पर ऊंचे उठे भागों का घनत्व कम तथा नीचे भागों का घनत्व अधिक होता है, जबकि इनका दबाव समान होता है। इस दबाव में कभी-कभी सामयिक परिवर्तन संभव है। यह परिवर्तन लावा उद्गार तथा हिमयुग के उपरान्त क्रमशः अधिक तथा कम होता है जिससे भू-सन्तुलन अव्यवस्थित हो जाता है। डटन महोदय के अनुसार भूगर्भ में गहराई पर स्थित समस्थिति तल पर समस्थिति की पूर्ति लावा के हटने अथवा ऊपर-नीचे होने से होती है।

आर्थर होम्स की संकल्पना (Concept of A. Holmes)

आर्थर होम्स द्वारा प्रस्तुत भू-सन्तुलन सम्बन्धी विचार सर जार्ज एयरी से समरूपता रखते हैं। उनके अनुसार ऊंचे उठे भू भाग हल्के पदार्थों से निर्मित हैं। इनका अधिकांश भाग गहराई तक डूबा रहता है, जिससे उनमें सन्तुलन बना रहता है। भूकम्पीय तरंगों तथा भूकम्प विज्ञान से प्राप्त साक्ष्यों के आधार पर आर्थर होम्स ने भूपटल के अन्दर विभिन्न घनत्व वाली परतों की कल्पना की है। उन्होंने सियाल का विस्तार पर्वतों के नीचे 80 किमी तथा सागरीय मैदान के नीचे 10 से 12 किलोमीटर मानी है। महासागरीय तली के नीचे सियाल की आंशिक उपस्थिति मानी है।

होम्स ने बताया कि भूसतह पर स्थित ऊंचे भागों के नीचे अधिक गहराई तक कम घनत्व होने के कारण ये स्थिर हैं। इनके नीचे अधिक घनत्व पाया जाता है। जबकि उन्होंने यह भी माना है कि व्यावहारिक रूप में पृथ्वी पर पूर्णरूपेण सन्तुलन की दशा नहीं पायी जाती है तथापि भू-सन्तुलन की दशा आवश्यक रूप से परिलक्षित होती है।

भू-सन्तुलन समयोजन (Isostatic Adjustment)

भू-सन्तुलन सम्बन्धी विचारों का विश्लेषण करने पर स्पष्ट होता है कि पृथ्वी पर भू-सन्तुलन की दशा सर्वत्र पूर्ण रूप से नहीं पायी जाती है क्योंकि जहाँ एक ओर इसे सन्तुलित रूप में अवस्थापित करने का कार्य भूगर्भिक क्रिया करती है, वहीं दूसरी ओर अव्यवस्था भी ये ही शक्तियाँ उत्पन्न करती हैं। भू-सन्तुलन की स्थिति प्रादेशिक तथा स्थानीय दोनों स्तरों पर विद्यमान है। यद्यपि

विस्तृत क्षेत्रों में सन्तुलन की यह दशा अवश्य दृष्टिगोचर होती है। पृथ्वी पर पायी जाने वाली भूगर्भिक शक्तियाँ ही भूपटल पर विभिन्न भू-आकारों के निर्माण में योग देती हैं तथा बाहरी शक्तियाँ (अनाच्छादनकारी शक्तियाँ) इन्हें अपरदित कर समतल करने का कार्य करती हैं। अपरदन से उत्पन्न तलछट परिवहन द्वारा सागरों में जमा कर दी जाती है। यह क्रम जब निरन्तर चलता रहता है, तो सन्तुलन की व्यवस्था में परिवर्तन हो जाता है। अतः स्पष्ट है कि पृथ्वी पर भू-सन्तुलन न तो कोई शक्ति है, न ही कोई भूगर्भिक साधन। यह तो केवल भूपटल के विभिन्न आकार व ऊंचाई में स्थित भूआकारों के मध्य पायी जाने वाली सन्तुलन की दशा है, जो प्राकृतिक रूप से सन्तुलित रहती है। प्राकृतिक रूप से सक्रिय सन्तुलन की इस दशा में अपरदन से प्राप्त तलछट के जमाव के उपरान्त भार बढ़ने लगता है, जिसके फलस्वरूप दबाव भी बढ़ जाता है जबकि जहाँ से अपरदन हुआ है, वहाँ भार कम हो जाता है। इस कारण इस सन्तुलन को बनाये रखने के लिए हल्के भागों में उत्थान होता है तथा इसी क्रम में तलछट जमाव से भारी होते भागों में धँसाव होता रहता है जिस कारण सन्तुलन की दशा कायम रह जाती है। भू-सन्तुलन की इस पुनः स्थापित दशा को पुनर्समायोजन अवस्था कहते हैं।

भू-सन्तुलन का यह कार्य कितनी गहराई तक होता है इस बारे में विभिन्न मत हैं। हैफोर्ड के अनुसार यह क्रिया 96 से 112 किलोमीटर की गहराई तक घटित होती है। यह कार्य स्थानीय स्तर पर न होकर प्रादेशिक स्तर पर होता है। लेकिन कभी-कभी भूगर्भिक शक्तियों के तीव्र प्रभाव के कारण भू-सन्तुलन आकस्मिक रूप से अव्यवस्थित हो जाता है। उदाहरणार्थ प्लीस्टोसीन युग में हिम के प्रसार के कारण भार में वृद्धि से यूरेशिया तथा उत्तरी अमेरिका का अधिकांश भाग नीचा हो गया था। पुनः हिमावरण में कमी के कारण इन क्षेत्रों में उत्थान होने से पुनः भू-सन्तुलन स्थापित हो गया। लेकिन यह आशंका व्यक्त की जाती है कि क्या इतनी लम्बी अवधि तक सम्पन्न हिमकाल के दौरान पृथ्वी के इस विस्तृत भूभाग पर असन्तुलन की दशा बनी रही जब तक हिमावरण में कमी नहीं आयी। कुछ वैज्ञानिकों ने शोध कर बताया था कि स्कैण्डेनेविया एवं फिनलैण्ड का अधिकांश भाग 900 फीट तक उत्थित हुआ था तथा प्रति 28 वर्ष में यह भाग एक फीट ऊंचा उठ रहा है तथा वर्तमान में भी सन्तुलन अव्यवस्थित है। इस आधार पर संभावना व्यक्त की जाती है कि भविष्य में इन भागों में 700 फीट तक उत्थान होगा। तत्पश्चात् ही इस क्षेत्र का भू-सन्तुलन पुनः स्थापित हो सकेगा।

संसार के विभिन्न भागों में किये गये प्रेक्षणों से भू-सन्तुलन की उपस्थिति सिद्ध हो चुकी है। इस बारे में भारत, संयुक्त राज्य अमेरिका, कनाडा, अफ्रीका तथा यूरोपीय देशों में विभिन्न प्रकार से भू-सन्तुलन ज्ञात करने के लिए प्रयोग किये गये हैं। डॉ. मीनेज (Dr. Mesinesz) ने 1939 में विभिन्न प्रेक्षण कर बताया कि हिन्द महासागर, जावा एवं पनामा के समीप स्थित सागरों में पूर्णरूपेण भू-सन्तुलन की दशा पायी जाती है। विगत तीन दशकों में प्लेट-विवर्तनिकी (Plate Tectonic)[7] सिद्धान्त से भी इसकी उपस्थिति पूर्णतः सिद्ध हो चुकी है इसीलिए भू-सन्तुलन सिद्धान्त को अब एक नियम के रूप में मान्यता मिल रही है। प्रेस एवं सीवर ने इसे नियम रूप में प्रस्तुत करते हुए स्पष्ट किया कि यह वह यान्त्रिक क्रिया है, जिससे पृथ्वी की ऊपरी परत (जिसे होम्स ने भूपर्पटी) कहा है) में उत्थान या अवतलन होता है। यह क्रिया उस समय तक होती है जब तक उनके तलीय मान के नीचे स्थित परत का अधिक भार उन्हें प्लवनशील न बनाये रखे। बैरल महोदय ने भी स्पष्ट किया है कि, "भू-सन्तुलन एक सिद्धान्त ही नहीं वरन् एक तथ्य का नियम भी है।"

Notes

1. A. Homes, *Principles of Physical Geography,* London: Nelson and Sons, 1959, p. 52.
2. J.A. Steer, *The Unstable Earth*, London: Methuen, 1932, p. 71.

3. "I propose the name **Isostacy** I would have preferred the word isobary but it is pre-occupied. We may also use the corresponding adjective, isostaic. An *isostatic* earth composed of homogeneous matter and without rotation, would be truly **spherical**.. If rotating rapidly within certain limit, it might be a spheriod of three axes". C.E. Dutton, read on 1889 on Some of the Greater Problems of Physical Geology, Bull. Phill. Soc. Washington, pp. 40, 51-54).
4. Davies A. Morley, The Problem of the Himalaya and Gangatic Trough, 1918, *G.J.*, 51, 175-183.
5. J.F. Hayford, *The Figure of the Earth and Isostasy*, U.S. Coast and Geodetic Survey, Washington, 1909.
6. C.E. Dutton, *On Some Greater Problems of Physical Geology*, 1889.
7. D.H. Tarling and M.P. Tarling, *Continental Drift*, London, 1971, pp. 90-92.

7

भूकम्प
(Earthquakes)

भूकम्प भू-पटल में उत्पन्न होने वाला वह आकस्मिक कम्पन्न है जिससे भू-पटल में परिवर्तन उत्पन्न होता है। भूकम्प भूपटल की कम्पन्न अथवा दौलन है जो धरातल के नीचे तथा ऊपर चट्टानों के लचीलेपन या गुरुत्वाकर्षण की समस्थिति में क्षणिक अव्यवस्था होने पर उत्पन्न होती है। भूकम्पीय संचलन प्राकृतिक तथा मानव जनित भूकम्पीय अधिकेन्द्र (Epicentre) दोनों रूप में होता है।

भूकम्प की लहरें ठीक उसी प्रकार उत्पत्ति केन्द्र से चतुर्दिक प्रसारित होती हैं जिस प्रकार से शान्त तालाब में पत्थर फैंकने पर गोलाकार लहरें उत्पन्न होकर फैलती हैं। भूकम्प का प्रभाव दो रूपों में होता है (i) ऊर्ध्वाधर (Vertical) धँसाव एवं (ii) क्षैतिज (Horizontal) तरंगों द्वारा विनाश।

भूकम्प मूल (Seismic Focus) – पृथ्वी की सतह के नीचे भूपटल में स्थित वह केन्द्र जहाँ भूकम्प की उत्पत्ति होती है। भूकम्पीय तरंगें सर्वप्रथम इस केन्द्र पर उत्पन्न होकर अधिकेन्द्र की ओर अग्रसर होती हैं। विभिन्न भूकम्पों में भूकम्प मूल की गहराई भिन्न-भिन्न होती है।

भूकम्प अधिकेन्द्र (Seismic Epicentre) – भूकम्प मूल में ठीक ऊपर भूतल पर स्थित वह बिन्दु जहाँ सर्वप्रथम भूकम्पीय तरंगें महसूस की जाती हैं। अधिकेन्द्र पर तरंगों की तीव्रता सर्वाधिक होने के कारण यह अधिकतम विनाश वाला स्थान होता है। भूकम्पीय अधिकेन्द्र के चारों ओर स्थित समान भूकम्पीय तीव्रता (Seismic Intensity) वाली रेखाओं को समभूकम्प रेखाएँ (Isoseismal Lines) कहते हैं जिस यन्त्र से भूकम्प की तरंगों का अंकन करते हैं उसे भूकम्पमापी या भूकम्पलेखी (Seismometer or Seismograph) कहते हैं।

चित्र 7.1 *भूकम्पमूल एवं अधिकेन्द्र*

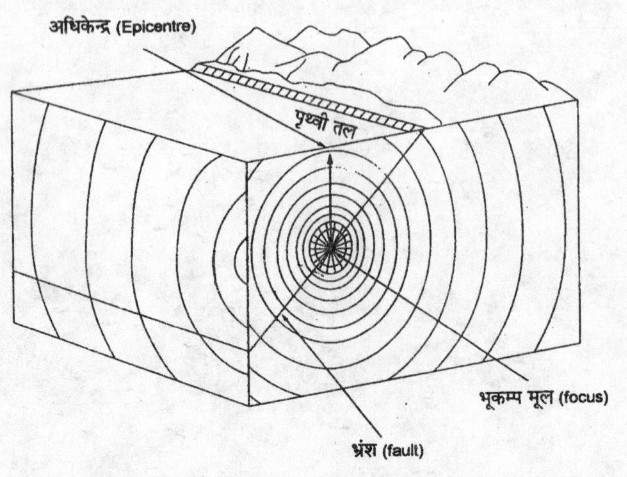

भूकम्प उत्पत्ति के कारण
(Causes of Earthquakes)

भूकम्प का सर्वप्रमुख कारण धरातल पर संतुलन में अव्यवस्था का उत्पन्न होना है। भूगर्भिक हलचलों के कारण भूपटल तथा उसकी शैलों में संपीड़न एवं तनाव होने से शैलों में उथल-पुथल होती है जिससे भूकम्प

उत्पन्न होते हैं। विश्व के अधिकांश भूकम्प दुर्बल तथा अस्थिर ज्वालामुखी क्षेत्रों और नवीन वलित पर्वतीय क्षेत्रों में उत्पन्न होते हैं। भूकम्प के प्रमुख वैज्ञानिक कारणों में से निम्नलिखित उल्लेखनीय हैं—

1. **ज्वालामुखी क्रिया** (Volcanic Activity) – ज्वालामुखी के उद्गार के साथ प्रायः भूकम्प आता है। ज्वालामुखी क्रिया में जब तीव्र एवं वेगवती गैसें एवं वाष्प बाहर आने के लिए धक्के लगाती हैं तो भूपटल में कम्पन्न होने लगता है। इस कम्पन्न से भयंकर भूकम्प महसूस किया जाता है जहाँ भूपटल कमजोर होता है वहाँ भी वेगवती गैसें तीव्रता से भूपटल को तोडकर सतह पर आ जाती हैं जिसके कारण कम्पन्न उत्पन्न हो जाता है इनकी उत्पत्ति कम गहराई से होती है तथा प्रभाव क्षेत्र भी छोटा ही होता है। लेकिन इनकी तीव्रता अधिक देखी गई है। 1883 में क्राकाटाओ ज्वालामुखी (जावा एवं सुमात्रा के मध्य स्थित सुण्डा जलडमरू मध्य पर स्थित है।) में भयंकर उद्गार हुआ जिससे वहाँ विनाशकारी भूकम्प आया इसे 12,800 किमी दूर अमेरिका के केप हार्न पर महसूस किया गया इससे सागर में 30 से 40 मीटर ऊँची सुनामी तरंगे उत्पन्न हुई जिससे जावा व सुमात्रा के 36000 लोग मारे गये।

   ज्वालामुखी क्रिया भूकम्प का केवल स्थानीय कारण ही है, क्योंकि संसार में कई ऐसे स्थान भी हैं जहाँ ज्वालामुखी क्रिया नहीं होती, फिर भी वहाँ भूकम्प आते रहते हैं।

2. **विवर्तनिक कारण** (Tectonic Reasons) – भूगर्भिक हलचलों के परिणामस्वरूप तनाव एवं संपीड़न से भूपृष्ठ पर भ्रंशन (Faulting) एवं वलन (Folding) क्रिया होती हैं जिनसे कम्पन्न उत्पन्न होते हैं। जब चट्टानों में खिंचाव की शक्तियाँ कार्य करती हैं तो भूपटल में दरार बन जाती है। इसी प्रकार जब भूभाग भ्रंश तल के सहारे नीचे की ओर खिसक जाता है अथवा ऊपर उठ जाता है तब क्रमशः रिफ्टघाटी एवं हॉर्स्ट पर्वत का निर्माण होता है। भूपटल में इन अचानक आये परिवर्तनों से कम्पन्न होने लगता है। अफ्रीका की महान दरार घाटी एवं कैलिफोर्निया के सान एंड्रियाज भ्रंश के सहारे भूकम्प (1906) आने का यही कारण है। प्रायद्वीपीय भारत मे दक्कन ट्रेप के नीचे भ्रंशों के सक्रिय होने से भूकम्पों की आवृत्ति बढ़ती है। संपीड़न द्वारा भूपटल से मोड़ या वलन पड़ जाने पर वलित पर्वत बनते हैं। यह क्रिया तीव्रता से सम्पन्न होने पर भूकम्प का अनुभव किया जाता है। इसी कारण से अधिकांश भूकम्प विश्व की नवीन मोड़दार पर्वत श्रृंखलाओं (हिमालय, आल्पस, रॉकीज, एण्डीज) के क्षेत्रों में आते हैं।

बाक्स 7.1 *प्रत्यास्थ पुनश्चलन सिद्धान्त (Elastic Rebound Theory)*

इस सिद्धान्त का प्रतिपादन रीड (H.F. Reid) ने किया। इनके अनुसार चट्टानों में प्रत्यास्थता (लचीलापन) होती हैं। चट्टानें खिंचाव बल द्वारा धीरे-धीरे बढ़ती हैं तथा खिंचाव इनकी सहनशक्ति से अधिक होने पर टूट जाती हैं। इस प्रकार शैलों के अचानक टूटने पर विखण्डित भाग शीघ्रता से सिकुड़कर अपना स्थान ग्रहण करते हैं। इसी दौरान भूपटल में कम्पन्न होने से भूकम्प क्रिया होती है।

3. **समस्थितिक समायोजन** (Isostatic Adjustment) – भूतल के ऊपर उठे एवं नीचे धंसे भागों में प्रायः सन्तुलन की व्यवस्था कायम रहती है। लेकिन कभी-कभी इस व्यवस्था में अचानक व्यवधान उत्पन्न हो जाता है तो भूकम्प अनुभव किया जाता है। किसी स्थलरूप के उत्थान के बाद अन्नाच्छादन के कारकों द्वारा उसका निम्नीकरण किया जाता है जिससे उत्पन्न मलवा का जमाव झीलों व सागरीय भागों में होने लगता है। इस प्रक्रिया में पर्वतीय भागों के भार में कमी एवं सागरीय भाग के भार में वृद्धि होते रहने से भूसंतुलन समाप्त हो जाता है। इस संतुलन की पुनर्स्थापना हेतु पर्वतीय भाग ऊपर उठने लगते हैं तथा सागर तली नीचे की ओर धंसने लगती है। इस क्रिया के तीव्रता से होने पर भूकम्प उत्पन्न होते हैं।

4. **स्थानीय कारण** (Local Causes) – ऐसे छोटे-मोटे परिवर्तन जिनका प्रभाव सीमित क्षेत्र में ही हो पाता है। उदाहरणार्थ चूना प्रदेश में अपरदन द्वारा निर्मित कन्दराओं की छत के धंसकने तथा महाद्वीपीय मगनतट के किसी भाग के अचानक टूटने एवं पर्वतीय भागों में भूस्खलन व शिला फिसलन द्वारा भूकम्प आ जाते हैं। भूपटल के नीचे जल पहुंचने पर

अत्यधिक ताप के कारण वह जलवाष्प में परिवर्तित हो जाता है। तीव्रता अधिक होने पर यह जल वाष्प ऊपर आने के प्रयास में भूकम्प को जन्म देती है।

5. **भूपटल सिकुड़न** (Crustal Shrinking)—पृथ्वी अपनी उत्पत्ति के बाद से ही लगातार ठंडी होती जा रही है। इस प्रकार विकीरण द्वारा ताप ह्रास से पृथ्वी की पपड़ी में सिकुड़न आ जाती है। जेफ्रीज के अनुसार इसी प्रक्रिया द्वारा पर्वतों का निर्माण हुआ है। जब संकुचन अथवा सिकुड़न शीघ्रता से होता है तो भूकम्प अनुभव किये जाते हैं।

6. **प्लेट विवर्तनिकी** (Plate-Tectonics)—नवीनतम मान्यता के अनुसार भूकम्पों की उत्पत्ति को प्लेट विवर्तनिकी द्वारा समझाया जा सकता है। ज्यादातर भूकम्पीय घटनायें तीनों प्रकार के प्लेट किनारों (रचनात्मक, संरक्षी एवं विनाशात्मक) के सहारे घटित होती हैं। रचनात्मक प्लेट किनारों की स्थिति मध्य महासागरीय कटकों (Mid-Oceanic Ridges) के साथ-साथ होती है जहाँ दो प्लेटें एक दूसरी से विपरीत दिशाओं में खिसकती हैं। प्लेटों के खिसकने पर उनके किनारों के बीच जो स्थान रिक्त हो जाता है वहाँ दाब कम होने से मैण्टिल का ऊपरी भाग पिघल जाता है, जिससे लावा दरारी उद्गार के रूप में ऊपर निकलता है। साथ ही इन क्षेत्रों में भूकम्प की उत्पत्ति होती है। संरक्षी प्लेट किनारों के सहारे दो प्लेटों एक दूसरे के अगल-बगल सरकते हैं तो रूपान्तर भ्रंश (transform fault) का निर्माण होता है। परिणामस्वरूप तीव्र भूकम्प आते हैं।

   विनाशात्मक प्लेट किनारों पर दो प्लेटें आपस में टकराती हैं। इस क्रिया में ज्यादा घनत्व वाली प्लेट का किनारा कम घनत्व वाली प्लेट किनारे के नीचे क्षेपित होता है। यह क्षेपित भाग मैण्टिल में जाकर पिघल जाता है तथा पिघलकर केन्द्रीय उद्गार के रूप में धरातल पर प्रकट होता है। जिससे अधिक गहरे भूकम्प मूल वाले भूकम्प उत्पन्न होते हैं। सान एण्ड्रियाज भ्रंश (The San Andreas Fault) विश्व का सटीक रूप से अध्ययन किया प्रारूपिक भ्रंश तंत्र (Typical Fault System) है जो 1040 किमी लम्बाई में केलिफोर्निया के प. तट के सहारे स्थित है। इसकी शाखाएँ लॉस एन्जिल्स तक जाती हैं। यह भ्रंश अनेक भूकम्पों का केन्द्र रहा है जहाँ 1906 का सान फ्रांसिस्को भूकम्प महत्वपूर्ण है इसके उपरान्त 1989 में लोमाप्रियटा भूकम्प प्रमुख है। इस भूकम्प का मूल कारण उत्तरी अमेरीकी एवं प्रशान्त प्लेट के मध्य होने वाला संचलन मानते हैं। प्रशान्त प्लेट प्रतिवर्ष कुछ सेन्टीमीटर उत्तरी पश्चिमी दिशा में संचलित हो रही है।

7. **मानव जनित कारक** (Anthropogenic Factors)—महत्वाकांक्षी मानव ने प्रगति पथ पर अग्रसर रहते हुए अनेकों बार अपने कार्यकलापों द्वारा भूपटल को कम्पित किया है। उदाहरणार्थ परमाणु विस्फोटकों के भूमिगत परीक्षणों द्वारा भूमि में कम्पन्न होता है। खानों एवं सुरंगों को खोदते समय उनकी छतों के धंसकने से भूकम्प आते हैं। बहुउदेशीय परियोजनाओं के अन्तर्गत विशाल जलाशयों के निर्माण से संतुलनावस्था छिन्न-भिन्न हो जाती है जिससे भूकम्पों का आविर्भाव होता है। सन् 1929 में ग्रीस में निर्मित मेराथन बाध के कारण (1931) में भूकम्प आया। इसी प्रकार 1935 में कोलोरेडो नदी पर निर्मित हुवर बाँध से भूकम्प आया था। भूकम्प लेखी से प्राप्त साक्ष्यों के विश्लेषण से स्पष्ट हुआ है कि बड़े भूकम्प समय के साथ अनियमित या यादृच्छिक नहीं है तथा विश्व में बड़े भूकम्पों का प्रारूप एक सामयिक रूप में पाया जाता है अर्थात् ये निश्चित समय-चक्र में आये हैं सन् 1910 से 1990 के मध्य भूकम्पों से मुक्त ऊर्जा 20 से 30 वर्षों के चक्र में रही है केलिफोर्निया में 1980 से भूकम्पीय क्रिया बढी है विश्व के बड़े भूकम्प 20वीं शताब्दी में अधिक आये हैं।

भूकम्प का वर्गीकरण (Classification of Earthquakes)

भूकम्प उत्पत्ति के कारणों के उल्लेख से यह स्पष्ट हो जाता है कि प्रत्येक भूकम्प की अपनी कोई विशेषता होती है। इन्हीं विशेषताओं के आधार पर भूकम्पों का वर्गीकरण किया जा सकता है।

1. *भूकम्प मूल के आधार पर वर्गीकरण (Classification according to Focus)*

विश्व के अधिकांश भूकम्प (90 प्रतिशत) धरातल से 10 किलोमीटर से भी कम गहराई पर उत्पन्न होते हैं। अब तक 720 किलोमीटर की अधिकतम गहराई पर उत्पन्न भूकम्प के बारे में पता चला है। भूकम्प मूल की गहराई के आधार पर भूकम्प निम्नलिखित तीन प्रकार के माने जाते हैं—

(i) **छिछले भूकम्प** (Shallow Earthquakes)—जिन भूकम्पों का भूकम्प मूल 0 से 70 किलोमीटर (0 से 43 मील) गहराई पर हो उन्हें छिछले भूकम्प माना जाता है। इस प्रकार के भूकम्पों से अपेक्षाकृत अधिक जन-धन की हानि होती है।

(ii) **मध्यवर्ती भूकम्प** (Intermediate Earthquakes)—इन भूकम्पों का भूकम्प मूल भूसतह के नीचे 70 से 300 किलोमीटर (43 से 186 मील) की गहराई पर होता है।

(iii) **गहरे भूकम्प** (Deep Earthquakes)—वे भूकम्प जो 300 किलोमीटर से भी अधिक गहराई पर उत्पन्न होते हैं। इतनी अधिक गहराई वाले भूकम्प बहुत कम संख्या में आते हैं।

2. *उत्पत्ति कारकों के आधार पर वर्गीकरण (Classification based on Origining Facters)*

(क) **प्राकृतिक भूकम्प** (Natural Earthquakes)—वे भूकम्प जिनके उत्पन्न होने में प्राकृतिक कारण जिम्मेदार हैं। भूपटल को प्रभावित करने वाले अन्तर्जात बलों द्वारा इनकी उत्पत्ति होती है। इन्हें पुनः उपवर्गों में बांटा जा सकता है—

(i) **संतुलन-मूलक भूकम्प** (Isostatic Earthquakes)—पृथ्वी की संतुलनावस्था में अव्यवस्था होने पर अधिकतर नव उत्थित वलित पर्वतीय क्षेत्रों में उत्पन्न होते हैं। उदाहरणार्थ हिन्दुकोह (1949) का भूकम्प इसी प्रकार का भूकम्प था।

(ii) **ज्वालामुखी भूकम्प** (Volcanic Earthquakes)—वे भूकम्प जो ज्वालामुखी क्षेत्रों में पाये जाते हैं तथा ज्वालामुखी क्रिया के साथ ही जिनकी उत्पत्ति होती है। उदाहरण के लिये क्राकाटोआ (1883) कटमई (1912) एवं एटना (1968) के विनाशकारी भूकम्पों का कारण अधिक तीव्रता वाली ज्वालामुखी का फटना था।

(iii) **वितलीय भूकम्प** (Plutonic Earthquakes)—पृथ्वी की आन्तरिक ऊष्मा द्वारा खनिजों के पुनर्गठन की क्रिया के फलस्वरूप उत्पन्न होने वाले भूकम्प जो भूसतह से अधिक गहराई (300 से 720 कि.मी.) पर उत्पन्न होते हैं। इस प्रकार के भूकम्पों के बारे में अधिक जानकारी नहीं मिलती है।

(iv) **विवर्तनिक भूकम्प** (Tectonic Earthquakes)—भूपटल में जब कोई नवीन भ्रंश बनता है अथवा पूर्व में निर्मित भ्रंश पर गति होती है तो इस प्रकार के भूकम्प महसूस होते हैं। 1906 का सान फ्रांसिस्कों भूकम्प, जापान का संगामी की खाड़ी (1923) का भूकम्प तथा कैलिफ़ोर्निया की इम्पीरियल घाटी (1940) का भूकम्प इसी प्रकार के भूकम्पों के उदाहरण हैं।

(ख) **कृत्रिम भूकम्प** (Artificial Earthquakes)—मानव द्वारा किये जाने वाले कार्यों के कारण स्थानिक रूप से भूकम्प आते हैं।

मरकेली का भूकम्पीय तीव्रता पैमाना (Marcalli Scale of Earthquake Intensity)

मरकेली (Giuseppe Mercalli) नामक इटेलियन भूवैज्ञानिक ने 1905 में मरकेली मापनी बनायी जिसे 1931 में रूपान्तरित किया। नवीन मापनी रूपान्तरित मरकेली मापनी (Modified Mercalli Scale, M M Scale) कहलाती है। मरकेली का पैमाना सरल व सहज है। यह भूकम्प के विनाशकारी प्रभाव पर आधारित है। इस पैमाने पर भूकम्प की तीव्रता को I से XII रोमन अंक वर्गों में बाँटा गया है। इसके अनुसार I तीव्रता वाला भूकम्प कुछ विशेष स्थलों पर ही महसूस किया जा सकता है

बाक्स 7.2 *भूकम्प का परिमाण एवं तीव्रता (Magnitude and Intensity of Earthquake)*

भूकम्प का परिमाण सामान्यतया मापनी का प्रयोग कर प्रदर्शित किया जाता है जिसके लिए 1935 में चार्ल्स रिक्टर द्वारा विकसित रिक्टर स्केल को उपयोग में लेते है जबकि तीव्रता के अन्तर्गत भूकम्प के लोगों तथा स्थायी संरचनाओं (Peoples and Structure) पर प्रभाव का मापन किया जाता है। भूकम्प की तीव्रता को मापने में मरकेली स्केल का विस्तृत उपयोग करते हैं। भूकम्प में अधिकेन्द्र सर्वाधिक तीव्रता वाला क्षेत्र होता है तथा इससे दूर जाने पर भूकम्पीय तरंगें कृमिक रूप से कमजोर होती जाती हैं। प्रत्येक भूकम्प का एक पृथक परिमाण होता है जिसे रिक्टर संख्या द्वारा दर्शाते है जैसे गुजरात में आये भूकम्प का भुज अधिकेन्द्र था तथा 7.9 परिमाण था लेकिन तीव्रता एक स्थान से दूसरे स्थान पर परिवर्तित रूप में महसूस की जाती है जिसमें अधिकेन्द्र से सापेक्षिक स्थिति में मरकेली संख्या परिवर्तित हो जाती है। सारणी में दर्शाया गया है कि कैसे दृष्टिगत प्रभाव तीव्रता के साथ बढ जाते हैं तथा रिक्टर सूचक संख्या भी दर्शायी गई है।

जबकि XII तीव्रता वाला भूकम्प पूर्णतया विनाश लीला का दृश्य उत्पन्न करता है। अर्थात् I से XII की ओर बढ़ती हुई तीव्रता के अनुसार जन-धन की हानि की मात्रा भी बढ़ती जाती है।

सारणी 7.1 *भूकम्प के आकार को मापन की मरकेली एवं रिक्टर मापक*

मरकेली संख्या*	मरकेली नाम	तीव्रता के लक्षण (भूकम्पों का प्रभाव)	रिक्टर मापक**
I.	यान्त्रिक (Instrumental)	केवल भूकम्प लेखी यन्त्र से भूकम्प का अनुभव होता है	<3.5
II.	क्षीण (Feeble)	केवल कुछ विशेष व्यक्तियों द्वारा अनुभव	3.5
III.	अल्प (Slight)	आराम करते हुए व्यक्तियों द्वारा अनुभव	4.2
IV.	साधारण (Moderate)	चलते हुए व्यक्तियों द्वारा अनुभव तथा खड़ी निर्जीव वस्तुओं का कम्पन्न	4.5
V.	आद्रबल (Rather Strong)	सभी को अनुभव सोये व्यक्ति जाग जाते हैं।	4.8
VI.	प्रबल (Strong)	सभी लटकी वस्तुएं हिलने लगती हैं।	5.4
VII.	अति प्रबल (Very Strong)	दीवारों में दरार पड़कर भूकम्प का आतंक छा जाता है।	6.1
VIII.	विनाशात्मक (Destructive)	ऊंची इमारतें गिर जाती हैं, मकानों में दरारें पड़ जाती हैं।	6.5
IX.	विनष्टकारी (Ruinous)	मकान धँस जाते हैं। भूमि में दरारें पड़ जाती हैं। पाइप लाइनें टूट जाती हैं।	6.9
X.	सर्वनाशी (Disastrous)	धरातल में लम्बी दरारें पड़ जाती हैं। इमारतें गिर जाती हैं। ढालों में भूस्खलन (Landslide) होता है।	7.3
XI.	अतिविनाशी (Very Disastrous)	पुल, रेलवे लाइनें टूट जाती हैं। महान् भू-स्खलन नदियों में बाढ़ आ जाती है।	8.1
XII.	प्रलयकारी (Catastrophic)	सर्वनाश धरातलीय पदार्थ हवा में उछलने लगते हैं। धरातल में धँसाव तथा उभार उत्पन्न हो जाते है।	>8.1

* भूकम्प तीव्रता (Earthquake Intensity) ** भूकम्प परिमाण (Earthquake Magnitude)

भूकम्पीय परिमाण पैमाना (Earthquake Magnitude Scale)

अमरीकी भूकम्प विज्ञानी सी. एफ. रिक्टर द्वारा 1935 में प्रतिपादित मापनी तैयार की गई जिस पर 1 से लेकर 10 तक की संख्याएं अंकित होती हैं। अभी तक अधिकतम परिमाण 8.9 अंकित किया गया है। इस पैमाने पर भी बड़ी संख्याएं अधिक विनाशकारी भूकम्प की सूचक हैं।

भूकम्प के प्रघात (Shock) की समान मात्रा वाले बिन्दुओं को मिलाने वाली रेखा को समभूकम्प रेखा (Isoseismal line) कहते हैं। ये रेखाएं विषम (Irregular) होती हैं। रिक्टर मापनी द्वारा फोकस (Focus) से विभिन्न दिशाओं में प्रसरित होने वाली भूकम्पीय तरंगों के प्रभाव क्षेत्र का आधार वर्णित किया है जो भूकम्प के दौरान मुक्त ऊर्जा की मात्रा से निकट सम्बन्ध रखता है। यह धरातलीय गति (Ground Motion) का सीस्मोग्राफ द्वारा अंकित मापन होता है। रिक्टर मापनी का परिमाण आनुपातिक रूप से भूकम्पीय तरंगों के अंकित विस्तार (Amplitude) का लघुगणकीय माप होता है उदाहरणार्थ मापनी में 1 से 10 परिमाण में 6 अंक पर परिमाण की ऊर्जा की मात्रा 5 अंक की तुलना में 10 गुना होती है अर्थात् 5 अंक से 6 अंक परिमाण पर आने पर परिमाण 1 बढेगा लेकिन परिमाण ऊर्जा 10 गुना होगी। इसी प्रकार 4 परिमाण की तुलना में 100 गुना 3 परिमाण की तुलना में 6 अंक पर 1000 गुना होगी। इस प्रकार 1 परिमाण वाले भूकम्प की तुलना में 6 परिमाण वाले भूकम्प में ऊर्जा मिलियन गुना अधिक होगी। इसी कारण 2 परिमाण वाला भूकम्प महसूस करने योग्य ही होता है लेकिन 7 परिमाण वाला भूकम्प 2 की तुलना में 1,00,000 गुना अधिक शक्तिशाली होता है।

सारणी 7.2 *रिक्टर परिमाण तथा मुक्त ऊर्जा*

रिक्टर मापनी पर परिमाण	मुक्त ऊर्जा (जूल्स में)	टिप्पणी
2.0	6×10^{7}	छोटे कम्पत्र जो मनुष्य द्वारा महसूस किये जाते हैं।
2.5 -3.0	10^{8}-10^{9}	इसके पास वाले क्षेत्र में कम्पत्र महसूस किये जाते हैं विश्व में ऐसे उथले कम्पत्र प्रति वर्ष लगभग 100000 आते हैं।
4.5	4×10^{11}	स्थानीय हानि हो सकती है।
5.7	2×10^{13}	हिरोशिमा परमाणु बम से मुक्त ऊर्जा सीमित क्षेत्र में विनाशक विश्व में इस परिमाण वाले लगभग 100 भूकम्प प्रतिवर्ष आते हैं।
6.0	6×10^{13}	1994 का नोर्थरिज भूकम्प।
6.7	7×10^{14}	मुख्य भूकम्प इसी परिमाण पर आते है इसे सम्पूर्ण पृथ्वी पर अंकित किया जा सकता है।
7.0	2×10^{15}	विश्व में प्रतिवर्ष इस प्रकार के लगभग 14 भूकम्प आते हैं।
7.1	3×10^{15}	1989 का लोमा प्रियटा भूकम्प (कैलिफोर्निया)
8.25 (7.9)	4.5×10^{15}	1906 का सान फ्रांसिस्को भूकम्प, भुज का 2001 का भूकम्प।
8.1	10^{17}	1986 का मैक्सिको का भूकम्प।
8.4 (9.2)	4×10^{18}	1964 का अलास्का का भूकम्प।
8.3 (9.5)	10^{19}	1960 का चिली का भूकम्प।

इस परिमाण को कनामोरी (Kanamori) द्वारा समायोजित रूप में प्रस्तुत किया गया है। रिक्टर मापनी को कनामोरी ने परिवर्तित किया है।

भूकम्पीय लहरें (Seismic Waves)

भूकम्प के उत्पन्न होने पर धरातल में जो कम्पन्न महसूस होता हे, उसका कारण भूकम्पीय लहरें ही होती हैं। भूकम्प मूल से उत्पन्न इन लहरों को उनकी गति एवं विनाशकारी प्रभाव तथा द्रव एवं ठोस में गमनशीलता के आधार पर तीन मुख्य प्रकारों में बांटा जा सकता है।

1. लम्बवत् अथवा प्राथमिक लहरें (Longitudinal or Primary Waves)

ये लहरें सबसे पहले, धरातल पर पहुंचती हैं। इनमें अणुओं की गति लहरों की दिशा में ही होती है। ये लहरें ध्वनि तरंगों की भांति व्यवहार करती हैं। इन लहरों का उद्भव चट्टानों के कणों के संपीड़न से होता है। इनकी गति 8 किलोमीटर प्रति सेकण्ड है जो सर्वाधिक होती है। ये ठोस भाग से होकर तीव्र गति से गुजरती हैं परन्तु द्रव में इनकी गति कम हो जाती है। चट्टानों के घनत्व में अन्तर होने पर इनकी गति में भिन्नता आ जाती है। इन्हें आंग्ल भाषा के 'P' अक्षर द्वारा प्रदर्शित करते हैं।

2. अनुप्रस्थ अथवा गौण लहरें (Transverse or Secondary Waves)

ये प्राथमिक लहरों के बाद प्रकट होती हैं। इनकी गति अपेक्षाकृत मंद होती है। इनकी गति अपेक्षाकृत कम (5 किलोमीटर प्रति सैकण्ड) होती है। ये लहरें तरल भागों में विलुप्त हो जाती हैं। इनमें शैल कणों की गति लहरों की गति के लम्बवत् होती है, इसी कारण ये अनुप्रस्थ तरंगें कहलाती हैं। इन्हें 'S' अक्षर से सम्बोधित करते हैं।

3. धरातलीय लहरें (Surface Waves)

ये अधिकेन्द्र पर उत्पन्न होकर पृथ्वी के धरातल पर चलती हैं तथा पूर्ण चक्कर लगाकर पुनः अधिकेन्द्र पर पहुंचती हैं। इनका पथ सर्वाधिक लम्बा होता है जबकि गति सर्वाधिक कम (3 किलोमीटर प्रति सेकण्ड) होती है। ये अधिक गहराई पर लुप्त हो जाती हैं तथा द्रव से होकर भी गुजर सकती हैं। इन लहरों का प्रभाव सर्वाधिक विनाशकारी होता है।

विभिन्न भूकम्पों के पर्यवेक्षणों के दौरान P तथा S लहरों की गति में अन्तर पाया गया। इस आधार पर इन्हें पृथक् लहर युग्मों के रूप में पहचाना गया—

चित्र 7.2 भूकम्पीय लहरें

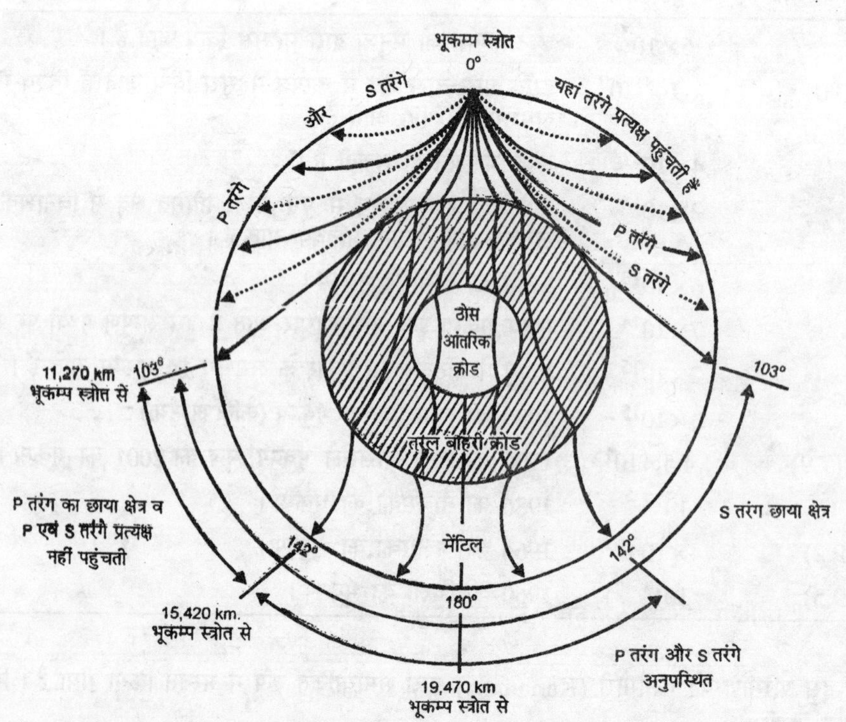

(क) **P तथा S लहरें**—ये लहरें सर्वाधिक वेग से गति करती हैं। पृथ्वी के अन्तरतम की ओर बढने पर इनकी गति बढ़ती है, परन्तु द्रव भाग के 'S' लहरें पार नहीं करती हैं। पृथ्वी के मैंटिल में P लहर की गति 7.8 किलोमीटर प्रति सेकण्ड है जबकि S लहर की गति 4.3 किलोमीटर प्रति सेकण्ड होती है।

(ख) **Pg तथा Sg लहरें**—P तथा S लहरों के अतिरिक्त दो P तथा S से मिलती जुलती लहरों का पता चला है जिनकी गति P तथा S की अपेक्षा कम थी। इस लहर युग्म को **Pg - Sg** नाम दिया गया है। इनकी गति क्रमशः 5.4 तथा 3.3 किलोमीटर प्रति सैकण्ड होती है। ये लहरें पृथ्वी के उपरी भाग में चलती हैं।

(ग) **P^* तथा S^* लहरें**—इन लहरों की गति P तथा S एवं Pg एवं Sg के मध्य की होती है। प्रेक्षणों के आधार पर P^* की गति 6.0 से 7.2 किलोमीटर प्रति सैकण्ड तथा S^* की गति 3.5 से 4.0 किलोमीटर प्रति सैकण्ड होती है।

इन भूकम्पीय लहरों के भिन्न-भिन्न प्रकारों तथा इनकी गति में पायी जाने वाली विभिन्नता द्वारा पृथ्वी की आन्तरिक संरचना के बारे में महत्वपूर्ण जानकारी प्राप्त होती है।

सुनामिस (Tsunamis of Seismic Sea Waves)

सागरतली के नीचे उत्पन्न होने वाले भूकम्पों के कारण जलीय क्षेत्र में उत्पन्न लहरों को सुनामिस कहा जाता है। यह एक जापानी शब्द है जिसे विश्व स्तर पर अपना लिया गया है। इनकी ऊंचाई प्रायः 1 से 1.5 मीटर होती है। तटवर्ती उथले भागों में इनकी ऊंचाई सर्वाधिक होती है। जिसके कारण तटवर्ती भागों में जनधन की अपार क्षति होती है। उदाहरणार्थ 1755 में पुर्तगाल के तटीय भागों में 12 मीटर ऊँची सुनामी लहरें उत्पन्न हुई जिससे राजधानी लिस्बन क्षतिग्रस्त हो गया था तथा 30,000 लोग मारे गये। 1883 ई. के क्राकाटाओ में ज्वालामुखी प्रस्फोट के कारण उत्पन्न अंतःसागरीय भूकम्प द्वारा 36.5 मीटर ऊंची सुनामिस उत्पन्न होने पर 36000 व्यक्तियों की मृत्यु हो गयी। सुनामिस द्वारा सबसे अधिक प्रभावित क्षेत्र पश्चिमी प्रशान्त महासागर है।

भूकम्प का वैश्विक-वितरण (The World-Distribution of Earthquakes)

भूकम्प का प्रभाव क्षेत्र लगभग सम्पूर्ण विश्व है, लेकिन भूकम्प के उत्पत्ति केन्द्र अति सीमित होते हैं। विश्व के भूकम्प मानचित्र पर दृष्टि पात करने से स्पष्ट होता है कि किन्हीं क्षेत्रों में भूकम्प की आवृत्ति अधिक होती है। इन क्षेत्रों में—(1) नवीन परतदार पर्वतीय क्षेत्र (2) खड़े महाद्वीपीय मग्न ढाल वाले प्रदेश (3) ज्वालामुखी वाले क्षेत्र (4) दरारी क्षेत्र मुख्य हैं। इनके अतिरिक्त कभी-कभी भूकम्प ऐसे क्षेत्रों में भी उत्पन्न होते हैं जिन्हें प्रायः स्थिर एवं भूकम्प रहित माना जाता है, उदाहरणार्थ कोयना (1967) एवं लातूर (1993) के भूकम्प इसी प्रकार के भूकम्प थे। अतः यह कहा जा सकता है कि विश्व का कोई भी कोना भूकम्प के प्रभाव से रहित नहीं है, तथापि विश्व के मुख्य भूकम्प मेखलाओं (Belts) के रूप में निम्नलिखित प्रकार से वितरित है—

1. परि प्रशान्त पेटी (Circum-Pacific Belt)

विश्व के सर्वाधिक (63%) भूकम्प इसी क्षेत्र में आते हैं। यह सबसे बड़ा भूकम्प-क्षेत्र है जो प्रशान्त महासागर के दोनों तटों पर विस्तृत है। एशिया के कामचटका से लेकर क्यूराइल एवं जापान द्वीप तथा फिलिपाइन द्वीप से पूर्वी द्वीप समूह तथा विस्तृत प्रथम शाखा तथा चिली, पेरू, मध्य अमेरिका में होती हुई अलास्का तक दूसरी शाखा फैली है। इस मेखला में विश्व के 80% कम गहरे भूकम्प, 90% मध्यम गहराई वाले भूकम्प एवं लगभग शत-प्रतिशत गहरे भूकम्प मूल वाले भूकम्प उत्पन्न होते हैं।

2. मध्य महाद्वीपीय मेखला (Mid Continental Belt)

विश्व के 21 प्रतिशत भूकम्प इस मेखला में उत्पन्न होते हैं। यहाँ प्रायः भ्रंश मूलक एवं संतुलन मूलक भूकम्प आते हैं। यह पेटी उत्तरी अफ्रीका, स्पेन, इटली, यूनान, तुर्की, ईरान, उत्तरी भारत एवं म्याँमार में फैली है। इसमे आल्पस, हिमालय एवं म्याँमार की पहाड़ियों के भूकम्प सम्मिलित किये जाते हैं। इसी मध्य महाद्वीपीय मेखला की एक शाखा नील नदी से होते हुए अफ्रीका की

चित्र 7.3 *भूकम्प का विश्व वितरण*

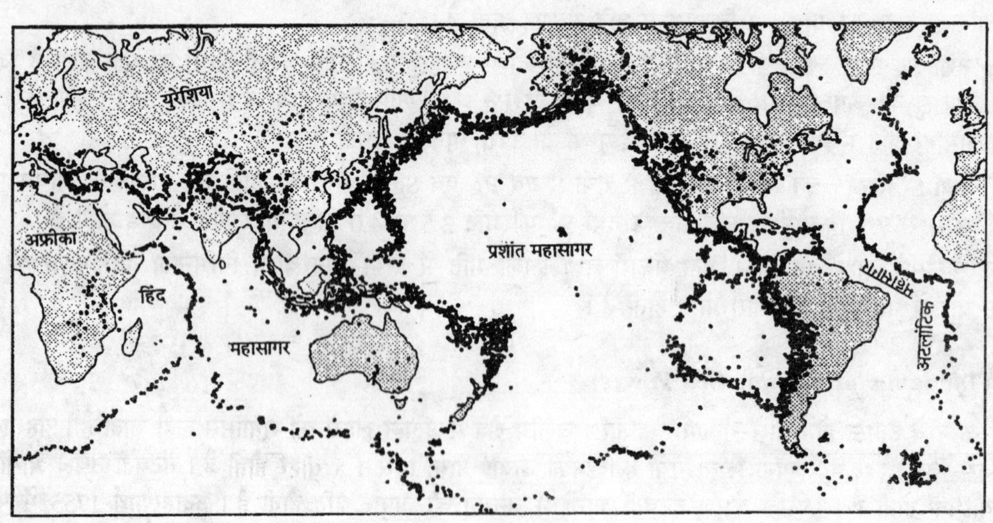

दरार घाटी के साथ गुजरती है, जहाँ भ्रंशमूलक भूकम्प उत्पन्न होते हैं। एक उपशाखा अदन की खाड़ी से होते हुए अरब सागर में चली जाती है।

3. *मध्य अटलांटिक पेटी (Mid-Atlantic Belt)*

अन्ध महासागर के मध्य में उत्थित मध्य महासागरीय कटक के सहारे यह भूकम्प मेखला फैली है। यह उत्तर में आइसलैंड से शुरू होकर दक्षिण में बोवेट द्वीप तक विस्तृत है।

भूकम्प क्षेत्र ऐसे स्थानों पर भी हैं जहाँ ज्वालामुखी क्रिया नहीं पायी जाती और न ही नवीन पर्वत निर्माण क्रिया हुई है। उदाहरणार्थ चार्ल्सटाउन (दक्षिणी कैरोलीना) तथा न्यू मैड्रिक (मिसौरी) क्षेत्र। इसके साथ ही डेल्टा निर्माण वाले क्षेत्रों में भी भूकम्प उत्पन्न होते हैं।

4. *अन्य क्षेत्र (Other Areas)*

इसके अन्तर्गत पूर्वी अफ्रीकन पेटी है, जिसका विस्तार स्वेज नहर से लाल सागर, इथियोपिया, नील नदी घाटी, अफ्रीका की भ्रंश घाटी में युगांडा, तंजानिया, न्यासा झील तथा डिरगौआ की खाड़ी तक हैं। हिन्द महासागर के भूकम्प भी इसमे ही आते हैं।

भारत के भूकम्प क्षेत्र (Seismic Zones of India)

भारत के भूकम्प क्षेत्रों को मध्य महाद्वीपीय भूकम्प पेटी में सम्मिलित किया जाता है। भारत में अधिक विनाश वाले भूकम्प हिमालय के सहारे आते हैं। भूकम्पों की तीव्रता व फैलाव के अनुसार भारतीय भूकम्पों के तीन क्षेत्र निर्धारित किये गये हैं—

1. **हिमालय प्रदेश** (Himalayan Zone) – इसमें हिमालय पर्वत एवं इसके आस-पास के क्षेत्रों को शामिल किया जाता है। यहाँ सन्तुलन निर्माण क्रिया अभी पूर्ण नहीं हुई है अतः भूकम्प के लिये आवश्यक अस्थिरता यहाँ पायी जाती है। प्लेट विवर्तनिकी के अनुसार इस क्षेत्र में भारतीय प्लेट का टकराव यूरेशियन प्लेट से होता है जिसके फलस्वरूप भूकम्प उत्पन्न

होते हैं। इसी क्षेत्र की एक शाखा म्याँमार की पहाड़ियों में चली गयी है। यह क्षेत्र सबसे अधिक प्रभावित क्षेत्र (Zone of Maximum Intensity) कहा जाता है। असम (1869, 1897, 1950) के भूकम्प क्वेटा (1936) गढ़वाल (1991) के भूकम्प मुख्य उदाहरण हैं।

2. **गंगा-सिन्धु का मैदानी क्षेत्र** (IndoGangetic Plain Zone) – उत्तर के हिमालय प्रदेश तथा दक्षिण के प्रायद्वीपीय पठारी क्षेत्र के मध्य यह सामान्य प्रभावी क्षेत्र (Zone of Moderate Intensity) हैं। यहाँ प्रमुख उपक्षेत्र दिल्ली, पश्चिमी उत्तर-प्रदेश व बिहार हैं। दिल्ली (1803), बिहार (1934), पश्चिमी उत्तर प्रदेश (1966) में उत्पन्न भूकम्प इसके प्रमाण हैं।

चित्र 7.4 *भारत के भूकम्प क्षेत्र (after Majid Husain)*

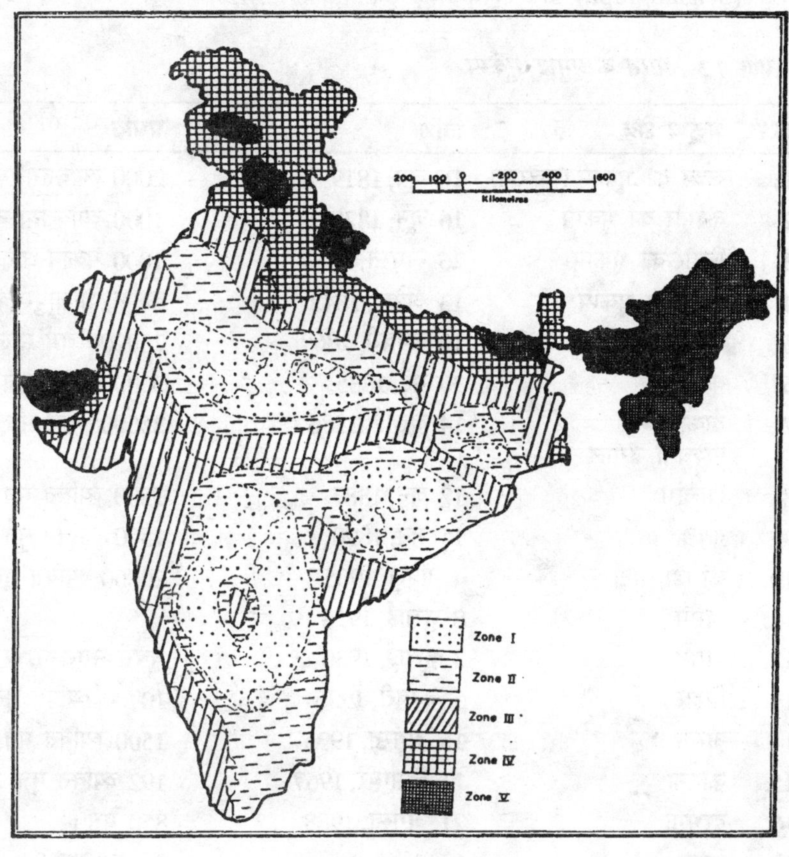

3. **प्रायद्वीपीय क्षेत्र** (Peninsular zone) – यह एक दृढ़ भूखण्ड है जहाँ भूकम्प का प्रभाव सबसे कम होता है, अतः इसे न्यूनतम प्रभावित क्षेत्र (Minimum Intensity Zone) कहते हैं। यहाँ का कच्छ क्षेत्र भूकम्पों से प्रभावित रहा है। कोयना (1967) एवं लातूर (1993) के भूकम्पों से यह प्रमाणित हो गया है कि प्रायद्वीपीय क्षेत्र पूर्णतः स्थिर नहीं हैं।

प्रयोगशाला में भूकम्प

हाल ही में कैलिफोर्निया विश्वविद्यालय के वैज्ञानिकों ने प्रयोगशाला में चट्टानों को अत्यधिक ताप एवं दाब उपलब्ध करवाने पर उनमें भूकम्प जैसी हलचल पैदा हो गयी। वैज्ञानिकों की इस उपलब्धि से भविष्य में आने वाले भूकम्पों को समझने में मदद मिलेगी।

भूकम्प विज्ञान (Seismology)

भूकम्पों के वैज्ञानिक अध्ययन जिस विषय में किया जाता है उसे भूकम्प विज्ञान कहते है यह ग्रीक भाषा के दो शब्दों *'Seismos'* तथा *'Logos'* से बना है जिनका अभिप्राय क्रमशः *'भूकम्प'* एवं *'कारण'* होता है। भूकम्प विज्ञान में भूकम्प सम्बन्धी सभी क्रियाओं का अध्ययन किया जाता है, जिसमें भूकम्प मूल (Seismic Focus), अधिकेन्द (Epicentre), भूकम्प तरंगें (Seismic

Waves), भूकम्प की तीव्रता (Intensity of Earthquakes) आदि प्रमुख हैं। भूकम्पीय लहरों की तीव्रता का अध्ययन भूकम्प लेखी (Seigmograph) द्वारा किया जाता है।

सारणी 7.3 *भारत के प्रमुख भूकम्प*

क्र.सं.	भूकम्प क्षेत्र	तिथि	प्रभाव
1.	कच्छ का भूकम्प (गुजरात)	16 जून, 1819	2000 व्यक्तियों की मृत्यु भुज नगर नष्ट प्रायः।
2.	कश्मीर का भूकम्प	16 जून, 1828	1000 व्यक्तियों की मृत्यु।
3.	बिहार का भूकम्प	26 अगस्त, 1833	1000 मकान-क्षतिग्रस्त।
4.	दकन का भूकम्प	13 अप्रेल, 1843	कर्नूल, शोलापुर, बेलगाँव तथा बेलारी नगरों को हानि।
5.	आसाम	10 जनवरी, 1869	250000 वर्ग मील क्षेत्र प्रभावित।
6.	कश्मीर	30 मई, 1885	3000 व्यक्ति मृत।
7.	ढाका तथा पश्चिमी बंगाल	14 जुलाई, 1886	250000 वर्ग मील क्षेत्र प्रभावित।
8.	शिलांग	12 जून, 1887	1500 व्यक्ति मृत, 1750000 वर्ग मील क्षेत्र प्रभावित।
9.	कच्छ	15 जून, 1890	1500 व्यक्ति मृत।
10.	कांगडा घाटी	4 अप्रेल, 1905	20000 व्यक्ति मृत।
11.	असम	8 जुलाई, 1918	-
12.	असम	3 जुलाई, 1930	धुबरी नगर नष्ट।
13.	बिहार	5 जनवरी, 1935	10700 व्यक्ति मृत।
14.	असम	15 अगस्त, 1935	1500 व्यक्ति मृत, नदियों में बाढ़।
15.	कोयना	11 दिसम्बर, 1967	192 व्यक्ति मृत, 2063 घायल व 10,000 बेघर।
16.	दरभंगा	21 अगस्त, 1988	850 मृत।
17.	लातूर	1993	30,000 मृत।
18.	जबलपुर	1997	40 मृत।
19.	चमौली	1999	103 मृत।
20.	भुज	26 जनवरी, 2001	30,000 से अधिक मृत, हजारों मकान क्षतिग्रस्त।

भूकम्प लेखी (Seismograph)

इस यंत्र द्वारा तीनों प्रकार की लहरों (P, S तथा L लहरें) के पहुचने का समय ज्ञात करते हैं। भूकम्प मूल की गहराई जितनी अधिक होगी P एवं S लहरों का वेग उतना ही बढ़ता जाता है जिसके कारण उनका भ्रमण काल छोटा हो जाता है। इस भूकम्प लेखी को अधिकेन्द्र पर स्थापित किया जाता है। इसके द्वारा भूकम्प के उत्पत्ति केन्द्र गति व प्रभावशीलता का ज्ञान हो जाता है। भूकम्प लेखी के तीन भाग होते हैं—

(i) **कम्पन्न संयन्त्र**—यह पृथ्वी में गढ़ा हुआ कंक्रीट का एक खम्भा होता है तथा भूकम्प आने पर कम्पन्न करता है।

(ii) **अंकन संयन्त्र**—यह एक ढोल के रूप में घूमता है। इसके साथ लेग कागज पर पृथ्वी का कम्पन्न अंकित होता रहता है।

(iii) **घड़ी**—यह कम्पन्न के आरम्भ होने तथा समाप्त होने का समय अंकित करती है।

भविष्यवाणी (Forecasting)

भूकम्प के सम्बन्ध में विस्तृत शोध के उपरान्त की जाने वाली भविष्यवाणियों की सहायता से बचा जा सकता है। इसके लिए कुछ छोटे लक्षणों के आधार पर भी तीव्रता का अनुमान लगाया जा सकता है। भूकम्प आने से पूर्व होने वाले बदलावों में भू-सतह में छोटी दरारें पड़ना, झरनों का फूटना, गहरे कुओं में जल स्तर ऊपर आना, पक्षियों के व्यवहार में बदलाव, सर्पों का बिलों से बाहर आना आदि प्रमुख हैं। उत्तरी चीन में भूकम्प के लक्षण 1974 में स्पष्ट होने लगे, जिनके आधार पर 7 फरवरी, 1975 के भूकम्प के दौरान जान-माल की सुरक्षा की गई। वर्तमान समय में विभिन्न शोध कर भूकम्प की भविष्यवाणी के विश्वसनीय तरीकों का पता लगाने का प्रयास किया जा रहा है। यद्यपि भूकम्प की अवस्थिति का पता आसानी से लगा लेते है भूकम्प के भविष्य में प्रवृत्ति जानने में पूर्व में आये भूकम्प एक अच्छा साधन होता है। भूकम्प आपदा मानचित्र भी इसमें सहायक होते हैं ऐतिहासिक दृष्टि से भूकम्प कम अध्ययन करने पर यह समानता मिली है।

अवस्थिति निर्धारण के साथ ही भूकम्पों का समय तथा आकार (Timing and Size) की भविष्यवाणी करना कठिन कार्य है। अनेक बार भ्रंश रेखा के सहारे किये गये निर्माण कार्य द्वारा लघु स्तर पर आये भूसतही परिवर्तन से इसका अनुमान लगा लिया जाता है। विशेष रूप से जहाँ भूमि उत्थान या अवतलन होता है यह कार्य आसान हो जाता है। भूवैज्ञानिक इस दृष्टि से विभिन्न उपकरणों की सहायता से सतत् निगरानी कर भविष्यवाणी व्यवस्था को सुदृढ बना रहे हैं इनमें निम्नलिखित परिवर्तनों को मापने की व्यवस्था विकसित की गई है

(i) भूमि का झुकाव (Ground Tilt)
(ii) शैलीय दबाव में परिवर्तन (Changes in Rock Stress)
(iii) सूक्ष्म भूकम्पीय क्रिया (Micro Earthquake Activity)
(iv) पृथ्वी के चुम्बकीय क्षेत्रों में विषमता (Anomalies in the Earth's Magnetic Field)
(v) रेडान गैस के सकेन्द्रण में परिवर्तन (Changes in Radon Gas Concentration)
(vi) शैलों की विधुत प्रतिरोधकता में परिवर्तन (Changes in Electrical Resistivity of Rocks)

केलिफोर्निया के सान एण्ड्रियाज भ्रंश क्षेत्र में स्थित पार्कफील्ड में एक निगरानी व्यवस्था (Monitoring System) लगाई गई है जिसमें निम्नांकित उपकरण लगाये गये है:

सारणी 7.4 *पार्कफील्ड, केलिफोर्निया में भूकम्प निगरानी व्यवस्था*

उपकरण (Instruments)	**उद्देश्य** (Purpose)
सीस्मोमीटर (Seismometers)	सूक्ष्म भूकम्पों के अंकन के लिए
मैग्नेटोमीटर (Magnetometers)	पृथ्वी के चुम्बकीय क्षेत्रों में परिवर्तन का अंकन
भूसतह के निकट सीस्मोमीटर (Near Surface Seismometer)	बड़े झटकों (Shocks) का अंकन
कम्पन्न परिवर्तन (Vibreosis Truck)	भूकम्प क्षेत्रों के परिक्षण के लिए टूटती तरंगें उत्पन्न करना
स्ट्रेन मीटर (Strain Meters)	धरातलीय विरूपण (Deformation) की निगरानी
कुओं में सेंसर (Sensors)	कुओं में भूजल स्तर में परिवर्तन
उपग्रह किरणें	यू. एस. भूवैज्ञानिकी निगरानी विभाग को आकडों की प्राप्ति
लेजर सर्वेक्षण उपकरण	सतही संचलन (Surface Movement) का मापन

Source: Chris Park, 1997

वर्तमान समय में बढती निगरानी तकनीकी तथा भूकम्पीय सूचनाओं की विश्लेषण पद्धतियों के विकास के उपरान्त भी भूकम्पीय संभावना की विश्वसनीय भविष्यवाणी करना संभव नहीं हो पाया है इसलिए अभी इस क्षेत्र में पर्याप्त शोध की आवश्यकता है तथा अनेक देश भूकम्पीय जोखिम वाले क्षेत्रों तथा भ्रंश रेखाओं पर शोधरत हैं।

भूकम्प के प्रभाव (Effects of Earthquakes)

भूकम्प पृथ्वी की अभयान्तरित गतियों के परिणामस्वरूप उत्पन्न होते है, जो पृथ्वी पर रचनात्मक एवं विनाशकारी दोनों ही प्रकार के प्रभाव डालते हैं। विनाशकारी प्रभावों में मानव निर्मित वस्तुओं का विनाश, नगरों का विनाश, भूस्खलन धरातल का उत्थान तथा धंसाव, दरारों का निर्माण, बाढ़ का प्रकोप, (1950 में असम के भूकम्प से ब्रह्मपुत्र एवं दीहाँग में) जल तरंगों की उत्पत्ति आदि प्रमुख हैं। रचनात्मक प्रभावों में भूकम्प के दौरान निर्मित दरारें झील का रूप ले लेती हैं तथा इन्हीं दरारों से खनिजों की प्राप्ति भी सरल हो जाती है। भ्रंशन से नवीन भूमिगत जलस्त्रोत बन जाते हैं। भूकम्प एक प्राकृतिक आपदा के रूप में प्रकृति के भौतिक तथा सांस्कृतिक घटकों को विभिन्न रूपों में हानि पहुंचाता है। भौतिक घटकों में धरातलीय स्वरूप, नदी प्रवाह, वन क्षेत्र, झीलें तथा सागर तटीय क्षेत्र प्रभावित होते हैं, जबकि सांस्कृतिक घटकों में मानव निर्मित भू-दृश्य प्रमुख हैं, जिनमें छोटे-बड़े बांध, नगर, कस्बे तथा अन्य मानव सम्पत्तियाँ सम्मिलित हैं। भूकम्प के आपदाकारी प्रभाव निम्नलिखित हैं—

1. **भू-सतह में परिवर्तन** (Deformation in Land Surface)—भूकम्प के झटकों से भू-सतह में उन्मज्जन एवं निमज्जन हो जाता है। नदियों का प्रवाह परिवर्तित हो जाता हे। झीलों में उभार आ जाता है तथा धरातल में अनेक स्थानों पर दरारें पड़ जाती हैं। सन् 1897 के असम के भूकम्प में 10.6 मीटर चौड़ी तथा 19.3 किलोमीटर लम्बी दरार का निर्माण हो गया था। इसी प्रकार मिसीसिपी नदी के डेल्टाई क्षेत्रों में 1811, 1812, तथा 1813 में) भूकम्प के कारण अनेक भ्रंशों का निर्माण हो गया था। सन् 1835 के भूकम्प के कारण चिली का तटीय भाग 6-13 मीटर ऊपर उठ गया था। सन् 1950 में असम में आये भूकम्प से ब्रह्मपुत्र नदी का प्रवाह प्रभावित हुआ। इसी प्रकार सन् 1923 में जापान की सगामी की खाड़ी में तलीय भाग 305 मीटर से 457 मीटर तक अवतलित हो गया था। जनवरी, 2001 के भुज के भूकम्प के कारण कच्छ रन में एक लम्बी दरार उत्पन्न हो गयी, जिससे लावा सदृश्य पदार्थ भी निःसृत हुआ। भूगर्भ वेत्ताओं के अनुसार ये पदार्थ सागर तटीय क्षेत्रों से रिसकर गया हुआ पानी था।
2. **भूस्खलन** (Landslides) – भूकम्प के कारण पर्वतीय उच्च क्षेत्रों में स्थित ढीला मलबा नीचे की ओर खिसक जाता है। असम के 1950 के भूकम्प के कारण काफी मात्रा में भूस्खलन हआ, जिससे ब्रह्मपुत्र नदी का प्रवाह प्रभावित हुआ। 1970 में पीरू का यंगे नगर भूकम्पजनित भूस्खलन से पूरी तरह क्षतिग्रस्त हो गया था। इस नगर के पास स्थित हुआस्करन पर्वत की चोटी पर स्थित हिम टोपी (Ice Caps) नीचे गिर गई। यह वृहदाकार हिम खण्ड मलबे के साथ 320 किलोमीटर प्रति घण्टे की दर से नीचे की ओर खिसकने लगे। इसके प्रभाव से 25,000 व्यक्ति मारे गये।
3. **सांस्कृतिक पर्यावरण को क्षति** (Destriction of Cultural Environment)—भूकम्प द्वारा सांस्कृतिक पर्यावरण भी क्षतिग्रस्त होता है। इसमें मानव निर्मित संरचनाएं प्रमुख हैं, जिनमें विभिन्न प्रकार के भवन, रेल लाइनें, सड़क, छोटे-बड़े बांध आदि को सम्मिलित किया जाता है। ये सभी संरचनाएं भूकम्प से प्रभावित होती हैं। 26 जनवरी, 2001 को गुजरात का भुज शहर भूकम्प के कारण मलबे में बदल गया। एक सरकारी आकलन के अनुसार सम्पूर्ण गुजरात में 30 हजार करोड़ की मानव निर्मित सम्पत्ति नष्ट हो गयी। इसी प्रकार सितम्बर, 1985 का मेक्सिको का भूकम्प लैटिन अमेरिका का विगत शताब्दी का सर्वाधिक प्रबल भूकम्प था। इससे सबसे अधिक हानि मेक्सिको की राजधानी मैक्सिको सिटी में हुई, जहाँ 10 हजार लोग मारे गये, 40 हजार भवन ध्वस्त हो गये।

   भूकम्प का सबसे अधिक प्रभाव नगरीय क्षेत्रो में होता है। यहाँ सघन जनसमूह निवास करते हैं। शहरी आधारभूत सुविधाओं को भावी क्षति होती है। बिजली एवं टेलीफोन की व्यवस्था गड़बड़ा जाती है। यातायात व्यवस्था अवरुद्ध हो जाती है। जून, 1990 में उत्तरी ईरान में भीषण भूकम्प आया जिसके कारण भूस्खलन से गिलान प्रान्त की राजधानी रश्त को काफी क्षति पहुंची।

सारणी 7.5 *प्रमुख विनाशकारी भूकम्प*

वर्ष	भूकम्प का प्रभाव क्षेत्र	विनाश का विवरण
1456	नेपल्स (इटली)	इस विनाशकारी भूकम्प में 69000 मनुष्य मारे गये
1556	शैंसी (चीन)	लगभग 8.3 लाख लोग मारे गये एवं अनेक नगर नष्ट हुए
1731	पीकिंग (चीन)	एक लाख लोगों की मौत हुई तथा नगर पूरी तरह नष्ट हो गया
1907	अफगानिस्तान	12000 व्यक्ति मारे गये
1908	मेसिना (इटली)	व्यापक प्रभाव वाले इस भूकम्प में 2 लाख व्यक्ति मौत का शिकार हुये
1915	एवेन्जारो (इटली)	इसमें 30,000 मनुष्य कालकलवित हुए
1920	कान्सू (चीन)	नगर नष्ट हो गया एवं साथ ही 180000 लोगों की मौत हुयी
1927	नानशान (चीन)	अधिक तीव्रता वाले इस भूकम्प ने भी 180000 लोगों की जान ली
1939	चिलान (चिली)	इस भूकम्प में 40000 लोग काल का ग्रास बने
1939	तुर्की	लगभग 40000 व्यक्ति मरे
1948	कागी (ताइवान)	यह भूकम्प 19800 व्यक्तियों की मौत का कारण बना
1970	चिम्बोटे (पेरू)	एण्डीज में उत्पन्न इस शक्तिशाली भूकम्प में 67000 व्यक्ति मौत का शिकार बने
1974	पश्चिमी-मध्य चीन	इस भूकम्प में 20000 चीनी नागरिकों की मृत्यु हुई
1976	ग्वाटेमाला	मध्य अमेरिकी देश में आये इस भूकम्प में 23000 लोग मरे
1976	तांग-शान (चीन)	यह एक अत्यधिक विनाशकारी भूकम्प था जिसमें 7.5 लाख व्यक्ति काल कलवित हो गये तथा नगरों को अपूर्णीय क्षति हुई।
1978	तबास (ईरान)	इस भूकम्प में 25000 लोग मारे गये।
1985	मैक्सिको नगर (मैक्सिको)	इसमें 10000 व्यक्तियों की जीवन लीला समाप्त हुयी
1988	आर्मिनिया (टर्की सीमा)	इसके दौरान 30000 मनुष्य मौत का शिकार हुये।
1999	चमौली, भारत	26000 मरे।
2001	भुज, भारत	30000 से अधिक मरे
2001	एरेक्वीफ (पीरू)	71 मरे
2002	नहरीन (अफगानिस्तान)	5000 मरे
2002	ईरान	500 मरे
2003	मैक्सिको	25 मरे

4. **जनहानि** (Loss of Human Lives)—प्राकृतिक परिवेश तथा सार्वजनिक सम्पत्तियों के अतिरिक्त भूकम्प के कारण जनहानि भी होती है, जो सर्वाधिक हृदय विदारक होती है। 19वीं शताब्दी से पूर्व की सर्वाधिक महत्वपूर्ण जनहानि सन् 1556 में शेन-शुचीन (चीन) में हुई थी जब वहाँ भीषण भूकम्प में 8,30,000 लोग मारे गये। इसके अतिरिक्त 1908 में मेसिनो (इटली) के भूकम्प में 1,60,000 व्यक्ति, 1920 में कांसू (चीन) में 1,80,000 व्यक्ति, 1932 में संगामी की खाड़ी (जापान) में 2,50,000 व्यक्ति, 1976 में तांगशान (चीन) में 7,50,000 व्यक्ति काल-कलवित हो गये।

5. **अग्नि (Fire)**—भूकम्प से होने वाले भू-तल के दौलनों द्वारा जगह-जगह आग लग जाती है। इससे मकानों, खदानों तथा कल कारखानों को व्यापक तोर पर क्षति होती है। 1923 के संगामी की खाड़ी (जापान) का भूकम्प जो दोपहर को आया था उस समय दोपहर का भोजन पकाने हेतु घरों में आग जलायी जा रही थी जिससे टोकियो व याकोहामा के आस पास के क्षेत्रों में आग के व्यापक फैलाव द्वारा भारी क्षति हुई।

6. **बाढ़ (Floods)**—भूकम्प द्वारा स्थलखण्ड टूटकर नदियों के प्रवाह मार्ग को अवरुद्ध कर देने से बाढ़ आ जाती है। 1950 के आसाम भूकम्प के दौरान दीहाँग (ब्रह्मपुत्र की सहायक नदी) नदी में विनाशकारी बाढ़ की स्थिति उत्पन्न हो गयी थी। इसके अलावा भूकम्प के प्रभाव से बड़े बांधों में दरारें उत्पन्न हो जाती हैं अथवा बांध फट जाने पर अचानक निचले क्षत्रों में बाढ़ें आ जाने से जन-धन की हानि होती है।

7. अन्य प्रभाव निम्नलिखित हैं
   (i) छोटे-बड़े बांधों को क्षति पहुंचती है।
   (ii) अग्निकाण्ड घटित होते हैं। सन् 1923 में टोकियो में आये भूकम्प के दौरान गृहणियाँ खाना पका रही थीं। अकस्मात् भूकम्प आने से आग लग गई तथा 38,000 लोग मारे गये1
   (iii) अकस्मात् बाढ का आना। सन् 1950 में असम में आये भूकम्प से भूस्खलन हो गया तथा ब्रह्मपुत्र नदी की सहायक दिह्याँग नदी में बाढ़ आ गयी।
   (iv) सुनामिस तरंगों से क्षति होती है। सागर तटीय क्षेत्र से सुनामिस तरंगों से सर्वाधिक प्रभावित होते हैं। जून, 1819 में कच्छ (गुजरात) के भूकम्प के कारण प्रबल सुनामिस तरंगें उत्पन्न हुई, जिससे तटीय भागों में भारी क्षति हुई।

भूकम्प के लाभकारी प्रभाव

(i) भूकम्प से धरातल में दरार पड़ जाने के कारण कुछ भाग नीचे धंस जाते हैं। जिससे बनने वाले गर्त में जल भर जाने पर झील बन जाती हैं।

(ii) कई झीलों का जल बह जाने से उनकी तली उपजाऊ कृषि भूमि में बदल जाती है।

(iii) भूमिगत जल व्यवस्था में विक्षोभ उत्पन्न होने पर नवीन झरने एवं सोते बन जाते हैं।

(iv) समुद्र के तटवर्ती भागों के नीचे धंस जाने से खाड़ियाँ बन जाती हैं, जो प्राकृतिक बन्दरगाह का कार्य करते हैं।

(v) भूकम्प से शैलों में टूट-फूट से उनका विघटन एवं वियोजन सरलता से हो जाता है, एवं मिट्टी का निर्माण होता है।

(vi) भूकम्प के दौरान अनेक खनिज पदार्थ भूगर्भ से ऊपर की ओर आ जाते हैं।

(vii) नदियों के मार्ग बदल जाने से नवीन क्षेत्रों में उपजाऊ मिट्टी बिछायी जाती है।

(viii) ऊंचे उठे भागों का निम्नीकरण होने से धरातल समतल हो जाता है, जिस पर यातायात का विकास आसान हो जाता है।

(ix) भूकम्पीय लहरों के स्वभाव एवं गति में विभिन्नता के अध्ययन द्वारा भूगर्भ की बनावट के बारे में महत्वपूर्ण जानकारी उपलब्ध होती है।

सार्वजनिक सम्पत्तियों तथा अन्य प्राकृतिक परिवेश की होने वाली क्षति की पुनः पूर्ति हो जाती है, जिसको विकसित करने में मनुष्य की महत्ती भूमिका होती है। लेकिन जनहानि की घटना अदर्शनीय होती है। विभिन्न परिवार टूट जाते हैं, जिसकी सामाजिक पीड़ा आने वाली पीढ़ियों को सहनी पड़ती है।

26 जनवरी, 2001 का गुजरात का भूकम्प

26 जनवरी, 2001 को जब सम्पूर्ण राष्ट्र गणतन्त्र दिवस मना रहा था तभी गुजरात की खुशियाँ मातम एवं किलकारियों में बदल

गई। सर्वाधिक क्षति कच्छ मे हुई। यहाँ स्थित भुज शहर मलबे के ढेर में बदल गया। विगत 150 वर्षों में यह सर्वाधिक भीषण भूकम्प था, जिसकी तीव्रता 7.9 थी। इसका केन्द्र भुज से 60 किमी दूर स्थित था। इस कम्पन से सम्पूर्ण देश हिला लेकिन प्रलय के बादल केवल गुजरात में ही बरसे।

राज्य में 30 हजार करोड़ की सम्पत्ति नष्ट हो गई। कच्छ जिले में 16000 अहमदाबाद में 533, राजकोट में 196, जामनगर में 91, सुरेन्द्र नगर में 78, पाटन में 44, सूरत में 43 तथा पालनपुर जिले मे 29 लोगों की मृत्यु हो गई। गोमतीपुर की विश्व प्रसिद्ध 'हिलती मीनारें' गिरकर नष्ट हो गई। देश के दूसरे सबसे बड़े जिले कच्छ के 550 गांव पूर्ण रूपेण तबाह हो गये।

8

ज्वालामुखी
(Volcanoes)

ज्वालामुखी विस्फोट अचानक घटित होने वाली एक विनाशकारी घटना है। पृथ्वी के आन्तरिक भाग में उपस्थित पिघली शैलें, तप्त लावा एवं गर्म गैसें उन स्थानों से निःसृत होते हैं जो दुर्बल हैं। इन दुर्बल स्थानों से जब ये पदार्थ बाहर निकलते हैं तो विस्फोट होता है जिससे आसपास का धरातल कम्पित होता है। गड़गड़ाहट के साथ आकाश की ओर पिघली शैलें, लावा तथा गैसें बादल के रूप में ऊपर उठते हैं। ये जलते पदार्थ जब नीचे गिरते हैं तो कुछ ही क्षण में आसपास का क्षेत्र नष्ट हो जाता है तथा जन-धन की अपार क्षति होती है।

भूपृष्ठ में स्थित वह छिद्र, जिससे होकर तरल लावा, शैल खण्ड, गैसें, राख, जल आदि निकलते हैं, ज्वालामुखी कहलाता है। ज्वालामुखी छिद्र का सम्बन्ध एक नली द्वारा भूगर्भ से होता है जिसे ज्वालामुखी नली (Volcanic pipe) कहते हैं। ज्वालामुखी एक संयुक्त प्रक्रम है जिसके अन्तर्गत भूगर्भ में लावा की उत्पत्ति से लेकर उसके धरातल पर प्रकट होने तथा निःसृत पदार्थों के ठोस होने तक की समस्त प्रक्रियाएं शामिल होती हैं।

वरसेस्टर ने ज्वालामुखी क्रिया हेतु **'वल्केनिज्म'** (Vulcanism) शब्द का प्रयोग करते हुए कहा कि *"ज्वालामुखी वह क्रिया है, जिसमें गर्म पदार्थ के भूगर्भ से धरातल की ओर अथवा धरातल पर आने की सभी क्रियाएं सम्मिलित की जाती हैं।"*

"Vulcanism includes all phenomena connected with movement of heated material from the interior to or towards the surface of the earth".

वुलरिज एवं मार्गन के अनुसार, *"ज्वालामुखी के अन्तर्गत वे समस्त प्रक्रियाएं शामिल हैं जिनमें द्रवित शैल पदार्थ या लावा भूसतह के भीतर अथवा ऊपर प्रकट होकर रवेदार (Crystalline) अथवा अर्द्ध क्रिस्टलीय चट्टान के रूप में ठोस हो जाता है।"*

होम्स के शब्दों में ज्वालामुखी मुख्य रूप से एक दरार (Fissures) या केन्द्रद्वार या नली (Vent) होता है जो पृथ्वी के आन्तरिक भागों से जुड़ा रहता है तथा इसमें से लावा प्रवाह तप्त जल का फव्वारा या गैसों का विस्फोट आकस्मिक उद्गार या ज्वालामुखी धूल एवं राख द्वारा होता है। इन दोनों परिभाषाओं से एक बात स्पष्ट होती है कि ज्वालामुखी क्रिया दो रूपों में होती है। प्रथम भूपृष्ठ के नीचे (अभ्यन्तरिक) तथा द्वितीय भू पृष्ठ के ऊपर। प्रथम प्रक्रिया में लावा धरातल के नीचे वाले भाग में विभिन्न गहराइयों पर ठण्डा होकर बैथोलिथ, फैकोलिथ, लैकोलिथ, लोपोलिथ, सिल, डाइक आदि के रूप में जम जाता है। द्वितीयक प्रक्रिया के दौरान गर्म पदार्थ धरातल पर प्रकट होते हैं। इसके अन्तर्गत ज्वालामुखी धरातलीय प्रवाह, गर्म जल के सोते, गेसर धुंआरे आदि शामिल किये जा सकते हैं।

ज्वालामुखी की रचना (Structure of a Volcano)

ज्वालामुखी वास्तव में एक छिद्र अथवा अनेक छिद्रों का समूह होता है। इसके तीन प्रमुख भाग होते हैं। पृथ्वी के अन्दर से तप्त पदार्थ निकलकर शंकुनुमा रूप में जम जाते हैं, जिसे "ज्वालामुखी पर्वत" कहा जाता है। इसके ऊपर मध्य भाग में एक छिद्र होता

चित्र 8.1 *एक ज्वालामुखी के प्रमुख लक्षण (After C.C. Park, 1997)*

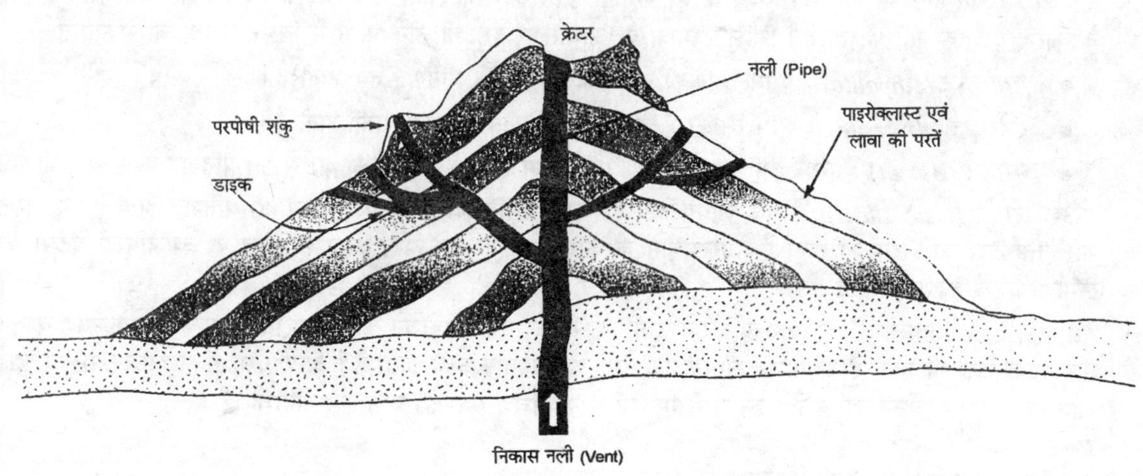

है। इसको ज्वालामुखी-विवर (Crater) कहते हैं। इस छिद्र के ठीक नीचे जिस भाग से लावा बाहर निकलता है उसे निकास (Vent) कहा जाता है। ज्वालामुखी-विवर तथा निकास का सम्बन्ध एक नली द्वारा बना रहता है जिससे होकर लावा निकास से निकलकर छिद्र तक पहुंचता है। इस नली को ज्वालामुखी नली कहते हैं। धंसाव अथवा अन्य कारण से ज्वालामुखी विवर का विस्तार अत्यधिक होने पर इसे काल्डेरा (Caldera) कहते हैं। ज्वालामुखी के शांत हो जाने पर ज्वालामुखी नली बंद हो जाती है और काल्डेरा में जल भर जाता है जिससे ज्वालामुखी झील बन जाती है। संयुक्त राज्य अमेरिका की क्रेटर झील तथा इण्डोनेशिया की तोबा झील (Toba Lake) इसके उदाहरण हैं।

ज्वालामुखी द्वारा निःसृत पदार्थ (Material Ejected from a Volcano)

ज्वालामुखी उद्गार छिद्र अथवा दरार के रूप में होता है। ज्वालामुखी से ठोस, द्रव तथा गैस तीनों ही प्रकार के पदार्थ निकलते हैं। तीनों ही प्रकार के पदार्थ उच्च तापमानयुक्त होते हैं तथा निकलने के बाद धीरे-धीरे ठंडे होते हैं। ज्वालामुखी विस्फोट के समय सर्वप्रथम गैस निकलती है जिसमें 90% तक जल वाष्प होती है। ज्वालामुखी उद्गार से निम्नांकित पदार्थ विस्तृत होते हैं:

(i) ठोस (Solid), (ii) तरल (Liquid), (iii) गैस (Gases)

(i) **ठोस पदार्थ** (Solid Material)—ज्वालामुखी उद्गार के दौरान मैग्मा के साथ विभिन्न ठोस पदार्थ भी निस्तृत होते हैं। सामान्यतः इन ठोस पदार्थों में शैलों के टुकड़े ज्वालामुखी बम्ब, स्कोरिया, झामक (Pumice) लेपीली धूल एवं राख मुख्य हैं। ज्वालामुखी से निकले द्रवित पदार्थ ऊपर उठकर पुनः नीचे आते हैं तो ठोस हो जाते हैं। 4 मिलीमीटर से 32 मिलीमीटर व्यास के ठोस टुकड़ों को सिंडर (Cinder) कहते हैं। 32 मिलीमीटर से अधिक व्यास वाले टुकड़ों को ज्वालामुखी बम (Volcanic bombs) कहते हैं। अत्यन्त बारीक कणों को ज्वालामुखी राख कहा जाता है।

(ii) **तरल पदार्थ** (Liquid Material)—द्रव पदार्थों में मुख्य रूप से मैग्मा (magma) होता है। बाहर निकलने पर मैग्मा को लावा (Lava) कहते हैं। लावा लाल या तप्त श्वेत (White hot) उच्च तापमान वाला होता है निकलते समय लावा का तापमान 500°C से 1400°C के मध्य होता है। ज्वालामुखी उद्गार से निस्तृत लावा ठण्डा होकर मटमैला दिखाई देता है लावा को सिलिका की मात्रा के आधार पर दो वर्गों में विभक्त करते हैं। प्रथम, *अम्लिक लावा (Acid Lava)*

तथा द्वितीय, *बेसिक लावा (Basic Lava)* अम्लिक लावा में सिलिका की मात्रा 40 से 75 प्रतिशत तक होती है तथा यह अधिक संगठित होता है। इसका रंग पीला व भार हल्का होता है। अम्लिक लावा निस्तृत होते ही बाहरी पर्यावरणीय दशाओं में आते ही जम जाता है। विश्व के ज्वालामुखी पर्वत अम्लिक लावा से ही बने हैं क्योंकि यह अधिक गाढा होने के कारण दूर तक नहीं फैलता है। सिलिकी मात्रा के आधार पर इसे भी तीन भागों में विभक्त किया जा सकता है—

- *रायोलाइट (Rhyolite)* – इसमें सिलिका की मात्रा 65 से 75 प्रतिशत तक होती है।
- *एंडेसाइट (Andesite)* – इसमें सिलिका 55 से 65 प्रतिशत के मध्य पायी जाती है।
- *बेसाल्ट (Basalt)* – इसमें सिलिका की मात्रा सबसे कम होती है। सिलीका 40 से 50 प्रतिशत के मध्य होती है।

पैठिक लावा (Basic Lava): बेसिक लावा होता है जिसमें सिलिका की मात्रा लगभग 40 प्रतिशत होती है यह तरल भार युक्त तथा काले रंग का होता है। तरल होने के कारण यह दूर तक फैल जाता है विश्व के ज्वालामुखी पठारों का निर्माण पैठिक लावा से होता है।

(iii) **गैसें** (Gases) – ज्वालामुखी उद्‌गार के दौरान सर्वाधिक सल्फर एवं हाइड्रोजन का मिश्रण निकलता है जिसके साथ कार्बन डाइ आक्साइड भी होती है उद्‌गार के समय इन गैसों का तापमान उच्च होता है। अन्य गैसों में नाइट्रोजन सल्फर डाई आक्साइड तथा क्लोरीन प्रमुख है। इन सभी मिश्रणों में सर्वाधिक (90%) जलवाष्प होती है।

सारणी 8.1 *एक विस्फोटक ज्वालामुखी उद्‌गार के प्रमुख उत्पाद*

नाम	विवरण
धुँवारे (Fumaroles)	ज्वालामुखी के एक तरफ भूमि पर स्थित एक छिद्र जिसमें से भाप एवं गैसे निकलती है।
लहर (Lahar)	ज्वालामुखी लावा का भूस्खलन जो पिघली हिम (Melting Snow) वर्षा या ज्वालामुखी भाप से बने जल के कारण होता है।
लेपिली (Lapilli)	सिंडर या लावा के छोटे पिण्ड जो ज्वालामुखी उद्‌गार द्वारा बाहर फैंके जाते हैं।
नुई आर्डेण्ट (Nuee Ardente)	यह एक उद्धीप्त बादल (Glowing Cloud) होता है जो एक ज्वालामुख से निस्तृत ज्वलन्त राख के उष्ण बादलों गैसों, भाप तथा शैलों के जलने से उत्पन्न होता है।
टेफ्रा (Tephra)	विस्फोटक उद्‌गार से निस्तृत ज्वालामुखी राख (Volcanic Ash)
पायरोक्लास्ट (Pyroclasts)	ज्वालामुखी उद्‌गार के द्वारा निसृत शैलों के विखण्डित टुकडे होते है इनमें लेपीली, झामक, ज्वालामुखी राख तथा ज्वालामुखी बम प्रमुख हैं। • टफ (Tuff): राख के संगटन से निर्मित बड़े टुकड़े। • झामक (Pumice): ब्रेसिया के साथ गैसीय बुलबुलों से निर्मित छिद्रदार पत्थर के टुकड़े। • स्कोरिया (Scoriae): एक तरफ चने की तरह नुकीले पत्थर के टुकड़े। • ब्रेसिया (Brecia): स्कोरिया का बड़ा रूप। • ज्वालामुखी बम (Volcanic Bomb): कई मीटर व्यास के बड़े पत्थर।

राख की बौछारें (Ash Showers)

राख वल्केनियन तथा पिलियन प्रकार के उद्‌गारों का प्रमुख उत्पाद हैं। प्राचीन काल में राख की बोछारों ने पृथ्वी के बड़े भाग को ढक लिया था। न्यूजीलैण्ड में सन् 1886 के टारवारा बोछारों (Tarwara Shower) द्वारा 85 किलोमीटर व्यास वाले क्षेत्रों को आवृत कर लिया था जिसमें लेपिली तथा झामक की अधिकता थी। सन् 1883 का क्राकाटाओ उद्‌गार विश्व प्रसिद्ध है।

यहाँ 26 अगस्त 1883 को हुए विध्वंसक उद्गार में वायुमण्डल में धूल आवरण से एक काले बादलों की घनी परत बन गई थी जिसको ऊपरी वायु प्रवाह प्रणाली द्वारा वायुमण्डल के विभिन्न भागों में वितरित किया गया फलस्वरूप अनेक स्थानों पर सूर्यास्त जैसा दृश्य बन गया था इसका विस्तार दक्षिणी भारत, पश्चिमी यूरोप तथा अमेरिका तक हो गया था। राख की बोछारें सामान्यतया ठण्डी होती है लेकिन नुई अर्डेण्ट (Nuee Ardent) उष्ण होती है, सन् 1902 के माउण्ट पीली (पश्चिमी द्वीप समूह) तथा 1912 के माउंट कटमाई (अलास्का) उद्गारों में नुई अर्डेण्ट काँच को पिघला देने वाली उष्णता के साथ निसृत हुई थी।

ज्वालामुखी क्रिया में अनेक धातुएं भी निकलती हैं इन धातुओं में लोहा, जस्ता, तांबा, आर्सेनिक, एन्टीमनी, मोलिब्डेनम, चाँदी, टिन आदि प्रमुख हैं। ज्वालामुखी से निकले ठोस टुकड़ों का सर्वाधिक विस्तार इण्डोनेशिया में पाया जाता है।

ज्वालामुखी का वर्गीकरण (Classification of Volcanoes)

विभिन्न ज्वालामुखियों के विस्फोट के समय एवं प्रक्रिया में काफी अन्तर होता है। कुछ ज्वालामुखी शांत रूप से दरारी उद्गार द्वारा प्रकट होते हैं जबकि अन्य तीव्र विस्फोट के साथ प्रकट होते । कुछ ज्वालामुखी एक बार फूटने के बाद सदा के लिए शांत हो जाते हैं जबकि कुछ लम्बे समय तक लावा उगलते रहते हैं। इस प्रकार ज्वालामुखियों को उनके लक्षणों के अनुसार विभिन्न आधारों पर अनेक प्रकारों में वर्गीकृत किया जा सकता है—

सारणी 8.2 *विश्व के प्रमुख सक्रिय ज्वालामुखी*

क्र.सं.	नाम	देश	ऊंचाई (मीटर में)
1.	कोटोपेक्सी	इक्वेडोर	5897
2.	क्लूचेवस्काया	रूस	4750
3.	व्रेंगेल	अलास्का	4270
4.	मोनोलोआ	हवाई द्वीप (U.S.A.)	4170
5.	केमरून	केमरून	4070
6.	एरेबस	अन्टार्कटिका	3795
7.	निरागोगो	जायरे	3520
8.	इलिआम्ना	अलेततुआन श्रेणी (U.S.A.)	3350
9.	एटना	सिसली (इटली)	3340
10.	बार	कास्केड श्रेणी (U.S.A.)	3285
11.	चिल्लन	चिली	3200
12.	न्यामुरागिरा	जायरे	3090
13.	विललाटिका	चिली	2842
14.	रूहापेहू	न्यूजीलैण्ड	2797
15.	पारीकटिन	मैक्सिको	2770
16.	अनामा	जापान	
17.	सेंट हेलेस पर्वत	संयुक्त राज्य अमेरिका (U.S.A.)	2540
18.	न्याऊरूहोए	न्यूजीलैण्ड	2530
19.	हेवला	आइसलैण्ड	2291
20.	विसुवियस	इटली	1491
21.	किलाउएआ	हवाईद्वीप (U.S.A.)	1277
22.	स्ट्राम्बोली	इटली	1247

क्रियाशीलता के आधार पर ज्वालामुखी को तीन भागों में बाँटा जा सकता है—

1. **क्रियाशील या सक्रिय ज्वालामुखी** (Active Volcanoes)– विश्व के वे ज्वालामुखी जिनसे निरन्तर लावा, गैसें आदि निसृत होते रहते हैं सक्रिय ज्वालामुखी कहलाते हैं। इनसे तप्त पदार्थ अनवरत निकलते हैं। विश्व में लगभग 500 सक्रिय ज्वालामुखी हैं। इटली के एटना, सेंट हेलेना (U.S.A.) स्ट्राम्बोली (*भूमध्य सागर का प्रकाश स्तम्भ)* पिनाट्बो (फीलिपाइन्स) प्रमुख सक्रिय ज्वालामुखी हैं। विश्व का सबसे ऊंचा सक्रिय ज्वालामुखी कोटोपेक्सी (5897 मी.) है जो इक्वेडर में क्वीटो के दक्षिण में स्थित है। इसे चमकती चोटी (Shining Peak) कहते हैं ।
2. **प्रसुप्त ज्वालामुखी** (Dormant Volcanoes)– इन ज्वालामुखियों में पहले कभी उद्गार हुआ था लेकिन वर्तमान में शांत दिखाई देते हैं एवं भविष्य में कभी भी उद्गार हो सकता है, अर्थात् दो उद्गारों के मध्य सुसुप्त अवस्था की लम्बी अवधि रहती है। विसुवियस (इटली) फ्यूजियामा (जापान) तथा क्राकाटाओ (इण्डोनेशिया) प्रसुप्त ज्वालामुखी हैं। विसुवियस का प्रथम उद्गार 79 ई. में हुआ था इसके बाद दूसरा उद्गार 1631 में हुआ। पुनः अगला उद्गार 1803 में हुआ तथा 1929 तक कुल 7 बार इसमें ज्वालामुखी क्रिया हो चुकी है।
3. **मृत ज्वालामुखी** (Extinct Volcanoes)– वह ज्वालामुखी जिसमें एक बार उद्गार होने के बाद कभी भी पुनः उद्गार नहीं होता है। इनके मुख में वर्षा जल भरने से क्रेटर झीलें बन जाती हैं। ऐसे ज्वालामुखी 'मृत' या 'शान्त ज्वालामुखी' कहलाते हैं। आर्थर्स सीट (एडिनबर्ग, स्कॉटलैण्ड), माउंट पोपा (म्याँमार), देवमन्द व कोहसुल्तान (ईरान) आदि शांत ज्वालामुखियों के उदाहरण हैं।

2. उद्गार के आधार पर वर्गीकरण (Clasification According to Eruption)

(i) केन्द्रीय उद्गार वाले ज्वालामुखी (Central Eruption Type)

इनमें उद्गार एक संकरी नली द्वारा होता हुआ छिद्र से बाहर प्रकट होता है। यह उद्गार तेज गति एवं विस्फोट के साथ प्रकट होता है। अतः ये ज्वालामुखी अधिक विनाशकारी सिद्ध होते हैं। उद्गार वाले ज्वालामुखियों को 6 श्रेणियों में बांटा गया है—

हवाई प्रकार के ज्वालामुखी (Hawaiian Type Eruption)

इस प्रकार के ज्वालामुखी में विस्फोट क्रिया कम तीव्रता के साथ सम्पन्न होती है। इसके द्वारा निःसृत पदार्थों में मुख्य लावा होता है। निकलने वाला लावा पतला होता है। उद्गार के समय लावा के छोटे-छोटे पिंड वायु द्वारा रोक लिये जाते हैं वायुमण्डल में गैस के कारण ऊपर स्थित लाल रंग का लावा आकाश में ऐसे दिखाई देते हैं जैसे केश राशि हो। हवाई द्वीप के निवासी इस तरह वायुमण्डल में फैले लावा को अपनी पूज्य अग्निदेवी पीली के केशराशि मानते हैं। इस तरह के ज्वालामुखी ज्यादातर हवाई द्वीप पर आते हैं। अतः इसी कारण ऐसे उद्गार वाले ज्वालामुखियों को हवाई तुल्य ज्वालामुखी कहते हैं। हवाई द्वीप के मोना लोआ एवं किलुआ आदि इसके उदाहरण हैं।

स्टाम्बोली प्रकार के ज्वालामुखी (Strombolian Type Eruption)

इसमें उद्गार के समय मामूली विस्फोट होता है तथा गैसें रुक-रुककर अथवा लगातार निकलती रहती हैं। निकलने वाला लावा कम पतला होता है। लावा के साथ-साथ ज्वालामुखी-धूल, झामक (Pumice) ज्वालामुखी बम आदि भी निकलते हैं। इस प्रकार का उद्गार भूमध्य सागर के सिसली द्वीप के उत्तर में स्थित स्ट्राम्बोली ज्वालामुखी में पाया जाता है।

वल्केनियन प्रकार के ज्वालामुखी (Vulcanian Type)

इस प्रकार के ज्वालामुखी में निःसृत पदार्थों की तीव्रता अधिक होती है तथा उद्गार के समय तेज विस्फोट होता है। इसमें विस्फोट

चित्र 8.2 *ज्वालामुखी उद्‌गार के प्रमुख प्रकार (Source: Figure 7.2 in K. Smith, 1992, Environmental Hazards)*

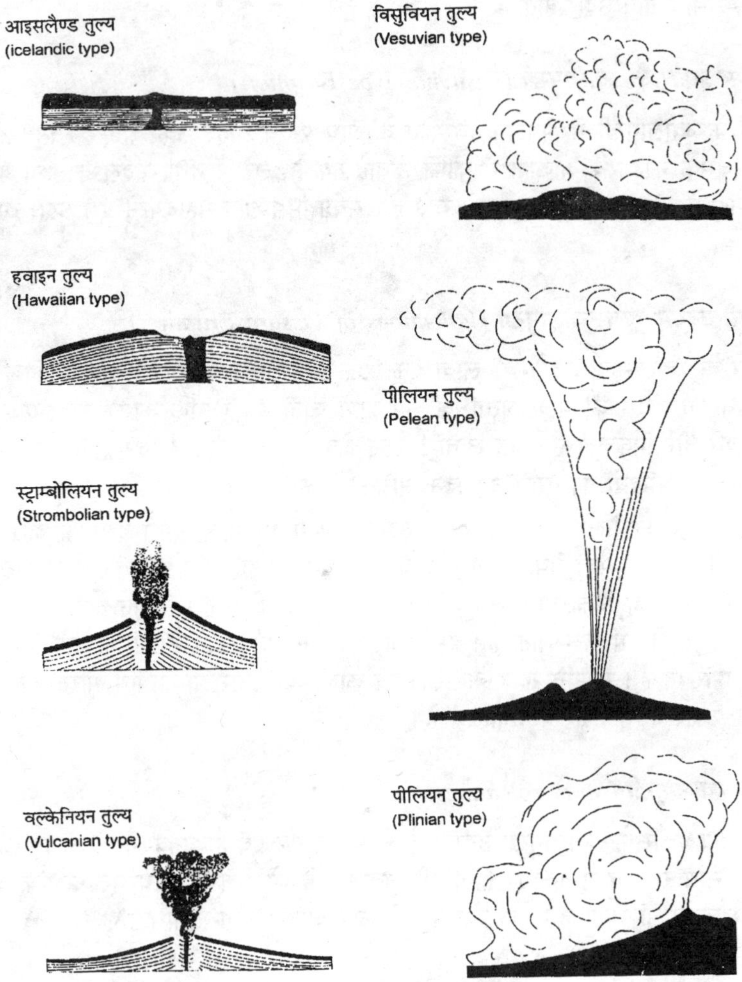

के बाद राख एवं धूल युक्त गैसों का बादल बनकर ऊपर उठता है जो फूल गोभी के समान प्रतीत होता है। इससे निकला लावा लसलसा एवं चिकना होता है जो क्रेटर के ऊपर गिरकर ज्वालामुखी के मुख पर जमा हो जाता है जिसके कारण गैस एवं लावा इकट्ठा होता रहता है। जब इनकी मात्रा अत्यधिक हो जाती है तो भयंकर आवाज के साथ तीव्र विस्फोट होता है। गैस अधिक मात्रा में इकट्ठी होने पर इस ढक्कन को तोड़कर अचानक बाहर निकलती है। इसका नामकरण इटली के लिपारी द्वीप पर स्थित वल्केनो ज्वालामुखी के आधार पर किया गया है। ऐसे ज्वालामुखी का अगला उद्गार पिछले उद्गार के कारण निर्मित लावा परत को तोड़कर होता है।

***पीलियन प्रकार के ज्वालामुखी** (Pelean Type Eruption)*

इस प्रकार के ज्वालामुखी में उद्गार अत्यधिक विस्फोट के साथ होता है। इससे निःसृत लावा अधिक चिपचिपा होता है जिसके क्रेटर पर गिरकर जम जाने पर मोटी डाट लग जाती है। अतः पीलियन तुल्य ज्वालामुखी सबसे अधिक विनाशशील होते हैं तथा इनका विस्फोट भयंकर एवं तेज आवाज के साथ होता है। इनके उद्गार के कारण सर्वाधिक जन धन की हानि होती है। इसकी प्रमुख विशेषता है *नुई अर्डेण्ट (Nuee Ardentes or Glowing Cloud)* का निर्माण है।

जब गैसों का दाब अधिक हो जाता है तो इसे तोड़कर भयंकर रूप से गैसें एवं अन्य पदार्थ बाहर निकलते हैं तथा काफी ऊंचाई तक उछलते हैं। 1902 में पश्चिमी द्वीप समूह के मार्टिनिक द्वीप पर स्थित माउण्ट पीली ज्वालामुखी के विस्फोट से सेन्ट पियरे नगर नष्ट हो गया इसी के आधार पर ऐसे उद्गार वाले ज्वालामुखियों को पीलियन तुल्य ज्वालामुखी कहते हैं। 1883 में क्राकाटाओ (सुण्डा जलडमरूमध्य), 1911 में माउण्ट ताल (फिलीपीन्स) एवं 1851 में हिबक-हिबक (फिलीफीन्स) में हुए उद्गार पीलियन प्रकार के ही थे।

पीलियन प्रकार के ज्वालामुखी उद्गार का लावा अत्यधिक गाढ़ा एवं चिपचिपा होता है जो उद्गार के समय ज्वालामुखी नली में जमा हो जाता है। जब गैस एवं लावा ज्वालामुखी नली के बंद होने के कारण बाहर नहीं निकल पाते जिसके कारण इनकी मात्रा बढ़ती जाती है। गैस एवं लावा की मात्रा अत्यधिक होने पर ये ज्वालामुखी नली में निक्षेपित डाट को तोडकर भयंकर आवाज के साथ तीव्र उद्गार होता है।

विसुवियस प्रकार के ज्वालामुखी *(Vesuvius Type Eruption)*

इस तरह के ज्वालामुखी में भयानक विस्फोट के साथ पदार्थ बाहर फैंके जाते हैं। निकलने वाले पदार्थों में गैसों का बड़ा भाग होता है जिसके कारण ये आकाश में काफी ऊंचाई तक उछलते हैं तथा बादल का रूप ग्रहण कर लेते हैं। इटली के विसुवियस (1220 मी.) में इस प्रकार के उद्गार होते रहते हैं। सर्वप्रथम प्लिनि महोदय ने ऐसे उद्गार वाले ज्वालामुखी के बारे में जानकारी दी थी।

(ii) ***दरारी उद्‌गार वाले ज्वालामुखी*** *(Volcanoes of Fissure Eruption)*

इस प्रकार के ज्वालामुखी उद्‌गार में लावा एक छिद्र से न निकलकर लम्बी दरार से निकलता है। दरारी उद्गार वाले ज्वालामुखी में लावा के साथ गैस की मात्रा अत्यधिक कम पायी जाती है। जिसके कारण लावा एक छिद्र से न निकलकर एक लम्बी दरार के द्वारा धीरे-धीरे निकलता है। यह लावा विस्तृत क्षेत्र में फैल जाता है जिसके कारण लावा मैदान एवं लावा पठार का निर्माण होता है। ज्वालामुखियों का दरारी उद्‌भेदन अधिकतर क्रिटेशियस युग में हुआ था।

1783 में आइसलैण्ड में हुआ दरारी उद्गार लगभग 17 मील लम्बी दरार के द्वारा हुआ था जिसके कारण लावा लगभग 218 वर्ग मील क्षेत्र में फैल गया था तथा अपार जन धन की हानि हुई थी। दरारी उद्‌गार वाले ज्वालामुखियों में गैंसें एवं लावा विस्फोट के साथ नहीं निकलता बल्कि शांत प्रकार का उद्गार होता है। निःसृत लावा प्रायः पतला होता है तथा शंकु रूप में जमा न होकर विस्तृत क्षेत्र में फैल जाता है। इस प्रकार के उद्गार वर्तमान में देखने को नहीं मिलते तिं भूगर्भिक इतिहास में भी कम ही उदाहरण उपस्थित हैं। संयुक्त राज्य अमेरिका का कोलंबिया पठार, प्रायद्वीपीय भारत का दक्कन पठार तथा आइसलैंड में 1783 ई. में हुआ उद्गार दरारी उद्गार के उदाहरण हैं।

(iii) ***पंक ज्वालामुखी*** *(Mud Volcanoes)*

यह एक भिन्न प्रकार का ज्वालामुखी उद्‌गार है जो पेट्रोलियम एवं प्राकृतिक गैस उत्पादक क्षेत्रों में पाया जाता है। इस ज्वालामुखी में गैस के साथ रेत एवं मृत्तिका (Clay) भी निकलती है जो जल के साथ घुलकर पंक बना लेती है। यह पंक मिट्टी के टीले पर जमकर कठोर हो जाती है। पंक ज्वालामुखी का उदाहरण बोग-बोगा (Bog-Boga) है, जो कैस्पियन सागर के समीप बाकू तेल क्षेत्र में है।

ज्वालामुखी पदार्थ द्वारा बने स्थलरूप (Landforms produced by the Volcanic Material)

ज्वालामुखी विस्फोट के समय निकले पदार्थ धरातल पर जमा होकर विभिन्न आकार वाले स्थलरूपों का निर्माण करते हैं। इन स्थलकृतियों का रूप स्थाई न होकर परिवर्तित होता है क्योंकि प्रत्येक बार उद्गार के समय पदार्थों की और मात्रा जमा होने से इनका रूप बदल जाता है। ज्वालामुखी क्रिया का क्षेत्र धरातल के नीचे एवं ऊपर दोनों ओर होता है। अतः स्थलाकृतियाँ भी मुख्यतः आन्तरिक एवं बाह्य दो प्रकार की होती हैं। दरारी उद्गार वाले ज्वालामुखी से निःसृत लावा पतला होने के कारण अधिक क्षेत्र में फैलकर पठार अथवा मैदान जैसी स्थलाकृति को जन्म देता है। उपर्युक्त आधार पर ज्वालामुखी क्रिया से निर्मित स्थलाकृतियों को निम्नलिखित प्रकार से वर्गीकृत किया जा सकता है—

1. बाह्य स्थलाकृति (Extrusive Topography)

(i) शंकु (Cones)

ज्वालामुखी शंकु का आकार छोटे टिले से लेकर बड़े पर्वत के सदृश्य होता है। इनका निर्माण ज्वालामुखी लावा, राख, धूल व विखण्डित पदार्थों से होता है जमाव की प्रकृति सिलिका की मात्रा पर निर्भर करती है। केन्द्रीय उद्गार वाले ज्वालामुखी से निःसृत पदार्थ धरातल पर शंकुनुमा रूप में जमा हो जाते हैं। विस्फोट की प्रकृति और निकलने वाले पदार्थों के आधार पर विभिन्न प्रकार के शंकु निर्मित होते हैं। प्रमुख लावा शंकु निम्नांकित है।

राख शंकु (Cinder or Ash Cone)

राख शंकु ऐसे क्षेत्रों में बनते हैं जहाँ उद्‌गार विस्फोटक होते हैं तथा पाइरोक्लास्ट (Pyroclastic) पदार्थों की प्रधानत्रा होती है। इनका निर्माण ज्वालामुखी धूल, राख तथा छोटे छोटे टुकड़ों से होती है। इसकी ऊंचाई कम तथा ढाल अवतल (Concave) होता है। *कैमग्विन* (फिलीपीन्स) , *जोरल्लो* (मैक्सिको) आदि राख शंकु के उदाहरण हैं। राख शंकु के निर्माण में लावा की मात्रा कम होती है। इनका निर्माण तीव्र गति से होता है तथा कभी-कभी इनकी ऊंचाई 400 फीट तक पायी जाती है। राख या सिण्डर शंकु के निर्माण में प्रयुक्त पदार्थ असंगठित एवं बड़े-बड़े चट्टानी टुकड़ों के रूप में पाए जाते हैं।

अम्लीय लावा शंकु (Acid lava cone)

जब उद्गार से निकलने वाले लावा में सिलिका की मात्रा अधिक होती है तो निर्मित शंकु ऊंचा एवं तीव्र ढाल वाला होता है। इसमें लावा चिपचिपा एवं गाढ़ा होने के कारण धरातल पर निकलने के बाद शीघ्रता से ठंडा होता है। क्राकाटाओ एवं स्ट्राम्बोली के शंकु इसी प्रकार के हैं।

शील्ड शंकु (Shield or Basic Lava Cone)

जब निःसृत लावा में सिलिका अल्प मात्रा में पायी जाती है तब यह पतला एवं कम चिपचिपा होने के कारण दूर तक फैलकर शील्ड या बेसिक शंकु का निर्माण करता है। मोनालोआ (हवाई द्वीप) शील्ड शंकु के निर्माण में प्रयुक्त लावा बेसिक या बेसाल्ट लावा से होने के कारण इसे बेसिक या पैठिक लावा शंकु भी कहते हैं। हवाई द्वीप का मोनालोआ तथा इटली का माउंट एटना इसके उदहारण हैं। इनकी ऊँचाई काफी अधिक होती है मोनालोआ की ऊँचाई 4219 मीटर है।

शंकु में शंकु (Cone in cone)

जब लंबे अंतराल के बाद प्रसुप्त ज्वालामुखी में उद्गार होता है तो शंकु के अंतर्गत छोटे शंकु निर्मित हो जाते हैं। फ्यूजीयामा (जापान) में इस प्रकार के शंकु मिलते हैं।

मिश्रित शंकु (Composite or Strato Cones)

जवालामुखी से निकलने वाले पदार्थ (Pyroclastic Materials) जब परत दर परत जमा होते रहते हैं तो ऐसे शंकु का निर्माण होता हैं। इन्हें परतदार शंकु (Strato Cones) भी कहा जाता है। ये शंकु सर्वाधिक ऊंचे होते हैं। इनका ढाल धरातल से 35° से 40° तक होता है इसमें ज्वालामुखी उद्‌गार के दौरान लावा डाईक (Dyke) के रूप में जमा हो जाता है। मेयन (फिलीपींस) विसुवियस एवं एटना (इटली) फ्यूजीयामा (जापान), पोपोकेटटीटेटल (मैक्सिको), कोटोपेक्सी (इक्वेडोर) आदि इसके उदाहरण हैं। विश्व में पाए जाने वाले ऊंचे ज्वालामुखी पर्वतों का निर्माण मिश्रित शंकुओं के द्वारा ही होता है। लावा की परत एवं विखण्डित पदार्थों के क्रमशः जमते रहने के कारण इस शंकु में विभिन्न परतें पायी जाती हैं।

परिपोषित शंकु (Parasite Cone)

जब ज्वालामुखी नली से छोटी-छोटी उपशाखाएं निकल आती है तो इनसे निकलने वाले लावा द्वारा शंकु के विभिन्न भागों पर छोटे-छोटे शंकु निर्मित हो जाते हैं। इनको परिपोषित शंकु कहा जाता है। संयुक्त राज्य अमेरिका का माउंट शस्ता इसी प्रकार का शंकु है।

(ii) लावा डाट (Lava Plug)

मिश्रित प्रकार के शंकु निर्मित करने वाले ज्वालामुखी जब शांत हो जाते हैं तब उनकी नली में ठोस लावा जम जाता है। अपरदन द्वारा शंकु का बाहरी भाग जब नष्ट हो जाता है तो यह लावा दीवार की तरह दिखाई देता है जिसे लावा डाट कहते हैं। ब्लैक हिल्स एवं डेविल टावर इसके उपयुक्त उदाहरण हैं।

(iii) लावा गुम्बद (Lava Dome)

शील्ड शंकु जब विशाल आकार युक्त होता है तो वह विस्तृत गुम्बद के रूप में दिखाई देता है जिसको लावा गुम्बद कहते हैं। इसका निर्माण ज्वालामुखी छिद्र के चारों ओर लावा के जमाव से होता है।

दरारी उद्गार वाले ज्वालामुखी द्वारा निर्मित स्थलाकृति

इस प्रकार के उद्गार में लावा एक लम्बी दरार से निकलता है, साथ ही लावा पतला होने के कारण शीघ्रता से काफी दूरी तक फैल जाता है। इस तरह लावा क्षैतिज रूप में फैलकर धरातल पर एक परत के रूप में बिछा दिया जाता है। लावा परत की गहराई लावा की मात्रा एवं गाढेपन के अनुसार भिन्न-भिन्न होती है। परतों में लावा के जमते जाने से लावा मैदानों एवं लावा पठारों के निर्माण होता है।

उद्गार के उपरान्त ज्वालामुखी भूदृश्य में परिवर्तन (Post Eruption Modification of Volcanic Landscapes)

ज्वालामुखी उद्गार के उपरान्त निर्मित भूदृश्यों में उद्गार के उपरान्त अनाच्छादन क्रिया द्वारा परिवर्तन हो जाता है। अपरदन क्रिया द्वारा ज्वालामुख (Volcano) की परिवर्तित अवस्थायें निम्नांकित हैं : (i) *अक्षुण शंकु (Intact Cone)*, (ii) *छाता क्रमनिहित (Parasol Ribbing)*, (iii) *प्लानीज अवस्था (Planeze Stage)*,

चित्र 8.3 *ज्वालामुखी शंकु का अनाच्छादान*

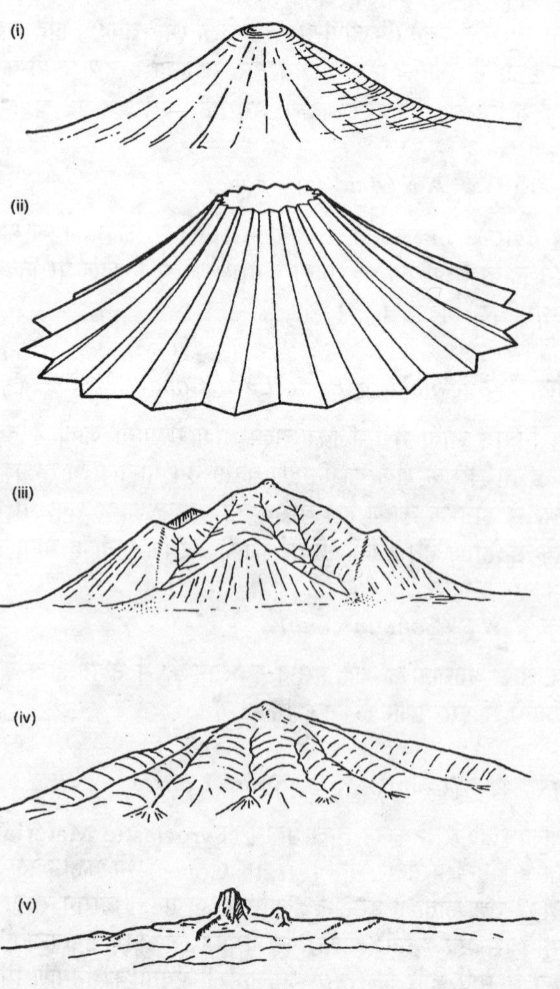

(iv) *अवशिष्ट ज्वालामुख (Residual Volcano)*, (v) *ज्वालामुखी का अवशेष ढाँचा (Volcanic Skeleton)* ।

सर्वप्रथम उद्गार के दौरान निर्मित शंकु पर अपरदन प्रारंभ होता है जिस पर धीरे-धीरे नवीन सरीतायें विकसित होने लगती है तथा छातानुमा आकृति (Parasol Shape) बन जाती है जिस पर क्रमनिहित लघु सरितायें विकसित होती है। कालान्तर में इनका अपवाह क्षेत्र विस्तृत हो जाता है तो प्लानीज अवस्था आ जाती है। प्लानीज (Planeze) फ्रेंच भाषा का शब्द है जिसे सामान्यतः *मेसा (Mesa)* भी कहते हैं तथा विशेष रूप से फ्रांस के पेज डी डोम (Puys de Dome) जिले के लिए प्रयुक्त किया गया जो पूर्व में सिंडर शंकु था लेकिन बाद में अनाच्छादन द्वारा कट गया है तथा केवल लावा प्रवाह से सुरक्षित क्षेत्र ही शेष बचे हैं। इस प्रकार प्लानीज अवस्था में सिंडर शंकु अनाच्छादित हो जाता है (चित्र—) इसके उपरान्त ज्वालामुख अवशिष्ट रूप में मिलता है इस अवस्था में जल विभाजक भी कटने लगते हैं तथा अन्त में ज्वालामुखी भूदृश्य समप्राय मैदान सदृश्य बन जाता है जिसमें केवल ज्वालामुखी ढाँचा मात्र बचता है।

इस सम्पूर्ण प्रक्रिया में कम से कम 10 मिलियन वर्ष लग जाते हैं फ्रांस में सेन्ट्रल मेसिक के पेज (Puys) में तथा एडिनबर्ग के आर्थस सीट में विस्तृत पैमाने पर ऐसा अनाच्छादन हुआ है।

ज्वालामुखी क्रेटर (Volcanic Craters)

ज्वालामुखी शिखर या किनारों पर नली (Vent) के चारों ओर स्थित कीपाकार बेसिन को क्रेटर कहते हैं। इसके चारों ओर भृगुनुमा तीव्र ढाल होता है। इस प्रकार के ज्वालामुखी गर्त (Volcanic Depressions) तीन प्रकार के होते हैं (i) क्रेटर (Craters), (ii) केल्डेरा (Caldera), तथा (iii) ज्वालामुखी विवर्तनिक गर्त (Volcanic-Tectonic Depressions) ।

(i) **क्रेटर** (Craters)—ज्वालामुखी के प्रमुख मुख के ऊपर गर्तनुमा बनी हुई आकृति को क्रेटर कहते हैं। क्रेटर की आकृति एवं आकार शंकु के निर्माण पर आधारित होता है, लेकिन अधिकतर क्रेटरों की आकृति कीपाकार होती है, एवं ढाल सामान्यतया 25° से 40° के मध्य पाया जाता है। क्रेटर की सामान्य गहराई लगभग 1000 फीट एवं विस्तार भी लगभग 1000 फीट तक पाया जाता है। कभी-कभी मुख्य क्रेटर के अन्दर ज्वालामुखी के हल्के उद्गार के कारण छोटे-छोटे क्रेटर बन जाते हैं। ऐसे छोटे क्रेटरों से युक्त मुख्य क्रेटर को घोंसलादार या सामुहिक क्रेटर कहते हैं। माउण्ट ताल (फिलीपाइन) ज्वालामुखी के मुख्य क्रेटर के अन्दर तीन क्रेटर पाए जाते हैं।

(ii) **काल्डेरा** (Calderas)—जब ज्वालामुखी उद्गार के कारण क्रेटर का विस्तार अत्यधिक हो जाता है तो उसे काल्डेरा कहते हैं। क्रेटर प्राकृतिक क्रियाओं के कारण अवतलित (धंसाव) हो जाता है जिसके कारण उसका आकार बड़ा होकर काल्डेरा का निर्माण करता है। काल्डेरा के बनने के बाद जब पुनः ज्वालामुखी का उद्गार होता है तो मुख्य कालडेरा के अन्दर छोटे-छोटे काल्डेरा बन जाते हैं, ऐसे विस्तृत काल्डेरा को घोंसलादार काल्डेरा या सामूहिक काल्डेरा कहते हैं। ओरेंगन (U.S.A.) का ग्रेटरलेक कोल्डेरा विश्व का प्रसिद्ध काल्डेरा है। क्राकाटाओं का सुपर

चित्र 8.4 *अवतलन द्वारा काल्डेरा का निर्माण (i) प्रारंभिक ज्वालामुखी (ii) विस्फोट (iii) ध्वस्त (After A. Goudie, 1993)*

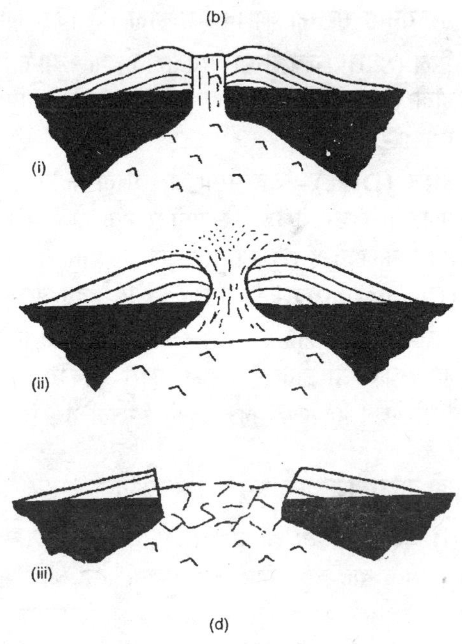

काल्डेरा (1810 वर्ग कि. मी.) माउंट कटमाई व एनिपाचाक (अलास्का) तथा एअरा (जापान) अन्य प्रमुख कोल्डेरा हैं।

(iii) **ज्वालामुखी विवर्तनिक गर्त** (Volcanic-Tectonic Depressions)—इनका अविर्भाव अवतलन (Collapse), कोल्डेरा क्रेटर में असमानता होने पर होता है। ये ज्वालामुखी शंकुओं के ढाल पर खाईनुमा गर्त होते हैं इन्हें सेक्टर ग्राबेन (Sector Graben) भी कहते हैं। न्यूजीलैण्ड के उत्तरी द्वीप के बड़े क्षेत्र में एक विशाल ज्वालामुखी विवर्तनिक गर्त स्थित है। न्यूजीलैण्ड की टाउपो बेसिन झील (Taupo Basin Lake) यहीं स्थित है। इस प्रकार के अनेक गर्त सुमात्रा में भी पाये जाते हैं इनमें सबसे बड़े गर्त में टोबा झील विकसित हुई हैं।

आन्तरिक स्थलाकृति (Intrusive Topography)

जब ज्वालामुखी उद्गार के समय निकलने वाले पदार्थों की तीव्रता कम होती है तो मैग्मा धरातल तक नहीं पहुंचता अपितु धरातल के नीचे ही दरारों में जमा होकर ठोस हो जाता है। इस प्रकार धरातल के आन्तरिक भागों में जमने वाला मैग्मा रूप एवं आकार में भिन्न होता है जिसके कारण प्रमुखतः निम्नलिखित स्थलाकृतियों का जन्म होता है—

(i) **बैथोलिथ** (Batholith) – मैग्मा की विशाल राशि गुम्बद के रूप में जमा हो जाती है जिसके किनारे तीव्र ढाल युक्त एवं आधार तल अधिक गहराई में होता है। इसका ऊपरी भाग ऊबड़-खाबड़ होता है। ये सैकड़ों किलोमीटर लम्बे तथा 50 से 80 किलोमीटर चौड़े तथा अत्यधिक मोटाई वाले होते हैं।

(ii) **लैकोलिथ** (Lacolith) – पृथ्वी की सतह के निकट परतदार चट्टानों के बीच गुम्बदाकार रूप में मैग्मा जम जाने पर इसका निर्माण होता है।

(iii) **फैकोलिथ** (Phaccolith) – मोड़दार चट्टानों की अपनतियों (Anticlines) एवं अभिनतियों (Synclines) में लहरदार मैग्मा जमाव वाली संरचना फैकोलिथ कहलाती है।

(iv) **लोपोलिथ** (Lopolith) – जब मैग्मा का जमाव धरातल के नीचे अवतल आकार वाली छिछली बेसिन में होता है तो एक तस्तरीनुमा संरचना का विकास होता है। जिसे लोपोलिथ कहते हैं।

(v) **सिल** (Sill) – जब मैग्मा परतदार अथवा रूपान्तरित शैल परतों के बीच जम जाता है। जब इस जमाव की मोटाई अधिक होती है तो 'सिल' कहलाता है। सिल की स्थिति मूल चटान के समानान्तर होती है। पतली सिल को *'सीट'* कहा जाता है।

(vi) **डाइक** (Dyke) – जब मैग्मा शैल परतों के लम्बवत् रूप में जमता है एवं सिल की तरह ही होता है। इसकी लम्बाई कुछ मीटर से लेकर सैकड़ों किलोमीटर तक होती है। उद्गार की पुनरावृत्ति के रूप में हुए जमाव के आधार पर डाइक चार प्रकार के होते हैं (i) साधारण डाइक (Simple Dyke), (ii) बहुवेधी डाइक (Multiple Dyke), (iii) मिश्रित डाइक (Composite Dyke) तथा (iv) विभेदित डाइक (Differential Dyke)।

(vii) **बिसमेलिथ** (Bysmmalith)—बिसमेलिथ का निर्माण लावा के बड़े पैमाने पर बेलनाकार रूप में आन्तरिक शैलों में खड़े प्रवेश करने से होता है इसकी ऊपरी आकृति चापाकार होती है दक्षिणी डकोटा के ब्लेक हिल्स प्रदेश में तथा उटाह के हेनरी पर्वत प्रदेश में यह आकृति मिलती है। बिसमेलिथ का आच्छादित उच्च भूमि क्षेत्र माउण्ट हिलर्स कहलाता है।

ज्वालामुखी से सम्बद्ध अन्य प्रमुख स्थलाकृतियाँ

(i) **धुंआरे अथवा सोल्फतारा** (Fumaroles or Solfataras) – जब ज्वालामुखी से राख एवं लावा निकलना बन्द हो जाता है। इसके बाद बहुत दिनों तक विभ्न्न तरह की गैसें एवं धुआं निकलती रहती है। यह अवस्था धुंआरा अथवा सोल्फतरा कहलाती है। धुंआरे का विस्तृत क्षेत्र अलास्का में कटमई ज्वालामुखी के समीप है। इसे *'दस हजार धुँआरों की घाटी'* कहा जाता है।

चित्र 8.5 *प्रमुख आंतरिक स्थलाकृतियाँ*

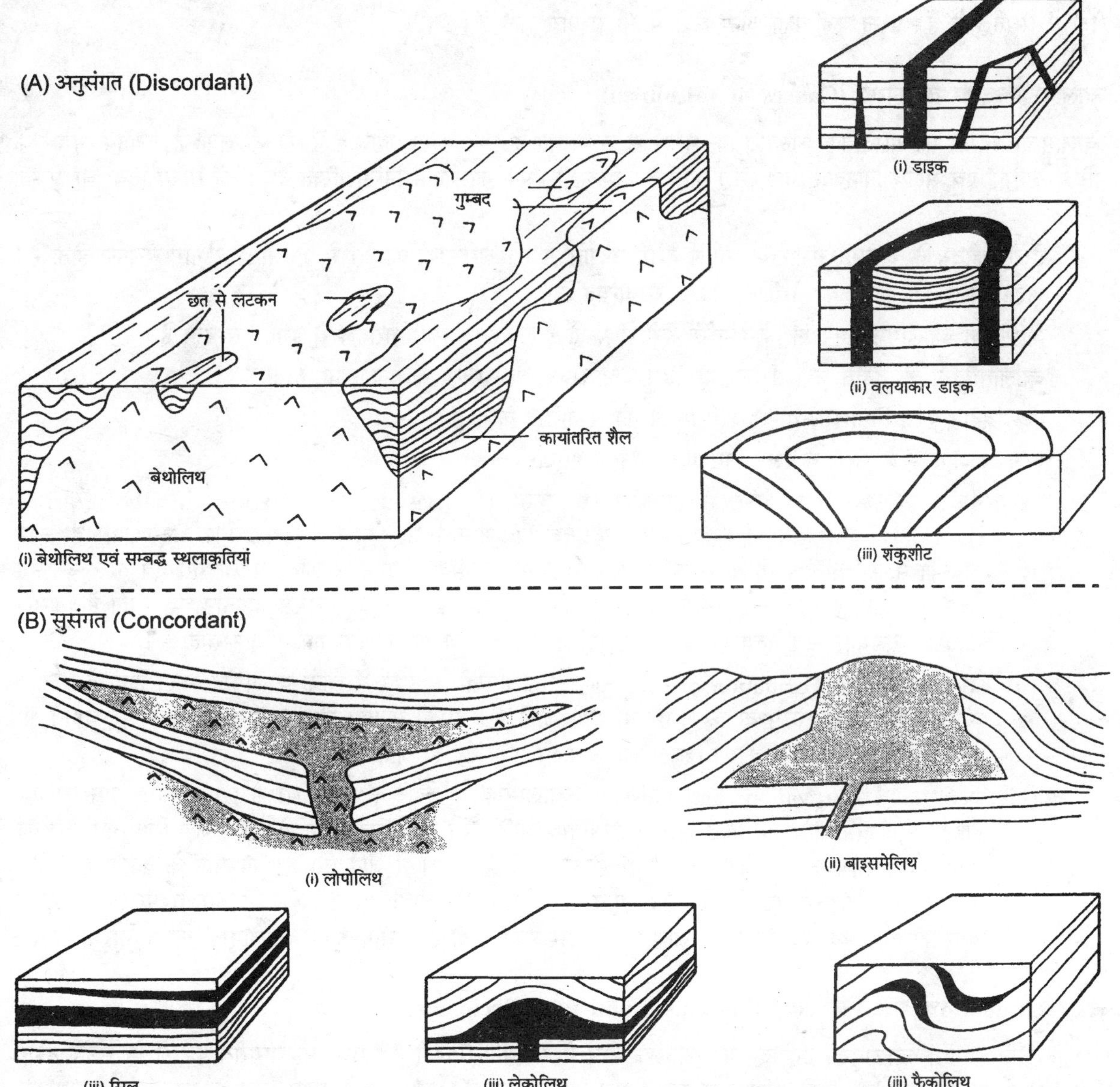

(ii) **गीजर या गेसर** (Geysir or Geyser) – आइसलैण्ड की भाषा में '*गोसिर*' शब्द का अर्थ फुहार छोड़ने वाला (Sponter) होता है। होम्स के अनुसार, "गीजर गर्म पानी के स्त्रोत होते हैं, जिनसे कुछ समय के अन्तराल पर ऊष्ण जल एवं वाष्प तीव्रता से निकलती रहती है।" इस जल का तापमान 75°C-90°C तक होता है। संयुक्त राज्य अमेरिका के वायोमिंग राज्य का '*यलोस्टन नेशनल पार्क में विश्व प्रसिद्ध ओल्ड फेथफुल*' सहित 100 गीजर हैं। आइसलैण्ड तथा न्यूजीलैण्ड में भी कई

गीजर मिलते हैं। इनसे गर्म जल एवं वाष्प रुक-रुककर निकलते रहते हैं। ये ज्वालामुखी के गौण रूप हैं।

(iii) **गर्म झरने** (Hot springs)–इनसे गर्म जल निरन्तर निकलता रहता है। ये मुख्यतः ज्वालामुखी के आस-पास के क्षेत्रों में स्थित होते हैं। परन्तु कहीं-कहीं अन्य क्षेत्रों में भी ये पाये जाते हैं।

ज्वालामुखी उद्गार के कारण (Causes of Valcanism)

ज्वालामुखी उद्गार का वास्तविक कारण इसके भूगर्भ से सम्बन्धित होने के कारण खोज नहीं की जा सकी है, क्योंकि भूगर्भ के बारे में अधिक एवं सटीक जानकारी नहीं मिल पायी है। फिर भी इसके कारणों में निम्नलिखित तथ्यों को महत्व दिया जा सकता है—

1. डेली महोदय के अनुसार संसार के सम्पूर्ण दरारी उद्गार से निकला लावा का 90 से 95 प्रतिशत भाग बेसाल्ट होता है। अतः ज्वालामुखी भूगर्भ की बेसाल्ट परत से सम्बन्धित है।
2. अधिकांश ज्वालामुखी भूपटल के कमजोर क्षेत्रों में फटते हैं। अतः कमजोर धरातल से इसका सम्बन्ध है।
3. ज्वालामुखियों की तटीय क्षेत्रों में उपस्थिति इसके साथ जल के सम्बन्ध को प्रकाशित करती है।
4. कुछ विद्वान पर्वत निर्माण क्रिया से ज्वालामुखी को सम्बन्धित करते हैं।

अतः ज्वालामुखी के उद्गार के लिए निमनांकित कारक प्रमुख हैं—

(i) **पृथ्वी के आन्तरिक भाग में तापमान में वृद्धि** (Increasing Temperature in the Earth's Interior)—भूगर्भ वेत्ताओं के अनुसार पृथ्वी का निर्माण सूर्य से हुआ है। अतः इसका ऊपरी भाग ही ठोस अवस्था में है जबकि पृथ्वी के आन्तरिक भाग में अभी भी तीव्र तापमान के कारण पदार्थ गर्म एवं तरल अवस्था में में पाए जाते हैं यही कारण है कि प्रति 32 मीटर की गहराई पर 1° सेल्सियस तापमान बढ़ जाता है। इसके अतिरिक्त रेडियोएक्टिव तत्वों एवं ऊपरी चट्टानों के दबाव के कारण भी तापमान अधिक रहता है।

(ii) **मेग्मा का निर्माण** (Formation of Magma)—ज्वालामुखी के उद्गार में लावा का प्रमुख स्थान होता है। लावा की एक प्रमुख मेखला पृथ्वी के भूगर्भ में पायी जाती है। इसके अलावा ऊपरी दबाव कम होने पर चट्टानें भी तापमान की अधिकता के कारण पिघल कर लावा में परिवर्तित हो जाती हैं।

(iii) **जलवाष्प एवं गैस** (Vapour and Gases)—ज्वालामुखी के उद्गार के समय 80 से 90% भाग वाष्प का एवं हाइड्रोजन, कार्बन डाई ऑक्साइड, सल्फर, अमोनिया आदि गैसों का प्रमुख स्थान होता है। जल वाष्प एवं गैस का निर्माण धरातलीय जल के कमजोर पर्तों में होकर पृथ्वी के भूगर्भ में जाने पर तीव्र तापमान के कारण होता है। बाद में यही गैसें ज्वालामुखी उद्गार का प्रमुख कारण होता है। लावा एवं गैस बाद में कमजोर परत को तोड़कर ऊपर की ओर भयंकर विस्फोट के साथ धरातल पर प्रकट होती है जिसके कारण ज्वालामुखी का उद्गार होता है।

ज्वालामुखी क्रिया तथा प्लेट विवर्तनिकी (Volcanism and Plate Tectonics)

प्लेट विवर्तनिकी द्वारा ज्वालामुखी उद्भेदन की व्याख्या करने में सहायता मिलती है। मध्य महासागरीय कटकों के सहारे उद्गार में निकला लावा बेसाल्ट होता है जो मैण्टिल के गलन द्वारा उत्पन्न होता है। इस तरह के उद्गार प्लेट के रचनात्मक किनारों के सहारे होते हैं। मध्य महासागरीय कटकों के साथ-साथ सक्रिय ज्वालामुखी मिलती हैं। यहाँ दो प्लेटें विपरीत दिशाओं में खिसकती हैं। इसके कारण दाब कम होने से कटक के नीचे ऊपरी मैण्टिल का पदार्थ पिघलकर लावा के रूप में दरार द्वारा बाहर निकलता है जिससे नयी सागरीय क्रस्ट का निर्माण होता है।

विनाशात्मक प्लेट किनारों के सहारे विस्फोटक पदार्थ का ज्वालामुखी उद्गार होता है। जब दो प्लेट आमने-सामने सरकती हैं तो आपसी टक्कर के कारण अधिक घनत्वयुक्त प्लेट कम घनत्व वाली प्लेट के नीचे क्षेपित हो जाता है। क्षेपित किनारा

मैण्टिल में सैकडों कि.मी. (700 किमी तक) गहराई पर जाकर पिघल जाता है। इस क्षेत्र को बेनीआफ मण्डल (Beni off Zone) कहते हैं। यह लावा केन्द्रीय उद्गार के रूप में परि प्रशान्त मेखला वाले ज्वालामुखियों में प्रकट होता है।

ज्वालामुखी का विश्व वितरण (World Distribution of Volcanoes)

विश्व के अधिकांश ज्वालामुखी निश्चित पेटियों के रूप में पाये जाते हैं। लगभग दो तिहाई ज्वालामुखी प्रशांत महासागर के चतुर्दिक फैले हुए हैं। शेष अन्य नवीन परतदार पहाड़ी क्षेत्रों, भ्रंश घाटियों एवं गहरे सागरों में स्थित हैं। विश्व के निम्न प्रमुख ज्वालामुखी पेटियाँ हैं—

1. **परिप्रशान्त महासागरीय पेटी** (Circum Pacific Belt)—यह प्रशान्त महासागर के चारों ओर विस्तृत है। इसमें 403 सक्रिय ज्वालामुखी हैं। इसे *'प्रशान्त महासागर का अग्निवृत्त' (Pacific Ring of Fire)* कहते हैं। प्रशांत महासागर के परिधिय क्षेत्र में पाये जाने वाले ये ज्वालामुखी न्यूजीलैण्ड से शुरू होकर इण्डोनेशिया, सेलीब्रीज, न्यूगिनी, सोलोमन द्वीप, फिलीपाइन्स द्वीप समूह, जापान, कामचटका प्रायद्वीप, क्यूराइल, अल्यूशियन द्वीप समूह, अलास्का, रॉकीज एवं एण्डीज होते हुए अटार्कटिका के माउण्ट एरेबस तक फैले हुए हैं। ये ज्वालामुखी विनाशात्मक प्लेट किनारों से सम्बन्धित हैं। विश्व के अधिकांश उच्च ज्वालामुखी पर्वत इसी पेटी में हैं। इक्वेडर का कोटोपैक्सी विश्व का सबसे ऊँचा ज्वालामुखी है। यह ज्वालामुखी श्रृंखला लगभग 3200 कि.मी. लम्बी है जिसमें सैकडों सक्रिय ज्वालामुखी तथा 1.6 किमी व्यास के 10 काल्डेरा हैं प्रशान्त महासागर का बोगोस्लोक (Bogoslok) द्वीप प्रमुख ज्वालामुखी द्वीपीय चोटी है जिसका आधार लगभग 13 किमी व्यास में है तथा ऊँचाई सागर के आधार से 1500 मीटर है।
2. **मध्य महाद्वीपीय पेटी** (Mid Continental Belt)–यह पेटी यूरोप तथा एशिया के मध्यवर्ती भागों में आल्पस तथा हिमालय पर्वतों के सहारे पूर्व से पश्चिम दिशा में फैली हुई है। यह मैडिरा तथा कनारी द्वीप समूह के आरम्भ होकर भूमध्यसागर, काकेशस, आरमेनिया, ईरान, बिलोचिस्तान से होती हुई हिमालय क्षेत्र में प्रवेश् करती है। यहाँ से आगे यूनान, मयनमार, अण्डमान निकोबार तथा इण्डोनेशिया तक विस्तृत हैं। इस पेटी में लेसर एण्टेलीज, दक्षिणी एण्टेलीज, अजोरस सेंट हेलेना आदि प्रमुख ज्वालामुखी हैं।
3. **अफ्रीकन रिफ्ट घाटी** (African Rift Valley)–यह पूर्वी अफ्रीका में टांगनिका झील से लाल सागर तक फैलते हुए फिलिस्तीन तक विस्तृत है। इसका सर्वाधिक क्रियाशील ज्वालामुखी कैमरून पर्वत है। रिफ्ट घाटी के पास तंजानिया का किलिमंजारो नामक मृत ज्वालामुखी है।
4. **अन्य क्षेत्र** (Other Areas)–अण्टलांटिक महासागर में केप वर्डे, एजोर्स, सेंट हैलेना तथा आइसलैण्ड के ज्वालामुखी प्रमुख हैं। हिन्द महासागर में कोमोरो, मारीशस, रियुनियन आदि प्रमुख ज्वालामुखी हैं। अण्टार्कटिका महाद्वीप में रास सागर के तटीय भागों पर बुस तथा टेरर नामक सक्रिय ज्वालामुखी हैं।

ज्वालामुखी क्रिया के प्रभाव (Effects of Volcanoes)

ज्वालामुखी क्रिया एक प्रमुख प्राकृतिक आपदा के रूप में प्राकृतिक एवं सांस्कृतिक पर्यावरणीय स्वरूपों पर विनाशकारी प्रभाव डालती है। ज्वालामुखी उद्गार से निःसृत ज्वलन्त लावा प्रवाह, विभिन्न प्रकार के ठोस शैल टुकड़े तथा विषैली गैसें अपना दुष्प्रभाव पर्यावरण में छोड़ते हैं। मानव निर्मित भवन, छोटे-बडे बांध, सड़कें, जलाशय आदि का नुकसान होता है। इनके अतिरिक्त वन क्षेत्र की क्षति होने पर सम्पूर्ण वन पारिस्थितिकी तन्त्र प्रभावित होता है। ज्वालामुखी क्रिया के विनाशकारी प्रभाव निम्नलिखित हैं—

1. **जलवायु परिवर्तन** (Climatic Change)—ज्वालामुखी उद्गार के दौरान धूलकण तथा राख भारी मात्रा में वायु मण्डल में प्रवेश कर जाती है, जिस कारण मोसम तथा जलवायु में क्षेत्रीय तथा प्रोदशिक स्तर पर परिवर्तन हो जाते हैं। धूलकण भूतल पर पहुंचने वाली सूर्य विकिरणों को कम करते हैं, जिससे भूसतह पर तापमान कम हो जाता हे। वैज्ञानिक फ्रेंकलिन

चित्र 8.6 *ज्वालामुखी का विश्व वितरण*

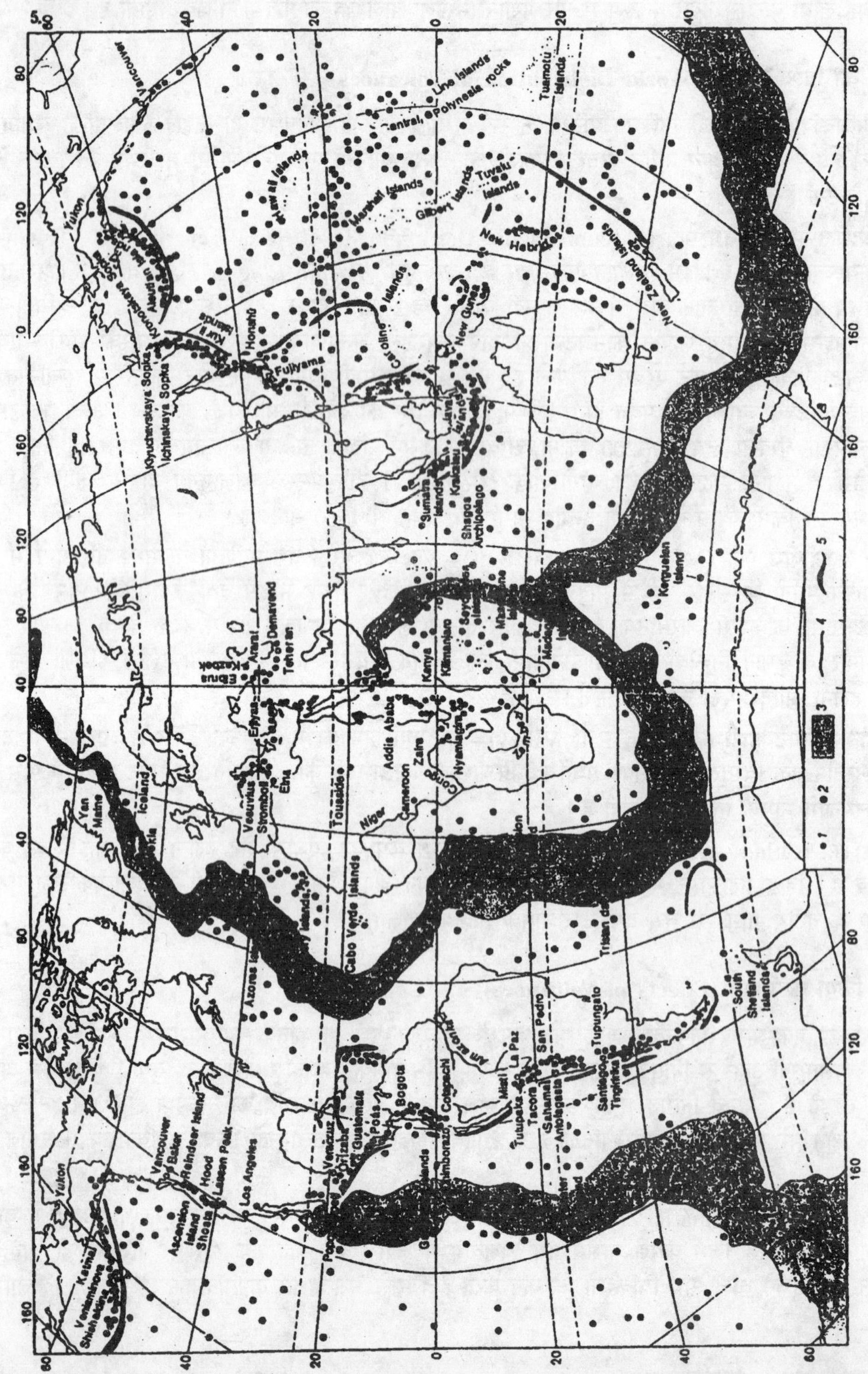

(B. Franklin, 1789) ने ज्वालामुखी क्रिया तथा मौसम एवं जलवायु के मध्य घनिष्ट सम्बन्ध स्पष्ट कर इस सन्दर्भ में बताया कि आइसलैण्ड में 1783-84 के लाकी ज्वालामुखी के उद्गार के तुरन्त बाद तापमान में गिरावट हुई तथा मौसम ठण्डा हुआ था। एच. एच. लम्ब ने स्पष्ट किया, कि ज्वालामुखी क्रिया के दौरान निःसृत धूल-धुआं आवरण यदि वृहद् स्तर पर फैलता है, तो इस धूलि आवरण (Dust Cover) का प्रभाव मौसम पर अगले लगभग सात वर्षों तक उपस्थित रहता है। कुछ वैज्ञानिकों का मत है कि उन्नीसवीं शताब्दी के अन्तिम दशक में 1883 में क्राकाटाओ ज्वालामुखी के उद्गार के कारण तापमान में कमी हुई थी, किन्तु बीसवीं शदी के प्रारम्भ में जब इस ज्वालामुखी के कारण निर्मित समतापमण्डलीय धूलि-आवरण का प्रभव समाप्त हो गया तो तापमान में पुनः वृद्धि होने लगी, वास्तविक रूप में यह तापमान में वृद्धि नहीं थी, वरन् तापमान की पुनः प्राप्ति थी।

2. **पारिस्थिकीय परिवर्तन** (Ecological Change)—ज्वालामुखी उद्गार से निःसृत धूल एवं राख का प्रभाव पारिस्थितिकी तन्त्र के जैविक घटकों पर भी दृष्टिगोचर होता है। कुछ वैज्ञानिकों के मतानुसार ज्वालामुखी धूल एवं राख के भूसतह पर पहुंचने से कुछ जातियों का सामूहिक विलोपन हो जाता है। अनेक वैज्ञानिक यही मानते हैं कि जुरासिक काल में विचरण करने वाले विशालकाय जीव 'डायनासोर' ज्वालामुखी क्रिया के कारण विलुप्त हुए थे। वैज्ञानिकों का एक अन्य वर्ग यह मानता है कि 'डायनोसोर' पृथ्वी के साथ किसी लघु ग्रह से टक्कर के कारण विलुप्त हुए थे। संयुक्त राज्य अमेरिका की नासा (NASA) संस्थान के अन्तरिक्ष अध्ययन की गोडार्ट संस्थान (न्यूयार्क) के प्रतिवेदन के आधार पर माइकिल रेम्पिनों ने बताया कि भारत के दक्कन लावा उद्गार के कारण एक सप्ताह के अन्दर 1000 घन किलोमीटर बेसाल्टिक लावा प्रवाह के कारण वायुमण्डल में इतनी अधिक मात्रा धूल, राख, गैस तथ वाष्प का प्रवेश हुआ होगा कि समतापमण्डल में घने आवरण के कारण घोर अन्धकार व्याप्त हो गया होगा, जिसका कारण प्रवेशी सौर विकिरण के पृथ्वी तक न पहुंचने के कारण नाभिकीय शीत (Nuclear Winter) के समान प्रचण्ड शीत दशा व्याप्त हो गयी होगी साथ ही अम्लवृष्टि भी हुई होगी तथा सल्फ्यूरिक अम्ल एथरोसॉल वाले घने बादलों के काराण जलवायु ठण्डी हो गयी होगी, जिसका हानिकारक प्रभाव जीव-जन्तुओं पर पड़ा। सन् 1883 में क्राकाटाओ ज्वालामुखी विस्फोट के कारण क्राकाटाओ द्वीप का 67 प्रतिशत भाग धँसकर जलप्लावित हो गया, जिस कारण वहाँ पर जैविक अनुक्रम (Biotic Succession) की विकसित हो रही प्राथमिक स्तर की वनस्पतियाँ तथा जीव-जन्तु नष्ट हो गये। जहाँ पुनः जैविक अनुक्रमण की प्रक्रिया आरम्भ हुई तथा अगले 50 वर्षों में प्राथमिक तथा द्वितीय अनुक्रमण विकसित हो पाये। ज्ञातव्य है कि किसी भी बंजर भूमि या वनस्पति विहीन अवस्था में वहाँ पर धीरे-धीरे वनस्पति आवरण तथा जीव-जन्तुओं के आविर्भाव को जैविक अनुक्रमण कहते हैं। यह दो अवस्थाओं में होता है—प्राथमिक एवं द्वितीयक। पूर्ण विकसित समुदाय में जैविक अनुक्रमण की अन्तिम अवस्था को चरम अवस्था कहते हैं।

3. **जोकुल हुप्सा का निर्माण** (Formation of Jokull Haups)—जोकुल हुप्स ज्वालामुखी उद्गार के कारण तापमान में वृद्धि के कारण हिमटोपियों की हिम पिघलने से बनी जलराशि को कहते हैं। आइसलैण्ड के हिम मण्डित पर्वतों को *जोकुल* (Jokull) कहते हैं। प्रसिद्ध भूगोलवेत्ता डडले स्टेम्प के अनुसार हिमनद से निकलने वाली नदी को *'Jokull'* कहते हैं। (Jokull is a river from a glacier) जबकि ग्रिफिथ टेलर ने छोटी हिमटोपियों (Small Ice Caps) को जोकुल कहा है। ज्वालामुखी उद्गार प्रबल होता है तो उच्च तापन क्षमता वाला लावा निःसृत होकर सम्पूर्ण हिमचादर को पिघला देता है तथा जल प्रवाहित होने लगता है।

4. **सांस्कृतिक पर्यावरण को हानि** (Loss in Cultural Environment)—ज्वालामुखी क्रिया के दौरान निःसृत विभिन्न अवस्थाओं (ठोस, द्रव तथा गैस) के पदार्थ सांस्कृतिक पर्यावरण को भी हानि पहुंचाते हैं। अनेक मानव निर्मित संरचनाएं तप्त लावा प्रवाह के नीचे दब जाती हैं। नदियाँ, झीलें तथा अन्य छोटे-बड़े जलाशय लावा से भर जाते हैं। वनावरण नष्ट हो जाता है। हवाई द्वीप की लोआ ज्वालामुखी उद्गार से निःसृत लावा लोआ पर्वत पर 53 किलोमीटर की दूरी तक फैल गया। इनके अतिरिक्त धूल, राख तथा ठोस पदार्थों के आवरित होने से कृषि फसलें तथा फलोद्यान (Orchards) भी नष्ट हो जाते हैं।

विभिन्न दुष्परिणामों में सर्वाधिक हानिकारक जनहानि होती है। ज्वालामुखी उद्गार से अनेक लोग काल का ग्रास बन जाते हैं। 8 मई, 1902 को केरेबियन सागर में स्थित मार्टिनक द्वीप के माउण्ट पीली ज्वालामुखी के अकस्मात् उदगार के कारण समीपवर्ती नगर सेंट पियरे के 28,000 निवासियों की मृत्यु हो गयी।

सारणी 8.3 *भीषण ज्वालामुखी उद्गार से हुई जन-हानियाँ*

ज्वालामुखी का नाम	स्थान	वर्ष	मृत व्यक्तियों की संख्या
स्केप्टर जोकुल	आइसलैण्ड	1783	10000
माउण्ड पीली	पश्चिमी द्वीप समूह का मारीटानिक द्वीप (केरेबियन सागर)	1902	30000
केलुत	जापान	1919	5500
माउण्ट लैमिंगटन	पपुआ	1951	3000
माउण्ट अगंग	बाली (इण्डोनेशिया)	1963	1500
माउण्ट ताल	फिलीपाइन्स	1965	5000
कोलम्बिया	कोलम्बिया	1985	23000
मेयान	फिलीपीन्स	2001	-

24 जून, 2001 को मध्य फिलीपीन्स में मेयान ज्वालामुखी में भीषण विस्फोट हुआ। ज्वालामुखी के फटते ही लावा फव्वारे की तरह निकला, चट्टानें दलदली हो गयीं। बारह किलोमीटर तक शहर एवं गाँव डगमगा गये। सूचना प्रस्तुत करने वाले अधिकारियों ने बताया कि मेयान ज्वालामुखी के क्रेटर से जलती हुई राख हवा में एक से डेढ़ किलोमीटर ऊपर तक उड़ती दिखाई दी। फिलीपीन्स के वोल्कैनोलॉजी और सिस्मोलॉजी इंस्टीट्यूट (Institute of Volcanology and Seismology) के वैज्ञानिकों ने बताया कि यहाँ से 8 किलोमीटर तक लगभग सात हजार ग्रामीण अपना घर छोड़कर दूर सुरक्षित स्थानों पर चले गये।

9

भूपर्पटी का संगठन : चट्टानें
(The Composition of Earth's Crust : Rocks)

भूसतह का वह ऊपरी भाग जो विभिन्न प्रकार के खनिजों एवं तत्वों से निर्मित है भूपटल कहलाता है ये महाद्वीप एवं महासागरों का बाहरी पतला आवरण है। यह भूमि पर मृदा का, सागरों में लवणों का तथा वायुमण्डल में गैसों का स्त्रोत है। भूपटल में मुख्यतः आयरन ऑक्साइडस; लेटेराइट, फेरिक्रेट, एल्यूमिनियम ऑक्साइड (एल्क्रेटस, बाक्साइट), सिलिका या केल्सियम कार्बोनेट पाये जाते हैं। भूपटल में पृथ्वी के कुल व्यास का 1 प्रतिशत से कम भाग समाहित है। गेइकी ने पृथ्वी के उस बाहरी भाग को भूपटल बताया है, जो भूगर्भिक दृष्टि से अन्वेषित किया जा सकता है।[1] आर्थर होम्स ने पृथ्वी को दो मण्डलों में विभक्त किया है तथा इसके ऊपरी भाग को भूपर्पटी (crust) कहा है, जिसका अध्ययन स्थलमण्डल (Lithospherc) में किया जाता है।[2] इसकी गहराई लगभग 8 से 65 किमी. के मध्य मानी गई है। भूपटल पर समस्त जीवजन्तु एवं वनस्पति जगत क्रियाशील रहते हैं, जिनके सहारे मानव आर्थिक क्रियाऐं सम्पादित करता है। सम्पूर्ण पृथ्वी का क्षेत्रफल 510,100,500 वर्ग किलोमीटर है, जिसका 70.87% भाग जलमग्न (इसका 97.2 प्रतिशत जल महासागरों में है) हैं, तथा 29.13% ऊपर उठा शुष्क भाग महाद्वीपों के रूप में स्थित है।

चित्र 9.1 *पृथ्वी की भूपर्पटी तथा आंतरिक संरचना*
(After R.E., Morris, 1990)

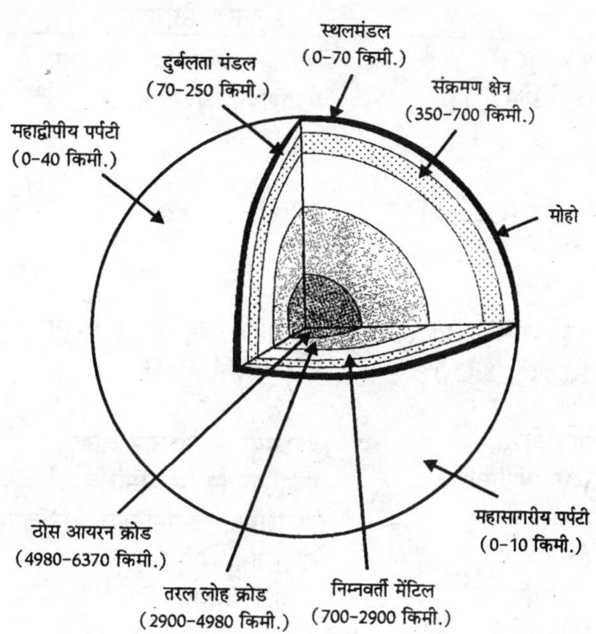

भूपटल या भूपर्पटी के निर्माण में प्रमुख योगदान विभिन्न प्रकार की चट्टानों का है। भूपटल के समस्त अधात्विक पदार्थ चाहे मिट्टी के समान मुलायक हों, चाहे पत्थर के समान कठोर कहलाते है। ये प्रवेश्य (Permeable) तथा अप्रेवेश्य (Impermeable) दोनों प्रकार की होती हैं। वरसेस्टर के अनुसार "चट्टानों की रचना खनिजों के मिश्रण से होती है तथा प्रत्येक चट्टान में विभिन्न चट्टान निर्माणकारी खनिज मिश्रित रहते हैं।" ("Nearly all rocks contain two or more minerals, that is to say rocks are composed of certain rock macking minerals.") लेकिन कुछ चट्टानें जैसे बलुआ पत्थर, चूना पत्थर, संगमरमर आदि केवल एक खनिज से निर्मित होती है। वैज्ञानिकों के अनुसार

भूसतह पर लगभग 200 खनिज उपलब्ध हैं, जिनमें भूपटल के निर्माण में 20 खनिजों की महत्वपूर्ण भूमिका मानी गयी है। क्लार्क एवं वाशिंगटन के अनुसार भूपटल के निर्माण में निम्न तत्वों की प्रधानता है—

सारणी 9.1 *भूपटल का संगठन (इसमें बहुलता से पाये जाने वाले तत्व)*

संख्या	तत्व का नाम	प्रतीक	प्रतिशत मात्रा	संख्या	तत्व का नाम	प्रतीक	प्रतिशत मात्रा
1.	ऑक्सीजन	O	46.60	10.	हाइड्रोजन	H	0.14
2.	सिलिका	Si	27.72	11.	फास्फोरस	P	0.12
3.	एल्युमिनियम	Al	8.13	12.	मैगनीज	Mn	0.10
4.	लोहा	Fe	5.00	13.	फ्लूराइट	F	0.08
5.	केल्सियम	Ca	3.63	14.	गंधक	S	0.05
6.	सोडियम	Na	2.83	15.	क्लोरीन	Cl	0.04
7.	पोटेशियम	K	2.59	16.	कार्बन	C	0.03
8.	मैग्नेशियम	Mg	2.09	17.	अन्य	-	0.41
9	टाइटेनियम	Ti	0.44				

प्रकृति में चट्टानो के निर्माणकारी तत्वों में से अधिकांश चट्टानें छः खनिजों से निर्मित हैं, ये निम्न हैं—1. फेल्सपार (Felspar) 2. क्वार्ट्ज (Quartz) 3. पायरोक्सीस (Pyroxenes) 4. एम्फीबोल्स (Amphiboles) 5. माइका (Mica) तथा 6. ओलीवीन (Olivine)। इनकी रचना सम्बन्धी संक्षिप्त विवरण निम्नलिखित है—

सारणी 9.2 *चट्टानों के निर्माण में योग देने वाले प्रमुख खनिजों का विवरण*

क्र.सं.	खनिज	रचनाकारी तत्व	गुण तथा उपयोग
1.	फेल्सपार (Felspar)	सिलिका, ऑक्सीजन, सोडियम, पोटेशियम केल्सियम तथा एल्यूमिनियम	भूपर्पटी का 50 प्रतिशत भाग फैल्सपार से बना है। इनका रंग हल्का होता है। चीनी मिट्टी के बर्तन बनाने, छिद्रमय ताम्रचीनी व चमकीली मिट्टी के बर्तन बनाने में उपयोगी है।
2.	क्वार्टज (Quartz) (SiO_2)	सिलिका	छः भुजा का क्रिस्टल, सफेद व रंगहीन काँच के समान चटकने वाला होता है। रेडियो व राडार में उपयोग में लिया जाता है।
3.	पाइरोक्सींस (Pyroxenes) Ca mg $(SiO_3)^2$	कैल्सियम एल्यूमिनियम मैग्नीशियम लोहा तथा सिलिका	चार या आठ भुजा वाला मजबूत तत्व है जो हरे या काले रंग का होता है। इसका कोई औद्योगिक उपयोग नहीं है।
4.	एम्फीबोल्स (Amphiboles)	कैल्सियम मैग्नेशियम लोहा एल्यूमिनियम तथा सिलिका	ये रेशेदार, हरे या काले चमकीले न्यून गुणवत्ता वाले एस्बेस्टास की तरह उपयोग में आता है।
5.	माइका (Mica)	पोटेशियम, एल्यूमिनियम, मैग्नेशियम, लोहा तथा सिलिका	ये रंगहीन या सफेद होता है। विद्युत यन्त्रों में काम में आता है।
6.	ओलिवीन (Olivine)	मैग्नेशियम, लोहा तथा सिलिका	काँच सदृश्य हरा से पीला होता है। फर्श बनाने में काम में लेते हैं।

इनके अतिरिक्त एपेटाइट (Apatite), बैराइट (Barite), बॉक्साइट (Bauxite), कैलसाइट (Calcite), क्लोराइट (Chlorite), सिनेबार (Cinnabar), कौरडंम (Corundum), डोलोमाइट (Dolomite), गेलीना (Galena), जिप्सम (Gypsum), हैमेटाइट (Hematite), काओलिनाइट (Kaolinite), मैग्नीसाइट (Magnesite), मैग्नीटाइट (Magnetite), पाईराइट (Pyrite) तथा टैल्क (Talc) का भी उल्लेखनीय योगदान है।

चट्टानों का वर्गीकरण (Classification of Rocks)

भूपटल पर स्थित स्थल रूपों के निर्माण में चट्टानों की मुख्य भूमिका होती है। **आर्थर होम्स** के अनुसार, **"भूपर्पटी अनेक प्रकार के तत्वों से निर्मित शैलों का संगठन है, जिनका भूआकारों के निर्माण में योग रहता है। इन स्थलरूपों का आकार तथा स्वरूप शैलों की बनावट पर निर्भर करता है, क्योंकि अनाच्छादन के परिणामस्वरूप अपरदन के साधनों की प्रभावशीलता शैलों की संरचना तथा संगठन पर निर्भर करती है। अर्थात् शैलों की संरचना तथा संगठन के आधार पर ही अपरदन का कोई कारक प्रभाव दिखा पाता है,"** इसी आधार पर डेविस ने कहा है कि "स्थलरूप, संरचना (शैलों की बनावट) प्रक्रम (अपरदन के विभिन्न कारक) तथा अवस्था (अपरदन चक्र की अवस्थाएं) का प्रतिफल होता है।" थार्नबरी महोदय ने शैलों की संरचना को स्थलरूपों के विकास में नियन्त्रणकारी तत्व माना है।[3] प्रसिद्ध भूगोलवेत्ता लोबेक ने कहा है कि शैल अपने पर्यावरणीय दशाओं का प्रतिफल होती है तथा इनके परिवर्तन के साथ ही शैलें भी बदलती हैं।

"A rock should be conceived as a product of its environment. When environment is changed the rock changes."

पृथ्वी तल पर स्थित चट्टानों को उनकी उत्पत्ति, भौतिक व रासायनिक गुणों, संरचना तथा स्थिति के आधार पर मुख्यतः तीन वर्गों में विभक्त किया जा सकता है :

1. आग्नेय चट्टानें (Igneous Rocks)
2. अवसादी चट्टानें (Sedimentary Rocks)
3. कायान्तरित चट्टानें (Metamorphic Rocks)

आग्नेय चट्टानें (Igneous Rocks)

आग्नेय शब्द लेटिन भाषा के '*Ignis*' शब्द का हिन्दी रूपान्तरण है जिसका अर्थ है, '*अग्नि*'। *Ignis* शब्द से हीं *Igneou*s बना है जिसका शाब्दिक अर्थ है किसी अग्नि सदृश्य गर्म पदार्थ से निर्मित तत्वों का समूह। वारसेस्टर के अनुसार आग्नेय चट्टानों का निर्माण तप्त एवं द्रव पदार्थों के ठण्डे होकर जमने से हुआ है। (Ignous rocks are formed through solidification of molten material.") जिस तप्त द्रव पदार्थ के ठण्डे होने से आग्नेय चट्टानें बनी हैं उसे मैग्मा कहते हैं। ये पदार्थ रवेदार (Crystalline) होता है। सभी प्रकार की शैलों में आग्नेय शैलें सबसे प्राचीन हैं, इनकी उत्पत्ति भूसतह पर जीव जन्तुओं की उत्पत्ति से पूर्व हुई थी। लेकिन इनका निर्माण सीमित नहीं होकर एक सतत् प्रक्रिया है, जो वर्तमान में भी चालू है, ज्वालामुखी क्रिया द्वारा सदैव आग्नेय चट्टानें निर्मित होती रहती हैं। आग्नेय शैल के अनाच्छादन होकर रूपान्तरण होने से अन्य शैलें बनती हैं जिस कारण इसे मूल या प्राथमिक शैल (Primary Rock) भी कहते है।

आग्नेय शैलों की प्रमुख विशेषताएं (Prominent Characteristics of Igneous Rocks)

1. आग्नेय शैल रवेदार (Crystalline) होती है, द्रव अवस्था सेठण्डी होकर जमने से इनमें रवे (Crystals) बन जाते हैं। जमते समय लगने वाली समयावधि के आधार पर ही रवों का आकार निर्धारित होता है।
2. ये शैलें स्तरहीन (unstartified) होती हैं। कभी-कभी ज्वालामुखी विस्फोटों के दौरान लावा के जमाव की कुछ परतें अवश्य बन जाती हैं।

3. इनमें रन्ध्रों का अभाव पाया जाता है। रन्ध्रहीन (Non-Porous) होने के कारण जल तथा अनेक तरल पदार्थ प्रविष्ट नहीं होते हैं।
4. आग्नेय शैलों में जीवाश्म नहीं पाये जाते हैं क्योंकि इनकी रचना तप्त एवं तरल मैग्मा के ठण्डे होने से होती है।
5. आग्नेय शैलें ठोस या स्थूल (Masive) तथा सघन (compact) होती हैं।
6. ये शैलें निर्माण के समय तरलावस्था के लावा से जमती हैं जिसमें भारी खनिज निचली परतों में तथा हल्के पदार्थ (अभ्रक आदि) ऊपर आ जाते हैं।
7. आग्नेय शैलों की रसायनिक संरचना काफी संगठित होती है। इनकी लगभग 99% रचना केवल 8 प्रकार के खनिजों से हुई है।
8. सामान्यतः आग्नेय शैलों का अपरदन कठिनाई से होता है। इनमें कुछ स्थानों पर सन्धियाँ पायी जाती है, जिनके सहारे जल प्रविष्ट होकर अपक्षय की क्रिया करता है।
9. इनका वितरण ज्वालामुखी क्षेत्रों के सहारे मिलता है। संसार के प्राचीन स्थित दृढ़ भूखण्डों (Rigid Masses) का निर्माण आग्नेय शैलों द्वारा ही माना जाता है।
10. सोना, चाँदी, लोहा, जस्ता तथा सीसा आदि बहुमूल्य खनिज आग्नेय शैलों में ही पाये जाते हैं।

आग्नेय शैलों का वर्गीकरण (Classification of Igneous Rocks)

वरसेस्टर ने बताया कि आग्नेय शैलों में विभिन्न विविधतायें पायी जाती हैं। जिसके अन्तर्गत इनकी रासायनिक संरचना, खनिज संगठन तथा स्थिति के अनुसार विभिन्न वर्गों में विभक्त किया जा सकता है। इस आधार पर आग्नेय शैलों को निम्न रूपों में वर्गीकृत किया जा सकता है—

कणों के आकार (गठन) के आधार पर वर्गीकरण *(Classification According to Texture)*

1. बड़े कणों वाली आग्नेय शैलें (Coarse grained Igneous Rocks)
2. मध्यम कणों वाली आग्नेय शैलें (Medium grained Igneous Rocks)
3. सूक्ष्म कणों वाली आग्नेय शैलें (Fine grained Igneous Rocks)

आग्नेय शैलों के कणों की बनावट लावा की उत्पत्ति तथा उसके दृढ़ होने के स्थान, लावा के ठण्डे एवं ठोस होने की गति तथा तरल लावा में जल और गैसों की मात्रा पर निर्भर करती है। इस आधार पर बड़े कणों वाली मध्यम कणों वाली तथा सूक्ष्म कणों वाली शैलें पायी जाती हो। इनके प्रमुख उदाहरण निम्नलिखित हो—

1. **बड़े कणों वाली आग्नेय चट्टानें** (Phaneritic Igneous Rocks) – इन शैलों के कण काफी मोटे होते हैं। ग्रेनाइट तथा डायोराइट इसी प्रकार की शैलें हैं, जो उत्पत्ति के अनुसार पातालीय (Plutonic) वर्ग की हैं।
2. **बहुत बड़े कणों वाली आग्नेय शैलें** (Pegmatitic Igneous Rocks) – इनके कण बहुत अधिक बड़े होते हैं वोरसेस्टर ने इस वर्ग में फेल्सपार व क्वार्टज की प्रधानता वाली शैलें सम्मिलित की हैं, जिनमें पेग्मेटिक ग्रेनाइट, डायोराइट तथा साइनाइट प्रमुख हैं।
3. **सूक्ष्म कणों वाली आग्नेय चट्टानें** (Aphanitic Igneous Rocks) – इनके कणों को सूक्ष्मदर्शक यन्त्र की सहायता से देखा जा सकता है। इस वर्ग में बेसाल्ट, फेल्साइट, डाइक तथा सिल प्रमुख हैं।
4. **मिश्रित कणों वाली आग्नेय चट्टानें** (Porphyritic Igneous Rocks) – इस वर्ग की शैलों में विभिन्न कणाकार की शैलें मिश्रित रहती हैं।
5. **कणविहीन आग्नेय चट्टानें** (Glassy Igneous Rocks) – कणविहीन आग्नेय शैलों में शीघ्रता से जमने वाली

आब्सीदिया, पिचस्टोन, प्यूमिक व परलाइट प्रमुख हैं।

6. **विखण्डित आग्नेय चट्टानें** (Fragmental Igneous Rocks) – इनमें असंगठित शैलों के रूप में ज्वालामुखी बम, लैपिली, ब्रेसिया, ज्वालामुखी राख तथा टफ को प्रमुखता से सम्मिलित किया जाता है।

रासायनिक संरचना के अनुसार वर्गीकरण (Classification According to Chemical Composition)

आग्नेय शैलों में पायी जाने वाली सिलिका की मात्रा का इनकी रासायनिक संरचना में प्रमुख महत्व होता है, जिसकी उपलब्ध् मात्रा के आधार पर इन्हें निम्न वर्गों में विभक्त किया जा सकता है—

1. **अम्लिक आग्नेय चट्टानें** (Acid Igneous Rocks) – इन शैलों में सिलिका की मात्रा 66% से अधिक पायी जाती है। यह मात्रा कभी-कभी 80% या इससे अधिक भी मिलती है। एल्यूमिनियम, सोडियम, मैग्नीशियम आदि खनिज केवल 20% तक ही पाये जाते हैं। बालू तथा सिलिकी की अधिकता के कारण ये शैलें शीघ्रता से जमती हैं। लोह व मैग्नेशियम की मात्रा कम होती है तथा ये गठन में ठोस होती हैं जिस कारण अनाच्छादनकारी शक्तियाँ कम ही प्रभावित कर पाती हैं।
2. **मध्यवर्ती चट्टानें** (Intermediate Rocks) – इस वर्ग की चट्टानों में उन चट्टानों को सम्मिलित किया जाता है जिनमें सिलिका की मात्रा 55% से 66% तक पायी जाती है। रासायनिक संगठन की दृष्टि से ये चट्टानें आम्लिक गुणों वाली ग्रेनाइट तथा पैठिक गुणों वाली गेब्रो (Gabbroid) चट्टानों के मध्य वर्ग की हैं। इनमें उप-अम्लीय सायेनाइट (Syenite) तथा ट्रेकाइट (Trachyte) व उपपैठिक डायोराइट (Diorite) व एण्डेसाइट (Andesite) को भी सम्मिलित किया जाता है। इनमें सायेनाइट व डायोराइट पातालीय तथा एण्डेसाइट व ट्रेकाइट ज्वालामुखी चट्टानें हैं।
3. **पैठिक आग्नेय चट्टानें** (Basic Igneous Rocks) – इन चट्टानों में सिलिका की मात्रा 55% से कम पायी जाती है। सिलिका की कम मात्रा से इनकी परतें पतली होती हैं क्योंकि पतला होने से जमाव के समय लावा दूर तक फैल जाता है। इनका धनत्व 2.8 से 3.00 तक रहता है क्योंकि इनमें 45% तक भाग एल्यूमिनियम, लोहा, सोडियम, पोटेशियम, मैग्नेशियम, तथा चूना आदि खनिजों का पाया जाता है। गेब्रो, बेसाल्ट इसी प्रकार की चट्टानें है।

उत्पत्ति की प्रक्रिया के आधार पर वर्गीकरण (Classification according to mode of origin)

आग्नेय शैलों की उत्पत्ति तरल मैग्मा (magma) के जमने के उपरान्त होती है। ये मैग्मा भूसतह पर लावा के रूप में जमता है तथा कभी-कभी भूपटल के अन्दर भी जम जाता है। इस आधार पर आग्नेय शैलों को अन्तर्वेधी (Intrusive) तथा बहिर्वेधी (Extrusive) वर्गों में विभक्त कर सकते हैं।

1. **अन्तर्वेधी आग्नेय चट्टानें** (Intrusive Igneous Rocks) – पृथ्वी के आन्तरिक भागों में ताप की अधिकता के कारण सभी पदार्थ तरल एवं तप्त मैग्मा के रूप में पाये जाते हैं। ये पदार्थ बाहर आने को प्रयासरत रहता है, तभी यह मार्ग में ठण्डा होकर जम जाता है तथा ठोस रूप धारण कर लेता है। इस प्रकार अन्तर्वेधी शैलों के निर्माण की प्रक्रिया पूर्ण होती है। गहराई के आधार पर अन्तर्वेधी आग्नेय शैलें दो प्रकार की होती हैं—

   (i) **पातालीय आग्नेय शैलें** (Plutonic Igneous Rocks) – भूपटल में अधिक गहराई पर उच्च तापमान के कारण मैग्मा के ठण्डा होने में अधिक समय लगता है। जिस कारण इनमें रवे पड़ जाते हैं। अधिक गहराई पर स्थित होने से इन्हें पातालीय शैलें (Plutonic Rocks) कहते हैं। ग्रेनाइट डायोराइट एवं गेब्रो पेरीडोटाइट एवं सायेनाइट इसी प्रकार की चट्टान है।

   (ii) **मध्यवर्ती अथवा अधिवितलीय आग्नेय शैलें** (Hypabyssal Igneous Rocks) – ज्वालामुखी उद्‌गार के दौरान ऊपर की ओर अग्रसर मेग्मा जब धरातलीय अवरोध अथवा प्रवाह क्षमता में कमी के कारण दरारों तथा छिद्रों में निक्षेपित हो जाता है, तब इसे अधिवितलीय आग्नेय शैल कहते हैं। ये पातालीय क्षेत्र से ऊपर की ओर आकर

चित्र 9.2 *अंतर्वेधी आग्नेय शैलें (After A.H. Doerr, 1990)*

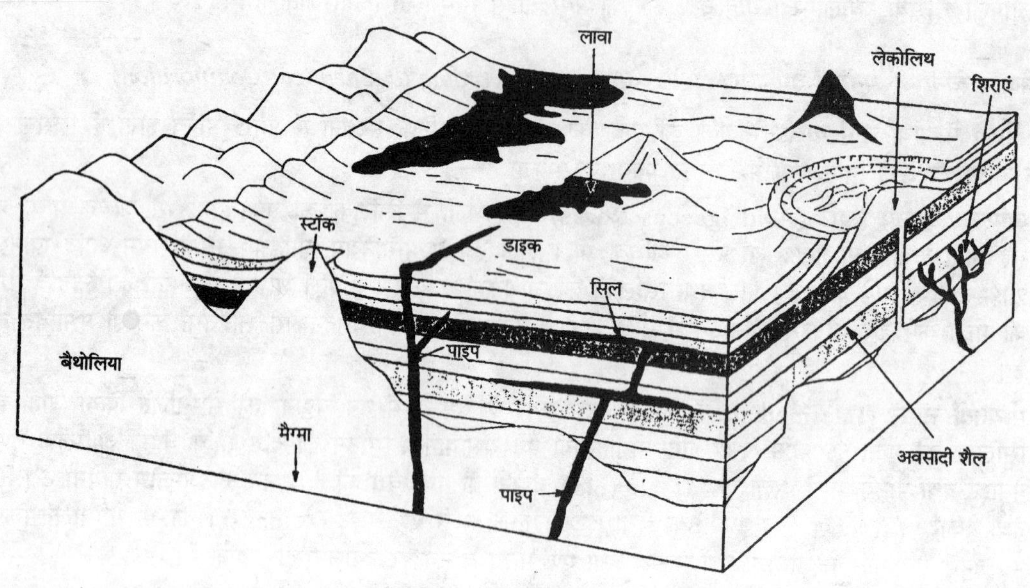

जमती है, यहाँ शीघ्रता से जमने के कारण रवे (Cryistals) नहीं बन पाते हैं। डोलेराइट इसी प्रकार की शैल हैं। इस प्रकार के जमावों में सिल, डाइक, सीट, बेथोलिथ आदि प्रमुख हैं।

(i) **बेथोलिथ** (Batholith or Bathylith)—अन्तर्वेधी आग्नेय शैलों के विशाल जमाव को बेथोलिथ कहते हैं जिसमें ग्रेनाइट की प्रधानता होती है। बेथोलिथ सामान्यत: 100 किमी गहराई में पाया जाता है चित्र—में बेथोलिथ का अन्य शैलों से सम्बन्ध स्पष्ट होता है। जब उष्ण मैग्मा ऊपर उठता है तो यह पिघल कर प्राचीन शैल पर नवीन परत के रूप में जम जाती है। यह प्राय: गुम्बदाकार रूप में खड़े ढाल वाला होता है। इसका आधार अधिक गहराई में होता है। बेथोलिथ जर्मन शब्द *'बेथोस'* (Bathos) से बना है जिसका तात्पर्य *'गहराई'* होता है। कभी-कभी अपरदन द्वारा इसका ऊपरी भाग दृष्टिगत होता है।

(ii) **फेकोलिथ** (Faccolith)—ज्वालामुखी उद्‌गार के दौरान निर्मित मोडदार पर्वत की अपनति (Anticline) तथा अभिनति (Syncline) रूप में मैग्मा का निक्षेप फेकोलिथ कहलाता है।

(iii) **लेकोलिथ** (Laccolith)—लेकोलिथ जर्मन शब्द 'लेकोस' (Laccos) mो बना है जिसका अर्थ है शैल (Lithos or Rock) यह एक मैग्मा कम विशाल जमाव होता है जिसका कम उत्तल (Convex) ढाल की तरह होता है यह जमाव गुम्बदाकार होता है।

(iv) **लेपोलिथ** (Lapolith)—यह जर्मन शब्द लेपोस (Lapos) से बना है जिसका तात्पर्य है *'एक छिछला बेसिन'* इसका निर्माण धरातल के नीचे अवतल (Concave) आकार में एक छिछले बेसिन में मैग्मा जमा होने से होता है यह जमाव तश्तरीनुमा होता है।

(v) **सिल** (Sill)—यह परतनुमा (Sheet-like) आग्नेय शैल होती है। यह दूसरे संरचना सस्तरों पर स्थित होती

है इसका निर्माण मैग्मा के प्रवाह के दौरान परतदार जमाव होने से होता है इसकी स्थिति मूल शैलों के समानान्तर होती है। इसकी मोटाई कुछ सेमी से लेकर सैकडों मीटर में हो सकती है। लेकिन इसका क्षैतिज विस्तार काफी अधिक होता है। (चित्र) सिल उष्ण धरातल युक्त बेसाल्ट मैग्मा से बनती है। मैग्मा जमाव की मोटाई अधिक होने पर सिल तथा कम होने पर परत (Sheet) कहते हैं।

(vi) **स्टॉक** (Stock) – यह पातालीय आग्नेय शैलों का भाग होता है जिसका सतह पर फैला हुआ भाग 10 वर्ग किमी से कम होता है। कुछ स्टॉक लघु बहिःक्षेपण (Small Protrusions) कहलाते हैं, जो बेथोलिथ से ऊपर उठते हैं। इनके संगठन में आग्नेय शैलों की प्रधानता होती है। इसमें सिल्वर (Silver), सोना, सीसा, जस्ता एवं ताम्बा आदि के जमाव दरारों (Fractures) तथा शिराओं (Veins) में मिलते है।

(vii) **डाइक** (Dike or Dyke)—यह भी प्रायः आग्नेय शैलों का परतनुमा जमाव होता है जिसका निर्माण मैग्मा भण्डार (Magma Chamber) से मैग्मा के ऊपरी उत्थान से होता है। सिल के विपरित यह ऊर्ध्वाधर जमाव होता है जो एक दीवार की तरह होता है इसकी मोटाई कुछ सेमी से सैकडों मीटर तक मिलती है। लम्बाई में डाइक कुछ मीटर से सैकडों किलोमीटर तक मिलती है। विश्व का ज्ञात सबसे बड़ा डाइक जिम्बाब्वे का महान् डाइक (The Great Dike of Zimbabve) है। जो 600 किलोमीटर लम्बा तथा लगभग 10 किलोमीटर चौडा है। भूसतह का लगातार अपरदन होते रहने से संकडे कटकनुमा डाइक धरातल पर दृष्टिगत होते हैं।

2. **बहिर्वेधी आग्नेय शैलें** (Extrusive Igneous Rocks) – जब गरम मैग्मा भूसतह पर आकर बाहरी सम्पर्क से जमता है,

चित्र 9.3 *बहिर्वेधी आग्नेय शैलें (After Howells et. al, 1981)*

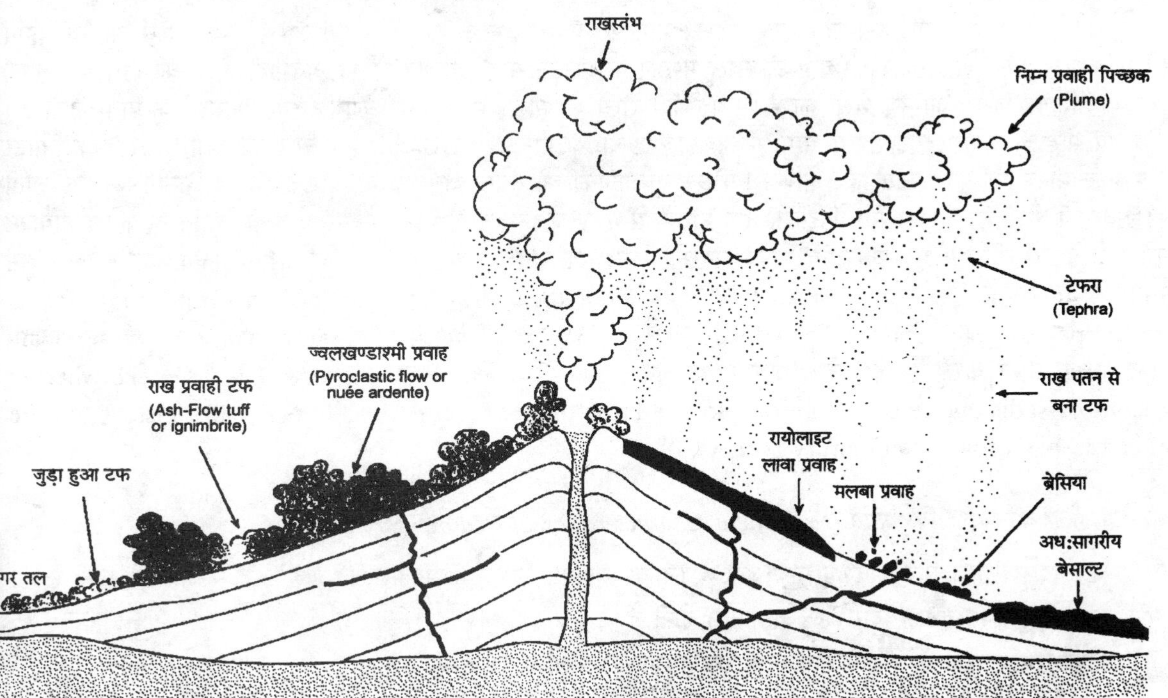

तो इसमें रवे (कण) नहीं बन पाते क्योंकि ये शीघ्रता से जम जाता है। इस प्रकार के लावा निर्मित शैलों को ज्वालामुखी शैल (Volcanic Rocks) भी कहते हैं। हिम्स (Hims, 1954) ने बहिर्वेधी चट्टानों को निम्न रूप में परिभाषित किया है—"*Rocks resulting from the consolidation of Magma at the surface of the ground.*"

इस प्रकार की शैलों से निर्मित धरातल के उदाहरण में दक्कन का पठार (भारत), कोलम्बिया का पठार (संयुक्त राज्य अमेरिका), तथा दक्षिणी अमेरिका में ब्राजील का पठार आदि प्रमुख हैं। इनके अतिरिक्त ज्वालामुखी क्रिया के दौरान निःसृत विभिन्न पदार्थ जैसे ज्वालामुखी बम (Volcanic Bomb), ब्रेसिया (Breccia) लेपिली (Lapilli) तथा ज्वालामुखी राख (Volcanic ash) आदि प्रमुख हैं।

भूसतह पर प्रतिवर्ष 10 प्रतिशत नवीन मैग्मा का उद्‌गार होता है जिसका सर्वाधिक प्रभावित क्षेत्र मध्य महासागरीय कटक हैं। मैग्मा द्वारा निर्मित बहिर्वेधी आग्नेय शैलों में राख प्रवाह टफ (Ash-flow tuff or Ignimbrite) पाइरोक्लास्टिक प्रवाह (Pyroclastic Flow or nuee ardent) मलबा प्रवाह, टेफ्रा (Tephra) आदि प्रमुख है।

अवसादी चट्टानें (Sedimentary Rocks)

अवसादी शब्द की उत्पत्ति लेटिन भाषा के '*Sedimentum*' शब्द से हुई है, जिसका शाब्दिक अर्थ है—'*नीचे बैठना*'। चट्टानी पदार्थों के कणों के एकत्रित होकर विभिन्न परतों के रूप में निक्षेपित होने से अवसादी शैलों का निर्माण होता है। वरसेस्टर के अनुसार, "अवसादी शैलें प्राचीन शैलों तथा खनिजों के अवसादों के परतों के रूप में संगठित होने से निर्मित हुई है।"। ई. जे. पेटीजोन (E. J. Pettijohn) ने लिखा है कि, "एक अवसादी जमाव ठोस पदार्थों का ऐसा संग्रह होता है, जो भूसतह पर या समीप न्यून तापमान व दाब के कारण जमाव होकर एक समान विशेषताओं वाले वातावरण के रूप में चिन्हित होती है।"[4] विभिन्न स्तरों या परतों के रूप में जमा होने से इन्हें परतदार या स्तरित शैलें (Startified rocks) भी कहते हैं।

क्षेत्र की दृष्टि से सम्पूर्ण धरातल के 75 प्रतिशत भाग पर अवसादी शैलें विस्तृत हैं तथा शेष 25 प्रतिशत में आग्नेय चट्टानें हैं। लेकिन आयतन (volume) की दृष्टि से स्थल मण्डल के संगठन में 5 प्रतिशत हिस्सा अवसादी शैलों का (10 मील तक) तथा 95 प्रतिशत हिस्सा आग्नेय शैलों का है।[5] अवसादी शैलों की मोटाई 0 से 13 किलोमीटर की गहराई तक पायी जाती है। लीथ एवं मीड के अनुसार, महाद्वीपीय भागों में अवसादी शैलों की मोटाई 2 किलोमीटर तथा सागरीय तली पर 0.2 किलोमीटर से 3 किलोमीटर तक पायी जाती है। लेकिन विभिन्न भूवैज्ञानिकों की नवीन शोध के अनुसार ये गहराई भिन्न-भिन्न पाई जाती है। अवसादी शैलों का तलछट सागरों, झीलों तथा नदियों में एकत्रित हो जाता है। इनमें निरन्तर क्रमिक जमाव के कारण जीवाश्म पाये जाते हैं। ये जीवाश्म भूगर्भिक इतिहास को समझने में सहायक होते हैं। इस सन्दर्भ में कथन सत्य प्रतीत होता है कि चट्टानें भूगार्भिक इतिहास की पुस्तकें है तथा जीवाश्म उनके पृष्ठ हैं।" (Rocks are the books of earth history and fossils are the pages)। आगे वुलरिज तथा मोर्गन ने लिखा है कि, "**चट्टानें चाहे आग्नेय हैं या अवसादी एक ओर पृथ्वी के इतिहास की हस्तलिपि तैयार करती है, तो दूसरी ओर समकालीन दृश्यावली के लिए आधार प्रस्तुत करती हैं।**" (Rocks whether igneous or sedimentary constitute on the one hand the manuscripts of the past earth history, on the other the basis for contemporary scenery.")[6]

***अवसादी शैलों की प्रमुख विशेषताएं** (Prominent Characteristics of Sedimentary Rocks)*

1. अवसादी शैलों में जीव अवशेष पाये जाते हैं, जिनकी सहायता से उनके इतिहास को ज्ञात करने में आसानी रहती है।
2. ये शैलें मुलायम तथा रवेदार (crystalline) होती हैं।
3. इनका जमाव परतों के रूप में होने के कारण ये आग्नेय शैलों से भिन्न होती हैं।
4. इनमें निर्माणकारी स्थान के स्थानिक चिन्ह दृष्टिगोचर हैं, जैसे सागरीय जल में निर्मित शैलों में सागरीय लहरों के चिन्ह स्पष्ट दिखते हैं।

5. दलदली क्षेत्रों में निर्मित अवसादी शैलों में सूर्य की तेज गर्मी से दरारें पड जाती हैं।
6. ये शैलें विभिन्न खनिजों, कणों (रवों) तथा परतों से निर्मित होती हैं।
7. इन शैलों में सन्धियाँ (Joints) पायी जाती हो।
8. अवसादी शैलों में विभिन्न कार्बनयुक्त जमाव जैसे—कोयला, पीट, लिग्नाइट आदि पाये जाते हैं।
9. इन शैलों में जीवाश्मीय ईधन के रूप में पैट्रोलियम मिलता है, जिसका निर्माण वनस्पति तथा जीव जन्तुओं के सड़ने से होता है। ये ईधन जमाव सदैव बालूका पत्थर तथा चूना पत्थर की शैलों में संचित रहता है।
10. अवसादी शैलों में भूजल भी सुविधानुसार उपलब्ध हो जाता है। इनमें उपजाऊ कृषि योग्य मृदा की भी प्राप्ति होती है।
11. अवसादी शैलों में भवन निर्माण सामग्री में प्रयुक्त अनेक खनिज मिलते हैं, जिनमें बालू का पत्थर, चूना पत्थर तथा मृत्तिका प्रमुख हैं।

अवसादी शैलों का वर्गीकरण (Classification of Sedimentary Rocks)

अवसादी शैलों को उनकी निर्माण प्रक्रिया तथा निर्माण में सहभागी कारकों के अनुसार निम्न रूपों में विभक्त किया जा सकता है—

***निर्माण विधि के अनुसार वर्गीकरण** (Classification on the basis of Sediments)*

1. यान्त्रिक क्रियाओं द्वारा निर्मित शैलें (Mechanically formed rocks)
2. रासायनिक तत्वों से निर्मित शैलें (Chemically formed rocks)
3. जैविक तत्वों से निर्मित शैलें (Organically formed rocks)

***निर्माण में सहभागी साधन के अनुसार वर्गीकरण** (Classification according to the agents of formation)*

1. जलीय शैलें (Argillacious or agueous rocks)
   (i) नदी निर्मित शैलें (Riverine rocks)
   (ii) झील निर्मित शैलें (Lacustrine rocks)
   (iii) सागर निर्मित तलछट शैलें (Marine rocks)
2. हिमनद द्वारा निर्मित शैलें (Glacial rocks)
3. वायु द्वारा निर्मित शैलें (Aeolian rocks)

निर्माण विधि के अनुसार वर्गीकरण (Classification according to Sediments)

अवसादी शैलों का निर्माण अनाच्छादनकारी शक्तियों का सामूहिक परिणाम होता है। अपक्षय के उपरान्त उत्पन्न शैल चूर्ण या अवसाद घुलनशील, रासायनिक पदार्थों के साथ मिश्रित होते रहते हैं। इस प्रकार रचना विधि के आधार पर अवसादी शैलों को निम्नलिखित तीन वर्गों में विभक्त कर सकते है।

***शैल चूर्ण से निर्मित शैलें** (Clastic Rocks)*

भौतिक अपक्षय के कारण शैलों का विघटन (Disintegration) होता है। अपक्षयित शैल चूर्ण (Fragmental rock material) अपरदन के कारकों द्वारा अन्यत्र ले जाकर जमा कर दिया जाता है। इस विधि द्वारा सिल्ट (silt), चीका मिट्टी

(Clay), लोयस (Loess), काँग्लोमरेट (Conglomorate) तथा बालूका पत्थर (Sandstone) आदि शैलें निर्मित होती हैं। बालूका पत्थर में रेत (Sand) की प्रधानता होती है। ये क्वार्ट्जयुक्त सरन्ध्री शैल होती है। चीका मिट्टी के कणों का व्यास 1/256 से 1/8192 मि.मी. होता है, इसमें काओलिन खनिज की प्रधानता होती है।

रासायनिक तत्वों से निर्मित शैलें *(Chemically Formed Rocks)*

विभिन्न रासायनिक तत्व जल में घुलकर अनेक खनिजों को घोल लेते हैं तथा चट्टानों का रासायनिक अपघटन (Decomposition) होकर मूल स्वरूप बदल जाता है। इस प्रकार की शैलों में चूना पत्थर (Limestone) तथा डोलोमाइट प्रमुख है।

जैविक तत्वों से निर्मित शैलें *(Organically Formed Rocks)*

विभिन्न प्रकार के जीवांश भी शैलों का स्वरूप परिवर्तित कर देते हैं। इनमें जीव-जन्तु तथा वनस्पति अवशेषों से प्राप्त अनेक चूने एवं कार्बन के अंश प्रमुख हैं। चूना प्रधान शैलें झील, जलाशय तथा सागरीय क्षेत्रों में विद्यमान जीवाश्मों से बनती है। प्रवाल (coral) एक चूना प्रधान जीव है। इसी प्रकार शैवाल (Algae) नामक पादप भी चूना प्रधान होता है। कार्बन प्रधान शैलों की रचना भी वनस्पति के अवशेषों से होती है। अनेक बार भूगर्भिक हलचलों के कारण वनस्पति आवरण भूमिगत हो जाता है तथा भविष्य में कार्बन युक्त चट्टानों के रूप में बदल जाता है। कार्बोनिफेरस काल में भूमिगत हुआ वनस्पति आवरण आज कोयले के रूप में प्राप्त हो रहा है।

निर्माण में सहभागी साधनों के अनुसार वर्गीकरण (Classification according to agents of formation)

अनाच्छादन के फलस्वरूप प्राप्त अवसाद का भूसतह पर विभिन्न स्थानों, जैसे—जलाशय, नदी तल व पार्श्व झील तथा सागरीय क्षेत्रों में जमाव होता रहता है। इस अवसाद को निर्माण स्थल से जमाव स्थल तक अपरदन के विभिन्न कारक सक्रिय रुप से ले जाते हैं। ये कारक प्रवाहित जल, भूमिगत जल हिमानी,पवन तथा सागरीय लहरें आदि हैं। इस आधार पर अवसादी शैलें तीन प्रकार की होती हैं—

1. **जलीय शैलें** (Argillacious or aqueous rocks) – जल का कार्य स्थल पर नदी, झीलों व भूमिगत जल के रुप में तथा सागरीय क्षेत्रों में तटवर्ती भाग पर विस्तृत रुप में पाया जाता है। इस स्थानिक भिन्नता के आधार पर जलीय शैलों को तीन वर्गों में विभक्त किया जा सकता है—

   (i) **नदीकृत शैलें** (Riverine rocks) – नदियों द्वारा अपरदन कर विभिन्न स्थानों पर निक्षेपित रुप में निर्मित शैलें नदीकृत शैलें कहलाती हैं। ये पर्वतपदीय क्षेत्रों, मैदानी भागों तथा डेल्टाई क्षेत्रों में विभिन्न संरचना (कंकड़, पत्थर, गोलाश्म, रेत, चीका व मृत्तिका) में निक्षेपित होकर अवसादी शैलों का निर्माण करती हैं।

   (ii) **झीलकृत या सरोवरी शैलें** (Lacustrine rocks) – नदियाँ झीलों में गिरते समय काफी मात्रा में अवसाद का जमाव करती हैं, जो कालान्तर में झील में उभार उत्पन्न कर देता है। जल समाप्त होने पर इस प्रकार की शैलें बनती हैं।

   (iii) **सागरीय शैलें** (Marine rocks) – सागरों में स्थलजात (Terrigenous) तथा सागरीय पदार्थ (Pelagic) जमा होते रहते हैं। स्थलजात पदार्थ गहराई पर तथा सागरीय पदार्थ अधिक गहराई पर निक्षेपित होता है। अधिक गहराई पर स्थित जमावों में ज्वालामुखी विस्फोट से जनित विभिन्न पदार्थ होते हैं।

2. **हिमानीकृत शैलें** (Glacial rocks) – हिमानी अपरदन के कारक के रुप में विभिन्न स्थानों से अपरदित पदार्थ लाकर जमा करती है। हिमानी द्वारा निक्षेपित असंगठित पदार्थों के जमावों को हिमोढ (Moraines) कहते हैं। ये हिमोढ विभिन्न रूपों मे जमा होकर अवसादी शैलों का निर्माण करते हैं।

3. **वायु द्वारा निर्मित शैलें** (Aeolian rocks) – मरुस्थलीय क्षेत्रों में भौतिक अपक्षय से चट्टानों का विघटन होता रहता है, जिसके उपरान्त प्राप्त अवसादों को वायु विभिन्न स्थानों पर जमा कर इन शैलों को निर्मित करती रहती है। लोयस (Loess)* इसी प्रकार का जमाव है। जिसका उत्तरी पश्चिमी चीन में व्यापक विस्तार है।

कायान्तरित शैलें *(Metamorphic rocks)*

कायान्तरित शब्द का अंग्रेजी रुपान्तरण 'Metamorphic' लेटिन भाषा के *'Meta'* (परिवर्तन) तथा *Morphie* (आकृति) से मिलकर बना है। जिसका अर्थ *'मूलरूप में परिवर्तित आकृति'* से है। इसे वारसेस्टर ने निम्नवत् परिभाषित किया है, "शैलों में बिना विघटन हुए ही उनकी आकृति व संघटन में परिवर्तन होने से कायान्तरित शैलें निर्मित होती हैं।" (Metamorphic rocks include those rocks that have changed either in form or composition without disintegration.)

गेब्लर तथा ब्रेजर ने लिखा है कि, "कायान्तरित शैलों का निर्माण भूपर्पटी में स्थित अन्य शैलों में तापमान तथा दाब से उत्पन्न परिवर्तन द्वारा होता है।" इस प्रकार कायान्तरित शैलों का निर्माण रूप परिवर्तन की आन्तरिक क्रिया से पूर्व शैल के रूप में परिवर्तन को कहते हैं, यह परिवर्तन भौतिक तथा रासायनिक दोनों रूपों में होता है। इस परिवर्तन में भूगर्भित ताप, दबाव, **जल वाष्प** तथा सम्बन्धित हलचलों की मुख्य भूमिका होती है। जिनके सामूहिक प्रभाव से एक चट्टान अपने वास्तविक स्वरूप से परिवर्तित होकर नवीन रूप धारण कर लेती है।

कायान्तरण के कारण (Causes of Metamorphism)

चट्टानों के वास्तविक स्वरुप में परिवर्तन निम्नलिखित कारणों से होता है—

1. **तापमान** (Temperature) – सामान्यतः भूगर्भ में गहराई पर जाने पर तापमान में वृद्धि होती है यह दर प्रति 32 मीटर पर 1° सेल्सियस है। एक सीमा पर तापमान इतना अधिक हो जाता है कि मूल शैलें द्रव अवस्था में परिवर्तित हो जाती हैं। ताप बढ़ने से शैलों की कणीय संरचना में तीव्रता से परिवर्तन आता है। तापमान मैग्मा के प्रवाह से बढ़ता है, जिससे शैलों की गतिशीलता में वृद्धि होती है।
2. **दबाव** (Pressure) – आकस्मिक दबाव से शैलों में परिवर्तन हो जाता है। भूकम्प व वलन क्रिया आदि के कारण भूगर्भ में दबाव पाया जाता है, ये दबाव दो प्रकार का होता है—
   (i) जल स्थैतिक दबाव (Hydro Static Pressure)
   (ii) प्रत्यक्ष दबाव (Directed Pressure or stress)
   (i) **जल स्थैतिक दबाव** (Hydro Static Pressure) – यह दबाव मुख्यतः अपनी शैलों के कारण गहराई पर उत्पन्न होता है। इसकी तीव्रता की दर शैल आवरण के घनत्व पर निर्भर करती है। इसके प्रभाव से शैलों का आयतन घट जाता है, जिससे उच्च घनत्व वाले खनिज अधिकता से सन्तुलन में आ जाते हैं।
   (ii) **प्रत्यक्ष दबाव** (Directed Pressure) – प्रत्यक्ष दबाव से खनिजों व शैलों का रूप परिवर्तित हो जाता है। इससे खनिजों के कणाकार में परिवर्तन आ जाता है। जैसे अभ्रक तथा क्लोराइड में वास्तविक रूप में सतही सस्तर पाये जाते हैं, जो रुपान्तरण के बाद लम्बाकार मोड़ (Elongated Bands) बन जाते हैं।
3. **रासायनिक घोल** (Chemically active Fluids) – चट्टानों को रासायनिक अपघटन होने में अनेक रासायनिक घोलों का योगदान रहता है, जिनमें कार्बन डाई आक्साइड तथा जल मिश्रित आक्सीजन प्रमुख हैं। ये घोल शैलों में उच्च तापमान

---

* लोयस (Loess) जर्मन शब्द है। राइन नदी में पीले धूसर महीन रेत के कणों के जमाव को लोयस कहा गया था। इसका चीन में विस्तृत क्षेत्र में जमाव मिलता है जिसका अध्ययन प्रसिद्ध जर्मन भूगोलवेत्ता रिचथोफेन ने किया था।

पर खनिजों के पिघलने पर उनके स्थानान्तरण का माध्यम बनते हैं। उदाहरण के लिए यदि किसी रवे (Crystal) से एक अणु मुक्त होता है, तो यह घोल के साथ अन्य स्थान को प्रवाहित होता है।

कायान्तरण के प्रकार (Kinds of Metamorphism)

कायान्तरण को इसमें सहभागी कारकों तथा क्षेत्रीय दृष्टिकोण से निम्न दो आधारों पर वर्गीकृत किया जा सकता है—

1. कायान्तरण के साधनों के आधार पर (Classification according to agent of Metamorphism).
2. कायान्तरण के क्षेत्रीय आधार पर (According to area of Metamorphism).

***कायान्तरण के साधनों के आधार पर वर्गीकरण** (Classification according to agent of metamorphism)*

इस आधार पर पांच प्रकार का कायान्तरण होता है—

(i) तापीय कायान्तरण (Thermal Metamorphism)
(ii) गत्यात्मक कायान्तरण (Dynamic Metamorphism)
(iii) जलीय कायान्तरण (Hydro Metamorphism)
(iv) ताप जलीय कायान्तरण (Hydrothermal Metamorphism)
(v) स्थिर कायान्तरण (Static Metamorphism)

(i) **तापीय कायान्तरण** (Thermal Metamorphism)—अधिक भूगर्भिक ताप के कारण शैलों के भौतिक एवं रासायनिक गुण परिवर्तित हो जाते हैं। इस प्रकार का परिवर्तन मैग्मा के निकलने से सर्वाधिक होता है। ताप बढ़ने से बलुआ पत्थर रवेदार क्वार्टजाइट में रुपान्तरित हो जाता है।

(ii) **गत्यात्मक कायान्तरण** (Dynamic Metamorphism)—भूगर्भिक घटनाओं से शैलों के गहराई पर प्रविष्ट होने से दबाव बढ़कर उनका रुपान्तरण हो जाता है, जिसे गत्यात्मक कायान्तरण कहते हैं। इसी प्रक्रिया के तहत कोयला ग्रेफाइट में तथा शैल स्लेट में बदलती है।

(iii) **जलीय कायान्तरण** (Hydro Metamorphism)—अधिक गहराई पर स्थित रासायनिक पदार्थों से मिश्रित होकर एक सीमित क्षेत्र में रुपान्तरण उत्पन्न करता है, तो इसे जलीय रुपान्तरण कहते हैं।

(iv) **ताप जलीय कायान्तरण** (Hydrothermal Metamorphism)—उष्ण जल, ताप, दबाव तथा जलवाष्प की उपस्थिति में कायान्तरण उत्पन्न करता है। इसका प्रभाव सीमित क्षेत्र में होने से यह भौगोलिक दृष्टि से अधिक प्रभावकारी नहीं होता है।

(v) **स्थिर कायान्तरण** (Static Metamorphism)—जब भूपटल के नीचे स्थित शैलें अपने ही स्थान पर ऊपरी दबाव व आन्तरिक गर्मी से परिवर्तित होती है, तो इसे स्थिर रुपान्तरण कहते हैं।

***कायान्तरण के क्षेत्र के अनुसार वर्गीकरण** (Classification according to area of Metamorphism)*

(i) **प्रादेशिक कायान्तरण** (Regional Metamorphism)—प्रादेशिक कायान्तरण में शैलों के परिवर्तन की क्रिया विस्तृत क्षेत्र पर सम्पन्न होती है। लौंगवेल के अनुसार प्रादेशिक कायान्तरण प्रायः भू-अभिनति की तलछट में वलन के दौरान उत्पन्न होता है। शैलें रवेदार बन जाती हैं। शैल स्लेट में, कोयला ग्रेफाइट में तथा चूना पत्थर संगमरमर में इसी कायान्तरण से परिवर्तित होता है।

(ii) **सम्पर्कीय कायान्तरण** (Contact Metamorphism)—इस प्रकार का कायान्तरण सीमित क्षेत्रों में होताहै। गर्म मैग्मा के

सम्पर्क में आने वाली शैलों का रूपान्तरण सम्पर्कीय कायान्तरण कहलाता है। इनके सम्पर्क से मूल शैल के भौतिक गुणों में परिवर्तन हो जाता है। चूना पत्थर ऊष्मा मैग्मा के स्पर्श से संगमरमर में परिवर्तित हो जाता है।

कायान्तरित शैलों का वर्गीकरण (Classification of Metamorphic rocks)

मूल शैलों में रूपान्तरण से अनेक विविधताऐं आ जाती हैं, इनमें शैलों का गठन तथा संरचना प्रमुख हैं। इस प्रकार निम्न दो आधारों पर वर्गीकृत किया जा सकता है—

1. मूल शैलों के आधार पर
2. परत एवं कण संरचना के आधार पर।

मूल शैलों के आधार पर रुपान्तरित चट्टानें तीन प्रकार की होती हैं—

1. **परि अवसादी शैलें** (Para Metamorphic or Meta-Sedimentary Rocks) – अवसादी शैलों में कायान्तरण होने से ये शैलें बनती हैं। उदाहरणार्थ (i) बलुआ प्रधान शैले (Arenaceous Rocks) क्वार्टजाइट (बालूका पत्थर से ग्रिट में) में बदल जाती है। (ii) चीका से स्लेट या शिष्ट में (iii) चूना युक्त शैल (Colcarious Rocks) संगमरमर में तथा (iv) कार्बनयुक्त शैल से ग्रेफाइट में बदलना आदि प्रमुख हैं।
2. **परि आग्नेय शैलें** (Meta igneous or Orthometamorphic rocks) – आग्नेय शैलों के रूपान्तरण से ये शैलें बनती हैं। इस प्रकार के कायान्तरण में ग्रेनाइट का नीस शैल में तथा आगाइट का हार्नब्लेण्ड में बदलना आदि प्रमुख है।
3. **पुनः कायान्तरण** (Bi-Metamorphic rocks) – कायान्तरित शैल में पुनः परिवर्तन होकर नवीन कायान्तरित शैल बनती है। इसमें एक से अधिक बार कायान्तरण होता है।

परत एवं कण संरचना (Layers and Crystal or Grains Structure) के आधार पर कायान्तरित शैलें दो प्रकार की होती है—

1. **पत्राभिकृत शैलें** (Foliated rocks) – जब कायान्तरित शैल में कण कुछ समानान्तर परतों के रूप में पाये जाते हैं तो ऐसी बनावट को पत्राभिकरण (Foliation)* कहते हैं। जैसे स्लेट, शिष्ट तथा नीस।
2. **अपत्राभिकृत शैलें** (Non-foliated rocks) – जलीय प्रभाव से जब शैलें कृमिक परतों में संगठित न होकर मोटे कणाकार रूप में पायी जाती हैं, तो उन्हे अपत्राभिकृत शैल कहते हैं। संगमरमर इसी प्रकार की शैल है।

प्रमुख कायान्तरित शैलें (Prominent Metamorphic rocks)

1. **संगमरमर** (Marble) – संगमरमर का निर्माण चूनापत्थर (Limestone) तथा डोलोमाइट (Dolomite) के कायान्तरण से होता है। रूपान्तरण अधिक होने पर जीवाश्म नष्ट हो जाते हैं। जब मौलिक चूनापत्थर शुद्ध होता है तब इससे शुद्ध सफेद तथा रवेदार संगमरमर बनता है। इटली के करारा प्रदेश का संगमरमर इसका उत्तम उदाहरण है।
2. **क्वार्ट्जाइट** (Quartzite) – क्वार्टजाईट का निर्माण बलुआपत्थर (Sandstone) के रूपान्तरण से होता है इसमें क्वार्टज खनिज पाया जाता है। यह अधिक कठोर शैल है।
3. **नीस** (Gneiss) – यह एक मोटे कणों वाली शैल है, जिसमें विदलन फाड (Cleavage) तथा परतें होती हैं। इसमें पत्रीकरण (Foliation) आसानी से विकसित नहीं हो पाता है। नीस का निर्माण कांग्लोमरेट तथा बड़े कणों वाले विशेषकर ग्रेनाइट शैल के रुपान्तरण से होता है। इसका प्रमुख खनिज फेल्सपार होता है।

---

* Foliation (Latin : Foliatus Leaved, Leafy) refers to the arrangement of Minerals in Parallel layers of Flat or elongated grains.

4. **सिस्ट** (Schist) – सिस्ट फ्रेन्च भाषा के *Schiste* तथा ग्रीक भाषा के *'Schistos'* से लिया गया है, जिसका शाब्दिक अर्थ **'टूटना या फटना'** है जबकि फ्रेन्च शब्द **'Shiste'** का शाब्दिक अर्थ है *विभक्त या विभक्त होने योग्य* (Divided or Divisible)। ये फाइलाइट का रूपान्तरित रूप है, जिसमें माइका एवं क्वार्टज की मात्रा अधिक होती है। ये दो प्रकार की होती है—(i) क्लोराइट सिस्ट (Chlorite Schist) तथा (ii) हार्नब्लैंड सिस्ट (Hornblande Schist)।
5. **स्लेट** (Slate) – यह शब्द फ्रेंच भाषा के *"escalate"* शब्द से लिया गया है जिसका शाब्दिक अर्थ होता है *'विखण्डित'* (*Fragment or Splinter*)। यह महीन कणों युक्त कायान्तरित शैल है जिसमें सूक्ष्म स्तरीय पत्रीकरण (Foliation) तथा स्लेटी विदलन (Slaty Cleavage) विकसित रूप में पाया जाता है। इसका कायान्तरण न्यून ताप व दाब की स्थितियों में होता है। इसका रंग नीला, हरा तथा काला होता है।
6. **फाइलाइट** (Phyllite) – यह ग्रीक शब्द *"Phyllon"* से बना है। जिसका अर्थ होता है *'पत्ती' (leaf)*। फाइलाइट का विकास स्लेट से होता है। जब 250° C से 300° C तक तापमान बढ़ जाता है। गठन की दृष्टि से यह स्लेट के सदृश्य है, लेकिन इसमें स्लेट की तुलना में खनिजों की अधिक मात्रा मिलती है।
7. **एम्फीबोलाइट** (Amphibolite) – यह बेसाल्ट, गेब्रो तथा अन्य लोहा तथा मैग्नेशियम युक्त शैलों में रूपान्तरण से निर्मित होती है। ये अपंत्रीकृत मोटे कणों वाली होती है।

सारणी 9.3 *कायान्तरित शैलों के अन्य उदाहरण*

मौलिक शैलें	कायान्तरित शैलें
आग्नेय शैलें (Igneous rocks)	
(i) ग्रेनाइट (Granite)	ग्रेनाइट नीस (Granite Gniess)
(ii) गेब्रो (Gabro)	गेब्रो नीस (Gabro Gniess)
(iii) बेसाल्ट (Basalt)	शिस्ट (Schist)
(iv) रायोलाइट (Rhyolite)	शिस्ट (Schist)
अवसादी शैलें (Sedimentary rocks)	
(i) सपिण्ड (Conglomerate)	सपिण्ड शिस्ट (Conglomerate Schist)
(ii) बलुआ पत्थर (Sandstone)	क्वार्ट्जाइट तथा शिस्ट (Quartzite and Schist)
(iii) शैल (Shale)	स्लेट या अभ्रक शिस्ट (Slate or Mica Schist)
(iv) स्लेट (Slate)	फाइलाइट (Phyllite)
(v) चूना पत्थर (Lime Stone)	संगमरमर (marble)
(vi) लिग्नाइट कोयला (Lignite Coal)	बिटूमिनस व एन्थ्रेसाइट (Bituminus and Anthresite)
(vii) कोयला (Coal)	ग्रेफाइट (Graphite)

शैल चक्र (Rock Cycle)

पृथ्वी पर प्राचीन काल से विभिन्न प्रकार की शैलें क्रमिक रूप से निर्मित होती रही हैं। मूल शैल आग्नेय शैल को माना गया है, जिसका अनाच्छादनकारी शक्तियों द्वारा अपघटन (Decomposition) तथा विघटन (Disintegration) होता रहता है, जिससे उनकी मौलिकता परिवर्तित होकर ये नवीन स्वरूप में आ जाती है। इस क्रिया में अपरदन के कारकों, वायु, जल, हिमनद, सागरीय

तरंगें आदि की प्रमुख भूमिका होती है। ये सभी कारक विभिन्न स्थानों पर यान्त्रिक व रासायनिक विधियों से अपक्षयित शैलों को अन्यत्र ले जाकर जमा करते है। जिसके फलस्वरूप अवसादी शैलें बनती हैं। ये अवसाद जब परत दर परत निक्षेपित होता रहता है, तो आन्तरिक ताप तथा ऊपरी दबाव से इनका कायान्तरण होकर नवीन स्वरूप में कायान्तरित शैलों का निर्माण होता है। भू अभिनतियों (Geosynclines) में जमा ये तलछट जब दबकर मैग्मा तक पहुँच जाती है, तो अत्यधिक उष्णता से पिघलकर पुनः ऊपर आ जाती हैं तथा आग्नेय शैल का रूप धारण कर लेती हैं। इस प्रकार शैले एक चक्रीय क्रम में रूप एवं संरचना में परिवर्तन करती रहती हैं। शैलों के इस पारस्परिक परिवर्तन क्रम को शैल चक्र (Rocks cycle) कहते हैं। शैल चक्र एक ऐसी प्रक्रिया है जो पृथ्वी की आन्तरिक तथा बाह्य परतो को संयोजित करने की कड़ी का कार्य करती है।

चित्र 9.4 *शैल चक्र*

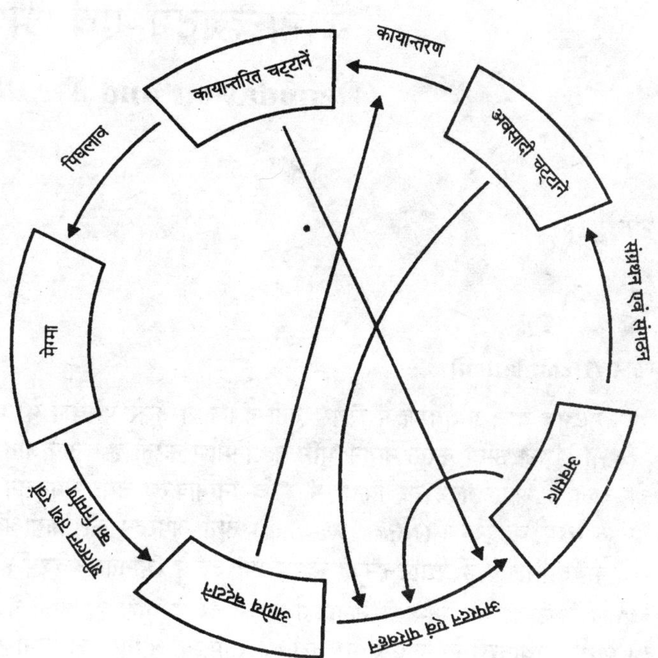

Notes

1. J. Geikie, Crust of the Earth: The Outer Portion of the Earth which is Accessible to Geological Investigation, 1898, p. 300.
2. A. Holmes, *Principles of Physical Geography*, Nelson and Sons, 1959, p. 9
3. W.D. Thornbury, *Principles of Geomorphology*, 1954, p. 17.
4. E.J. Pittijohn, *Sedimentary Rocks*. Baltimore: The John Hopkins University, 1984, p. 1
5. F. W. Clarke, The Data of Geochemistry, Bull. U.S. Geological Survey, No. 770. 1929, P. 34.
6. S.W. Woodridge and Morgan, *An Outline of Geomorphology*, p. 116.

10

अनाच्छादन एवं अपक्षय
(Denudation and Weathering)

अनाच्छादन (Denudation)

शैलें अपने उद्भव वाले पर्यावरण में स्थिर रहती हैं। तथा दूसरे परिवेश में अस्थिर हो जाती है। अन्तर्जात प्रक्रियायें महाद्वीपीय भूपटल (Crust) को ऊँचा करके नवीन भूमि का निर्माण करती है। अन्तर्जात भ्वाकृतिक प्रक्रियाओं के पूर्ण होते ही अनाच्छादन प्रारंभ हो जाता है अनाच्छादन की क्रिया में सर्वत्र निम्नीकरण तथा समतलन की क्रियाओं को सम्मिलित किया जाता है। इस प्रक्रिया में अपक्षय, वृहद्क्षरण (Mass Wasting) तथा अपरदन की क्रियाओं को समाहित किया जाता है। प्रथम दो प्रक्रियायें अनुक्रम में सर्वत्र मिलती हैं यद्यपि इनका स्वरुप एवं दर में भिन्नता अवश्य होती है।

भूतल के उत्थान के साथ ही अनाच्छादन की दर में वृद्धि हो जाती है क्योंकि ऊँची भूसतह में उर्जा संभाव्यता सर्वाधिक होती है। पार्थिव पर्यावरण के लिए सागर तल को सामान्य आधार तल माना गया है। यद्यपि हम जानते हैं कि महासागरीय मग्न तट तथा ढालों पर निरंतर अवसाद जमता रहता है तथा साथ ही विवर्तनिक घटनाओं के कारण भी इसमें परिवर्तन होता है अतः सागर तल के परिवर्तित होने से अनाच्छादन की दर में भी परिवर्तन आता है। क्वाटरनरी युग में हिमावरण के विस्तार के कारण ऐसा हुआ था। अनाच्छादन सोर शक्ति तन्त्र के प्रभाव तथा अपक्षय की जलतापीय व जैविक दशाओं से भी नियंत्रित होता है। जल चक्र की प्रवृति एवं संतुलन का भी अनाच्छादन पर प्रभाव दृष्टिगत होता है क्योंकि यह नदियों व हिमनदों को त्वरित ऊर्जा (Kinetic Energy) प्रदान करता है।

अनाच्छादन के प्रक्रम (Processes of Denudation)

भूपटल पर अनाच्छादन के प्रक्रम दो प्रकार से क्रिया करते हैं प्रथम *स्थैतिक (Static)* तथा *द्वितीय गतिशील (Mobile)*। स्थैतित प्रक्रिया में शैलों का स्व स्थाने (in-situ) अपघटन तथा विघटन होता है। इसे **अपक्षय** कहते हैं। गतिशील प्रक्रिया में अपक्षय से प्राप्त शैल मलबे को काटकर एक स्थान से दूसरे स्थान पर ले जाया जाता है। जिसमें प्रवाही जल, हिमनद, पवन, भूमिगत जल आदि की प्रमुख भूमिका होती है। यहाँ अपक्षय की विस्तृत विवेचना प्रस्तुत की जा रही है जबकि अपरदन के प्रक्रमों का विभिन्न अध्यायों में विवरण दिया गया हैं।

अपक्षय (Weathering)

अपक्षय अनाच्छादन की एक ऐसी स्थैतिक क्रिया है, जिसमें विभिन्न भू-पृष्ठीय प्रक्रमों द्वारा शैलों का विघटन तथा अपघटन होता है। इसमें भू-पृष्ठीय प्रक्रम वायु-मण्डलीय कारकों के साथ मिलकर सम्मिलित प्रभाव से शैलों को उनके स्थान पर ही अपखण्डित एवं अपघटित कर देते हैं। स्पष्ट है कि अपक्षय की क्रिया में ढीले पदार्थों का बड़े पैमाने पर परिवहन नहीं होता है वरन् शैलें ढीली होकर अपने ही स्थान पर बिखर जाती हैं। आर्थर होम्स के अनुसार, "अपक्षय उन विभिन्न भूपृष्ठीय प्रक्रमों का प्रभाव है

जो शैलों के विनाश एवं विघटन में सहायक होते हैं। लेकिन इसमें ढीले पदार्थों का बड़े पैमाने पर परिवहन नहीं होना चाहिये।[1]

बी. स्पार्कस के मतानुसार, "प्राकृतिक कारकों द्वारा अपने ही स्थान (स्वस्थान) पर शैलों का भौतिक एवं रासायनिक विधि द्वारा होने वाले विघटन और अपघटन को अपक्षय कहते हैं।[2]" उपयुक्त परिभाषाओं से स्पष्ट है कि अपक्षय में शैलों का स्थैतिक बिखराव होता है जिसके दौरान आंशिक गतिशीलता के अतिरिक्त किसी प्रकार का परिवहन कार्य नहीं होता है तथा इसमें सक्रिय प्राकृतिक कारकों में भौतिक एवं रासायनिक दोनों प्रक्रम सम्मिलित हैं जिनके कार्य की प्रकृति भी भिन्न भिन्न है। पृथ्वी पर अपक्षय क्रिया निम्नलिखित दो रुपों में होती है:

(i) **विघटन (Disintegration)** – इस क्रिया में भौतिक कारकों (ताप, जल, हिमवृष्टि, तुषार आदि) के द्वारा शैलें अपने ही स्थान पर ढीले पड़ने से टुकडों में बदल जाती है। ये शैलों के टुकड़े बार बार विघटित होने से छोटे कणों तथा बालू आदि में बदल जाते हैं लेकिन विघटन के दौरान इन शैलों के खनिज तत्व नहीं बदलते हैं। इस क्रिया को भौतिक या यान्त्रिक अपक्षय कहते हैं।

(ii) **अपघटन (Decomposition)** – अपक्षय की इस क्रिया में शैलों में उपस्थित खनिज तत्व, रसायनिक तत्वों जल तथा वायु-मण्डलीय गैसों के सम्मिलित प्रभाव से अपने मूल रूप से बदल जाते हैं अर्थात् शैलों के अनेक ढीले तत्व नवीन पदार्थों में बदल जाते हैं इस क्रिया को रासायनिक अपक्षय कहते हैं। इसमें शैलों का खनिज अनुपात, रंग तथा स्वरुप का अनुपात परिवर्तित हो जाता है।

अपक्षय के कारक (Agents of Weathering)

अपक्षय में भाग लेने वाले कारकों को अपक्षय के प्रक्रम कहते हैं। ये निम्नलिखित तीन प्रकार के होते हैं जिनके आधार पर ही अपक्षय का स्वरूप निर्धारित होता है:

(i) **भौतिक कारक (Physical Agents)** – इन्हें यान्त्रिक कारक भी कहते हैं। इनमें जल (Water), सूर्यातप (Insolation), तुषार (Frost) तथा पवन (Wind) प्रमुख हैं। इनके द्वारा शैलों का मूल रूप से विघटन (Disintegration) तथा अपपत्रण (Exfoliation) होता है।

(ii) **रासायनिक कारक (Chemical Agents)**—रासायनिक कारक मूल शैलों की रासायनिक सरंचना में परिवर्तन कर देते हैं, जिसे अपघटन (Decomposition) कहते हैं। इनमें

बाक्स 10.1 *सतही निम्नीकरण (Surface Lowering)*

विभिन्न उच्चावच वाली भूसतह पर निम्नीकरण की क्रिया विभिन्न भौगोलिक कारकों से नियन्त्रित होती है। सामान्यतः भूसतह के निम्नीकरण की दर विस्तृत रूप से निम्नांकित कारकों पर निर्भर करती हैं:

- अपरादित पदार्थों की प्रकृति।
- भूसतह पर अनावृतिकरण (Exposer) में लगने वाली समयावधि।
- स्थान विशेष की जलवायु की विशेषतायें।
- वनस्पति आवरण का प्रकार।
- भूसतह का औसत ढाल एवं ऊँचाई।

---

1. "Weathering is the total effect of all various subaerial processes that cooperate in bringing about the decay and disintegration of rocks, provided that no large scale transport of loosened product is involved." Holmes A., *Principles of Physical Geology,* p. 112, 1962.
2. "Weathering may be defined as the mechanical fracturing and chemical decomposition of rocks, in situ, by natural agents at the surface of the earth." W.B. Sparks, *Geomorphology,* Longmans, London, p. 22. 1972.

आक्सीजन, कार्बन डाई आक्साइड तथा हाइड्रोजन प्रमुख हैं जो जल के साथ मिलकर कार्य करते हैं।

(iii) **जैविक कारक (Biological Agents)** – इनमें वनस्पति एवं जीव जन्तु (मानव सहित) सम्मिलित हैं जो मुख्यतः शैलों का विघटन कर भौतिक अपक्षय को गति देते हैं।

अपक्षय को नियन्त्रित करने वाले कारक (Factors Controlling Weathering)

पृथ्वी पर सर्वत्र अपक्षय का एक ही स्वरूप नहीं पाया जाता है। वरन् एक स्थान से दूसरे स्थान पर इनकी प्रकृति, एवं तीव्रता (Intensity) में पर्याप्त अंतर मिलता है। यह अंतर अपक्षय को नियंत्रित करने वाले कारकों के द्वारा मिलता है, ये कारक निम्नलिखित हैं:

1. **शैल संरचना (Rock Structure)** – शैलों की संरचना के अनुसार ही अपक्षय क्रिया प्रभावी होती है। शैल संरचना में शैल का खनिज संगठन, सन्धियाँ (Joints), संस्तर तल (Bedding Planes), भ्रंशन तथा रिक्तता (Voids) सम्मिलित हैं। सन्धियुक्त कोमल शैल का अपक्षय शीघ्र होता है। संस्तर संगठन की दृष्टि से ऊर्ध्वाधर स्तर वाली शैलों में तापमान, तुषार, जल तथा पवन का शीघ्र प्रभाव होने से अपक्षय अधिक होता है जबकि क्षैतिज संस्तरों वाली शैलों में अपक्षय कम प्रभावी रहता है।
2. **स्थलाकृति (Topography)** – स्थलाकृतिक दशायें शैलों के खुलेपन या अनावरण (Rock Exposer) वर्षा की प्रकृति एवं मात्रा, तापमान तथा अप्रत्यक्ष रूप से वनस्पति के प्रकार एंव मात्रा को प्रभावित करती हैं जिनका अपक्षय पर प्रभाव पड़ता है। स्थलकृतिक दशाओं में ढाल का प्रमुख स्थान हैं। ढाल भौतिक अपक्षय के उपरान्त उत्पन्न शैलें मलबे के सरकने को नियंत्रित करता है। तीव्र ढालू भूमि पर विघटन अधिक होता है क्योंकि अपक्षयित पदार्थ के तीव्रता से नीचे की ओर स्थानांतरित होने पर अपक्षय को गति मिलती है जबकि ढाल कम होने पर शैल संगठन आसानी से विघटित नहीं हो पाता है।
3. **जलवायु (Climate)** – अपक्षय की प्रकृति एवं दर को प्रभावित करने वाले जलवायुवीय कारकों में तापमान एवं आर्द्रता प्रमुख हैं। अपक्षय की प्रकृति जलवायु के अनुसार ही निर्धारित होती है। उदाहरण के लिए ऊष्ण कटिबन्धीय आर्द्र प्रदेशों में जल एवं तापमान की पर्याप्त मात्रा के कारण रासायनिक अपक्षय की प्रधानता यहाँ उच्च वर्षा के कारण लवणों का निक्षालन (Leaching) मृदा के ऊपरी संस्तर (A संस्तर) से पदार्थों का जल द्वारा घोलीकरण क्रिया से निचले स्तर में (B संस्तर में) जाकर जमा होने को निक्षालन (Leaching) कहते हैं इसमें ऊपरी स्तर से धुल कर जाने को अपवहन (Eluviation) तथा निचले स्तर में निक्षेप को विनिक्षेपण या सप्पोहन (Illuviation) कहते हैं। होने से उनका अपघटन हो जाता है। फलस्वरुप भू-सतह पर रासायनिक अपक्षय द्वारा अपवहन (Eluviation) तथा घोलीकरण (Solution) क्रियाशील होती है। दूसरी ओर उष्ण शुष्क (मरुस्थलीय) जलवायु में दैनिक तापान्तर अधिक होने के कारण भौतिक अपक्षय अधिक प्रभावशील रहता है। इसी प्रकार शीतोष्ण कटिबन्धीय जलवायु प्रदेशों में भी भौतिक अपक्षय प्रभावशील रहता है यहाँ शैल विदरों (Rock Cracks) एवं संधियों (Joints) में दिन के समय जल प्रविष्ट हो जाता है, जो रात्रि में तापमान कम होने से जम कर शैलों को विघटित कर देता है। शीत जलवायु में सभी प्रकार की अपक्षय क्रियायें नगण्य रहती हैं, केवल अल्पकाल में बर्फ पिघलने पर ही कुछ मात्रा में अपक्षय होता है।

चित्र 10.1 *वृक्षों की जड़ें शैलों को विखण्डित करती हैं।*
(after Majid Husain)

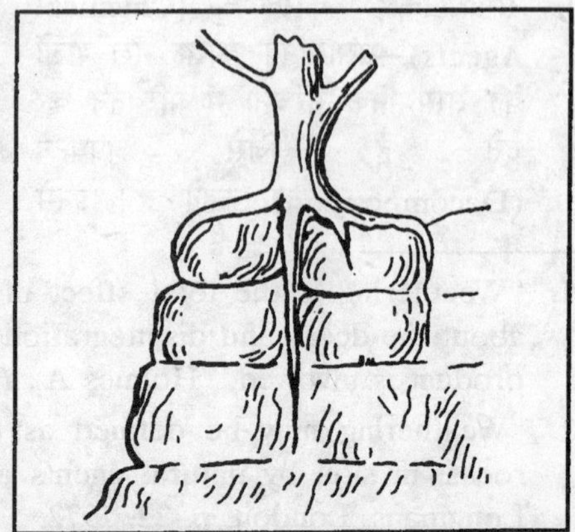

4. **वनस्पति (Vegetation)** – किसी भी क्षेत्र में वनस्पति आवरण की मात्रा

ही एक मात्र कारक है जो अपक्षय को नियन्त्रित भी करता है तथा गति भी देता है अर्थात वनस्पति की भूमिका ऋणात्मक एवं सकारात्मक दोनों रूपों में है। वनस्पति अपनी जड़ों द्वारा शैलों को बांधे रखने का कार्य करती है जिससे शैलें और अधिक संगठित हो जाती है। वनस्पति आवरण अधिक सघन होने पर सूर्यातप (Insolation) भू-सतह पर पर्याप्त मात्रा में नहीं पहुंच पाता जिसके अभाव में अपक्षय प्रभावी नहीं हो पाता है। लेकिन दूसरी तरफ यह भी देखा गया है कि पेड़ पौधों की जड़ों में रहने वाले सूक्ष्म कीड़े-मकोड़े शैलों को विघटित करते रहते हैं तथा पेड़ों की जड़ें शैलों में प्रविष्ट होकर शैल संधियों को विस्तृत कर विघटन करती हैं।

5. **समय (Time)** – किसी भी भौगोलिक प्रक्रम के प्रभाव को स्पष्ट रूप से परिलक्षित होने में पर्याप्त समय लगता है। इसी प्रकार लम्बी अवधि तक अपक्षय होने से शैलें पूर्णतया विघटित हो जाती हैं इसीलिए कहा गया है कि *"The longer the period deeper the Weathering"*. स्पष्ट है समय एवं अपक्षय में प्रत्यक्ष सम्बन्ध है।

अपक्षय के प्रकार (Kinds of Weathering)

प्रकृति में सर्वत्र अपक्षय एक ही प्रकार का नहीं होता है इसमें भाग लेने वाले कारकों की प्रकृति के कारण यह भिन्नता उत्पन्न होती है। अपक्षय के कारकों द्वारा शैलों का विघटन (भौतिक अपक्षय) तथा अपघटन (रासायनियक अपक्षय) होता है ये कारक निम्नलिखित हैं:

1. *भौतिक कारक (Physical Agents)*: (i) तुषार (Frost), (ii) सूर्यातप (Insolation), (iii) जल (Water), (iv) वायु (Air) (v) दाब (Pressure), (v) हिम (Ice) तथा (vi) समुद्री लहरें (Sea Waves)।

2. *रासायनिक कारक (Chemical Agents)*: (i) ऑक्सीजन (Oxygen) (ii) कार्बन-डाई-ऑक्साइड (Carbon-dioxide), (iii) हाइड्रोजन (Hydrogen)

3. *जैविक कारक (Biological Agents)*: (i) वनस्पति (Vegetation) (ii) जीव-जन्तु (Animals) (iii) मानव (Man)

अपक्षय क्रिया पृथ्वी पर पायी जाने वाली विभिन्न जलवायुवीय दशाओं में विभिन्न कारकों की सक्रियता के आधार पर विभक्त होता है। इसमें तापमान एवं आर्द्रता की उपलब्धता मुख्यतः प्रभाव डालती है। इस प्रकार अपक्षय क्रिया में भाग लेने वाले कारकों के आधार पर अप क्षय (विघटन एवं वियोजन) निम्नलिखित तीन भागों में विभक्त किया जाता है:

1. भौतिक या यान्त्रिक अपक्षय (Physical or Mechanical Weathering)
2. रासायनिक अपक्षय (Chemical Weathering)
3. प्राणीवर्गीय अपक्षय (Biological Weathering)

1. भौतिक या यान्त्रिक अपक्षय (Physical or Mechianical Weathering)

शैलों के टूटने एवं विखण्डित होने की क्रिया को यान्त्रिक अपक्षय कहते हैं। विखण्डन (Disintegration) की क्रिया में क्रिस्टलन (Crystallisation), ताप परिवर्तन, आर्द्र एव शुष्क होना, जमना-पिघलना (Freeze-thaw) जलयोजन (Hydration) तथा दाब मुक्ति (Pressure Release) मुख्य हैं। इस प्रकार भौतिक अपक्षय में निम्नलिखित प्रक्रियायें सम्पन्न होती है:

ताप परिवर्तन (Temperature Change)

चट्टान प्रायः ऊष्मा की कुचालक होती हैं जिसके कारण दैनिक तापमान का प्रभाव केवल शैलों के सतही भाग तक ही सीमित रहता है। तापमान स्वतन्त्र रूप से शैलों में प्रविष्ट नहीं हो पाता। फलस्वरुप शैलों की अपनी परतों में ऊष्मा के संकेन्द्रण के कारण शैलों का ऊपरी भाग आन्तरिक भाग की तुलना में शीघ्र ही फैलने लगता है। यह क्रिया दिन के दौरान पर्याप्त ऊष्मा प्राप्त होने

पर होती है तथा रात्रि को पुनः ऊष्मा की कमी होने पर शैलें सिकुड़ने लगती हैं। शैलों के इस प्रकार फैलने एवं सिकुड़ने से आन्तरिक भाग में एक दाब (Stress) उत्पन्न हो जाता है। जिससे शैल में संधियाँ (Joints) एवं दरार (Cracks) बन जाती हैं। यह आकलित किया गया है कि यदि 30 मीटर व्यास के ग्रेनाइट के टुकड़े का 83 डिग्री सेल्सियस (150°F) तापमान बढा दिया जाये तो उसका व्यास 25 मि. मि. बढ जायेगा तथा इतना ही तापमान पुनः घटाने पर इसमें पुनः संकुचन हो जायेगा। यह प्रक्रिया बार-बार होते रहने से शैलों की सतह के समानान्तर पतली पर्तें उखड़ने लगती हैं जिससे **'अपपत्रण या अपशल्कन (Exfoliation)'** कहा जाता है। इसे ऑनियन अपक्षय (Onion Weathering) भी कहते हैं।

अधिकांश आग्नेय और तलछटी शैलें विभिन्न खनिजों से निर्मित होती हैं। जो इन खनिजों की विशिष्ट ऊष्मा (Specific Heat) तथा रंगों के कारण विभिन्न दरों से फैलती सिकुड़ती हैं जिस कारण इन रवेदार (Crystalline) शैलों के अन्दर छोटी छोटी दरारें उत्पन्न हो जाती हैं तथा इन आन्तरिक दरारों (Internal Fractures) के कारण शैलों का विघटन शीघ्रता से हो जाता है। शैलों में रंग की भिन्नता का प्रभाव ऊष्मा के अवशोषण पर पड़ता है। यह प्रक्रिया अधिकाशंतः उन मरुस्थली प्रदेशों में अधिक होती है जहाँ दैनिक ताप परिसर अधिक तथा वायुमण्डलीय आर्द्रता कम पायी जाती है। मरुस्थलीय क्षेत्रों में जाने वाले यात्रियों ने बताया है कि शैलों के टूटने की ध्वनि पिस्तौल की ध्वनि के समान तीव्रता वाली होती है। लेकिन ऐसी प्रक्रिया केवल सुनी ही गई है देखी नहीं गई है।

ताप परिवर्तन के दौरान शैलों के विघटन के बारे में अनेक अमेरिकी अन्वेषकों ने क्षेत्र एवं प्रयोगशाला दोनों जगह अनेक प्रयोग किये हैं। ब्लेकवेल्डर (Blackwelder) ने 1925 में शैलों के टुकड़े का तापमान 15 से 210° सेल्सियस बढाने के लिए उन्हें गर्म तेल में डाला लेकिन प्रयोग के बाद पाया गया कि उस शैल के टुकड़ों पर फैलने, चटकने तथा दृष्टिगत कमजोरी के कोई चिन्ह दिखाई नहीं दिये जबकि यह ताप वृद्धि मरुस्थलों के दैनिक ताप परिसर से तीन गुना अधिक थी। सन् 1936 में ग्रिग्स (Griggs) महोदय ने एक विस्तृत प्रयोग किया जिसमें उन्होंने आधुनिक उपकरणों का प्रयोग करते हुए मोटे दानों वाली ग्रेनाइट को चमकीली सतह पर लाल गर्म विद्युत हीटर के सामने रखकर उसका तापमान 110° सेल्सियस तक बढाया तथा अचानक इसी दर से ठण्डी हवा द्वारा कम भी किया। इस प्रक्रिया को इतनी बार दोहराया कि जितना 244 वर्षों में संभव हो सके अर्थात् 244 वर्षों के ताप परिसर का प्रभाव उस शैल पर उत्पन्न किया लेकिन प्रायेग के अन्त में पाया गया कि शैल पर अपपत्रण के जैसी कोई क्रिया दृष्टिगत नहीं हुई। यह प्रयोग लगातार ढाई वर्षों तक किया गया तथा शैलों को ठण्डा करने के लिए ठण्डी वायु के स्थान पर ठण्डे जल की बोछारों का प्रयोग किया जिसमें प्राकृतिक रूप से आक्सीजन एवं कार्बन डाई आक्साइड का मिश्रण होता है, तो अन्त में शैलों में चटकन होने से अपपत्रण की क्रिया हुई।

इन प्रयोगों से यह निष्कर्श निकलता कि अपपत्रण के लिये यान्त्रिक अपक्षय की तुलना में रासायनिक अपक्षय की भूमिका महत्वपूर्ण होती है। यद्यपि प्राकृतिक क्रियाओं का प्रयोगशालाओं में उसी रूप में खरा उतरना संभव नहीं है। काहिरा (मिश्र) में स्थित ग्रेनाइट की मूर्तियों का अध्ययन करने पर पता चला है कि यहाँ थोड़ी मात्रा में वर्षा होने पर ही शुष्क भागों की अपेक्षा उनका अधिक अपक्षय हुआ है। इसी प्रकार जलभग्न भागों का शुष्क भागों की तुलना में अधिक अपक्षय हुआ है। ब्लेकवेल्डर ने भी पूर्वी ब्राजील एवं पूर्वी चीन का अध्ययन कर सारांशतः बताया कि शुष्क प्रदेशों में भी अपक्षय के लिये रासायनिक, अपक्षय एंव जलयोजन की क्रिया आवश्यक है।

बाक्स 10.2 *सूर्यातप अपक्षय (Insolation Weathering)*

सूर्यातप अपक्षय अनेक रूपों में तुषार अपक्षय से समरूपता रखता है लेकिन इसमें होने वाली जमने-पिघलने (Freeze-Thaw) की क्रिया जमने तक ही सीमित न होकर जमने पिघलने के चक्रों (Freeze-Thaw Cycles) के रूप में प्रकट होती है जबकि तुषार अपक्षय में शैलों का विखण्डन जमने से ही होता है सूर्यातप अपक्षय में शैलें दिन में सूर्य से पर्याप्त मात्रा में उष्मा प्राप्त कर फैल जाती है तथा सूर्यास्त के बाद ठण्डी हो जाती है। इस प्रकार दैनिक रूप में ऐसा बार-बार अनेक चक्रों में पूर्ण होता है जिससे शैलों में दानेदार विखण्डन होता है।

तुषार अपक्षय (Frost Weathering)

चित्र 10.2 *तुषार अपक्षय*

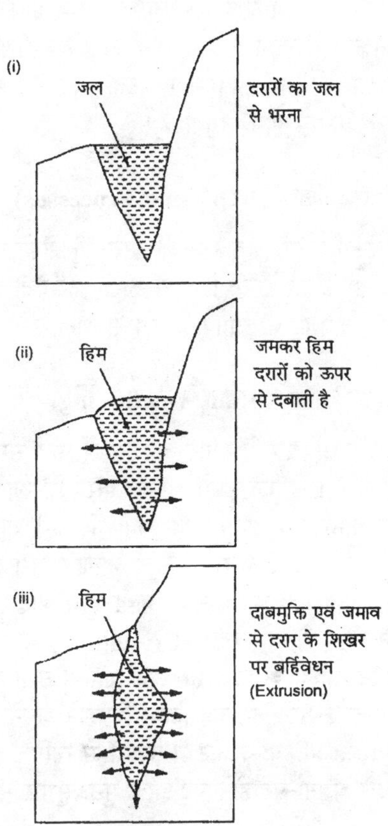

भौतिक अपक्षय के इस रूप में क्रिस्टलन की क्रिया की महतवपूर्ण भूमिका होती है। शीत प्रदेशों में जल का हिम में क्रिस्टलन (Crystallisation) होने से विस्तार होता है। यद्यपि जल का सर्वाधिक घनत्व 4 डिग्री सेल्सियस (39° फोरेनहाइट) पर होता है लेकिन जब यह हिम में परिवर्तन हो जाता है तो इसका 9 प्रतिशत तक विस्तार (Expansion) हो जाता है। यह विस्तार लगभग 2100 किग्रा/सेमी.$^{-2}$ दबाव उत्पन्न करता है, जो शैलों की तनाव शक्ति से अधिक होता है। सामान्यतः शैलों की तनाव शक्ति 250 किग्रा/सेमी.$^{-2}$ है।

तुषार अपक्षय की दूसरी विधि में जब जल शैलों या मृदा मे प्रवेश करके जमता है तो यह हिम शैलों के अन्य भागों में स्थित रन्ध्रों (Pores) तथा केशीय छिद्रों (Capillaries) के जल के सूक्ष्म कणों को भी आकर्षित करता है। फलस्वरुप हिमकणों (Ice Crystal) के केन्द्रक (Nuclei) वृद्धि करते हैं जिस कारण शैलें बिखरने लगती हैं। तुषार अपक्षय की क्रिया अनेक कारकों पर निर्भर करती है। इनमें नमी की उपस्थिति (Presence of Moisture) महत्वपूर्ण है। अधिकता होने पर शैलों के विखण्डन की दर भी तीव्र होती है जबकि इसके अभाव में कम रहती है। तुषार अपक्षय को प्रभावित करने वाला द्वितीय कारक ताप परिवर्तन की आवृति एवं परिमाण (Frequency and Magnitude) है। प्रायः यह देखा गया है कि एक लम्बी अवधि में (मौसमी) होने वाली जमने पिघलने की क्रिया की तुलना में जमने-पिघलने की आवृति अधिक होना उनकी तीव्रता से अधिक महत्वपूर्ण मानी गई है। इसी कारण अत्यन्त शीत प्रदेशों (ध्रुवीय प्रदेश) की तुलना में ऊँचाई पर स्थित प्रदेशों (हिमालय आदि) में तुषार चीरण चक्र की आवृति अधिक होती है।

शैलों की प्रकृति भी तुषार अपक्षय की दर को नियंत्रित करती है। भू गर्भ वेत्ताओं ने अवलोकन कर बताया है कि आग्नेय कठोर क्वार्टजाइट शैलों की तुलना मे शैल (Shales), सेण्डस्टोन तथा सरन्ध्री खड़िया (Porous Chalk) कम प्रतिरोधी (Least Resistant) होती है। आग्नेय शैलों में रुन्ध्र न होने से जल प्रविष्ट नहीं हो पाता जिस कारण जमने-पिघलने की क्रिया सभी सम्पन्न नहीं हो पाती है। इस प्रकार की क्रिया जब उच्च भागों में होती रहती है तो गुरुत्व शक्ति के कारण अपक्षय से निर्मित शैल मलबा नीचे की सरकने लगता है। इस क्रिया को **'भूमि सर्पण' (Solifluction)** कहते हैं। यह मलबा जब पर्वतों के निचले भाग में एकत्रित हो जाता है तो इसे 'टालस (Talus)' या भूमि सर्पण का ढेर कहते हैं।

दाब मुक्ति (Pressure Release)

भूपटल में विद्यमान अनेक आग्नेय एवं कायान्तरित शैलें भू-गर्भ में अन्य शैलों के नीचे दबी रहती हैं जिसके कारण नीचे उन पर उच्च दाब और ताप के प्रभाव से उनमें रवेदार (Crystal) संरचना होती है। लेकिन जब इनके ऊपर स्थित शैल आवरण अपरदित होकर हट जाता है। तो ये आंतरिक शैलें ऊपरी भाग मे दृष्टिगत होने लगती हैं तथा इन पर दाब कम हो जाता है जिससे इनमें दरारें उत्पन्न हो जाती हैं व अपपत्रण (Exfoliation) होने लगता है। विघटन एवं अपपत्रण के कारण शैलों के ऊपरी भाग के हटने को चादरी विभाजन (Sheeting) कहते हैं। इस क्रिया में दाब मुक्ति के अतिरिक्त ताप-परिसर व रासायनिक क्रियाओं का संचयी प्रभाव होता है।

जलयोजन (Hydration)

जलयोजन यान्त्रिक अपक्षय की अन्य प्रक्रिया है लेकिन इसके द्वारा कुछ मात्रा में रासायनिक परिवर्तन भी होता है। इस भौतिक प्रक्रिया में खनिजों द्वारा जल का अवशोषण किया जाता है जिससे शैलों मे फैलाव होता है। जलयोजन द्वारा शैलों का छोटे-छोटे कणों (Granular) में विघटन होता है। इसके बाद इन शैल कणों पर आक्सीकरण तथा कार्बोनेशन जैसी रासायनिक अपक्षय की क्रियायें होने लगती हैं।

जैविक क्रियायें (Organic Processes)

वनस्पति एवं जीव जन्तुओं द्वारा भी शैलों का विखण्डन किया जाता है। वृक्ष अपनी जड़ों द्वारा शैलों की दरारों और संधियों में प्रविष्ट होकर उन्हें अन्दर से ढीला कर देती हैं। यह मुख्यतः वृक्षों की जड़ों के शैल विदरों में घुसने (Root Wedging) से होता है। जानवर भी आंशिक रूप से शैलों को कुरेदकर व खोदकर विघटित करते हैं।

लवण अपक्षय (Salt Weathering)

लवण अपक्षय में तुषार अपक्षय से कुछ समानतायें रखता है इसमें भी शैलों के छिद्रों एवं दरारों मे पदार्थों का फैलाव एवं वृद्धि होती है। लेकिन इसमें चक्रिय परिवर्तन आवश्यक नहीं है। इस प्रक्रिया को **'लवण चीरण (Salt Wedging)'** भी कहते हैं तथा यह प्रक्रिया मुख्यतः शुष्क क्षेत्रों में पायी जाती है। सामान्यतः शैलों में जल घुलित लवणों के रूप में पाया जाता है, जो मुख्यतः मृदा एवं शैलों के रासायनिक अपक्षय द्वारा लाया जाता है। जल शैलों में पाये जाने वाले छोटे विदरों अथवा छिद्रों (Crevassee or spaces) से केशीय क्रिया द्वारा बाहर आता है। यह जल जब वाष्पीकृत हो जाता है तो हेलाइट या जिप्सम जैसे लवण निक्षेपित होकर रवेदार (Crystalline) बन जाते हैं। कुछ समय के उपरान्त ये रवे (Crystal) बड़े हो जाते हैं तथा दाब उत्पन्न करना प्रारंभ कर देते हैं। यह प्रक्रिया उसी प्रकार की होती है जिस प्रकार तुषार अपक्षय में हिम के रूप में जमने पर जल करने लगता है। लेकिन यह क्रिया पिघलने जमने जैसी चक्रीय अवस्था नहीं रखते हैं। ऐसा मुख्यतः शुष्क एवं अर्द्धशुष्क क्षेत्रों में होता है। यह प्रक्रिया कंक्रीट व पत्थरों से निर्मित भवनों तथा सड़कों को भी प्रभावित करती है। कभी-कभी ऐसा प्रभाव बड़ी संरचनाओं वाले भवनों पर होने पर इनके पुनः सुधार में काफी आर्थिक हानि होती है।

2. रासायनिक अपक्षय (Chemical Weathering)

रासायनिक अपक्षय भौतिक अपक्षय से काफी भिन्न हैं। यह शैलों के कणों तथा खनिजों के चारों ओर पाये जाने वाले रासायनिक आवरण (Chemical Bond) को तोड़ता है, जो इन्हें परस्पर संयोजित रखता है। कुछ शीतोष्ण प्रदेशों में ग्रेनाइट से संयोजित सतह पर **'टॉर** (Tors) विकसित हो जाते हैं। ऐसे टॉर दक्षिण पश्चिम इंग्लैण्ड के डार्टमूर क्षैत्र में टर्शियरी काल मे बने थे जब वहाँ आज की तुलना में जलवायु ऊष्ण थी। रासायनिक अपक्षय में अपघटन द्वारा भौतिक अपक्षय (विघटन) की तुलना में अधिक मुलायम **शैल कण** बनते हैं। लेकिन विघटन द्वारा निर्मित शैल कणों का विस्तार अधिक होता है जिस पर पृथ्वी की रचना मे सहभागी तत्व मिलकर अपक्षय करते हैं। इस प्रकार पृथ्वी पर अपक्षय की कोई विशिष्ट प्रक्रिया स्वतन्त्र न होकर परस्पर ही पूर्ण होती है।

रासायनिक अपक्षय में वायुमण्डल के निचले भाग में पायी जाने वाली गैसों तथा जलवाष्प की मुख्य भूमिका होती है। ये गैसें जब तक स्वतन्त्र रूप में रहती हैं, प्रभाव नहीं डालती लेकिन जैसे ही इनका सम्पर्क नमी या जल से होता है ये क्रियाशील होकर अपघटन की क्रिया करने लगती हैं। जल के साथ मिलकर ये गैसें शैलों में रासायनिक परिवर्तन करती हैं। यह परिवर्तन भू-सतह पर तथा भूपर्पटी (Earth's Crust) के नीचे दोनों क्षेत्रों में होता है। उष्ण, उपोष्ण एवं शीतोष्ण आर्द्र प्रदेशों मे विभिन्न गैसों एवं जल के घुलने से विभिन्न दर से रासायनिक अपक्षय होता है। इस प्रकार रासायनिक अपक्षय में घुलन क्रिया (Solution Process) की महत्वपूर्ण भूमिका होती है। जल रासायनिक अपक्षय का प्रधान कारक है। जल में हाइड्रोजन (H^+) और

हाइड्रोक्सिल (OH^-) आयन अन्य खनिजों के साथ अनुक्रिया करके नवीन रचना करते हैं। इस प्रकार जल पुनः अभिकर्ता (Reagent) तथा घोलक (Solvent) दोनों हैं। हाइड्रोजन आयन के संकेन्द्रण को जल के पीएच (pH) में प्रदर्शित करते हैं। जब pH का मान 7.0 होता है तो जल तटस्थ (Neutral) होता है लेकिन जब यह 7.0 से कम होता है तो अम्लीय (Acid) तथा अधिक होता है तो क्षारीय (Alkaline) प्रकृति को प्रदर्शित करता है। जल के pH मान के साथ-साथ रासायनिक अपक्षय की संभाव्यता (Potential) भी बढ जाती है।

रासायनिक अपक्षय इसमें सहभागी कारकों के आधार पर निम्नलिखित रूपों में पाया जाता है:

(i) ऑक्सीकरण (Oxidation)

(ii) कार्बोनेशन (Carbonation)

(iii) जलयोजन (Hydration)

(iv) जल अपघटन (Hydrolysis)

(v) सिलिका पृथक्कीकरण (Desilication)

(i) **ऑक्सीकरण (Oxidation):** ऑक्सीडेशन एक रासायनिक अभिक्रिया है, जिसमें शैलों के खनिजों (लोहे या मैगनीज के कार्बोनेट्स या सिलिकेट्स) के साथ ऑक्सीजन और जल क्रिया करते हैं। जल से मिली ऑक्सीजन के शैलों पर प्रभाव से खनिजों में ऑक्साइड बन जाते हैं, जिस कारण शैलों में अपघटन होने लगता है। इस क्रिया को ऑक्सीडेशन कहते हैं। लोहे की प्रधानता वाली शैलों में लोहा, लोह-सल्फाइट या पाइराइट के रूप में विद्यमान रहता है जिस पर आक्सीडेशन के कारण जंग (Rust) लगने लगता है फलस्वरुप शैलें ढीली होकर वियोजित (अपघटित) हो जाती हैं। ऑक्सीडेशन मेफिक (*Mafic = Ma = Magnessium + fic = ferric*) खनिजों में फेरस आयरन ऑक्साइड (FeO) को इसकी फेरिक (Ferric) अवस्था ($Fe_2\ O_3$) में बदल देता हैं। जल एवं ऑक्सीजन के मिश्रित रूप में शैलों के खनिजों से क्रिया करने पर नवीन संघटकों का निर्माण होता है जिनका रंग लाल, पीला या भूरा होता है। ये खनिज अपघटन के बाद अपक्षय एवं अपरदन से अवरोध की क्षमता खो देते हैं। ऊष्ण एवं शुष्क आर्द्र पर्यावरण में स्थानीय शैलों पर ऑक्सीकरण की क्रिया होने से अनेक प्रकार की मिट्टियों का निर्माण होता है ऐसी मृदाओं का रंग मुख्यतः लाल व पीला होता है तथा इनमें लोहा ऑक्साइड अथवा हाइड्रोक्साइड की मात्रा मिलती है।

(ii) **कार्बोनेशन (Carbonation):** इस क्रिया में कार्बनडाई ऑक्साइड (CO_2) एवं जल (H_2O) साथ मिलकर कार्बनिक अम्ल ($H_2\ CO_3$) का घोल बनाते हैं। इस अवस्था में कभी-कभी रासायनिक अभिक्रिया में तापमान के साथ विपरित सम्बन्ध पाया जाता है। जल में अन्य विलायक अम्ल जब वायु-मण्डलीय संघटकों के साथ संयोजन करते हैं, तो इसे अम्ल वर्षा कहते हैं जिसमें सल्फ्यूरिक अम्ल ($H_2\ SO_4$) बने होते हैं। कार्बन डाई आक्साइड का निर्माण जैविक पदार्थों के अवसान (Decay) के उपरान्त भी होता है। उदाहरणार्थ शंकुधारी वनों की पत्तियों के ढेर (Leaf litter) मे अत्यन्त अम्लता होती है। इसके अतिरिक्त जीवाश्मीय ईधन (कोयला एवं पेट्रोलियम) के दहन एवं वायु प्रदूषण से भी कार्बन डाई आक्साइड का सृजन होता है। जब लौह सल्फाइड या पाइराइट पर Co_2 युक्त जल प्रभाव डालता है तो उसके लोहे के कार्बोनेट तथा सल्फ्यूरिक अम्ल बन जाते हैं। लोहे के कार्बोनेट शीघ्र घुलनशील होने से जल के साथ मिलकर शैलों से पृथक होने लगते हैं। कार्बोनिक अम्ल चूनापत्थर अथवा डोलोमाइट के साथ मिलकर केल्सियम कार्बोनेट ($CaCO_3$) बन जाता है, जो केल्सियम बाई कार्बोनेट ($Ca(HCO_3)_2$) बनाता है। यह जल में तीव्रता से घुल जाता है। इस क्रिया द्वारा चूना पत्थर एवं डोलोमाइट अम्लीय जल द्वारा घुलकर तीव्रता से अपक्षयित हो जाते हैं।

केल्सियम बाई कार्बोनेट जल के साथ घुलकर जब नमी को वाष्पीकृत कर देता है तो शेष बचे केल्सियम कार्बोनेट के भाग को **'टूफा (Tufa)'** कहते हैं। टूफा जब अधिक प्रतिरोधी रूप में होकर रवेदार संरचना में बन जाता है तो इसे **ट्रेवरटाइन (Trevertine)** कहते हैं। आर्थोक्लाज फेल्ड्सपार के कार्बोनेशन द्वारा बनने वाले नवीन मृत्तिका खनिज को **'इलाइट (Illite)** कहते हैं।

(iii) **जलयोजन (Hydration)**: जब खनिजों में उपस्थित रवेदार छिद्रों (Crystal lattices) द्वारा जल को अवशोषित कर लिया जाता है। इस रासायनिक परिवर्तन द्वारा शैलों पर आयतन वृद्धि से तनावयुक्त दबाव (Tensile Stress) बन जाता है तथा शैलें फैलकर टूटने लगती हैं। आग्नेय शैल हाइड्रेशन से सर्वाधिक प्रभावित होती है तथा टूट कर अवसाद में परिवर्तित हो जाती है। लोह ऑक्साइड हाइड्रेशन द्वारा **लिमोनाइट** में बदल जाता है। इसी प्रकार फेल्सपार खनिज **कओलिन मृत्तिका** (Kaoline clay) में परिवर्तित हो जाता है।

(iv) **जल अपघटन (Hydrolysis):** जल अपघटन की क्रिया में हाइड्रोजन (H) तथा हाइड्रोक्सिल (OH) आयन जल के साथ खनिजों से क्रिया करते हैं। इस क्रिया द्वारा सम्बन्धित खनिज की प्रकृति बदल जाती है तथा इससे बनने वाले खनिज की भौतिक तथा रासायनिक विशेषताऐं बदल जाती हैं। उदाहरणार्थ फेल्सफार एल्यूमिनियम का सिलिकेट खनिज है तथा ग्रेनाइट शैल में मिलता है जब इसका अपक्षय होता है, तो इससे क्ले खनिज *केओलाइनाइट (Kaolinite)* बनता है।

(v) **सिलिका पृथक्कीकरण (Desilication)**: सिलिका प्रधान शैलों में जब जल द्वारा रासायनिक विधि से सिलिका पृथक कर दिया जाता है तो वे ढीली पड़कर वियोजित होने लगती हैं। ग्रेनाइट शैल में सिलिका प्रधान होती है जिसमें अधिकांश सिलिकेट के रुप में तथा कुछ क्वार्टज के रूप में होते हैं सिलिकेट जल द्वारा शैलों से पृथक कर दिया जाता है। इसी कारण प्रायः यह देखा गया है कि आग्नेय शैलों के क्षेत्र में प्रवाहित होने वाली नदियों के जल में सिलिका की मात्रा अधिक होती है।

3. प्राणीवर्गीय अपक्षय (Biological weathering)

वनस्पति एवं जीव-जन्तु भी शैलों के अपघटन एवं विघटन में योगदान कर अपक्षय की क्रिया में भाग लेते हैं लेकिन यह आवश्यक नहीं कि इनके कार्य सर्वत्र विनाशात्मक हों क्योंकि वनस्पति को अपक्षय में योगदान करने वाला तथा नियंत्रित करने वाला दोनों रूपों में माना गया है। पृथ्वी तल के अन्दर निवास करने वाले जीव निरंतर भूमि को खोदते रहते हैं। मानव प्रारंभिक समय से ही भौतिक पर्यावरण को परिवर्तित करता आया है। इस प्रकार प्राणीवर्गीय अपक्षय में सहभागी कारकों के आधार पर इसे निम्नलिखित रूपों में पहचाना जाता है:

(i) *जीव जन्तुओं द्वारा अपक्षय (Weathering due to Animals)*– भूसतह की ऊपरी परत में निवास करने वाले कीड़े-मकोड़े तथा बिल बनाकर रहने वाले जीव (Burrowing Animals) भूमि को लगातार अपक्षयित करते रहते हैं। गोफर, प्रेयरी कुत्ते, दीमक, चूहे आदि भूमि को पोली करते हैं जिससे शैलें कमजोर पड़ जाती हैं। केंचुआ का अपक्षय में सर्वाधिक योगदान रहता है। चार्ल्स डार्विन के एक अनुमान के अनुसार अंग्रेजी बागानों में कीड़े प्रतिवर्ष प्रति हेक्टेयर भूमि से 25.4 हजार किलोग्राम मिट्टी खोदकर सतह के ऊपर ले आते हैं। इनके अतिरिक्त मानव द्वारा बड़ी मात्रा में भौतिक पर्यावरण को परिवर्तित किया गया है। खानें खोदना, भवन निर्माण, सड़कों का निर्माण, वनोन्मूलन तथा अन्य सम्बन्धित क्रियायें सम्पादित कर मानव ने जैविक अपक्षय में योग दिया है। चेरापूंजी में वनोन्मूलन करने से चूनापत्थर की शैलों का विस्तृत रूप में अपक्षय हुआ है।

(ii) *वनस्पति द्वारा अपक्षय (Weathering due to vegetation)*– वनस्पति यद्यपि जैविक वर्ग में सम्मिलित है लेकिन इससे यान्त्रिक एवं रासायनिक दोनों रूपों में अपक्षय होता है जब वृक्षों की जड़ें पृथ्वी के अन्दर प्रवेश करती हैं, तो शैलों की दरारों में प्रवेश कर फैलने लगती हैं जिस कारण तनाव उत्पन्न होता है व विघटन होने लगता है। भूसतह पर विकसित सभी प्रकार के पेड़ पौधे इस क्रिया में भाग लेते हैं। रासायनिक अपक्षय की जैविक प्रक्रिया (Organic Process) में भी पेड़-पौधों की प्रमुख भूमिका होती है। यह अपक्षय जीवाशं पदार्थों के अपघटन से होता है जो विशेषकर मृदा में इनसे मुक्त अम्लों एवं कार्बन डाई ऑक्साइड से होता है। शैल सतह पर विकसित लाइकेन (Lichens) शैलों के कुछ खनिजों का प्रत्यक्ष रूप से अवशोषण कर लेती हैं। जब लाइकेन पादप मर जाता है तो जल में घुलित जैविक तत्वों को मुक्त कर देता है जिनसे *'Weak acid'* बनते हैं ये संकेद्रिंत होकर रासायनिक अपक्षय करते हैं। शैवाल (Algae) द्वारा ग्रेनाइट

शैल का अपक्षय जैविक विधि से हो जाता है (Park, 1997)। इसी प्रकार वनस्पतियों से प्राप्त जीवांश (Humus) द्वारा भी लिमोनाइट को घोल कर पृथक् कर दिया जाता है। तथा ह्यूमस के कारण निक्षालन (Leaching) भी तीव्रता से होता है।

प्राणी वर्गीय अपक्षय वास्तविक रूप में भौतिक तथा रासायनिक दोनों क्रियाओं में प्रभाव डालता है। इसलिए इसे स्वतन्त्र न मानकर दोनों के साथ ही स्वीकार करना चाहिये। प्राणी तथा पादप वर्ग (Fauna and Flora) का मुख्य प्रभाव मृदा में कार्बन डाइ-आक्साइड की मात्रा को बढ़ाना है। जो कई बार वायु-मण्डलीय अंशों में भी वृद्धि कर देती है। इसलिए अपक्षय में मुख्य योगदान वायु-मण्डल का न होकर जीव मण्डल का है।

अपक्षय के उपर्युक्त वर्णित प्रकारों से स्पष्ट है कि विभिन्न वर्गों में इनकी सक्रिय भूमिका के आधार पर अध्ययन किया गया है। ये अनाच्छादनकारी भू-दृश्य के प्रारंभिक विकास के लिए ये उत्तरदायी हैं। इस सम्पूर्ण प्रक्रिया में कोई एक प्रक्रिया स्वतन्त्र रूप में योगदान नहीं कर सकती है। तथा इनमें स्थानिक भिन्नता भी पायी जाती है।

अपक्षय कटिबन्ध (Zone of Weathering)

अपक्षय कटिबन्ध भूपटल का वह भाग होता है जो अपक्षय प्रक्रिया द्वारा अनावृत होकर नीचा हो जाता है। जलवायुवीय दशाओं तथा शैल निर्माण के आधार पर इसमें काफी भिन्नता मिलती है। उष्ण एवं उपोष्ण कटिबन्धीय प्रदेशों में अपक्षय कटिबन्ध काफी गहराई में मिलता है अर्थात् अपक्षय परत की मोटाई (Thickness) अधिक होती है। मेघालय की खासी तथा जयंतियाँ पहाड़ियों में **बड़ा पानी** (Bada-Pani) के निकट अपक्षयित शैलों की गहराई 50 मीटर तक पायी गई है। अपक्षयित तथा अपक्षय से वंचित शैलों के मध्य का अन्तरापृष्ठ (Interface) अपक्षय सीमान्त (Weathering Front) कहलाता है। यह शब्द माबूत (Mabbutt, 1961) ने दिया था।

अपक्षय का भूगोल (Geography of Weathering)

अपक्षय की प्रक्रिया की भौगोलिक विवेचना करने के अपरान्त स्पष्ट हुआ है कि यह पृथ्वी पर कुछ निश्चित स्थानों पर अधिक प्रभावी रहता है। सामान्यतः भूमध्य रेखीय तथा उष्ण कटिबन्धीय क्षेत्रों में ध्रुवीय तथा उपध्रुवीय क्षेत्रों की तुलना में मृदा की मोटाई अधिक है। इन स्थानों में तुलनात्मक दृटि से अपक्षय की तीव्रता (Intensity) में अंतर स्पष्ट हो रहा है। तापमान उच्च आर्द्रता तथा प्राय प्रचुर वर्षा (Copious Rainfall) आदि दशायें निम्न अक्षांशों में सक्रिय अपक्षय में विशिष रूप से सहायक होती हैं, लेकिन ऐसी निश्चित प्रक्रिया विशिष्ट दशाओं में प्रभावी होती हैं। उदाहरणार्थ तुषार चीरण का प्रभाव केवल उच्च अक्षांशों तथा तुषार प्रभावी उच्च भागों मे ही हो पाता है। अपक्षय के बारे में एक लघु स्तर पर विश्व मानचित्र बनाने की योजना अव्यवहार्य होगी क्योंकि भिन्न प्रक्रियायें विशेष प्रदेशों तक सीमित नहीं है। तथा इनकी कार्य प्रणाली समान क्षेत्रों में भिन्न होती है। लेकिन विश्व तापमान का मानचित्र, विश्व की वर्षा, विश्व की जलवायु तथा विश्व की मृदायें कुछ संकेत प्रदान करती हैं कि हमें विशेष स्थानों में किस प्रकार की घटना की आशा करनी चाहिये जहाँ नमी एवं तापमान उच्च होते हैं वहाँ सभी प्रकार का अपक्षय उच्च (Intense) होता है। जिन क्षेत्रों में ताप परिसर उच्च होता है तथा नमी (Moisture) न्यून होती है जैसा कि BW व BS जलवायु प्रदेशों में होता है तो यान्त्रिक अपक्षय अधिक प्रभावी तथा रासायनिक एवं जैविक अपक्षय कम प्रभावी होते हैं। इसी प्रकार उच्च अक्षांशों में तुषार क्रिया द्वारा यान्त्रिक अपक्षय अधिक होता है। न्यून वर्षा वाले प्रदेशों में जहाँ चूना पत्थर तथा डोलोमाइट अपक्षय क्रिया के प्रति कम प्रतिरोधी होते हैं, वहाँ प्रादेशिक भू-गर्भिक मानचित्र सहायक होते हैं।

11

मृदा निर्माण एवं वितरण

(Soil Formation and Distribution)

मृदा भूसतह पर पायी जाने वाली शैल कणों के विघटन से निर्मित पतली परत होती है जिसमें जैविक पदार्थों, जल तथा वायु का मिश्रण होता है। पृथ्वी पर इसकी औसत गहराई 20 सेमी. हाती है। यह पादपों तथा जीवों को जीवन का आधार प्रदान करती है जिस दृष्टि से मृदा को जैविक तन्त्र भी कहा जाता है। इस प्रकार मृदा जीवन को आधार प्रदान करने के साथ ही पर्यावरण के जैविक (Biotic) तथा अजैविक (Abiotic) घटकों के मध्य अन्तर्सम्बन्ध स्थापित करती है। मृदा अपने निर्माण के लिए स्वयं भी जीवमण्डल पर निर्भर रहती है।

मृदा का निर्माण प्रारम्भिक रूप में भौतिक एवं रासायनिक क्रियाओं द्वारा प्रारम्भ होता है जिसके साथ जैविक क्रिया समयानुसार सहयोगी बन जाती है। इस आधार पर संयुक्त राज्य मृदा संरक्षण विभाग ने मृदा को परिभाषित करते हुए लिखा है कि *"मृदा शैलों एवं खनिजों के कणों के अपक्षयित तथा विखण्डित होने से बना मिश्रण होता है जिसमें जल एवं वायु विभिन्न अनुपात में पाये जाते हैं। इस मिश्रण में परतें स्पष्ट रूप से भिन्नता दर्शाती हैं। इसका विकास जलवायु एवं जैविक कारकों से प्रभावित होता है।"* मृदा को विभिन्न लोग भिन्न-भिन्न अर्थों में लेते हैं। एक कृषि वैज्ञानिक शैल एवं खनिजों के अपक्षयित ऊपरी भाग को मृदा कहते हैं जिसमें पादपों की जड़ें विकसित होती हैं। लेकिन भूवैज्ञानिक इस शब्द का प्रयोग उस सम्पूर्ण पदार्थ के लिए करते हैं जो किसी विशेष स्थान पर अपक्षय के उपरान्त उत्पन्न होता है। मृदा स्पष्ट रूप से भूसतह पर अवस्थित रहती है जिसका सम्पर्क वायुमण्डल से रहता है। भ्वाकृतिक कारकों के द्वारा इसकी स्थिति अपरदन, परिवहन एवं निक्षेप क्रियाओं से बदलती रहती है। मृदा की सामान्य अवस्थिति स्थलमण्डल, वायुमण्डल, जलमण्डल तथा जैवमण्डल के मध्य अन्तराफलकीय (Interfacial) रूप में है।

मृदा पर्यावरण का एक खुला तन्त्र (Open System) है जिसमें पदार्थो का प्रवेश (Input) तथा बहिर्गमन (Outputs) दोनों होते हैं। साथ ही यह दूसरे पर्यावरणीय तन्त्रों से अन्तर्सम्बन्धित रहता है। विशेषकर जलवायु तथा वनस्पति तन्त्रों से तो प्रत्यक्षतः सम्बद्ध है। अपरदन तथा अपक्षय के दौरान मृदा स्थलमण्डलीय तन्त्र से सम्बद्ध रहती है जहाँ शैल चक्र के तहत यह स्थान प्राप्त करती है।

पर्यावरण में ऐसा तन्त्र जिसमें केवल ऊर्जा का आदान प्रदान होता है, बन्द तन्त्र कहलाता है जैसे जल चक्र। जबकि ऐसा चक्र जिसमें ऊर्जा तथा पदार्थ दोनों का आदान प्रदान होता है, खुला तन्त्र कहलाता है जैसे अपवाह तन्त्र, झील, वन आदि।

मृदा तन्त्र की जैव भूरसायनिक चक्रों में केन्द्रीय भूमिका पायी जाती है यह अनेक रासायनिक तत्वों को आश्रय प्रदान करती है। जैवमण्डल में यह पौधों की वृद्धि के साथ ही शैलों पर आवरण का कार्य भी करती है। इस प्रकार मृदा एक मूल्यवान प्राकृतिक संसाधन है जिसका हमें जागरूकता के साथ संरक्षित रूप में प्रयोग करना चाहिए।

मृदा का संघटन (Soil Composition)

मृदा विघटित शैल कणों का संग्रह होती है जिसमें एक स्थान से दूसरे स्थान की मृदाओं के रूप में अन्तर मिलता है। मृदा

जीवाश्मों (पादप एवं जीवों), जलवायु (विशेषकर तापमान एवं आर्द्रता) भूगर्भिक पदार्थ (शैल प्रकार) तथा भ्वाकृतिक प्रक्रिया (अनाच्छादन) आदि का परस्पर क्रियात्मक उत्पाद होती है। सभी मृदाओं में पाँच प्रमुख संघटक (Ingredients) होते हैं। खनिज (Minerals), जैविक घटक (Organic Compounds) जीवित जीव, वायु तथा जल। ये विभिन्न संयोजन में मिलते हैं तथा ये ही किसी मृदा के प्रकार को निर्धारित करते हैं।

चित्र 11.1 *मृदा के संघटक तत्व*

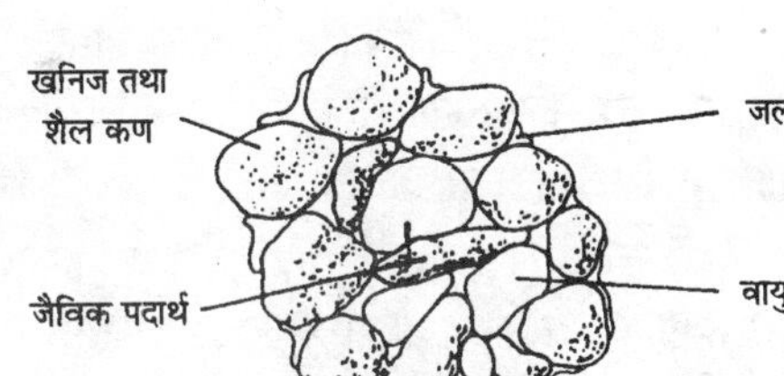

मृदा के संघटकों का अध्ययन लम्बवत् संस्तरों के माध्यम से किया जाता है। मृदा का ऊपर से लेकर मूल पदार्थों (शैलों) तक का पार्श्व चित्र मृदा परिच्छेदिका कहलाती है जिसके मूलतः दो भाग होते हैं प्रथम वनस्पति मण्डल तथा द्वितीय मृदा मण्डल। वनस्पति मण्डल के भी चार स्तर, वृक्ष स्तर, झाड़ी स्तर, शाक स्तर तथा भूतल स्तर तथा मृदा मण्डल (Pedosphere) के दो स्तर ऊपरी मृदा तथा उप मृदा आदि में विभक्त किया गया है। मृदा संघटन की आदर्श परिच्छेदिका में खनिज पदार्थों का 38 से 47 प्रतिशत तक, जीवाशों पदार्थों का 9 से 15 प्रतिशत, मृदा, जल एवं वायु का 15 से 35 प्रतिशत तक अंश पाया जाता है।मृदा के प्रमुख संघटक निम्नलिखित हैं :

*1. **खनिज** (Minerals)*

खनिज मृदा के मुख्य संघटक तत्व हैं। खनिज एक अजैविक ठोस कण होते हैं। ये रवेदार होता है तथा रासायनिक संघटन की दृष्टि से समरूप होते हैं। मृदा में खनिजों की प्रकृति के आधार पर ही विभिन्न स्थानों की मृदा में भिन्नता मिलती है। मृदा में विद्यमान खनिजों की प्रकृति के आधार पर ही मृदा का वर्गीकरण किया जाता है। मृदा निर्माण में सहायक खनिजों में हार्नब्लेन्ड, आलविन, बायोटाइट, हाइपरस्थीन, पोटाश, ओजाइट, कैल्सिक, कैल्सिक-अलकली, प्लैजियोक्लेज, क्वार्टज, फेल्सफार, मस्कोबाइट आदि की महत्वपूर्ण भूमिका है। मृदा मण्डल में ऊपर से नीचे जाने पर खनिजों का आकार बढ़ता जाता है तथा खनिजों का निर्माण, विघटन तथा पुनः निर्माण चक्रीय रूप में होता रहता है, परन्तु सदैव यह आवश्यक नहीं कि किसी क्षेत्र विशेष के खनिज पदार्थ वहाँ की आधार शैली में समानता पायी जाये, क्योकि वर्तमान समय में अधिकांश मृदाएँ आयातित हैं अर्थात् जब आधार शैलों का अपक्षय द्वारा विघटन तथा अपघटन होता है तो अपरदन के कारकों द्वारा यह वियोजित पदार्थ अन्यत्र जमा होता रहता है।

क्वार्टज खनिज मृत्तिका से अधिक बड़े होते हैं तथा ये मृदा को उपयुक्त स्वरूप प्रदान करते है जिससे मृदा में वायु परिसंचरण तथा अन्तःस्रवण में सहायक होते हैं। कुछ खनिज मृदाओं में प्राकृतिक रूप से उपस्थित होते हैं जिनका उपयोग पादप अपने विकास में करते हैं। प्राकृतिक वनस्पति क्षेत्रों में इनकी कमी अधिक दृष्टिगत नहीं होती है क्योंकि पोषक तत्व पारिस्थितिकी तन्त्र में अपघटन (Decomposition) द्वारा पुनः सक्रित होते रहते हैं। कृषि कार्य के द्वारा सदैव मृदा में संचित पोषक तत्वों में से विशेषकर नाइट्रोजन (N), फास्फोरस (P) तथा पोटेशियम (K) का अवनयन होता रहता है।

*2. **जीवांश पदार्थ एवं जीव** (Organic Matter and Organisms)*

मृदा में प्रमुख संघटक के रूप में जीवांश भी पाया जाता है। इनकी प्राप्ति जीवित पादपों तथा जीव जन्तुओं से होती है जिनमे कार्बन की मात्रा होती है। ये मूलतः मृदा की सतह में ही संकेन्द्रित रहते हैं। यह पेड़ पौधों की पत्तियों, टहनियों तथा मृत पेड़ों के गिरने से एकत्रित ढेर से संचित होती है। जीवांशों के इस ढेर को *पर्णढेर (Litter)* भी कहते हैं। यह नये पादपों की रक्षा करता है तथा भूमि में सतह पर रहने वाले सूक्ष्म कीड़े-मकोड़ों को भी आश्रय प्रदान करता है। ये पर्णढेर इन मृदा जीवों द्वारा तोड़-फोड़ दिया जाता है जिससे मृदा को जीवांश (Humus) की प्राप्ति होती है। आंशिक रूप से वियोजित (Decomposed) जैविक पदार्थ मृदा की उर्वरता एवं जलधारण क्षमता में वृद्धि करती है। परिणामस्वरूप मृदा गठन में सुधार होता है। वियोजित

जीवांश सामान्यतः गहरे रंग (गहरा भूरा या काला) का होता है अतः जिस क्षेत्र की मृदाओं के ऊपरी भाग में जीवांश का संचयन (Accumulation) होता है वहाँ मृदायें गहरी होती हैं। उत्तरी अमेरिका की प्रेयरी घास क्षेत्र की मृदाएं इसी कारण काली हैं।

जीवधारी चाहे वे जीवित अवस्था में हो या मृत, मिट्टी के निर्माण एवं परिवर्तन में महत्वपूर्ण योगदान देते हैं। ये आकार के अनुसार विभिन्न अवस्थाओं में मिलते हैं। बड़े आकार वाले जन्तु मिट्टियों तथा पत्तियों के ढेरों में रहते हैं। इनके शरीर की लम्बाई एक सेण्टीमीटर से अधिक होती है। ये रीढ़दार एवं बिना रीढ़ वाले दोनों प्रकार के होते हैं।

इनमें छछूंदर (Moles) अमडिलो, खरगोश, गिलहरी, चूहा, सांप आदि रीढ़दार तथा भूकीट, घोंघा, शम्बुक, मकड़ा तथा किलनी बिना रीढ़दार जन्तुओं में प्रमुख हैं। मध्यम आकार के जन्तुओं के शरीर की लम्बाई एक सेन्टीमीटर से 0.2 मिलीमीटर के मध्य होती है। इसके अन्तर्गत कुटकी, मकड़ा, मकड़ी, स्प्रिंगटेल, कीट लाखा, सहस्रपादकीट (Millipoede) समपाद जीव (Isopods) आदि महत्वपूर्ण जीव हैं। लघु आकार वाले जीवों के शरीर की लम्बाई 0.2 मिलीमीटर से कम होती है। इस श्रेणी में बैक्टीरिया सदृश्य जीवों को सम्मिलित किया जाता है। मृदा में निवास करने वाले जीवों के कुछ पक्ष मिट्टियों के गुणों तथा विशेषताओं के विकास के लिए अति महत्वपूर्ण होते हैं। इनमें निम्न पक्षों पर ध्यान दिया जाना आवश्यक होगा—

(i) जन्तुओं द्वारा मृदा में व्यतीत किये जाने वाले समय की अवधि, (ii) जन्तुओं के आहार ग्रहण करने की आदत, (iii) जन्तुओं के निवास स्थान तथा (iv) जन्तुओं की गतिशीलता।

मृदा वनस्पतियों के अन्तर्गत बड़े पौधे विशेषकर उनकी जड़ों, कवक, बैक्टीरिया, शैवाल तथा प्रोटोजोआ को सम्मिलित किया जाता है। इस प्रकार जैविक पदार्थों की रचना में मृत जैविक पदार्थ तथा वियोजन से प्राप्त पदार्थों की 85% मृदा में निवास करने वाले जीव 5 प्रतिशत तथा पौधों की जड़ें 10 प्रतिशत योगदान देते हैं।

इन जैविक पदार्थों का मृदामण्डल तथा जीवमण्डलीय पारिस्थितिक तन्त्र के जीवों के लिए निम्नलिखित महत्व होता है—

(i) पौधों को पोषक तत्त्व प्रदान करते हैं।

(ii) मृदा निर्माण की प्रक्रिया में भाग लेते हैं।

(iii) जीवों की ऊर्जा तथा आहार के प्रमुख स्रोत होते हैं।

(iv) इनमें पौधों तथा जन्तओं के मृत अंशों से वियोजित पदार्थ निरन्तर प्राप्त होता है।

(v) इनका सूक्ष्म अपघटकों द्वारा निरन्तर वियोजन एवं विघटन होता रहता है।

(vi) इनका पारिस्थितिक तन्त्र (Ecosystem) में हमेशा संचरण, चक्रण तथा स्थानान्तरण होता रहता है।

3. मृदा जल (Soil Water)

मृदा कणों के मध्य रन्ध्रावकाशों (Pores) या रिक्तियों (Voids or open space) में उपस्थित जल को मृदा जल कहते हैं। मृदा मे जल का अधिकांश भाग वर्षा से प्राप्त जल के अन्तःस्पन्दन (Infiltration) द्वारा प्रवेश करता है। इस जल का उपयोग पेड़ पौधों जड़ परासरण (Root Osmosis) द्वारा करते हैं। जल धारण क्षमता की दृष्टि से मृदा के दो पक्ष महत्वपूर्ण हैं। प्रथम सरन्ध्रता (Porosity) तथा द्वितीय पारगम्यता (Permeability)। सरन्ध्रोंयुक्त तथा पारगम्य मृदा वर्षा से प्राप्त जल को तुरन्त ग्रहण कर लेती है तथा शीघ्र ही शुष्क हो जाती है जबकि ठोस (Compact) मृदाओं में सरन्ध्रता कम होती है क्योंकि इनमें मृदाकण काफी पास-पास होते हैं। जल एक सर्वव्यापी विलायक है, जो अधिकांश आवश्यक पोषक तत्वों को घोलकर पौधों के विभिन्न अंगों की आवश्यकतानुसार पूर्ति करता है। प्रसिद्ध मृदा वैज्ञानिक ब्रिग्स (Briggs) ने मृदा जल का वर्गीकरण कर निम्नलिखित तीन रूप बताये हैं—

(i) गुरुत्व जल (Gravitational Water)

(ii) आर्द्रताग्राही जल (Hygroscopic Water)

(iii) केशीय जल (Capillary Water)

(i) **गुरुत्वीय जल** (Gravitational Water) – मृदा में जल विभिन्न रूपों में पाया जाता है। जब इस जल का गुरुत्वाकर्षण मृदा के नीचे अन्तस्त्रवण (Percolation) होता है तो इसे गुरुत्वीय जल या स्वतन्त्र जल कहते हैं। गुरुत्वीय जल मृदा कणों के मध्य व्याप्त स्थानों के अन्दर गति करता है यह जल एक निश्चित सीमा तक भर जाता है जहाँ से आगे इसका अन्तःस्त्रवण नहीं हो सकता है। इस स्थान को **संतृप्त मण्डल** (Zone of Saturation) कहते हैं। मृदा में गुरुत्वीय जल की मात्रा अनेक स्थितियों से सम्बन्ध रहता है जिनमें वर्षा की मात्रा एवं जलसंग्रह का स्थान प्रमुख है। मृदा के अन्दर गुरुत्वीय जल विभिन्न प्रकार से कार्य करता है। प्रथमतः यह मृदा के रंग, संरचना एवं गठन को महत्वपूर्ण रूप से प्रभावित करता है। जैसे ही गुरुत्वीय जल मृदा में प्रवेश कर गति करता है तो जल अवमृदा (Topsoil) के सुक्ष्मतम कणों को साथ ले लेता है। इस प्रकार ऊपरी मृदा के संघटकों का यह स्थानान्तरण **अपवहन** (Eluviation) कहलाता है। इसके उपरान्त यह जल उप मृदा (Sub soil) से प्राप्त मृत्तिका कणो का स्यंदन करता हुआ अपने साथ लेजाकर जमा करता है। मृदा की इस प्रक्रिया को **समपोहन या विनिक्षेपण** (Illuviation) कहते हैं। इस प्रकार गुरुत्वीय जल मृदा कणों को एक परत से दूसरी परत में परिवहन व मिश्रित करने वाला अभिकारक भी है। इसका प्रभाव यह होता है कि ऊपरी मृदा मोटे कणों वाली बन जाती है, क्योंकि महीन (Finer) कण तो घुलकर इसके साथ निचली मृदा में चले जाते हैं। इस प्रकार निचली मृदा सघन एवं अच्छे गठन वाली बन जाती है।

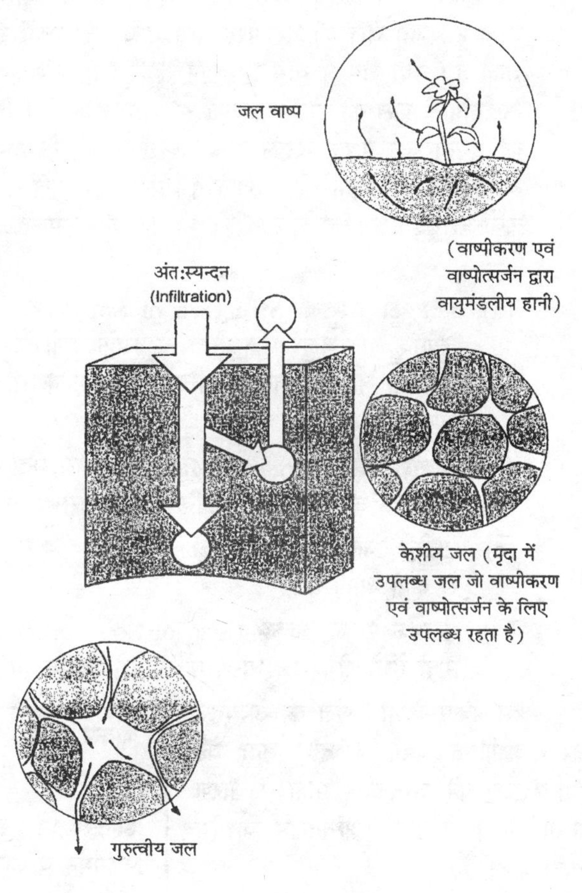

चित्र 11.2 *मृदा जल के विभिन्न रुप (After W.M. Marsh and J.M. Grossa, 1996)*

(ii) **आर्द्रताग्राही जल** (Hygroscopic Water) -- यह जल शुष्क मृदा द्वारा वायुमण्डलीय जलवाष्प को अवशोषित करके ग्रहण किया जाता है। यदि शुष्क मृदा को 105° C तापमान पर लगभग 8-12 घण्टे तक गर्म किया जाय तो जल की कुछ मात्रा मृदा के बाहर निकल जायेगी एवं जल की इस न्यूनतम मात्रा को ही आर्द्रताग्राही जल कहते हैं।

यह जल एक पतली झिल्ली के रूप में मृदा कणों या जीवांश पदार्थों के चारों ओर असंजन बल के साथ धारित होता है। यह जल तो वाष्पीकरण से नष्ट होता है एवं इसमें गति नहीं होती है। इसे व्यर्थ जल कहा जाता है क्योंकि मृदा के जैविक तत्व इसका उपयोग नहीं कर सकते है। मृदा के गठन कलिलीय पदार्थ की मात्रा, आर्द्रता तथा तापमान इसकी मात्रा को निर्धारित करते हैं। मृत्तिका मे बालू की अपेक्षा आर्द्रताग्राही जल अधिक होता है। आर्द्रता बढ़ने से इसकी मात्रा में बढ़ोतरी तथा तापमान बढ़ने से कमी होती है।

(iii) **केशीय जल** (Capillary Water) – केशीय जल मृदा कणों के चारों ओर एक पतली परत के रूप में चिपका रहता है। इसे केशीय जल कहते हैं। यह जल मृदा कणों के चारों ओर छल्ले की तरह चिपका रहता है।

इस छल्ले के आकार को आर्द्रता प्रभावित करती है क्योंकि जैसे-जैसे आर्द्रता की मात्रा बढ़ती है इसका आकार भी बढ़ता जाता है। जब जल की यह परत पास वाले मृदा कणों से संयोजित होती है तो इन अधिकांश रन्ध्रावकाशों में जल भर जाता है। तथा शेष में वायु विद्यमान रहती है। कोशिकीय जल मृदा कणों से पृठीय बलों द्वारा धारित रहता है एवं यह आर्द्रताग्राही जल की तरह मृदाकणों से कठोरता से नहीं चिपकता है, परन्तु इतनी कठोरता अवश्य रखता है कि इसे पृथ्वी का गुरुत्व बल पृथक् न कर सके। केशीय जल के अणु स्वतन्त्र गतिशील एवं द्रव अवस्था में होते हैं। इसी कारण आसानी से वाष्पीकृत भी हो जाते है। केशिकीय जल को सुलभ जल के नाम से भी जाना जाता है, क्योंकि इसके मृदा कणों के दृढ़ता से चिपके रहने पर भी पेड़-पौधे इसका उपयोग कर लेते हैं। इसकी मात्रा को निम्न तत्व प्रभावित करते हैं—

(a) **मृदा की संरचना** (Structure of Soil) – मृदा की संरचना केशीय जल धारण क्षमता को प्रभावित करती है क्योंकि यदि बलुई मृदा होगी तो इसके कणों के मध्य रन्ध्रावकाश एकल नहीं होता है व केशीय जल कम मात्रा में पाया जाता है, जबकि मृत्तिका के कणों के बीच एकल रन्ध्रावकाश वाली संरचना होने के कारण जल धारण क्षमता अधिक होती है।

(b) **जीवांश पदार्थ** (Organic Matter) – जिस मृदा में जितना अधिक जीवांश पदार्थ होगा उसकी जलधारणा क्षमता उतनी ही अधिक होगी, क्योंकि स्वयं ह्यूमस मे ही पर्याप्त मात्रा में कोशिका क्षमता होती है।

(c) **पृष्ठीय तनाव** (Surface Tension) – पृष्ठीय तनाव के बढ़ने से केशीय जल में बढ़ोत्तरी तथा तापमान के बढ़ने से कमी आती है।

(d) **मृदा कणों का आकार** (Size of Soil Particles) – मृदा के कण जितने महीन होंगे मृत्तिका उतनी ही अधिक मात्रा में केशीय जल धारण कर पायेंगे, जबकि मोटे मृदा कणों में अधिक जल धारण की क्षमता नहीं होती है।

इस प्रकार केशीय जल को उपर्युक्त कारक प्रभावित करते हैं तथा मृदा की केशीय जल की अधिकतम मात्रा में धारण क्षमता बनती है जिसे अधिकतम केशीय क्षमता कहते हैं।

मृदा जल को प्रभावित करने वाले कारक (Factors Affecting Soil Water)

(i) **मृदा का गठन** (Soil Texture) – जल का बहाव मृदा कणों के आकार में प्रभावित होता है। इस प्रकार बालू कणों में जल आसानी से स्पन्दित हो जाता है, जबकि मृत्तिका में नहीं हो पाता है तथा मृत्तिका मे आर्द्रताग्राही जल का अधिशोषण अधिक होता है। मृदा के कण जितने महीन (Fine) होंगे उतना ही केशीय जल

बाक्स 11.1 *अन्तःस्यंदन, सरन्ध्रता तथा पारगम्यता (Infiltration, Porosity and Permeability)*

अन्तःस्पन्दन (Infiltration) – शैल कणों के मध्य द्रव या वायु का पारगमन या अन्तःस्त्रवण अन्तःस्पन्दन कहलाता है। यह वर्षा जल का शैल कणों द्वारा अवशोषण तथा निम्नवर्ती संचलन होता है।

सरंध्रता (Porosity) – यह मृदा में विद्यमान अन्तराकाशों (Pores Space) की मात्रा तथा मृदा के कुल आयतन के मध्य का अनुपात होता है जो प्रतिशत में प्रयुक्त होता है। यह मृदा की जलधारण क्षमता का निर्धारण करता है। रिक्तियों या अन्तराकाशों युक्त मृदा को सरन्ध्री मृदा कहते हैं।

पारगम्यता (Permeability) – यह मृदा का वह गुण या क्षमता है जिससे द्रव तथा गैस उसमें से होकर गुजर सकती है। मृदा की पारगम्यता की मात्रा उसके रन्ध्रों के प्रमाप तथा आकार व रन्ध्रों के अन्तर्सम्बन्धों (Interconnections) के प्रमाप, आकार तथा विस्तार पर निर्भर करती है। सामान्यतः यह मृदा में से होकर किसी निश्चित समय में जल के प्रवाह की दर होती है।

तीव्रता से गति करेगा। इस प्रकार गुरुत्व जल बड़े कण वाली मृदा में प्रवाह कर सकेगा।

(ii) **आर्द्रता** (Humidity) – वायुमण्डल की आर्द्रता में वृद्धि होने पर आर्द्रताग्राही जल के अधिशोषण में वृद्धि होती है तथा इसकी मात्रा मानसून काल में अधिक व शुष्क दिनों में कम पायी जाती है।

(iii) **वर्षा व तापमान** (Rainfall and Temperature) – वर्षा की गति का भी मृदा दल पर प्रभाव पड़ता है। वर्षा यदि मन्द गति से होती है तो केशीय जल पौधों के काम आ जाता है तथा तीव्रगति से वर्षा होने पर जल स्पन्दित होता हुआ गुरुत्व बल के कारण भूमि की निचली तह में चला जाता है तथा पौधों के उपयोग में नहीं आता है।

(iv) **मृदा संरचना** (Soil Structure) – जल मृदा के अन्दर स्पन्दन में मृदा संरचना का महत्वपूर्ण स्थान होता है। मृदा जितनी अधिक संगठित (Compact) होगी उतनी ही कम गति से जल का अन्तःस्रवण होगा, जबकि ढीली मृदा में जल तीव्र गति से प्रवेश करेगा। इस प्रकार अच्छी कणीय संरचना वाली मृदाओं में गुरुत्व जल द्वारा अन्तःस्रवण कम होता है।

इस प्रकार उपर्युक्त कारकों के अतिरिक्त बर्फ, ओस तथा सिंचाई भी मृदा जल को प्रभावित करती हैं। मृदा जल की प्रकृति परिवर्तनशील है। यह जल जब पौधों द्वारा वाष्पोत्सर्जन के काम में ले लिया जाता है तो उसका स्थान वायु ले लेती है। इस प्रकार मृदा जल एवं वायु दोनों परिवर्तनशील रहती हैं।

4. मृदा वायु (Soil Air)

मृदा का एक बड़ा भाग वायु का होता है जो मृदा के कणों तथा पुंज के मध्य खाली स्थानों में पायी जाती है। इनके मध्य व्याप्त रिक्त स्थान जब जल से भर नहीं पाते तो वायु से भर जाते हैं। मृदा वायु अधिकांशतया धरातल पर पाये जाने वाले वायुमण्डल के सदृश्य होती है। इसमें ऑक्सीजन की मात्रा कम तथा कार्बनडाई ऑक्साइड एवं जलवाष्प की मात्रा अधिक पायी जाती है। आर्द्रताग्राही एवं केशीय जल की उपलब्धता के कारण आपेक्षिक आर्द्रता भी पायी जाती है। मृदा वायु मृदा में पाये जाने वाले सूक्ष्म जीवाणुओं तथा पौधों को आवश्यक मात्रा में ऑक्सीजन तथा कार्बन डाइऑक्सइड की पूर्ति करती है। इस प्रकार वायु की नियमित पूर्ति में मृदा कणों के मध्य पाया जाने वाला जल बाधा डालता है। मृदा वायु में पायी जाने वाली ऑक्सीजन तथा कार्बन डाइ ऑक्साइड की मात्रा में कमी एवं बढ़ोतरी होती रहती है। अच्छे वातन (Areation) की पृष्ठीय सतह की मृदा में ऑक्सीजन की मात्रा 18 से 21 प्रतिशत तक होती है। गहराई पर इसकी मात्रा में कमी आती है। ज्ञातव्य है कि भूतल के ऊपर वाले वायुमण्डल में ऑक्सीजन 20.96 प्रतिशत, कार्बन डाइ ऑक्साइड 0.03 प्रतिशत, नाइट्रोजन 79 प्रतिशत से कम पायी जाती है, जबकि घास के मैदान की मृदा में ऑक्सीजन 18.40 प्रतिशत, कार्बन डाइ ऑक्साइड 1.60 प्रतिशत, नाइट्रोन 79.2 प्रतिशत तथा जलवाष्प प्रायः 100 प्रतिशत विद्यमान रहती है। इसी प्रकार कृषि योग्य मृदा में ऑक्सीजन 20.70 प्रतिशत, कार्बन डाइ ऑक्साइड 0.10 प्रतिशत, नाइट्रोजन 79.2 प्रतिशत, जलवाष्प प्रायः 100 प्रतिशत पायी जाती है। इस प्रकार स्पष्ट है कि भूसतह पर पायी जाने वाली कार्बन डाई ऑक्साइड की मात्रा से मृदा में पायी जाने वाली मात्रा अधिक होती है, क्योंकि मृदा के अन्दर मृत जीवांशों के विघटन से कार्बन डाई ऑक्साइड का सतत् उद्‌भव होता रहता है। इसी प्रकार मृदावासी जीवों द्वारा श्वसन के कारण धीरे-धीरे ऑक्सीजन की मात्रा में कमी आ जाती है।

मृदा के गुण (Soil Properties)

मृदा मूल पदार्थों, पर्यावरण तथा मृदा निर्माणकारी प्रक्रिया के मध्य अन्तःक्रिया के कारण एक स्थान से दूसरे स्थान पर भिन्न प्रकृति की मिलती है। मृदा की यह प्रकृति स्थायी रूप में न होकर परिवेश (Environment) के अनुसार समय के साथ बदलती रहती है जिसमें विशेषकर जलवायु की प्रमुख भूमिका रहती है। मृदा समय के साथ प्राकृतिक रूप से बनती है इसलिए किसी क्षेत्र विशेष में भी विभिन्न समयावधियों में मृदा भिन्न रूप में मिल सकती है। ऐसा किसी क्षेत्र में वनस्पति में परिवर्तन आने पर भी हो सकता है। ऐसा वृहत संचलन (Mass Movement), ज्वालामुखी क्रिया या नदी निक्षेप द्वारा नवीन भूसतह की रचना होने पर उस पर विकसित मृदा में दृष्टिगत होता है।

मृदा में अनेक भौतिक तथा रासायनिक गुण होते हैं जो मृदा के विभिन्न स्थानों में भिन्न प्रकृति के रूप में विभक्त करने के मुख्य आधार हैं। ये गहराई पर भी भिन्नता दर्शाते हैं। इनमें गठन, संरचना, रंग, अम्लीयता एवं क्षारियता प्रमुख हैं। मृदा के ये गुण निम्नलिखित हैं—

1. मृदा गठन (Soil Texture)

भौतिक रूप से मृदा विभिन्न आकार के छोटे-बड़े खनिज कणों से मिलकर निर्मित होती है। ये विभिन्न कण कंकड़, बालू, सिल्ट और मृत्तिका के होते हैं। इनके कणों के आकार में आपेक्षित अनुपात होता है, जिनके परिणामस्वरूप मृदा में मोटापन एवं महीनता होती है। इस प्रकार मृदा कणों के आकार को गठन कहते हैं। मृत्तिका के कणों का व्यास 0.002 मिमि. से कम होता है। सिल्ट मृदा के कणों का आकार 0.002 मिमि. से 0.05 मिमी. होता है, बलुई मृदा का कणाकार 0.05 से 2.0 मिमि. तक होता है जबकि 2.6 मिमी. से अधिक व्यास के कणाकार वाली मृदा बजरी या चट्टानी विखण्डित मृदा की श्रेणी में आती है।

सारणी 11.1 *मृदा कण वर्ग (Particles size limits)*

वर्ग का नाम	व्यास (मिमी.)
मोटी बजरी (Coarse Gravel)	2 से अधिक
महीन बजरी (Fine Gravel)	2.0-1.0
मोटी बालू (Coarse Sand)	1.0-0.5
मध्यम बालू (Medium Sand)	0.5-0.25
महीन बालू (Fine Sand)	0.25-0.10
अत्यधिक महीन बालू (Very Fine Sand)	0.10-0.05
सिल्ट (Silt)	0.05-0.002
मृत्तिका (Clay)	0.002 से कम

कणों के आकार के अनुसार मुख्य रूप से मृदा को तीन वर्गों में बाँटा गया है—बालू, सिल्ट और मृत्तिका। बालू के कण सबसे बड़े, सिल्ट के मध्यम तथा मृत्तिका के सबसे महीन कण होते हैं। इसी आधार पर तीनों वर्गों का विवरण निम्नलिखित है—

(i) **बालू (Sand)**—बालू के कण मृदा को पृष्ठीय क्रियाशीलता कम होने के कारण रासायनिक एवं भौतिक गुणों में किसी भी प्रकार का योग नहीं देते हैं। इस मृदा में जल निकास तथा वायु संचार में भी सुविधा रहती है। इसमें जल का वाष्पन एवं अन्तः स्पन्दन भी तीव्र गति से होता है। अतः ये मृदाएँ शुष्क कृषि के योग्य नहीं हैं। इसको कृषि योग्य बनाने हेतु जीवांश का मिश्रण किया जाना आवश्यक होता है।

सारणी 11.2 *मृदा की जलधारण क्षमता (सेमी जल /30 सेमी मृदा की गहराई)*

मृदा गठन	क्षेत्रीय क्षमता	ग्लानि बिन्दु (Wilting)	उपलब्ध जल
रेतीली दोमट	5.6	2.8	2.8
दोमट	8.4	4.3	4.1
चीका दोमट	9.8	5.3	4.6
भारी चीका	11.9	6.3	5.6

(ii) **सिल्ट (Silt)**—सिल्ट में 50 प्रतिशत तक बालू कण, 50-100 प्रतिशत सिल्ट तथा 20 प्रतिशत तक मृत्तिका की मात्रा होती है। इसमें बालू की अपेक्षा अधिक पृष्ठीय तनाव होता है तथा जल का अधिशोषण भी अच्छा होता है। 20 प्रतिशत से अधिक महीन सिल्ट वाली मृदाओं में कार्य करना कठिन होता है व जल का निकास भी अच्छा नहीं होता है, अतः वे सिंचित क्षेत्रों वाली कृषि के अयोग्य होती हैं। बालू एवं सिल्ट की कमजोर क्रियाशीलता के कारण इन्हें मृदा ढाँचा मात्र कहा जा सकता है।

सारणी 11.3 *मृदा गठन वर्गों का विवरण*

क्र. सं.	मृदा का वर्ग	विभिन्न कणों का सापेक्ष अनुपात		
		बालू	मृत्तिका	सिल्ट
1.	बलुई दोमट	65	15	20
2.	मृत्तिका दोमट	33.3	33.3	33.3
3.	दोमट	40	18	42
4.	सिल्ट मृत्तिका	10	45	45
5.	सिल्ट दोमट	17	13	70

After USDA

(iii) **मृत्तिका (Clay)** – मृत्तिका वर्ग की मृदा में 50 प्रतिशत बालू, 50 प्रतिशत तक सिल्ट तथा 30-100 प्रतिशत तक मृत्तिका के कण विद्यमान रहते हैं। मृत्तिका के कण बालू एवं सिल्ट से अधिक क्रियाशील होने के कारण मृदा के भौतिक एवं रासायनिक गुणों में एक सीमा तक योगदान करते हैं। मृत्तिका कणों की उपस्थिति मृदा को उपजाऊ बनाती है, जबकि अधिक होने पर हानिकारक प्रभाव दृष्टिगत होते हैं इनमें जल को अधिक समय तक अवशोषित कर संचित रखने की क्षमता होती है, अतः ये मृदाएँ शुष्क कृषि के लिए उपयुक्त मानी जाती हैं। इनके कण अत्यधिक महीन होने के कारण यदि मृदा में 50 प्रतिशत से अधिक मृत्तिका कण हो जाते हैं तो जल एवं वायु के संचार में बाधा उत्पन्न हो जाती है और अतिशीघ्र ही जलाक्रान्तित हो जाती है। इन पर मौसम का भी प्रभाव पडता है। ये मृदाएँ शीतकाल में शीतल तथा ग्रीष्मकाल में सिकुड़ कर टूट जाती हैं। इ प्रकार उपयुक्त अनुपात से कम या अधिक मात्रा में मृत्तिका की उपस्थिति हानिकारक सिद्ध होती है। इन तीनों कण वर्गों को एक विशेष अनुपात में मिश्रित करते हैं तो इस मृदा मिश्रण को एक विशेष नाम दिया जाता है। जिसे मृदा गठन वर्ग कहते हैं। इनमें बालू मृदा, बलुई दोमट, दुमट, सिल्ट दोमट, चिकनी दोमट, मृत्तिका, सिल्ट आदि को सम्मिलित करते हैं।

मृदा कणाकार मृदा का महत्वपूर्ण गुण है। यह पौधों की वृद्धि के लिए आवश्यक मृदा नमी तथा वायु के ग्रहण क्षमता निर्धारण में सहयोग करता है। मृदा में जल संग्रह, मृदा की जुताई, वातन और उर्वरता को भी मृदा गठन प्रभावित करता है, जैसे चिकनी मृदा में जल का प्रवाह बहुत धीमी गति से होता है, जिसके कारण जलक्रान्ता की समस्या उत्पन्न हो जाती है तथा वायु क्रा वातन भी ठीक ढंग से नहीं हो पाता है जबकि जल एवं वायु का संचरण कृषि का प्रमुख अंग होता है।

2. मृदा संरचना (Soil Structure)

मृदा के संगठित एकाकी रूप में पाये जाने वाले समूहों या पिण्डों (Aggregates or Clumps) को मृदा की संरचना कहते है। ये मृदा पिण्ड काफी शक्तिशाली एवं दीर्घकालिक होते हैं जो प्राकृतिक रूप से स्वतन्त्र कणों के रूप में बहुत ही कम टूट पाते हैं। मृदा की संरचना जलवायु, मूल पदार्थ तथा कणाकार (Particle Size) के आधारपर विभिन्न स्थानों पर भिन्न प्रकृति में मिलती है।

मृदा संरचना का निर्माण मिट्टी के प्राथमिक कणों (बालू, सिल्ट, मृत्तिका) द्वारा होता है। मृदा की संरचना मृदा की आर्द्रता, वायु, तापमान, पारगम्यता तथा जल धारण क्षमता को प्रभावित करती है। यह जल मृदा एवं वायु के सम्बन्ध को स्थापित करती है तथा मृदा में जल और वायु की मात्रा को नियन्त्रित करती है, जिससे पौधे मृदा से पोषक तत्व प्राप्त करके वृद्धि करते है। मृदा संरचना का निम्नांकित भौगोलिक महत्व है—

(i) मृदा की संरचना मृदा में जैविक तथा खनिज तत्वों को प्रदर्शित करती है।

(ii) मृदा संरचना मृदा जल एवं वायु के संचलन को प्रभावित करती है।

(iii) यह मृदा की जल एवं वायु धारण की क्षमता को प्रदर्शित करती है।

(iv) यह मृदा के अपरदन की प्रकृति तथा मात्रा को निर्धारित करती है।

(v) मिट्टियों की जुताई तथा पौधों की वृद्धि भी संरचना से नियंत्रित होती है।

(vi) यह जल की पारगम्यता एवं रन्ध्रता को प्रभावित करती है।

चित्र 11.3 *मृदा संरचना वर्ग*

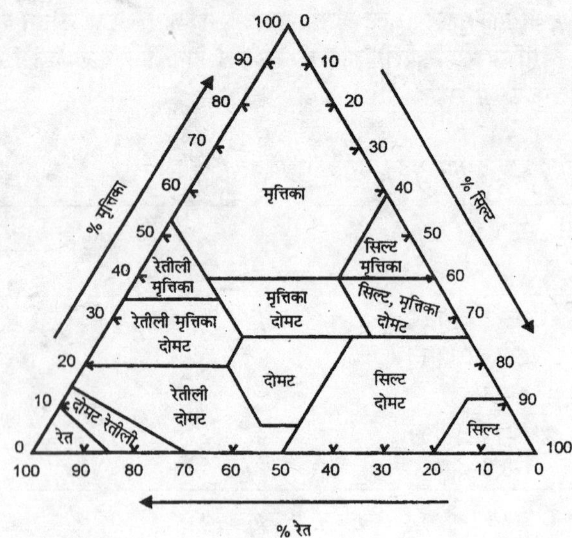

मृदा संरचना के प्रकार (Types of Soil Structure)

मृदा संरचना में मृदा के प्राथमिक कणों तथा कण पुंजों की आवृत्ति, व्यवस्था, आकार तथा गुणों का अध्ययन किया जाता है। मृदा वैज्ञानिकों ने मृदा संरचना को विभिन्न प्रकार से वर्गीकृत किया है, जो अग्रलिखित है—

मृदा संरचना के प्रकार

(i) **गोलाभ** (Spherical)—मृदा के सभी कण पुंज (Peds) गोलाकार रूप धारण कर लेते हैं। इन कण पुंजों के फलक (Faces) वक्रित और अनियमित होते हैं। सभी अक्ष समान लम्बाई के होते हैं। गोलाभीय संरचना को इसकी सरन्ध्रता (Porosity) के आधार पर दो उपवर्गों में विभाजित किया जाता है—

(a) **कणीय** (Granular)—इनके कणपुंज अपेक्षाकृत कम रन्ध्र वाले होते हैं। यह संरचना उपजाऊ मृदाओं में पायी जाती है, जिनमें कि जीवांश पदार्थ (Humus) की मात्रा अधिक होती है। इसके कण पुंजों का आकार 1-10 मिमी. होता है।

(b) **मृदु कणीय** (Crumb)—इस वर्ग के कण पुंज अधिक रन्ध्र युक्त होते हैं, इनके कणपुंजों का आकार 1-5 मिमी. होता है।

(ii) **खण्ड सदृश्य** (Blocky)—खण्ड सदृश्य संरचना में कण पुंजों की लम्बाई, चौड़ाई और ऊंचाई (मोटाई) तीन अक्षों में समान अर्थात् धन आकृति में व्यवस्थित होते हैं और लगभग छः पृष्ठों और आठ कोनों का एक खण्डीय रूप धारण कर लेते हैं। खण्ड सदृश्य संरचना को इनकी दृढ़ता एवं कोनों को रचना के आधार पर दो भागों में वर्गीकृत किया गया है।

(a) **कोणीय खण्डीय** (Angular Blocky) – कोणीय खण्डीय संरचना में कण पुंजों के फलक चपटे, कोने व भुजायें समुचित, विकसित एवं तेज कोणीय होती हैं तथा कण पुंजों का आकार 5-50 मिमी. होता है।

(b) **उकोणित खण्डीय** (Sub-Angular Blocky) – उपकोणित खण्डीय संरचना में कोणों तथा भुजायें टूट-टूटकर घिस जाती हैं और खण्ड थोड़ा-सा मिश्रित गोलाकार रूप धारण कर लेता है।

(iii) **त्रिपार्श्व सदृश्य संरचना** (Prismatic Structure) – इस तरह की संरचना में कणपुंजों की क्षैतिज अक्ष (Horizontal Axis) ऊर्ध्वाधार अक्षों की अपेक्षा अधिक विकसित नहीं होती है। यह संरचना शुष्क एवं अर्द्धशुष्क क्षेत्रों में पायी जाने वाली मृदाओं के संस्तरों (Horizons) में मिलती है। यह संरचना भी दो प्रकार की होती है—

(a) **त्रिपार्श्वीय** (Prismatic) – त्रिपार्श्वीय संरचना में त्रिपार्श्व के शीर्ष चोरस (Plane), समतल और तीव्र धार वाली होती है। इनके कणपुंजों का आकार 10-100 मिमी. तक होता है।

(b) **स्तम्भी** (Columnar) – इस प्रकार की संरचना में कण पुंजों के शीर्ष तथा किनारे गोल टोपीनुमा आकार के होते है। मृदा परिच्छेदिका के परिवर्तनशील होने और उसके कुछ संस्तरों के अपघटित होने की दशा में यह संरचना विकसित होती है। इसके कण पुंजों का आकार 10-100 मिमी. होता है।

चित्र 11.4 *विभिन्न प्रकार की मृदा संरचनाएं*
(After K. Addison, 2002)

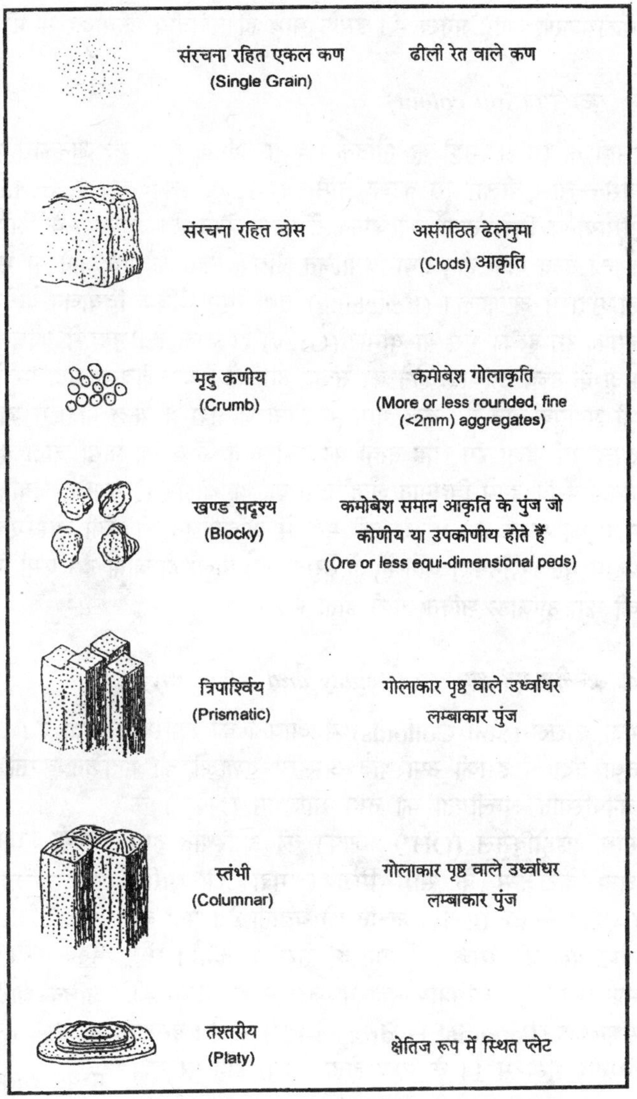

संरचना रहित एकल कण (Single Grain)	ढीली रेत वाले कण
संरचना रहित ठोस	असंगठित ढेलेनुमा (Clods) आकृति
मृदु कणीय (Crumb)	कमोबेश गोलाकृति (More or less rounded, fine (<2mm) aggregates)
खण्ड सदृश्य (Blocky)	कमोबेश समान आकृति के पुंज जो कोणीय या उपकोणीय होते हैं (Ore or less equi-dimensional peds)
त्रिपार्श्विय (Prismatic)	गोलाकार पृष्ठ वाले उर्ध्वाधर लम्बाकार पुंज
स्तंभी (Columnar)	गोलाकार पृष्ठ वाले उर्ध्वाधर लम्बाकार पुंज
तश्तरीय (Platy)	क्षैतिज रूप में स्थित प्लेट

(iv) **तश्तरीनुमा** (Platy) – तश्तरीनुमा संरचना में कण पुंजों के ऊर्ध्वाधर अक्ष की अपेक्षा क्षैतिज अक्ष अधिक विकसित होते हैं। इनके कणपुंज तश्तरी सदृश्य होते हैं तथा एक-दूसरे को ढके रहते है। ऐसी संरचना मृदा परिच्छेदिका के किसी भी भाग में पायी जा सकती है। इसे कणपुंजों (Peds) की मोटाई के आधार पर दो वर्गों में विभाजित किया जाता है—

(a) **संस्तरीय** (Laminar) – इस प्रकार की संरचना के कणपुंजों की मोटाई 1-2 मिमी. होती है, जो अन्य की तुलना में बहुत कम है।

(b) **तश्तरीय** (Platy) – तश्तरीय संरचना में कणपुंजों की मोटाई 2-10 मिमी. होती है, जो स्तरीय से अधिक है।

मृदा संरचना के उपर्युक्त सभी वर्ग कुछ बाहरी कारकों द्वारा प्रभावित होते हैं, जिनमें मृदा नमी एवं पोषक तत्वों का चक्रीयकरण आदि प्रमुख हैं। इसके साथ ही मानवीय क्रियाओं से भी मृदा संरचना प्रभावित होती है।

3. मृदा रंग (Soil colour)

मिट्टी के रंग से मिट्टी के भौतिक एवं रासयनिक गुणों की जानकारी प्राप्त होती है। मिट्टी का रंग विभिन्न प्रकार का होता है। जैसे—लाल, पीला, भूरा, काला, धूमिल (Grey), सफेदिया (Nearwhite) आदि। ये रंग किसी भी विशिष्ट मृदा की भौतिक एवं रासायनिक विशेषताओं की जानकारी प्रदान करते हैं। उदाहरण के लिए, जीवांशयुक्त मृदा का रंग काला या भूरा होता है, जबकि इनकी उच्च मात्रा होने तथा वियोजित जैविक तत्वों के पाये जाने पर मृदा काली या गहरी भूरी (Dark Brown) होती है। जैसे ही मृदा में अपक्षालन (Leaching) तथा न्यून जैविक वियोजन के परिणामस्वरूप जीवांश (Humus) की मात्रा कम होती है, इसका रंग हल्का भूरा या धूमिल (Grey) हो जाता है। मृदा में अधिक मात्रा में जीवांश (Humus) का पाया जाना सामान्यतया मृदा के उच्च उपजाऊ होने का संकेत होता है। यह जीवांश मृदा पर स्थित पेड़-पौधों को मृदा के पोषक तत्व के ग्रहण करने में भी सहायक होते हैं। कुछ भागों में बिना जीवांश या कुछ मात्रा में जीवांश होने पर मृदा का रंग काला देखा गया है। मृदा का लाल एवं पीला रंग लोह तत्वों की उपस्थिति के कारण पाया जाता है। आर्द्र क्षेत्रों में हल्की धूसर या सफेद मृदा इस बात का संकेत है कि इनमें विद्यमान लोह तत्वों का अपक्षालन हो गया है, जबकि शुष्क क्षेत्रों में सफेद तथा हल्का धूसर रंग नमक ही उच्च मात्रा का सूचक है। भूरे रंग की मृदा में ऑक्सीजन की कमी लोहे एवं जीवांशों की कमी का संकेतक है। जब मिट्टी के खनिज पदार्थ घुलकर निकल जाते हैं, तो उसका रंग पीला हो जाता है। ऐसी मिट्टी अपूर्ण जल प्रवाह वाले क्षेत्रों में मिलती है। यह बहुत की कम उपजाऊ शक्ति वाली होती है।

4. अम्लीय एवं क्षारीयता (Acidity and Alkalinity)

मृदा कलिल (Soil Colloids) में आयनों की उपस्थिति रहती है। जिनमें हाइड्रोजन (H^+) केटाअन्स (Cation) सामान्य है तथा मृदा में इसकी उपस्थिति अम्लीय दशाओं को प्रदर्शित करती है। सापेक्षिक रूप में हाइड्रोजन केटाअन्स (H^+) की अनुपस्थिति अम्लीयता को तथा सोडियम (Na^+) के साथ हाइड्रोक्सिल (OH^-) आपन की उपस्थिति तथा अन्य केटाअन्स के साथ मिलकर मृदा की क्षारीय (Alkaline or Basic) प्रकृति को बढ़ाती है। मृदा की अम्लीयता को इसके P^H मान के द्वारा मापते हैं। P^H मान में P^H से अभिप्राय मृदा या जल में हाइड्रोजन की संभाव्यता (Potential Hydrogen-P^H) से है। इसका विस्तार शून्य से 14 के मध्य होता है। 0 होने पर मृदा अत्यन्त अम्लीय होती है तथा 14 मान पर अत्यन्त क्षारीय जबकि इसका P^H मान-7 होने पर तटस्थ होती है। वर्षा जल का P^H सामान्यतया 5.6 होता है तथा इससे कम होने पर उसे अम्ल वर्षा कहते हैं। मृदा की अम्लीय एवं क्षारीय भी वर्षा जल की प्रकृति से प्रत्यक्ष रूप से प्रभावित होती है क्योंकि यह मृदा जल का मुख्य स्रोत है।

सारणी 11.4 *मृदा की अम्लीयता एवं क्षारीयता*

मृदा प्रकार	P^H
बहुत अधिक क्षारीय	>9.0
अधिक क्षारीय	8.5-9.0
सन्तुलित क्षारीय	8.9-8.4
मध्यम क्षारीय	7.1-7.8
तटस्थ (Nutral)	7.0
सामान्य अम्लीय	6.1-6.9
मध्यम अम्लीय	5.6-6.1
अधिक अम्लीय	5.1-5.5
बहुत अधिक अम्लीय	4.5-5.0
अत्यन्त अम्लीय	<4.5

मृदा की अम्लीयता प्रत्यक्ष रूप से इसकी उर्वरता से सम्बन्धित होती है क्योकि अम्ल पादपों के लिए पोषक तत्वों को उपलब्ध कराने में प्रमुख भूमिका रखते है। फिर भी इनकी अत्यन्तता मृदा के लिए हानिकारक होती है। शुष्क जलवायु में जहाँ क्षारीयता अधिक होती है तो इसका उपचार सल्फर युक्त योगिकों द्वारा करते हैं जबकि अम्लीयता अधिक होने पर चूना का प्रयोग करते हैं। इस प्रकार की गतिविधियों के सन्दर्भ में मृदा के लिए उर्वरकों का प्रयोग भी आवश्यक है।

क्षारीयता मृदा के पोषक तत्वों को पौधों के लिए उपलब्धता को निर्धारित करने में सहायक होने के साथ ही पौधों की वृद्धि पर भी नियन्त्रण रखती है। अम्लीयता की मात्रा पाये जाने के कारण ही मृदा जल खनिज पदार्थों को घोलने एवं उनमें पाये जाने वाले पोषक पदार्थों को स्वतन्त्र रूप देती है। क्षारीयता की मात्रा कम होने पर पोषक तत्व पौधों तक नहीं पहुँच पाते हैं। इसी प्रकार अम्लीयता भी पौधों की वृद्धि को निर्धारित करती है। मृदा में व्याप्त अम्लीयता की मात्रा अधिक होने पर पोषक तत्वों को घोलने का कार्य करती है तथा पोषक तत्वों को पौधों की पहुँच में आने से पूर्व ही निक्षालन (Leaching) हो जाता है। साथ ही मृदा में पायी जाने वाली अम्लीयता एवं क्षारीयता की मात्रा सूक्ष्म जीवाणुओं की क्रियाशीलता को भी प्रभावित करती है।

मृदा परिच्छेदिका (Soil Profile)

मृदा परिच्छेदिका भूसतह से लेकर मूल शैलों तक के सम्पूर्ण भाग में स्थित लम्बवत् संस्तरों (Vertical Horizons) का सामूहिक रूप होता है जो विभिन्न जलवायु स्थलाकृति तथा समय के साथ भिन्न रूपों में मिलती है। मृदा निर्माण अनेक प्रकार की शैलों के टूटने, अपघटित व विघटित होने से तथा उनमें जीवांशों के मिश्रित होने से लम्बे समय में होता है। ये सभी तत्व विभिन्न परतों के रूप में जमा होते रहते हैं जिन्हें *मृदा संस्तर* कहते हैं।

इनमें मुलायम व समरूप पदार्थों के संस्तर सबसे ऊपर तथा कठोर शैल संस्तर सबसे नीचे मिलते हैं। इन संस्तरो में गठन तथा रंग की भिन्नता होती है। इस प्रकार मृदा का विभिन्न संस्तरों में पृथक्करण संस्तरीकरण (Horizonation) कहलाता है। डी विलज ने बताया कि एक मृदा भूगोलवेत्ता के लिए मृदा परिच्छेदिका का यही महत्व है जो एक जासूस या खोजक (Detector) के लिए अंगुल चिन्ह (Finger Print) का है। मृदा परिच्छेदिका के संस्तरों की उनके गठन, संरचना, तथा रंग के आधार पर दो मुख्य वर्गों में विभक्त करते हैं—(i) जैविक संस्तर तथा (ii) खनिज संस्तर।

चित्र 11.5 *मृदा परिच्छेदिका*

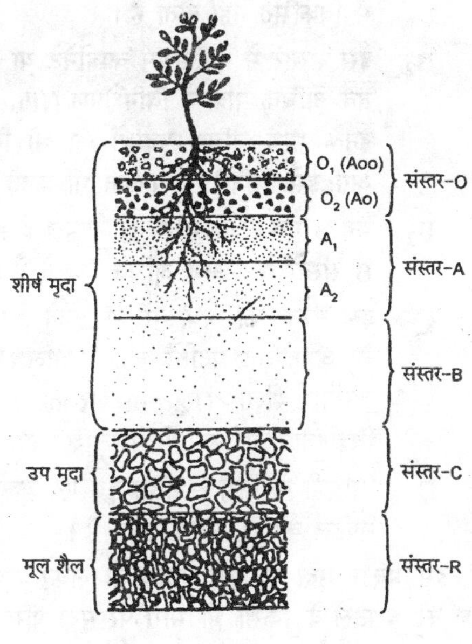

(i) **जैविक संस्तर** (Organic Horizon) – मृदा परिच्छेदिका के ऊपरी भाग को जैविक संस्तर कहा जाता है। इसमें जीवित तथा मृत जैविक पदार्थ बहुतायत से पाये जाते हैं। इन संस्तरों को अंग्रेजी के O अक्षर द्वारा इंगित किया जाता है (O - Organic)। इन जैविक संस्तरों का निर्माण पौधों एवं जन्तुओं से प्राप्त जीवांश पदार्थों के संचयन से होता है। जैविक संस्तर को दो उपवर्गों में विभाजित किया जाता है। O_1 संस्तर तथा O_2 संस्तर। O_1 जैविक संस्तर का सबसे ऊपरी भाग होता है। इसका निर्माण मूलरूप से पाये जाने वाले वानस्पतिक तत्वों से होता है। ये मूल वानस्पतिक तत्व शुद्ध या नवीन पत्तियों के ढेर तथा आंशिक रूप में अपघटित पत्तियों के ढेर होते हैं। नवीन पत्तियों वाले ढेरों को पर्णढेर संस्तर (Litter Layer) भी कहते हैं। आंशिक रूप से अपघटित पत्तियों के ढेर को F संस्तर कहते हैं। O_1 के उपरान्त O_2 संस्तर आता है, जिसका निर्माण पौधों तथा जन्तुओं के परिवर्तित अवशेषों से होता है। इस संस्तर में

पाये जाने वाले जैविक तत्वों का एवं इनके मृत भागों का वियोजन द्वारा इतनी अधिक मात्रा में रूपान्तरण कर दिया जाता है कि बिना सूक्ष्मदर्शी यन्त्रों के इनकी पहचान कठिन हो जाती है O_2 संस्तर में स्थित इन वियोजित जैविक पदार्थों को जीवांश (Humus) कहा जाता है।

2. **खनिज संस्तर** (Mineral Horizon) – इस संस्तर का निर्माण अकार्बनिक या अजैविक खनिजों से होता है। इस संस्तर में भी एक सीमित मात्रा में जैविक अंश पाये जाते हैं। खनिज संस्तर में भी ऊपर से लेकर अधःस्थल तक विभिन्नताएं पायी जाती हैं, इसलिए इस संस्तर को भी 3 सस्तरों में विभाजित किया जाता है, जिनका नामकरण भी अंग्रेजी के A, B, तथा C अक्षरों से किया गयाहै। इन तीनों (A, B तथा C) स्तरों में भी विभिन्नता होने के कारण इनको भी A_1, A_3, A_3, B_1, B_2, B_3 आदि उपविभागों में विभाजित किया गया है। ज्ञातव्य है कि जलवायु प्रदेशों में विभिन्न प्रकार से इन समान संस्तरों में भी विभिन्नता आ जाती है। खनिज संस्तर के उपविभागों का विवरण निम्न है—

A_1 यह खनिज संस्तर का सबसे ऊपरी संस्तर होता है, जिसकी स्थिति O_2 के ठीक नीचे होती है। इसमें खनिजों के साथ जैविक पदार्थों का भी मिश्रण पाया जाता है। इस संस्तर का रंग काला होता है एवं इसमें जीवीय घटनाएं अधिक होती हैं।

A_2 इसमें खनिजों का अधिकतम अपवहन होता है तथा अपक्षालन की क्रिया अधिक होने के कारण इस संस्तर को अपवहन मण्डल (Eluviation Zone) कहते हैं। इसका रंग हल्का होता है।

A_3 यह संस्तर A तथा B के मध्य संक्रमित मण्डल (Transitional Zone) होता है, परन्तु इसमें B की अपेक्षा A संस्तर के लक्षण अधिक मिलते हैं। यह मण्डल सभी प्रकार की मृदा परिच्छेदिकाओं में विद्यमान रहता है।

B_1 यह मण्डल A तथा B के मध्य का संक्रमण मण्डल है, जिसमें A की अपेक्षा B की विशेषताएं अधिक मिलती हैं। यह भी हमेशा सभी प्रकार की मृदा परिच्छेदिकाओं में विकसित नहीं होता है।

B_2 इस संस्तर में केल्सियम कार्बोनेट या जिप्सम का गहराई तक अधिक मात्रा में विनिक्षेपण (Illuviation) होता है। इनके साथ जैविक पदार्थों का भी विनिक्षेपण होता है, अतः इसे विनिक्षेपण मण्डल भी कहते हैं।

B_3 यह B एवं C के मध्य का मण्डल है इसमें C की अपेक्षा B संस्तर के लक्षण अधिक मिलते हैं।

C इस संस्तर को अधोस्तर भी कहते हैं। यहाँ आधार शैल के अपक्षयित पदार्थों को 'रिगोलिथ' कहते हैं। इसमें आधार शैलों (Parent Rocks) की संरचनात्मक विशेषताएं पूर्ण रूप से परिलक्षित होती हैं।

D मिट्टियों के नीचे संगठित दृढ़ एवं कठोर आधार शैल के मण्डल को D संस्तर कहते है।

इस प्रकार मृदा के मूल पदार्थ से लेकर ऊपरी सतह तक के विवरण को धरातल के किसी भी भाग पर मृदा परिच्छेदिका के माध्यम से देखा जा सकता है।

चित्र 11.6 *एक मृदा परिच्छेदिका के अपवहन एवं विनिक्षेपण मण्डल*

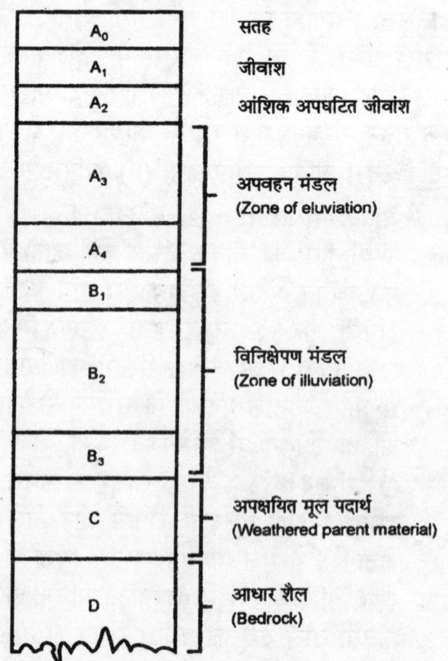

बाक्स 11.2 *सोल, सोलम एवं पेड (SOL, SOLUM & PED)*

सोल एवं पेड मृदा अध्ययन में अकेले या संयुक्त रूप से नियमित प्रयुक्त होते हैं। **'सोल (Sol)'** रूसी शब्द है जिसका अभिप्राय **'मृदा (Soil)'** होता है। CSCS वर्गीकरण में प्रत्येक मृदा के साथ प्रत्यय **'Sol'** लगाया गया है। जैसे *Aridisol = Arid + Sol* ***यह 'Solum' शब्द में भी प्रयुक्त होता है।*** *'Solum'* में मृदा परिच्छेदिका के A तथा B संस्तरों को सम्मिलित करते हैं इसके नीचे संस्तर ***(मूल पदार्थ) आ जाता है।*** *Solum* में ही पेड़ पौधों की जड़ें सक्रिय रहती हैं। इसकी मोटाई लगभग 1.5 मीटर (5 फीट) मानी गई है।

प्राकृतिक रूप से पाये जाने वाले मृदा कणों के 'समूहों या पिण्डों' (Aggregates or clumps) को **पेड** (Ped) कहते हैं। पेड भी संरचनात्मक दृष्टि से विभिन्न प्रकार के होते हैं जिनमें प्लेटी, प्रिज्मेटिक, कोणीय तथा गोलीय प्रमुख हैं। पेडों के आधार पर ही मिट्टियों के अध्ययन करने वाले विज्ञान को मृदा विज्ञान (Pedology) कहा या है।

मृदा निर्माण (Soil Formation)

मृदा पृथ्वी की ऊपरी सतह पर एक परत के रूप में मिलती है, जिसका निर्माण चट्टानों तथा खनिजों के अपक्षय से हुआ है, जिसमें समय के साथ विभिन्न जलवायु वाले क्षेत्रों में जीवांश पदार्थ का भी मिश्रण हो जाता है। मूल पदार्थ का निर्माण शैलों के अपक्षय

चित्र 11.7 *मृदा निर्माण का प्रवाह चित्र*

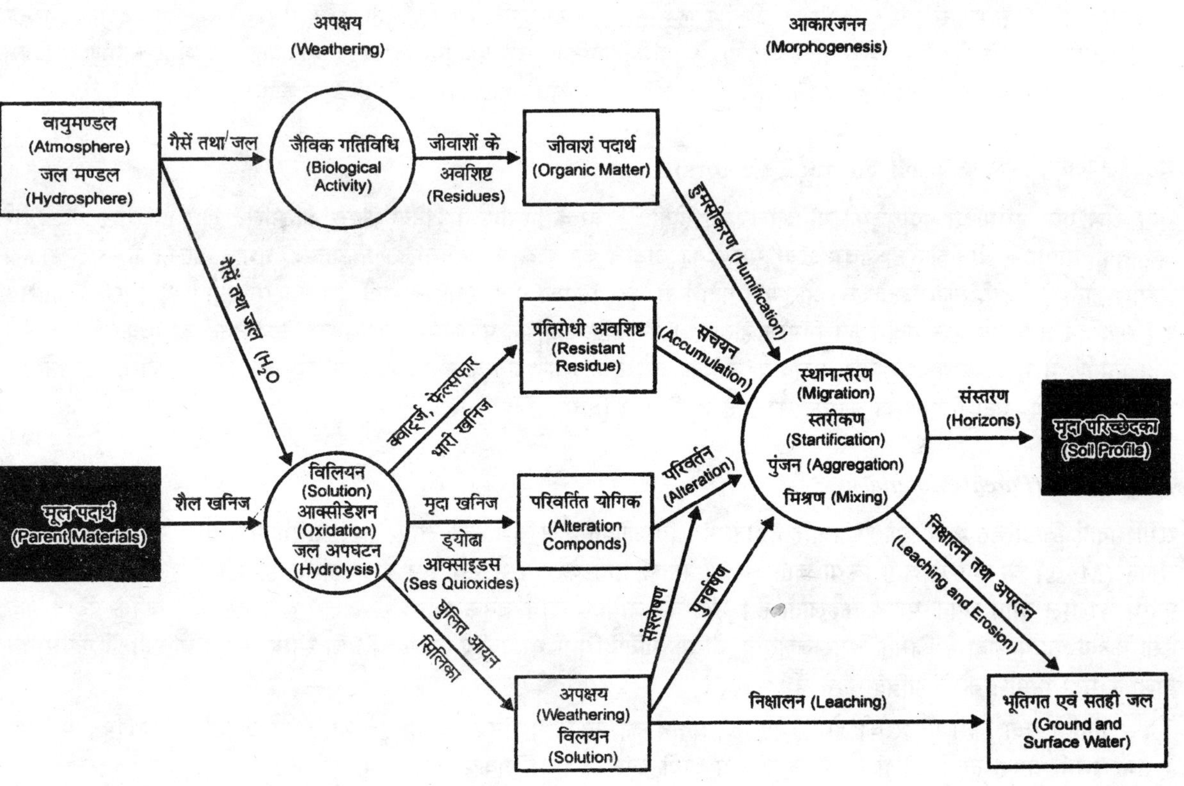

से हुआ है तथा इस मूल पदार्थ पर मृदा निर्माण करने वाले सक्रिय (जलवायु, जीवमण्डल), निष्क्रिय (उच्चावच, मूलपदार्थ) और उदासीन (समय) आदि कारकों की निरन्तर प्रक्रिया के फलस्वरूप एक लम्बे समय में मृदा का निर्माण होता है।

मृदा निर्माण की प्रथम अवस्था में भूपर्पटी में स्थित शैलों का निर्माण एवं रासायनिक कारकों द्वारा अपघटन एवं विघटन होता है, जिसके परिणामस्वरूप मूल पदार्थ (Parent Material) का निर्माण होता है। भौतिक परिवर्तन के अन्तर्गत तापमान, जल,बर्फ एवं वायु कटाव और संचयन के अतिरिक्त जैविक तत्व भी प्रभाव डालते हैं जिनमें पौधों एवं प्राणियों का प्रभाव प्रमुख है। इन कारकों के सामूहिक प्रभाव के कारण चट्टानों का विघटन होता है। इसमें तापमान पाकर चट्टानें फैलती हैं एवं ठण्डी होकर सिकुड़ती हैं जिस कारण अपपत्रण (Exfoliation) द्वारा शैल चूर्ण का निर्माण होता है। इस प्रकार जल, बर्फ और वायु द्वारा कटाव होता है तथा पेड़-पौधे अपनी जड़ों से चट्टानों का विघटन करते रहते हैं। इन सभी भौतिक परिवर्तनों के परिणामस्वरूप मूल पदार्थ का निर्माण हाता है।

रासयनिक परिवर्तन के द्वारा चट्टानों का अपघटन होता है। रासायनक परिवर्तन में विलयन, जल अपघटन, जलयोजन, ऑक्सीकरण, कार्बोनेशन तथा आम्लिक प्रक्रिया प्रमुख हैं। इन क्रियाओं द्वारा शैलों तथा खनिजों का विभिन रूपों में अपघटन होता है। जल अपघटन (Hydrolysis) में जल दोहरा अपघटक का कार्य करता है। जलयोजन द्वारा जल खनिजों के साथ रासायनिक संयोग करते हैं। इस प्रकार भौतिक, रासायनिक एवं जैविक अपक्षय के परिणामस्वरूप मूल चट्टानों एवं खनिजों का अपघटन एवं विघटन होता है। जिससे मूल पदार्थ का निर्माण होता है जहाँ से मृदा निर्माण की अगली प्रक्रिया आरम्भ होती है।

प्रथम अवस्था में अपक्षय की सामूहिक क्रिया के फलस्वरूप मूल पदार्थ निर्मित होता है। इसी क्रम में मृदा परिच्छेदिका का निर्माण होता है। मूल पदार्थ में अनेक परिवर्तन होते रहते हैं। इस मूल पदार्थ पर पेड़-पौधों एवं जीव-जन्तुओं के उत्पन्न होने और उनके मरने के फलस्वरूप इनके ऊपर जीवांश (Humus) पदार्थ एकत्रित हो जाता है तथा इनको जलवायु दशायें निरन्तर प्रभावित करती रहती हैं। इन विभिन्न प्रक्रियाओं में निर्मित खनिजों का यह पिण्ड **"मृदा"** कहलाता है। मृदा निर्माण की इस प्रक्रिया में निर्मित पदार्थ को **'सोलम'** (Solum) कहते हैं तथा 'सोलम' का ऊपरी भाग ही मृदा कहलाता है।

मृदा निर्माणकारी कारक (Soil Forming Factors)

मृदा ढीले एवं असंगठित पदार्थों की गतिशील परतें होती हैं, जिसके निर्माण में अनेक कारक सम्मिलित होते हैं। मूल पदार्थ पर जब वर्षा, तापमान, जीव-जन्तु,उच्चावच तथा समय की अवधि आदि कारक सम्मिलित क्रियात्मक प्रभाव डालते हैं, तो मृदा का निर्माण होता है। इस प्रकार जहाँ एक ओर मूल पदार्थ से मृदा निर्माण होता रहता है, वहीं दूसरी ओर चट्टानों के निरन्तर अपक्षय एवं अपरदन द्वारा नये मूल पदार्थ का निर्माण होता है। इन प्रक्रियाओं के परिणामस्वरूप मृदा परिच्छेदिका का विकास होता है। मृदा निर्माण में मूल पदार्थ, उच्चावच, जलवायु, जैविक तत्त्व तथा समय प्रत्येक स्थान पर एक सामूहिक प्रक्रिया द्वारा मृदा निर्माण करते हैं, अतः ये 'मृदा निर्माण के कारक' कहलाते हैं, जिनका विवरण निम्नलिखित है—

1. मूल पदार्थ (Parent Material)

सभी मृदाएं विखण्डित शैल चूर्ण से प्रवाहित होती है। विखण्डित शैल चूर्ण नदी, लहरें, पवन या हिमनदी द्वारा नये स्थान पर एक संहति (Mass) के रूप में जमा किया जाता है, जो सतही मृदा के रूप में नये रूप में विकसित होता है। मृदा के अकार्बनिक पदार्थ का मूल स्रोत जनक पदार्थ कहलाता है। मृदा को जैविक पदार्थ जनक पदार्थ से अलग बना देता है। जनक पदार्थ एक ऐसा कच्चा पदार्थ होता है जिसके ऊपर जलवायु, जैविक गतिविधियाँ धरातलीय उच्चावच तथा समय अपनी प्रक्रियाओं का प्रभाव डालकर मृदा निर्माण को प्रभावित करते हैं।

निर्मित मृदा किस प्रकार की होगी, यह मूल पदार्थ की प्रकृति पर निर्भर करता है। नाइट का अपक्षय धीमी गति से होता है तथा इसमें पोषक तत्वों की मात्रा भी बहुत कम पायी जाती है। इस प्रकार ग्रेनाइट से बनी मृदाएँ बलुई मृदाएँ होती हैं। ये कम उर्वर होती हैं। यदि जनक शैल चूना पत्थर, आधा कार्बोनेट, आधा मृत्तिका, सिल्ट एवं बालू है तो इससे निर्मित होने वाली

मृदा अच्छी उर्वरक होती है। मूल पदार्थ के निष्क्रिय कारक होने के कारण विभिन्न प्रकार के मूल पदार्थों से एक ही प्रकार की मृदा का निर्माण होता है। लेकिन विभिन्न स्थानों की जलवायु के परिवर्तनों के कारण मृदाओं की प्रकृति से भिन्नता आ जाती है।

मृदा का जनक पदार्थ समयावधि से प्रभावित होता है जैसे ही मृदा विकसित होकर परिपक्व होती है तो इसकी विशेषताओं पर मूल पदार्थ का प्रभाव कम हो जाता है। अवशिष्ट और वाहित मूल पदार्थ विशिष्ट प्रकार से मृदा के विकास को प्रभावित करता है, क्योंकि मूल पदार्थ से रासायनिक तत्वों तथा पोषक तत्वों का वहन पौधों तथा जीवों द्वारा कर लिया जाता है। इस प्रकार केल्सियम की कमी वाले जनक पदार्थ से केल्सियम की कमी वाली मृदा का निर्माण होता है व इस पर विकसित होने वाले पेड़-पौधों तथा जीवों को भी कुछ मात्रा में केल्सियम की आवश्यकता होती है। ऐसी स्थिति में कृत्रिम रूप से इन मृदाओं को केल्सियम की पूर्ति की जाएगी। इसी प्रकार किसी जनक पदार्थ जैसे ग्रेनाइट बेसाल्ट में एल्यूमिनियम की मात्रा अधिक है तो इसमें निर्मित होने वाली मृदा में भी उपयुक्त मात्रा में एल्यूमिनियम विद्यमान होगा। जनक पदार्थ के अपक्षय के उपरान्त उत्पन्न होने वाले कणों का आकार मृदा गठन तथा संरचना के निर्धारण में महत्वपूर्ण कारक होता है। मृदा के अन्दर पाये जाने वाले जल तथा वायु की मात्रा को भी जनक पदार्थ प्रभावित करता है जिससे मृदावासी जीव जन्तु प्रभावित होते हैं। अतः मृदा निर्माण में प्रत्येक दृष्टिकोण से मूल पदार्थ एक प्रभावकारी कारक होता है।

2. *जैविक कारक (Biological Agent)*

पौधे एवं जीव जन्तु मृदा निर्माण को विभिन्न प्रकार से प्रभावित करते हैं। मृदा के लिए प्रभावकारी पौधों की जीवन प्रक्रिया महत्वपूर्ण होती है। जिनमें विशेष रूप से मृदा से सटे हुए छोटे पौधे एवं जीव सम्मिलित हैं। वानस्पतिक आवरण मृदा अपरदन की दर को प्रभावित करता है तथा मृदा को सुरक्षात्मक आवरण प्रदान करता है। धरातल पर पर्ण ढेर (litter) की पलवार (Mulching) उत्पन्न करता है जो वर्षा जल की तीव्रता को कम करके मृदा के अन्दर प्रवेश की दर में वृद्धि करती है। वनस्पति वाष्पीकरण की दर को भी प्रभावित करती है। वनस्पति की कमी होने पर मृदा नमी का वाष्पीकरण हो जाता है तथा इसके कारण केशीय जल धरातल की ओर गति करने लगता है। वनस्पति आवरण की प्रकृति रासायनक विनिमय में मुख्य भूमिका निभाती है जो मृदा निर्माण का मुख्य भाग है। इस प्रकार विलायक पोषक तत्व जिनका पौधे उपयोग नहीं कर पाते अपक्षालन द्वारा मृदा के नीचे वाले भाग में चले जाते हैं। बड़े पौधों की जड़ें मृदा में रन्ध्र बनाकर पानी तथा पोषक तत्वों का अवशोषण करके मृदा की संरचना को प्रभावित करते हैं। मृदा के जैविक तत्वों के रूप में वनस्पति के सभी भाग (पत्तियाँ, छाल, शाखाएं, फूल और जड़ें) मरने के उपरान्त योगदान देते हैं। जैसे प्रेयरी के घास के आवरण किसी रेगिस्तानी प्रदेश की अपेक्षा जैविक तत्वों की पूर्ति करता है। जिसके कारण यह क्षेत्र संसार के अच्छे उर्वर प्रदेशों में से एक है।

मृदा के वनस्पति के सड़े गले अंशों से जब जीवाणु आदि मिल जाते हैं तो इसे जीवांश (Humus) कहते हैं। ह्यूमस मृदा के लिए कई प्रकार से उपयोगी है। यह मृदा में पाये जाने वाले सूक्ष्म जीवाणुओं को प्राथमिक आहार प्रदान करता है। ह्यूमस मृदा जल की धारण क्षमता तथा क्रियाशीलता में वृद्धि करके मृदा की संरचना को भी प्रभावित करता है। ह्यूमस का मृदा के जैविक एवं अजैविक पदार्थों के साथ लौटना पौधों के जीवन के लिए अत्यावश्यक है। इस प्रकार ह्यूमस तत्व तथा उर्वरता का प्रत्यक्ष सहसम्बन्ध है।

बैक्टीरिया जो सूक्ष्म जीवन के रूप में मृदा में रहता है, मृदा निर्माण में योगदान देता है। बैक्टीरिया में उपस्थित जैविक पदार्थों तथा ह्यूमस को खाता है तथा मृदा निर्माण की प्रक्रिया को बढावा देता है मृदावासी जीवाणुओं की संख्या का आंकलन करना कठिन कार्य है। कवक और अन्य सूक्ष्म पौधे व जानवर जो मृदा में लगभग एक बिलियन जीवाणु होते हैं जो कि अति विशाल संख्या है। विशिष्ट प्रकार के जीवाणु मृदा निर्माण में विशेष भूमिका निभाते हैं। नाइट्रोजन जो कि पौधों की वृद्धि होने तथा जीवित रहने के लिए अति आवश्यक है, का अन्वेषण जीवाणुओं द्वारा किया जाता है। कुछ पौधे इस प्रकार के होते हैं कि उनके द्वारा सर्वाधिक मात्रा में नाइट्रोजन का यौगिककरण करके मृदा को उर्वर बनाया जाता है। उनमें क्लोवर, अल्फाल्फा और सोयाबीन प्रमुख हैं।

मृदा के अन्दर बिल बनाकर रहने वाले प्राणी मृदा अपक्षय की प्रक्रिया में वृद्धि करते हैं। इनमें चूहे, चींटी, केंचुए, सेह तथा दीमक आदि प्रमुख हैं। ये प्राणी मृदा परिच्छेदिका के एक संस्तर को दूसरे संस्तर से मिलाकर मृदा संरचना में भी सुधार करते हैं। इनमें केंचुए (Earthworms) विशेष रूप से मृदा निर्माण के लिए महत्वपूर्ण होते हैं। वे मृदा को खाकर उर्वर बनाकर उत्सर्जित करते हैं। यह प्रक्रिया न केवल मृदा को मिश्रित करने का कार्य करती है, बल्कि यह मृदा संरचना, गठन तथा रासायनिक गुणों में भी परिवर्तन लाती है।

पौधों एवं सूक्ष्म जीवों के मध्य रीजोस्फेयर व बैक्टीरियोरिजा एक-दूसरे के पूरक पोषकता का स्रोत व आधार होते हैं। मृदा जड़ें कार्बन पदार्थ का स्रोत होती हैं, जिनसे ह्यमस का निर्माण होता है। पौधे गहराई तक पोषण तत्वों का निष्कासन (Excreation) करते रहते हैं तथा मरने पर नाइट्रोजन युक्त व कार्बनिक पोषक खनिजों का संचय करते हैं। इनमें लकड़ीधारी पौधों की अपेक्षा शाकीय पौधे अधिक मात्रा में खनिज तत्वों का मृदा की परतों से निष्कासन करते हैं।

इस प्रकार प्रकृति में जैविक पदार्थों का कार्य-क्षेत्र मिट्टियों के निर्माण, विनाश, परिवर्तन, विनियोजन, संगठन आदि के रूप में पाया जाता है, जो इनके जीवन-चक्र का भी अंग होता है।

3. जलवायु (Climate)

जलवायु मृदा निर्माण का सक्रिय कारक है। मृदा निर्माण को प्रभावित करने वाले जलवायु कारकों में तापमान तथा वर्षा प्रमुख हैं। धरातल पर पाई जाने वाली मृदाओं में विभिन्नता का प्रमुख कारण जलवायु है।

तापमान मृदा के सूक्ष्म जीवों की क्रियाशीलता को प्रत्यक्ष रूप से प्रभावित करता है, जिसका प्रभाव जैविक पदार्थों के निर्माण पर पड़ता है। भूमध्यरेखीय ऊष्ण प्रदेशों में सूक्ष्म जीवों की उच्च क्रियाशीलता जीवांश पदार्थ के सघन जमाव को रोकती है, जबकि मध्यतापीय तथा सूक्ष्म तापीय जलवायु में मृदा जीवों की धीमी क्रियाशीलता के कारण पर्याप्त मात्रा में जीवांश पदार्थ एकत्रित होता है। इस प्रकार ठण्डे प्रदेशों में मृदा जीवों का संयोजन सीमित वृद्धि करता है जिससे अविघटित जीवांश पदार्थों की एक पतली परत निर्मित हो जाती है।

तापमान रासायनिक क्रियात्मकता पर भी प्रभाव डालती है जिनसे पौधे आवश्यक पोषक तत्व ग्रहण नहीं कर पाते हैं। यह सर्वविदित है कि प्रति 10° सेल्सियस तापमान में वृद्धि होने पर रासायनिक क्रिया की दर दुगुनी हो जाती है तथा मृदा का तापमान बढ़ने पर अपक्षय में वृद्धि होती है। शीत प्रदेश की अपेक्षा गर्म प्रदेशों का मूल पदार्थ तीव्र-गति से निर्मित होता है, क्योंकि जब मृदा में स्थित नमी की मात्रा जम जाती है तो रासायनिक क्रिया बन्द हो जाती है। ध्रुवीय प्रदेशों में कम तापमान के कारण अपक्षय की क्रिया धीमी गति से होती रहती है।

तापमान मृदा पर पायी जाने वाली वनस्पति को भी प्रभावित करता है जैसा कि हम जानते हैं कि वनस्पति का एक विशेष साहचर्य विशेष प्रकार की जलवायु में ही विकसित हो पाता है तथा तापमान के असमान होने पर उचित वानस्पतिक आवरण विकसित न होने से पोषक तत्वों की प्राप्ति का चक्र पूर्ण नहीं हो पाता है, जबकि उचित तापमान की दशा में मृदा में रासायनिक सन्तुलन बना रहता है।

आर्द्रता मृदा के विकास एवं विशेषताओं को अन्य कारकों की तुलना में अधिक प्रभावित करती है। वर्षा के अभाव में मृदा जल की कमी रहती है जिससे पौधों का जीवन असंभव हो जाता है तथा पौधों की अनुपस्थिति में मृदा में उपयुक्त मात्रा में जैविक पदार्थ उत्पन्न नहीं हो पाता व मृदा उर्वर नहीं बन पाती है।

मृदा जल का मुख्य स्रोत वर्षा जल है जिसके द्वारा ही मृदा में होने वाली अपक्षालन, विनिक्षेपण तथा अपवहन की दर प्रभावित होती है तथा इससे मृदा निर्माण एवं संस्तर विकास भी प्रभावित होता है। वर्षा के मृदा जल की गतिशीलता एवं मात्रा के प्रभाव के साथ ही वाष्पीकरण भी इन्हें प्रभावित करता है। वाष्पीकरण के कारण मृदा में नमक एवं जिप्सम की मात्रा बढ़ती है। यह क्रिया शीत प्रदेशों की अपेक्षा गर्म प्रदेशों में अधिक होती है। तापमान मृदा निर्माण को अप्रत्यक्ष रूप से भी प्रभावित करता है जब उच्च तापमान तथा आर्द्र जलवायु में रासायनिक अपक्षय तीव्र होने से जल स्तर में उतार-चढ़ाव के कारण मृदा के

पोषक तत्वों का सन्तुलन बिगड़ जाता है तो एक नवीन प्रकार की मृदा का निर्माण होता है, जिसे लेटेराइट मृदा कहते हैं। ऐसी क्रियाएं उष्ण कटिबन्धों में अधिक होती हैं। अतः जलवायु मृदा निर्माण को प्रभावित कराने वाला एक सक्रिय कारक है।

4. उच्चावच (Relief)

पृथ्वी की धरातलीय तलरूपता को उच्चावच कहते हैं। यह जल एवं तापमान के सहयोग से मृदा निर्माण को प्रभावित करता है। धरातल का ढाल मृदा निर्माण को प्रत्यक्ष एवं अप्रत्यक्ष रूप से प्रभावित करता है। तीव्र ढाल वाले क्षेत्रों में कम गहरी तथा कम ढाल वाले भागों में अधिक गहराई वाली मृदाएं मिलती हैं, क्योंकि तीव्र ढाल वाले क्षेत्रों में मूल पदार्थ का जमाव नहीं हो पाता है तथा मृदा निर्माण में बाधा आती है। घाटियों के तल पर व समतल भूमि पर बहुत ही धीमा प्रवाह होता है जब जल स्तर धरातल के पास होता है तो गुरुत्व जल का नीचे स्पन्दन नहीं हो पाता और केशीय जल के कारण मृदा में लवणीयता एवं क्षारीयता आ जाती है।

उच्चावच मृदा निर्माण को अप्रत्यक्ष रूप से प्रभावित करता है, क्योंकि समतल भूसतह पर वनस्पति आवरण विकसित होता है तो मृदा में जीवांश की मात्रा बढ़ती है, जबकि तीव्र ढाल वाले भागों में जहाँ जल प्रवाह तीव्र होता है वहाँ जैविक पदार्थ संग्रहीत नहीं हो पाता, जिसका प्रभाव मृदा उर्वरता पर पड़ता है। अतः धरातल ही मृदा निर्माण का जनम पदार्थ प्रदान करने वाला प्रमुख स्रोत है, जो अन्य कारकों के साथ मिलकर मृदा निर्माण को प्रभावित करता है।

5. समय (Time)

प्रकृति के विभिन्न स्वरूपों की तरह मृदाएँ भी समय के साथ विकसित होती हैं तथा इनका संगठन, संरचना तथा आन्तरिक विशेषताएँ निरन्तर परिवर्तित होती रहती हैं। समय मृदा निर्माण में एक तटस्थ कारक की भूमिका निभाता है। मृदा निर्माण की सभी क्रियाएं समय के अनुसार होती हैं। भूसतह के कुछ क्षेत्रों व स्थानों पर मृदाओं के विलोपित हो जाने, अपरदित व जमावों आदि के कारण इनका नवीनीकरण एक निश्चित समयान्तर से होता रहता है। मृदा के पूर्ण विकसित होने तथा विनिष्ट होने पर व फिर नवीन निर्माण आदि चक्र भी समय के अनुससार ही होते हैं।

आधुनिक मृदाओं में अन्तर वास्तविक अवस्थाओं के आधार पर ही किया जाता है। मृदा की वास्तविक आयु उसका वास्तविक समय होता है जिसकी गणना इसके निर्माण के आरम्भ से लेकर अन्त तक की जाती है। कालावधि के आधार पर यदि मृदा निर्माण व प्रकट होने का समय अन्य की तुलना में पीछे जाता है तो उनका समय निश्चय ही अधिक होगा। समान समय में निर्मित चट्टानें भी विकास क्रम में अन्तर लिए होती हैं तब वे विभिन्न वास्तविक काल की मानी जाती हैं। मृदा परिच्छेदिका के संस्तरों को विकसित होने में समय लगता है। संस्तरों का विकास समय के साथ-साथ जलवायु, मूल पदार्थ की प्रकृति, जीव जन्तु तथा उच्चावच के पारस्परिक तथा अन्तर-सम्बन्धित कारकों पर निर्भर करता है। ऊष्ण तथा आर्द्र वन सम्पदा वाले स्थानों में जहाँ कोलाडलों में गतिशीलता हेतु पर्याप्त जल और अपघटन हेतु पर्याप्त जीवांश पदार्थ होना आवश्यक है वहाँ संस्तरों का विकास तीव्र गति से होता है।

अनुकूल दशाओं के अन्तर्गत स्पष्ट पहचान योग्य मृदा परिच्छेदिका का विकास होने में लगभग 200 वर्ष लगते हैं एवं अनुकूल परिस्थितियाँ असमान होने पर अधिक समय लग सकता है। इस प्रकार समय भी अन्य कारकों के साथ मृदा निर्माण में भाग लेने वाला प्रभावकारी कारक है।

मृदा निर्माणकारी प्रक्रिया (Soil Forming Process)

मृदा एक अपक्षयित शैल आवरण प्रस्तर (Weathered Bedrock or Regolith) से बनती है लेकिन मृदा का प्रकार इसके निर्माणकारी प्रक्रिया में सहभागी कारकों की अन्तःक्रिया पर निर्भर करता है। मृदा निर्माणकारी कारकों में मानव की भी प्रमुख भूमिका होती है। वह अनियोजित या आकस्मिक रूप में परिस्थितिकीय परिवर्तन करता है जिनमें वनोन्मूलन, वायु प्रदूषण आदि

प्रमुख हैं तथा उद्देश्यपूर्वक किये जाने वाले कार्यों में कृषि कार्य के दौरान उर्वरकों का प्रयोग, जलाक्रान्ता (Waterlogging) तथा नवीन भूमि का सृजन करना आदि प्रमुख हैं।

मृदा निर्माण में विभिन्न प्रक्रियायें सम्पन्न होती हैं, जिनमें तीन भौतिक प्रक्रियायें, निक्षालन (Leaching), अपवहन (Eluviation), व विनिक्षेपण (Illuviation) तथा चार रासायनिक क्रियायें जल अपघटन (Hydrolysis), जलयोजन (Hydration), आक्सीकरण (Oxidation) व अवकरण (Reduction) प्रमुख हैं। ये भौतिक तथा रासायनिक प्रक्रियायें विभिन्न संयोजनों (Combinations) में निम्नलिखित मृदा निर्माणकारी प्रक्रियायें सम्पन्न करने में प्रमुख भूमिका रखते हैं—

1. लेटेराइजेशन (Laterisation)
2. पोडजोलाइजेशन (Podsolisation)
3. कैल्सिफिकेशन (Calcification)
4. अम्लीकरण (Acidification)
5. लवणीकरण (Salinisation)
6. ग्लेइगं (Gleying)

1. **लेटेराइजेशन** (Laterisation)—लेटेराइजेशन धात्विक ऑक्साइड की कठोर परत का जमाव सम्मिलित किया जाता है। इन धात्विक आक्साइड्स को लेटेराइट कहते हैं, जो मूलतः A संस्तर में जमा होते हैं। यह मुख्यतः आर्द्र उष्ण कटिबन्धीय और आर्द्र उपोष्ण कटिबन्धीय (Subtropical) क्षेत्रों में पाया जाता है जहाँ उच्च वर्षा एवं उच्च तापमान पाये जाते हैं। इसका निर्माण प्राकृतिक वनस्पति के हटने तथा घुलनशील खनिजों के मृदा के निम्नवर्ती संस्तरों में निक्षालन होने से होता है। इस क्रिया में लोहे व एल्यूमिनियम के कुछ अघुलित आक्साइड अवशिष्ट रूप में A संस्तर में रह जाते हैं। ये मोटे गठन वाले (Coarse Textured) होते हैं क्योंकि महिन गठन वाले अधिकांश कण घुलन द्वारा अवमृदा (Subsoil) में चले जाते हैं। फलस्वरूप A संस्तर में जैविक पदार्थों की कम मात्रा पायी जाती है।

   लेटेराइट मृदायें (Latosols) प्रायः काफी गहरी होती हैं क्योंकि उष्ण एवं आर्द्र दशाओं में अपक्षय तीव्रता से होता है लेकिन लेटेराइट मृदा की परिच्छेदिका में A संस्तर काफी पतला होता है। लेटेराइट मृदाओं में लोह व एल्यूमिनियम यौगिकों की उपस्थिति के कारण इनका रंग लाल या पीला हो जाता है। लेटेराइट जमाव सामान्यतः अपारगम्य होते हैं जो जल के नीचे निस्यंदन (Infiltration) को रोकते हैं। जिस कारण सतही प्रवाह तीव्र होता है तथा ऊपरी मृदा (Top soil)

बाक्स 11.3 *मृदा निर्माणकारी प्रक्रियायें (Soil Forming Processes)*

निक्षालन (Leaching)—मृदा परिच्छेदिका के A संस्तर से अन्तःस्रवित जल द्वारा घुलित पदार्थों का हट कर निम्नवर्ती भागों में जमा होना निक्षालन कहलाता है।

अपवहन (Eluvation)—A संस्तर से सूक्ष्म कणों का घुलकर हटना अपवहन कहलाता है।

विनिक्षेपण (Illuviation)—A संस्तर से अपवहन द्वारा लाये गये खनिज पदार्थों का B संस्तर में जमा होना विनिक्षेपण कहलाता है।

जल अपघटन (Hydrolysis)—इस रासायनिक क्रिया में अघुलित यौगिक जल से क्रिया करके दूसरे घुलित यौगिक बनाते हैं।

जलयोजन (Hydration)—इस रासायनिक क्रिया में यौगिक जल में टूटते हैं, लेकिन जल से क्रिया नहीं करते हैं।

ऑक्सीकरण (Oxidation)—इस क्रिया में यौगिक ऑक्सीजन से क्रिया करके आक्साइड बनाते हैं।

अवकरण (Reduction)—इसमें एक तत्व हाइड्रोजन से क्रिया करके हाइड्राइट हाइड्रोजन का यौगिक बनाते हैं।

का गहराई तक अपरदन हो जाता है। इन मृदाओं की कठोर परत में कृषि कार्य में भी कठिनाई होती है। जैविक मृदायें कृषि के लिये अधिक उपयुक्त नहीं होती हैं केवल कुछ बागानी पौधे (मुख्यतः रबर) ही पनपते हैं।

2. **पोडजोलाइजेशन** (Podsolisation) – पोडजोलाइजेशन की प्रक्रिया द्वारा मृदा की ऊपरी सतह निक्षालन द्वारा अम्लीय हो जाती है। ऐसा प्रारूपिक दृष्टि से ऐसे वन क्षेत्रों में होता है जहाँ शीत आर्द्र जलवायु तथा तीक्ष्ण शीतकाल होता है। ऐसी दशायें विशेषता टेगा एवं टुण्ड्रा क्षेत्रों में पायी जाती है। लम्बे शीतकाल तथा न्यून तापमान वाली दशाओं में जैविक पदार्थों का अपघटन (Decomposition) होता है जिस कारण मृदा सतह पर अम्लीय पदार्थों की पीट परत बन जाती हे। कुछ जीवाणु इन जैविक तथा खनिज पदार्थों को मृदा में मिश्रित करते रहते हैं। इन दशाओं में ऊपरी मृदा (Top soil) का प्रायः निक्षालन एवं अपवहन होने से A संस्तर बलुई तथा कणाकार के गठन के रूप में विकसित हो जाता है। घुलनशील क्षार (Bases) तथा लोह व एल्यूमिनियम यौगिकों का निक्षालन B संस्तर में हो जाता है। जहाँ से उनका संचयन (Accumulation) होता है। सूक्ष्म मृत्तिका कणों का भी यहाँ विनिक्षेपण हो जाता है जो इसे उच्च सघनता (Compackness) प्रदान करते हैं। पोडजोल उथली भूरे से सफेद रंग की अम्लीय मृदायें होती हैं जिनमें सापेक्षिक रूप से जैविक अंश अल्प मात्रा में मिलते हैं। ये मुख्यतः उत्तरी रूस में मिलती हैं। पोडजोल मृदायें अनुर्वर तथा कृषि के लिए अधिक उपयुक्त नहीं होती हैं।

3. **कैल्सिफिकेशन** (Calcification) – कैल्सिफिकेशन की क्रिया द्वारा मृदा की ऊपरी परत कैल्सियम लवणों के जमाव के कारण कठोर हो जाती है। यह प्रक्रिया मुख्यतः उपार्द्र (Sub Humid), अर्द्ध शुष्क (Semi arid) तथा शुष्क जलवायु में पायी जाने वाली मरुद्धमिद्ध (Xerophyte) झाड़ियों तथा घास क्षेत्रों में मिलती है। यहाँ वर्षा कम होने से निक्षालन एवं अपवहन की क्रियायें प्रभावी नहीं होती हैं जिस कारण कैल्सियम तथा अन्य क्षार मृदा के ऊपरी संस्तर में संचयित हो जाते हैं। यहाँ इनकी आपूर्ति घास एवं झाड़ियों के मृत पौधों से होती है। मृदा में कैल्सियम जमाव की गहराई मुख्यतः आर्द्रता पर निर्भर करती है। शुष्क क्षेत्रों में यह केवल ऊपरी भाग में ही मिलती है लेकिन जहाँ नमी होती है वह एक मीटर तक की गहराई में मिलती है। केल्सिफिकेशन का P^H तटस्थ या फिर क्षारीय होता है।

4. **अम्लीकरण** (Acidification) – मृदा की अम्लीय प्रकृति मूल पदार्थ, जैविक कारकों तथा मृदा निर्माणकारी प्रक्रियाओं की अन्तःक्रिया पर निर्भर करती है। अनेक पौधे अम्ल सहनीय होते हैं तथा अनेक पौधे तो pH मान के लगभग 4 (उच्च अम्लीय) से 10 (उच्च क्षारीय) के मध्य विकसित होते हैं। लेटेराइजेशन तथा पोडजोलाइजेशन की क्रियाओं द्वारा भी मृदा अम्लीय होती है। इन दशाओं में मृदा का pH मान 7 से कम रहता है।

   अम्लीयता कुछ मृदाओं में प्राकृतिक रूप से भी मिलती है। कोणधारी वनों के नीचे इनकी नुकीली पत्तियों के एकत्रित होने से अम्लीय पर्णढेर (Acidic Litter) बनता है। अम्ल वर्षा से भी मृदा अम्लीय होती है जिसका प्रमुख कारण जीवाश्मीय ईधन के दहन हैं। इनसे सल्फर डाई ऑक्साइड तथा नाइट्रोजन ऑक्साइड्स निसृत होते हैं। अम्लीयता वन एवं जलीय (झील) पारिस्थितिक तन्त्रों को नष्ट कर रही है।

5. **लवणीकरण** (Salinisation) – लवणीकरण वह प्रक्रिया है जिसके द्वारा घुलनशील लवणों का मृदा में संचयन होता है। ऐसा अर्द्धशुष्क क्षेत्रों में सिंचाई के अधिक विकास से भी हुआ है। यहाँ जल का अधिकांश भाग वाष्पीकृत हो जाता है तथा लवण अवशेष बह जाते हैं। सघन कृषि ने इस समस्या को अधिक बढ़ाया है। कैलिफोर्निया (USA) तथा पश्चिमी राजस्थान (भारत) में ऐसा हुआ है।

6. **ग्लेइंग** (Gleying) – मृदाओं के स्थायी या अस्थायी रूप से जलाक्रान्ता (Water Logging) से प्रभावित होने पर इनके अन्तराकाशों (Pore paces) में वायु की जगह जल भर जाता है जिस कारण विभिन्न प्रकार के अवकरण (Reduction) होते हैं। आयरन ऑक्साइड फेरिक से फेरल (Ferric to Ferrous) यौगिकों के घटते (Reduce) हैं जो इनमें मुख्य अवकरण है। इस प्रकार फैसिक यौगिकों की कमी होने, फैरस मिश्रण तथा लोहा का अवक्षेपण होना ग्लेइंग (Gleying or Gleing) कहलाता है। इसमें जैव पदार्थों से सम्पन्न मृतिकामय मृदा विकसित होती है। जलाक्रान्त मृदायें उष्ण कटिबन्धीय और उपोष्ण कटिबन्धीय प्रदेशों में चावल की कृषि क्षेत्रों में बनती हैं।

मृदा का वर्गीकरण एवं वितरण (Classification and Distribution of Soil)

विश्व में मृदा वर्गीकरण एवं मृदा विज्ञान (Pedology) के विकास में रूसी विद्वान अग्रणी रहे हैं। 18वीं शताब्दी में सर्वप्रथम रूसी विद्वानों द्वारा स्पष्ट किया गया कि मृदा शैलसंस्तरों का अपक्षयित रूप है। प्रसिद्ध रूसी विद्वान वेसिली डोकुचायेव (V.V. Dockuchayev, 1846-1903) प्रथम मृदा वैज्ञानिक थे, जिन्होंने स्पष्ट किया कि मूल पदार्थ (Parent Material) समान होने पर भी पर्यावरणीय दशाओं की भिन्नता के कारण भिन्न मृदा का निर्माण होता है। इस प्रकार उन्होंने किसी प्रदेश की मृदाओं के विकास एवं जलवायु में घनिष्ठ सम्बन्ध बताया। उन्होंने अपने सहयोगी विद्वानों के साथ मिलकर 1870 में रूस की मृदाओं के अनेक वर्गीकरण प्रस्तुत किये।

सन् 1914 में डोकुचायेव के शिष्य कोंस्टेन्टीन ग्लिका (Konstantin D. Glinka, 1867-1927) ने एक पुस्तक प्रकाशित की जिसमें डोकुचायेव के चिन्तन को प्रस्तुत किया गया था। इसका संयुक्त राज्य अमेरिका के मृदा वैज्ञानिकों पर बहुत प्रभाव पड़ा। बीसवीं शताब्दी के चौथे दशक में मारबुत (Curtis F. Marbut, 1863-1935) नामक अमेरिकी मृदा वैज्ञानिक ने विस्तृत क्षेत्रीय अध्ययन के उपरान्त प्रथम आनुवांशिक मृदा वर्गीकरण (Gentic Soil Classification) प्रस्तुत किया जिसे 'मृदा वर्गीकरण व्यापक तन्त्र की योजना' (Scheme of Comprehensive System of Soil Classification) के नाम से जाना जाता है। इसमें मारबुत ने रशियन योजना तथा शब्दावली का प्रयोग किया। मारबुत संयुक्त राज्य कृषि विभाग में मृदा सर्वेक्षण संस्थान के निदेशक थे। इनके द्वारा तैयार मृदा वर्गीकरण की रूपरेखा सर्वप्रथम सैन् 1938 में प्रकाशित हुई, जिसे 1940 में पुनः संशोधित रूप में प्रस्तुत किया गया।

मृदा वर्गीकरण की इस योजना का निर्माण संयुक्त राज्य कृषि विभाग द्वारा किया गया था। अतः इसे USDA तन्त्र (United States Department of Agriculture) भी कहा जाता है। इस योजना में मृदाओं की तीन श्रेणियाँ (Orders) बनायी गयी थीं—(i) कटिबन्धीय (Zonal), (ii) अन्तर्कटिबन्धीय (Intrazonal), तथा अकटिबन्धीय (Azonal)। 1950 के दशक में संयुक्त राज्य मृदा संरक्षण सेवा द्वारा मृदा वर्गीकरण का नया प्रयास किया गया तथा 1960 तक मृदा वर्गीकरण का सातवाँ संस्करण प्रस्तुत कर दिया गया जिसमें प्रस्तुत नवीन योजना को व्यापक मृदा वर्गीकरण तन्त्र (Comprehensive Soil Classification System - CSCS) के नाम से जाना जाता है। मृदा वर्गीकरण की इस योजना को मुख्यतः सातवाँ अनुमान (Seventh Approximation) कहा गया था।

मृदा के प्रकार (Types of Soil)

सर्वप्रथम 1938 में संयुक्त राज्य कृषि विभाग ने विस्तृत अध्ययन कर सम्पूर्ण पृथ्वी पर पायी जाने वाली मृदाओं को तीन वर्गों में विभक्त किया, जो निम्नलिखित हैं—

1. क्षेत्रीय या कटिबन्धीय मृदाएँ (Zonal Soils)
2. अन्तःक्षेत्रीय या अन्तर्कटिबन्धीय मृदाएँ (Intrazonal Soils)
3. अपार्श्विक या अप्रादेशिक (Azonal Soils)

1. **कटिबन्धीय मृदाएँ** (Zonal Soils)—ये मृदाएँ वनस्पति एवं जलवायु के लम्बे प्रभाव से पूर्ण विकसित होती है। इसमें विश्व के प्रमुख मृदा वर्ग सम्मिलित हैं। इनका वितरण भी जलवायु-वनस्पति प्रदेशों के अनुसार ही मिलता है। मूल शैलों (Parent Rocks) के क्षेत्र में विकसित होने के कारण इन मृदाओं का पार्श्व चित्र (Soil Profile) आदर्श रूप में परिलक्षित होता है। इसी कारण इन्हें पार्श्विक मृदा भी कहते हैं। इनका निर्माण सुप्रवाहित (Well Drained) दशाओं में होने से अच्छी तरह विकसित हो जाती है। ये मिट्टियाँ तीन प्रकार की होती हैं—

   (i) **पेडाल्फर** (Pedalfer)—पेडोल्फर शब्द अंग्रेजी के तीन अक्षर समूहों *Ped* + *Al* + *Fe* का मेल है जिनका अभिप्राय क्रमशः *Ped* = *मृदा, Al* = *एल्यूमिनियम, Fe लोहाँश (Ferrum)* होता है। इस मृदा में एल्यूमिनियम एवं लोहाँश की मात्रा अधिक पायी जाती है। ये मृदायें मुख्यतः अधिक वर्षा वाले क्षेत्रों में मिलती है, जहाँ निक्षालन

चित्र 11.8 *विश्व की मृदायें*

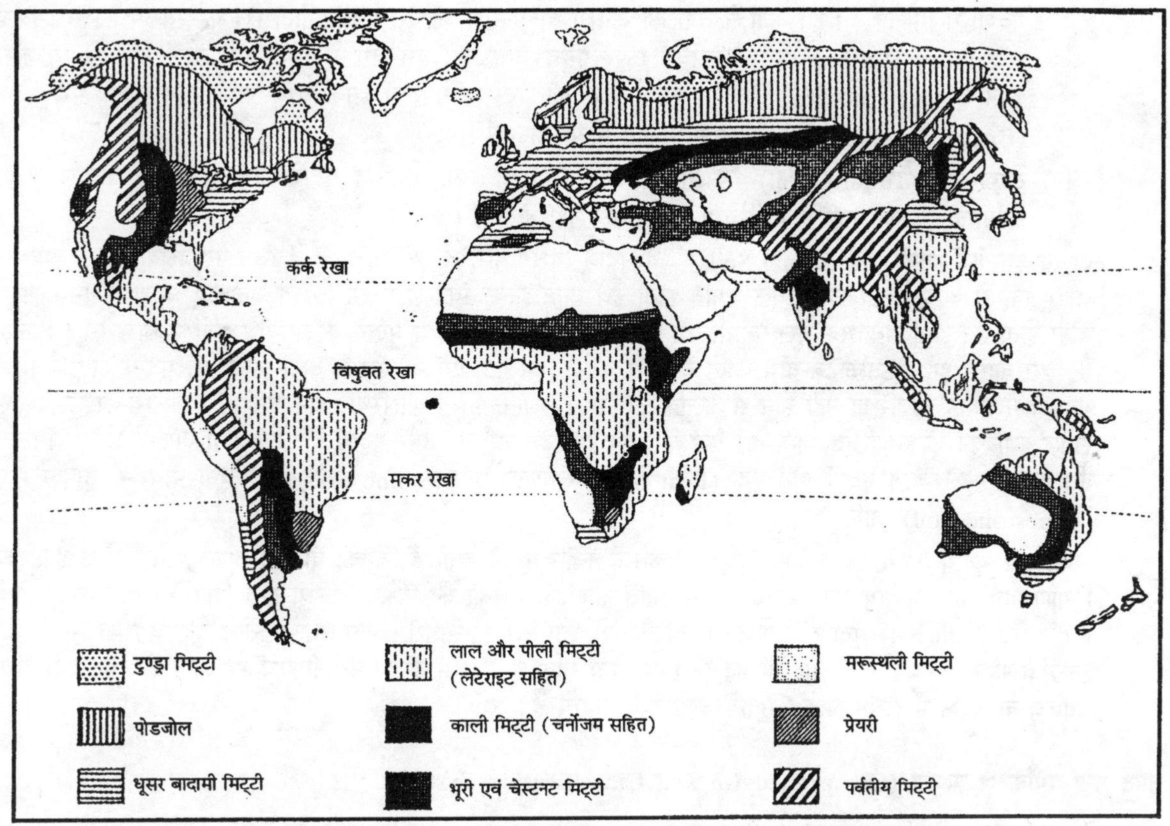

क्रिया (Leaching) अधिक होती है। इसे लेटेराइजेशन (Laterisation) कहते हैं। इस वर्ग में तीन प्रकार की मृदायें मिलती हैं। प्रथम *पोडजॉल (Podsol)* मृदा, जो अलास्का, कनाडा, स्केण्डेनेविया तथा एशिया के उत्तरी भाग में पायी जाती है। इसका निर्माण पोडजोलाइजेशन (Podsolisation) के कारण होता है। यह ऐसी क्रिया है जिसमें शीत आर्द्र प्रदेशों में तापमान कम होने पर वृक्षों की पत्तियाँ सड़ने-गलने के कारण हूमिक अम्ल (Humic Acid) बनते हैं तथा अपक्षालन क्रिया द्वारा लोहा एवं एल्यूमिनियम मृदा के B संस्तर में चले जाते हैं तथा मृदा के ऊपरी संस्तर में सिलिका की प्रधानता हो जाती है। फलस्वरूप मृदा का रंग भूरा (Ash Gray) हो जाता है। द्वितीय, *पॉडजालिक* मिट्टी होती है, जो पोडजॉल मिट्टी के दक्षिण में पायी जाती है। यहाँ उत्तरी भाग की अपेक्षा पोडजॉलाइजेशन कम होता है तथा जीवाणु अधिक सक्रिय रहते हैं। अतः इनमें जीवांश पर्याप्त मात्रा में मिलते हैं। तीसरी मृदा *लेटराइट* (Laterite from= Latin - *'Later'* means = Bricks tile) है जो उष्ण आर्द्र क्षेत्रों में मिलती है। जहाँ लेटेराइजेशन (Laterisation) की क्रिया होती है। इस क्रिया में अपक्षालन (Leaching) द्वारा मृदा की ऊपरी सतह से सिलिका एवं जीवांश (Humus) आदि तत्व अपवहन (Eluviation) द्वारा नीचे जाकर विनिक्षेपण (Illuviation) क्रिया द्वारा जमा हो जाता है तथा ऊपरी सतह पर केवल लोहा एवं एल्यूमिनियम शेष बच जाते हैं। इस क्रिया से मृदा अनुपजाऊ होती है। यह भूमध्यरेखीय क्षेत्रों में मिलती है।

(ii) **पेडोकल** (Pedocal) – पेडोकल (Pedcal) अंग्रेजी के दो शब्दों Ped = मृदा तथा cal = केल्सियम से मिलकर बना है इन मृदाओं में कैल्सियम की मात्रा अधिक होती है। ये मृदायें मुख्य रूप से शुष्क एवं अर्द्धशुष्क प्रदेशों में मिलती है। इन क्षेत्रों में वर्षा की अपेक्षा वाष्पीकरण की दर अधिक होती है। फलस्वरूप केशिका क्रिया (Capillary Action) द्वारा कैल्सियम ऊपर पहुँच जाता है। इस वर्ग में छोटे घास वाले क्षेत्रों में विकसित चरनोजम (Chernozem), अत्यन्त शुष्क क्षेत्रों की मरुस्थलीय तथा इनके मध्य पायी जाने वाली भूरी स्टेप्स (Brown Steppes) मृदाओं को सम्मिलित किया जाता है।

(iii) **टुण्ड्रा मृदा** (Tundra Soil) – ये शीत प्रदेशों की बहुत कम विकसित मृदायें होती हैं। यहाँ जीवाणुओं की सक्रियता भी कम नहीं होती है तथा ये उपजाऊ नहीं होती हैं।

2. **अन्तर्कटिबन्धीय मृदायें** (Intrazonal Soils) – ये मृदायें विशेष परिस्थितियों में बनती हैं, जिन पर जलवायु तथा वनस्पति की तुलना में अन्य तत्वों का अधिक प्रभाव होता है। अतः इनका वितरण किसी विशेष जलवायु प्रदेश के नियंत्रण से बाहर होता है। इनमें सर्वाधिक मूल पदार्थ तथा जल प्रवाह का पड़ता है। ये मृदायें कटिबन्धीय क्षेत्रों में बिखरी हुई मिलती हैं, जिस कारण इन्हें अन्तक़टिबन्धीय कहते हैं। इस वर्ग में उपजाऊ एवं अनुपजाऊ दोनों प्रकार की मृदायें होती हैं। इन मृदाओं में प्रवाह व्यवस्थित नहीं होने से जलाक्रान्ता (Water logging) की स्थिति बन जाती है। फलस्वरूप घुलनशील लवण तथा चूने की मात्रा बढ़ जाती है। रेण्डजीना एवं रेगुर इस वर्ग की उर्वर मृदायें हैं। रेण्डजीना आर्द्र प्रदेशों में मिलती है। इस वर्ग की अन्य मृदायें पीट मृदा (Peat Soil), लवणीय मृदा (Saline Soil), एवं चूना पत्थर से उत्पन्न मृदा (Limestone Soil) आदि हैं।

3. **अपार्श्विक मृदायें** (Azonal Soils) – ये अविकसित नवीन मृदायें होती हैं जिनका पार्श्व चित्र स्पष्ट नहीं होता है इनका निर्माण नदी, हिमानी, वायु तथा सागरीय तरंग आदि प्राकृतिक कारकों की निक्षेपण क्रिया द्वारा होता है। ये उपजाऊ होती हैं। जलोढ़ (Alluvial) मृदा या रेगोसोला रेतीली मृदा, लोएस मृदा, सागरीय मृदा तथा पर्वतीय मृदा वर्ग की मृदायें हैं। इन मृदाओं में प्रतिवर्ष नवीन पदार्थों का निक्षेपण होता रहता है, जिससे इनका नवीनीकरण हो जाता है। भारत में गंगा सतलज के मैदान में स्थित जलोढ मृदायें अपार्श्विक मृदायें हैं।

वृहद् मृदा वर्गीकरण योजना (Comprehensive Soil Classification System)

यह वर्गीकरण सन् 1975 में संयुक्त राज्य अमेरिका के मृदा सर्वेक्षण विभाग द्वारा प्रस्तुत किया गया। जिसे संक्षेप में *CSCS* (Comprehensive Soil Classification System) भी कहते हैं। 1975 में अपनाये गये CSCS नाम के स्थान पर 1990

सारणी 11.5 *मृदा वर्गीकरण (Soil Taxonomy)*

स्तर	निर्धारित मृदाओं की संख्या	विवरण
श्रेणी (Order)	11	सामान्य वर्ग, पार्श्व चित्र के विकास की डिग्री समान होती है। अपक्षय तथा निक्षालन भी समान दर से होते है।
उपश्रेणी (Sub-order)	53	ये अपनी भौतिक तथा रसायनिक गुणों की दृष्टि से भिन्न होते हैं। इन पर पर्यावरणीय प्रभाव होता है।
वृहद वर्ग (Great group)	230	पहुँचाने जाने योग्य संस्तर अनुपस्थित रहते हैं।
उपवर्ग (Sub-group)	1000	विकास की सीमा द्वारा निर्धारित होते हैं।
कुल (Family)	5000	इनकी भिन्नता के प्रमुख लक्षण मृदा गठन, खनिज संगठन, तापमान तथा रसायन हैं।
श्रृंखला (Series)	16000	ये मृदायें ढाल, पथरीलापन या शैल संस्तर की दृष्टि से भिन्न होती हैं।

Source : U. S. Department of Agriculture, 2003.

में मृदा वर्गीकरण (Soil Taxonomy) शब्द अपनाया जिसे CSCS की तुलना में साधारण माना गया। CSCS में केवल 10 मृदा वर्ग ही प्रस्तुत किये गये थे लेकिन 1990 में ग्यारहवाँ मृदा वर्ग *एण्डीसोल (Andisol)* को सम्मिलित किया गया है, ये मृदा वर्ग निम्नलिखित हैं।

मृदा श्रेणियाँ (Soil Orders)

CSCS योजना के अन्तर्गत विश्व की सभी मृदाओं को उच्चतम वर्ग की 11 श्रेणियों में विभाजित किया गया है जिसका प्रमुख आधार मृदा परिच्छेदिका (Soil Profile) के विभिन्न संस्तरों के लक्षणों को माना गया है इनका निर्धारण निम्नलिखित आधारों पर किया गया है—

(i) मृदा का संघटन (Composition of Soil)

(ii) लाक्षणिक संस्तरों की उपस्थिति या अनुपस्थिति (The Presence or Absence of Specific Diagnostic Horizons)

(iii) मृदा परिच्छेदिका के संस्तरों का समान अंशों में विकास (Similar Degrees of Horizon Development)

(iv) अपक्षय और निक्षालन (Weathering and Leaching)

उपर्युक्त धटकों के आधारों पर विश्व के मृदाओं की कुल 11 श्रेणियों में वियक्त किया गया है। ये निम्नलिखित हैः

1. **एण्टीसॉल** (Entisols) – ये मृदा पूर्ण विकसित नहीं होती हैं जिस कारण मृदा संस्तर दृष्टिगत नहीं होता है। यद्यपि A संस्तर एक पतली परत के रूप में C तथा R संस्तर पर अध्यारोपित रहता है। इसके विकास को जलवायु अधिक प्रभावित नहीं कर पाती है। इसकी पाँच उपश्रेणियाँ (Sub Orders) हैं।

2. **हिस्टोसॉल** (Histosol) – ये जैविक मृदायें होती हैं, जो वर्ष पर्यन्त जल से संतृप्त रहती हैं। हन मृदाओं को दलदल, पीट तथा बंजर भूमि (Moors) के रूप में पहचान सकते हैं। "C" संस्तर में जैविक पदार्थ पर्याप्त मात्रा में विद्यमान रहता है तथा "C" संस्तर में मृत्तिका मिलती है। हिस्टोसॉल मृदा में अम्ल की अधिक मात्रा मिलती है जबकि पोषक तत्व न्यून मात्रा में मिलते हैं। प्राकृतिक तथा कृत्रिम प्रवाह द्वारा इन्हें नष्ट किया गया है। दलदली क्षेत्रों के साथ इनके विस्तृत होने के कारण भौगोलिक वितरण दर्शाने में कठिनाई होती है। जलीय प्रवाह सुलभ होने पर इनमें गोभी, गाजर, आलू तथा अन्य कन्द फसलों की सघन कृषि की जा सकती है। मध्य अक्षांशों में इनका कृषि महत्व है तथा अन्य स्थनों पर चूने एवं उर्वरकों का प्रयोग करके उपजाऊ बनाया जा सकता है। इसे चार उपश्रेणियों में विभाजित किया गया है।

3. **वर्टीसॉल** (Vertisol) – वर्टीसॉल मृदाओं के गठन में 35 प्रतिशत मात्रा मृत्तिका (Clay) की होती है। इस कारण ही नमी की कमी आते ही इसमें दरारें पड़ जाती हैं। मृत्तिका कणों के व्युत्पत्ति स्त्रोत इनका मूल पदार्थ हैं। अतः वर्टीसॉल मध्यतापीय या उष्ण कटिबन्धीय जलवायु में मिलती हैं जहाँ सामयिक सूखा तथा मौसमी नमी मिलती है। इसकी उपश्रेणियाँ विश्व के जलवायु विभागों से अत्यन्त निकट होते हैं। ये मृदा आस्ट्रेलिया, भारत तथा सूडान में अधिक मिलती है तथा इसका मानव द्वारा निर्माण कार्यों में अधिक प्रयोग किया गया है। मृत्तिका में माण्डमोरिलोनाइट खनिज होता है जो नमी पाकर फैलता है तथा नमी के अभाव में सिकुड़ता है। इसमें कैल्सियम तथा मैग्निशियम की पर्याप्त मात्रा होती है। वेर्टीसॉल का पी. एच. तटस्थ (7) होता है। इसकी चार उपश्रेणियाँ हैं।

4. **इन्सेप्टीसॉल्स** (Inceptisols) – इन मृदाओं में संस्तरों का शीघ्र विकास मिलता है जो पूर्ण नहीं होता है। इनमें जल इतना रहता है कि सौ वर्ष के एक तिहाई समय में पौधे जीवित रह सकते हैं। इनका प्रारम्भ B संस्तर से होता है। लाल रंग लिये होती है जिनमें मृत्तिका का अभाव पाया जाता है। इसके कण बारीक होते हैं। ये मृदायें सामान्यतः आर्द्र जलवायु में मिलती हैं लेकिन आर्कटिक से लेकर उष्ण कटिबन्धीय क्षेत्रों तक भी मिलती हैं। इसका विकास वन आवरण या घास क्षेत्रों में होता है। इन्हें 6 उपश्रेणियों में विभक्त किया गया है।

सारणी 11.6 *मृदा श्रेणियों का नामकरण*

श्रेणी (Order)	शब्द व्युत्पत्ति स्रोत (Derivation of Term)	सूचक शब्द (Rootkey)	विश्व का भूक्षेत्र (%)
एण्टीसोल	-	नूतन (Recent)	12.5
हिस्टोसॉल	ग्रीक, शद 'histos' = ऊतक (tissue)	ऊतक विज्ञान (Histology)	0.8
वर्टीसोल	लेटिन, शद 'verto' = घुमाव (turn)	उल्टा करना (Invert)	2.1
इनसेप्टीसॉल	लेटिन, शद Inceptum = प्रारम्भ (Beginning)	प्रारम्भ (Inception)	15.8
एर्डीसॉल	लेटिन, शद Aridos = 'शुष्क' (Dry)	शुष्क (Arid)	19.2
मोलीसॉल	लेटिन, शद Mollis = मुलायम (Soft)	नरम करना (Mollify)	9.0
अल्फीसॉल	लेटिन शद al = एल्यूमिनियम *Ferrum* लोहा (invented syllable)	(Alfalfa)	14.7
स्पोडोसॉल	ग्रीक शद Spodos = काष्ट राख (Wood ash)		5.4
अल्टिसॉल	लेटिन शद Ultimus = अन्तिम (Last)	अन्तिम (Ultimate)	8.5
ऑक्सीसॉल	फ्रेंच शद Oxide = ऑक्सीजन की मात्रा ग्रीक oxide = आक्साइड या अम्ल (acid)	अम्ल मृदा (Acid Soil)	9.2
एण्डीसॉल	Ando = ज्वालामुखी राख (Volcanic ash)	ando, andesite	<1.0

Source : De Blij and Muller, 1993. & Christopherson, R.W. (1995 : 458)

5. **एरिडोसॉल्स** (Aridosols) – एरिडोसॉल्स मृदायें विश्व के 19.2 प्रतिशत भाग पर फैली हैं जो अन्य मृदाओं की तुलना में सर्वाधिक हैं। ये शुष्क होती हैं जीवांश (Humus) का अभाव मिलता है। पादप पौधों को वर्ष के कम समय में ही वर्षा जल उपलब्ध हो पाता है। गहराई पर कार्बोनेट पदार्थों का संग्रह मिलता है। इनका निर्माण शुष्क मरुस्थलीय दशाओं में होता है, जहाँ वर्षा न्यून मात्रा में प्राप्त होती है। इस प्रकार विश्व के सभी मरुस्थलीय क्षेत्रों में इस प्रकार की मृदायें मिलती हैं। इनमें कैल्सियम, जिप्सम तथा लवणीय खनिजों की पर्याप्त मात्रा होती है। ये विशेषतः सहारा तथा गोबी के रेगिस्तान में मिलती हैं। इस मृदा में झाड़ियाँ तथा घास ही मुख्यतः पनपती हैं। इसकी आर्गिड्स तथा आरथिड्स दो उपश्रेणियाँ हैं।

6. **मोलीसॉल्स** (Mollisols) – ये मृदायें सूक्ष्म तापीय से उष्ण कटिबन्धीय जलवायु वाले क्षेत्रों में मिलती है। वर्षा द्वारा इस मृदा में निक्षालन तथा कैल्सिफिकेशन क्रियायें होती हैं। इनके ऊपरी संस्तरों का निर्माण मौलिक इपिपेडान (Epipedson) द्वारा होता है। यह संस्तर काले रंग का होता है। मृदा निर्माण गहराई तक होता है। फलस्वरूप मृदा परिच्छेदिका पर्याप्त मोटी होती है। A तथा B संस्तरों में कैल्सियम की मात्रा अधिक होती है। इन मृदाओं का निर्माण उपोष्ण कटिबन्धीय (Subtropical) तथा मध्य अक्षांशीय क्षेत्रों की उष्णार्द्र जलवायु वाले घास के क्षेत्रों में होता है। ये क्षेत्र यूरेशिया में स्टेपीज, संयुक्त राज्य अमेरिका व कनाडा में प्रेयरीज, दक्षिणी अमेरिका में पम्पाज आदि हैं। इन्हें 7 उपश्रेणियों में विभक्त किया गया है।

7. **अल्फीसॉल्स** (Alfisols) – ये मृदायें आर्द्र जलवायु में मिलती हैं। इनके 'B' संस्तर में मृत्तिका का संचयन मिलता है। मृदा संस्तरों का रंग धुसर (Grey), भूरा अथवा लाल होता है। जीवांश का अभाव पाया जाता है। पौधों को मृदा जल तीन महीने ही उपलब्ध हो पाता है। ये मृदायें विशेषकर मध्य उत्तरी अमेरिका, यूरोप, मध्य साइबेरिया, उत्तरी चीन, दक्षिणी आस्ट्रेलिया, पूर्वी ब्राजील, पश्चिमी, पूर्वी तथ दक्षिणी अफ्रीका, उत्तरी आस्ट्रेलिया, पूर्वी भारत आदि में पायी जाती है। कृषि

चित्र 11.9 *वृहद् मृदा वर्गीकरण योजना के अनुसार विश्व के मृदा वर्ग (After, R.J., Huggett, 1997)*

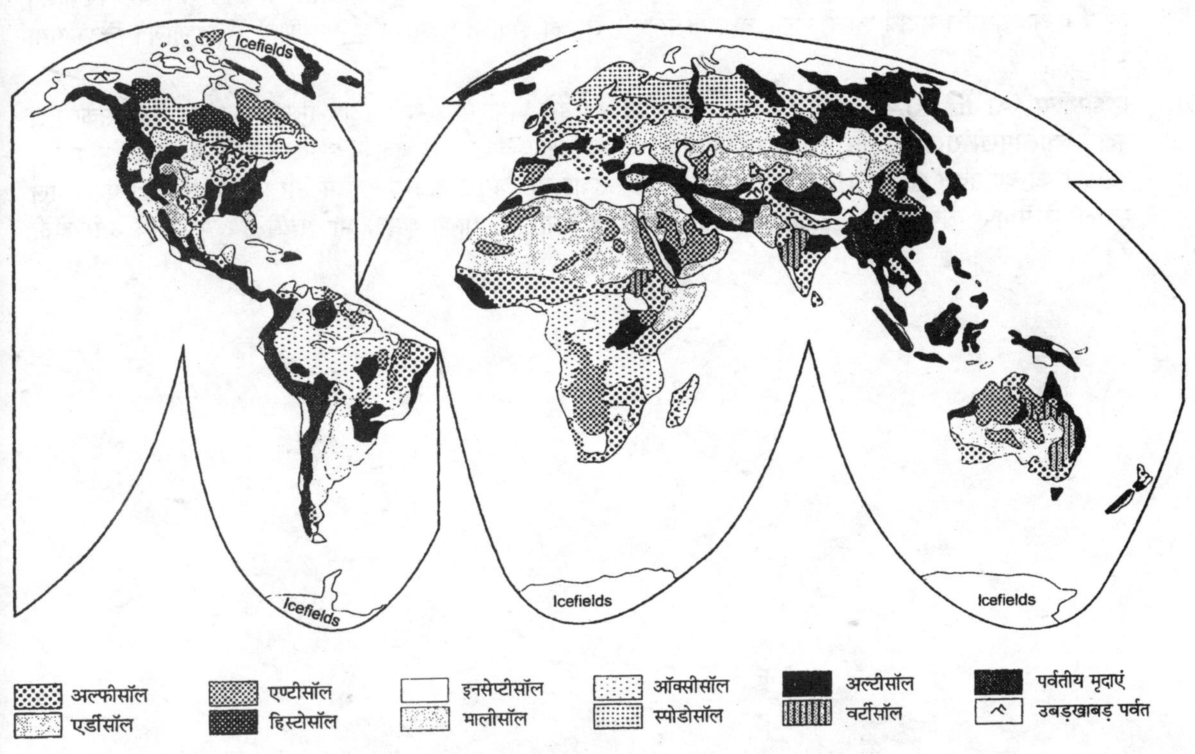

की दृष्टि से ये उपजाऊ होती हैं। अल्फीसॉल का विशाल क्षेत्र आर्द्र भूमध्यरेखीय प्रदेश तथा सहारा एवं कालाहारी के रेगिस्तान के मध्य उपोष्ण कटिबन्धीय क्षेत्रों में स्थित है। इन्हें पाँच उपवर्गों में विभाजित किया गया है।

8. **स्पोडोसॉल्स** (Spodosols) – ये मृदायें मुख्यतः उत्तरा गोलार्द्ध के उत्तरी भाग में विकसित होती हैं। इसमें सेस्क्वी ऑक्साइड्स (Sesquioxides) का संचयन मिलता है। इसके A संस्तर का रंग घुसर (Ash Gray) होता है। इनमें अम्लों की अधिकता एवं पोषक तत्वों एवं जीवांश की कमी पायी जाती है। स्पोडोसॉल मृदाओं की जलधारण क्षमता भी कम होती है। अतः उत्पादकता कम होने के कारण कृषि के लिए कम महत्वपूर्ण है। इन्हें चार उपश्रेणियों में विभाजित किया गया है।

9. **अल्टीसॉल्स** (Ultisols) – ये मृदायें आर्द्र उपोष्ण तथा शुष्कतर उष्ण कटिबन्धीय जलवायु एवं मानसूनी जलवायु में पायी जाती हैं। इनका निर्माण मुख्यतः वनाच्छादित क्षेत्रों में होता है। B संस्तर का रंग पीला-भूरा होता है। इनकी देशज वनस्पति सवाना घास है। ये मृदायें मुख्यतः संयुक्त राज्य अमेरिका, दक्षिणी चीन, बोलिविया, दक्षिणी ब्राजील, पश्चिमी तथा मध्य अफ्रीका, भारत मयनमार, पूर्वी द्वीप समूह तथा उत्तरी पूर्वी आस्ट्रेलिया में पायी जाती है। इनका सर्वाधिक विनाश स्थानान्तरी कृषि द्वारा हुआ है। इन्हें पाँच उपश्रेणियों में विभाजित किया गया है।

10. **आक्सीसॉल्स** (Oxisols) – ये अपक्षपित पुरानी मृदायें होती हैं जिनमें उष्ण कटिबन्धीय क्षेत्रों की मृदायें प्रमुख हैं। ये

जैविक संस्तरयुक्त (O) अच्छी अवस्था में होती है। इनमें खनिजों का अत्यधिक अपक्षय होता है तथा लोहे के ऑक्साइड्स, एल्यूमिनियम तथा कवोलिनाइट्स अधिक मात्रा में मिलते हैं। साथ ही दोमट एवं मृत्तिका के कण भी प्रचुर मात्रा में उपस्थित रहते हैं। ये भूमध्यरेखीय तथा उष्ण कटिबन्धीय एवं उपोष्ण कटिबन्धीय भागों में सर्वाधिक विकसित हुई है। आक्सीसॉल मृदायें लाल, पीली, तथा पीली भूरी रंग की होती हैं। इन्हें पाँच उपश्रेणियों में विभाजित किया गया है।

11. **एण्डीसॉल्स** (Andisols) – ये श्रेणी 1990 में जोड़ी गई है। इसे निर्माण को मूल पदार्थ नियन्त्रित करता है। इसका मूल पदार्थ ज्वालामुखी राख है। परि प्रशान्त महासागरीय क्षेत्र में स्थित ज्वालामुखी क्षेत्रों में इसका सर्वाधिक विकास हुआ है। इस क्षेत्र को अग्निवृत्त (Firy Ring) भी कहते हैं। इनमें हवाई द्वीप प्रमुख थे। यह सूक्ष्म स्तर पर वितरित है। एण्डोसॉल मृदाओं में पर्याप्त जीवांश (Organic Matter) मिलता है तथा जल धारण क्षमता भी अच्छी है। ये मृदायें उर्वर होती हैं।

12

ढाल
(Slopes)

ढाल भूपटल का झुका हुआ सतही भाग होता है। भूसतह ढालों का एक ऐसा संयोजन होता है, जो 0 डिग्री के ढाल (क्षैतिज) से लेकर 90 डिग्री (उर्ध्वाधर) तक की श्रेणी के कोणों में पाया जाता है। ढाल भू-सतह के भूपटल पर झुकाव (Inclination) को प्रदर्शित करता है यह झुकाव भूपटल पर ऊर्ध्वाधर या किसी अन्य दिशा के मध्य का कोण होता है। ढाल को भूवैज्ञानिक सन्दर्भ में नति (Dip) कहते हैं। क्षैतिज तल के साथ किसी शैल स्तर द्वारा बनाये गये कोण को नति कहते हैं। ढाल उत्तल (Convex), अवतल (Concave), सरल रेखी (Rectilinear) व जल प्रपात के सदृश्य होता है। मैदानी भागों में ढाल का आभास कम हो पाता है। जबकि पर्वत तथा पठारी भागों में ढाल स्पष्टतः दृष्टिगोचर होता है। धरातल पर विभिन्न स्थलाकृतियों के निर्माण में भी ढाल की सक्रिय भूमिका होती है। ढाल के अनुसार ही भ्वाकृतिक प्रक्रम कार्य करते हैं।

ढाल का स्वरुप (Forms of Slope)

प्रकृति में प्रभावी भ्वाकृतिक प्रक्रमों एवं विवर्तनिक शक्तियों के मध्य संतुलन के परिणामस्वरुप ढाल का विकास होता है। ढाल सदैव परिवर्तित होता रहता है। भ्वाकृतिक प्रक्रमों द्वारा संचलित किये जाने वाले पदार्थों के अनुसार ढाल तीन रुपों में विकसित होता है। प्रथम, **अनाच्छादनकारी ढाल** (Denudational Slope), जो भूमि के ह्रास (Ground Loss) के उपरान्त विकसित होता है। द्वितीय, **परिवहन ढाल** (Transportation Slope), इस में न तो भूमि का ह्रास होता है न ही प्राप्ति क्योंकि पदार्थ ऊपरी ढाल से लाये जाते हैं। तथा वहां से आगे निम्नवर्ती ढालों पर संचालित रहते हैं। अर्थात् यह सर्वाधिक परिवर्तनशील ढाल है। तृतीय, **संचयात्मक ढाल** (Accumulation Slope), इसमें सतह पर नवीन पदार्थों की प्राप्ति होती है। इस प्रकार ढाल के स्वरुप निर्धारण में भ्वाकृतिक प्रक्रियाओं की महत्वपूर्ण भूमिका होती है यद्यपि इसमें आकस्मिक रुप से विवर्तनिक क्रियायें भी प्रभाव डालती हैं।

अनाच्छादन कारी ढाल में अपक्षय की विघटन क्रिया का महत्व होता है जो अपरदन की दर को नियंत्रित करती है क्योंकि भूमि ह्रास की दर निष्कासन प्रक्रिया (Removal Processes) की क्षमता पर निर्भर करती है। अपक्षप क्रिया में अनेक बार प्रतिरोधी शैलें भी ढाल के स्वरुप को प्रभावित करती हैं। ढाल प्रक्रिया में उपयुक्त उदाहरण भृगु (Cliff), आधार अवतलता (Based concavity) का है जहां अपक्षय क्रिया द्वारा नियंत्रण दृष्टिगत होता है। वहीं टालस शंकु में संचयन का प्रभाव परिलक्षित होता है। शैल मलबे के संचयन से बनने वाले ढाल स्वरुपों में टालस ढाल, मलबा शंकु, जलोढ पंख तथा शैल अवघाव (Rock Avalanche) आदि अन्य प्रमुख उदाहरण हैं।

ढाल के घटक (Components of Slope)

भूसतह से उच्च उच्चावच की ओर देखने पर दृष्टिगत होता है कि पहाड़ी के शिखर से लेकर तली तक का ढाल एक समान न होकर विविध रुपों में पाया जाता है। ढाल के इन विविध रुपों को ढाल के तत्व या घटक कहते हैं। इन्हें एण्ड्री गाउड़ी

(Goudie, A., 1993) ने ढाल के आधारभूत स्वरुप (Fundamental Slope forms) बताया है।

गाउडी महोदय ने ढाल के घटक स्वरुप या घटक तीन प्रकार के बताये हैं। सामान्यतः किसी आदर्श ढाल की परिच्छेदिका (Slope Profile) में निम्नांकित चार घटक दृष्टिगत होते हैं:

(1) **शिखर उत्तलता** (Summit Convexity) – यह ढाल पहाड़ी के ऊपरी भाग में पाया जाता है। शिखर पर होने के कारण ही शिखर उत्तलता कहते हैं। उत्तलता की उत्पत्ति अनाच्छादन कारी प्रक्रमों द्वारा होती है। कभी कभी तो सम्पूर्ण पहाड़ी उत्तल ढाल की पायी जाती है तथा कभी-कभी पहाड़ी के निम्न भागों में भी उत्तलता मिलती है। आर्द्र कटिबन्धीय क्षेत्रों में यह देखने को मिलता है कि कुल ढाल परिच्छेदिका का 90 प्रतिशत तक उत्तल ढाल पाया जाता है। इसी प्रकार जहां नदियों द्वारा अन्तक़्रटाव अधिक होता है, वहां आधार तल के समीप उत्तलता मिलती है। वर्षा छपछपाव (Rainsplash) तथा मृदा विसर्जन (Soil Creep) दो प्रमुख क्रियायें ऊपरी भाग में उत्तलता के विकास के लिए उत्तरदायी हैं। अपक्षय की क्रिया के दौरान अनेक बार कमजोर चीका सदृश्य पदार्थों के ऊपर एक पतली अवरोधी शैल पट्टी पायी जाती है जो उस सतह को अपक्षय से बचाती है, जिससे वहां उभार उत्पन्न हो जाता है। इसी को भ्वाकृतिक प्रक्रिया के संदर्भ *उभारना (Cambering)* कहते हैं। तथा उभरी स्थलाकृति को *केम्बर (Camber)* कहते हैं। केम्बर कमजोर शैलों पर कठोर शैलों की पतली क्षैतिज पट्टी होती है। उत्तलता के विकास में मृदा विसर्जन के बारे में सर्वप्रथम गिलबर्ट (G. K. Gilbert) ने 1909 में बताया। उन्होंने इसमें परिवहन की दर एवं मृदा परत जमाव को महत्वपूर्ण माना था।

(2) **मुक्त पृष्ठ** (Free Face) – यह प्रायः उत्तल ढाल के नीचे खड़ा दीवार सदृश्य तेज ढाल होता है। यहां नग्न शैलें मिलती हैं। क्योंकि ढाल तीव्रता के कारण इस पर किसी भी प्रकार की अवसाद जमा नहीं रह पाती हैं। उत्तल ढाल से अनाच्छादित तलछट इस क्षेत्र से सरक कर सीधे घाटी में चला जाता है। अतः कुछ भूगर्भवेत्ता इसे *नग्न ढाल (Derivation Slope)* कहते हैं। एण्ड्री गाउड़ी ने इसे *भृगु (Cliff) ढाल* कहा है।

(3) **सरल रेखात्मकता** (Straight Lining) – इसे सरल रेखीय ढाल (Straight Slope) भी कहते हैं। यह मुक्त पृष्ठ तथा अवतल ढाल के मध्य एक सीधी रेखावाला ढाल होता है। यहां पहाड़ी सरल रेखात्मकता तत्व को प्रकट करती है। यह स्थिर ढाल (Constant Slope) होता है। इस ढाल पर शैल मलबे का जमाव आसानी से होने के कारण इसे *मलबा ढाल* (Debris or scree slope) भी कहते हैं। सरल रेखात्मक ढाल पर शैल मलबे की एक हल्की परत मिलती है, जो गुरुत्व शक्ति के कारण निम्नवर्ती भागों की ओर खिसकती रहती है। इसे स्ट्रेहलर महोदय ने *प्रशांत ढाल (Repose Slope)* कहा है। सरल रेखात्मक

चित्र 12.1 *ढाल के घटक*

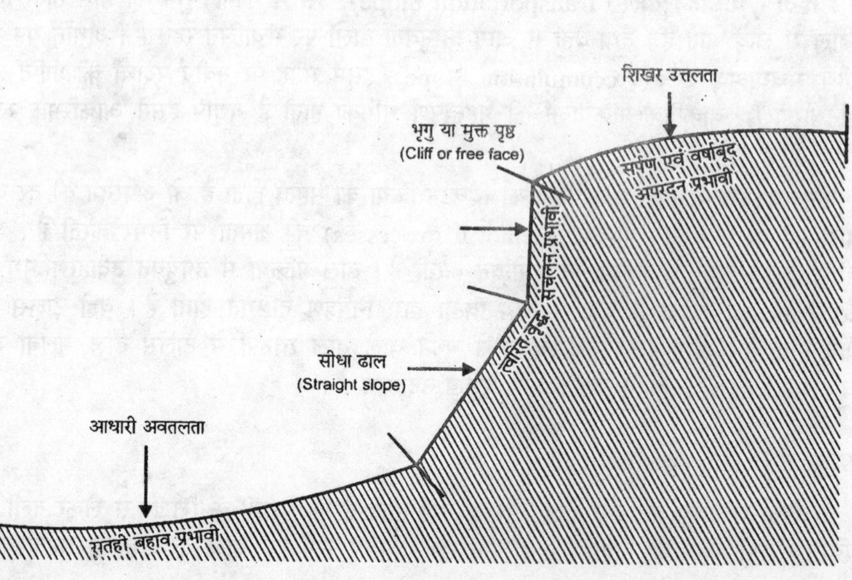

ढाल सामान्यतः तीव्र वृहद संचलन (Mass Movement) की प्रक्रिया से बनता है। जब भृगु पृष्ठ पर अपक्षय की क्रिया होती है, तो गोलाश्म अपक्षयित होकर प्रशांत कोण (Repose Angle – generally 32-38) पर शैल पात मलबे (Rockfall Scree) के रुप में संचयित हो जाता है। शैलपात मलबे का यह जमाव ऊपरी भाग में रेखात्मक तथा निम्नवर्ती भाग में अवतल होता है। इसकी रेखात्मकता स्वयं ही इसमें पायी जाने वाली सन्धियों द्वारा नियन्त्रित होती है।

(4) **अवतलता** (Concavity) – यह स्वरुप किसी भी आदर्श ढाल परिच्छेदिका के आधार में मिलता है। यह पहाड़ी का सबसे निचला हिस्सा होता है। शुष्क प्रदेशों में पर्वतपदीय ढालों पर मिलने वाली ढाल परिच्छेदिका में यह सबसे लम्बा भाग होता है इसका विकास सतही घुलन प्रक्रियाओं (Wash Processes) से संबंधित होता है। सामान्यतः इन ढालों पर मिलने वाली मृदा की अन्तःस्पन्दन (Infiltration) क्षमता कम होती है। इसलिए इसे *घुलन ढाल (Wash Slope) तथा क्षीरण ढाल (Waning Slope)* आदि नामों से भी जाना जाता है। यह ढाल धीरे-धीरे घाटी की तली में विलीन हो जाता है, इसलिये इसे घाटी तलागार ढाल (Valley-floor Basement Slope) भी कहते हैं। इसकी उत्पत्ति में भी अनाच्छादन प्रक्रियाओं की महत्वपूर्ण भूमिका होती है।

ढाल के विभिन्न स्वरुपों के बारे में अलग-अलग विद्वानों ने अपने पृथक मतों का प्रतिपादन किया है। लेकिन इसकी भौगोलिक प्रकृति में विविधता लाने में वृहद् संचलन की मुख्य भूमिका रही है यह एक प्रमुख अनाच्छादन कारी प्रक्रिया है जो ढाल परिच्छेदिका के शिखर से लेकर आधार तल तक इसे प्रभावित करती है। ढाल के स्वरुप (Forms of Slope) के बारे में हगैट ने बताया कि सभी भू-आकारों मे ढाल का झुकाव (Inclination), अभिमुखीकरण (Orientation), लम्बाई तथा आकार भिन्न-भिन्न होता है। इस आधार पर भ्वाकृतिक श्रृंखला की सम्पूर्ण दृश्यभूमि (Landscape) में ढाल के तीन स्वरुप; उत्तलता, रेखात्मकता तथा अवतलता आधारभूत तत्वों के रुप में दृष्टिगत होते हैं (Scheidegger, 1986)। एक भ्वाकृतिक श्रृंखला (Geomorphic Catenae) में ऊपरी भाग पर समतल निक्षालित प्रदेश (Eluvial Region), मध्य में मिश्रोढ प्रदेश (Collovial Region), यहां तीव्र ढाल व वृहद् प्रवाह की तीव्र दर पायी जाती है, तथा आधर तल में समतल जलोढ (Flat Alluvial) प्रदेश मिलते हैं। ढाल के स्वरुप को विभिन्न रूपों में स्पष्ट किया गया है। वुड (Wood, A. 1942) ने ढाल की चार इकाईयां पहचानी हैं; (i) **वर्द्धमान ढाल** (Waxing Slope) – इसे उत्तत ढाल या ऊपरी घुलन ढाल (Upper Wash Slope) भी कहते हैं। (ii) **मुक्त पृष्ठ** (Free Face) – इसे गुरुत्व या नग्न ढाल (The Gravity or Derivation Slope) कहा है। (iii) **स्थिर ढाल** (Constant Slope) – इसे टालस या मलबा ढाल कहा है जहां मलबा ढेर (Scree) पाया जाता है। (iv) **क्षीरण ढाल** (Waning Slope) – इसे पर्वत पदीय (Pediment), घाटी तलागार ढाल (Valley Floor Slope) तथा अधः घुलन ढाल (Lower Wash Slope) आदि नामों से भी जाना जाता है। इसी प्रकार रूहे (Ruhe, 1960) ने पांच इकाइयां शिखर (Summit) शोल्डर (Shoulder), पश्च ढाल (Back Slope), पदीय ढाल (Foot Slope) तथा अन्तिम ढाल (T oeslope) बताई है (चित्र 12.1)। सेविजियर (Savigear, 1965) तथा डालरिम्पल (Dalrymple, 1968) ने भी ढाल स्वरुपों के लिए विभिन्न नामावलियों का प्रयोग किया है।

ढाल के विभिन्न स्वरुप भ्वाकृतिक प्रक्रिया (विशेषतः वृहद् संचलन द्वारा) द्वारा परिवर्तनशील रहता है। अतः स्पष्ट है कि ढाल विकास समय के साथ होता है। ढाल विकास के गणितीय माडलों द्वारा स्पष्ट हुआ है कि मध्यवर्ती ढाल का पृष्ठवर्ती कटाव (Wearing Back) तथा अग्रवर्ती कटाव (Wearing Down) **वृहद् संचलन** (Mass Movement) पर निर्भर करता है। सामान्यतया यह दृष्टिगत होता है कि सतही घुलन प्रक्रिया द्वारा ढाल पीछे हटता है जबकि विसर्पण प्रक्रिया (Creep Process) द्वारा निम्नवर्ती ढाल का विकास होता है (Haggett, 1997)।

समय के साथ ढाल विकास (Slope Development Through Time)

भू-आकृति विज्ञान में यह एक विवादास्पद विषय रहा है कि ढाल का समय के साथ विकास कैसे हुआ। इस विषय पर विभिन्न विद्वानों ने अपने-अपने मत प्रस्तुत कर इस प्रश्न का समाधान तलाशने का प्रयास किया है। मूलतः ढाल विकास के बारे में तीन

मुख्यः सिद्धांत प्रस्तुत किये गये हैं—(i) ढाल पतन सिद्धांत (Slope decline theory) – इसका प्रतिपादन डेविस (Davis, W. M.) ने किया था। (ii) ढाल प्रतिस्थापन सिद्धांत (Slope Replacement Theory) – इस बारे में वाल्तर पेंक ने बताया। (iii) समानान्तर निवर्तन सिद्धांत (Parllel Retreat Theory) – यह सिद्धांत किंग (L.C. King) ने दिया।

चित्र 12.2 *ढाल विकास के तीन मॉडल (a) ढाल पतन (b) ढाल प्रतिस्थापन (c) समानान्तर निवर्तन*

(a)

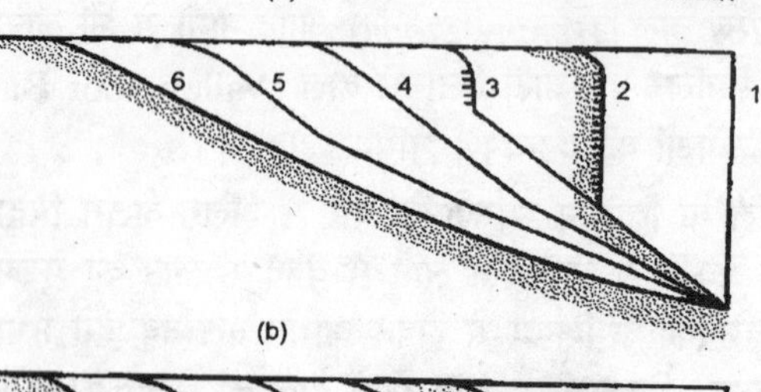

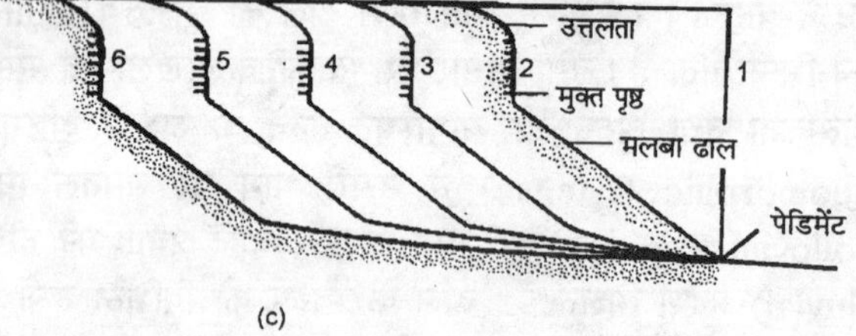

डेविस का ढाल पतन सिद्धान्त (Slope Decline Theory of Davis)

डेविस ने अपने विचार चक्रीय अवस्था के द्वारा ढाल पतन के संदर्भ में सन् 1892 में प्रस्तुत किये। अपरदन चक्र की प्रथम अवस्था में नदी अपरदन एवं अपक्षय के द्वारा तीव्र उत्तल ढाल का विकास होता है। इस अवस्था में ढाल का निवर्तन कम होता है जबकि पतन शून्य रहता है। नदी की प्रोढावस्था में पार्श्विक अपरदन (Lateral Erosion) बढ जाता हे तथा साथ ही जल विभाजकों के शीर्ष पर अपरदन होता है। फलस्वरुप जल विभाजकों के ह्रास होने से ढाल का कोण भी कम हो जाता है। इस दशा में ढाल में कमी आने लगती है। परन्तु इतना ढाल सर्वत्र रहता है जो अपक्षयित तलछट का आसानी से परिवहन कर लेता है। नदी की तृतीय अवस्था का अर्थात् जीर्णावस्था में ढालों का काफी पतन हो जाता है। तथा ढाल का कोण 5 डिग्री से अधिक नहीं मिलता है। इस समय ढाल का स्वरुप अवतल से धीरे-धीरे मैदानी भाग में परिवर्तित हो जाता है।

आर्द्र जलवायु क्षेत्रों में डेविस महोदय ने गोलाकार उत्तलता (Rounded Convexity) का निरीक्षण कर यह स्पष्ट किया कि इस जलवायु में ढाल की शिखरीय उत्तलता (Summit convexity) के निर्माण में मृदा विसर्पण (Soil creep) का महत्वपूर्ण योगदान रहता है। ढाल के शिखरीय भाग से अपक्षयित मृदा गुरुत्व के कारण नीचे की ओर संचलित होती है। यहाँ पर वृष्टिघुलन (Rain wash) के कारण मृदा सर्पण अधिक होता है। मृदा सर्जण की क्रिया ऊपरी भाग से नीचे की ओर बढ़ती जाती है जो कारण पहाड़ी के शिखर पर उत्तल ढाल का विकास अधिक होता है।

डेविस महोदय ने सन् 1889 में पेनीप्लेन की संकल्पना प्रतिपादित की तथा यहीं से अपरदन के सामान्य चक्र के बारे में विचार संगठित किये। जिन्हें अनेक स्थानों पर जांच कर सन् 1899 में प्रस्तुत किया। ढाल विकास के लिए डेविस के अपरदन चक्र के बारे में दिये गये ये विचार महत्वपूर्ण रहे उन्होंने सम्पूर्ण अपरदन चक्र के दौरान बनने वाले भू-आकारों का विश्लेषण कर स्पष्ट किया कि ढाल विकास भी तीन अवस्थाओं में विकसित होता है। डेविस ने माना कि घाटी के मध्य स्थित दोआब (Interfluves) क्षेत्र का निम्नीकरण तथा घाटी पार्श्वों का निवर्तन क्रमिक रुप से अपक्षय, मृदा विर्सपण तथा वर्षा घुलन (Rain wash) द्वारा होता है। अपरदन चक्र की वृद्धावस्था के अन्त तक जल विभाजकों के निरंतर क्षरण (Wasting) की प्रक्रिया द्वारा ढाल का कोण कम हो जाता है।

पेंक का ढाल प्रतिस्थापन सिद्धांत
(Slope Replacement Theory of W. Penck)

प्रसिद्ध जर्मन भू-आकृति वैज्ञानिक वाल्तर पेंक ने अपना सिद्धांत जर्मन भाषा में प्रस्तुत किया, जिस कारण प्रारंभ में अनेक भ्रांतियां उत्पन्न हो गई। पेंक ने बहिर्जात प्रक्रमों; प्रवाहित जल, पवन, हिमनद समुद्री तरंगें तथा अपक्षय और स्थलरुपों की भ्वाकृतिक प्रक्रियाओं में सहसंबंध स्थापित कर निष्कर्श निकाला कि स्थलरूपों के निर्माण के लिए भ्वाकृतिक प्रक्रमों की क्रिया विधि तथा ढालों का अनुमानिक (Deductive) विकास उत्तरदायी है। पेंक ने बताया कि बहिर्जात प्रक्रमों की कार्य प्रणाली ढाल पर आवरण प्रस्तर (Regolith) की विशेषताओं तथा अपक्षय व सतही प्रक्रियाओं (Surface Processes) की क्रिया विधि पर आधारित है। सतही प्रक्रमों में बृहद् संचलन (Mass Movement) सर्वाधिक महत्वपूर्ण है। पेंक ने यह सिद्ध करने का प्रयास किया कि प्रक्रमों की कार्यविधि धरातलीय आकार (Surface forms) की विशेषताओं से नियंत्रित होती है तथा उसे परिवर्तित भी करती है। पेंक ने धरातलीय आकार की सात विशेषतायें तथा प्रक्रमों के कार्य विधि की तीन दरें उल्लेखित की हैं।

धरातलीय आकार के गुण (Properties of Surfacial Forms)

1. धरातल के संगठन के अनुसार ही न्यूनीकरण (Reduction) होता है। जैसे बारीक संरचना वाली मृदा मोटे कणाकार वाली मृदा की तुलना में न्यूनीकरण के लिए अधिक अनुकूल होती है।
2. प्रस्तर आवरण (Regolith) की गतिशीलता तीव्र होने पर आवरण पर अपरदनकारी प्रक्रम अधिक प्रभावी होंगे। जबकि प्रस्तर आवरण की गतिशीलता सदैव शैल संरचना की विशेषता एवं न्यूनीकरण की दर से प्रभावित होती है।
3. प्रस्तर आवरण (Regolith) की मोटाई अधिक होने पर न्यूनीकरण अधिक तथा अनाच्छादन की मात्रा न्यून दर से सम्पन्न होती है। अर्थात् अनाच्छादन की दर अधिक होने पर प्रस्तर आवरण की मोटाई घटती जाती है।
4. ढाल सतह का अनावरण (Expossure of the slope surface) प्रस्तर आवरण की मोटाई पर निर्भर करता है।
5. शैल संरचना एवं संगठन की भी प्रभावी भूमिका होती है।
6. जलवायु न्यूनीकरण तथा अनाच्छादन की दर को नियंत्रित करती है।
7. ढाल का कोण भी अनाच्छादन को प्रभावित करता है।

***प्रक्रमों के गुण** (Properties of Processes):* पेंक महोदय ने प्रक्रमों के तीन गुण बताये। प्रथम, *न्यूनीकरण* (Reduction) प्रस्तर आवरण छोटे-छोटे कणों में टूटने की क्रिया को न्यूनीकरण कहते हैं, जो प्रत्यक्षतः अपक्षय से प्रभावित होती है। द्वितीय, *अनाच्छादन (Denudation)* तथा तृतीय, *अनावरण का नवीनीकरण* (Renewal of Exposure)। अनावरण का नवीनीकरण अनाच्छादन की दर से नियंत्रित होता है।

किंग का समानान्तर निवर्तन सिद्धान्त
(Parllel Retreat Theory of L. C. King)

किंग ने पहाड़ी ढाल विकास चक्र का सिद्धांत सन् 1953 में 'समानान्तर निवर्तन सिद्धांत' के रूप में प्रस्तुत किया। सर्वप्रथम इन्होंने दक्षिणी अफ्रीका की स्थलाकृतियों के विकास का अध्ययन किया तथा यह निष्कर्श निकाला कि डेविस द्वारा वर्णित 'ढाल पतन सिद्धांत' शीतोष्ण आर्द्र जलवायु की स्थलाकृतियों के विकास पर लागू नहीं होता है क्योंकि इन क्षेत्रों में पाये जाने वाले वर्तमान स्थलरूप अधिकाशंतः पूर्व निर्मित हिमानीकृत जलवायु में निर्मित स्थलाकृतियों के अवशिष्ट भाग हैं। अतः डेविस के सिद्धांत के अनुकूल क्षेत्र उपोष्ण कटिबन्धीय अर्द्ध आर्द्र जलवायु में हो सकते हैं।

किंग की मान्यता थी कि एक आदर्श ढाल में ढाल के सभी घटक उपस्थित होते हैं। इन घटकों या ढाल तत्वों का विकास प्रवाहित जल या वृहद् संचलन (Mass Movement) द्वारा होता है। ढाल का विकास स्थानीय कठोर शैल सतह तथा उच्चावच

से प्रभावित होता है। किंग ने पहाड़ी ढाल के विकास चक्र में पेडीप्लेशन के निर्माण को आधार माना है। पेडीप्लेन का निर्माण कगार निवर्तन (Scarp Retreat) तथा पेडिमेण्टेशन (Pedimentation) का प्रतिफल होता है।

ढाल विकास की प्रारंभिक स्थिति में अपक्षय के फलस्वरुप कगार* के समानान्तर रूप में पीछे की ओर हटते रहते हैं, जिसे कगार निवर्तन कहते हैं। कगार निवर्तन के दौरान संचालित मलबा सम्पूर्ण ढाल को प्रभावित करता है। पहाड़ी ढाल के कगार मलबा ढाल एवं सरल रेखात्मक ढाल (Straight Slope) के पीछे निवर्तन होने से निचले खण्ड में पेडीमेण्ट की लम्बाई ऊपर की ओर बढने लगती है, जिससे भी कगार समाप्त हो जाते हैं। धीरे-धीरे पेडीमेण्ट के बढ़ने तथा कगार के समाप्त होने से अवतल ढाल (Concave Slope) वाली अपरदन सतह का विस्तार होता है, जिसे *पेडीप्लेन (Pediplain)* कहते हैं तथा पेडीमेंट के विस्तार को *पेडिमेण्टेशन* कहते हैं। पेडीप्लेन के विकास की सम्पूर्ण प्रक्रिया एवं अवस्थाओं को पहाड़ी ढाल विकास चक्र (Pediplainatin cycle) कहते हैं।

किंग के विचार डेविस से भिन्न थे क्योंकि डेविस के विचारों का आधार आर्द्र कटिबन्धीय भूदृश्यों का अध्ययन था। उन्होंने संयुक्त राज्य अमेरिका के अप्लेशियन क्षेत्र का अध्ययन किया जबकि किंग ने दक्षिणी अफ्रीका की स्थलाकृतियों का अध्ययन किया जहां विशाल मैदानों में तीव्र ढालू पहाड़ियाँ थीं जिन्हें इन्सेलबग (Inselberg or kopies) कहा जाता है।

इस प्रकार डेविस किंग तथा पेंक का कार्यक्षेत्र आल्प तथा एण्डीस जैसे पर्वतीय क्षेत्र रहे हैं, जहां विवर्तनिक प्रक्रियायें उच्च स्तर पर सक्रिय थीं। परिणामस्वरुप यह विश्वास किया जाता है कि प्रकृति में उत्थान विस्तृत था जो अपरदन की दर को नियंत्रित करता था इसका प्रभाव घाटी पार्श्वों ढालों के विकास पर पड़ता था। इस दृष्टि से किंग ने डेविस की तीव्र उत्थान वाली विचारधारा को खारिज कर दिया तथा उन्होने किसी प्रदेश के ढाल की प्रवृत्ति तथा विवर्तनिक इतिहास के मध्य संबंध स्थापित करने का प्रयास किया है। उत्तल ढालों का निर्माण उत्थान की एक लम्बी अवधि मे होता है जबकि सरल रेखीय ढाल एक उत्थान की स्थिर अवधि में विकसित होता है। अवतल ढाल उत्थान की घटती अवधि या स्थिरता के दौरान बनता है। उन्होंने देखा कि ढाल निवर्तन की दर प्रवणता (Gradient) द्वारा निर्धारित होती है। इस प्रकार एक तीव्र ढाल त्वरित अपक्षय द्वारा बनता है।

उपर्युक्त तीनों मॉडलों में कोई भी विश्वस्तर पर ढाल विकास को समझाने में सही नहीं है। ये सभी वैचारिक मॉडल हैं जिन्होंने विश्वस्तर पर व्याप्त जटिलता को साधारण कर दिया है। यह सत्य नहीं है कि किसी स्थान पर प्राकृतिक ढाल का निरपेक्ष रूप मे निवर्तन हो, क्योंकि एक ही स्थान पर भी भ्वाकृतिक प्रक्रियायें विभिन्न स्वरुपों में हो सकती है। जिनसे ढाल विकास प्रत्यक्ष रूप में संबंधित है। जलवायु ढाल विकास को प्रभावित करने में महत्वपूर्ण भूमिका रखती है।

ये तीनों मॉडल किसी जलवायु विशेष में एक ही जीवन चक्र के संदर्भ में प्रस्तुत किये गये। लेकिन यदि इन्हें दूसरे स्थान पर लागू किया जाये तो स्थितियाँ भिन्न होंगी। अतः ढाल विकास के मॉडल किसी विशेष पर्यावरण में ही उपयुक्त हैं। उदाहरणार्थ भू-आकृति वैज्ञानिक भृगु रेखायें (Clifflines) का प्रयोग करते हैं, जो सागर के द्वारा अनेक बार परिवर्तित कर दी जाती है या छोड़ दी जाती है। इसी प्रकार झील तट रेखायें झील के तीव्रता से सूखने पर अनावृत (Exposed) हो जाती हैं। हिमोढ जो हिमनद के क्रमिक निवर्तन से जमा होता हे ये सभी समय के साथ अपने प्रारंभिक स्वरुप से परिर्तित हो जाते हैं।

ढालों का वर्गीकरण (Classification of Slopes)

ढाल के घटकों, स्वरुप तथा विभिन्न पर्यावरणीय दशाओं में विकसित होने के कारण ढाल का वर्गीकरण उत्पत्ति, विकास अवस्था तथा गणितीय आधार पर किया जा सकता है। ढाल विकास के अध्ययन से स्पष्ट हो चुका है कि इसके स्वरूप के निर्धारण में भू-आकृति स्वरुप तथा भ्वाकृतिक प्रक्रमों की प्रमुख भूमिका होती है यद्यपि ढाल का विकास भ्वाकृतिक प्रक्रमों द्वारा तथा भ्वाकृतिक प्रक्रमों की क्रियात्मक ढाल के अनुसार संचालित होती है अतः ये दोनों परस्पर अंतसंबंधित हैं। ढाल का वर्गीकरण निम्नांकित आधारों पर किया जा सकता है—

---

* कगार (Scarp) किसी पठार मेसा या वेदिका की सीमा के साथ-साथ पाया जाने वाला भृगु या खड़ा ढाल कगार कहलाता है।)

1. *उत्पत्ति की प्रक्रिया के आधार पर*—इस आधार पर ढाल निम्नलिखित तीन प्रकार का होता है—

प्रथम, विवर्तनिक ढाल (Tectonic Slope) – इसका निर्माण पृथ्वी की भूगर्भिक हलचलों के कारण होता है इन हलचलों में भ्रंश, वलन, भूमि उत्थान तथा अवतलन ढाल निर्माण कारी हैं।

द्वितीय, अपरदनात्मक ढाल (Erosional Slope) – अपरदनात्मक ढाल का निर्माण बहिर्जात भ्वाकृतिक प्रक्रमों के द्वारा होता है। इन प्रक्रमों में प्रवाहित जल, पवन, हिमनद तथा सागरीय तरंगें प्रमुख हैं। अपरदन चक्र की प्रारंभिक अवस्था में उत्तल, प्रौढावस्था में उर्ध्वाधर या खड़ा ढाल तथा वृद्धावस्था में अवतल ढाल का विकास होता है।

तृतीय, सचंयनात्मक ढाल (Slope of Accumulation) – इस प्रकार का ढाल भ्वाकृतिक प्रक्रमों द्वारा अपरदन के फलस्वरुप शैल मलबे के संचयन से बनता है। प्रवाहित जल द्वारा निर्मित जलोढ पंख (Alluvial fan), जलोढ शंकु (Alluvial Conc) या मलबा शंकु (Dabris Cone), टालस शंकु (Talus Conc) तथा शैल अवधाव टंग (Rock Avalanche Tonguc) आदि संचयनात्मक ढाल हैं।

2. *निर्माण अवस्था (Creation stage) के आधार पर*—इसमें निर्माण की विभिन्न अवस्थाओं, प्राथमिक तथा द्वितीयक के आधार विभक्त किया जाता है, ये निम्नांकित हैं—

प्राथमिक ढाल (Primary Slope) – विवर्तनिक क्रियाओं तथा बहिर्जात अपरदनकारी शक्तियों के द्वारा विकसित ढालों को प्राथमिक ढाल कहते हैं। इनमें वी-आकार की घाटी, गार्ज (George), यू-आकार की घाटी, क्लिफ आदि को सम्मिलित किया जाता है जिनमें खड़ा ढाल पाया जाता है।

द्वितीयक ढाल (Secondary Slope) – प्राथमिक ढाल के विकसित होने पर उनका अनाच्छादन होने से गौण या उपढालों का निर्माण होता है। खड़े ढालों का अपक्षय होने से ढाल पीछे हटने लगते हैं तथा घाटी चौड़ी होने लगती है।

3. *ढाल तत्व के आधार पर*—किसी आदर्श पहाड़ी की ढाल परिच्छेदिका में चार ढाल तत्वों की पहचान की गई है। लेकिन ये चारों तत्व एकसाथ बहुत कम दृष्टिगम होते हैं। इनका विकास भ्वाकृतिक प्रक्रियाओं के अतिरिक्त चट्टान के स्वभाव तथा जलवायु से नियंत्रित होता है। इस प्रकार ढाल तत्वों या ढाल स्वरुप के आधार पर सामान्यतया शिखर या भृगु पर उत्तल ढाल (Convex Slope) से क्रमिक रुप में मुक्त पृष्ठ ढाल (Free face or cliff Slope) सरल रेखात्मक ढाल तथा अन्त में अवतल ढाल मिलते हैं। इन्हें विभिन्न विद्वानों ने अपने अध्ययन के अनुसार विभाजित कर विशेष नाम दे रखे हैं।

चित्र 12.3 *ढाल मलबा संचयन के प्रमुख रूप जो शैल ढालों के नीचे बनते हैं। (After A. Goudie, 1993)*

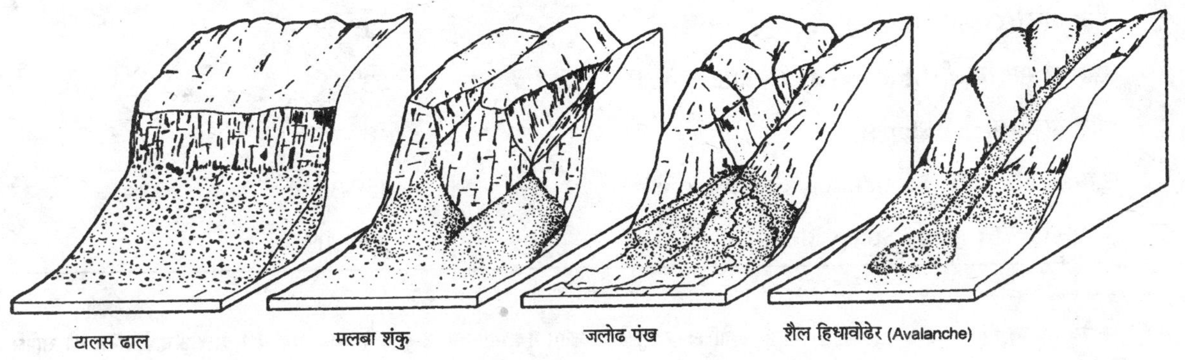

ढालों का मात्रात्मक वर्गीकरण (Quantitative Classfication of Slopes)

मात्रात्मक वर्गीकरण में ढाल का कोण आकलित कर वर्गीकृत किया जाता है। कोणों का निर्धारण भूपत्रकों (Toposheets) या क्षेत्र सर्वेक्षण से करते हैं। एक निश्चित क्षेत्र के लिए औसत ढाल हेतु एक मान प्राप्त करना आवश्यक होता है। औसत ढाल प्राप्त करने के प्रारंभिक प्रयास फिस्टरवाल्डर तथा प्यूकर ने सन् 1890 में किये थे जिन्होंने ओसत ढाल कोण प्राप्त करने के लिए सम्पूर्ण सम्मोच्च रेखाओं की कुल लम्बाई ओपिसोमीटर से नापकर निम्न सूत्रानुसार ज्ञात किया—

औसत ढाल का कोण ज्या (Sin of Degree of Avarage Slope) = समोच्य रेखाओं की कुल लम्बाई X समोच्य रेखान्तराल भाग कुल क्षेत्रफल

इसके उपरान्त वेण्टवर्थ (Wentworth) ने 1930 में नवीन विधि-बताई जिसके अनुसार किसी क्षेत्र के लिए मानचित्र से औसत ढाल निश्चित करने हेतु सर्वप्रथम मानचित्र को सीधी रेखाओं की ग्रिड्स में विभक्त कर ग्रिड रेखा की कुल लम्बाई नापकर, प्रतिमील समोच्च रेखा कटान (Crossings) की संख्या गिनकर, इसे फिट में समोच्यन्तराल (Contour Interval) से गुणाकर गुणनफल को 3361 (स्थिरांक) से भाग दिया जाता है। भागफल से प्राप्त संख्या ढाल कोण की स्पर्शज्या (tan) होती है तथा सम्पूर्ण भाग औसत ढाल को प्रदर्शित करती है। यदि मीटरी मापक का प्रयोग किया जाता है तो अलग स्थिरांक का प्रयोग किया जायेगा।

वेण्टवर्थ विधि मैदानी भागों के लिए ही सर्वाधिक उपयुक्त है जिन क्षेत्रों का ढाल 20 डिग्री से अधिक है वहाँ इसका अधिक उपयोग नहीं होता है। इसके उपरांत गुणात्मक कथन के स्थान पर मात्रात्मक कथन प्रस्तुत करते हुए ए. एन. स्ट्रेहलर ने लम्बे समय तक ढाल विश्लेषण करके सन् 1956 में एबनी लेवल का प्रयोग कर नवीन ढाल मानचित्र प्रस्तुत किये।

गुई हैराल्ड स्मिथ ने 1935 में सापेक्ष उच्चावय (Relative Relief)* की विधि अपना कर ओहियो क्षेत्र के लिए मानचित्रण किया। इस प्रकार विभिन्न विद्वानों ने भिन्न-भिन्न तकनीक प्रस्तुत की। सामान्यतया मात्रात्मक आधार पंर ढाल को निम्नांकित रूप में वर्गीकृत किया जाता है—

सारणी 12.1 *ढाल का वर्गीकरण*

	ढाल का स्वरुप (Forms of Slope)	ढाल का कोण (डिग्री में) (Angle of Slope)
1.	चौरस ढाल (Flate Slope)	0°-1°
2.	मन्द ढाल (Gentle Slope)	1°-3°
3.	सामान्य मन्द ढाल (Moderately Gentle Slope)	3°-8°
4.	तीव्र ढाल (Steep Slope),	8°-15°
5.	सामान्य तीव्र ढाल (Moderately Steep Slope)	15°-30°
6.	अति तीव्र ढाल (Very Steep Slope)	30°-90°

* सापेक्ष उच्चावच (Relative Relief) : किसी भौगोलिक प्रदेश के उच्चतम एवं निम्नतम बिन्दुओं के मध्य पाये जाने वाले ऊँचाई अन्तर को सापेक्ष उच्चावच कहते हैं इसे स्थानीय उच्चावच भी कहते हैं। स्थानीय भूपृष्ठ (Local Topography) से मापी गई ऊँचाई को सापेक्ष ऊँचाई (Relatine Height) कहते हैं।

सारणी 12.2 *यंग (Young) के अनुसार मात्रात्मक वर्गीकरण*

क्र. स	ढाल का स्वरूप (Forms of Slope)	ढाल का कोण (डिग्री में) (Angle of Slope)
1.	समतल से मन्द ढाल (Level to Gentle Slope)	
	(i) समतल (Level)	0°-0.5°
	(ii) प्रायः समतल (Almost Level)	0.5°-1°
	(iii) अति मन्द (Very Gentle)	1°-2°
2.	मन्द ढाल (Gentle Slope)	2°-5°
3.	सामान्य ढाल (Moderate Slope)	5°-10°
4.	सामान्य तीव्र ढाल (Moderately Steep Slope)	10°-18°
5.	तीव्र ढाल (Steep slope)	18°-30°
6.	अति तीव्र ढाल (very steep slope)	30°-45°
7.	अत्यधिक तीव्र ढाल (Precipitous to Vertical)	45°-90°
8.	कगार (Preispitous)	45°-70°
9.	उर्ध्वाधर (Vertical) या खड़ी दीवार सदृश्य	70°-90°

ढाल के भ्वाकृतिक विश्लेषण से स्पष्ट है कि यह भूसतह का एक महत्वपूर्ण उच्चावच लक्षण है, जो पृथ्वी पर निर्मित विभिन्न भू आकारों में परिलक्षित होता है। प्रकृत्ति में किसी भी भ्वाकृतिक चक्र या प्रक्रिया का आदर्श रूप में मिलना कठिन है अतः ढाल का स्वरूप भी विभिन्न विद्वानों द्वारा उल्लेखित दशाओं में कुछ विशेष स्थानों पर ही मिलता है तथा ढाल सदैव परिवर्तनशील रहता है। ढाल भ्वाकृतिक उच्चावच का ऐसा लक्षण है, जो अन्य प्रक्रमों को नियंत्रित करता है अतः ढाल की अनाच्छादन, क्रियाओं, वृहद् संचलन तथा अभिवृत्ति (Aggradation) में प्रमुख भूमिका होती है, जिस दृष्टि से भी इसका अध्ययन भ्वाकृतिक महत्व रखता है।

13

पर्वत एवं पर्वत निर्माणकारी संचलन
(Mountain and Orogenic Movements)

पृथ्वी तल के स्थलरूपों को क्रमबद्ध करके अध्ययन करने के उद्देश्य से तीन उच्चावच क्रमों (Relief Orders) में विभक्त किया गया है। इस क्रम में विशाल महाद्वीप तथा महासागरों से लेकर पहाड़ीयों, स्पर, भृगु, गॉर्ज, हिमोढ आदि स्थानीय भूआकारों को सम्मिलित किया गया है। प्रथम क्रम के उच्चावच (First Order of Relief) में महाद्वीप तथा महासागरों को सम्मिलित किया गया है। द्वितीय क्रम के उच्चावच (Second Order of Relief) में पर्वत, पठार, मैदान तथा सम्बन्धित निम्न भूमि को सम्मिलित किया गया है। उदाहरण के लिए हिमालय, आल्पस, रॉकी पर्वत, तिब्बत व कोलम्बिया का पठार, गंगा सिंधु व मिसिसीपी के निम्न भूमि मैदान इसी क्रम के प्रमुख भूआकार हैं। महाद्वीपीय शील्ड (महाद्वीपों के मध्यवर्ती स्थायी भाग) भी इसी क्रम में सम्मिलित किये गये हैं। स्थानीय दृश्यभूमि के भूआकारों को तृतीय क्रम के उच्चावच (Third Order of Relief)

चित्र 13.1 *एक पर्वत भूतन्त्र (Land System), (after, K., Addison, 2002)*

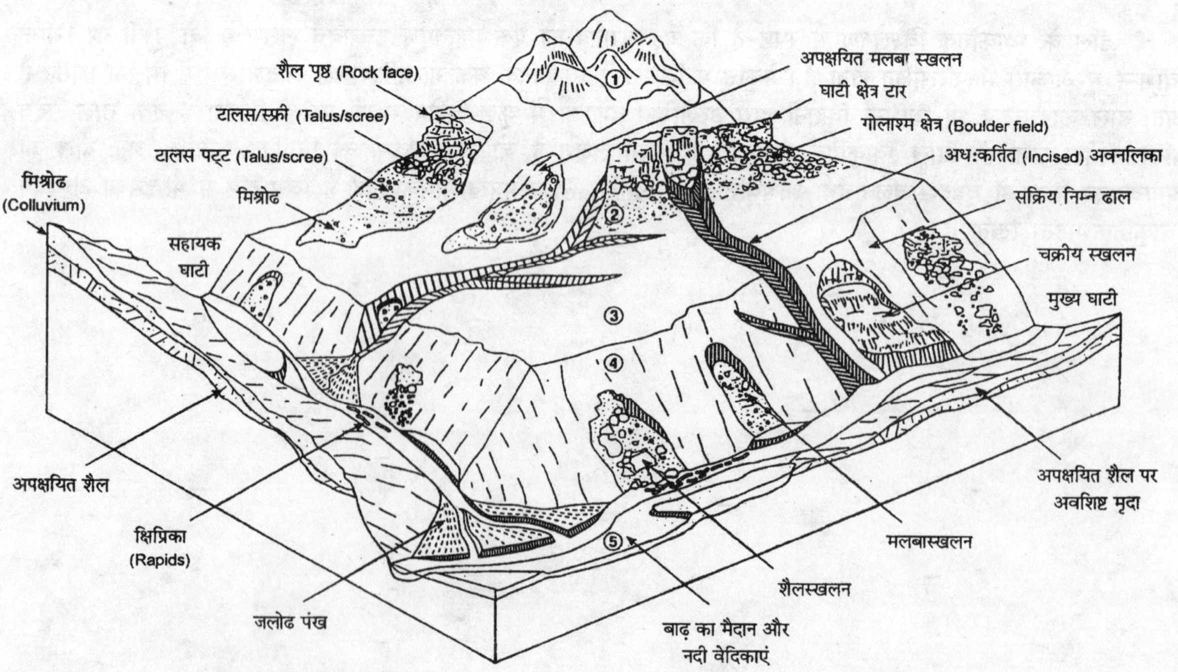

माना गया है भृगु, हिमोढ, सर्क, कन्दरायें, पुलीन, बालू का स्तूप, लेपीज, गॉर्ज आदि इसके प्रमुख उदाहरण हैं। इस प्रकार पर्वत पृथ्वी के द्वितिय क्रम के भूआकार हैं। पर्वत अपनी ऊंचाई के कारण समीपवर्ती भूसतह पर सरलता से दृष्टिगोचर होने वाली महत्वपूर्ण स्थलाकृति है। सैलिसबरी महोदय ने पर्वतों को *''संकुचित शिखर वाले उच्च स्थल" (Mountains are conspicuously high lands which have but slight sumit area)* बताया है। प्रो. फिंच महोदय के अनुसार, *"पर्वत ऐसा भू-भाग होता है, जिसकी ऊंचाई समुद्र तल से 900 मीटर या इससे अधिक हो तथा इसका ढाल समतल भूमि से 26° से 35° का कोण बनाये।"* निम्न ऊंचाई वाले पर्वतों को पहाड़ियाँ (Hills) कहते हैं।

भूतन्त्र (Landsystem) नामक स्थलाकृतिक शब्दावली के सन्दर्भ में पर्वत 600 मीटर ऊँचा होता है जिसमें प्रारूपिक तीव्र (Typical Steep) तथा पथरीला ढाल होता है। यहाँ अत्यन्त जलवायुवीय तथा भ्वाकृतिक तन्त्र (Extreme Climatic and Geomorphic System) पाया जाता हैं। पर्वत सदैव रेखीय, श्रंखलाबद्ध या कार्डिलेरा रूप में मिलते हैं लेकिन कहीं-कहीं एकाकी उच्च चोटी भी मिलती है। अफ्रीका का किलीमंजारों (5895 मीटर) इसी क्रम का पर्वत है। पर्वतों की पारिस्थितिकीय परिभाषा की दृष्टि से उनमें (पर्वतीय वन-वृक्षरेखा-अल्पाईन) (Montane Forest-Tree Line-Alpine) तत्व भी मिलने चाहिए। अर्थात् इस क्रम के इकोटॉन (Ecotone) की उपस्थिति होनी चाहिये। भ्वाकृतिक प्रक्रिया के सन्दर्भ में एक पर्वत भूतन्त्र में सम्पूर्ण भ्वाकृतिक प्रक्रियाओं (अनाच्छादन, वृहद संचलन आदि) का होना आवश्यक है।

पृथ्वी के धरातल पर पर्वत अनेक रूपों में मिलते हैं, जिन्हें ऊंचाई, परस्पर सम्बद्धता, निर्माणकारी समय आदि के आधार पर निम्नलिखित नामों से जाना जाता है—

1. **पर्वत कटक** (Mountain Ridge) – यह लम्बी, संकरी तथा ऊंची पहाड़ियों का एक ऐसा व्यवस्थित क्रम होता है, जिसका ढाल सामान्य से तीव्र होता है। इसमें कहीं-कहीं दर्रे (Pass or Col) भी पाये जाते हैं।
2. **पर्वत श्रेणी** (Mountain Range) – यह अनेक पर्वतीय कटकों, शिखरों तथा घाटियों का लम्बा पर्वत क्रम होता है। इनका विस्तार एक सीधी संकरी पट्टी में होता है। भूगर्भिक समय मापनी के सन्दर्भ में एक ही समय में निर्मित विभिन्न पर्वतों के निश्चित क्रम को पर्वत श्रेणी कहते हैं। इनका निर्माण समय एक होने पर भी भूगर्भिक संरचना में भिन्नता पायी जाती है।
3. **पर्वत तन्त्र** (Mountain System) – एक समान समय में निर्मित लम्बी समानान्तर पर्वत श्रेणियों का समूह होता है। इन श्रेणियों में घाटियाँ मिलती हैं। अप्लेशियन पर्वत एक महत्वपूर्ण पर्वत तन्त्र है।
4. **पर्वत श्रृंखला** (Mountain Chain) – यह विभिन्न युगों में विभिन्न प्रकार से निर्मित लम्बे एवं संकरे पर्वत समूह या श्रेणियाँ होती हैं। इन्हें पर्वत माला भी कहते हैं। इनमें कहीं-कहीं सपाट पठारी भाग भी मिलते हैं।
5. **पर्वत वर्ग** (Mountain Group) – यह एक ऐसा पर्वतीय समुदाय होता है, जिसमें पर्वतों का क्रम नहीं मिलता है। अतः ये असमान रूप से फैली पर्वतीय कटकों तथा पर्वत मालाओं का समूह होता है।
6. **पर्वत समूह** (Cordilera) – कार्डिलेरा (Cordilera) एक स्पेनिश शब्द है जिसका शाब्दिक अर्थ पर्वत समूह की सबसे बड़ी इकाई होता है, जिसमें विभिन्न युगों में विभिन्न तरह से बने पर्वत तन्त्र तथा शृंखलाएँ समाहित हैं। दक्षिणी अमेरिका का प्रशान्त तटीय पर्वतीय भाग (एण्डीज पर्वत) इसी प्रकार की पर्वत व्यवस्था है।
7. **पर्वत शिखर** (Mountain Peak) – किसी पर्वतीय भाग का ऐसा सर्वोच्च भाग, जो अन्य समीपवर्ती भागों से उच्च होता है, पर्वत शिखर कहते हैं।

पर्वतों का वर्गीकरण (Classification of Mountains)

पर्वतों को उनकी विभिन्न भ्वाकृतिक विशेषताओं के आधार पर वर्गीकृत किया गया है, उनमें से निम्नलिखित प्रमुख हैं—

1. ऊंचाई के आधार पर (On the basis of height)

2. स्थिति के आधार पर (On the basis of location)
3. उत्पत्ति या निर्माण की प्रक्रिया के आधार पर (On the basis of mentain building process)
4. पर्वत निर्माणकारी घटना के आधार पर (On the basis of mountain building movement)

1. **ऊंचाई के आधार पर** (On the Basis of Height)—ऊंचाई के आधार पर पर्वतों को चार भागों में विभाजित किया गया है—
   (अ) **निचले पर्वत** (Low Mountains) – समुद्र तल से इनकी ऊंचाई 750 से 1000 मीटर होती है। विश्व के अधिकांश पर्वत इसी वर्ग में आते हैं। विंध्याचल पर्वत इसका प्रमुख उदाहरण है।
   (ब) **कम ऊंचे पर्वत** (Rough Mountains) – ये पर्वत 1000 से 1500 मीटर ऊंचे होते हैं। जैसे अरावली पर्वत।
   (स) **साधारण ऊंचाई वाले अथवा घर्षित पर्वत** (Rugged Mountains) – इनकी ऊंचाई 1500 से 2000 मीटर तक होती है। इन्हें घर्षित पर्वत भी कहते हैं। अप्लेशियन, अरावली तथा पश्चिमी घाट आदि पर्वत इस श्रेणी में आते हैं।
   (द) **ऊंचे पर्वत** (High Mountains) – 2000 मीटर से अधिक ऊंचाई वाले पर्वत इस श्रेणी में आते हैं। राकीज, एण्डीज, आल्प्स, हिमालय, एटलस आदि पर्वत इस श्रेणी में आते हैं।

2. **स्थिति के आधार पर वर्गीकरण** (Classification on the Basis of Location)—पर्वतों का विस्तार जल और स्थल दोनों भागों में पाया जाता है। अतः स्थिति के अनुसार पर्वत दो प्रकार के होते हैं—
   (अ) **महाद्वीपीय पर्वत** (Continental Mountains) – स्थलीय भाग में स्थित पर्वत इस श्रेणी में आते हैं। इन्हें पुनः निम्नांकित वर्गों में विभाजित किया गया है—

चित्र 13.2 *पर्वतों के प्रकार (after Foster)*

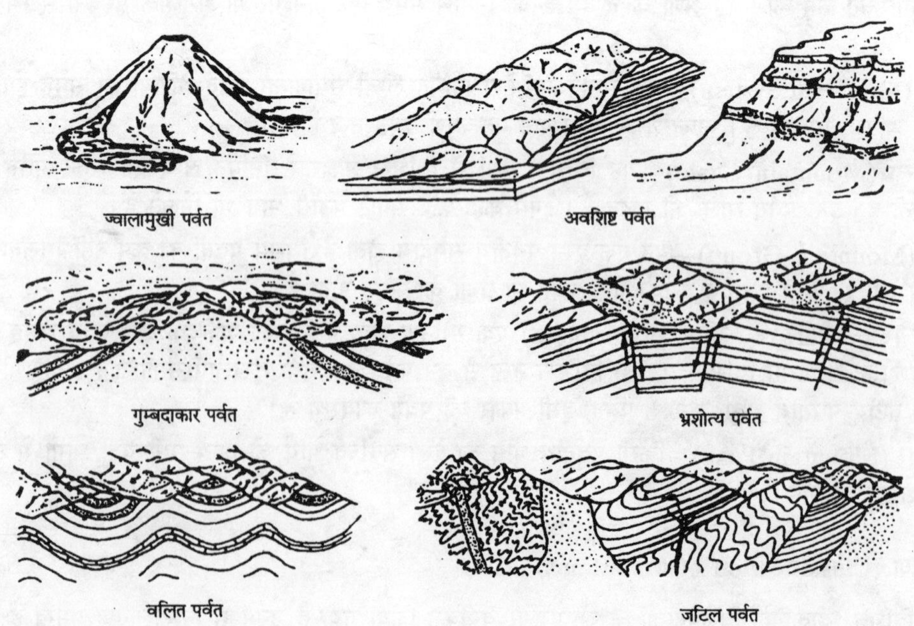

(i) **तटीय पर्वत** (Coastal Mountains) – महाद्वीपों के तटीय भागों में महासागरों के समानान्तर स्थित पर्वत तटीय पर्वत कहलाते हैं, जैसे उत्तरी अमेरिका के पश्चिमी तट पर राकीज, पूर्वी किनारे पर अप्लेशियन, दक्षिणी अमेरिका के पश्चिमी तट पर एण्डिज पर्वत, यूरोप के दक्षिणी किनारे पर अल्पाइन पर्वत प्रायद्वीपीय भारत के दोनों किनारों पर पश्चिमी घाट तथा पूर्वी घाट आदि।

(ii) **आन्तरिक पर्वत** (Interior Mountains)—महाद्वीपों के अन्दर समुद्र तट से दूर स्थित पर्वतों को आन्तरिक पर्वत कहते हैं। हिमालय यूराल, वॉसजेज तथा ब्लेक फोरेस्ट आदि पर्वत इसी वर्ग में आते हैं।

(ब) **सागर स्थित पर्वत** (Oceanic Mountains) – महासागरों के अन्दर मग्न तट, मग्न ढाल तथा गहन सागरीय मैदानों में स्थित पर्वत सागर स्थित पर्वत कहलाते हैं। स्थलीय भाग की तरह ही सागरीय भाग में भी कई पर्वतीय शृंखलाएँ पायी जाती हैं। उदाहरणार्थ हवाई द्वीप का मौना की ज्वालामुखी पर्वत, आदि।

निर्माण अथवा रचना के आधार पर पर्वतो का वर्गीकरण (Classification on the Basis of Mountains Building)—पर्वतों का निर्माण मुख्य रूप से सपींडन, खिंचाव, ज्वालामुखी क्रिया तथा अपरदन के विभिन्न कारकों के द्वारा होता है। परन्तु पर्वतों के निर्माण में इन कारकों में से किसी पर्वत में कौन-सा बल मुख्य है अर्थात् विभिन्न पर्वतों के निर्माण में विभिन्न कारक प्रभावी होते हैं। अतः विभिन्न साधनों की प्रभाविकता के आधार पर निम्नानुसार पर्वतों का वर्गीकरण किया गया है—

(अ) **मोड़दार अथवा वलित पर्वत** (Folded Mountains) – अपरदन के विभिन्न साधनों के द्वारा निक्षेपित किए गये पदार्थों में जब पृथ्वी की आन्तरिक शक्तियों द्वारा मोड़ या वलन पड़ जाते हैं तो मोड़दार या वलित पर्वत बनते हैं। वलित पर्वत विश्व में सबसे लम्बे तथा ऊंचे पर्वत हैं। हिमालय, आल्पस, राकीज, एण्डीज आदि वलित पर्वतों के उदाहरण हैं। वलित पर्वतों में कई अपनतियाँ तथा अभिनतियाँ पायी जाती हैं। आयु के आधार पर वलित पर्वत दो प्रकार के होते हैं—

(i) **नवीन वलित पर्वत** (Young Folded Mountains)—जिन वलित पर्वतों पर अपरदन के साधनों का प्रभाव अधिक नहीं हुआ है उन्हें नवीन वलित पर्वत कहते हैं। इनमें हिमालय, आल्पस, रॉकी आदि नवीन वलित पर्वत हैं।

(ii) **प्राचीन वलित पर्वत** (Old Folded Mountains)—अपरदन के साधनों का अधिकाधिक प्रभाव इन पर दृष्टिगत होता है। पर्वतों में ऊबड़-खाबड़ स्थलाकृतियों का आविर्भाव हो जाता है। भारत के अरावली व विंध्याचल पर्वत इस क्रम के हैं।

वलित पर्वतों की विशेषताएँ (Characteristics of the Folded Mountains)

1. वलित पर्वत पृथ्वी पर स्थित पर्वतों में सबसे नवीन और अधिकतम ऊंचे पर्वत हैं।
2. वलित पर्वतों का निर्माण अवसादी तलछटीय जमाव में मोड़ पड़ने से होता है।
3. वलित पर्वतों के निर्माण में सहायक तलछटीय जमाव जलीय भाग में होता है तथा इनमें सामुद्रिक जीवों के जीवाश्म भी पाये जाते हैं।
4. वलित पर्वतों का विस्तार लम्बाई में अधिक तथा चौड़ाई में कम पाया जाता है।
5. वलित पर्वतों का निर्माण भू-सन्नतियों में हुआ है, इसी कारण भूसन्नतियों (Geosynclines) को *'पर्वतों का पालना' (Cradle of Mountains)* कहते हैं। वरसेस्टर के अनुसार *"सभी वलित पर्वत प्राचीन भूसन्नतियों के किनारे पर पाये जाते हैं।"*

(ब) **अवरोधी या ब्लाक पर्वत** (Block Mountains) – पृथ्वी की आन्तरिक शक्तियों द्वारा जब धरातल पर तनाव या

खिचांव की शक्तियों का प्रभाव पड़ता है तो धरातल का कुछ भाग नीचे धंस जाता है तथा समीप का भाग दरारों से ऊपर उठा रहता है। यह ऊपर उठा हुआ भाग ब्लाक या भ्रंशोत्थ पर्वत कहलाता है। ब्लाक पर्वत प्रायः दो समानान्तर दरारों के मध्य स्थित होते हैं। भ्रंशोत्थ पर्वतों के निर्माण के सम्बन्ध में दो सिद्धान्त मुख्य हैं—

(i) **भ्रंश या दरार सिद्धान्त** (Fault Theory)—गिलबर्ट, लूडरबेक, डेविस आदि विद्वानों के अनुसार ब्लाक पर्वतों का निर्माण धरातल पर तनाव की क्रिया के द्वारा दरार पड़ने से होता है। दरार के कारण धरातल का बड़ा भाग ऊपर या नीचे चला जाता है तथा ऊपर स्थित भाग ब्लाक पर्वत बन जाता है। इसे होर्स्ट पर्वत भी कहते हैं।

(ii) **अपरदन सिद्धान्त** (Erosion Theory) – स्पर (Spurr, J.F.) महोदय ने कई पर्वतों का अध्ययन करने के बाद बताया कि ब्लाक पर्वतों का वर्तमान रूप निश्चय ही अपरदन का प्रतिफल है। लेकिन इस सिद्धान्त को वर्तमान समय में समर्थन प्राप्त नहीं है।

ग्रेट बेसिन रेन्ज, ब्लेक फोरेस्ट वासजेज, नेवादा, ऊटा आदि पर्वत ब्लाक पर्वतों का उदाहरण हैं।

(स) **गुम्बदाकार पर्वत** (Dome Mountains) – पृथ्वी की आन्तरिक शक्तियों के कारण जब धरातल का कुछ भाग गुम्बद के रूप में ऊपर उठ जाता है, तो उसे गुम्बदाकार पर्वत कहते हैं। गुम्बदाकार पर्वत छोटे पर्वत से लेकर बहुत विस्तृत होते हैं। इनका आकार आन्तरिक शक्ति पर निर्भर करता है। संयुक्त राज्य अमेरिका का सिनसिनाती उभार एक लघु तथा निम्न गुम्बद का उदाहरण है जबकि ब्लेक हिल्स तथा बिगहार्न्स विस्तृत गुम्बदाकार पर्वतों के उदाहरण हैं।

गुम्बदाकार पर्वतों को तीन वर्गों में विभाजित किया जाता है—

(i) साधारण गुम्बद, (ii) ज्वालामुखी गुम्बद या लावा गुम्बद, (iii) साल्ट गुम्बद।

(द) **संग्रहीत पर्वत** (Mountains of Accumulation) – धरातल के ऊपर मिट्टी, मलबा, लावा इत्यादि के निरन्तर जमा होने से निर्मित पर्वतों को संग्रहीत पर्वत कहते हैं। सर्वप्रथम इनका आकार छोटे टीले के समान होता है लेकिन निरन्तर जमाव होते रहने से इनका आकार बढ़ता जाता है।

ज्वालामुखी के उदगार से निसृत लावा, विखण्डित पदार्थ तथा राख चूर्ण आदि के क्रमबद्ध अथवा असम्बद्ध एकत्रीकरण के फलस्वरूप संग्रहीत पर्वतों का निर्माण होता है। अतः इन्हें ज्वालामुखी पर्वत भी कहते हैं। ज्वालामुखी पर्वतों में संयुक्त राज्य अमेरिका के शस्ता, हुड तथा रेनियर (Mount Raineer), फिलीपाइन्स के मेयान तथा जापान का फ्यूजीयामा प्रमुख हैं। कोटेपेक्सी ज्वालामुखी पर्वत विश्व का सबसे ऊंचा जागृत ज्वालामुखी पर्वत है जो इक्वेडोर में स्थित है। मैक्सिको का पोपोकेटटीटैटल, कैलीफोर्निया का लैंसन पीक (Laseen peak), इटली का विसुवियस जापान का फ्यूजीयामा आदि भी प्रमुख ज्वालामुखी पर्वत हैं। चिली का एकानकागुआ (Aconcagua) भी इसी वर्ग में आता है।

(य) **मिश्रित या जटिल पर्वत** (Complex Mountains) – जब किसी पर्वत में कई पर्वतों की विशेषताएँ सम्मिलित रूप में पायी जाती हैं अर्थात् जब किसी पर्वत का निर्माण अव्यवस्थित अवसादी शेलों से होता है तो उन्हें मिश्रित पर्वत कहते हैं। लोबेक के अनुसार मिश्रित पर्वतों का निर्माण पूर्णतः आग्नेय या कायान्तरित या वृहत् स्तर पर अव्यवस्थित अवसादी चट्टानों से होता है। संयुक्त राज्य अमेरिका का सियरा नेवादा पर्वत, दक्षिणी राकी पर्वत का पाइक पीक प्रदेश आदि मिश्रित पर्वत के उदाहरण हैं।

(र) **अवशिष्ट पर्वत** (Residual Mountains) – जब कोई पर्वत अपरदन के विभिन्न साधनों द्वारा कटकर नीचा हो जाता है तो वह अवशिष्ट पर्वत कहलाता है। पर्वत के निर्माण के साथ ही उस पर अपरदन के विभिन्न साधन प्रभावी हो जाते हैं तथा वह पर्वत धीरे-धीरे कटता रहता है ऐसे पर्वत को अवशिष्ट पर्वत कहते हैं। भारत के

विन्ध्याचल, अरावली, सतपुड़ा, महादेव, पश्चिमी घाट, पूर्वी घाट, पारसनाथ आदि पर्वत अवशिष्ट पर्वतों के उदाहरण हैं।

4. **पर्वतनिर्माणकारी घटना के अनुसार वर्गीकरण** (Classification according to Mountain Building Movements) —पर्वत निर्माण की अवधि को गिल्बर्ट महोदय ने *ओरोजेनी या पर्वतन* (Orogeny) कहा है तथा पर्वत निर्माण की प्रक्रिया के लिए *ओरोजेनेसिस या पर्वतोत्पत्ति (Orogenesis)* शब्द का प्रयोग किया है। पर्वत निर्माण (Orogeny) की अवधि मिलियन वर्षों में होती है। इनमें 200-300 मिलियन वर्षों का अन्तराल माना गया है लेकिन इस संदर्भ में काफी कम साक्ष्य प्राप्त हुऐ हैं।

पर्वत निर्माणकारी हलचलें (Mountain Building Movements)

पर्वत निर्माण की क्रिया कुछ निश्चित युगों में पूर्ण हुई हैं। ये सम्पूर्ण क्रिया पृथ्वी पर उक्त चार युगों में सम्पादित हुई हैं—

1. **चर्नियन हलचल**—यह हलचल केम्ब्रियन तथा प्री-कम्ब्रियन युग में लगभग 40 करोड़ वर्ष पूर्व घटित हुई थी। अमेरिकी भू-वैज्ञानिकों के अनुसार संयुक्त राज्य अमेरिका की पाँच महान् झीलों तथा लारेंशिया, एलगोमन तथा किलनियन पर्वत तथा भारत के अरावली, धारवाड़, छोटा नागपुर, कुडप्पा आदि पर्वतों का निर्माण इसी हलचल के दौरान हुआ था।
2. **केलीडोनीयन हलचलें**—स्टिल महोदय के अनुसार ये हलचल दो चरणों—लोआर (निम्न) सिलूरियन तथा अपर सिल्यूरियन में पूर्ण हुई थी। इसके दौरान स्केण्डेनेविया, बेल्जियम का कोयला क्षेत्र, फ्रेन्च पिरेनीज आदि के पर्वत बने थे। संयुक्त राज्य के यूकन, अर्जेन्टीना का सियरा पर्वत इस हलचल के कारण बने थे। यह घटना लगभग 32 करोड़ वर्ष पूर्व घटित हुई थी।
3. **हरसीनियन हलचलें**—यह घटना परमोकार्बोनिफेस युग में लगभग 27 करोड़ वर्ष पूर्व घटित हुई थी। इस काल में बने हरसीनियन पर्वतों में यूरोप के पेनाइन, हार्स्ट, वास्जेज, ब्लेक, फोरेस्ट तथा एशिया के थ्यानशान, अल्ताई, खिगंन जुंगेरिया, उत्तरी अमेरिका का अप्लेशियन तथा अफ्रीका का कांगो, एटलस पर्वत प्रमुख हैं।
4. **अल्पाइन* हलचलें**—यह हलचल आज से लगभग 3 करोड़ वर्ष पूर्व हुई थी, टर्शियरी युग में अल्पाइन पर्वत बने हैं। संसार के इन सर्वोच्च पर्वतों का निर्माण मध्यकाल (Mesozoic) में आरम्भ हुआ था। इस हलचल के दौरान रॉकी, एन्डीज, आल्पस तथा हिमालय आदि पर्वत बने हैं। अल्पाइन पर्वतन (Alpine Orogeny) का समय 20-120 मिलियन वर्ष पूर्व माना गया है। इनका निर्माण टर्शियरी युग में पूर्ण हुआ।

प्रमुख पर्वत निर्माणकारी हलचलें 40 से 80 मिलियन वर्ष पूर्व हुई थी इनमें रॉकी पर्वत का निर्माण लारामाइड पर्वतन (Laramide Orogeney, 40-80 मिलियन वर्ष पूर्व), सियरा नेवादा का सियरा नेवादा पर्वतन (35 मिलियन वर्ष पूर्व), अप्लेशियन पर्वत का निर्माण एलेगनी पर्वतन (Alleghany Orogeny) के दौरान 250 से 300 मिलियन वर्ष पूर्व हुआ था।

पर्वत निर्माण एवं भूसन्नतियाँ (Mountain building or Orogenesis and Geosynclines)

पृथ्वी पर सबसे विस्तृत एवं सर्वोच्च रूप वलित पर्वतों का है, जिनका निर्माण भू-अभिनतियों में हुआ है। वलित पर्वतों के अध्ययन के उपरान्त पाया गया है कि इनके संगठन में बलुआ पत्थर, शेल व चूना पत्थर तथा चीका मिट्टी की प्रधानता है। इसका जमाव अपरदन के विभिन्न कारकों द्वारा भू-अभिनतियों में निरन्तर किया जाता रहा है। रोजर बन्धुओं ने अप्लेशियन पर्वत का अध्ययन कर स्पष्ट किया कि इनका निर्माण उथले जल में निरन्तर जमा हुई तलछत में मोड़ पड़ने से हुआ है। इस तलछट की

---

* Alps शब्द Alp का बहुवचन है। आल्पस को फ्रेंच भाषा में Alpes लिखा जाता है। इसका आल्पस क्षेत्र की स्थानीय भाषा में अर्थ है **'उच्च घास क्षेत्र'** होता है। इसी आधार पर यूरोप के नवीन वलित पर्वतों को आल्पस कहा गया तथा आगे चलकर टर्शियरी युग के नवीन वलित पर्वतों को अल्पाइन पर्वत क्रम के नाम से जाना जाने लगा।

मोटाई 12000 मीटर तक मिलती है। तलछट की इतनी मोटाई में जमाव यह सिद्ध करता है कि यहाँ तलछट का निरन्तर जमाव होता रहा जिसके साथ ही जलीय क्षेत्रों की तली में धँसाव भी होता गया। यह धँसाव जमाव की दर से अधिक नहीं था जिस कारण ये जलीय क्षेत्र उथले ही रहे। इस प्रकार के उथले, लम्बे जलीय क्षेत्रों को, जहाँ तलछट का निरन्तर जमाव व धँसाव होता रहा, डाना ने **भू-अभिनति** (Geosyncline) कहा है।

भूअभिनतियों में तलछट का जमाव एवं धँसाव विभिन्न दरों से होता रहा लेकिन इस बारे में सभी विद्वान मतैक्य नहीं रहे हैं। आर्थर होम्स ने स्पष्ट किया कि तलछट का धँसाव निक्षेप के भार के कारण सम्भव नहीं है, वरन् इनका कारण भूगर्भिक शक्तियाँ रही हैं। प्रमुख प्राचीन भूअभिनतियों में अप्लेशियन (Appalachian) तथा टेथीज (Tethys) प्रमुख हैं। अप्लेशियन भूअभिनति में चूना पत्थर, चीका मिट्टी, रेत व सिल्ट का जमाव हुआ था इसके पश्चिम में मिसिसीपी क्षेत्र उस दौरान छिछला सागर था तथा इसे पूर्वी भाग से निरन्तर तलछट मिलती रही, जो लगातार उठ रहा था। टेथीज भूअभिनति का विस्तार जिब्राल्टर से लेकर हिमालय होता हुआ पूर्वी द्वीप समूह तक था, जिसमें आल्पस एवं हिमालय पर्वतों का निर्माण हुआ। भूमध्यसागर इसका अवशिष्ट भाग है।

विभिन्न भूगर्भ विद्वानों ने भू-अभिनतियों एवं पर्वत निर्माण के मध्य गहरा सम्बन्ध बताया है तथा इस सम्बन्ध में अनेक साक्ष्य प्रस्तुत कर भू-अभिनतियों को पर्वतों का पालना (Gradle of Mountains) की संज्ञा दी गई।

भू-अभिनतियाँ (Geosynclines)

पृथ्वी पर स्थित उथले जलीय भाग, जिनमें निरन्तर जलछटों के जमाव के साथ धँसाव होता रहता है, भू-अभिनति कहते हैं। भूगर्भिक इतिहास के भौगोलिक अध्ययन से स्पष्ट हुआ है कि पृथ्वी पर प्रारम्भिक काल में दृढ स्थलीय भाग दृढ़ तथा स्थिर रहे हैं, जिन्हें दृढ़ भूखण्ड (Rigid Masses) कहा गया है। इनके विपरीत भू-अभिनतियाँ निरन्तर परिवर्तनशील तथा गतिशील रही हैं। इस प्रकार के जलपूर्ण परिवर्तनशील उथले भाग जिनमें तलछट का जमाव होता रहता है, भू-अभिनति कहा गया है।

भू-अभिनतियों की विशेषताएँ (Characteristics of Geosynclines)

1. भू-अभिनतियाँ गतिशील छिछले जलीय भाग होती हैं।
2. विवर्तनिक क्रियाओं द्वारा भू-अभिनतियों की स्थिति, आकार तथा विस्तार में परिवर्तन होता रहता है।
3. ये लम्बे भूवैज्ञानिक इतिहास से गुजरती हैं।
4. इनके दोनों ओर दृढ़ भूखण्ड स्थित होते हैं तथा ये इन भूखण्डों के मध्य में स्थित होती हैं।
5. भू-अभिनति ऐसे संकरे भाग होती हैं, जिनकी चौड़ाई अनिश्चित तथा लम्बाई लगभग 3000 किमी से अधिक होती है।

भू-अभिनति की संकल्पना (Concept of Geosyncline)

भू-अभिनति की विचारधारा की संकल्पना सर्वप्रथम संयुक्त राज्य अमेरिका के जेम्स हाल (James Hall) नामक भूवैज्ञानिक ने 1859 में प्रस्तुत की। उनके द्वारा प्रस्तुत संकल्पना का आधार अप्लेशियन पर्वत का विस्तृत भूगर्भिक अध्ययन था। इनके उपरान्त *'भू-सन्नति'* या *'भू-अभिनति'* शब्दावली का नामकरण डाना (Dana, J.D., 1873) ने किया।[3] संकल्पना व नामकरण के उपरान्त भू-अभिनति सिद्धान्त का वास्तविक विकास हाग (Haug) महोदय ने किया। इस सम्बन्ध में जे. ए. स्टीयर ने कहा है कि, *"While the theory of Geosynclines is due to Haug, the concept of idea belongs to Hall and Dana."*

भूअभिनति के विकास से सम्बन्धित विभिन्न विद्वानों के विचार निम्नलिखित हैः

1. **हॉल एवं डाना की संकल्पना** (Hall and Dana's Concept) – हॉल महोदय ने भू-अभिनति एवं वलित पर्वतों के मध्य घनिष्ठ सम्बन्ध बताया है। उनके अनुसार वलित पर्वतों का निर्माण उथले सागरों के तलछट के जमाव व धँसाव के उपरान्त

उत्पन्न सम्पीडन के परिणामस्वरूप हुआ है। डाना ने इन्हीं लम्बे संकरे उथले व निरन्तर धँसते हुए सागरों को भू-अभिनतियाँ कहा है। हाल ने बताया कि भू-अभिनति की लम्बाई की अपेक्षा चौड़ाई में अधिक विस्तृत होती है।

2. **हाग की संकल्पना** (Haug's Concept) – भू-अभिनति की संकल्पना को एक सिद्धान्त रूप में स्थापित करने का श्रेय हॉग महोदय को ही है। यदि हाल एवं डाना ने भूअभिनति की संकल्पना का प्रतिपादन किया तो हाग ने उसका विकास किया (If the idea of geosynclines is due to Hall and Danna, the theory of their development is really due to Haug.") उन्होंने बताया कि मध्यजीवी (Mesozoic) काल में पाँच प्राचीन दृढ़ भूखण्ड स्थित थे। ये दृढ़ भूखण्ड निम्न हैं (i) उत्तरी अटलांटिक भूखण्ड, (ii) सिनो साइबेरिया भूखण्ड, (iii) अफ्रीका-ब्राजील भूखण्ड, (iv) आस्ट्रेलिया-इण्डिया-मेडागास्कर भूखण्ड, (v) पैसिफिक भूखण्ड। इनके मध्य निम्न चार भू-अभिनतियाँ स्थित थीं—
   (i) रॉकीज भू-अभिनति (Rocky Geosyncline)
   (ii) यूराल भू-अभिनति (Ural Geosyncline)
   (iii) टेथिज भू-अभिनति (Tethys Geosyncline)
   (iv) परिप्रशान्त भू-अभिनति (Circum Pacific Geosyncline)

   इन भू-अभिनतियों के किनारों पर सागरीय क्षेत्रों का अतिक्रमण (Transgresion) व निवर्तन (Regression) होने से उनमें तलछट के जमाव होते रहे हैं, जिनके किनारे मोटे तथा मध्य में सूक्ष्म पदार्थों का जमाव हुआ है। इनमें भू-अभिनतियों के किनारों की ओर से दबाव पड़ने से अवसादों में वलन पड़े, जिसके उपरान्त वलित पर्वत बने हैं।

3. **ईवान्स की संकल्पना** (Evan's Concept) – ईवान्स महोदय ने भू-अभिनतियों को *"तलछटीय अवतलन"* (sediment depressions) के रूप में परिभाषित किया है। इन्होंने बताया कि भू-अभिनतियों के आकार, विस्तार तथा स्थिति में सर्वाधिक भिन्नताएँ मिलती हैं। इनके अनुसार भू-अभिनतियाँ संकरी, चपटी तथा वक्राकार होती हैं। ये दो महाद्वीपों (दृढ़ भूखण्डों) के मध्य तथा किनारे व नदियों के मुहाने पर पायी जा सकती हैं। इन्होंने इनमें निक्षेपित तलछट के अन्दर सम्पीडन से उत्पन्न वलनों के परिणामस्वरूप पर्वतों का निर्माण बताया है।

4. **शुकर्ट की संकल्पना** (Schuchert's Concept) – शुकर्ट ने भू-अभिनतियाँ तीन प्रकार की बताई हैं—
   (i) ***एकल भू-अभिनतियाँ** (Mono Geosyncline)* – ये भू-अभिानतियाँ अत्यधिक लम्बे व संकरे जलीय गर्त हैं जिसके तलीय भागों में सदैव धँसाव होता रहता है। इनका विकास एक ही चक्र के दौरान होता है। इसलिए इन्हें एकल भू-अभिनति कहते हैं। ये भू-अभिनतियाँ दृढ़ भूखण्डों के आन्तरिक भागों अथवा किनारों पर स्थित होती हैं। पूराजीवी (Paleozoic) काल में अप्लेशियन पर्वत के जगह पूर्व में एकल भू-अभिनति स्थिति थी।
   (ii) ***बहुल भू-अभिनति** (Poly Geosyncline)* – ये भू-अभिनतियाँ एकल भू-अभिनतियों की तुलना में अधिक चौड़ी होती हैं। इनकी निर्माण प्रक्रिया एकल भू-अभिनति के समान होती है, लेकिन इनका विकास क्रम कुछ भिन्न है। अधिक दबाव के कारण तलछट में वलन क्रिया द्वारा भू-अभिनति में अनेक समान्तर भू-अभिनतियाँ विकसित होती हैं, इनसे जटिल पर्वतीय संरचनाएँ उत्पन्न होती हैं। रॉकी तथा यूराल भू-अभिनतियाँ इसी प्रकार की भू-अभिनतियाँ हैं।
   (iii) ***मध्यस्थ भू-अभिनति** (meso Geosyncline)* – इनका विकास दीर्घ अवधि तक संकरे व गतिशील सागर के रूप में हुआ है जो महाद्वीपों के मध्य स्थित होती हैं। इनका भू-वैज्ञानिक इतिहास दीर्घ तथा जटिल होता है। इन भू-अभिनतियों का निर्माण अनेक अवस्थाओं या चक्रों में पूर्ण होता है। दूसरे शब्दों में इनमें तलछट का जमाव, धँसाव तथा सम्पीडन द्वारा वलन आदि की क्रियाएँ अनेक बार होती हैं। हिमालय तथा आल्पस पर्वतों की जन्मस्थली टेथीज भू-अभिनति मध्यस्थ भू-अभिनति थीं। भूमध्य सागर टेथीज भू-अभिनति का अवशिष्ट भाग है।

5. **होम्स की संकल्पना** (Holmes Concept) – आर्थर होम्स ने उत्पत्ति के कारण के आधार पर भू-अभिनतियों के प्रकार

निर्धारित किये। उन्होंने भू-अभिनतियों की उत्पत्ति तथा विकास के निम्न सोपान प्रस्तुत किये हैं—

(i) **मैग्मा का स्थानान्तरण**—भूगर्भिक संरचना के आधार पर होम्स ने तीन परतें निश्चित की हैं—प्रथम ग्रेनोडायोराइट (10 से 12 किमी मोटी परत), द्वितीय एम्फीबोलाइट तथा तृतीय एक्लोजाइट व पेरिडोटाइट शेलों से निर्मित है। द्वितीय परत के नीचे से मैग्मा के स्थानान्तरण होने के उपरान्त अवतलन क्रिया द्वारा भू-अभिनति की उत्पत्ति होती है। तस्मान, रास सागर, कोरल, अराफुरा आदि सागर इसी क्रम की अभिनतियाँ हैं। होम्स का यह मत बाद में आलोचना का शिकार हुआ।

(ii) **सम्पीडन द्वारा**—भूपटल के नीचे अधःस्तर (सियाल से नीचे) में गतिशील संवहन धाराओं के परस्पर मिलने से उत्पन्न सम्पीडन द्वारा चट्टानों का कायान्तरण होकर उनका घनत्व बढ़ जाता है, जिसके फलस्वरूप निचली परतों में अवतलन होकर भू-अभिनतियों का जन्म होता है। प्रथम मत की तरह इसका भी विरोध हुआ।

(iii) **सियाल परत के पतला होने से**—जब महाद्वीपों के नीचे दो संवहन धाराएँ विपरीत दिशा में प्रवाहित होती हैं, तो भूपटल में उत्पन्न तनाव से यह भाग पतला होकर टूट जाता है। टेथीज तथा यूराल अभिनतियाँ इसी क्रम में निर्मित हुई हैं।

भू-अभिनतियों द्वारा पर्वत निर्माण (Orogenesis through Geosynclines)

सामूहिक रूप से एक पर्वत तन्त्र के उत्थान की प्रक्रिया के समूह के लिए पर्वत उत्पत्ति (Orogenesis) शब्द प्रयुक्त किया गया है। *'Orogenesis'* ग्रीक भाषा के शब्दों *Oros = पर्वत (Mountain)* तथा *Genesis उत्पत्ति होना या विकास* की अवस्था में आना (to come into being) से मिलकर बने हैं। इस प्रकार पर्वत निर्माण की प्रक्रिया प्रमुख रूप से भू-सन्नतियों के सहारे ही सम्पन्न हुई है। विभिन्न विद्वानों ने भू-अभिनतियों एवं पर्वत निर्माण में घनिष्ट सम्बन्ध बताते हुए भू-अभिनतियों को पर्वतों का पालना (Cradle of Mountains) की संज्ञा दे दी है। एक लम्बे समय तक इनमें तलछट का जमाव होता रहा है तथा कालान्तर में इस तलछट में वलन पड़ने से पर्वतों का निर्माण हुआ है। इन भू-अभिनतियों के विकास को निम्न तीन अवस्थाओं में वर्गीकृत किया गया है—

1. ***भू-अभिनति अवस्था*** *(Lithogenesis)*–इसमें सर्वप्रथम भू-अभिनति की उत्पत्ति होती है। यह उत्पत्ति पूर्व में वर्णित प्रक्रिया के अनुसार होती है। डेली के हिमनद नियन्त्रण सिद्धान्त के अनुसार हिमकाल में सागर तल 300 मीटर तक नीचा हो गया था, लेकिन पानी के पुनः प्रसार के समय सागर तट पुनः जलमग्न होने पर यहाँ भू-अभिनतियो का निर्माण हुआ। उपरोक्त आधार पर केवल महाद्वीपों के किनारे पर ही भू-अभिनतियों का निर्मित होना बताया है। जैसे ही ये भू-अभिनतियाँ अस्तित्व में आती हैं, उच्च धरातलीय भागों से प्रवाहित नदियों द्वारा ले जायी गयी तलछट इनमें निक्षेपित होने लगती है जिसके भार से इनकी तली में निरन्तर धँसाव होकर इनकी तलछट परतें काफी गहराई तक जमा हो जाती हैं।

2. ***पर्वत निर्माण की अवस्था*** *(Orogenesis)*– भू-अभिनतियों में जब तलछट के निरन्तर जमाव अवतलन क्रिया से तीव्र हो जाते हैं तो भू-अभिनतियाँ उथली होकर वहाँ का भू-सन्तुलन अव्यवस्थित कर देती हैं। जिसके फलस्वरूप भूसंचलन होकर भू-अभिनति के पार्श्वों पर क्षैतिज दबाव बढ़ने लगता है। दबाव अधिक होने पर निक्षेपित तलछट में वलन पड़ने लग जाते हैं तथा वलन क्रिया तीव्र होने पर पर्वत निर्माण होने लगता है। अत्यधिक गहराई पर जमा चट्टानों के पिघलने से कभी-कभार ज्वालामुखी क्रिया भी होने लगती है।

3. ***विकास की अवस्था*** *(Gliptogenesis)*– पर्वत निर्माण की प्रक्रियाएँ लम्बी अवधि तक घटित होने वाली हैं। हिमालय तथा आल्पस पर्वत का निर्माण इयोसीन युग से मध्य प्लीस्टोसीन के दौरान सम्पन्न हुआ जिसका उत्थान अब भी जारी है। पर्वत निर्माण सम्बन्धी क्रिया के कारण भूपटल का उत्थान होते ही अनावृत्तिकरण (अनाच्छादन) की क्रिया आरम्भ हो

जाती है, जिसके फलस्वरूप अनेक स्थलरूप विकसित होने लगते हैं। इस प्रकार प्रकृति में अपरदन तथा निक्षेपण से असन्तुलन उत्पन्न होता रहता है, जिसके कारण पर्वत निर्माण क्रियाएँ विकसित होती रहती हैं।

पर्वत निर्माण के सिद्धान्त (Theories of Mountain Building)

पर्वत निर्माण के बारे में विभिन्न विद्वानों द्वारा भिन्न-भिन्न मत प्रस्तुत किये गये हैं, जिनके आधार भी भिन्न रहे हैं। पर्वत निर्माणकारी घटनाओं पर भौगोलिक दृष्टिपात किया जाय तो स्पष्ट होता है कि इनका निर्माण चक्रिय क्रम (Cyclic origin of the mountains) में सम्पन्न हुआ है। दो पर्वत निर्माणकारी घटनाओं के मध्य एक शान्त काल रहा है। अतः स्पष्ट है कि भूतल पर पर्वतों का निर्माण एक निश्चित प्रक्रिया (Orgeny - a group of processes which collectively produce a mountain system) तथा प्रणाली के अनुसार सम्पन्न होता है। पर्वत निर्माण में प्रमुख भूमिका आन्तरिक शक्तियों की रहती है। इनके संचलन के बारे में भी मतैक्य नहीं हैं। कुछ विद्वान पर्वत निर्माणकारी शक्तियों को क्षैतिज (Horizontal) मानते हैं जबकि कुछ इन्हें ऊर्ध्वाधर (vertical) मानते हैं। इस प्रकार पर्वत निर्माण के सिद्धान्तों को दो वर्गों में रखा जा सकता है; प्रथम क्षैतिज संचलन के आधार पर पर्वत निर्माण, जो संकुचन एवं वलन द्वारा होता है। द्वितीय वर्ग में सम्मलित सिद्धान्तों के अनुसार पर्वत निर्माण उर्ध्वाधर संचलन से होता है।

क्षैतिज संचलन द्वारा सम्पन्न पर्वत निर्माण की प्रक्रिया को पुनः दो वर्गों में विभक्त किया गया है; (i) प्रथम वर्ग में सम्मिलित सिद्धान्त क्षैतिज संचलन द्वारा पृथ्वी में संकुचन (Contraction) होने से पर्वत निर्माण को महत्व देते हैं। इस आधार पर कोबर व जैफ्रे ने अपने विचार दिये हैं। (ii) दूसरे वर्ग में क्षैतिज संचलन द्वारा महाद्वीपीय विस्थापन के कारण पर्वतों की उत्पत्ति मानते हैं। इस सन्दर्भ में वेगनर, होम्स, जौली तथा डेली के विचार प्रमुख हैं। प्लेटविवर्तनिकी सिद्धान्त भी विस्थापन का समर्थन करता है।

कोबर का भूअभिनति पर्वत निर्माण सिद्धान्त (Kober's Geosynclinal Orogenic Theory)

प्रसिद्ध जर्मन भूगर्भवेत्ता कोबर (Kober) ने अपनी पुस्तक *"Der Bau Der Erde"* में पृथ्वी तल पर स्थित भू-आकृतियों का विस्तृत अध्ययन कर पर्वत निर्माण के बारे में भू-अभिनति सिद्धान्त दिया। कोबर ने प्राचीन दृढ़ भूखण्डों (Rigid Masses) तथा भू-अभिनतियों के मध्य सम्बन्ध स्पष्ट किया। उनके द्वारा पर्वत निर्माण के बारे में प्रस्तुत भू-अभिनति सिद्धान्त संकुचन पर आधारित था। स्टीयर्स ने लिखा है कि, *"कोबर निश्चित एक संकुचनवादी हैं, जिसके अनुसार संकुचन सम्पीड़नात्मक बल के लिए शक्ति स्रोत हैं।"*

कोबर ने बताया कि वर्तमान समय में जिन स्थानों पर पर्वत स्थित हैं, वहाँ प्राचीन काल में भू-अभिनतियाँ थीं, जिनके चारों ओर दृढ़-भूखण्ड थे। इन भू-अभिनतियों को कोबर ने **पर्वत निर्माण स्थल** (Orogen) बताया है तथा दृढ़ भूखण्डों को *'क्रेटोजेन' (Kratogen)* बताया है। हॉग महोदय से भिन्न कोबर ने लम्बे तथा चौड़े जलपूर्ण गर्तों (Water depressions) को भू-अभिनति माना है। कोबर ने छः पर्वत निर्माणकारी घटनाओं की विवेचना की है जबकि वर्तमान भूगर्भवेत्ता पर्वत निर्माण के केवल चार युग बताते हैं, जिनमें तीन पर्वत निर्माणकारी युग केम्ब्रियन युग (570 मिलियन वर्ष पूर्व) से पूर्व घटित हुई थी।

कोबर के अनुसार पर्वत निर्माण की प्रथम अवस्था भू-अभिनति की अवस्था थी, जिसके दौरान सर्वप्रथम पृथ्वी में संकुचन के कारण भूसन्नति का निर्माण होता है। प्रत्येक भू-अभिनति के दोनों किनारों पर दृढ़ भूखण्ड स्थित होते हैं। इन दृढ़ भूखण्डों को कोबर ने **'अग्र प्रदेश'** (Foreland) नाम दिया है। भू-अभिनति में सतत् क्रम में अवसाद जमा होती रहती है जिसके साथ-साथ उसकी तली में धँसाव भी होता रहता है। इस प्रकार जमाव व धँसाव की यह व्यवस्था एक लम्बी अवधि तक चलती रहती है तो बढ़ती गहराई के साथ मलबे का अधिक मात्रा में जमाव हो जाता है। फलस्वरूप भूसन्नति भर जाती है, तब पृथ्वी में संकुचन की क्रिया होती है जिससे भूगर्भिक हलचल प्रारम्भ हो जाती है। इस क्रिया में भू-अभिनति के दोनों ओर स्थित दृढ़ भूखण्ड (अग्र प्रदेश) परस्पर अनुकूल दिशा में खिसकने लगते हैं। भूसन्नति में इस प्रकार के क्षैतिज संचलन से वलन पड़ जाते हैं। इसे द्वितीय

चित्र 13.3 *हिमालय तथा कुनलुन पर्वतों के पार्श्वचित्र में उत्तर से दक्षिण की ओर कोबर के मध्य पिण्ड सिद्धान्त का स्पष्टीकरण (after Savindra Singh)*

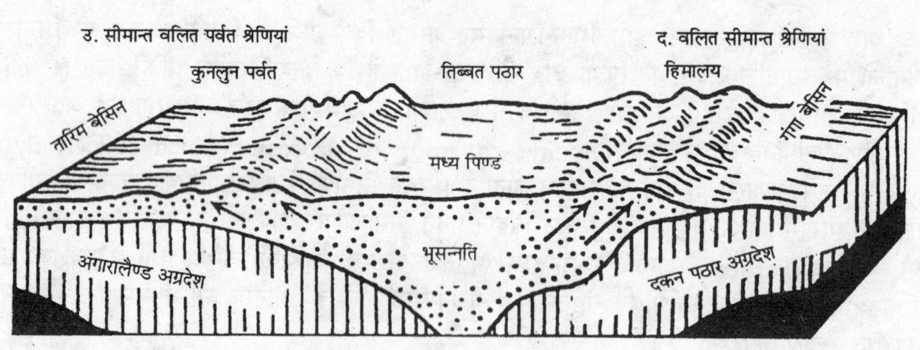

अवस्था या पर्वत निर्माण की अवस्था कहते हैं। इस अवस्था में होने वाली सम्पीड़नात्मक क्रिया से मलव वलित होकर पर्वतीय स्वरूप में विकसित हो जाता है। भू-अभिनति के दोनों किनारों पर दो पर्वतों का जन्म होता है, जिन्हें कोबर ने **"रेण्डकेटन"** (Rand Ketten) कहा है। भू-अभिनति में निक्षेपित मलबे का संकुचित होना सम्पीड़न की शक्ति पर निर्भर करता है जिसके तहत यदि संकुचन शक्ति समरूप है, तो उत्थान से सम्पूर्ण क्षेत्र समान रूप से प्रभावित नहीं होता तथा इसका मध्यवर्ती भाग सपाट (अप्रभावित) रहता है जबकि किनारे वलित हो जाते हैं। कोबर ने इन मध्यवर्ती अप्रभावित सपाट भागों को **"श्वासिन बर्ग"** (ZwichingeBirge) कहा है। इन्हें कोबर ने मध्य पिण्ड (Median mass) भी कहा है। कोबर के अनुसार यदि निक्षेपित तलछट में सम्पीड़न अधिक तीव्रता से होता है, तो सम्पूर्ण तलछट में वलन पड़ जाते हैं तथा मध्य पिण्ड का निर्माण नहीं हो पाता है। कभी-कभी यहाँ परिवलन मोड़ भी उत्पन्न हो जाते हैं। इस प्रकार विकसित जटिल पर्वतीय संरचना को *नार्ब (Narbe)* कहते हैं।

कोबर ने विशेष मध्य पिण्ड (Typical Median Mass) के आधार परवलित पर्वतों के निर्माण की प्रक्रिया को समझाने का प्रयास किया है। उन्होंने मध्य पिण्ड की संकल्पना द्वारा आल्पस पर्वत की निर्माण प्रक्रिया को स्पष्ट किया। टेथीज भू-अभिनति में उत्पन्न संकुचन के कारण इसके दोनों ओर स्थित दृढ़ भूखण्ड परस्पर एक-दूसरे की ओर अग्रसर हुए जिसके फलस्वरूप टेथीज भू-अभिनति में निक्षेपित तलछट में वलन पड़कर आल्पस पर्वत का आविर्भाव हुआ। अफ्रीकन दृढ़ भूखण्ड के उत्तर में अग्रसर होने के परिणामस्वरूप बोरिट कार्डिलेरा, पेरेनीज पर्वत, मुख्य आल्पस कार्पोन्थियन बालकन तथा काकेशस पर्वत का निर्माण हुआ। इन पर्वतों के वलन उत्तर की ओर पड़े जबकि एटलस एनीनाइन्स दिनारीक में यूरोपीय दृढ़ भूखण्ड के दक्षिण में अग्रसर होने के कारण दक्षिण की ओर वलन पड़े। इस विकास क्रम में काकेशस एवं दिनारिक आल्पस के मध्य हंगरी का मैदान अप्रभावित क्षेत्र (मध्य पिण्ड) रहा। कोबर द्वारा वर्णित इस क्रमानुसार ही हिमालय, तिब्बत तथा दक्षिण का पठार स्थित हैं। हिमालय एवं क्यूनलुन पर्वतों के मध्य तिब्बत का पठार एक मध्य पिण्ड के रूप में स्थित है।

आलोचना (Criticism)

कोबर द्वारा प्रस्तुत भू-अभिनति पर्वत निर्माण सिद्धान्त की निम्नलिखित तथ्यों के आधार पर आलोचना की जाती है—

(i) कोबर द्वारा प्रस्तुत संकुचन की शक्ति इतने विशाल क्षेत्र को संकुचित करने के लिए पर्याप्त नहीं है।

(ii) स्वेस ने कोबर के विपरीत दोनों दृढ़ भूखण्डों को गतिशील नहीं माना तथा बताया कि एक भूखण्ड स्थिर रहता है तथा दूसरा गतिशील होता है। गतिशील भाग को पृष्ठ प्रदेश (Back land) बताया गया है तथा स्थिर भाग को अग्र प्रदेश (Foreland) कहा है। हिमालय की उत्पत्ति के सन्दर्भ में स्वेस का विचार सत्य प्रतीत होता है। प्लेट विवर्तनिक सिद्धान्त के अनुसार प्रायद्वीपीय भारत उत्तर में संचलित हुआ जो वर्तमान में भी जारी है।

(iii) कोबर अपने विचारों द्वारा केवल पूर्व से पश्चिम में फैले पर्वतों (आल्पस-हिमालय) का ही स्पष्टीकरण दे पाया उत्तर से दक्षिण में फैले (रॉकीज व एण्डीज) पर्वतों का नहीं।

होम्स का संवहन तरंग सिद्धान्त (Convection Current Theory of Holmes)

ब्रिटिश भू-वैज्ञानिक आर्थर होम्स ने 1928-29 में भूपटल को दो भागों; ऊपरी परत (Crust) तथा अधःस्तर (Sub stratum) में विभाजित किया तथा बताया कि अधःस्तर द्रव अवस्था में है। यह सिद्धान्त चट्टानों की रेडियोधर्मिता पर आधारित है। उन्होंने बताया कि भूपटल की चट्टानों में यूरेनियम, थोरियम, पोटेशियम आदि रेडियोधर्मी पदार्थ विखण्डित होकर ऊष्मा उत्पन्न करते हैं। ये पदार्थ निचली चट्टानों की अपेक्षा ऊपरी भागों में अधिक पाये जाते हैं, लेकिन ऊपरी सियाल पर से इनका विकिरण द्वारा ह्रास हो जाता है। जबकि अधःस्तर में ताप (ऊष्मा) का संचय होता रहता है। जिस कारण भूगर्भ में संवहन धाराएँ चलने लग जाती हैं। इनकी गतिशीलता निम्न दो तथ्यों पर निर्भर करती है—

1. भूमध्य रेखा से ध्रुवों तक अधःस्तर की मोटाई।
2. भूपटल की मोटाई एवं रेडियोधर्मी पदार्थों की मात्रा।

होम्स महोदय ने भूमध्य रेखा पर ध्रुवों की अपेक्षा भूपटल को अधिक मोटा माना है। अतः इसके नीचे से ऊपर की ओर (Ascending) संवहन धाराएँ संचरित होती हैं। इसी क्रम में महाद्वीपों के नीचे महासागरों की तुलना में रेडियोधर्मी पदार्थों की अधिकता होने के कारण नीचे से ऊपरमुखी धाराएँ चलती हैं। भूमध्य रेखा से ध्रुवीय क्षेत्रों की ओर गतिशील धाराओं द्वारा भूखण्ड भी ध्रुवों की ओर विस्थापित एवं खण्डित होते हैं। होम्स ने टेथीज सागर की उत्पत्ति मध्यजीवी (Mesozoic) काल में होना बताया है।

महासागरों के नीचे अधःस्तर में चलने वाली संवहन धाराएँ भिन्न क्रम की होती हैं। सागरीय क्षेत्रों के मध्यवर्ती भागों से ऊपर उठती हैं तथा किनारों पर ऊपर से नीचे की ओर धाराएँ चलती हैं। नीचे से ऊपर उठकर भिन्न दिशा में चलने वाली अपसारी धाराओं (Diverging currents) द्वारा भूपटल पर तनाव उत्पन्न होता है, जबकि इसके विपरीत दो विपरीत दिशाओं से आकर मिलने वाली **अभिसारी धाराओं** (Converging current) के स्थान पर सम्पीड़न उत्पन्न होता है, जिसके परिणामस्वरूप ग्रेनाइट का रूपान्तरण एक्लोजाइट में होकर अधिक सघन (Compact) हो जाती है। इस प्रकार इनका अवतलन होकर भू-अभिनतियों में निरन्तर तलछट का जमाव होता रहता है। इन धाराओं की दिशा उथले सागरों की ओर होने से इनमें मोड़ पड़कर पर्वतों का निर्माण सम्भव होता है, होम्स के अनुसार हिमालय तथा आल्पस पर्वतों की उत्पत्ति इसी क्रम से हुई है।

संवहनीय तरंगों की क्रिया चक्रीय रूप में पूर्ण होती है, जिसके दौरान ही भूअभिनति का निर्माण होता है।

चित्र 13.4 *अपसारी एवं अभिसारी तरगें (after Savindra Singh)*

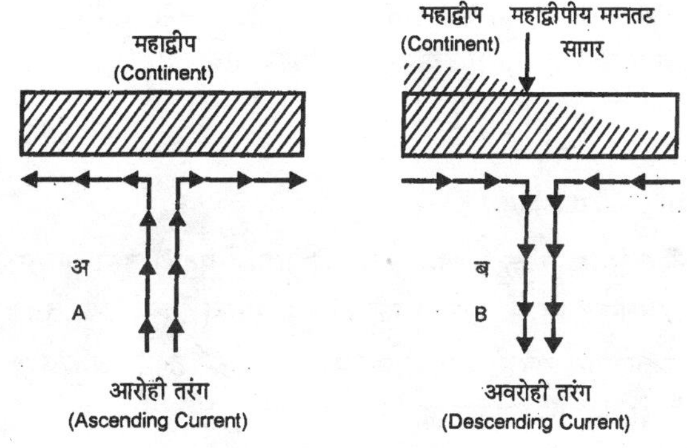

भूअभिनति के उपरान्त पर्वत की उत्पत्ति तथा उत्थान होता है। होम्स महोदय ने इस सम्पूर्ण अवधि में उत्पन्न होने वाली संवहनीय तरंगों की तीन अवस्थाएँ बताई हैं—

प्रथम अवस्था—इसकी अवधि लम्बी होती है, जिसमें दो केन्द्रों से आने वाली तरंगों के मिलने से जलमग्न तटों के नीचे भूअभिनतियों का निर्माण होता है। इस अवस्था में तरंगों के वेगवती होने के कारण भू-अभिनति में निरन्तर जमाव के साथ धँसाव भी होता रहता है। **द्वितीय अवस्था**—में संवहनीय तरंगों की गति में तो तीव्रता आ जाती है लेकिन यह अवधि छोटी होती है भूसतह की ओर आने वाली तरंगों के तीव्रता से मिलकर मुड़ जाने से भू-अभिनति की तलछट में क्षैतिज सम्पीड़न होता है जिसके परिणामस्वरूप भू-अभिनति की तलछट वलित होकर पर्वत निर्माण को जन्म देती है। **तृतीय अवस्था**—में गिरते स्तम्भ में गर्म पदार्थों का अन्त तथा उठते स्तम्भ में ठण्डे पदार्थों के उठने के कारण तरंगें क्षीण हो जाती हैं। जिस कारण स्तम्भ तरंगें समाप्त हो जाती हैं। होम्स द्वारा प्रस्तुत पर्वत निर्माण की इस प्रक्रिया में विश्वास व्यक्त किया है।

होम्स के सिद्धान्त के पक्ष में निम्न तथ्य महत्त्वपूर्ण हैं—

(i) पुराजीवी (Paleozoic) काल के अन्त में पृथ्वी पर गोंडवानालैण्ड तथा लोरेंशिया नामक दृढ़ भूखण्डों के मध्य टेथिज सागर नामक भू-अभिनति स्थित थी तथा शेष भाग पर प्रशान्त महासागर का विस्तार था।

(ii) गोंडवानालैण्ड के खण्डित होने से हिन्द महासागर की उत्पत्ति हुई।

(iii) लारेंशिया के खण्डित होने पर अटलांटिक महासागर बना तथा इसके विस्थापन से रॉकीज तथा पश्चिमी द्वीप समूह उत्पन्न हुए।

चित्र 13.5 *संवाहनिक तरंगों की तीन अवस्थायें (after Savindra Singh)*

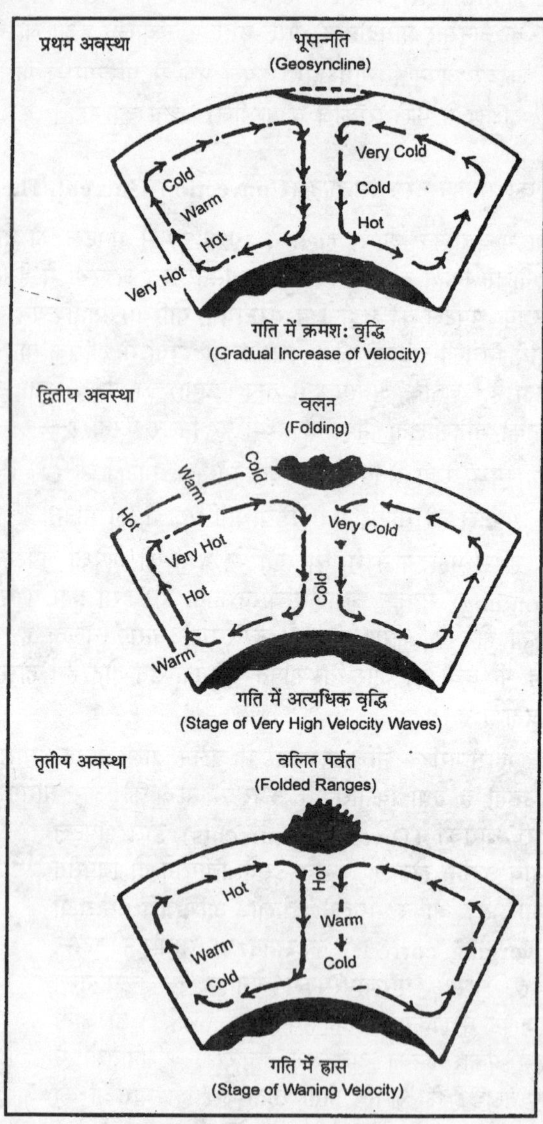

आलोचना (Criticism)

(i) इस सिद्धान्त के आधार तत्त्व रेडियोधर्मी पदार्थ तथा अधःस्तर में क्रियाशील संवहनीय तरंगों के बारे में ज्ञान अल्प हैं तथा इस सिद्धान्त में कल्पना को अधिक महत्व दिया गया है।

(ii) संवाहनीय धाराएँ सक्रिय अवश्य हैं, लेकिन इतनी अधिक शक्तिशाली नहीं कि महाद्वीपों का विस्थापन कर सके तथा इनसे पर्वत निर्माण सम्भव हो सके।

(iii) संवाहनीय धाराओं की निरन्तरता पर भी सन्देह है क्योंकि इनके निरन्तर सक्रिय रहने पर नवीन भूखण्डों का निर्माण गतिशील रहना चाहिए।

(iv) उठते एवं गिरते स्तंभ की संकल्पना विश्वसनीय नहीं है।

(v) भूपर्पटी (Crust) के नीचे संवहन तरंगों का क्षैतिज प्रवाह भी विश्वसनीय नहीं है।

(vi) रूपान्तरण द्वारा भारी पदार्थ को नीचे की ओर धँसना एक भ्रामक आधार पर दिया गया विचार है।

प्रो. स्टीयर्स के अनुसार, *"सिद्धान्त रुचिपूर्ण है, लेकिन ऐसे कारकों पर आधारित है जिनके बारे में बहुत अल्प जानकारी प्राप्त है।"*

वेगनर का महाद्वीपीय विस्थापन सिद्धान्त (Continental Drift Theory of Wegener)

वेगनर ने महाद्वीपीय विस्थापना सिद्धान्त द्वारा महाद्वीप एवं महासागरों के वर्तमान स्वरूप के विकास को स्पष्ट करने के साथ ही पर्वतों की उत्पत्ति पर भी प्रकाश डाला। वेगनर के अनुसार लगभग 220 मिलियन वर्ष पूर्व सभी महाद्वीप एक सुपर महाद्वीप 'पैंजिया' (Pangaea) के रूप में एक जगह स्थित थे, जिसके चारों ओर पेंथालासा (Panthalassa) नामक विशाल महासागर स्थित था। इसके मध्य में टेथीज सागर भू-अभिनति स्थित थी। टेथीज सागर के दक्षिण में गोंडवाना लैण्ड भूभाग स्थित था, जिसमें दक्षिण अमेरिका, भारत, अफ्रीका, श्रीलंका मेडागास्कर, न्यूजीलैण्ड, आस्ट्रेलिया एवं अण्टार्कटिका सम्मिलित थे तथा उत्तर में लारेंशिया भूखण्ड था, जिसमें यूरोप, उत्तरी अमेरिका तथा ग्रीनलैण्ड सम्मिलित थे।

उस समय भूखण्ड छिछले प्रायद्वीपीय समुद्रों से जलमग्न थे। दक्षिणी ध्रुव वर्तमान दक्षिण अफ्रीकी तट (नेटाल) के पास अर्थात् पेंजिया के मध्य स्थित था। वेगनर के अनुसार मध्यजीवी काल में यह महाद्वीप (पैंजिया) टूटकर विषुवत रेखा तथा पश्चिम की ओर बहने लगा।

विषुवत् रेखा की तरफ गुरुत्वाकर्षण और द्रव के उछाल (प्लवनशीलता का बल) के परस्पर सम्बन्ध के कारण बहा था, जबकि पश्चिम की ओर बहने में सूर्य तथा चन्द्रमा की ज्वारीय शक्ति का योग था। जुरासिक काल में गोंडवाना लेण्ड का विभाजन हुआ तथा ज्वारीय बल के कारण प्रायद्वीपीय भारत, मैडागास्कर, आस्ट्रेलिया तथा अण्टार्कटिका विभक्त होकर प्रवाहित हुए थे। इसी दौरान उत्तरी तथा दक्षिणी अमेरिका पश्चिम की ओर बढ़ रहे थे, तभी सीमा द्वारा रुकावट के कारण इन महाद्वीपों के पश्चिमी किनारे वलित हुये तथा राकीज एवं एण्डीज पर्वतों का निर्माण हुआ।

प्रवाह सिद्धान्त द्वारा वेगनर महोदय ने मोड़दार (वलित) पर्वतों के निर्माण की समस्या का समाधान प्रस्तुत किया है। उनकी संकल्पनानुसार महाद्वीप जो सियाल से बने हैं, सीमा पर तैर रहे हैं। तैरते हुए जब उत्तरी एवं दक्षिणी रुकावट के कारण इन महाद्वीपों के पश्चिमी किनारों पर मोड़दार पर्वत (रॉकीज व एण्डीज) बने इसी प्रकार यूरेशिया अफ्रीका तथा प्रायद्वीपीय भारत के भूमध्यरेखा की ओर प्रवाहित होने तथा परस्पर एक-दूसरे से समीप आने से टेथीज भू-अभिनति में सम्पीड़न के कारण मोड़ एवं अल्पाइन (आल्पस हिमालय आदि) पर्वत बने। इसी प्रकार अफ्रीका का केप तथा अर्जेन्टीना के सियरा डी टेंडिल पर्वत भी जुड़ जाते हैं।

प्लेट विवर्तनिक सिद्धान्त (Plate Tectonic Theory)

सन् 1960 के पश्चात् भू-आकृतियों के निर्माण की समस्या के समाधान के लिए प्लेट विर्वतनिकी सिद्धान्त प्रस्तुत किया गया। इस विषय्र पर ब्लैकिट, हैस (Hess, 1960), डीज (Deitz, 1962) मैसन (1962), मॉर्गन (Morgan, 1968) तथा वेलेन्टाइन एवं मूर्स आदि विद्वानों ने विस्तृत प्रकाश डाला है। यह पृथ्वी का स्थलमण्डल कठोर व दृढ भू-प्लेटों से निर्मित है। इन प्लेटों की औसत मोटाई 100 किमी. तथा लम्बाई व चौड़ाई कई हजार किमी. है। इस ठोस परत के नीचे मैण्टिल परत कुछ पिघली अवस्था में है, जहाँ तरल मैग्मा की संवाहनिक धाराएँ चलती हैं, जिनकी गति अधिक तीव्र नहीं होती है। ये संवहन धाराएँ कम

घनत्व के तप्त एवं तरल पदार्थ को ऊपर की ओर लाती है। मार्गन (W. J. Morgan) महोदय के अनुसार, सम्पूर्ण स्थलमण्डल 6 बड़ी भूप्लेटों (i) यूरेशियन प्लेट, (ii) इण्डो-आस्ट्रेलियन प्लेट, (iii) अफ्रीकन प्लेट, (iv) अमेरिकन प्लेट, (v) प्रशान्त महासागरीय प्लेट, तथा (vi) अण्टार्कटिका प्लेट तथा 14 छोटी भू-प्लेटों में वर्गीकृत है लेकिन वर्तमान में वृहत प्लेटों की संख्या 7 बताई गई है। इन प्लेटों में स्थलीय भागों का निर्माण करने वाली प्लेटें महाद्वीपीय तथा महासागरों का निर्माण करने वाली प्लेटें महासागरीय कहलाती हैं। ये प्लेटें सदैव गतिशील रहती हैं था इनके गतिशील होने की प्रक्रिया प्लेट विवर्तनिकी (Plate Tectonics) कहलाती है। सभी विवर्तनिक घटनाएँ इन्हीं प्लेटों के किनारे पूर्ण होती हैं। प्लेट के किनारे निम्नलिखित तीन प्रकार के होते हैं:

1. ***रचनात्मक किनारा** (Constructive Margine)* – अपसारी सीमा के सहारे दो प्लेटें विपरीत दिशा में गतिशील होती हैं। इस सीमा के सहारे पृथ्वी के भीतर से तप्त व तरल मैग्मा ऊपर नये ठोस परत (Crust) का निर्माण करता है। ये घटनाएँ मध्य महासागरीय कटक के सहारे पूर्ण होती हैं तथा दो प्लेटों के मध्य नवीन पदार्थ का निर्माण होता है। इन किनारों पर प्रायः ज्वालामुखी क्रियाएँ स्थित होती हैं।

2. ***विनाशात्मक किनारा*** (Destructive Margin) – जब अभिसारी (Convergent) सीमा के सहारे दो प्लेट परस्पर समीप आकर टकराती हैं, तो भारी पदार्थ से निर्मित प्लेट का किनारा वलित होकर हल्की प्लेट के नीचे जाकर नष्ट हो जाता है। प्रशान्त महासागर की पश्चिमी व पूर्वी सीमा के सहारे कई खाइयाँ (Trenches) इसी प्रकार के विनाशात्मक किनारों पर बनी हैं।

3. ***संरक्षी किनारा*** (Conservative Margin) – जहाँ पर दो प्लेट एक-दूसरे के अगल-बगल में सरक जाते हैं, जिस कारण उनमें आपसी क्रिया नहीं हो पाती तथा वहाँ पर परिवर्ती (Transform or Trans Current) भ्रंश का निर्माण होता है। इन किनारों के सहारे न तो नवीन पदार्थों का सृजन होता है और न ही पदार्थों का विनाश, जिस कारण इसे संरक्षी किनारा कहते हैं।

भू-सतह पर वलित पर्वतों का निर्माण एक चक्रीय रूप में हुआ है। पर्वत निर्माण तथा उसका चक्रीय विकास प्लेट विवर्तनिकी सिद्धान्त द्वारा स्पष्ट होता है। यह प्रक्रिया निम्न चार अवस्थाओं में घटित होती है—

(i) **प्रथम अवस्था**—प्रथम अवस्था में पदार्थों का अवतलन तीव्र गति से होता है, जिससे भूपटल की प्लेट बायीं ओर को सरक रही है। अतः दो महाद्वीप एक-दूसरे के निकट आ रहे हैं तथा महाद्वीपीय बेसिन की चौड़ाई क्रमशः धीरे-धीरे घट रही है। अवसाद का निक्षेप गहरे महासागरों की तली तथा महाद्वीपीय खण्डों पर हो रहा है।

(ii) **द्वितीय अवस्था**—इसमें महासागरीय बेसिन संकुचित होते रहते हैं तथा नीचे सरकती हुई प्लेट के सिरे से तलछट का अपघर्षण होता रहता है। इस अपघर्षित पदार्थ में सम्पीड़न होता रहता है।

(iii) **तृतीय अवस्था**—उस अवस्था में दोनों महाद्वीपों के परस्पर समीप आने से तलछटीय जमाव में तीव्र सम्पीड़न होता है, जिससे जटिल वलन उत्पन्न होते हैं। वलन क्रिया तीव्र होने पर उसमें भ्रंशन क्रिया भी पाई जाती है। इसमें महाद्वीपीय बेसिन घट जाता है तथा एक ऊंची पहाड़ी निर्मित होती है।

(iv) **चतुर्थ अवस्था**—इसमें महासागरीय, बेसिन बिल्कुल समाप्त हो जाता है, क्योंकि दो महाद्वीपीय सिरे परस्पर एक-दूसरे के समीप खिसकते हैं, जिससे निक्षेपित तलछट में सम्पीड़न होने से पर्वत श्रेणियाँ अस्तित्व में आती हैं, जिन्हें सूचर (Suture) कहते हैं। दो महाद्वीपीय सिरों को आपस में मिलाने वालों को सूचर कहते हैं।

यह प्रक्रिया प्राचीन काल से होती आ रही है, जिसके परिणामस्वरूप प्राचीन पर्वत श्रेणियाँ कैलिडोनियन तथा अप्लेशियन पर्वतों का निर्माण पुराजीवी महाकल्प में हुआ था। महाद्वीप एवं महासागरों के विस्थापन की बात प्लेट विवर्तनिकी सिद्धान्त के अन्तर्गत सिद्ध हो चुकी है। पुराचुम्बकीय सर्वेक्षणों से महासागरों एवं सागरों के विस्तार के कारण महाद्वीपों का विस्थापन हुआ है।

पठार एवं मैदान (Plateaus and Plains)

पठार (Plateaus)

पठार पृथ्वी के धरातल पर द्वितीय श्रेणी के उच्चावच हैं। पठार मैदानों से ऊंचे तथा पर्वतों से ऊंचाई में नीचे होते हैं। लेकिन कई पठारों की ऊंचाई पर्वतों से भी अधिक होती है। द्वितीय श्रेणी के उच्चावचों पर्वत, पठार, मैदान में पठारों का विस्तार धरातल पर मैदानों के बाद द्वितीय स्थान पर है। धरातल के कुल भाग के 41% भाग पर मैदान, 33% भाग पर पठार, 12% भाग पर पर्वत तथा 14% भाग पर पहाड़ियाँ विस्तृत हैं। साधारणतया यह माना जाता है कि पृथ्वी के धरातल से 500 से 1000 मीटर की ऊंचाई पर स्थित भू-भाग को पठार कहते हैं। लेकिन कई पठार मैदानों से भी नीचे स्थित हैं, जैसे संयुक्त राज्य अमेरिका का पीडमाण्ट का पठार मध्यवर्ती मैदान से नीचे है।

अतः पठार की परिभाषा निम्नानुसार की जा सकती है "पृथ्वी के धरातल का वह भाग जो अपनी समीपी सतह से ऊंचा होता है तथा उसका एक भाग समीपी सतह से अत्यधिक ऊंचा और तीव्र ढालयुक्त होता है, उसका ऊपरी भाग सामान्यतया समतल होता है, उसे पठार कहते हैं।" अतः पठार की परिभाषा में ऊंचाई को महत्वपूर्ण नहीं माना जाता क्योंकि कई पठार ऐसे हैं जिनकी ऊंचाई 1000 मीटर से कम है, जैसे सयुक्त राज्य अमेरिका का अप्लेशियन पठार जबकि तिब्बत के पठार की ऊंचाई उसकी समीपी सतह से 5000 मीटर है।

पठारों की प्रमुख विशेषता यह है कि उसका ऊपरी भाग कुछ उच्चावचों को छोड़कर सामान्यतया सपाट एवं समतल होता है। पठार का एक तरफ का ढाल तीव्र होता है जबकि दूसरी तरफ ढाल साधारणतया सामान्य होता है। पठार कभी-कभी दो पर्वतों के मध्य स्थित हो सकता है, महाद्वीप के मध्य भाग में हो सकता है, या समुद्र के तटीय भाग के समानान्तर स्थित हो सकता है। पठार की आकृति में उस समय परिवर्तन भी हो जाता है जब उस पर अपरदन के साधनों द्वारा कटाव होने लगता है। अपरदन के कारण उसकी सतह कभी-कभी ऊबड़-खाबड़ हो जाती है। उसकी ऊंचाई कम हो जाती है। पठार का निर्माण कई प्रक्रमों के द्वारा होता है जैसे कभी पृथ्वी के आन्तरिक भाग से निकलने वाले लावा के जमाव से हो सकता है, जैसे भारत का दक्षिण का पठार, कभी-कभी पृथ्वी के धरातलीय भाग में उत्सवलन एवं अवसवलन के कारण भी पठार का निर्माण होता है। पर्वत निर्माण के समय या जब पर्वत अपरदन के साधनों द्वारा अपरदित होकर एक छोटी आकृति में रह जाता है तो पठार का निर्माण हो जाता है। पवने अपने साथ लाए कंकड़, पत्थर, बालू आदि के निक्षेप द्वारा भी पठारों का निर्माण करती है, जैसे—चीन का लोयस का पठार।

पठारों का वर्गीकरण (Classification of Plateaus)

पठार के निर्माण में कई कारकों का महत्वपूर्ण योगदान रहता है, अतः निर्माण के प्रक्रमों के आधार पर भी वर्गीकरण किया जाता है। इसके अलावा स्थिति के अनुसार जैसे कई पठार समुद्र तटीय भाग में स्थित होते हैं, कई महाद्वीपों के आन्तरिक भागों में स्थित होते हैं, कई दो पर्वतों के मध्य स्थित होते हैं तो उन्हें अन्तर्रापर्वतीय पठार कहते हैं। कई पठार पर्वतों के किनारे पर स्थित होते हैं। अतः विभिन्न कारकों की सक्रियता एवं उनकी स्थिति के अनुसार पठारों का वर्गीकरण किया जाता है।

पठारों को सामान्य निम्नलिखित रूप में वर्गीकृत किया जा सकता हैः

1. **अन्तरापर्वतीय पठार** (Intermontane Plateau)—जो पठार चारों ओर से पर्वतों एवं पहाड़ियों से घिरे होते हैं, अन्तरापर्वतीय पठार कहलाते हैं। ये पठार विश्व के सबसे ऊंचे एवं विस्तृत पठार हैं। इनकी औसत ऊंचाई 3000 से 3500 मीटर तक पायी जाती है, लेकिन कई पठार 5000 मीटर की ऊंचाई तक पाये जाते हैं जैसे तिब्बत का पठार। इन पठारों का निर्माण वलित पर्वतों के साथ समुद्रों में निक्षेपित तलछट में वलन पड़ने से होता है तथा कभी-कभी पृथ्वी की आन्तरिक शक्तियों के कारण भी इनका निर्माण होता है।

   अन्तरापर्वतीय पठार का सर्वोत्तम उदाहरण तिब्बत का पठार है जो हिमालय और क्यूनलुन पर्वतों के मध्य स्थित है। क्षेत्रीय

विस्तार की दृष्टि से भी तिब्बत का पठार विश्व का सबसे बड़ा व विस्तृत पठार है जिसका विस्तार 7,00,000 से 8,00,000 वर्गमील तक पाया जाता है। तिब्बत के पठार की औसत ऊँचाई सागर तल से 3692 मीटर है। इसका उत्थान तृतीयक (Tertiary) काल हुआ था। मेक्सिको में पूर्वी सियरा मेड़े तथा पश्चिमी सियरा मेड़े पर्वतों के मध्य स्थित मेक्सिको का पठार भी एक अन्तरापर्वतीय पठार है। इनके अलावा बोलिविया का पठार, पीरू का पठार, कोलम्बिया का पठार आदि पठार अन्तरापर्वतीय पठार के उदाहरण हैं।

2. **पर्वतपदीय या गिरीपदीय पठार** (Piedmont Plateau) – वह पठार जो पर्वतों के किनारे स्थित होते हैं तथा उनके एक तरफ पर्वत तथा दूसरी तरफ में मैदान या सागर तट स्थित होता है, इन्हें पर्वतपदीय, या गिरीपदीय या सीमान्त पठार (Border Plateaus) भी कहते हैं। गिरीपदीय पठार का मैदान या सागर तट की ओर का भाग तीव्र ढाल वाला होता है तथा पर्वत की ओर के भाग मन्द ढाल वाला होता है।

   संयुक्त राज्य अमेरिका का पीडमाण्ट का पठार गिरीपदीय पठार का एक सर्वोत्तम उदाहरण है। इस पठार के पश्चिम में अप्लेशियन पर्वत स्थित है तथा पूर्वी दिशा अटलांटिक महासागर का तटीय भाग स्थित है। तटीय भाग की ओर पठार का ढाल तीव्र ढालयुक्त है। दक्षिणी अमेरिका का पेटेगोनिया का पठार भी एक गिरीपदीय पठार है। गिरीपदीय पठार के ढालों से नदियाँ प्रपात बनाती हुई समुद्र में या मैदान में उतरती हैं जिससे जल विद्युत उत्पन्न की जाती है। अतः गिरीपदीय पठार के किनारे-किनारे आद्योगिक इकाइयों की स्थापना अधिकांश रूप से होती है। जैसे संयुक्त राज्य अमेरिका के पीडमाण्ट के पठार के किनारे-किनारे अनेक उद्योग स्थापित हो गये हैं।

3. **गुम्बदाकार पठार** (Dome shaped Plateaus) – पृथ्वी की आन्तरिक शक्तियों द्वारा जब स्थलभाग का कुछ भाग ऊपर उठ जाता है तथा उसका चारों ओर का भाग गोलाकार आकृति में निर्मित हो जाता है तो उसे गुम्बदाकार पठार कहते हैं। कभी-कभी ज्वालामुखी क्रिया के द्वारा भी धरातल गुम्बद के आकार में ऊपर उठ जाता है जिससे पठार का निर्माण हो जाता है। भारत का छोटा नागपुर का पठार एक प्रमुख गुम्बदाकार पठार है। ओजार्क का पठार जो संयुक्त राज्य अमेरिका में स्थित है, गुम्बदाकार पठार का उदाहरण है।

4. **महाद्वीपीय पठार** (Continental Plateaus) – वे पठार जो पर्वतों एवं सागर तट से दूर महाद्वीपों के मध्यवर्ती भाग में स्थित होते हैं, महाद्वीपीय पठार कहलाते हैं। ये पठार अधिक विस्तृत भाग पर फैले होते हैं। महाद्वीपीय पठारों का निर्माण अधिकांशतया ज्वालामुखी क्रिया द्वारा निकलने वाले लावा के जमाव से होता है। भारत का दक्षिण का पठार महाद्वीपीय पठार का उत्तम उदाहरण है। इसके अलावा अरब का पठार, आस्ट्रेलिया का पठार, दक्षिणी अफ्रीका का पठार, स्पेन का पठार आदि महाद्वीपीय पठार के उदाहरण हैं।

5. **तटीय पठार** (Coastal Plateaus) – वे पठार जो किसी महासागर, सागर या झील के किनारे उसके तट के समानान्तर विस्तृत होते हैं, तटीय पठार कहलाते हैं। तटीय पठार का एक किनारा स्थल की ओर ऊपर उठा रहता है तथा दूसरा भाग सागर में जलमग्न रहता है। हिन्द चीन का पठार, पेटेगोनिया का पठार तथा भारत के कोरोमण्डल तटीय पठार तटीय पठार के उत्तम उदाहरण हैं।

6. **कटावदार पठार** (Dissected or Erosional Plateaus) – वे पठार जो अपरदन के साधनों द्वारा काट दिये जाते हैं, तथा तंग व गहरी घाटियों का निर्माण हो जाता है, कटावदार पठार कहलाते हैं। नदियों द्वारा अपरदन से पठार कई भागों में विभाजित हो जाता है, जिससे पठार के छोटे-छोटे कई पठार बन जाते हैं। स्कॉटलैण्ड तथा वेल्स का पठार मुख्य कटावदार पठार है।

7. **शुष्क पठार** (Dry Plateaus) – वे पठार जो शुष्क एवं मरुस्थलीय भाग में स्थित होते हैं, शुष्क पठार कहलाते हैं। जैसे अरब का पठार। इन पठारों पर वर्षा की न्यूनता के कारण अपरदन बहुत कम होता है, जिस कारण ये पठार प्रायः समतल पाये जाते हैं तथा पठारों का अधिक कटाव नहीं होता है।

8. **वायुनिर्मित पठार** (Aeolin Plateaus) – वे पठार जिनका निर्माण वायु द्वारा उड़ाकर लाई गई मिट्टी के निक्षेप से होता

है, वायु निर्मित पठार कहलाते हैं। चीन के लोयस के पठार का निर्माण पछुआ पवनों द्वारा लाई गई मिट्टी के निक्षेप से हुआ है। पोटवार का पठार जो पाकिस्तान में स्थित है एक वायु निर्मित पठार है।

9. **हिमनदियों द्वारा निर्मित पठार** (Glacial Plateaus) – हिमनदियों द्वारा अपने साथ लाई गई हिमोढ के निक्षेप से निर्मित पठार हिमानी निर्मित पठार कहलाते हैं। ग्रीनलैण्ड तथा अण्टार्कटिका के पठार हिमानी निर्मित पठार हैं।

10. **लावा निर्मित पठार** (Lava Plateaus) – ज्वालामुखी उद्गार के समय निकलने वाले लावा के जमने से निर्मित पठार को लावा निर्मित पठार कहते हैं। दक्षिण भारत का प्रायद्वीपीय पठार एक प्रमुख लावा निर्मित पठार है जिसका निर्माण दरारी उद्भेदन द्वारा निकलने वाले लावा के परतदर परत जमने से इसका निर्माण हुआ है। दरारी उद्गार क्रिटेशियस युग में हुआ था। जिससे इसका निर्माण हुआ है। संयुक्त राज्य अमेरिका का कोलम्बिया का पठार भी एक प्रमुख लावा निर्मित पठार है।

लावा निर्मित पठार न्यूजीलैण्ड, अफ्रीका, दक्षिणी अमेरिका आदि देशों में पाये जाते हैं। अफ्रीका का एबीसिनिया का पठार एक प्रमुख लावा निर्मित पठार है।

अपरदन चक्र के आधार पर वर्गीकरण (Classification Cording to Cycle of Erosion)

पठारों का वर्गीकरण उनके ऊपर अपरदन के विभिन्न प्रक्रमों की अवस्थाओं के अनुसार भी किया जाता है। अपरदन चक्र की तीन अवस्था तरुण, प्रौढ़ तथा जीर्ण होती है। अतः लोबेक ने इन अवस्थाओं के आधार पर निम्नानुसार वर्गीकरण किया है—

1. **तरुण पठार** (Young Plateaus) – वह पठार जिस पर अपरदन के प्रक्रम अपनी तरुणवस्था में होते हैं, तरुण पठार कहलाते हैं। पठार पर नदियों की संख्या कम होती है। नदियाँ अपनी घाटियों को चौड़ा करने के बजाय गहरी करती हैं। उच्चावच स्थिर होते हैं। पठार समीपी सतह से ऊंचे दिखाई देते हैं। संयुक्त राज्य अमेरिका का कोलोरेडो का पठार तरुण पठार का उदाहरण है। इस पठार पर कोलोरेडो नदी अपनी तरुणावस्था में है। धीरे-धीरे अपरदन की अधिकता से पठार का ऊपरी समतल भाग ऊबड़-खाबड़ तथा असमतल होने लगता है।

2. **प्रौढ़ पठार** (Mature Plateaus) – जब अपरदन प्रक्रम पठार पर अपनी प्रौढ़ावस्था में प्रवेश कर जाते हैं तो उस पठार को प्रौढ़ पठार कहते हैं। इस अवस्था में पठार का धरातल ऊबड़-खाबड़ हो जाता है। पठार के ऊपर नुकीली चोटियाँ चारों तरफ निकली हुई रहती हैं। पठार पहाड़ी के सदृश्य दिखाई देने लगता है। आर्द्र प्रदेशों में स्थित पठारों पर अपरदन अत्यधिक होता है जिस कारण पठार का ऊपरी भाग गोलाकार हो जाता है। क्षैतिज अपरदन तीव्र हो जाता है। पठार के ऊपर शिखर, वेदिकाएँ तथा सोपान आदि का आविर्भाव हो जाता है। अप्लेशियन पठार एक प्रौढ़ पठार का महत्वपूर्ण उदाहरण है।

3. **जीर्ण पठार** (Old Plateaus) – जब पठार पर नदी अपनी अपरदन चक्र की अन्तिम अवस्था अर्थात् जीर्णावस्था में प्रवेश कर जाती है तो अत्यधिक अपरदन के कारण पठार कटकर उसके शिखर तथा उच्चावच प्रायः विलीन हो जाते हैं तथा पठार एक समप्रायः मैदान के रूप में परिलक्षित होने लगता है तो उसे जीर्ण पठार कहते हैं। पठार के कुछ भाग कठोर चट्टानों के रूप में दिखाई देते हैं उन्हें *मेसा* तथ *बुटी* कहते हैं। भारत में मध्य राँची का पठार जीर्ण पठार का उदाहरण है। इस पठार की नदियाँ अपनी जीर्णावस्था को प्राप्त कर चुकी हैं।

4. **पुनर्युवनित पठार** (Rejuvenated Plateaus) – जब पठार अपरदन के प्रक्रमों द्वारा कटकर अपनी जीर्ण अवस्था को प्राप्त कर लेता है, उसके बाद यदि पृथ्वी की आन्तरिक शक्तियों के प्रभाव से पठार में पुनः उभार होने लगता है तो पठार ऊपर उठ जाता है, तो उसे पुनर्युवनित पठार कहते हैं। संयुक्त राज्य अमेरिका का मिसौरी पठार इसका उदाहरण है। यह पठार समतल प्रायः होने के बाद पुनः ऊपर उठ गया। भारत में राँची पठार का पाट प्रदेश भी पुनर्युवनित पठार का उदाहरण है।

मैदान (Plains)

पृथ्वी पर स्थित पर्वत, पठार तथा मैदान में मैदानों का अधिक महत्वपूर्ण स्थान है। मैदान प्रायः समतल भूभाग होते हैं, जिनका ढाल अति मन्द होता है। मैदानों की ऊंचाई पर्वत तथा पठारों से कम होती है। मैदान मानव जीवन के लिए अति उपयोगी हैं। मैदानों में ही मनुष्य अपने लिए आवश्यक खाद्यान्नों का उत्पादन करता है। मैदान अत्यधिक जनसंख्या बसाव के स्थल भाग होते हैं। मैदानों में आवागमन के साधनों के लिए सड़कों एवं रेल मार्गों का जाल सा बिछा रहता है। मैदानों में ही मनुष्य की सांस्कृतिक क्रियाओं का संचालन होता है। यही कारण है कि मैदानों को सभ्यता का पालना कहते हैं।

सामान्यतया मैदानों की ऊंचाई सागर तट से लगभग 150 फीट मानी जाती है। लेकिन कई मैदान इससे अधिक ऊंचाई पर भी होते हैं। अतः मैदान वह समतल प्रायः स्थलभाग होते हैं जो कुछ निम्न उच्चावचों को छोड़कर लगभग सपाट एवं समतल पाए जाते हैं तथा ढाल अति मन्द पाया जाता है।

मैदानों का निर्माण कई प्रक्रमों द्वारा होता है जैसे कई मैदान पृथ्वी की आन्तरिक शक्तियों द्वारा निर्मित होते हैं। सागर तट जब ऊपर उठ जाता है तो मैदान का निर्माण हो जाता है। सबसे अधिक महत्वपूर्ण और उपजाऊ वे मैदान हैं जिनका निर्माण नदियों द्वारा बहाकर लाई गई मिटी के निक्षेप से होता है। कभी-कभी पठारी भाग अपरदित होकर भी समतल प्रायः मैदान में परिवर्तित हो जाते हैं।

मैदानों का वर्गीकरण (Classification of Plains)

मैदानों का निर्माण अनेक प्रक्रमों के सम्मिलित प्रभाव से होता है। अतः मैदानों का वर्गीकरण उनके निर्माण में भाग लेने वाले कारकों के आधार पर किया जाता है।

मैदानों का एक सामान्य वर्गीकरण निम्न प्रकार से किया जाता है—

1. **पटल विरुपणी मैदान** (Diastrophic Plains) – जिन मैदानों का निर्माण पृथ्वी की आन्तरिक शक्तियों के प्रभाव से होता है, उन्हें पटल विरुपणी मैदान कहते हैं। इनका निर्माण महादेशजनक बल के द्वारा स्थलभाग में उत्संवलन तथा अवसवलन या समुद्र तटीय भाग के उन्मजन या निमग्न होने से होता है। संयुक्त राज्य अमेरिका का वृहत् मैदान (Great plains) उत्संवलन का उदाहरण है। इसका निर्माण स्थलभाग के ऊपर उठने के कारण हुआ है। जबकि संयुक्त राज्य अमेरिका के अटलांटिक तटीय मैदान का निर्माण तटीय भाग के जलमग्न होने तथा वहाँ नदियों द्वारा मिट्टी के निक्षेप से हुआ है।
2. **अपरदनात्मक मैदान** (Erosional Plains) – इन मैदानों का निर्माण पृथ्वी के समतलस्थापक कारकों; नदियों, हिमनदियों, वायु के अपरदनात्मक कारक के फलस्वरूप होता है। ये कारक ऊपर उठित स्थलभागों को अपरदन के द्वारा समतल प्रायः मैदान में परिवर्तित कर देते हैं।

   अपरदन के विभिन्न साधनों के क्रियान्वयन के अनुसार इन्हें निम्न भागों में विभाजित करते हैं—

   (i) ***नदी द्वारा निर्मित अपरदनात्मक मैदान** (Fluvial Plains)*—नदियाँ अपरदन द्वारा अपनी जीर्णावस्था में पहुंचते-पहुंचते उत्थित स्थलभाग को समतल प्राय मैदान में परिवर्तित कर देती है। इस मैदान को पेनीप्लेन कहते हैं। कुछ उच्चावच कठोर शैल के रूप में धरातल पर दृष्टिगोचर होते हैं, उन्हें मोनाडनाक कहते हैं। नदियाँ पार्श्विक एवं क्षैतिज अपरदन द्वारा स्थलभाग का अपरदन करती रहती हैं तथा अपक्षय द्वारा निर्मित शैल चूर्ण परिवहन द्वारा वहाँ से बहाकर ले जाती हैं।

   (ii) ***हिम अपरदित मैदान** (Glaciated Plains)* – नदियों की भांति हिमनदियाँ भी उच्चावचयुक्त स्थलभाग को अपघर्षण एवं उत्पाटन द्वारा अपरदित करके एक आकृतिविहीन सामान्य उच्चावचों युक्त समतल प्रायः मैदान का निर्माण करती हैं। जिन्हें हिम अपरदित मैदान कहते हैं। हिमनदियों के अपरदन द्वारा निर्मित अधिकांश मैदान उत्तरी अमेरिका के उत्तरी भाग तथा यूरेशिया के उत्तरी भाग स्थित हैं। हिम द्वारा अपरदित स्थलभाग गोलाकार दिखाई

दे हैं। हिमनदी पहले से किसी अन्य के अपरदन कारक द्वारा अपरदित भाग को ही अपने अपरदन द्वारा मैदान में परिवर्तित करती है।

(iii) ***पवन अपरदित मैदान** (Wind Eroded Plains)*– शुष्क मरुस्थलीय भागों में पवन वहाँ स्थित चट्टानी भाग का अपरदन के द्वारा धरातलीय सतह को समतल प्रायः मैदान में परिवर्तित कर देती है। पवन धीरे-धीरे वहाँ से चट्टानी शैल चूर्ण का अपने साथ उड़ाकर ले जाती है। लम्बे समय तक अपरदन होने से स्थलभाग समतल प्रायः मैदान में परिवर्तित हो जाता है। पवन अपरदन से निर्मित मैदान अधिकांशतः सहारा मरुस्थल में पाए जाते हैं जिन्हें हमादा, रेग तथा सेरिर कहते हैं। कभी-कभी पवन और नदी दोनों के सम्मलित अपरदन के कारण पर्वतीय भाग के तट के पास स्थित स्थलभाग आकृति विहीन मैदान में परिवर्तित हो जाता है, उसे पदस्थली कहते हैं।

(iv) ***अपरदित कार्स्ट मैदान** (Karst Plains)*– भूमिगत जल जब चूना प्रधान कार्स्ट क्षेत्र में होकर धरातल के नीचे प्रवाहित होता है तो उसके अपरदन कार्य द्वारा कार्स्ट प्रदेश में समतल मैदान का निर्माण हो जाता है, उसे कार्स्ट मैदान कहते हैं। कार्स्ट मैदान यूगोस्लाविया को कार्स्ट प्रदेश, उत्तरी अमेरिका के फ्लोरिडा प्रदेश तथा युकाटन, दक्षिणी फ्रांस के कासेस तथा भारत में चित्रकूट, रामगढ़ तथा अल्मोड़ा के पास स्थित चूना प्रधान प्रदेश पाए जाते हैं।

3. **निक्षेपात्मक मैदान** (Depositional Plains)– अपरदन के विभिन्न प्रक्रम जैसे नदी, हिमनदी, पवन, सागरीय तरंगें, भूमिगत जल आदि के द्वारा अपरदन के द्वारा प्राप्त जलछट का जब निक्षेप हो जाता है तो उनसे निर्मित मैदान को निक्षेपात्मक मैदान कहते हैं। निक्षेपात्मक मैदान कभी-कभी बहुत बड़े क्षेत्र में विस्तृत होते हैं। ये मैदान अधिक उपजाऊ होते हैं। इन्हें प्रक्रमों के आधार पर निम्न भागों में विभाजित किया गया है—

(i) ***नदी द्वारा निक्षेपित मैदान***—नदी अपने द्वारा लाए गए तलछटीय पदार्थों का निक्षेप कर देती है जिस कारण एक विस्तृत मैदान का निर्माण होता है। नदी अपने साथ लाए पदार्थों को विभिन्न स्थानों पर जमा करती है। अतः इस आधार पर नदी निक्षेपित मैदानों को निम्न भागों में विभाजित किया गया है—

(अ) ***गिरीपदीय जलोढ़ निक्षेप मैदान***—जब नदी पर्वतीय भाग से नीचे मैदानी भाग में उतरती है तो उसका वेग बहुत कम हो जाता है जिस कारण नदी अपने साथ लाए कंकड, पत्थर, मिट्टी आदि को पर्वतों के पदीय भाग में निक्षेपित कर देती है जिससे जलोढ़ पंख का निर्माण होता है। जब अधिक निक्षेप के कारण कई जलोढ़ पंख आपस में मिल जाते हैं तो गिरीपदीय जलोढ़ मैदान का निर्माण होता है। भारत में हिमालय के पदीय भाग पर निर्मित मैदान को भाबर कहा जाता है।

(ब) ***बाढ़ मैदान** (Flood Plain)*– जब नदी मैदानी भाग में प्रवेश करती है तो उसका अपवाह क्षेत्र चौड़ाई में विस्तृत हो जाता है तथा नदी का वेग बहुत मन्द हो जाता है। नदी इस भाग में अपने साथ लाई कछारी मिट्टी का निक्षेप विस्तृत भाग में करती है। अतः बाढ निक्षेपित मैदान विस्तृत क्षेत्र में फैला हुआ होता है। बाढ़ मैदान का वह भाग जहाँ नदी वर्ष भर नई कांप मिट्टी लाकर बिछाती रहती है, खादर कहलाता है तथा पुरानी काँप मिट्टी जिसका निर्माण नदियाँ पहले कर चुकी हैं लेकिन वर्तमान समय में वहाँ नदी मिट्टी का निक्षेप नहीं करती बागर कहलाता है।

(स) ***डेल्टा का मैदान***—जब नदी सागर एवं महासागर में गिरती है तब उसका प्रवाह अति मन्द हो जाता है जिस कारण नदी अपने साथ लाई गई मिटी, कंकड़ आदि का निक्षेप समुद्र तट पर त्रिकोणाकार आकृति में करती है जिसे डेल्टा मैदान कहते हैं। गंगा, यॉंगटीसीक्यॉंग, हाग्हो, मिसीसिपी, महानदी, आदि नदियाँ समुद्र में गिरने से पूर्व डेल्टा का निर्माण करती हैं। समुद्र में नदियाँ अनेक धाराओं में विभाजित होकर गिरती हैं।

(ii) ***हिमानी द्वारा निक्षेपित मैदान***—अपरदन के अन्य प्रक्रमों के समान हिमनदी भी अपने साथ मिट्टी, कंकड़, पत्थर आदि बहाकर लाती है तथा जब प्रवाह मन्द पड़ जाता है तो हिमनदी इन पदार्थों का निक्षेप कर देती है जिसे

हिमानी निक्षेपित मैदान कहते हैं। हिम द्वारा निक्षेपित तलछट को हिमोढ़ कहते हैं। हिम द्वारा निक्षेपित मैदान को तीन भागों में बाँटा जाता है—

(अ) ***टिल मैदान** (Till Plains)*—हिमनदी अपने साथ लाए छोटे कणों से लेकर बड़े-बड़े कंकड़ पत्थरों को हिम पिघलने के बाद निक्षेपित कर देती है जिसे टिल का मैदान कहते हैं। हिमनदी के साथ प्रवाहित कंकड़, पत्थर के छोटे से लेकर बड़े टुकड़ों को टिल कहते हैं। अतः इनसे निर्मित मैदान को टिल का मैदान कहते हैं।

(ब) ***हिमोढ़ मैदान** (Moraine Plains)* – हिमानी के साथ प्रवाहित बारीक कणों वाली मिट्टी को हिमोढ़ कहते हैं जब हिमनदी इनका निक्षेप कर देती है तो उससे निर्मित मैदान को हिमोढ़ मैदान कहते हैं।

(स) ***हिमनद अवक्षेप मैदान** (Glaciated Outwash Plains)* – जब हिम पिघल जाती है तो अपने साथ लाई रेत, बजरी, मृत्तिका आदि को जलधारा के रूप में प्रवाहित होकर अपने सामने विस्तृत भाग में निक्षेपित या जमा कर देती है, उससे निर्मित मैदान को हिमनद अवक्षेप मैदान कहते हैं।

(iii) ***पवन द्वारा निक्षेपित मैदान***—पवन अपने साथ अपक्षय द्वारा प्राप्त रेत चूर्ण को उड़ाकर लाती है तथा, जब पवन का वेग मन्द पड़ जाता है तो पवन इन पदार्थों का निक्षेप कर देती है, इससे निर्मित मैदान को पवन निक्षेपित मैदान कहते हैं। भारत के थार के मरुस्थल, सहारा, कालाहारी, अरब आदि मरुस्थलीय भों में पवन निक्षेपित मैदान पाए जाते हैं। जब पवन बहुत दूर से चलकर आती है तब रास्ते में हिमानी द्वारा निक्षेपित मिट्टी को उड़ाकर अपने साथ लाती है तथा जब वेग कम हो जाता है तो उसका निक्षेप कर देती है, ऐसे मैदानों को लोयस का मैदान कहते हैं। चीन के शैन्सी प्रांत में लोयस का मैदान पाया जाता है।

4. ***झीलकृत मैदान** (Lacustrine Plain)* – जब नदी किसी झील में गिरती है तो अपने साथ लाए रेत, बजरी, कंकड़, पत्थर, मृत्तिका आदि का निक्षेप झील के अन्दर करने लगती है। धीरे-धीरे झील का तल तलछट निक्षेप के कारण ऊपर उठने लगता है तथा जब झील नदी द्वारा लाए तलछटीय निक्षेप से भर जाती है तो मैदान का निर्माण हो जाता है इसे झीलकृत मैदान कहते हैं। कभी-कभी झील के तलीय भाग से पृथ्वी की आन्तरिक शक्तियों के कारण नितल भाग ऊपर उठ जाता है जिस कारण झील का जल बहकर चला जाता है और उसके स्थान पर मैदान का निर्माण हो जाता है।

5. ***लावा मैदान** (Lava Plain)* – जब धरातल के विस्तृत भाग में दरार में होकर ज्वालामुखी का उद्गार होता है तो लावा विस्तृत भाग पर एक पतली परत के रूप में समतल मैदान के रूप में फैल जाता है। इसे लावा मैदान कहते हैं। कभी-कभी लावा पठार का विभिन्न अपरदन के प्रक्रमों द्वारा इतना अनाच्छादन हो जाता है कि वह एक समतल प्रायः मैदान में परिवर्तित हो जाता है। भारत का दक्कन का लावा मैदान, फ्रांस, न्यूजीलैण्ड, आइसलैण्ड, संयुक्त राज्य अमेरिका, अर्जेन्टाइना आदि देशों में लावा द्वारा निर्मित विस्तृत समतल प्रायः मैदान पाये जाते हैं।

फिंच तथा ट्रिवार्था ने रचना तथा धारतलीय बनावट के आधार पर मैदानों को निम्न भागों में विभाजित किया है—

1. **समतल मैदान** (Flat Plain) – जब मैदानी भाग सामान्यतया समतल होता है तथा उसके ऊपर उच्चावच अत्यधिक निम्न अवस्था में पाए जाते हैं उसे समतल मैदान कहते हैं। इसमें उच्चावचों का अन्तर 15 सेमी. पाया जाता है।

2. **तरंगित मैदान** (Undulating Plain) – जब समतल प्राय मैदान में उतार-चढ़ाव सामान्यतया समान रूप से पाए जाते हैं तथा जिसमें उच्चावचों की ऊंचाई 15-50 मीटर तक पायी जाती है तरगित मैदान कहलाते हैं।

3. **लहरदार मैदान** (Rolling Plain) – जब मैदान समतल नहीं होता है तथा उसका आकार ऊबड़-खाबड़ होता है। उसके मध्य में यत्र-तत्र बालू मिट्टी के ऊंचे-ऊंचे टीले पाए जाते हैं तो उसे लहरदार मैदान कहते हैं।

4. **विच्छेदित मैदान** (Dissected Plain) – जब किसी मैदानी भाग पर अत्यधिक अपक्षय और अपरदन हो जाता है तो वह कटा-फटा तथा ऊबड़-खाबड़ सतह युक्त हो जाता है, उसे विच्छेदित मैदान कहते हैं।

14

भ्वाकृतिक प्रक्रियाएं
(Geomorphic Proceses)

पृथ्वी पर भूसतह का विभिन्न प्रक्रियाओं द्वारा निम्नीकरण (Lowering) होता रहता है इन प्रक्रियाओं में अपक्षय, वृहद संचलन (Mass Wasting), परिवहन, अपरदन तथा निक्षेप प्रमुख हैं। इनके सामूहिक योग को अनाच्छादन (Denudation) कहा जाता है। पृथ्वी तल पर अनाच्छादन द्वारा भू-आकारों का पुनर्स्थापन (Rearrangement) होता रहता है अर्थात् एक भू-आकार का अनाच्छादन होकर नवीन भू-आकार अस्तित्व में आ जाता है। आधुनिक समय में अनाच्छादन को अवक्रमण (Degradation) का पर्याय माना जाने लगा है तथा इसमें अपघर्षण (Abrasion), संक्षारण (Corrosion) अपरदन, वृहद संचलन, परिवहन तथा अपक्षय को सम्मिलित किया जाता है। अवक्रमण की दर में जलवायु भूगर्भिक संरचना, शैल संस्तर तथा विवर्तनिक क्रियाओं के कारण भिन्नता पायी जाती है। ये प्रक्रियायें उष्ण शुष्क निम्न भूमि में न्यूनतम (1.2 मि.मी. प्रति 1000 वर्ष) तथा शीत आर्द्र व हिमानीकृत उच्च भूमि पर सर्वाधिक (3000 मि.मी. प्रति 1000 वर्ष) सक्रिय होती है।

सामान्यतः अनाच्छादनकारी प्रक्रियाओं की अपरदन की निम्नवर्ती सीमा के बारे में भी संकल्पना की गई है। इस बारे में सर्वप्रथम प्रसिद्ध अमेरिकन भूगर्भवेत्ता जॉन वेस्ले **पावेल** (J. W. Powell, 1834-1904) ने 1875 में बताया कि अनाच्छादनकारी प्रक्रियाओं की अन्तिम सीमा होती है जिसके बाद अपरदन नहीं होता है। पावेल ने इसे **'आधार तल' (Base Level)** कहा है। अन्तिम आधार तल सागर तल को माना गया है, लेकिन इसमें भी अन्तर आता रहता है। इसके अतिरिक्त झीलों व अनेक कठोर शैल संस्तरों को स्थानीय आधार तल माना गया है। इस प्रकार अपरदन चक्र की प्रकृति, जलवायु परिवर्तन, भूगर्भिक संरचना आदि के अनुसार आधार तल का स्तर बना रहता है।

भ्वाकृतिक कारक एवं प्रक्रियायें (Geomorphic Agents and Processes)

भ्वाकृतिक प्रक्रियायें वे सभी भौतिक एवं रासायनिक परिवर्तन हैं जिनका प्रभाव भूसतह के आकारिकी स्वरूप को बदलने में पड़ता है। एक भ्वाकृतिक कारक (Agent) वह प्राकृतिक माध्यम है, जो भूतलीय पदार्थों को प्राप्त करके परिवहन करने की क्षमता रखता है। इस प्रकार प्रवाहित जल, भूजल, हिमनद, पवन तथा स्थिर जल में होने वाली गतियाँ, तरंग धारायें, ज्वार तथा सुनामिस आदि मुख्य भ्वाकृतिक कारक हैं क्योंकि ये भूपृष्ठीय पदार्थों को एक स्थान से काट कर दूसरे स्थान पर ले जाकर जमा करते रहते हैं। अधिकांश भ्वाकृतिक साधन (Agencies) पृथ्वी के वायुमण्डल में उत्पन्न होते हैं तथा गुरुत्व शक्ति के द्वारा नियन्त्रित होते हैं। गुरुत्व शक्ति स्वयं भूपृष्ठीय पदार्थों को स्थानान्तरित नहीं करती वरन् ये सभी भ्वाकृतिक कारकों के लिए एक निर्देशित शक्ति का कार्य करती हैं।

सभी प्रकार के भ्वाकृतिक प्रक्रम एवं प्रक्रियायें भूपृष्ठ के ऊपर क्रियाशील रहते हैं जिस कारण इन्हें बहिर्जात कारक या प्रक्रम कहा गया है। भूतल पर कार्य करने वाले प्रक्रमों को सर्वप्रथम पेंक ने *'बहिर्जात' (Exogenetic)* शब्द दिया था। भूपटल को प्रभावित करने वाले अन्य कारक जो भूपृष्ठ के अन्दर उत्पन्न होते हैं, उन्हें अन्तर्जात (Endogenetic) कहते हैं। ज्वालामुखी तथा अन्य पटल विरुपणी शक्तियों को इस वर्ग में रखते हैं। उल्कापात आदि के स्थलाकृतिक प्रभावों को ऊपर वर्णित दोनों वर्गों

से अलग रखा जाता है क्योंकि यह शक्ति पृथ्वी के वातावरण से बाहर उत्पन्न होती है। इस प्रकार पृथ्वी तल पर एवं भूपृष्ठ के आन्तरिक भाग में परिवर्तन लाने वाले कारकों (Agents) की सम्पूर्ण प्रक्रिया को उनकी प्रकृति के आधार पर निम्नलिखित रूप में विभक्त किया जा सकता है—

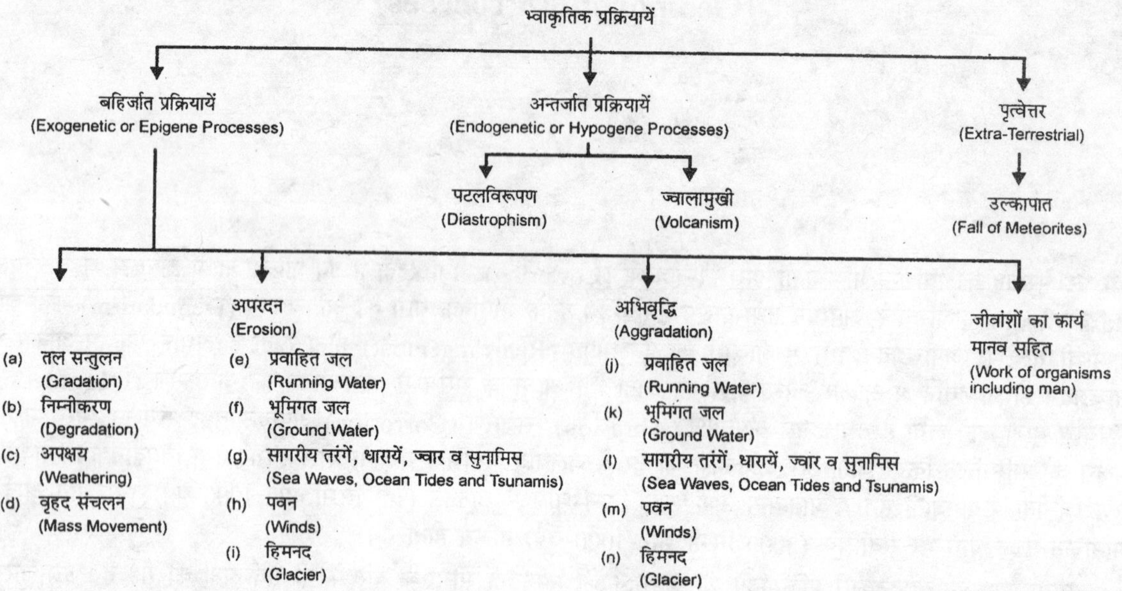

भ्वाकृतिक प्रक्रमों की सम्पूर्ण प्रक्रियाओं (Processes) को विभिन्न रूपों में समझने में अनेक भ्रान्तियाँ हो जाती हैं तथा यह स्पष्ट नहीं कर पाते कि किसी निश्चित प्रक्रिया में क्या सम्मिलित किया जाये। अनेक विद्वानों ने अपरदनात्मक प्रक्रिया में अपक्षय को सम्मिलित किया है जो एक स्थैतिक क्रिया है तथा साथ ही परिवहन की क्रिया को भी अपरदन का भाग मानने में मतैक्य नहीं है लेकिन सामान्यतया इसे अपरदन का भी भाग स्वीकार करते हैं। अभिवृद्धि (Aggradation) को भी अपरदन का ही भाग मानते हैं।

थार्नबरी महोदय ने तल सन्तुलन या *श्रेणीकरण* (Gradation) शब्द का प्रयोग किया जिसे मूलतः सर्वप्रथम चेम्बरलिन तथा सेलिसबरी (Chamberlin and Salisburry, 1904) ने स्पष्ट करते हुए बताया कि इसमें उन सभी प्रक्रियाओं को सम्मलित किया है जो स्थल मण्डल की सतह को सामान्य तल तक लाने में सहायक होती हैं। उन्होंने तल सन्तुलनकारी प्रक्रियाओं को दो वर्गों में पहचाना, प्रथम, तल निम्नीकरण (Degradation) करने वाली तथा द्वितीय तलोच्चन या अभिवृद्धि (Aggradation) करने वाली प्रक्रिया मुख्य है। कुछ भूगर्भवेत्ताओं ने अनाच्छादन (Denudation) को अवक्रमण (Degradation) के समानार्थी अर्थों में प्रयुक्त किया है लेकिन इसमें पदार्थों के हटाने को सम्मिलित करते हैं। अवक्रमण में निक्षेपण क्रिया को समाहित नहीं करते जबकि अनाच्छादन में यह समाहित है।

यद्यपि समतलन (Planation) को श्रेणीकरण (Gradation) के अर्थों में प्रयुक्त किया जाता है लेकिन इसमें भी निक्षेपण को समाहित नहीं करते हैं। इस प्रकार श्रेणीकरण भूसतह की समतलकारी प्रक्रिया माना गया है जिसमें रचनात्मक (Constructional) तथा विनाशात्मक (Destructional) प्रक्रिया होती है।

समतलकारी प्रक्रियायें (Gradational Processes)

भ्वाकृतिक प्रक्रियाओं के अन्तर्गत समतलकारी एवं अभिवृद्धिजनक प्रक्रियाओं को सम्मिलित किया जाता है। इसमें पृथ्वी तल के उच्चावच का अपक्षय एवं अपरदन द्वारा निम्नीकरण किया जाता है तथा निक्षेपण कर समतलन का कार्य पूर्ण किया जाता हैं। इन सभी क्रियाओं के लिए *'अवक्रमण'* शब्द का प्रयोग किया जाता है जिसमें मुख्यतः अपक्षय (Weathering), अपरदन (Erosion) तथा वृहत क्षरण (Mass Wasting) आदि क्रियाओं को सम्मलित किया जाता है। अपक्षय स्वस्थाने (in-situ) शैलों के विघटन (Disintegration) एवं अपघटन (Decomposition) की क्रिया होती है। इस क्रिया द्वारा भूसतह पर स्थित कठोर शेल संहति (Rock Masses) में कमी आती है। इसके बारे में अनाच्छादन एवं अपक्षय नामक अध्याय में विस्तृत विवेचना की गई है।

अपरदन (Erosion) : अपरदन लेटिन भाषा के शब्द **'erodere'** से बना है जिसका अर्थ है *'काटकर ले जाना (to gnaw away)'*। यह एक व्यापक शब्द है जिसमें उन सभी प्रक्रमों को सम्मिलित किया गया है जो भूसतह पर शैल मलबे (Rock debris) को काट कर स्थानान्तरित करते हैं। यद्यपि परिवहन की क्रिया अपरदन का भाग नहीं है लेकिन अधिकांश भूगर्भवेत्ता इसे अपरदन का आवश्यक भाग मानते हैं। अपरदन की क्रिया विभिन्न प्रक्रमों द्वारा विभिन्न रूपों में की जाती है। अधिकांशतः प्रकृति में अपघर्षण (Abrasion or Corrasion), सन्निघर्षण (Attrition), कोष्ठीकरण या गुहिकापन (Cavitation), अपवहन (Deflation), उत्पाटन (Plucking), उत्खनन (Quarrying) आदि रूपों में अपरदन होता है। इनमें कुछ प्रक्रियायें किसी प्रक्रम विशेष से ही सम्बद्ध हैं जैसे अपवहन पवन के द्वारा, उत्पाटन हिमनद द्वारा आदि प्रमुख हैं। अपरदन भी यान्त्रिक तथा रासायनिक दो प्रकार का होता है। भौतिक अपरदन में उपर्युक्त वर्णित सभी प्रक्रियायें सम्मिलित की गई हैं जबकि रासायनिक अपरदन में संक्षारण (Corrosion) की क्रिया प्रमुख है। जिसमें घोलीकरण (Solution), कार्बोनेटीकरण (Carbonation), जलयोजन (Hydration), आक्सीडेशन (Oxidation) तथा जल अपघटन (Hydrolysis) प्रमुख क्रियायें हैं।

परिवहन (Transportation)—भ्वाकृतिक प्रक्रिया में अपरदन के साथ परिवहन को एक ही स्वरूप में देखा जाता है जबकि अनेक भूवैज्ञानिक इसे पृथक प्रक्रिया मानते हैं। थार्नबरी महोदय ने परिवहन को अपरदन की प्रक्रिया में अन्तर्निहित माना है फिर भी इस शब्दावली के बारे में संशय स्पष्ट नहीं है। अधिकांशतः अपरदन की क्रिया में चार पक्षों को सम्मिलित किया जाता है; ढीले पदार्थों का अधिग्रहण (acquisition of Loose Materials), आधार शैल को काटकर ले जाना, शैल कणों को परस्पर काटना तथा शैल मलबे को अधिग्रहित करते हुए परिवहन आदि। इस प्रकार कमोबेश रूप में अपरदन की प्रक्रिया में परिवहन की भूमिका महत्वपूर्ण मानी गई है। परिवहन का कार्य चार महत्वपूर्ण प्रक्रियाओं द्वारा सम्पन्न होता है। ये निम्नलिखित हैं—

> **बाक्स 14.1** *आधार शैल एवं आवरण प्रस्तर (Bedrock and Regolith)*
>
> आधार शैल (Bedrock): मृदा अथवा आवरण प्रस्तर (Regolith) के नीचे पायी जाने वाली ठोस अपक्षीण शैल (Unweathered Rock) को आधार शैल कहते हैं।
>
> आवरण प्रस्तर (Regolith) : एक सामान्य शब्द है जो आधार शैल के ऊपर पाये जाने वाले अपक्षयित ढीले पदार्थों के लिए प्रयुक्त किया जाता है। इसमें मृदा, अवसाद, टूटे शैल के टुकड़े, ज्वालामुखी राख, वायूढ (Aeolian) पदार्थ आदि सम्मिलित हैं।

(i) ***कर्षण या लुढकना** (Traction)*—इस प्रक्रिया में शैल कण नदी तल के साथ फिसलकर या लुढककर चलते हैं।

(ii) ***उत्परिवर्तन** (Saltation)*—इस प्रक्रिया में शैल कण उछल-उछल कर चलते हैं।

(iii) ***लटकना** (Suspension)*—इस प्रक्रिया में हल्के शैलकण जो प्लवनशीलता (Buoyancy) के कारण जल में डूबते नहीं हैं, तैरते हुए चलते हैं।

(iv) ***घोलीकरण** (Solution)*—इसमें घुलनशील शैल पदार्थ घुलकर स्थानान्तरित होते हैं।

निक्षेपण या अभिवृद्धि (Deposition or Aggradation)

अभिवृद्धि या तलोच्चन अवक्रमण (Degradation) की एक अवश्यम्भावी सहगामी प्रक्रिया है जो भूसतह के समतलन में अपना योगदान देती है। भ्वाकृतिक प्रक्रिया में अनेक बार अपरदन को निक्षेपण की तुलना में अधिक महत्व दिया जाता है क्योंकि अपरदनात्मक स्थलरूप इतने स्पष्ट होते हैं कि उन्हें विभिन्न रूपों में वर्गीकृत किया जा सकता है। जबकि निक्षेपित स्थलरूप बहुत छोटे होते हैं। हिमनद तथा जलोढ़क से निर्मित निक्षेपात्मक स्थलाकृतियाँ स्पष्टतः वर्गीकृत की जा सकती हैं। भ्वाकृतिक प्रक्रिया में सहभागी कारक प्रवाहित जल, पवन, हिमनद, भूमिगत जल, सागरीय लहरें तथा तरंगें आदि जिस प्रकार अपरदन करके अवक्रमण करते हैं उसी प्रकार अपरदन से प्राप्त शैल मलबे को निम्न वर्ती भागों में निक्षेपित करके अभिवृद्धि या तलोच्चन का कार्य करके भूसतह की समतलन (Gradation) की प्रक्रिया को पूर्ण करते हैं। समतल सतह पर जब क्रमिक उत्थान होता है तो अनाच्छादनकारी प्रक्रम कार्य करने लगते हैं तथा पुनः भूसतह को समतल करने लग जाते हैं। इस प्रक्रिया को भ्वाकृतिक चक्र कहते हैं जिसके बारे में सर्वप्रथम डब्ल्यू. एम. डेविस (W.M. Davis, 1890) ने अध्ययन किया था।

पटल विरूपण (Diastrophism): पटलविरुपण को अन्तर्जात प्रक्रम माना गया है क्योंकि इनकी उत्पत्ति भूपटल के नीचे होती है। पटल विरुपण द्वारा भूपटल पर नवीन सतह का निर्माण होता है जिससे उच्चावच में वृद्धि होती है। भूपटल में होने वाली इस उच्चावचीय वृद्धि के कारण अवक्रमण होकर भूपटल सागर तल को प्राप्त नहीं कर पाता है। पटलविरुपणी प्रक्रिया दो प्रकार की होती है—प्रथम, पर्वत निर्माणकारी (Orogenic) तथा दूसरी महादेशजनक (Epeirogenic)। इन दोनों प्रक्रियाओं में गिलबर्ट (G.K. Gilbert, 1890) ने सर्वप्रथम अन्तर स्पष्ट किया।

ज्वालामुखी (Volcanism): ज्वालामुखी क्रिया में भूगर्भ से पिघली शैलें गर्म लावा के रूप में भूसतह की ओर आती हैं। जो लावा पिघली अवस्था में भूसतह पर नहीं आ पाता वह भूपटल के नीचे ही जमा हो जाता है। ज्वालामुखी क्रिया भूसतह में उच्चावच सम्बन्धी परिवर्तन करती है जिस पर अपरदन होता है तथा इसके समतलन की क्रिया होने लगती है। ज्वालामुखी के अतिरिक्त अनेक बार पृथ्वेत्तर (Extra-Terrestrial) क्रियाओं में उल्कापात भी प्रभाव डालता है।

वृहद क्षरण या वृहद संचलन (Mass Wasting or Mass Movement)

भूपृष्ठीय पदार्थों के गुरुत्व शक्ति के कारण होने वाले संचलन को 'वृहद संचलन' कहते हैं। इस प्रक्रिया में पदार्थों का संचलन बड़ी मात्रा में होता है। अनेक बार वृहद संचलन के लिए वृहद क्षरण (mass wasting) शब्द का प्रयोग करते हैं लेकिन इन क्रियाओं में हमारा मुख्य ध्यानाकर्षण गुरुत्व शक्ति द्वारा प्रकृति के एक बड़े भाग के पदार्थों के संचलन (movement) पर रहता है। यह संचलन तीव्र अथवा धीमी गति से हो सकता है। ***डी. ब्लिज एवं पीटर मूलर*** ने इनमें *'वृहद संचलन'* (Mass movement) शब्द को प्राथमिकता दी है जबकि **थार्नबरी** महोदय ने इसके लिए *वृहद क्षरण (Mass Wasting)* शब्द को प्रयुक्त किया है।

वृहद क्षरण की संकल्पना का प्रतिपादन सर्वप्रथम **शार्पे (Sharpe)** ने 1938 में किया। इस प्रक्रिया में उन्होंने गुरुत्व शक्ति की महत्वपूर्ण भूमिका बताते हुए इसे प्रमुख भ्वाकृतिक प्रक्रम माना। वृहद क्षरण गुरुत्व शक्ति द्वारा निम्नवती ढालों की ओर होने वाला शैल पदार्थों का स्थनानान्तरण होता है यह प्रक्रिया भूस्खलन (Landslide) की तरह तीव्रता से लेकर मृदा सर्पण (Soil creep) की तरह धीमी होती है। वृहद क्षरण के पीछे शैलों का विखण्डन होना प्रमुख कारण है जिसके उपरान्त शैल मलबा एकत्रित हो जाता है। इस प्रकार वृहत क्षरण के लिए अपक्षय की क्रिया आवश्यक है। यदि वृहद क्षरण कम प्रभावी रहता है तो इसका प्रत्यक्ष प्रभाव सम्पूर्ण अवक्रमणीय तन्त्र (Degradational System) पर पड़ता है। वृहद क्षरण का प्रारूप (Typology) निर्धारित करने में भी इसकी दर की प्रभावी भूमिका होती है। वृहद क्षरण की दर को निम्नलिखित कारक नियन्त्रित करते हैं—

(i) संरचना (Structure)

(ii) शैल संगठन तथा पारगम्यता (Composition and Permeability of rocks)

(iii) जलवायु (Climate)

(iv) वानस्पतिक आवरण (Vegetal Cover)

(v) जल की उपलब्धता तथा इसका दबाव (Water Availability and its Pressure)

जल की पर्याप्त मात्रा में प्राप्ति वृहद क्षरण की दर को तीव्र करती है। भारी वर्षा से जल की उपलब्धता बढ़ने पर तीव्र वृहद क्षरण (Rapid Mass Wasting) होता है। इसी प्रकार हिमावरण के तीव्रता से पिघलने पर भी इस क्रिया को गति मिलती है वृहद क्षरण में जल एक स्नेहक (Lubricant) का कार्य करता है। ढाल प्रवणता (Slope Gradient) की भूमिका भी वृहद क्षरण में समान रूप से महत्व रखती है।

वृहद क्षरण के कारण (Causes of Mass Wasting)

वृहद क्षरण का मुख्य गतिशील कारक तो गुरुत्व शक्ति है लेकिन इसके अतिरिक्त भी अनेक कारक इसके लिए उत्तरदायी हैं। शार्पे (Sharpe, 1938) ने तीव्र वृहद क्षरण के लिए उत्तरदायी कारकों को मूलतः दो भागों में विभक्त किया। प्रथम, निष्क्रिय (Passive) तथा द्वितीय सक्रिय (Activating or Initiating)। निष्क्रिय कारकों में स्थलीय (Lithologic) कारक, स्तरक्रम विन्यासी (Stratigraphic) कारक, संरचनात्मक (Structural) कारक, स्थलाकृतिक (Topographic) कारक, जलवायुवीय (Climatic) कारक तथा जैविक (Organic) कारक प्रमुख हैं। इसी प्रकार शार्पे महोदय ने भूसतह पर शैल संस्तर के सहायक पदार्थों को हटाने वाले प्राकृतिक या कृत्रिम साधनों, प्रवाहित जल द्वारा ढाल का तीव्र ढालू बना देने तथा जलीय संतृप्तता के कारण अति भार उत्पन्न करने आदि को वृहद क्षरण का सक्रिय कारक माना है। सामान्यतः वृहद क्षरण के निम्नांकित कारण माने जाते हैं—

1. ***स्थलीय कारक*** *(Lithospheric Factors)* – असंगठित या कमजोर स्थलीय पदार्थ आसानी से संचालित हो जाते हैं। कुछ पदार्थ पर्याप्त नमी एवं स्नेहक प्रकृति वाले होते हैं।

2. ***स्तरक्रम वैन्यासिक कारक*** *(Stratigraphic Factors)* – इसमें शैल संस्तरों की उपस्थिति, शैल लक्षण, रचना क्रम तथा पारस्परिक सम्बन्धों का प्रभाव पड़ता है। शैल संस्तर के पतले होने, पारगम्य व अपारगम्य संस्तरों का प्रत्यक्ष प्रभाव पड़ता है।

3. ***संरचनात्मक कारक*** *(Structural Factors)* – इसमें संधियों के मध्य की दूरी, भ्रंशन, विभाजन क्षेत्र (Crush Zone) कटाव व अवपत्रण स्तर तथा ढालू नति संस्तर (Steeply dipping beds) आदि सम्मिलित किये जाते हैं।

4. ***स्थलाकृतिक कारक*** *(Topographic Factors)* – इसमें विभिन्न भू-आकारों में विद्यमान तीव्र ढाल या उर्ध्वाधर भृगुओं (Cliffs) का प्रभाव महत्वपूर्ण है।

5. ***जलवायुवीय कारक*** *(Climatic Factors)* – ताप परिसर की दर एवं जमने-पिघलने के लिए तापान्तर,

चित्र 14.1 *ढालों के ऊपर वृहद क्षरण की प्रक्रियायें*

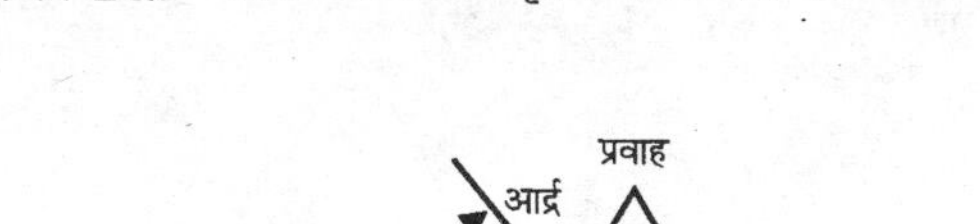

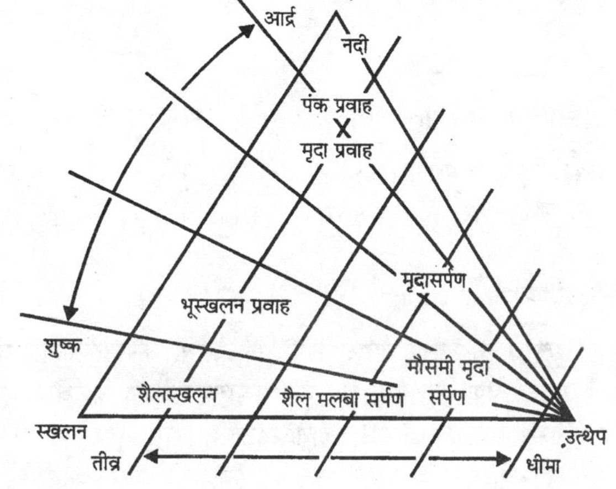

पर्याप्त वर्षण (Precipitation) तथा नमी प्रमुख जलवायुवीय कारक हैं, जो वृहद क्षरण की उत्पत्ति में सहायक हैं।

6. ***भूकम्पीय कम्पन*** *(Vibration from Earthquake)* – भूकम्पीय कम्पन से भी वृहद क्षरण को गति मिलती है।
7. ***जैविक कारक*** *(Organic Factors)* – इसमें वनस्पति आवरण को सम्मिलित करते हैं इसका अभाव होने पर वृहद क्षरण तीव्र होता है।

वृहद क्षरण के प्रकार (Types of Mass Wasting)

वृहद क्षरण की प्रक्रिया को वर्गीकृत करने का प्रथम प्रयास शार्पे महोदय ने किया, उन्होंने प्रकृति में विद्यमान विविध भौगोलिक दशाओं के मध्य चार प्रकार के वृहद क्षरण की पहचान की। ये चार वर्ग निम्नांकित हैं—

1. धीमा प्रवाह (Slow Flowage)
2. त्वरित प्रवाह (Rapid Flowage)
3. भूस्खलन (Landslides)
4. अवतलन (Subsidence)

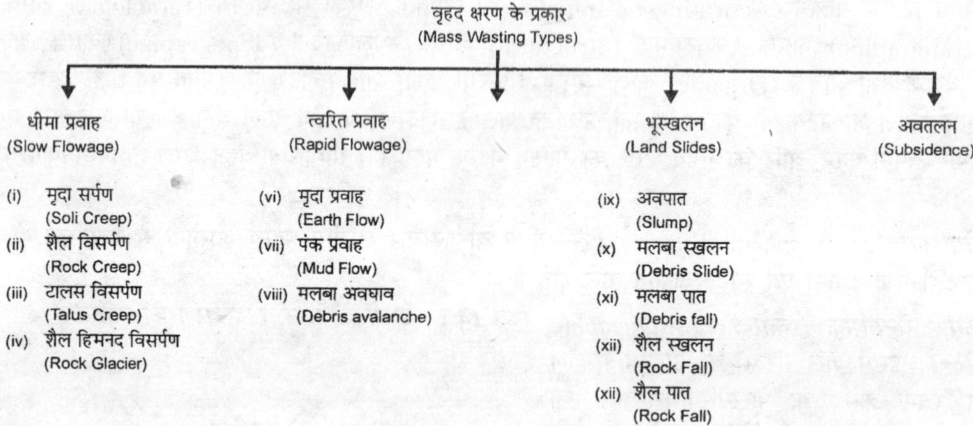

1. **धीमा प्रवाह** (Slow Flowage) – धीमे प्रवाह के अन्तर्गत निम्नांकित पांच प्रकार का प्रवाह होता है—

(i) मृदा विसर्पण (Soil Creep), (ii) पाद मलबा विसर्पण (Talus creep or Scree) (iii) शैल विसर्पण (Rock Creep), (iv) शैल हिमनद विसर्पण (Rock-Glacier Creep) तथा मृदा सर्पण (Solifluction)

मृदा विसर्पण *(Soil Creep)*

मृदा का गुरुत्व के कारण ढाल के निचले भागों की ओर होने वाला संचलन जो अदृश्य (imperceptible) लेकिन नियमित होता है, मृदा सर्पण कहलाता है। यह सभी प्रकार की जलवायु में होता है, जहाँ ढाल प्रवणता होती है। स्वतन्त्र रूप से भी मृदा के कण विस्थापित एवं वितरित होते रहते हैं, इसमें मृदा नमी में वृद्धि होने से तथा तापमान में परिवर्तन होने से जमने-पिघलने तथा शुष्कता वाली दशाओं के उत्पन्न होने की प्रमुख भूमिका होती है। प्रायः आर्द्र महासागरीय जलवायु वाले परिहिमानी (Periglacial) पर्यावरण में ऐसा देखा गया है। इसके अतिरिक्त वनस्पति आवरण में कमी से भी इस क्रिया को गति मिलती

चित्र 14.2 *वृहद संचलन के विभिन्न रुप (W.K. Hamblin et al)*

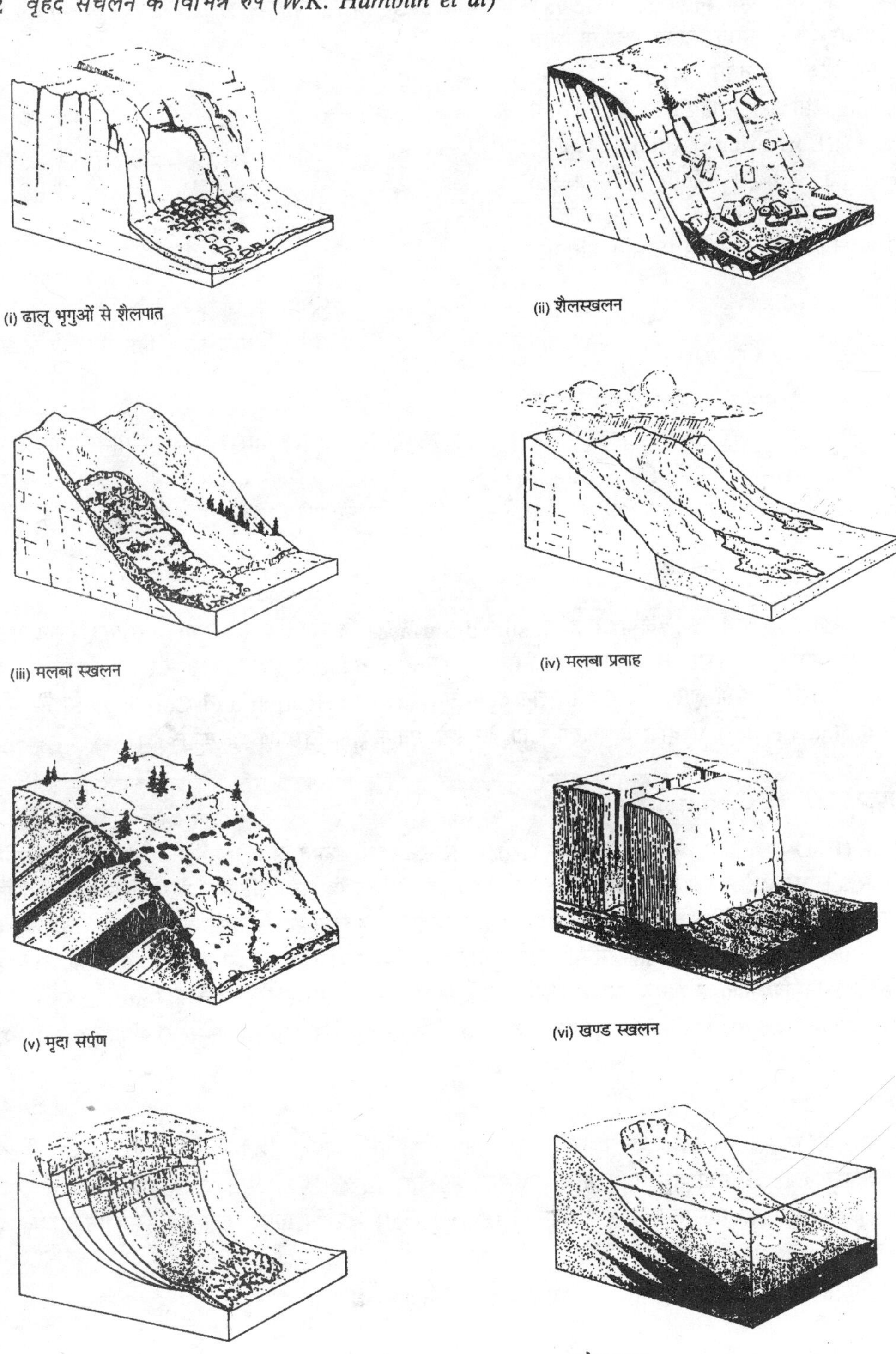

है। मृदा में नमी की मात्रा एक स्नेहक (Lubricant) का काम करती है जिस कारण कमजोर होकर मृदा गतिशील हो जाती है। शीत प्रदेशों में तुषार का अनुप्रस्थ विस्थापन (Frost heaving) भी इसे प्रभावित करता है। मृदा के बिलकारी जीव (Burrowing Animal) भी मृदा विस्थापन में योगदान देते हैं। पर्वतीय पर्यावरण में मृदा विसर्पण में लम्बी अवधि में औसत दर निम्न ढालों में 3 मिमि. प्रतिवर्ष से लेकर तीव्र ढालों पर 9 मिमि. प्रतिवर्ष तक रहती है।

चित्र 14.3 *विसर्पण (after A. Goudie, 1993)*

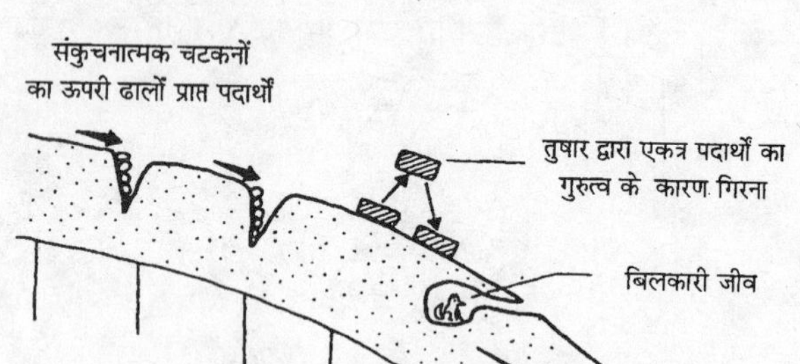

पादमलबा विसर्पण (Talus Creep)

पादमलबा या टालस को सामान्यतः शैल मलबा (Scree) का समानार्थी माना जाता है। यह शैल विखण्डन से प्राप्त मलबे का निम्न ढालों की ओर होने वाला धीमा प्रवाह है। यह भृगु (Cliff), कगार (Scarps) तथा पहाड़ियों के अपक्षय का उत्कृष्ट (Conspicuous) उत्पाद है। इसमें बड़े आकार के पदार्थ होते हैं। टालस विसर्पण स्पष्टतया उन ढालों पर अधिक होता है, जहाँ जमने-पिघलने की क्रिया स्वतन्त्र रूप से होती है।

शैल विसर्पण (Rock Creep)

शैल विखण्डित पदार्थों (शैल चूर्ण) का ढलवा सतह (Inclined Surface) के सहारे संचलन शैल विसर्पण कहलाता है। इसमें धरातल के नीचे की आधार शैल (Bedrock) का जब विखण्डन (Fragmentation) होता है तो वह विखण्डित होकर ढाल के अनुसार नीचे की ओर संचलित हो जाती है। यह संचलन तापन एवं शीतलन (Heating and Coolling) या विखण्डित शैल के नीचे हिम रवों (Ice Crystal) में वृद्धि के कारण होता है। इसे सतही शैल विसर्पण भी कहते हैं।

शैल हिमनद विसर्पण (Rock-Glacier Creep)

इसे शेल सरीता (Rock-stream), तथा शैल नदी (Rock River) भी कहते हैं। यह शैल अपशिष्ट के अन्तिम भाग (Tongues of Rock Waste) का संचलन होता है। शार्पे ने बताया कि मृत हिमनद (गतिहीन) में स्थित पदार्थों से निर्मित होता है लेकिन उन्होंने इसे ऐसा होना आवश्यक रूप से स्वीकार नहीं किया। इस विसर्पण के पीछे तुषार अपक्षय की भी महत्वपूर्ण भूमिका होती है। टालस विसर्पण में नियमित जमने-पिघलने की क्रिया होने से शैल विखण्डन संचलन प्रारम्भ हो जाता है जिससे **'टंग'** (tongue) का निर्माण होता है। यह टंग ही आगे गति करती है। इस सम्बन्ध में होवे (Howe, 1909) ने पश्चिमी कोलोरेडो के सानजुआन पर्वत पर केप्स ने अलास्का में तथा केसेली ने केलिफोर्निया के सियरा-नेवदा में अध्ययन किया।

मृदा सर्पण (Solifluction)

मृदा सर्पण अंग्रेजी भाषा के *Solifluction* का पर्याय है, जो लेटिन भाषा के दो शब्दों *'solum'* तथा *'Fluere'* से मिलकर बना है जिनका अर्थ क्रमशः soil = मृदा तथा 'to flow' = *'प्रवाह'* होता है। इस प्रकार मृदा सर्पण एक प्रकार का मृदा प्रवाह (Soil Flowage) होता है। यह विस्तृत रूप से परिहिमानी (Periglacial) क्षेत्रों में पाया जाता है। इसमें निम्नांकित दो प्रमुख प्रक्रियायें सम्मलित हैं—

(i) जल अवशोषित मलबे का प्रवाह (Flow of Water Soaked Debris), तथा

(ii) जमने-पिघलने की क्रिया द्वारा सतही पदार्थों का सर्पण (The creep of surface material by freeze-thaw action)

उच्च अक्षांशों में स्थित आर्कटिक तथा उपआर्कटिक क्षेत्रों में अवमृदा (sub soil) स्थायी रूप से जमे (Permanently Frozen) धरातल के रूप में रहती है लेकिन ग्रीष्मकाल के प्रारम्भ में तथा बसंत के दौरान धरातल पिघलने लगता है। पिघलने से प्राप्त जल शैलों के अपारगम्य होने से नीचे रिस (Percolate) नहीं पाता तथा मृदा की ऊपरी सतह भी सदैव संतृप्त रहती है जिस कारण हिम के पिघलने से प्राप्त जल साधारण ढाल पर धीरे-धीरे प्रवाहित होने लगता है। जल के प्रवाह की यह क्रिया जमने पिघने के कारण होती है। इससे मृदा प्रवाह भी प्रारम्भ हो जाता है। इस प्रकार यह शैल मलबे का ढालू पहाड़ियों पर धीमी गति से होने वाला सामूहिक संचलन होता है। मृदा सर्पण को गति देने मे निम्नांकित चार दशाओं को अनुकूल माना गया है—

(i) स्थलीय हिम तथा सतही तुषार के पिघलने से पर्याप्त मात्रा में जलापूर्ति

(ii) वनस्पति विहीन मध्यम से तीव्र ढालू भाग

(iii) स्थायी रूप से जमा भूसतह (Frozen ground or Tjaela)

(iv) नवीन शैल मलबे का तीव्रता से अपक्षय होना।

मृदा सर्पण पंक प्रवाह से अनेक अर्थों में भिन्न है प्रथम यह पंक प्रवाह से धीमा लेकिन नियमित संचलन है। द्वितीय यह अत्यन्त शीत प्रदेशों उपआर्कटिक व अल्पाइन जलवायु में विकसित होती है जबकि पंक प्रवाह शुष्क व अर्द्ध शुष्क जलवायु में प्रभावी होता है। मृदा सर्पण के बारे में सर्वप्रथम **एण्डर्सन** (Anderson, 1906) ने पंक हिमनदों का अध्ययन कर बताया था। उन्होंने उत्तरी अटलांटिक में बीयर द्वीप के पंक हिमनदों तथा फाकलैण्ड द्वीपों का अध्ययन कर बताया था कि मृदा सर्पण नमी से संचित मृदा समूह का उच्च क्षेत्रों से निम्नवर्ती क्षेत्रों की ओर संचलन होता है।

2. त्वरित प्रवाह (Rapid Flowage)

मृदा विसर्पण का प्रभाव भूसतह पर अधिक प्रभावी नहीं होता है लेकिन तीव्र प्रवाह के अन्तर्गत स्पष्ट भूदृश्य दृष्टिगत होता है। इसमें मृदा प्रवाह, पंक प्रवाह, मलबा अवघाव (Avalanche) प्रमुख प्रवाह हैं। विसर्पण (Creep) की तुलना में प्रवाह (Flow) में गुरुत्व के साथ जल की चालक बल के रूप में महत्ता स्पष्ट हो जाती है। प्रकृति में पाये जाने वाले प्रमुख प्रवाह निम्नांकित हैं:

मृदा प्रवाह (Earth Flow)

जलयुक्त मृदा पदार्थों का निम्नवर्ती भागों की ओर होने वाला तीव्र संचलन मृदा प्रवाह कहलाता है। यह ढाल अस्थिरता का परिणाम माना गया है लेकिन इसकी उत्पत्ति में मानवीय हस्तक्षेप (वनावरण में कमी व ढालों का निम्नवर्ती कटाव) को महत्वपूर्ण माना गया है। किसी भी तीव्र ढालू भाग पर, भारी वर्षा के उपरान्त ऐसा प्रवाह होता है। ऐसा विशेषतः अपारगम्य शैलों वाले ढाल पर अधिक होता है जहाँ जल को शैलें सोख नहीं पातीं तथा शीघ्र ही सन्तृप्त होकर संचलित हो जाती हैं। यह पंक प्रवाह से निम्न रूपों से भिन्न है; प्रथम, ये धीमी गति से होता है जिसे आंखों से देखा जा सकता है। द्वितीय, इसके पंक प्रवाह की तरह निश्चित चेनल नहीं होते हैं। तृतीय इसमें पंक प्रवाह की तुलना में जल की मात्रा कम होती है तथा चतुर्थ, ये आर्द्र क्षेत्रों में पाया जाता है जबकि पंक प्रवाह शुष्क क्षेत्रों में भी मिलता है। अप्लेशियन क्षेत्र में इसे स्लाइड (Slide) कहते हैं।

पंक प्रवाह (Mud Flow)

मृदा प्रवाह की तरह अस्थिर ढाल पर होने वाला वृहद संचलन होता है। इसकी तीव्रता (Velocity, 15 सेमी से 4.2 मीटर प्रति सेकेण्ड) अधिक होती है क्योंकि इसमें जल की मात्रा अधिक होती है। यह इतनी तीव्रता से संचलित होता है कि इसे स्पष्टतः देखा जा सकता है। इसकी चैनल निश्चित होती हैं। ब्लेकवेल्डर ने शुष्क एवं अर्द्ध शुष्क प्रदेशों में इसकी भ्वाकृतिक महत्ता का अध्ययन कर बताया कि निम्नांकित स्थितियाँ इसके लिए अनुकूल हैं; प्रथम, सतह पर उपस्थित असंगठित पदार्थ जो आर्द्र होने

पर फिसलने (Slippery) वाला हो जाता है। द्वितीय, तीव्र ढाल (Steep slopes), तृतीय, जल की पर्याप्त आपूर्ति। चतुर्थ, वनस्पति की विरलता। पंक प्रवाह के किनारों पर नुकीले रेखीय कटक बन जाते हैं, जिन्हें पंक प्रवाह तटबन्ध (Mud flow levees) कहते हैं। शार्पे ने तीन प्रकार का पंक प्रवाह बताया है; प्रथम, अर्द्ध शुष्क पंक प्रवाह, द्वितीय, अल्पाइन तथा तृतीय ज्वालामुखी की तरह का पंक प्रवाह। प्रसिद्ध अल्पाइन पंक प्रवाह सन् 1909 में होने वाला *स्लम गुलिन पंक प्रवाह* था, जिसने पश्चिमी कोलोरेडो की गुनीसन नदी में लेक फोर्क नामक बांध बना दिया था यह प्रवाह 6 मील लम्बा था। पंक प्रवाह संगठित होने पर टिल (till) की तरह बन जाता है।

मलबा अवघाव (Debris Avalanches)

मलबा अवघाव आर्द्र क्षेत्रों में पाया जाता है तथा हिम अवघाव (Snow avalanches) के सदृश्य होता है। यह भारी वर्षा से सन्तृप्त होने पर मलबे का आकस्मिक होने वाला संचलन होता है। अनेक बार मलबा स्खलन (Debris slides) व मलबा अवघाव के मध्य अन्तर कर पाना भी कठिन कार्य होता है। इनमें मूल अन्तर जल की मात्रा का होता है, मलबा स्खलन में जल की मात्रा अधिक होती है। आधार शैलों (Bed rock) में अवघाव के बार-बार होने से कटाव हो जाता है जिसे *अवघाव चूट* (Avalanche chutes) कहते हैं।

3. भूस्खलन (Landslides or Landslips)

यह एक निम्नवर्ती ढाल की ओर होने वाला शैल खण्डों का गुरुत्वीय संचलन है। इसको गतिशील करने में भारी वर्षा, व भूकम्प जैसे प्राकृतिक कारकों की भूमिका होती है। मानवीय हस्तक्षेप को भी इसके लिए उत्तरदायी माना जा रहा है। भूस्खलन के अन्तर्गत होने वाले संचलनों में आपेक्षिक शुष्कता वाले मृदा मलबे का समूह होता है। प्रकृति में निम्नांकित पाँच प्रकार के भूस्खलन पहचाने गये हैं—

(i) अवपात (Slump) (ii) मलबा स्खलन (Debris Slides) (iii) मलबा पात (Debris Fall) (iv) शैल स्खलन (Rock Slide) तथा (iv) शैलपात (Rock Fall)।

अवपात (Slump)

शैल मलबे की एक या अधिक इकाइयों के निम्नवर्ती भाग में खिसकने (Slipping) को अवपात कहते हैं। सरीताओं के द्वारा ढाल के अन्तर्कटाव तथा मानवीय गतिविधियों को अवपात का कारण माना जाता है। अवपात संहति (Slumped Mass) वाले धरातल पर वेदिका की तरह अनेक सीढ़ियाँ बन जाती हैं। पर्वतीय ढाल के अनुरूप शैलों का स्खलन रुक-रुककर होता रहता है। सीढ़ियाँ बनने का मूल कारण अवपात के दौरान शैलों का अधिक दूर तक स्खलन न होना है। मिसिसिपी घाटी में सदैव लोयस जमाव के दौरान छोटी वेदिकायें बन जाती हैं, जिन्हें **केटस्टेप्स (Catsteps)** कहते है।

मलबा स्खलन (Debris Slides)

यह असंगठित शेल मलबे के बिना संहति (mass) के पीछे गति करने वाला स्खलन (sliding) होता है। इसमें शैल संहति पीछे गति नहीं करती है। तथा जल की मात्रा भी कम होती है। शार्पे ने इसे मृदा फिसलन या *मृदा स्खलन* (Earthslide or slips) कहा है। मलबा स्खलन बड़ी मात्रा में असंगठित रूप से आवरण प्रस्तर (Regolith) के एकत्रित होकर संचलित होने पर होता है।

मलबा पात (Debris Fall)

यह मलबा स्खलन से थोड़ा भिन्न संचलन होता है जिसमें लटकते भृगु (Hanging Cliff or Bluff) से ऊर्ध्वाधर पात (Fall)

होता हैं। यह मूलतः सरिताओं के किनारों पर अन्तर्वर्ती कटाव वाले क्षेत्रों में पाया जाता है।

शैल स्खलन (Rock Slide)

यह भूस्खलन का सबसे महत्वपूर्ण भाग होता है जिसमें आधार तल के सहारे शैल मलबा तीव्र गति से स्खलित होता है। पहाड़ी भागों पर ढाल के अनुरूप बड़े-बड़े शिलाखण्ड अपने स्थान से खिसक जाते हैं जो नीचे की ओर गिरकर छोटे टुकड़ों में बदलकर शैल चूर्ण बन जाते हैं। पहाड़ों पर हिम के पिघलते समय यह क्रिया अधिक होती है। सन् 1884 में नैनीताल (उत्तरांचल) के समीप मल्लीताल में स्थित **नैना** झील के उत्तरी भाग में बड़ी मात्रा में शैल स्खलन हुआ जिससे इस झील का उत्तरी पश्चिमी भाग शैल मलबे से भर गया तथा वर्तमान में यह क्षैत्र नैनीताल के हैलपेड के रूप में उपयोग में लिया जा रहा है।

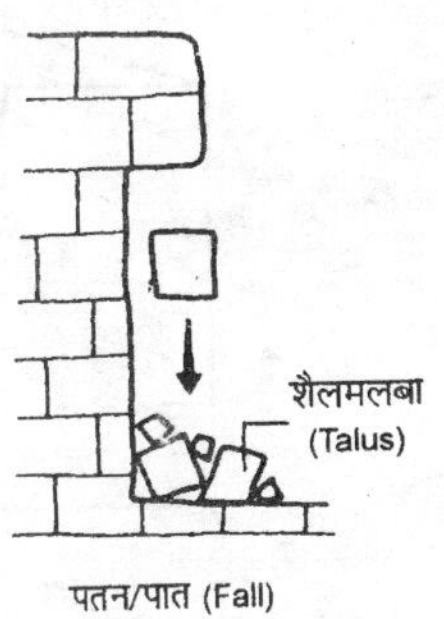

चित्र 14.4 *शैलपात (after A. Goudie)*

शैलपात (Rock Fall)

किसी भी तीव्र ढाल पर होने वाला शैल खण्डों का स्वतन्त्र पात (Falling) शैल पात कहलाता है। इस प्रक्रिया में शेलों के छोटे टुकड़े भृगु के सामने वाले भाग से अलग होकर नीचे की ओर गिरते हैं। बसन्त ऋतु में पर्वतीय क्षेत्रों में शैलपात बहुतायत से होता है

4. अवतलन (Subsidence)

वृहद संचलन के एक प्रकार के सन्दर्भ में अवतलन भूपृष्ठीय पदार्थों का निम्नवर्ती स्थानान्तरण होता है। यहाँ निम्नवर्ती स्थानान्तरण से अभिप्राय ऊर्ध्वाधर गति से लिया गया है। इसमें क्षैतिज रूप में गति नहीं होती है। रिफ्ट घाटी तथा घोल रन्ध्र (Solution holes) इसके विशिष्ट उदाहरण हैं।

वृहद क्षरण के उपर्युक्त वर्गीकरण के अतिरिक्त अनेक विद्वानों ने इसे पुनः संशोधित कर वर्गीकृत किया है लेकिन वर्गीकरण से तात्पर्य यह नहीं है कि ऊपर वर्णित प्रक्रियाओं की क्रिया विधि एवं प्रकृति बदलती है वरन् उन्होंने केवल अपने अध्ययन के अनुसार इन्हें विभिन्न वर्ग बनाकर उनमें रखने का कार्य किया है। उदाहरणार्थ शीर्पे महोदय ने सभी प्रकार की वृहद क्षरण की क्रियाओं को चार वर्गों में रखकर 14 प्रकार बताये हैं तथा वृहद संचलन (Mass Movement) तथा वृहद क्षरण (Mass Wasting) में वृहद क्षरण को प्राथमिकता दी है। इसी प्रकार पीटर स्मिथसन, केन एडीसन तथा केन एक्टिसन ने इस सम्पूर्ण प्रक्रिया को वृहद क्षरण नाम दिया है। जबकि एण्ड्री गाउडी ने अपनी रचना *The Nature of Environment* में वृहद संचलन को अधिक उपयुक्त बताया, जिसका अनुसरण क्रिस पार्क ने भी किया। क्रिस पार्क ने प्रकृति में होने वाली वृहद संचलन की प्रक्रिया के पाँच प्रकार बताये हैः

1. *विसर्पण (Creep)* – यह मृदा पदार्थों का निम्नवर्ती भागों में होने वाला मन्द संचलन होता है।
2. *वाह (Flow)* – इसमें संचलन विसर्पण की तुलना में तीव्र होता है तथा जल एक स्नेहक का कार्य करता है।
3. *स्खलन (Slide)* – यह मृदा पदार्थों का आकस्मिक संचलन है, जिसमें अपक्षयित शैल तीव्र ढालू भागों पर स्खलित होती है।
4. *अवपात (Slump)* – मृदा या आधार शैल में भृगु या किनारा अनावृत्ति-करण (Bank or Cliff exposer) अवपात कहलाता है।
5. *पात (Fall)* – भृगुनुमा आकृति में ऊपरी भाग से तीव्रता से ऊर्ध्वाधर रूप में गति होती है। इसमें कोणीय खण्ड ढाल के पदीय भागों तक चले जाते हैं।

चित्र 14.5 *त्वरित वृहद् संचलन की प्रक्रियायें (after C.C. Park, 1997)*

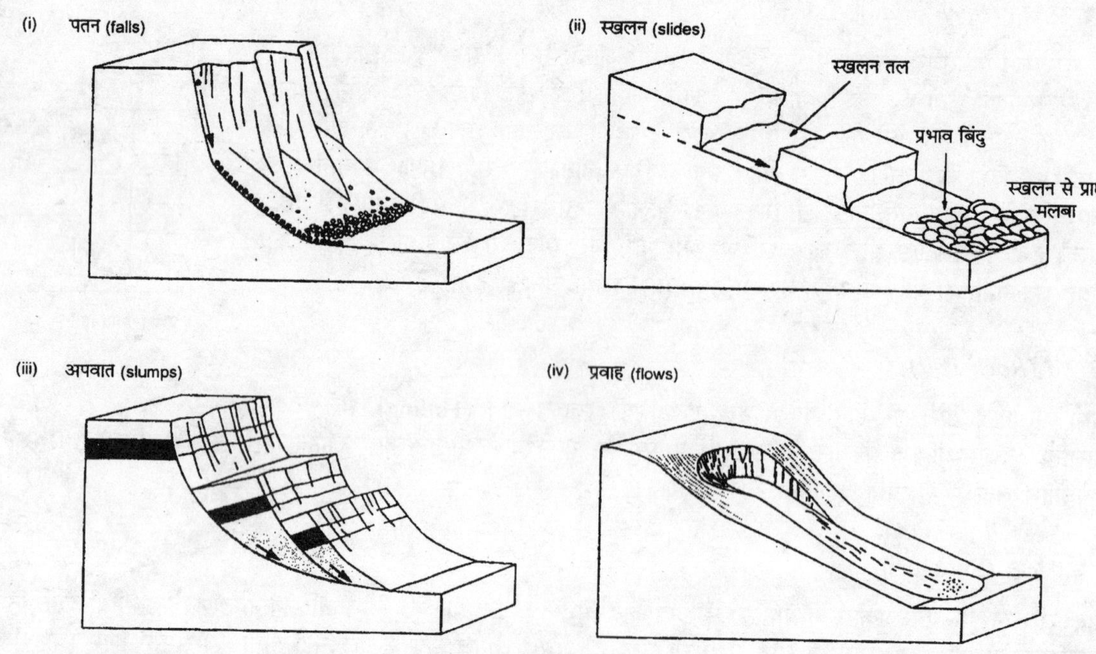

वृहद संचलन के बारे में अध्ययन कर एच. जे. डी. ब्लिज एवं पीटर ओ. मुलर ने बताया कि यद्यपि वृहद संचलन को स्पष्टतः वर्गीकृत कर पाना तो कठिन है, लेकिन मुख्यतः इस सम्पूर्ण प्रक्रिया को संचलन की दर के आधार पर चार वर्गों में रखा जा सकता है। ये निम्नांकित है:

1. **विसर्पण संचलन (Creep Movement)** – यह सबसे मन्द गति का वृहद संचलन होता है जिसे स्पष्टतया पहचानना कठिन कार्य है। इसमें सर्वाधिक पहचानने योग्य क्रिया मृदा सर्पण है। इस वर्ग में मृदा विसर्पण के अतिरिक्त मृदा विसर्पण (Solifluction or Soil Flow) को भी सम्मिलित किया है।

2. **वाह संचलन (Flow Movement)** – इसकी गति तीव्र होती है तथा भूपृष्ठ पर प्रभाव दृष्टिगत होता है। इस संचलन में चालक बल के रूप में गुरुत्व शक्ति के साथ जल का भी महत्व माना गया है। इस वर्ग में मृदा प्रवाह (Earth Flow), पंक प्रवाह (Mud Flow) तथा अवपात (Slumping) को सम्मिलित किया गया है।

3. **स्खलित संचलन (Slide Movement)** – जब मृदा या शैल मलबा उच्च कोणीय तीव्र ढालू भागों से तीव्रता से स्खलित होता है तब उसे स्खलित संचलन कहते हैं। इस प्रक्रिया में भूस्खलन (Land Slide or Rock Slide) को महत्वपूर्ण माना जाता है।

4. **पात संचलन (Fall Movement)** – यह वृहद संचलन की सबसे तीव्र प्रक्रिया है जिसमें खड़े ढाल से तीव्रता से ऊर्ध्वाधर संचलन होता है। इस संचलन की आधार भूमि भृगुनुमा होती है, जिसमें ऊपर से बड़े-बड़े शिलाखण्ड गिरते हैं जो नीचे जाकर परस्पर छोटे-छोटे टुकड़ों में बदल जाता है।

अपक्षय और वृहद क्षरण का प्रकृति में होने वाली समतलन (Gradation) की क्रिया में प्रमुख योगदान है। ये भ्वाकृतिक प्रक्रिया के द्वारा होने वाली अनाच्छादन की क्रिया में योग देते हैं। अपक्षय अपरदन तथा वृहद क्षरण की क्रिया में सहायक है

तथा साथ ही आवरण प्रस्तर (Regolith) तथा मृदा निर्माण में इसकी महती भूमिका होती है। पृथ्वी की आन्तरिक शक्तियों द्वारा भूसतह पर उत्पन्न उच्चावचीय भिन्नता को कम करने में भी अपक्षय एवं वृहद क्षरण का भौगोलिक महत्व है।

भ्वाकृतिक प्रक्रम प्रकृति में अवक्रमण (Degradation) करके भारी मात्रा मे शैल मलबे तथा तलछट का निर्माण कर स्थानान्तरित करते हैं जिसके तहत भूसतह पर स्थित स्थानों पर जमा कर अभिवृद्धि (Aggradation) करते हैं। स्पष्ट है कि ये प्रक्रम प्रकृति में नवीन भूदृश्य की रचना करते हैं। इस सम्पूर्ण प्रक्रिया में ये प्रक्रम स्वतन्त्र न होकर परस्पराश्रित होते हैं। उदाहरणार्थ अपक्षय होगा तो अपरदन के लिए शैल मलबा उपलब्ध होगा। इस प्रकार सभी भ्वाकृतिक प्रक्रमों को हम मूलतः दो वर्गों, अनाच्छादन एवं वृहदक्षरण के अन्तर्गत भी विभक्त करते हैं, क्योंकि अनाच्छादन में भ्वाकृतिक प्रक्रम कार्य करते हैं जबकि वृहद क्षरण में गुरुत्व शक्ति मुख्य होती है।

आकारजनक प्रदेशों की संकल्पना (The Concept of Morphogenetic Regions)

भ्वाकृतिक प्रक्रिया के भौगोलिक विवेचन से यह स्पष्ट हो गया है कि विभिन्न प्रकार की भ्वाकृतिक प्रक्रियाओं से उत्पन्न होने वाले भू-आकार भी भिन्न होते हैं। किसी धरातल के लक्षणों में जलवायुवीय दशाओं का प्रभाव स्पष्टतः परिलक्षित होता है। भूगोलवेत्ताओं ने भूगर्भवेत्ताओं से अधिक स्पष्ट रूप से प्रमुख मृदा वर्गों, वनस्पति के प्रकार तथा जलवायु प्रदेशों के सीमांकन

चित्र 14.6 *प्रमुख आकारजनक प्रदेशों की संभावित तापमान एवं वर्षा की सीमाऐं (after W.B., Thornbury 1969)*

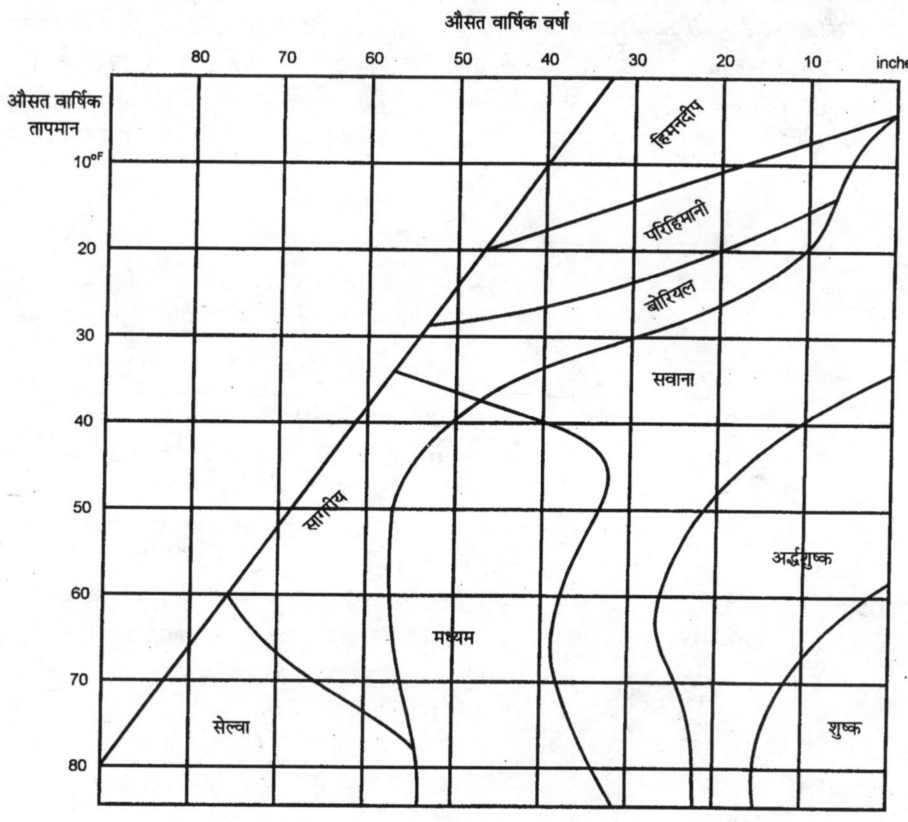

तथा वितरण को पहचाना है। इनमें पायी जाने वाली समानताओं को पहचानने में जलवायु सर्वाधिक सहायक कारक है। विभिन्न प्रकार की भ्वाकृतिक प्रक्रियाओं एवं जलवायु का अध्ययन करने के उपरान्त हम विभिन्न प्रकार के भू-आकारों एवं जलवायु के मध्य~पाये जाने वाले समान सम्बन्धों को देख सकते हैं। इसी कारण आकारजनक प्रदेशों को आकार जलवायु प्रदेश (Morphoclimatic Zones) भी कहा जाता है। यह संकल्पना इस तथ्य पर आधारित है कि प्रत्येक भ्वाकृतिक प्रक्रम पृथक लक्षणों वाले स्थलरूप को जन्म देता है तथा प्रत्येक प्रक्रम विशेष प्रकार की जलवायु दशाओं का प्रतिफल होता है।

भ्वाकृतिक प्रक्रम तथा जलवायु के मध्य सम्बन्धों के बारे में अध्ययन करके **सायर** महोदय ने बताया कि विशेष प्रकार की जलवायु में विशेष प्रकार के स्थलरूप विकसित होते हैं। बुदेल (Budel) ने 1944 से 1948 के मध्य अध्ययन कर आकारजनक प्रदेशों (Formkreisens or Morphogenetic Regions) की संकल्पना प्रस्तुत की। इन्होंने स्पष्ट किया कि निश्चित जलवायुवीय दशाओं में विशेष प्रकार की भ्वाकृतिक प्रक्रिया सम्पन्न होती है, जो विशेष लक्षणों वाले भूदृश्य को उद्‌भूत करती है। बुदेल (Budel) ने 1963 में चार प्रमुख आकारजनक कटिबन्ध बताये :

1. उष्ण कटिबन्धीय सवाना तथा भूमध्यरेखीय पेटी में समतल प्रभावी कटिबन्ध (Zone of dominant Planation in the Equatorial and Savanna belts)
2. पेडीमेण्टेशन की क्रिया वाला उपोष्ण कटिबन्ध (Sub tropical zone in which Pedimentation is dominant)
3. विस्तृत उष्ण कटिबन्धीय पेटी, जहाँ जलीय क्रिया (Fluvial Processes) महत्वपूर्ण है।
4. उच्च अक्षांशीय कटिबन्ध जो स्थायी हिम वाला परिहिमानी (Periglacial) क्षेत्र है।

आकारजनक प्रदेश की संकल्पना को व्यवस्थित रूप में विकसित करने का कार्य पेल्टियर ने 1950 में किया। इन्होंने आकारमितिय उपकरणों के आधार पर आकारजनक प्रदेशों का वर्गीकरण प्रस्तुत किया। पेल्टियर ने इस वर्गीकरण के निम्नलिखित दो जलवायु मापकों (Climatic Parameters) को आधार माना—(i) औसत वार्षिक तापमान (ii) औसत वार्षिक जलवर्षा (Precipitation)। इस आधार पर पेल्टियर ने सम्पूर्ण विश्व को नौ आकारजनक प्रदेशों में विभक्त किया। इनका विवरण निम्नलिखित है—

सारणी 14.1 *पेल्टियर के द्वारा वर्णित विश्व के आकारजनक प्रदेश*

	आकारजनक प्रदेश	औसत तापमान वार्षिक (^oF)	औसत वार्षिक वर्षा (इंच में)	आकृतिक विशेषतायें
1.	हिमानी (Glacial)	0°-20°	0-45	हिमानी अपरदन, निक्षेप, वायु कार्य
2.	परिहिमानी (Periglacial)	5°-30°	5-55	तीव्र सामूहिक संचलन, सामान्य से तीव्र वायु कार्य, प्रवाही जल का न्यून कार्य।
3.	बोरियल (Boreal)	15°-39°	10-60	सामान्य तुषार क्रिया, सामान् से न्यून वायु कार्य प्रवाही जल का सामान्य कार्य।
4.	सागरीय (Maritime)	35°-70°	50-75	तीव्र सामूहिक संचलन, सामान्य से तीव्र जल के कार्य।
5.	सेल्वा (Selva)	60°-85°	35-90	तीव्र सामूहिक संचलन, न्यून ढाल, घुलन, वायु कार्य की कमी।
6.	मृदु (Moderate)	38°-85°	35-60	प्रवाही जल का अधिकतम कार्य, सामान्य सामूहिक संचलन, शीत क्षेत्रों में सामान्य तुषार क्रिया।
7.	सवाना (Savanna)	10°-85°	25-50	तीव्र से न्यून प्रवाही जल का कार्य, सामान्य वायु कार्य।
8.	अर्द्ध शुष्क (Semiarid)	38°-85°	10-25	तीव्र पवन का कार्य सामान्य से तीव्र जल कार्य।
9.	शुष्क (Arid)	55°-85°	0-15	तीव्र पवन कार्य व न्यून जल कार्य।

15

अपरदन चक्र की संकल्पना
(Concept of Cycle of Erosion)

पृथ्वी पर धरातलीय उच्चावच में अन्तर्जात एवं बहिर्जात बलों के पारस्परिक प्रभावों के परिणामस्वरूप सन्तुलन बना रहता है, जिससे किसी स्थान पर उत्थान हो जाता है तथा पुनः कालान्तर में अपरदित होकर समप्रायः बन जाता है। घाटियाँ गहरी व चौड़ी होती जाती हैं, इस प्रकार भूतसतह पर आन्तरिक शक्तियों द्वारा उत्पन्न उच्चावच निरन्तर समतलन (Planation) द्वारा तलोच्चित होते रहते हैं। जैसे ही कई उत्थित भूखण्ड तलोच्चन (Aggradation) द्वारा समतल मैदान बनाता है वैसे ही आन्तरिक शक्तियों का उस भूखण्ड को पुनः ऊपर उठा देती है। इस प्रकार कोई भी दृश्यभूमि (Landscape) लम्बी चक्रिय व्यवस्था से गुजरती है जिसका एक ऐतिहासिक जीवन होता है।

दृश्यभूमि का विकास चक्रीय रूप में होता है। जिसका अवलोकन सर्वप्रथम प्रसिद्ध स्काटिश भूगर्भवेत्ता जेम्स हट्टन (Hutton J. 1726-1802) ने 1785 में किया था उन्होंने एकरूपतावाद के सिद्धान्त का प्रतिपादन करते हुए बताया कि *वर्तमान भूत की कुंजी* है। उन्होंने चक्रीय व्यवस्था की ऐतिहासिक पृष्ठभूमि को स्पष्ट करते हुए कहा कि, *"न तो आदि का पता है, न अन्त का भविष्य"* (No visiting of beginning, no prospect of an end.)। उन्होंने अपनी एकरूपतावाद की विचारधारा में बताया कि प्राचीन काल के भूगर्भिक प्रक्रम न तो आकस्मिक थे और न ही प्रलयवादी। अतः ये वर्तमान भूगर्भिक परिवर्तनों के समरूप थे केवल उनकी सक्रियता में अन्तर था। इस प्रकार भू-आकारों के विकास की इस चक्रीय व्यवस्था को ही भौगोलिक चक्र (Geographical Cycle) या *'भूआकृतिक चक्र'* (Geomorphic Cycle) कहते हैं।

चक्रीय विचारधारा को सैद्धान्तक रूप में विकसित करने का कार्य प्रसिद्ध अमेरिकन भूगोलवेत्ता विलियम मौरिस डेविस (W. M. Davis) ने किया। डेविस महोदय ने बताया कि अपरदन क्रिया स्थलरूपों के विकास चक्र को समायोजित करती है। उन्होंने अपरदन चक्र को निम्नवत् परिभाषित किया—

"भौगोलिक (अपरदन चक्र) चक्र समय की वह अवधि है, जिसके अन्तर्गत एक उत्थित भूखण्ड अपरदन के कारकों द्वारा प्रभावित होकर एक आकृति विहीन समतल मैदान में बदल जाता है।"

(Geographical Cycle is a period of time during which an uplifted landmass undergoes its transformation by the process of land sculpture into a low featureless plain or peneplain) । डेविस ने अपने मत का प्रतिपादन 1889 में *'पेनिप्लेन'* के विकास को समझाने के साथ ही कर दिया था लेकिन सैद्धान्तिक रूप में 1899 में प्रस्तुत किया था। जर्मन विद्वानों ने डेविस की चक्रीय व्यवस्था में *'चक्र'* शब्द पर आपत्ति करते हुए उसे भ्रामक बताया। डेविस ने 1905 में शुष्क प्रदेशों के *'शुष्क अपरदन चक्र'* (Arid cycle of Erosion) का प्रतिपादन किया। बीदी ने 1911 में, स्वीजिक ने 1918 में तथा सैण्डर्स ने 1921 में चूना प्रदेशों में कार्स्ट अपरदन चक्र को स्पष्ट किया।

डेविस द्वारा भौगोलिक चक्र को पेनीप्लेनेशन चक्र (Cycle of Peneplaination) के रूप में स्पष्ट किया, जिसमें क्रिकमें ने संशोधन कर 1933 में *'पेनीप्लेनेशन'* शब्द के स्थान पर *पेनप्लेनेशन* (Panplanation) शब्द को उपयुक्त बताया। किंग (L.C.King, 1948) ने शुष्क सवाना प्रदेशों के भूआकृतिक विकास को स्पष्ट करने के लिए *पेडिप्लेनेशन चक्र* (Pediplanation

Cycle) की संकल्पना का प्रतिपादन किया। पफ एवं थामस (Puff & Thomas, 1966) ने अफ्रीका के शुष्क एवं अर्द्धशुष्क क्षेत्रों में भूआकृतिक विकास को स्पष्ट करने के लिए *'सवाना अपरदन चक्र'* को प्रस्तुत किया। 1950 में पेल्टियर ने परिहिमानी (Periglacial) क्षेत्र में *कांजेलीफ्रेक्सन* (Congelifraction or frost weathering), *क्रोयोटर्बेशन* (Cryoturbuation or frost heaving) तथा *मृदा सर्पण* (Solifluction or mass movement) आदि प्रक्रमों द्वारा *परिहिमानी अपरदन चक्र* (Periglacial Cycle of erosion) का प्रतिपादन किया।

इन सभी मतों के विरोध में स्ट्रेहलर (Strahler, 1952), हेक (Hack, 1960), कोरले (Chorley, 1962) आदि ने पूर्व में वर्णित विचारों को भ्रामक बताते हुए गतिक सन्तुलन सिद्धान्त (Dynamic Equilibrium Theory) का प्रतिपादन किया जिसमें भूआकृतिक चक्र में समय को महत्वहीन माना गया।

डेविस का अपरदन चक्र मॉडल (Devisian Model of Cycle of Erosion)

डेविस ने सर्वप्रथम 1899 में अपरदन चक्र को सैद्धान्तिक रूप में प्रस्तुत किया। उनके विचारों पर डार्विन के जीवों के विकास के सिद्धान्त (Theory of Organic Evolution, 1859) का यथेष्ट प्रभाव पड़ा। उनके मतानुसार कोई भी भूआकार किसी जीव के विकास के क्रम में ही विकसित होता है। उनके अनुसार किसी भी स्थलरूप (Landform) का विकास उसकी संरचना (Structure) प्रक्रम (Process) तथा समय (Time) के परिणामस्वरूप ही पूर्ण होता है। अतः डेविस के अपरदन चक्र को स्पष्टतः समझने के लिए इन तीनों तत्वों को समझ लेना आवश्यक होगा।

(i) ***संरचना** (Structure)* – डेविस ने शैलों की संरचना को वर्तमान में प्रयुक्त आशय से अधिक व्यापक माना है, संरचना का अभिप्राय शैलों की भूगर्भिक रचना से है जिसमें शैलों की स्थिति एवं प्रकृति दोनों सम्मिलित हैं। शैल की स्थिति में उसका अभिनति कोण नतिलम्ब (Strike), वलन (folds), भ्रंश (faults) नमन कोण, तथा शैल की प्रकृति में उसके प्रकार, खनिज, संगठन, उसकी आपेक्षिक कठोरता तथा आपेक्षिक पारगम्यता (Relative Permeability) तथा सरन्ध्रता (Porosity) आदि विशेषताओं का अध्ययन किया जाता है। थार्नबरी महोदय ने बताया कि, *"संरचना"* शब्द को वलन भ्रंश तथा विषम विन्यास (Unconformity) आदि लक्षणों के साथ संकीर्ण अर्थ में नहीं लेना चाहिए वरन् इसमें उन सभी विशिष्टताओं को सम्मिलित किया जाना चाहिए जिनके द्वारा पृथ्वी पर निर्मित भूआकारों के स्वरूप में परिवर्तन आता है, जिनमें संधियों तथा संस्तरों (Joints and bedding planes), भ्रंशों, वलनों, रासायनिक संगठन आदि को सम्मिलित करना चाहिए। संरचना में शैल संस्तरों के स्थानिक तथा प्रादेशिक अन्तर्सम्बन्धों का भी अध्ययन किया जाता है। इस प्रकार उनके अनुसार सर्वप्रथम शैल संरचना का विकास होता है तथा उसके उपरान्त उन पर विविध भू-आकृतिक स्वरूप विकसित होते हैं।

शैल संरचना का विकास दीर्घकाल में सम्पन्न पटल विरूपणी क्रिया (Diastrophism) द्वारा होता है जिसे अपरदन क्रिया का नियन्त्रणकारी कारक माना गया है। नरम शैल कठोर शैलों की तुलना में सरलता से शीघ्र ही कट जाती हैं। इसी प्रकार तलछटी शैलों में संधियों एवं भ्रशों की उपस्थिति के कारण अनाच्छादन की संभावना अधिक रहती है। उदाहरणार्थ आग्नेय शैल तलछटी शैलों की तुलना में शीघ्रता से कट जाती हैं। इसी प्रकार ढाल तथा शैलों की कठोरता भी अपरदन की दर को नियन्त्रित करती है। थार्नबरी महोदय ने लिखा है कि, *"Geological structure is a dominant control factor in the evolution of landforms and is reflected in them."* अर्थात् *"स्थलरूपों के विकास में भूवैज्ञानिक संरचना प्रमुख नियन्त्रक कारक है तथा यह उनमें परिलक्षित होती है।"*

(ii) ***प्रक्रम** (Process)* – शैलों का अनाच्छादन करने वाले कारकों को प्रक्रम कहते हैं। इनमें प्रवाहित जल, पवन, हिमनद, भूमिगत जल तथा सागरीय तरंगें प्रमुख हैं। ये भूसतह पर अपनी अपरदनकारी शक्तियों द्वारा अनेक स्थलाकृतियों को विकसित करते हैं। अतः प्रत्येक स्थलाकृति किसी विशेष प्रक्रम का ही प्रतिफल होती है। थार्नबरी ने कहा है कि *''भू आकृतिक प्रक्रम भूआकृतियों पर अपने विशेष चिन्ह छोड़ते हैं तथा प्रत्येक प्रक्रम भू-आकृतियों द्वारा उसके विशेष गुणों*

की भूआकृतियों का निर्माण करता है।"(Geomorphic processes leave their distinctive imprint upon landforms and each geomorphic process develops its own characteristics assemblage of landforms). जैसे शुष्क प्रदेशों में पवन के कार्यों से छत्रक, वातगर्त, भूस्तंभ, ज्यूजेन तथा बालूका स्तूप बनते हैं वहीं उष्णार्द्र प्रदेशों में प्रवाहित जल द्वारा वी-आकार की घाटी, गॉर्ज, केनियन, जल प्रपात, कास्केड कटेरेक्ट, जलोढ पंख तथा जलोढ शंकु निर्मित होते हैं। हिमावरित प्रदेशों में हिमनद भी अपरदन एवं निक्षेप द्वारा अनेक विशिष्ट स्थलाकृतियों को जन्म देता है। स्पष्ट है कि प्रत्येक प्रक्रम विशिष्ट भूआकृतियों का विकास करते हैं। प्रक्रमों की कार्यशीलता शैल संरचना तथा ढाल से प्रभावित होती है।

(iii) ***अवस्था** (Stage)* – इसे डेविस ने समय (Time) भी कहा है। यद्यपि स्थलरूपों के विकास में शैल संरचना तथा प्रक्रमों की प्रभावी भूमिका होती है लेकिन उसमें पर्याप्त समय लगाता है। किसी भी स्थलरूप के विकास में लगने वाली समयावधि को ही अवस्था कहा जाता है। जैसा कि पूर्व में बताया गया है कि डेविस के विचारों पर डार्विन के जीव विकास सम्बन्धी विचारों का प्रभाव था इसीलिए उन्होंने मानव जीवन के अवस्थाओं की तरह ही स्थलखण्ड के विकास में भी तीन अवस्थाओं, युवावस्था (Youth), प्रौढ़ावस्था (Maturity) तथा प्रौढ़ावस्था (Oldage) का क्रम माना है। इन अवस्थाओं का निश्चित आना आवश्यक नहीं है, क्योंकि यदि शैल मुलायम है तो शीघ्रता से सभी अवस्थाएँ पूर्ण होंगी। इस प्रकार किसी स्थलखण्ड पर विभिन्न प्रक्रमों द्वारा किये गये परिवर्तन से होने वाले विकास को अवस्था कहते हैं।

डेविस का भौगोलिक चक्र मॉडल निम्न मान्यताओं (Assumptions) पर आधारित है

1. स्थलरूप अन्तर्जात (पटलविरूपणी) तथा बहिर्जात (Exogenetic) बलों की पारस्परिक क्रिया का प्रतिफल होता है।
2. स्थलरूपों का विकास क्रमिक रूप में होता है, जो पर्यावरणीय दशाओं में परिवर्तन का अनुसरण करता है।
3. नदियाँ अपनी घाटी को उस समय तक गहरा करती रहती हैं जब तक कि वे व्यवस्थित या प्रवणित दशा (graded condition) को प्राप्त नहीं कर लेती हैं। प्रवणित दशा के उपरान्त पार्श्विक अपरदन (Lateral erosion) द्वारा घाटी चौड़ी होने लगती है।
4. स्थलखण्ड का उत्थान तीव्रगति से लघु अवधि में पूर्ण होता है।
5. अपरदन उत्थान की समाप्ति पर ही आरम्भ होता है, अर्थात् उत्थान एवं अपरदन साथ-साथ नहीं चलते हैं।

डेविस की विचारधारा अपरदन चक्र की अमेरिकी विचारधारा के नाम से भी जानी जाती है, जिसकी उन्होंने विस्तृत विवेचना की है। उनके मतानुसार सर्वप्रथम किसी भी स्थलखण्ड का तीव्रता से उत्थान (uplift) होता है तथा उत्थान पूर्ण होने पर उत्थित भूखण्ड पर अपरदन का कोई कारक (प्रक्रम) सक्रिय होता है। सतत् अपरदन द्वारा उत्थित भूखण्ड विभिन्न अवस्थाओं से गुजरता है। जिसके दौरान अनेक स्थलाकृतियों का निर्माण होता है तथा सतही विषमताऐं समाप्त हो जाती हैं तथा अन्त में उत्थित भूखण्ड एक समतल प्रायः मैदान में परिवर्तित हो जाता है, जिसे डेविस ने समप्रायः मैदान (Peniplain) कहा है। डेविस ने उत्थान की अवधि को छोटी तथा अपरदन को लम्बी अवधि तक सक्रिय माना है।

इस प्रकार डेविस महोदय ने अपरदन चक्र की निम्नलिखित तीन अवस्थाऐं बताई हैं—

(i) ***युवावस्था** (Youthful Stage)* – यह अवस्था स्ललखण्ड के उत्थान के पूर्ण होकर अपरदन प्रारम्भ होने के साथ ही प्रारम्भ होती है। इस पर सर्वप्रथम अनुवर्ती नदियाँ (Consequent Streams) प्रवाहित होती हैं। पर्वतीय शिखरों तथा जल विभाजकों के ऊपरी भागों में सरीताओं के छोटे तथा कम सघन होने के कारण अपरदन अधिक नहीं होता है। ये नदियाँ लम्बवत् कटाव द्वारा अपने तल को गहरा करती हैं। इसे घाटी गर्तन (Valley deepening) कहते हैं। जबकि शीर्षवर्ती अपरदन से घाटियों की लम्बाई बढ़ने को सरिता दीर्घीकरण (Stream Lengthening) कहते हैं। सरिता दीर्घीकरण के उपरान्त जल के बहाव में तेजी आने से घाटियाँ तीव्रता से गहरी होती हैं जबकि पर्वत शिखर ऊँचे रहते हैं। कालान्तर में नदियों का गहरा होना कम हो जाता है तथा शिखरों पर अपरदन में तीव्रता आ जाती है। नदियाँ प्रवणित अवस्था

चित्र 15.1 *डेविस माडल के अनुसार अपरदन चक्र*

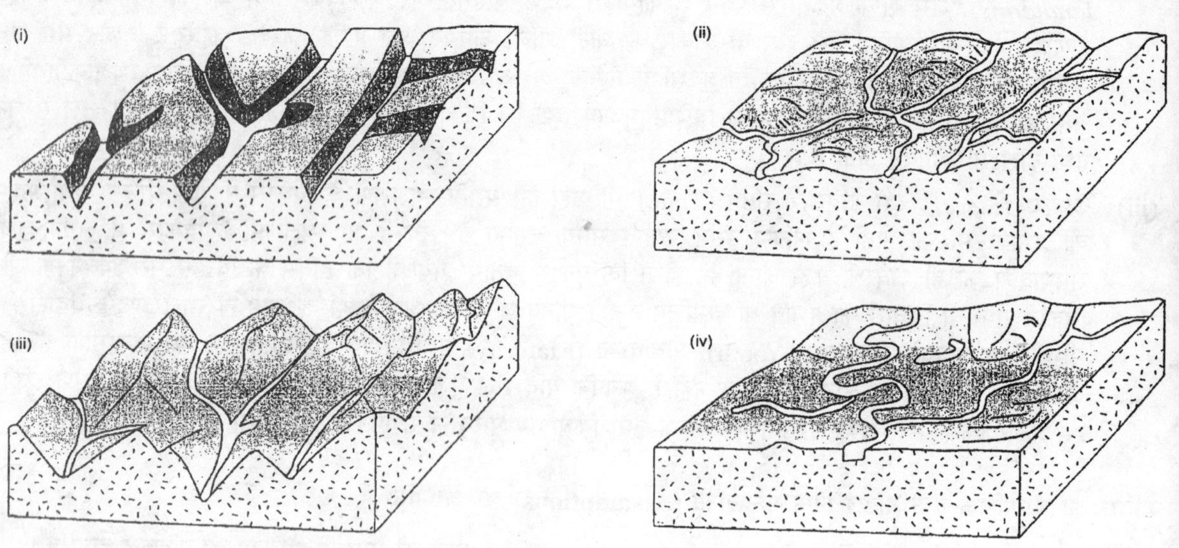

(Graded Stage) प्राप्त करने लग जाती हैं, जिससे उनकी प्रवाह शक्ति में कमी आ जाती है। अतः इस अवस्था में घाटी के गहरा होते जाने तथा शीर्ष भागों के अपरदन युक्त रहने से सापेक्ष उच्चावच (Relative Relief) में वृद्धि होती रहती है। नदियों की लम्बवत् या अनुदैर्ध्य परिच्छेदिका (Longitudinal Profile) नदी घाटी में क्षिप्रिकाओं (Rapids) तथा प्रपातों (Falls) के आविर्भाव के कारण खण्डित रूप में दृष्टिगत होती है। नदियों के किनारे खड़े दिखाई देने के कारण नदी की अनुप्रस्थ परिच्छेदिका वी-आकार की बन जाती हैं। ये वी-आकार की घाटियों पर उत्तल (Convex) ढालों का विकास हो जाता है। गॉर्ज तथा केनियन विकसित हो जाते हैं। इस प्रकार इस अवस्था में भूखण्ड का प्रारम्भिक तल पूर्णतया अपरदित नहीं होता। यह अवस्था लघु होती है।

(ii) ***प्रौढ़ावस्था (Mature Stage)*** – इस अवस्था में नदियाँ संरचना के अनुसार प्रवाहित होने लगती है। यह अवस्था सबसे लम्बी होती है। इसमें पार्श्विक अपरदन (Lateral Erosion) प्रारम्भ हो जाता है जिससे घाटियाँ चौड़ी होने लगती हैं। इस प्रक्रिया को 'घाटियों का चौड़ा होना' (Valley Widening) कहते हैं। इस अवस्था मे ऊँचाई तथा उच्चावच दोनों में कमी आने लगती है तथा नदियों की प्रवणता का अवक्रमक (Gradation) प्रारम्भ हो जाता है। इस प्रकार निरपेक्ष (वास्तविक) तथा सापेक्षिक (Relative) दोनों ही प्रकार के उच्चावच में क्रमिक रूप से ह्रास होने लगता है। नदियों की संरचना के अनुसार प्रवाहित होने के कारण नदी अपहरण (River Capture) नदी विसर्प तथा बाढकृत मैदान के निर्माण द्वारा भूखण्डों का समतलन (Planation) होने लगता है। परवर्ती नदियाँ (Subsequent Rivers) अनुवर्ती नदियों (Consequent Rivers) का स्थान लेने लगती हैं। पर्वतीय ढालों का निम्नीकरण होने से तीव्रता से हल्के होने लगते हैं।

(iii) ***वृद्धावस्था (Old Stage)*** – इसे जीर्णावस्था भी कहते हैं। इसमें न्यून प्रवणता तथा गतिक ऊर्जा (Kinetic Energy) में कमी आने से लम्बवत् अपरदन पूर्णरूपेण समाप्त हो जाता है। नदी घाटियाँ चौड़ाई में विकसित हो जाती हैं जिससे नदियों के किनारों पर विसर्पण (Meandering) करती हुई प्रवाहित होने लगती हैं। निरपेक्ष ऊँचाई घटने के कारण उच्चावचीय

विषमता समाप्त होने लगती है तथा अन्त में समप्रायः मैदान (Peneplain) निर्मित हो जाता है। जहाँ कहीं कठोर शैलें अवशिष्ट रूप मे खड़ी रह जाती हैं। उन्हें 'मोनेडनाक' (Monadnock) कहते हैं। मोनेडनाक का नामकरण न्यू हैम्पशायर में 'मोनेडनाक' नामक एकाकी पहाड़ी के नाम पर किया गया है। डेविस द्वारा प्रदत्त *"Peneplain'* को बाद में *'Peniplain'* भी कहा जाने लगा लेकिन वर्तमान में *'Peneplain'* अधिक उपयुक्त शब्द माना गया है।

डेविस ने सामान्य अपरदन चक्र की विभिन्न अवस्थाओं को एक ग्राफ द्वारा स्पष्ट रूप से समझाया है :

चित्र 15.2 *अपरदन चक्र का ग्राफ द्वारा प्रदर्शन (after Majid Husain)*

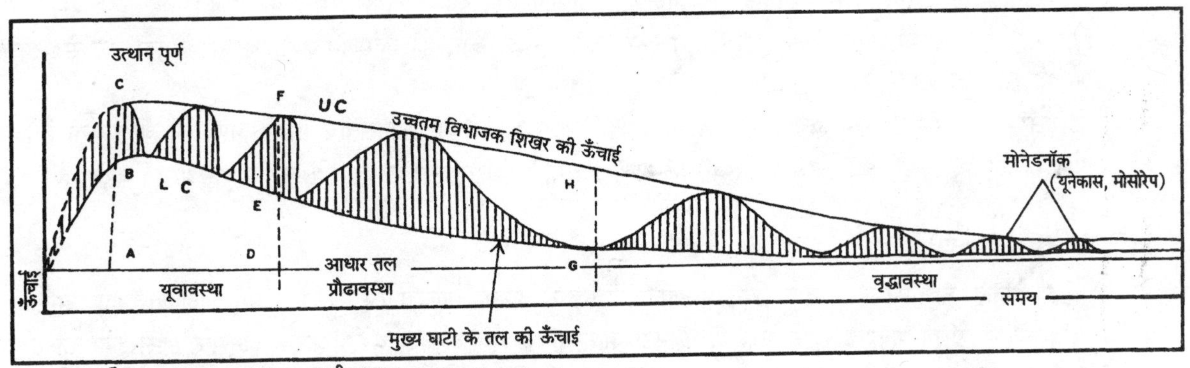

LC = निम्नवर्ती वक्र (Lower Curve), UC = उपरी वक्र (Upper Curve)

चित्र 15.2 में समान संरचना वाले धरातलीय भाग में अपरदन चक्र का प्रारम्भ होना बताया गया है। इस उत्थान की दर तीव्र तथा अवधि लघु मानी गयी है। इस प्रकार उत्थान की इस लघु अवधि को चक्रीय अवधि कहा गया है। अपरदन चक्र की इस प्रारम्भिक दशा को तैयारी की दशा या अवस्था (Pioneer Stage) कहा है। चित्र 15.2 में अपरदन चक्र के साधारण मॉडल को निरूपित किया गया है। ऊपरी वक्र (UC) भूसतह की सागर तल से निरपेक्ष ऊँचाई को दर्शाता है। साथ ही यह उपरीवक्र (U.C.) पर्वत शिखरों अथवा जल विभाजकों के शिखरों को भी दर्शाता है। इसी प्रकार निचला वक्र (LC) सागर तल से न्यूनतम ऊंचाई को दर्शाता है, जहाँ तक नदियाँ अपरदन कार्य करती हैं अर्थात् इसे नदी घाटियों की तली भी कहते हैं यह पावेल द्वारा प्रस्तावित 'आधार तल' (Base Level) का समानार्थी होता है। इसकी क्षैतिज रेखा (क-ग) समय को तथा लम्बवत् रेखा (क-ख) ऊंचाई (सागर तल से) को दर्शाती है। अ-स सागर तल से (आधार तल से) अधिकतम निरपेक्ष उच्चावच को निरूपित करती है जबकि ब-स प्रारम्भिक सापेक्षिक उच्चावच को दर्शाती है। उच्चस्थ एवं निम्नवर्ती स्थानों के लम्बवत अन्तर को सापेक्षिक उच्चावच कहते हैं अ-द-ल रेखा अपरदन के आधारतल (Base Level) को दर्शाता है। ध्यान रहे कि कोई भी नदी आधार तल से (जिसे नीचे तक घाटी को गहरा नहीं कर सकती है) य-र रेखा अधिकतम सापेक्षिक ऊंचाई को प्रदर्शित करती है। स्थल खण्ड का उत्थान 'स' के उपरान्त समाप्त हो जाता है। फलतः उत्थान की अवस्था समाप्त हो जाती है तथा अपरदन प्रारम्भ हो जाता है।

मूल्याँकन (Evaluation)

डेविस ने स्थल रूपों के विकास में चक्रीय व्यवस्था को सैद्धान्तिक रूप में प्रस्तुत किया जिसे व्यापक स्तर पर एक लम्बी अवधि (सन् 1899 से 1950) तक प्रसिद्धि मिली। वर्तमान में इस सिद्धान्त के समर्थकों की संख्या सिमट चुकी है फिर भी इतनी लम्बी अवधि तक महत्व मिलना यह स्पष्ट करता है कि अवश्य ही डेविस के मॉडल में कुछ प्रभावी पक्ष रहे हैं।

सकारात्मक पक्ष (Positive Aspects)

1. अपरदन का भौगोलिक चक्र भू-आकारों के विकास को स्पष्ट करने वाला प्रथम वैज्ञानिक मॉडल है।
2. यह अत्यन्त साधारण, सुगम (Lucid), तथा व्यावहारिक है।
3. यह मॉडल विस्तृत तथा गहन क्षेत्रीय अन्वेषण तथा अवलोकन पर आधारित है।
4. यह एक भू-आकारों के विकास से सम्बन्धित पूर्वगामी साधारण सिद्धान्त (Pioneer General Theory) है।
5. यह मॉडल आधार तल (Base Level), नदियों के आनुवांशिक वर्गीकरण, गिल्बर्ट के प्रवणित सरीता (Graded Streams) तथा सन्तुलन परिच्छेदिकाओं आदि नूतन भूआकृतियों का संश्लेषण प्रस्तुत करता है।
6. यह मॉडल अन्तर्जात एवं बहिर्जात बलों तथा इनसे जनित स्थल रूपों की कारणात्क्म गतियों को बेहतर ढंग से समझाने में भी सहायता करता है।
7. डेविस के इस मॉडल की सहायता से स्थल रूपों के विकास के बारे में विश्वसनीय भविष्यवाणी की जा सकती है।
8. यह मॉडल स्थलरूपों के विकास से सम्बन्धित अन्य नियमों एवं सिद्धान्तों के विकास का आधार प्रस्तुत करता है।

आलोचना (Criticism)

डेविस के भौगोलिक चक्र को जर्मन तथा अन्य भूआकृतिविदों द्वारा अनेक आलोचनायें की गई। प्रमुख आलोचनाएँ निम्न हैं:

1. डेविस द्वारा वर्णित भूखण्ड के उत्थान की कल्पना अवास्तविक एवं अस्वीकार्य है। उनके अनुसार स्थलखण्ड का उत्थान लघु अवधि में तीव्रता से उत्थान होता है। लेकिन वास्तविक रूप से पटलविरूपणी शक्तियों द्वारा होने वाला उत्थान दीर्घकाल में सम्पन्न हो जाता है।
2. डेविस की यह मान्यता कि सर्वप्रथम किसी भूखण्ड का उत्थान होता तथा उत्थान पूर्ण होने पर ही अपरदन कार्य प्रारम्भ होता है लेकिन प्रकृति में ऐसा संभव नहीं है कि अपरदन उत्थान के पूर्ण होने की प्रतीक्षा करे।
3. डेविस महोदय ने उत्थान होने के उपरान्त भूखण्ड को दीर्घ अवधि तक स्थिर रहना माना है, जो वास्तविक न होकर काल्पनिक ही लगता है। प्रकृति में आकस्मिक क्रियाओं द्वारा उत्थान हो सकता है जबकि अपरदन चक्र चलता रहता है।
4. उनके द्वारा प्रस्तुत चक्र शब्द भी भ्रामक है। चक्र सिद्धान्त के अनुसार जहाँ से अपरदन कार्य प्रारम्भ होता है, उसी स्थान पर समाप्त होना चाहिए। लेकिन ऐसा नहीं होता है।
5. अपरदन चक्र में प्रयुक्त विभिन्न अवस्थाओं की तुलना मानव जीवन से करना भी सही नहीं है। मानवीय जीवन की अवस्थाओं का भूखण्डों के जीवन वृत्त में प्रतिरूपित होना संभव नहीं है।
6. डेविस ने स्थलाकृति को संरचना, प्रक्रम एवं अवस्था का प्रतिफल माना है पेंक ने इसे अस्वीकार करते हुए बताया कि स्थल रूपों को उत्थान की दर (Rate of Upliftment) तथा निम्नीकरण (Degradation) के पारस्परिक सम्बन्धों का प्रतिफल होता है।
7. डेविस के मॉडल में समय को अधिक महत्व देने के कारण **'समय आधारित मॉडल'** (Time dependent Model) कहते हैं। जबकि हैक (Hack), स्ट्रेहलर (Strahler), कोरले (Chorley) आदि ने समय को प्रभावकारी न मानते हुए गतिक सन्तुलन सिद्धान्त (Dynamic Equilibrium Theory) का प्रतिपादन किया।
8. ओ माल ('O' mall) के मतानुसार डेविस ने अपरदन चक्र को अधिक साधारण बना दिया है, जो अनुचित है।

डेविस के मॉडल में उपर्युक्त कमियाँ होने के उपरान्त भी उसके समकालीन तथा बाद के भूगोलवेत्ताओं के लिए यह पूर्वगामी विचारधारा रही जिसके आधार पर अनेक भूआकृतिविदों ने कार्य किया। साथ ही भूआकारों के विकास के सम्बन्ध में विकसित सभी मॉडलों का यह जनक रहा है। इस प्रकार सम्पूर्ण भ्वाकृतिक चिन्तन इस संकल्पना से प्रभावित हुआ इसका प्रमुख

महत्व इस दृष्टि से भी है कि यह भू-आकारों के कृमिक विकास तथा उनके जननिक वर्गीकरण का आधार भी प्रदान करता है।

वाल्थर पेंक की संकल्पना (Walther Penck's Concept)

वाल्थर पेंक नामक जर्मन भू-आकृतिविद् द्वारा स्थलरूपों के विकास के बारे में प्रस्तुत मॉडल को **'आकारीकीय तन्त्र'** या **आकारीकीय विश्लेषण'** (Morphological System or Morphological Analysis) के नाम से जाना जाता है। इन्होंने अपने विचार 1924 में प्रस्तुत किये।

पेंक महोदय ने उत्थान एवं अपरदन क्रिया को साथ-साथ सक्रिय होना बताया तथा स्पष्ट किया कि स्थलरूपों का विकास (अपरदन चक्र) उत्थान एवं निम्नीकरण की दर तथा दोनों के पारस्परिक सम्बन्धों की प्रावस्था का प्रतिफल होता है। अर्थात् कोई भी भूदृश्य उत्थान की दर एवं अपरदन की दर द्वारा निर्धारित होता है। पेंक ने स्थलरूपों की विशेषताओं की व्याख्या के आधार पर बताया कि किसी भी प्रदेश के स्थलरूप उस प्रदेश की विवर्तनिक घटनाओं से सम्बन्धित होते हैं जिस आधार पर उनके मॉडल को ***'विवर्तनिक आधारित मॉडल'* (Tectonic Depending Model)** कहा गया जो डेविस के *समय आधारित मॉडल (Time Depending Model)* से सर्वथा भिन्न है।

पेंक के विचार सर्वप्रथम जर्मन भाषा में प्रकाशित हुये थे, जिन्हें ठीक ढंग से न समझ पाने के कारण अनेक भ्रान्तियाँ उत्पन्न हो गई एवं परिणामतः पेंक को अनेक आलोचनाओं का शिकार होना पड़ा। पैंक ने अपने ***'मार्फिलांजिकल सिस्टम'*** में चक्रीय संकल्पना को महत्वहीन करने के लिए *'अवस्था संकल्पना'* का प्रयुक्त नहीं किया है तथा अवस्था (Stage) के स्थान पर *'इंटिवकलुंग' (Entiwickelung)* नामावली को प्रयुक्त किया है, जिसका अभिप्राय है, *विकास (Development)*। अतः पेंक ने युवावस्था, प्रौढ़ावस्था तथा वृद्धावस्था के स्थान पर क्रमशः *आफस्तीजिंडे, इंटिवकलुंग* (Aufsteigende Entwickelunge) *(बढ़ती दर से विकास)* ग्लीखफर्मिंग इंटिवकलुंग (Gleichforming Entwickelunge) (समान दर से विकास) तथा आबस्तीजिंडे इंटिवकलुंग (Abstligende Entwickelung) (घटती दर से विकास) आदि नामावलियों को प्रस्तुत किया है।

पेंक ने उत्थान से पूर्व स्थलखण्ड को *'प्राइमारम्प (Primarumpf)'* नाम दिया है। प्राइमारम्प एक आकृतिविहीन समतल प्राय सतही मैदान होता है जिसके उत्थान के साथ ही स्थलरूपों का विकास प्रारम्भ हो जाता है। इसके विकास की दर एक समान न होकर भिन्न-भिन्न होती है। प्रारम्भिक अवधि में उत्थान धीमी गति से होता है जबकि अवधि लम्बी होती है। इसके तत्पश्चात् तीव्रता से तथा अन्त में समान दर से उत्थान होता है। अन्त में उत्थान घटती दर से होता है। इस प्रकार पेंक ने स्थलरूपों के विकास की भिन्नता को ध्यान में रखकर निम्नलिखित तीन अवस्थाएं बताई हैं—

चित्र 15.3 *भूआकारों के विकास का पेंक मॉडल (after Majid Husain)*

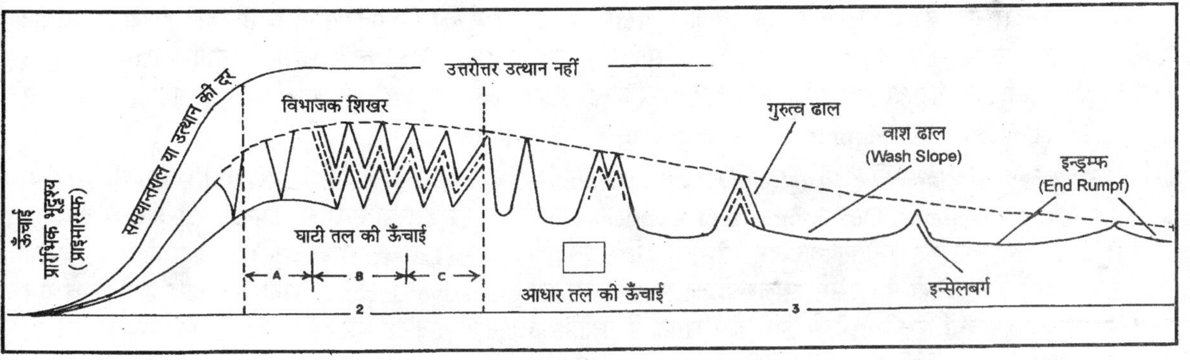

(i) ***आफ्तीजिण्डे इण्टिवकलुंग*** *(Aufsteigende Entwickelung–Phase of Accelerating Rate of Landform Development)*–यह स्थलरूपों के विकास की प्रथम अवस्था है। इसमें धरातल का धीमी गति से उत्थान होता है तथा कुछ समय उपरान्त उत्थान की दर तीव्र हो जाती है। आफस्तीजिण्डे इण्टिविकलुंग का अभिप्राय है स्थलरूपों की तीव्रगति से विकास की अवस्था। इस अवस्था में भूउत्थान तथा अपरदन साथ-साथ चलते हैं। नदी घाटियों का ढाल उत्तल (Convex) रहता है। भू-उत्थान द्वारा पर्वत शिखरों की ऊँचाई सतत् बढ़ती जाती है क्योंकि उत्थान की दर अपरदन की अपेक्षा तीव्र होती है। जिस कारण निरपेक्ष उच्चावच (Absolute height) में निरन्तर वृद्धि होती रहती है। निरन्तर घाटी के गहरे होते रहने से पार्श्व ढालों (Lateral Slopes) में भी लगातार वृद्धि हो जाती है। तथा इनमें समय के साथ निवर्तन (Retreat) होने के कारण घाटी पार्श्व ढालों की उत्तलता (Convexity) की अर्द्धव्यास में कमी होने से प्राइमारम्प पर अनेक सोपानों का निर्माण हो जाता है, जिन्हें 'पीडमाण्ट ट्रेपेन' (Piedomont Treppen) कहते हैं। इस प्रकार इस अवस्था में अधिकतम ऊंचाई (Maximum Alttitude) तथा अधिकतम उच्चावच (Maximum Relief) दोनों में वृद्धि होती है।

(ii) ***ग्लीख़फार्मिग इण्टिविकलुंग*** *(Gleichforminge Entwickelung)*–ग्लीकफार्मिग इण्टिविकलुंग का अर्थ है स्थल रूपों के समान विकास की प्रावस्था (Phase of uniform development of landform) इस अवस्था के उत्थान एवं निम्नीकरण (Degradation) की दर के आधार पर तीन गौण अवस्थाओ में विभक्त किया जा सकता है—

(A) इस अवस्था में बढ़ती दर से उत्थान होता है। अपरदन की दर के उत्थान से कम होने के कारण निरपेक्ष उच्चावच (Absolute height) (सागर तल से ऊंचाई) बढ़ती जाती है। इसमें निरपेक्ष उच्चावच (Absolute relief) अधिकतम होता है लेकिन सापेक्षिक उच्चावच (Relative relief) स्थिर रहता है, क्योंकि घाटी गर्तन (Valley Deepening) की दर जल विभाजकों के शिखरों के निम्नीकरण की दर के समान रहती है। घाटी पार्श्व भी ढालू (Steep) हो जाते हैं। इस अवस्था का जल विभाजकों के निम्नीकरण तथा घाटी गर्तन की दर समान होने के कारण समान विकास की अवस्था कहते हैं।

(B) इस प्रावस्था में निरपेक्ष उच्चावच स्थिर रहता है, क्योंकि शिखर तल के निम्नीकरण एवं उत्थान की दर में संयोजन रहता है अर्थात् उत्थान उतना ही हो सकता है, जितना अपरदन। इसमें सापेक्षिक उच्चावच भी स्थिर रहता है क्योंकि इस समय भी शिखर तलों (Divide Summits) के निम्नीकरण की दर तथा घाटी गहरा होने की दर समान रहती है। इस प्रकार निरपेक्ष एवं सापेक्ष उच्चावच स्थिर होने के कारण इस अवस्था को भी स्थलरूपों के समान विकास की प्रावस्था कहते हैं।

(C) इस प्रावस्था में भू-उत्थान पूर्ण रूप से समाप्त हो जाता है। निरपेक्ष उच्चावच में ह्रास प्रारम्भ हो जाता है अर्थात् शिखर तल की ऊँचाई कम होने लगती है क्योंकि शिखर तलों का निम्नीकरण तो जारी रहता है लेकिन उत्थान समाप्त हो जाता है। इस अवस्था में भी सापेक्षिक उच्चावच घाटी तल) स्थिर रहता है क्योंकि शिखर तलों के निम्नीकरण की दर एवं घाटी तली का गहरा होना समान रहता है। इस अवस्था को समान भूदृश्य के विकास (Uniform Development of Landcape) की अवस्था कहते हैं।

(iii) ***आब्स्तीजिण्डे इण्टिविकलुंग*** *(Absteigende Entwickelung)*–इसे स्थलरूपों के घटती दर से विकास की प्रावस्था (Phage of Wanning Development of Landccape) कहते हैं। इस प्रावस्था में अपरदन की प्रक्रिया तीव्र हो जाती है। निम्नवत् या लम्बवत् अपरदन की तुलना में पार्श्ववर्ती अपरदन (Lateral Erosion) अधिक होता है, जिससे घाटी चौड़ी होने लगती है। इसमें स्थलरूपों का प्रगामी ह्रास (Progressive decline) होता है। साथ ही निरपेक्ष एवं सापेक्षिक उच्चावचों में भी तेजी से ह्रास होने लगता है क्योंकि उत्थान समाप्त हो जाता है। घाटी के पार्श्व ढालों को दो भाग (Segments) होते हैं। ऊपरी खड़े ढाल (Steep angle) वाले भाग को ***गुरुत्व ढाल या बासचुजेन*** (Gravity slope or boschungen) कहते हैं। इसी प्रकार घाटी पार्श्व के निचले भाग (Lower Segment) को वाश ढाल या

हाल्डेनहैंग (Wash slope or Haldenhang) कहते हैं। गुरुत्व ढाल में कमी आने से हाल्डेनहैंग में निरन्तर वृद्धि होती है तथा अन्तिम अवस्था में वासचुन्जेन में इस सीमा तक ह्रास हो जाता है कि ये तीव्र ढाल वाली नुकीली शंक्वाकार पहाड़ियों में परिवर्तित हो जाते हैं जिन्हें इन्सेलबर्ग (Insellberg) कहते हैं। अन्त में ये भी समाप्त हो जाते हैं तथा सर्वत्र अवतल ढालयुक्त हाल्डेनहैंग (Wash slope) श्रृंखलाबद्ध विस्तार हो जाता है। इस प्रकार के विस्तृत सतह को ***इण्ड्रम्प*** (Endrumpt) कहते हैं। जिसे डेविस द्वारा प्रस्तुत पेनीप्लेन (Peneplain) के समकक्ष स्वीकार किया जा सकता है। पेंक ने भूखण्ड उत्थान एवं अपरदन को साथ होना बताया है। अर्थात् भूखण्ड के उत्थान के साथ ही अपरदन सक्रिय हो जाता है। कुछ समय उपरान्त उत्थान समाप्त हो जाता है (द्वितीय अवस्था में) लेकिन अपरदन सक्रिय रहता है। पेंक ने अपरदन चक्र की पाँच अवस्थायें रेखाचित्र द्वारा स्पष्ट की हैं—

(i) प्रथम अवस्था में उत्थान एवं अपरदन दोनों साथ-साथ सक्रिय रहते हैं, लेकिन उत्थान अधिक होता है। उत्थान की गति तली अपरदन से अधिक होने के कारण वी-आकार की घाटियाँ गहरी होती जाती हैं। फिर भी नदी तल एवं जल विभाजक दोनों पूर्व की अपेक्षा सागरतल से ऊपर उठते जाते हैं तथा सापेक्षिक ऊंचाई (Relative Relief) भी बढ़ती जाती है। स्पष्ट है कि इस अवस्था में अधिकतम ऊँचाई (सागरतल से निरपेक्ष ऊंचाई) और अधिकतम उच्चावच (घाटी तल से सापेक्षिक ऊँचाई) दोनों में वृद्धि होने से इसे उत्थानपरक विकास की अवस्था कहते हैं।

(ii) द्वितीय अवस्था में उत्थान एवं अपरदन समान दर से होने के कारण घाटियाँ शीघ्रता से चौड़ाई में विस्तार करने लगती हैं। औसतन कुल उत्थान अपरदन से अधिक लेकिन अपेक्षाकृत धीमी गति से होने के कारण निरपेक्ष ऊँचाई बढ़ती है तथा उच्चावच स्थिर रहता है।

(iii) तृतीय अवस्था उत्थान एवं अपरदन के प्रतिस्पर्द्धा की अवस्था है। इस दौरान सक्रिय अपरदन द्वारा उच्च भागों की ऊँचाई कम होने लगती है वहीं उत्थान के कारण निम्न भाग भी उत्थित होते रहते हैं। फलस्वरूप निरपेक्ष ऊँचाई स्थिर रहती है।

(iv) चतुर्थ अवस्था में उत्थान समाप्तप्रायः हो जाता है तथा अपरदन अधिक प्रभावकारी हो जाता है। फलस्वरूप निरपेक्ष ऊँचाई तीव्रता से घटने लगती है। घाटियाँ एवं दोआब (Interflueves) अधक गहरे नीचे होने लगते हैं। जल विभाजकों एवं नदी घाटियों में निम्नीकरण की दर समान रहने से उच्चावच भी स्थिर रहता है।

(v) पंचम अवस्था में अपरदन मन्द पड़ जाता है निरपेक्ष ऊँचाई तेजी से घटने लगती है तथा उच्चावच में ह्रास होने लगता है तथा अन्त में स्थलखण्ड एक आकृतिविहीन समतल मैदान में बदल जाता है, जिसे पेंक ने इण्ड्रम्प (Endrumpt) कहा है। इसे डेविस के पेनीप्लेन (Peneplaine) के समान माना जा सकता है।

पेंक के मॉडल का मूल्याँकन (Evaluation of Penck's Model)

पेंक के भूआकारों के विकास सम्बन्धी सिद्धान्त कठिन तकनीकी शब्दाविलयों के कारण जर्मनी से बाहर लोकप्रिय नहीं हो सका। उनके विचार मूलतः जर्मन भाषा में प्रकाशित हुए थे जिनको बाद में अंग्रेजी अनुवादकों द्वारा भिन्न-भिन्न रूपों में प्रस्तुत किया गया। अमेरिकी भूवैज्ञानियों ने पेंक द्वारा प्रस्तुत ढाल के समानान्तर प्रतिस्थापन (Parallel Retreat of Slope) एवं भूपटल में सतत् संचलन (Continued Crustal Movement) की संकल्पना का प्रबल विरोध किया। विदित है कि प्रारम्भिक अंग्रेजी अनुवादकों ने बताया कि पेंक का ढालों के समानान्तर निवर्तन में विश्वास था लेकिन बाद के अनुवादकों ने बताया कि पेंक ढाल प्रतिस्थापन में विश्वास रखते थे। स्पष्ट अधिकांश आलोचनायें उनके विचारों के गलत अनुवाद के उपरान्त उपजी थीं। डेविस का अपरदन चक्र के जन्मदाता रहे हैं जबकि पेंक ने इसका विरोध किया है जिसका प्रमुख कारण उनका कार्यक्षैत्र की भिन्नता रही। डेविस ने अमेरिका में कार्य किया जहाँ संरचना को पर्याप्त महत्व दिया, जबकि पेंक ने आल्पस की सामान्य संरचना से प्रभावित होकर संरचना को महत्वहीन बताया। पेंक एक भूवैज्ञानिक की भूमिका में अध्ययन का मुख्य उद्देश्य भूआकृतिक इकाई के भूगर्भिक इतिहास की व्याख्या करना था। इस प्रकार उसके विचारों को पश्च दृष्टा (Backward Looking) बताया गया

जबकि डेविस का उद्देश्य स्थल के वर्तमान स्वरूप की व्याख्या करना था। जिस कारण उसके विचार अग्र दृष्टा (Forward Looking) कहलाये। पेंक ने डेविस की विचारधारा के अनेक भ्रमों पर प्रकाश डाला लेकिन पेंक की संकल्पना को डेविस की संकल्पना के विकल्प के रूप में स्वीकार करने में व्यावहारिक कठिनाइयाँ हैं। फिर भी पेंक द्वारा अनेक नवीन दृष्टिकोणों पर प्रकाश डाला तथा शोध की नवीन संभव दिशायें विकसित कीं। साथ ही उसकी ढाल विकास तथा अपक्षय प्रक्रिया की संकल्पनायें भी भूआकृतिक महत्व की हैं।

सामान्य अपरदन चक्र (Normal Cycle of Erosion)

प्रवाही चक्र (Fluvial Cycle) या नदी के अपरदन चक्र को अपरदन का सामान्य चक्र कहते हैं क्योकि अपरदन के अन्य सभी कारकों (पवन, हिमनद, भूमिगत, जल, सागरीय लहरें) में प्रवाही जल की क्रिया सर्वव्यापी (Worldwide Spread) तथा सुस्पष्ट है। अपरदन का सामान्य चक्र भौगोलिक चक्र, प्रवाही चक्र डेविसियन चक्र तथा नदी अपरदन चक्र का समानार्थी होती है।

अपरदन के सामान्य चक्र का आरम्भ किसी स्थलखण्ड के उत्थान के साथ ही हो जाता है। उत्थान होते ही नदी अपरदन कार्य आरम्भ कर देती है। प्रारम्भिक अवस्था में उत्थान की दर अपरदन की दर से अधिक होती है, जिसके कारण उत्थित स्थलखण्ड की ऊँचाई में वृद्धि होती है तथा उच्चावचीय विषमाआ में भी वृद्धि होती है। उत्थान में भागीदार शक्तियों के शिथिल होने पर उत्थान में विराम आ जाता है लेकिन अपरदन कार्य चलता रहता है जिसके द्वारा एक निश्चित अवधि में उक्त उत्थित भूखण्ड अपरदित होकर अपने पूर्व स्तर को प्राप्त कर लेता है जिसे डेविस ने **'आधार तल'** (Base Level) कहा है। इस प्रकार कोई स्थलखण्ड उत्थान से लेकर आधार तल तक को प्राप्त करने तक विभिन्न अवस्थाओं से गुजरता है जिसके दौरान अनेक स्थलाकृतियों का भी निर्माण होता है। इस सम्पूर्ण अवधि को डेविस ने तीन अवस्थाओं (युवावस्था, प्रौढावस्था तथा वृद्धावस्था) में विभक्त किया है। स्थलखण्ड के उत्थान से अपरदन कर आधार तल तक पहुँचने तक की तीन अवस्थाओं की तरह ही नदियों की भी तीन अवस्थायें होती हैं। इन तीनों अवस्थाओं में नदियों की अपरदन दर तथा जल का वेग भिन्न-भिन्न होता है।

i. **युवावस्था** (Youthful Stage)– सर्वप्रथम स्थलखण्ड पर ढाल के अनुसार अनुवर्ती (Consequent) नदियाँ उत्पन्न होती हैं। ये नदियाँ संख्या में कम तथा लम्बाई में लघु होती हैं, जिनका शीर्ष अपरदन द्वारा विस्तार होता है। सहायक नदियों की संख्या भी कम होती है लेकिन मुख्य नदियों द्वारा घाटी को गहरा करने पर सहायक नदियाँ विकसित हो जाती हैं। ये सहायक नदियाँ पूर्व में अवनलिकाओं के रूप में रहती हैं जिनका विस्तार शीर्ष अपरदन से होता है। इस प्रकार सहायक नदियों का विकास हो जाने पर पादपाकार अपवाह प्रतिरूप (Dendritic Drainage Pattern) विकसित होता है। नदियाँ निम्नवर्ती या लम्बवत् कटाव (Downward cutting) द्वारा घाटियों को गहरा करती हैं तथा संकरी व गहरी कन्दराओं से होकर प्रवाहित होती हैं, जिन्हें गॉर्ज या केनियन कहते हैं। इन घाटियों के पार्श्व दीवार की भाति खड़े होते हैं तथा इनका आकार अंग्रेजी के V अक्षर की तरह होता है। नदियों के मध्य दोआब (Interfluves or Inter stream areas) तथा जल विभाजक (Divides) चौड़े तथा अत्यधिक विस्तृत होते हैं। पार्श्व अपरदन कम होता है। नदी के मार्ग में अनेक जल प्रपात, केटरेक्ट (Cataracts) तथा क्षिप्रिकायें (Rapids) पाये जाते हैं। नदी के साथ प्रवाहित प्रावार शैलखण्ड नदी तल में जल गर्तिकाओं व अवनमन कुण्डों (Pot holes and plunge pools) की रचना करते हैं। नदी अपहरण (River capture) युवावस्था की प्रमुख विशेषता है। यह अवस्था लघु होती है तथा इसे अपरदन अधिक होने पर भी स्थलखण्ड की ऊँचाई अधिक प्रभावित नहीं हो पाती है।

ii. **प्रौढ़ावस्था** (Mature Stage)– नदी पर्वतीय भागों से उत्तर मैदान में प्रवेश करती है, तो ढाल में कमी आती है। अनुवर्ती नदी तथा उसकी सहायक नदियों का विस्तार हो जाता है तथा सुविकसित अपवाह तन्त्र दृष्टिगत होने लगता है। ढाल में कमी से वेग मन्द हो जाता है जिससे नदी में निक्षेपण कार्य सक्रिय हो जाता है। नदी अपने साथ लाये शैल के मलबे को पर्वतीय तलहटी में जलोढ़ पंखों तथा शंकुओं (Alluvial fans and cones) के रूप में जमा करती है। पार्श्विक अपरदन (Lateral Erosion) प्रभावी हो जाता है जिससे जल विभाजक संकरे होने लगते हैं। नदी प्रवणित अवस्था

चित्र 15.4 एक नदी के सामान्य अपरदन चक्र में नदी की बदलती अवस्थाओं का पार्श्व चित्र
(after Brigg and Smithson)

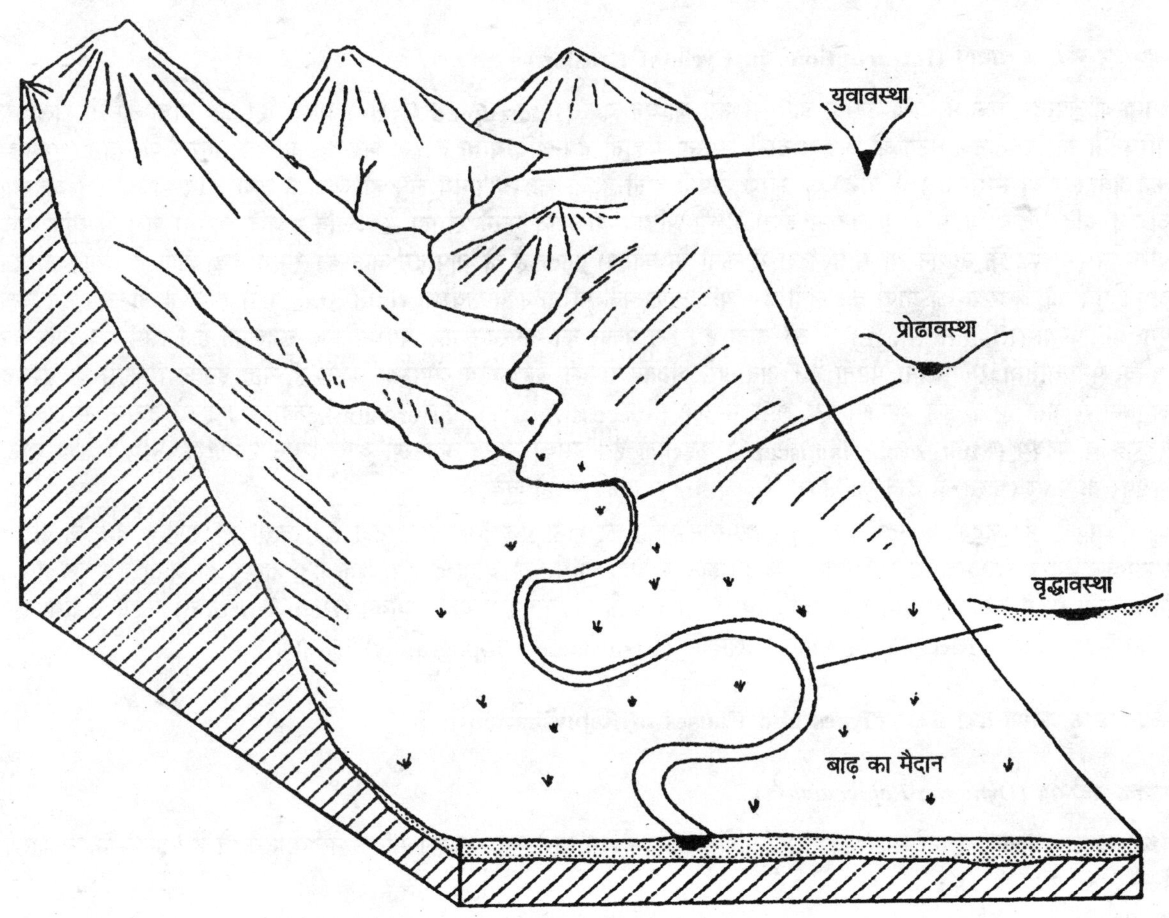

प्राप्त कर लेती है। अनेक नदी विसर्प (River meanders) तथा गोखुर झीलें (Oxbow Lakes) बन जाते हैं। नदी के किनारों पर अवसाद जमा होने से प्राकृतिक तटबन्धों (Natural Levees) का निर्माण होने लगता है। निक्षेप क्रिया प्रभावी रहने से इस अवस्था में बाढ के मैदान बनते हैं।

iii. **वृद्धावस्था** (Old Stage) – वृद्धावस्था में मुख्य नदी की सहायक नदियाँ भी आधार तल को प्राप्त करके क्रमबद्ध हो जाती हैं तथा इनकी संख्या भी कम हो जाती है। लम्बवत् कटाव पूर्णतया अनुपस्थित रहता है तथा पार्श्विक कटाव प्रभावी रहता है जिससे घाटी चौड़ी हो जाती है। नदियाँ अत्यन्त धीमी (Sluggish) हो जाती हैं तथा उच्च विसर्पों को अपना लेती हैं जिस कारण मुख्य नदी अनेक वितरिकाओं में विभक्त हो जाती है जिसे गुंफित नदी (Braided River) कहते हैं। परिवहन शक्ति में कमी तथा बोझ की अधिकता से निक्षेपण कार्य बढ़ जाता है। नदियाँ मुहाने पर विस्तृत डेल्टा, अनूपों (Swamps), दलदलों (Marshes) का निर्माण करती हैं। सम्पूर्ण क्षेत्र विषमता विहीन समतल मैदान रूप में परिवर्तित

हो जाता है, जिसे समप्राय मैदान (Peneplain) कहते हैं। इस मैदान में यत्र-तत्र कुछ कठोर प्रतिरोधी शैलों के टीले खड़े हो जाते हैं जिन्हें मोनेडनॉक (Monadnock) कहते हैं। इस प्रकार आधार तल को प्राप्त कर अपरदन चक्र अपने उत्थान की पूर्व स्थिति को प्राप्त कर लेता है जहाँ अपरदन चक्र पूर्ण होता है।

अपरदन चक्र में बाधाएं (Interruptions in Cycle of Erosion)

सामान्य अपरदन चक्र में बाधा उत्पन्न होने पर उसे बाधित चक्र (Interrupted Cycle) कहते हैं। यह बाधा या तो जलवायु परिवर्तनों या विवर्तनिक घटनाओं अथवा दोनों से उत्पन्न होती है। यदि बाधा को आधार तल में सकारात्मक परिवर्तन (भूखण्डों का अवतलन या सागर तल में वृद्धि) के कारण उत्पन्न होती हैं, तो चक्रीय समय लघु हो जाता है तथा शीघ्र ही अगली अवस्था अर्थात् यदि युवावस्था में बाधा उत्पन्न होती है तो प्रौढ़ावस्था प्राप्त करने लगता है। लेकिन यदि आधार तल में ऋणात्मक परिवर्तन (भूखण्ड के उत्थान या सागर तल में कमी के कारण) आता है तो अपरदन चक्र का समय बढ़ जाता है तथा अपरदन अपने पूर्व की अवस्था को प्राप्त कर लेता है। यदि ऋणात्मक परिवर्तन वृद्धावस्था (Old Stage) में होता है तो अपरदन चक्र पुनः प्रौढ़ावस्था (Mature Stage) में आ जाता है। इस प्रकार का अपरदन चक्र बाधित चक्र कहलाता है जिसमें एक चक्र को अनेक पुनरावृत्तियों से गुजरना पड़ता है। अतः इसे भूआकारों की बहुचक्रीय व्यवस्था कहते हैं, यदि इनका विकास व्यवस्थित अनुक्रम में होता है, तो इसे अनुक्रमणीय अपरदन चक्र (Successive Cycle of erosion) कहते हैं। इनसे उत्पन्न स्थलाकृति बहुचक्रीय भूदृश्य (Multi cyclic landscape) कहलाती है। इसका प्रमुख उदाहरण अप्लेशियन प्रदेश (U.S.A.) तथा छोटा नागपुर के पठार (भारत) में देखे जा सकते हैं जहाँ अनेक चक्र पूर्ण हो चुके हैं।

प्रकृति में आदर्श अपरदन चक्र (पूर्ण अपरदन चक्र) का होना एक विलक्षण घटना है। किसी भी सक्रिय चक्र के दौरान स्थलखण्डों में सकारात्मक या ऋणात्मक परिवर्तन होने से चक्र बाधित हो जाता है तथा चक्र पुनः प्रारम्भ हो जाता है। इस प्रकार नियत दशाओं में सक्रिय चक्र में पुनः नवीन स्वरूप प्राप्त करने को नवोन्मेष या पुनर्योवन (Rejuvienation) कहते हैं तथा इस प्रक्रियास्वरूप निर्मित स्थलाकृति नवोन्मेषित स्थलाकृति (Rejuvenated Topography) कहलाती है।

नवोन्मेष के कारण तथा प्रकार (Types and Causes of Rejuvenation)

गतिक नवोन्मेष *(Dynamic Rejuvenation)*

पृथ्वी पर होने वाली विभिन्न संचलनकारी घटनाओं के कारण होने वाले नवोन्मेष को गतिक नवोन्मेष कहते हैं। इसके निम्न कारण हैं—

(i) **स्थलखण्ड में उत्थान** (Upliftment of Land)—पटल विरुपण हलचलों द्वारा स्थलखण्ड में सागर तल से ऊपर उत्थान हो जाता है फलस्वरूप उस पर अपरदन चक्र में नवीनता आ जाती है।

अर्थात् जब कोई चक्र अपरदन द्वारा प्रौढ़ावस्था या वृद्धावस्था को प्राप्त कर लेता है तथा उसी दौरान आकस्मिक रूप से स्थलखण्ड का उत्थान हो जाता है तो सक्रिय चक्र बाधित होकर नये सिरे से अपरदन प्रारम्भ कर देता है।

(ii) **स्थलखण्ड में अवतलन** (Sub-sdence in land)—उत्थान के विपरीत आकस्मिक घटना के तहत सक्रिय अपरदन चक्र वाले स्थलखण्ड में धँसाव आने से चक्र बाधित होता है। इसे आधार तल में ऋणात्मक परिवर्तन कहते हैं।

(iii) **स्थलखण्ड का झुकाव** (Tilting of Land)—नदी के तीव्र तलस्थ कटाव (Down Cutting) द्वारा ढालूपन (Steepening) अधिक होने से स्थलखण्ड में झुकाव उत्पन्न हो जाता है। नदी के प्रवणित अवस्था में पहुँचने पर तीव्रता से होता है।

(iv) **निकास का नीचा होना** (Lowering of outlets)—जहाँ से नदियाँ निकलती हैं, उस भाग को निकास (outlets) कहते हैं। जब नदियों का निकास नीचा हो जाता है तो जल की मात्रा में वृद्धि हो जाती है फलस्वरूप नदियों में नवोन्मेष की

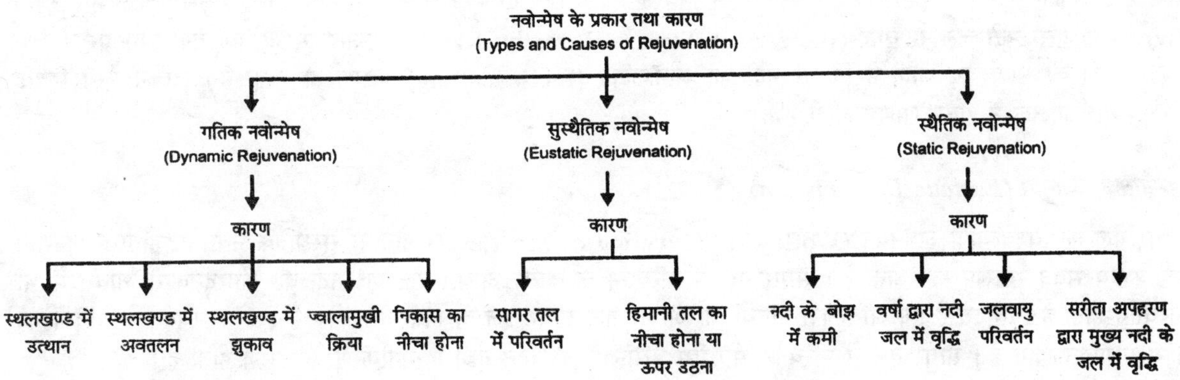

स्थिति बन जाती है तथा अपरदन की दर भी बढ़ जाती है। इस प्रकार की स्थिति नदी के झीलों में गिरने से उत्पन्न होती है। उदाहरण के लिए ईरी झील (Erie Lake) का जब तल उससे निकलने वाली नदियाँ के लिए स्थानीय आधार तल (Local base level) की भूमिका वहन करता है। नियाग्रा जल प्रपात प्रति वर्ष एक मीटर पीछे हट रहा है। इस आधार पर यह एक दिन समाप्त हो जायेगा तथा नियाग्रा नदी का निकास नीचा हो जायेगा जिससे उसमें नवोन्मेष आ जायेगा व घाटी का निम्नवर्ती कटाव होने लगेगा। परिणामस्वरूप ईरी झील के समीप युवावस्था वाली स्थलाकृति विकसित होगी लेकिन ऊपरी भाग में पुरानी स्थलाकृति पायी जायेगी। इस प्रकार एक ही अपवाह तन्त्र में विकसित होने वाली विभिन्न स्थलाकृतियों की विषमता को स्थलाकृति विषम विन्यास (Topographic uncomformity) कहते हैं।

(v) **ज्वालामुखी क्रिया** (Volcanic Activity)–ज्वालामुखी क्रिया से निसृत लावा आदि पदार्थों के नदी मार्ग में प्रवाहित होने से मार्ग में अवरोध उत्पन्न हो जाता है। फलस्वरूप सक्रिय चक्र में बाधा उत्पन्न हो जाती है एवं नदी नवोन्मेष को प्राप्त कर लेती है।

***स्थैतिक नवोन्मेष* (Static Rejuvenation)**

स्थैतिक नवोन्मेष में न तो स्थलखण्ड का उत्थान होता है, न ही सागर तल में कमी आती है वरन् नदी जल में वृद्धि या नदी बोझ में कमी होती है जिससे अपरदन चक्र बाधित होता है, इसके निम्नलिखित कारण हैं—

(i) **जलवायु परिवर्तन** (Climatic Changes)–जलवायु परिवर्तन के कारण नदी में जल की मात्रा में अन्तर आता है जिसका प्रभाव आधार तल पर पड़ता है। जलवायु परिवर्तन द्वारा आर्द्र प्रदेश शुष्क प्रदेशों में तथा पुनः आर्द्र प्रदेशों में परिवर्तित हो जाते हैं। जलवायु परिवर्तन के कारण आधार तल परिवर्तित हो जाता है। उदाहरण के लिए जल की मात्रा बढ़ने तथा घटने का प्रत्यक्ष प्रभाव आधार तल पर पड़ता है।

(ii) **नदी अपहरण** (River Capture)–नदी अपहरण द्वारा नदी में जल की मात्रा बढ़ जाती है क्योंकि अपहरणकर्ता नदी अपहृत नदी (Captured River) का जल अपनी ओर खींच लेती है, जिस कारण जल में वृद्धि होने से नवोन्मेष आ जाता है। संयुक्त राज्य अमेरिका की ओहियों नदी में इसके ऊपरी भाग में कनवाहा, मोनेगेहला तथा अलेघनी नदियों के मिलने से निचले भाग में तल की मात्रा में वृद्धि हुई है जिससे तीव्र निम्नवर्ती कटाव (Downward cutting) द्वारा घाटी 32 मीटर गहरी हो गई है।

(iii) **नदी के बोझ में कमी** (Decrease in Stream Load)–नदी के बोझ में कमी आने से उसकी गति बढ़ जाती है तथा नवोन्मेष आ जाता है। ऐसा नवोन्मेष, हिमयुगों के उपरान्त दृष्टिगत हुआ था। हिमयुग के दौरान हिमानीकृत पदार्थों की

अधिकता से बोझ बढ़ गया लेकिन अन्तर्हिम काल के दौरान हिम पिघलने से बोझ मे कमी आयी तथा निम्न कटाव बढ़ा।

(iv) **वर्षा द्वारा नदी जल में वृद्धि** (Increase in Stream Water by Rain)– सामान्य से अधिक वर्षा होने पर नदी में जल की मात्रा बढ़ जाती है जिससे नदी का अन्तःकटाव (Incise cutting) प्रारम्भ हो जाता है। लेकिन ऐसी स्थिति दीर्घकालिक न होकर क्षणिक होती है।

सुस्थैतिक नवोन्मेष (Eustatic Rejuvenation)

सागर तल का विश्वव्यापी अवनयन (Worldwide Lowering of Sea Level) होने से सुस्थैतिक नवोन्मेष होता है। यद्यपि यह प्रभाव सर्वत्र समरूप नहीं होता है। सागर तल में परिवर्तन के कारण आधार तल एवं नदी की अपरदनकारी शक्ति में भी परिवर्तन होता है। विदित है कि अधिकांश नदियों का आधार तल सागर तल ही होता है। स्पष्ट है इसमें परिवर्तन से नदियों का कार्य प्रभावित होता है। सागर तल में परिवर्तन सागरीय बेसिन में परिवर्तन तथा हिमानीकरण के कारण होता है।

हिमानीकरण के दौरान हिम युग का आगमन होने पर सागरीय जल का अधिकांश भाग हिम चादर के रूप में महाद्वीपीय भागों पर आवरित हो जाता है। डेली ने 1915 मे बताया कि प्लीस्टोसीन हिमकाल के समय सागरीय जल के हिम में बदलने के कारण सागर तल 198 से 228 फीट तक नीचा हो गया था। अतः सागर तल में अवनयन से नवोन्मेष की स्थिति बन जाती है तथा नदियों की निम्नवर्ती कटाव की क्षमता में वृद्धि हो जाती है जबकि जलवायु परिवर्तन के कारण तापमान बढ़ने से हिम चादर पुनः पिघलती है तथा निम्नवर्ती कटाव न होकर बाढ़कृत मैदानों का सृजन हो जाता है।

नवोन्मेष द्वारा उत्पन्न भू-आकार (Rejuvenated Landforms)

भूसतह पर नियमित रूप से सक्रिय अपरदन चक्र में बाधा उत्पन्न होने से विशिष्ट स्थलाकृतियों का निर्माण होता है, जो सामान्य अपरदन चक्र के दौरान निर्मित स्थलाकृतियों से भिन्न होती है। किसी भी क्षेत्र की भूआकृतियों को देखकर अपरदन चक्र को बेहतर ढंग से पहचाना जा सकता है। नवोन्मेष से निर्मित स्थलाकृतियाँ को हारबर्ग ने **'बहुचक्रिय स्थलाकृतिया'** (Polycyclic Landforms) बताया है। ये स्थलाकृतियाँ निम्नलिखित हैं—

1. निकपाइन्ट (Knick Pointe)
1. अधःकर्तिक विसर्प (Incised Meander)
3. दोतल्ले वाली घाटी (Valley in Valley)
4. निकप्वाइंट प्रपात (Knick point Fall)
5. सोपनाकार वेदिकाएं (Benchlike Terraces)
6. उत्थित समप्राय मैदान (Uplifted Peneplaine)

1. **निकपाइन्ट** (Knick Pointe)– यह जर्मन भाषा के *Knick-Pinkte* से बना है जिसका अर्थ है **'दृश्यभंग स्थल'**। सागर तल के नीचा होने से आधार तल में भी परिवर्तन हो जाता है तथा यह नवीन आधार तल से समायोजन स्थापित करने के लिए नदी नवीन वक्र का निर्माण करती है। नवीन वक्र पुराने वक्र से नीचा होता है। नवोन्मेषित नदी (Rejuvenated River) शीर्ष अपरदन (Headward Erosion) करती है। अतः जिस स्थान पर पुराना तथा नवीन

चित्र 15.5 *निकपांइट का विकास (after A., Gudie, 1993)*

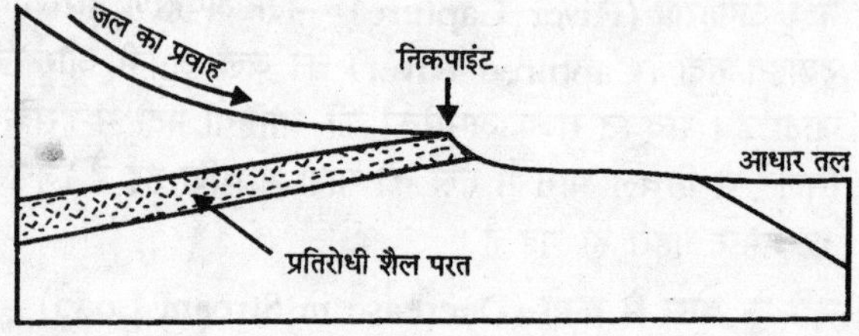

दोनों वक्र मिलते हैं वहाँ ढाल में आकस्मिक परिवर्तन पाया जाता है, इसे ही निकपाइंट कहते हैं। दूसरे शब्दों में यह नवोन्मेष का शीर्ष होता है।

2. **अधःकर्तित विसर्प** (Incised Meander)– सामान्य अपरदन चक्र में नदी वृद्धावस्था में चौड़े विसर्पों का निर्माण करती है, लेकिन जब इसी समय उत्थान हो जाता है तो नदी अपने पुराने विसर्पों को निम्नवर्ती कटाव प्रारम्भ कर देती है, जिससे संकरे एवं गहरे विसर्पों का निर्माण हो जाता है जिन्हें अधःक्रर्तित विसर्प कहते हैं। अधःक्रर्तित विसर्पों को भूवैज्ञानिकों ने विभिन्न नामों से सम्बोधित किया है जो निम्नलिखित हैं—
   (i) अधःक्रर्तित विसर्प (Incised Meanders)
   (ii) गंभीरीभूत विसर्प (Entrenched or Intrenched Meanders)
   (iii) आवृत्त विसर्प (Inclosed Meanders)
   (iv) अन्तःक्रर्तित विसर्प (Ingrown Meanders)

3. **दु-तल्ले वाली घाटी** (Valley in Valley)– निरन्तर अपरदन करते हुए नदी अपनी घाटी को उत्तरोत्तर गहराई व चौड़ाई में विकसित करती है। प्रौढ़ावस्था में नवोन्मेष होने पर घाटी गहराई में तीव्रता से काटती है। जिससे पुरानी चौड़ी घाटी में नवीन छोटी घाटी विकसित हो जाती है, जिसे दो तल्ले वाली घाटी (Two storey in Valley) भी कहते हैं।

4. **निकप्वाइंट प्रपात** (Knick Point Fall)– इस प्रकार के प्रपात का निर्माण नवोन्मेष शीर्ष (निकप्वाइंट को नदी में नवोन्मेष की ऊपरी सीमा को दर्शाने के कारण नदी शीर्ष के रूप में जाना जाता है) पर होता है। यह पीछे की ओर गतिशील रहता है तथा नदी के प्रवणित होने पर जैसे ही निक प्वाइंट समाप्त होता है। इस प्रकार के प्रपात समाप्त हो जाता है। नदियों के निचले भाग में नवोन्मेष आने से पूर्व की परिच्छेदिका एवं नवीन परिच्छेदिका के ढाल में अन्तर आने से निक प्वाइंट प्रपात बनते हैं।

चित्र 15.6 *अधःक्रर्तित विसर्प (after C.C. Park, 1997)*

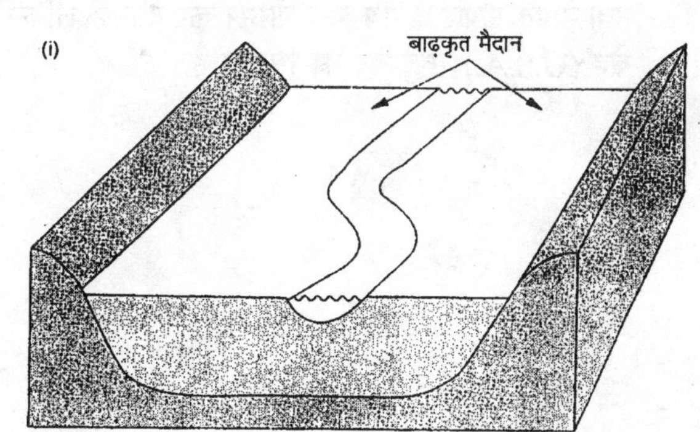

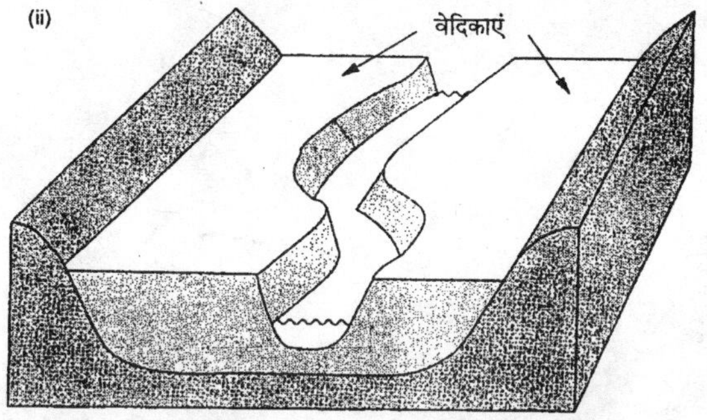

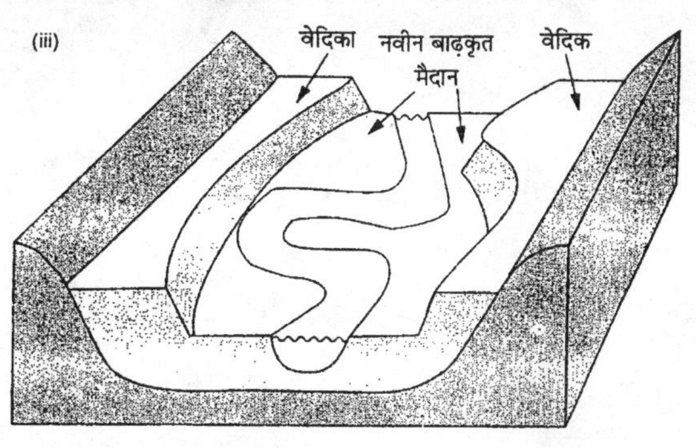

5. **सोपानी वेदिकाएं** (Benchlike Terraces)– नवोन्मेष के बाद पूर्ववर्ती घाटी के पार्श्वों पर स्थित सोपान पूर्व के अपरदन चक्रों की स्पष्ट व्याख्या करते हैं। इस प्रकार बार-बार नवोन्मेष होने पर घाटी के अन्दर घाटी बनने पर सोपानी रूप में वेदिकाएं बन जाती हैं, जिन्हें सोपानी वेदिकाएं कहते हैं।

6. **उत्थित समप्राय मैदान** (Uplifted Peneplaine) – सामान्य रूप से समप्राय मैदान अपरदन चक्र की अन्तिम अवस्था का परिचायक है लेकिन अनेक बार प्रथम चक्र के पूर्ण होने से पूर्व ही समप्राय मैदान का आविर्भाव हो जाता है। नदियाँ नवोन्मेषित होकर द्वितीय चक्र प्रारम्भ कर देती हैं लेकिन पूर्ववर्ती चक्र के लक्षण वहाँ विद्यमान रहते हैं। ऐसा अप्लेशियन क्षेत्र (U.S.A.) में देखने को मिलता है।

16

जलीय स्थलाकृतियाँ
(Fluvial Landforms)

जलीय प्रक्रम : नदियाँ (Fluvial Processes : Rivers)

नदी से सम्बन्धित प्रक्रियाओं के लिए जलीय (Fluvial) शब्द का प्रयोग किया जाता है 'Fluvial' शब्द लेटिन भाषा के Fluvious से बना है जिसका अर्थ है; नदी (River) तथा नदी से निर्मित भू-आकारों जलीय भू-आकार (Fluvial Landforms) कहते हैं।

भूसतह पर किसी निश्चित मार्ग में प्रवाहित जलराशि को नदी कहते हैं। वर्षा से प्राप्त जल भूतल पर विविध रूपों में प्रवाहित होता है तो उसे वाही जल (Runoff) कहते हैं। जब यही जल गुत्वाकर्षण (Gravitation) के कारण एक निश्चित क्रम के रूप में ऊँचाई से निचाई में बहने लगता है तो उसे नदी कहते हैं। इसका विकास क्रमिक रूप से होता है। सर्वप्रथम वर्षा जल एक आवरण प्रवाह (Sheet flow) के रूप में प्रवाहित होता है। आवरण प्रवाह के रूप में प्रवाहित होते हुए शीघ्रता से ढाल का अनुसरण करने लगता है तथा नाली (Rill) के रूप में बहने लगता है। जब नालियाँ परस्पर मिलकर प्रवाहित होती हैं तो अवनलिका (Gully) बन जाती है। अवनलिकाओं के गहरे होने से नदिका (Rivulet) का आभिर्भाव होता है तथा अन्त में अनेक नदिकाओं के मिलने से एक नदी का आविर्भाव होता है। नदी का उद्गम किसी स्रोत (Spring), हिमानी के प्रोथ (Snout of a Glacier), भूसतह पर एकत्रित वर्षा के जल तथा झील आदि से होता है। धरातलीय ढाल (Slope), शैल संरचना (Rock structure) तथा जलवायु नदियों की प्रकृति एवं प्रकार निर्धारित करती है।

नदी तन्त्र (River System)

नदी तन्त्र प्रवाहिकाओं (Tributaries) का एक एकीकृत या समग्र तन्त्र होता है जिसकी एक मुख्य सरिता (Trunk Stream) होती है यह सरिता विभिन्न वितारिकाओं का जल संग्रहित कर किसी सागर, झील तथा अन्य जलीय क्षेत्र में मिलती है कभी-कभी यह भूमिगत भी हो जाती है। इसे अपवाह तन्त्र का समानार्थी माना गया है। नदी तन्त्र मुख्यतः एक आधारभूत स्थानीय भ्वाकृतिक इकाई होती है। जो समीपवर्ती अपवाह तन्त्र से एक कटक से पृथक होती है। नदी प्रवाहित होते समय अपने बहाव मार्ग को निरन्तर परिवर्तित करती रहती है। इस परिवर्तन में नदी जल के साथ प्रवाहित मलबे की प्रमुख भूमिका होती है। नदी जल में बहता हुआ मलबा सीधे सरीता मार्ग (channel) को टेढ़ा-मेढ़ा तथा टेढ़े मेढें मार्ग को सीधा करता है। नदी व प्रवाह मार्ग के परस्पर सम्बन्ध की व्यवस्था को नदी की आर्थिकी (Economy of the Stream) कहते हैं। नदियाँ एक प्रकार के उच्च सम्मिश्रण तन्त्र (Complex System) होती हैं जो अनेक प्राकृतिक तन्त्रों तथा कारकों से प्रभावित होती हैं। इनमें मुख्य कारक निम्नलिखित हैं :

1. **जल विसर्जन** (Water Discharge)—जल की वह मात्रा, जो नदी के किसी बिन्दु से किसी विशिष्ट समयान्तराल में प्रवाहित होती है, जल विसर्जन कहते हैं। इसे **क्यूसेक्स** (Cusec) तथा क्यूमैक्स (Cumecs) में मापा जाता है। क्यूसेक्स का अर्थ है घनफुट प्रति सेकेण्ड (Cubic feet per second), जबकि क्यूमैक्स का अर्थ है,घनमीटर प्रति

सेकेण्ड (Cubic meters per second)।

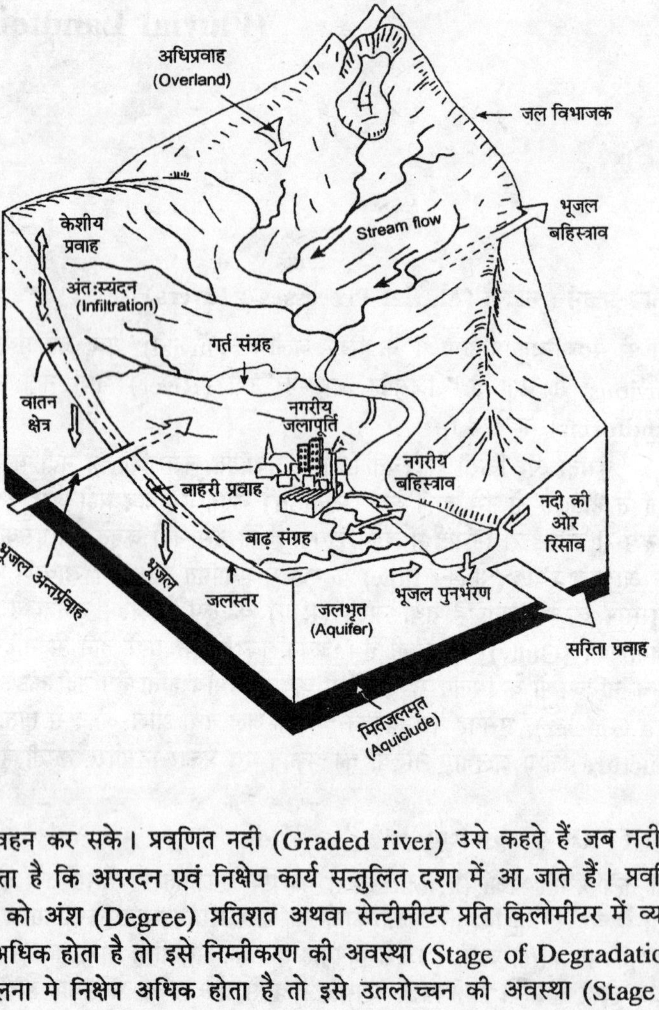

2. **नदभार** (Load) – नदी के साथ बहाकर लाये गये तलछट या मलबे को नदभार या तलछटी भार (Sediment Load) कहते हैं। ये तलछटी भार दो रूपों में विद्यमान रहता है। प्रथम जल में घुलकर तथा द्वितीय अधुलित पदार्थ जो लूढकर (By traction) प्रवाहित होते हैं।

3. **जल वेग** (Velocity) – नदी जल का वेग सर्वत्र समान नहीं होता है। यह सरीता मार्ग (Channel) की आकृति (shape) एवं खुरदरेपन (roughness) तथा प्रवाह प्रतिरूप पर निर्भर करता है। सरीता मार्ग के केन्द्र के समीप जलवेग सर्वाधिक होता है। जलवेग ढाल एवं जल की मात्रा बढ़ने के साथ बढ़ जाता है।

चित्र 16.1 *एक व्यवस्थित क्रम सश्लिष्ट नदी व्यवस्था जिसका भूतन्त्र से सहसम्बन्ध (after Addison Ken, 2002)*

4. **नदी प्रवणता** (Stream Gradient) – नदी प्रवणता उस स्थिति को कहते हैं, जब नदी मार्ग इतना ढालू हो जाये कि नदी अपने जल एवं भार (Load) का सरलता से परिवहन कर सके। प्रवणित नदी (Graded river) उसे कहते हैं जब नदी के प्रत्येक खण्ड में नदी वेग उस सीमा तक होता है कि अपरदन एवं निक्षेप कार्य सन्तुलित दशा में आ जाते हैं। प्रवणित नदी की ढाल प्रवणता (Slope gradient) को अंश (Degree) प्रतिशत अथवा सेन्टीमीटर प्रति किलोमीटर में व्यक्त करते हैं। जब नदी द्वारा अपरदन निक्षेप से अधिक होता है तो इसे निम्नीकरण की अवस्था (Stage of Degradation) कहते है इसके विपरीत जब अपरदन की तुलना मे निक्षेप अधिक होता है तो इसे उतलोच्चन की अवस्था (Stage of Aggradation) कहते हैं।

5. **आधार तल** (Base Level) – सामान्य आधार तल को नदी द्वारा ऊर्ध्वाधर अपरदन की अन्तिम सीमा के रूप में जाना जाता है। आधार तल की संकल्पना का प्रतिपादन पावेल (Powell) ने 1875 में किया जिसकी बाद में अनेक आधार पर आलोचना की गई। पावेल ने बताया कि सागर तल ही मुख्य आधार तल (Grand base level) होता है, जिसके नीचे स्थित शुष्क स्थलखण्ड का अपरदन संभव नहीं है, लेकिन स्थानीय तथा अस्थायी (Local and temporary) उद्देश्यों के लिए अपरदन के अन्य आधार तल भी हो सकते हैं जो मुख्य नदी के तल के समान होते हैं, जो अपरदित पदार्थों को दूर तक ले जाते हैं।

सन् 1928 में मैलाट (Malott, C.A., 1928) ने पावेल की विचारधारा के अनुसार तीन प्रकार के आधार तल बताये हैं:

(i) चरम आधार तल (Ultimate Base Level)

(ii) स्थानीय आधार तल (Local Base Level)

(iii) अस्थायी आधार तल (Temporary Base Level)

सन् 1902 में डेविस ने भी पावेल के विचारानुसार आधार तलों को तीन भागों में विभक्त किया था :

1. मुख्य या सामान्य आधार तल (Grand or General Base Level)
2. काल्पनिक आधार तल (Imaginary Base Level)
3. स्थानीय या अस्थायी आधार तल (Local or Temporary Base Level)

सन् 1929 में जानसन महोदय ने सागर तल को ही नदी अपरदन की चरम सीमा स्वीकार की तथा आधार तल के दो प्रकार बताये:

1. चरम आधार तल (Ultimate Base Level)
2. अस्थायी या स्थानीय आधार तल (Temporary or Local Base Level)

चित्र 16.2 *एक नदी तन्त्र के मुख्य भाग (after W.K. Hamblin et. al.)*

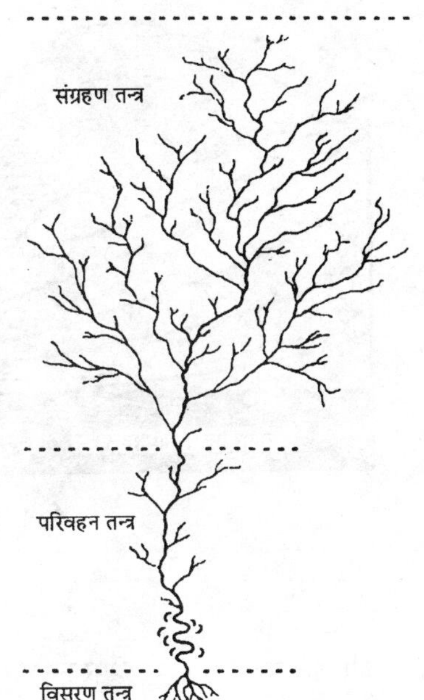

सामान्य रूप से आधार तल को निम्नलिखित तीन रूपों में विभक्त किया जा सकता है:

1. **चरम आधार तल** (Ultimate Base Level)–इसे सामान्य (General), स्थायी (Permanent) तथा मुख्य (Grand) आधार तल भी कहते हैं। विश्व की अधिकांश नदियाँ सागर तल में मिलती हैं। अतः सागर तल नदियों द्वारा किये जाने वाले अपरदन की अन्तिम सीमा का निर्धारण करता है। आधार तल के वक्र का ढाल सतत् रूप से नदी के उद्गम स्थल से सागर तल की ओर गिरता हुआ प्रकट होता है। सागर तल को नदी अपरदन की अन्तिम सीमा माना गया है जिसमें परिवर्तन से नदियों का आधार तल भी बदलता है।

2. **सामान्य आधार तल** (Local Base Level)–जब कोई नदी झील में गिरती है तो वह झील उस नदी का स्थानीय आधार तल होता है। इसके अतिरिक्त ऊँचाई पर जब कोई सहायक नदी अपनी मुख्य नदी से मिलती है तो वह स्थान भी स्थानीय आधार तल कहलाता है।

3. **अस्थायी आधार तल** (Temporary Base Level)–अनेक स्थानीय कारणों से अस्थायी आधार का आविर्भाव होता है। उदाहरणार्थ जब किसी नदी का जल झील में गिरता है तथा पुनः झील का जल दूसरी तरफ नदी के रूप में निकलकर बहने लगता है तो इसे अस्थायी आधार तल कहते हैं। इसे अस्थायी इसलिए कहते हैं क्योंकि इन दोनों नदियों के मध्य स्थित झील कुछ समय उपरान्त निक्षेपित पदार्थों से भर जाती है। तथा झील का आधार तल के रूप में प्रभाव समाप्त हो जाता है। कनाडा की विनिपेग झील इसी प्रकार का आधार तल है जिसमें दक्षिणी भाग से सस्केचवान नदी आकर गिरती है तथा उसमें से नेल्सन नदी के नाम से निकलकर हड्सन की खाड़ी में गिरती है।

नदी के कार्य (The Works of River)

पृथ्वी तल पर समतल स्थापक अनाच्छादनकारी कारकों में प्रवाहित जल या नदी के कार्य व्यापकता के कारण महत्वपूर्ण माने जाते

चित्र 16.3 *आधार तल की संकल्पना (after W.M. Davis)*

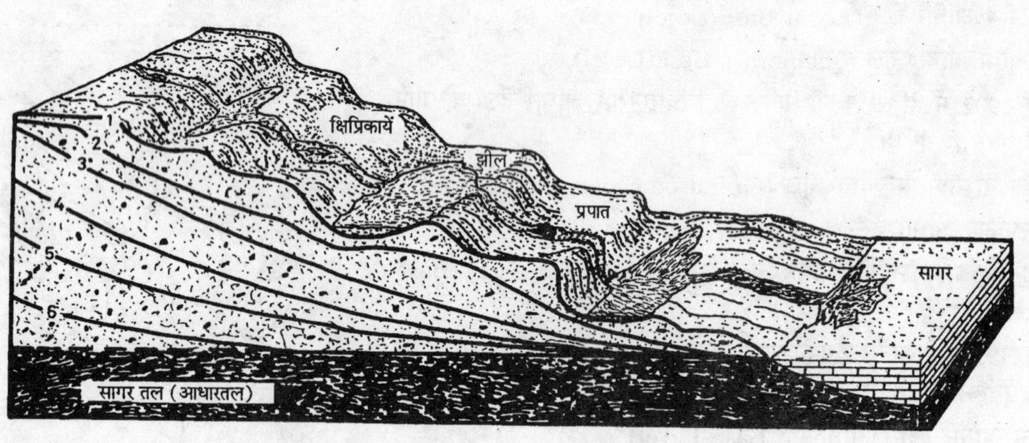

हैं। प्रवाही जल पृथ्वी तल पर अपरदन, परिवहन तथा निक्षेपण कार्य करता है जिसे त्रिकाल कार्य या त्रिपथ कार्य (Three phase work or Three way work) कहते हैं।

अपरदन (Erosion)

अपरदन नदी का प्रमुख कार्य है जिसके द्वारा नदी अपनी घाटी तल को विकसित करती है। नदी का जल घाटी तल एवं पार्श्वों को अपरदित करती है। नदी अपरदन की क्षमता उसमें प्रवाहित भार (Sediment Load) से प्रभावित होती है। सामान्यतः अवसादी भार के बढने के साथ ही अपरदन क्षमता भी बढ़ती है लेकिन यह सभी जगह सत्य नहीं है। अपरदन के सामान्य नियम के अनुसार नदी में भार की मात्रा न तो कम होनी चाहिए न ही अधिक। क्योंकि इन दोनों अवसर के मध्य अपरदन सर्वाधिक होता है। अवसादी भार को प्रवाहित करने के लिए पर्याप्त मात्रा में जल तथा वेग का तीव्र होना आवश्यक है। नदी का वेग दो गुना होने पर उसकी अपरदन क्षमता चौगुनी हो जाती है। नदी द्वारा अपरदन कार्य निमनलिखित रूपों में होता है:

1. **अपघर्षण** (Abrasion or Corrasion) – नदी जल के साथ प्रवाहित कंकड, पत्थर तथा शैल खण्ड आदि अवसादी भार के रूप में बहते हैं। जो अपरदन के यंत्र के रूप में कार्य करते हैं। इन्हें छेदन यन्त्र (Drilling tools) भी कहते हैं। ये पदार्थ सम्पर्क में आने वाली शैलों को घर्षित तथा तोड़ती रहती हैं। इस प्रकार की घर्षण एवं टूट फूट क्रिया को 'अपघर्षण की क्रिया' कहते हैं। ये पदार्थ जब नदी पार्श्वों को घर्षित करते हैं तो इसे 'क्षैतिज अपघर्षण' कहते हैं तथा जब शैलों के टुकड़े नदी तत्व को काट-छाँट कर गहरा करने लगते हैं, तो इस क्रिया को लम्बवत् अपघर्षण कहते हैं।

2. **सन्निघर्षण** (Attrition) – नदी जल के साथ कंकड, पत्थर एवं शैल खण्ड प्रवाहित होते हैं तभी ये नदी की तली एवं पार्श्वों को घिसने के साथ-साथ स्वयं भी परस्पर टक्कर खाकर टूटते-फूटते रहते हैं, जिससे उनका आकार महीन होता जाता है। इस प्रकार कंकड़, पत्थर तथा शैलखण्डों के स्वयं ही परस्पर टकराकर घर्षण द्वारा टूटने-फूटने की क्रिया सन्निघर्षण कहलाती है। सन्निघर्षण द्वारा परिवहन में सहायता मिलती है।

3. **घोलीकरण या संक्षारण** (Solution or corrosion)—नदी जल के सम्पर्क में आने वाली शैलों के घुलनशील पदार्थ जल के साथ घुलकर मिल जाते हैं। विभिन्न लवण, क्षार तथा गैस युक्त जल में उच्च घुलनशक्ति होती है। कार्बोनेशन की क्रिया द्वारा शैलों के घुलनशील तत्व शीघ्रता से पृथक होकर नदी जल के साथ बहने लगते हैं। मरे ने एक आकलन के उपरान्त बताया कि नदी के प्रति घन मील जल में लगभग 7.6 लाख टन खनिज पदार्थ घुलित अवस्था में पाये जाते हैं जिसका 50 प्रतिशत कैलशियम कार्बोनेट होता है।

4. **जलगति क्रिया** (Hydroaulic Action)—इस क्रिया में केवल जलीय शक्ति की ही भूमिका रहती है। जल तीव्र वेग के साथ प्रवाह मार्ग में आने वाली शैलों को ढीली एवं कमजोर करके अपने साथ बहाकर ले जाती है।

परिवहन (Transportation)

पृथ्वी तल पर क्रियाशील सभी अनाच्छादनकारी प्रक्रमों में नदी का परिवहन कार्य महत्वपूर्ण है। नदियों द्वारा अपरदन से प्राप्त शैल चूर्ण या मलबे (Debris) को एक स्थान से दूसरे स्थान पर स्थानान्तरित करने की क्रिया को परिवहन कहते हैं। ये शैल मलबा नदियों को अपरदन के अतिरिक्त अपक्षय द्वारा विघटन (Disintegration), भूमिस्खलन (Landslide), भूमि सर्पण (Land creeping), तथा अवपात (Slumping) द्वारा प्राप्त होता है। नदी द्वारा वाहित शैल मलबे को जलोढ़क (Alluvium) कहते हैं। इसका परिवहन दो कारकों से प्रभावित होता है—

1. **नदी का वेग** (Velocity)—नदी का वेग ढाल नदी घाटी के आकार तथा जल के आयतन (Volume of water) पर निर्भर करता है। ये तीनों कारक परस्पर नदी 'वेग को तुलनात्मक दृष्टि' से प्रभावित करते हैं। ढाल एवं आकार स्थिर रहते हुए यदि जल के आयतन में वृद्धि होती है तो नदी का वेग बढ़ेगा। इसी प्रकार यदि आकार एवं जल का आयतन स्थिर है तो ढाल तीव्र होने पर वेग बढ़ेगा। दूसरी ओर यदि ढाल तथा आयतन स्थिर है तो जल मार्ग के सीधे होने पर नदी का वेग अधिक होगा तथा घुमावदार होने पर वेग कम होगा। इस प्रकार नदी का वेग अधिक होगा तो परिवहन शक्ति में वृद्धि होती है।

2. **जलोढक का आकार तथा मात्रा** (Size and Quanitity of Alluvim)—नदी जल के साथ प्रवाहित अथवा जल में मिश्रित असंगठित पदार्थों को जलोढ़क कहते हैं। इसमें गाद (Silt), रेत (Sand), बजरी (Gravel), तथा विभिन्न आकार के शैलखण्ड सम्मिलित हैं। इनमें सूक्ष्म पदार्थ तो जल में घुल जाते हैं जिससे आसानी से प्रवाहित हो जाते हैं लेकिन अघुलित बड़े आकार वाले कण लुढ़क कर (by Traction) प्रवाहित होते हैं।

बाक्स 16.1 *छठी शक्ति का सिद्धान्त (Sixth Power Law)*

गिलबर्ट महोदय ने नदी के वेग तथा उसकी परिवहन शक्ति के मध्य गहरा सम्बन्ध बताते हुए एक सिद्धान्त प्रस्तुत किया जिसे गिलबर्ट का 'छठी शक्ति का सिद्धान्त' कहते हैं। इस सिद्धान्त में गिलबर्ट महोदय ने बताया कि नदी की परिवहन शक्ति नदी के वेग की छठी शक्ति के अनुपात में होती है। इससे अभिप्राय है कि यदि नदी के वेग को दोगुना कर दिया जाय नदी की परिवहन शक्ति 64गुनी $(2)^6$ बढ़ जाती है।

नदियों द्वारा अवसादी बोझ (Sediment Load) का परिवहन निम्नलिखित रूपों में होता है:

1. **कर्षण द्वारा या लुढक कर** (By Traction)—नदी जल के साथ जब बड़े-बड़े शैलों के टुकड़े लुढककर चलते हैं, तो इस क्रिया को कर्षण कहते हैं। कर्षण क्रिया में जलोढक एक बार में परिवहित न होकर विभिन्न स्थानों पर लुढकते हुए परिवहन होता है, जिसमें जलोढक एक स्थान से दूसरे स्थान पर तथा दूसरे स्थान से तीसरे स्थान पर तथा तीसरे स्थान से चौथे स्थान आदि रूप में फिसलकर कर या लुढ़ककर चलते हैं।

2. **उत्परिवर्तन द्वारा या उछलकर** (By Saltation)—उत्परिवर्तन क्रिया में शैलों के टुकड़े जल के प्रवाह के साथ नदी तल पर उछल-उछल कर आगे बढते रहते हैं। इनके उछलने की क्रिया अत्यन्त मन्द होती है।

चित्र 16.4 *नदियों द्वारा अवसाद प्राप्त करना तथा परिवहन व्यवस्था (after C.C. Park, 1997)*

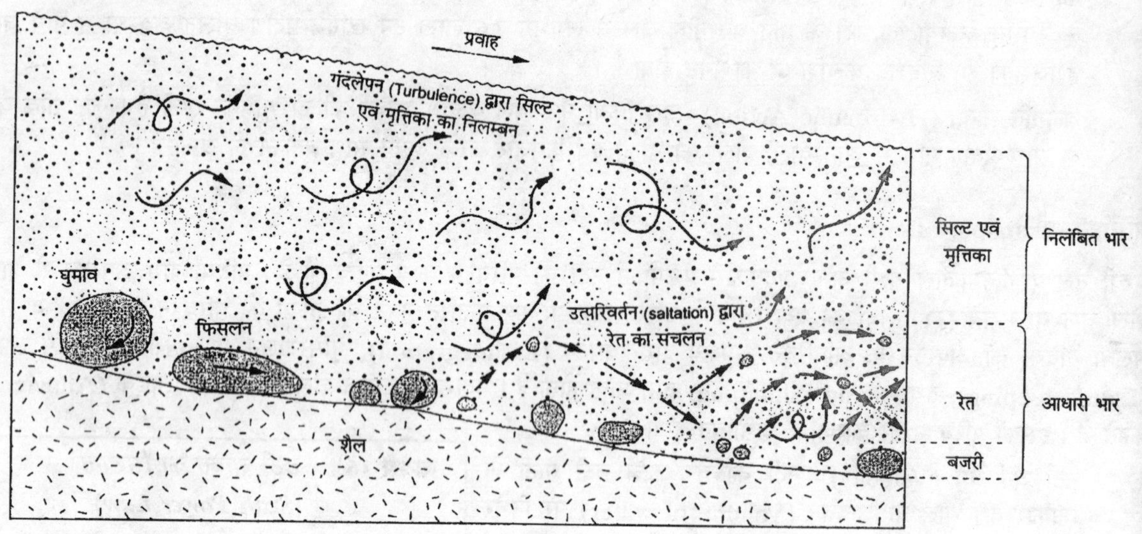

3. **घुलकर** (By Solution) – नदी के पार्श्वों तथा तली में स्थित शैलों के घुलनशील पदार्थ प्रवाहित जल के साथ घुलकर मिश्रित हो कर बहते हुए आगे चलते हैं।
4. **लटककर** (By Suspension) – नदी के प्रवाह मार्ग से शैल कण अपरदित होकर नदी जल में गिरते हैं, तो जल की प्लवनशीलता (Buoyancy) के कारण उन शैल कणों का भार कम हो जाता है तथा ये शैल कण प्रवाहित जल में लटके रहते हैं तथा इसी माध्यम से दूर तक बहा दिये जाते हैं। मिसीसिपी नदी के अवसादी बोझ का 90 प्रतिशत भाग लटक कर परिवहित होता है।

निक्षेपण (Deposition)

नदी द्वारा अपने प्रवाहित मार्ग से अपरदित जलोढक को किसी स्थान पर जमा करने की क्रिया निक्षेपण कहलाती है। निक्षेपण कार्य नदी के वेग में कमी तथा बोझ में वृद्धि के उपरान्त संभव हो पाता है। नदी के ढाल में कमी, नदी मार्ग में अवरोध तथा जल के आयतन में कमी के कारण नदी वेग में कमी आ जाती है।

शीर्ष भागों में अपरदन द्वारा निचले भागों में अवसादी भार में वृद्धि, हिमानी पिघलने से हिम जलोढक (Glacial Fluviatile) पदार्थों की प्राप्ति, सहायक नदियों द्वारा जलोढक वृद्धि तथा नदी मार्ग में अपरदन में वृद्धि आदि कारणों से नदी अवसाद का भार बढता है।

जलीय स्थलाकृतियाँ (Fluvial Landscapes)

इस धरातल पर प्रवाहित जल द्वारा निर्मित भू-आकारों को जलीय भूआकार या जलीय स्थलाकृतियाँ (Fluvial Landform or fluvial Landscapes) कहते हैं। प्रवाहित जल द्वारा स्थलाकृतियों का विकास दो रूपों में होता है। प्रथम, अपरदन द्वारा तथा द्वितीय निक्षेप द्वारा। नदी का अपरदन कार्य विनाशात्मक (Destructional) होता है क्योंकि नदियाँ भूसतह पर स्थित

स्थलखण्डों को कांट-छांट कर तथा घिसकर क्षीण करती हैं द्वितीय, जमाव या निक्षेपण द्वारा विविध नवीन स्थलाकृतियों की रचना होती है। अतः निक्षेपण कार्य रचनात्मक (Constructional) होता है।

अपरदनात्मक स्थलरूप (Erosional Landforms)

नदी के द्वारा निर्मित अपरदनात्मक स्थलरूपों में वी-आकार की घाटी (V-Shaped Valley), गॉर्ज या महाखड्ड (George), केनियन या गंभीरखड्ड (Canyon), क्षिप्रिकाएं एवं कॉस्केड (Rapids and Cascades), जल प्रपात एवं केटेरेक्ट (Waterfall and Cataracts), अवनमन या प्रपात कुण्ड (Plung Pools), जलगर्तिकायें (Pot holes), नदी वेदिकाएं (River Terraces), संरचनात्मक सोपान (Structural Benches), नदी विसर्प (River Meanders), तथा समप्राय मैदान (Peneplains) प्रमुख हैं।

1. ***वी-आकार की घाटी*** *(V-Shaped Valley)* – नदी अपने उद्गम स्थल से आगे प्रवाहित होती है, तो ढाल एवं गति की अधिकता होने के कारण नदी तलस्थ कटाव द्वारा घाटी को गहरा करती है। घाटी के गहराई में विकसित होने से उसका आकार अंग्रेजी के 'V' अक्षर के सदृश्य हो जाता है, जिस कारण इसे वी आकार की घाटी कहते हैं। इसके पार्श्वों का ढाल तीव्र (Steep) या उत्तल (convex) होता है। ये घाटी संकरी एवं तंग होती हैं। इनका सतत् विकास होता रहता है। फलस्वरूप घाटी की गहराई एवं चौड़ाई दोनों में वृद्धि होती रहती है। वी आकार की घाटी का विकास पूर्णरूपेण निम्न कटाव द्वारा ही नहीं होता, वरन् इसमें क्षैतिज कटाव भी होता है। वी आकार की घाटी के चौड़ाई तथा गहराई में विकसित होने पर गार्ज तथा कैनियम बनते हैं।

2. ***गॉर्ज या महाखड्ड*** *(George)* – गार्ज का विकास वी-आकार की घाटी से ही होता है। इसके किनारे खड़े ढाल वाले होते हैं तथा चौड़ाई की तुलना में गहराई बहुत अधिक होती है। गार्ज तथा कैनियन में अनेक समरूपताएँ पायी जाती हैं तथा अन्तर स्पष्ट कर पाना कठिन है। इन दोनों क्षेत्रों में अन्तर केवल स्वरूप का ही होता है क्योंकि वी-आकार का विकसित विस्तृत रूप गार्ज तथा गॉर्ज का विस्तृत रूप कैनियन कहलाता है। गार्ज अत्यधिक संकरी तथा गहरी घाटी होती है। इसके किनारे अनेक स्थानों पर तो दीवार के सदृश्य खड़े होते हैं। स्पष्ट है कि जब वी-आकार की घाटी अधिक संकरी एवं गहरी हो जाती है, तो उसे गॉर्ज कहते हैं। इसके निर्माण में निम्नवर्ती कटाव की मुख्य भूमिका रहती है। अनेक बार जल प्रपातों के तीव्रता से पीछे हटने से भी गॉर्ज का निर्माण होता है। रांची पठार पर हुडंरू प्रपात के पीछे हटने से स्वर्ण रेखा नदी में गॉर्ज बन गया है। नदी गार्ज का निर्माण पूर्ववर्ती नदियों द्वारा भी किया जाता है, जहाँ ये नदियाँ पर्वतीय उत्थान के साथ-साथ अपनी घाटी को पूर्ववत गहरा बनाये रखती हैं तथा अपने प्रवाह मार्ग को भी पूर्ववत स्थिति में बरकरार रखती हैं। हिमालय में सिन्धु नदी इसका उत्तम उदाहरण है जिसका गॉर्ज 5666 मीटर गहरा है। संयुक्त राज्य अमेरिका की अरकन्सास नदी का रायल गॉर्ज (366.6 मीटर), सतलज, ब्रह्मपुत्र तथा प्रायद्वीपीय नदियों पर बने गॉर्ज प्रमुख हैं।

चित्र 16.5 *केनियन*

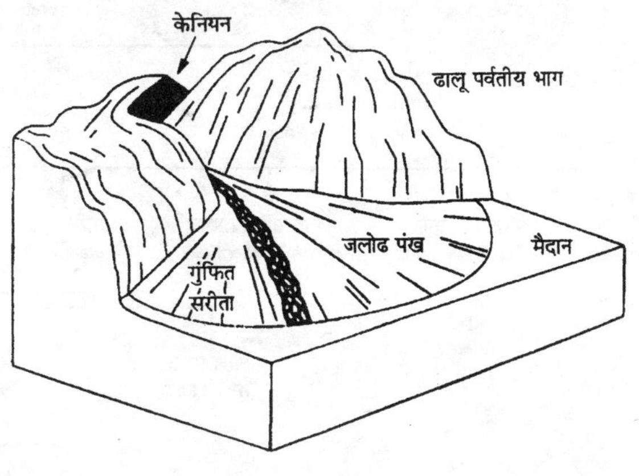

3. ***केनियन या गंभीर खड्ड*** *(Canyon)* – केनियन शब्द स्पेनिश शब्द *'Canon'* से बना है, जिसका अर्थ

है—*गंभीर खड्ड।* गॉर्ज के विस्तृत रूप में विकसित होने से केनियन का निर्माण होता है। यह गॉर्ज की तुलना में अधिव संकरा होता है तथा घाटी की चौड़ाई की तुलना में गहराई अधिक होती है। इसकी दोनों दीवारें खड़े ढाल वाली होतं हैं। हिमालय पर्वत में सिंधु, सतलज तथा ब्रह्मपुत्र नदियों पर बने कैनियन उत्तम उदाहरण हैं। विश्व का सबसे बड़ कैनियन संयुक्त राज्य अमेरिका के एरिजोना प्रान्त की कोलोरेडो नदी पर स्थित ग्रान्ड कैनियन (Grand Canyon) है इसका निर्माण हिमयुग के बाद भू-उत्थान एवं नदी के निम्नवर्ती अपरदन द्वारा हुआ था। इसकी गहराई 2083.3 मीट तथा लम्बाई 482.8 किलोमीटर है।

4. ***क्षिप्रिकाएं एवं कॉस्केड*** *(Rapids and Cascades)* – असमान शैल संरचना तथा विषम ढाल वाले नदी तल में जल कहीं तेज तथा कहीं मन्द गति से प्रवाहित होता है। इस प्रकार क्रमिक रूप में असमान गति से जल प्रवाह के कारण प्रवाह मार्ग में क्षिप्रिकाओं का निर्माण होता है। क्षिप्रिका एक प्रकार का छोटा जल प्रपात ही होती हैं जब क्षिप्रिका अधिक विस्तृ हो जाती है अर्थात् ढाल ऊर्ध्वाधर रूप में उत्पन्न हो जाता है तो जल प्रपात का रूप ले लेती है। क्षिप्रिकाएं जल प्रपा के ऊपर या नीचे बनती हैं।

5. ***जल प्रपात एवं केटेरेक्ट*** *(Waterfall and Cataracts)* – जब किसी नदी के मार्ग में विभिन्न संरचना वाली शैलों वे कारण खड़ा ढाल या क्लिफ बन जाता है, तो नदी का जल ऊपरी भाग से तीव्र वेग से नीचे गिरता है। तब उसे जल प्रपात कहते हैं। इसका निर्माण नदी के मार्ग में कठोर एंव मुलायम शैलों के ऊर्ध्वाधर या क्षैतिज रूप में मिलने पर होत है। नदी मुलायम शैलों को काट देती है तथा ढाल ऊर्ध्वाधर रूप में विकसित हो जाता है तथा जल प्रपात बन जाते हैं यह ढाल कम तथा छोटे आकार में विकसित होता है, तो क्षिप्रिका बनती है। जल प्रपातों के एक क्रम को केटेरेक्ट कहते हैं।

प्रपातों के प्रकार (Kinds of Water Falls)

ऊंचाई, आकार, विस्तार तथा निर्माण के आधार पर अनेक प्रकार के जल प्रपात मिलते हैं। लेकिन उत्पत्ति के आधार पर जल प्रपातों को दो प्रमुख अनेक उपभागों में विभाजित किया जा सकता है—

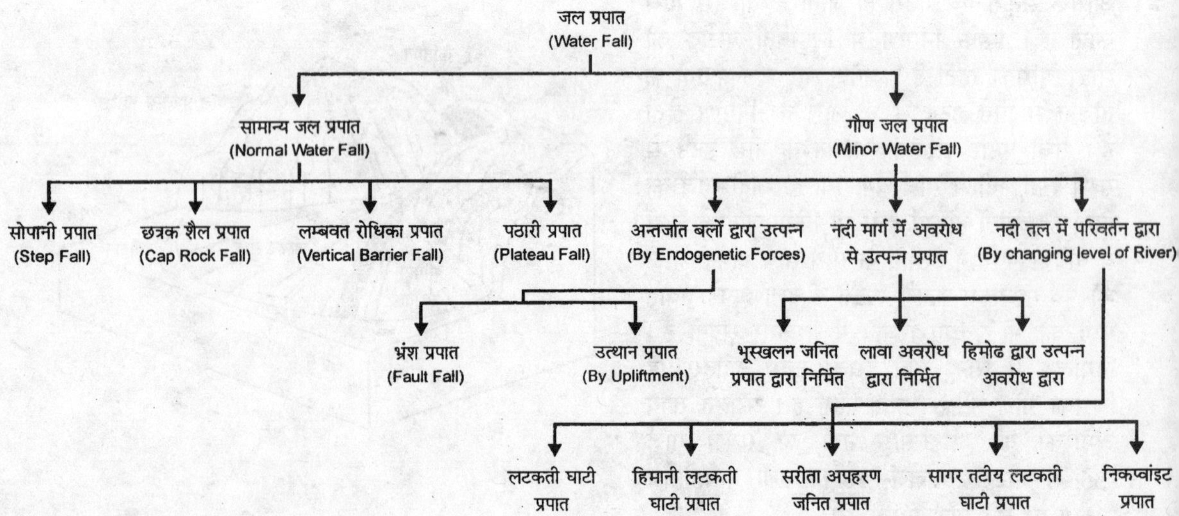

(A) **सामान्य प्रपात** (Normal waterfall) – ये प्रपात नदी के सामान्य जीवन चक्र में निर्मित होते हैं। अर्थात् नदी के जीवन क्रम में कोई व्यवधान नहीं आता वरन् कठोर एवं मुलायम शैलों की स्थिति के अनुसार इनका निर्माण होता है। ये अपरदन चक्र की प्रथम अवस्था (युवावस्था) में बनते हैं।

(i) **सोपानी प्रपात** (Step Water Fall) – जब विषम संरचना वाली शैलों के क्षेत्र में एक क्रम में सीढ़ीनुमा ढाल बन जाते हैं। तो इन ढालों पर बने प्रपातों को सोपानी प्रपात कहते हैं। रीवा पठार पर ओड़ा नदी पर सोपानी प्रपात पाये जाते हैं।

(ii) **छत्रक शैल प्रपात** (Cap Rock Water Fall) – इसका निर्माण कठोर शैल की परत के मुहाने की ओर झुके होने पर होता है। इसके नीचे स्थित मुलायम शैल कट जाती हैं तथा जल ढाल के अनुसार ऊँचाई से गिरने लगता है। इसका आकार छोटा होने के कारण ये एक प्रकार की क्षिप्रिका ही होती है।

(iii) **लम्बवत् रोधिका प्रपात** (Vertical Barrier Falls) – नदी प्रवाह के मार्ग में जब शैलें लम्बवत् रूप में स्थित होती हैं, जिनमें कठोर, प्रतिरोधी तथा मुलायक शैलों का क्रम मिलता है। इस क्रम में कठोर शैल के बाद कोमल शैल परत शीध्रता से कट जाती है तथा कठोर शैल अवशिष्ट रूप में खड़ी रह जाती है। जिसके कारण तीव्र ढाल वाले प्रपात का निर्माण होता है। संयुक्त राज्य अमेरिका के योस्टन नेशनल पार्क में योस्टन नदी पर स्थित वृहत् प्रपात (Great Fall) एक लम्बवत् रोधिका प्रपात का उदाहरण है। भारत में इस प्रकार के प्रपात रांची के पठार के पाट प्रदेश में मिलते हैं।

चित्र 16.6 *जल प्रपात (after Majid Husain)*

सारणी 16.1 *विश्व प्रमुख जल प्रपात*

प्रपात का नाम	ऊंचाई (मीटर में)	अवस्थिति
एंजेल प्रपात	979	वेनेजुएला (रियोकेरोनी नदी)
टुगेला प्रपात	948	दक्षिणी अफ्रीका
योसेमाइट प्रपात	739	केलिफोर्निया (U.S.A.)
सदरलैण्ड प्रपात	579	न्यूजीलैण्ड
रोरैमा प्रपात	457	ब्रिटिश गायना
कलाम्बो	426	दक्षिणी अफ्रीका
टकाकू प्रपात	400	ब्रिटिश कोलम्बिया (कनाडा)
मुल्टनोमाह प्रपात	250	ओरेगन (USA)
ब्रिडालवेल प्रपात	188	कैलिफोर्निया (USA)
विक्टोरिया प्रपात	133	दक्षिणी अफ्रीका
इबासू प्रपात	73	ब्राजील
नियाग्रा प्रपात	55	संयुक्त राज्य अमेरिका व कनाडा

(iv) **पठारी प्रपात** (Plateau Fall) – पठारी प्रपात का निर्माण उस स्थान पर होता है, जहाँ पठार की कठोर शैलें अपने समीपवर्ती मैदानी भागों की ओर निकली होती हैं। यहाँ नदियाँ कठोर पठारी भाग की अपेक्षा मुलायम मैदानी भाग को तीव्रता से काटती हैं। फलस्वरूप प्रपात का निर्माण हो जाता है। इस प्रकार का प्रपात अफ्रीका की कांगो नदी बनाती है, जो अफ्रीका के पठार से उतरते हुए 32 क्षिप्रिकाओं का निर्माण कर लिविंग्स्टन प्रपात (Livingston Fall) का निर्माण करती हैं, जो 275 मीटर ऊंचा है।

(B) **गौण प्रपात** (Minor Waterfall) – गौण प्रपातों का निर्माण नदी प्रवाह मार्ग में आकस्मिक कारणों से व्यवधान उत्पन्न होने से ढाल में अन्तर आने से होता है। ये व्यवधन स्थलखण्ड के उत्थान अथवा अवतलन के कारण सागर तल में परिवर्तन के फलस्वरूप नदी में पुनर्योवन (Rejuvination) की स्थिति बनाने से उत्पन्न होता है। अन्तर्जात बलों द्वारा उत्पन्न जल प्रपातों में भ्रंश प्रपात (Fault fail) तथा उत्थान जनित प्रपात प्रमुख हैं। जबकि नदी प्रवाह में अवरोध उत्पन्न होने से उत्पन्न प्रपातों में भूस्खलन द्वारा उत्पन्न प्रपात, लावा अवरोध द्वारा उत्पन्न प्रपात, हिमोढ़ द्वारा निर्मित प्रपात तथा नदी तल में परिवर्तन से उत्पन्न प्रपातों में लटकती घाटी का प्रपात, हिमानी की लटकती घाटी का प्रपात, नदी अपहरण द्वारा उत्पन्न प्रपात, सागर तटीय लटकती घाटी का प्रपात व निक प्वाइंट प्रपात प्रमुख हैं।

(i) **भ्रंश प्रपात** (Fault Fall) – जब किसी नदी मार्ग में भ्रंशन क्रिया होती है, तो कठोर भाग ऊपरी क्षेत्र में तथा मुलायम या कम कठोर भाग निचले क्षेत्र की ओर संचलित हो जाता है तथा कगार भ्रंश (Scarp Fault) के सहारे नदी का जल ऊंचाई से नीचे की ओर गिरने लगता है। इस प्रकार बनने वाला प्रपात भ्रंश प्रपात कहलाता है। अफ्रीका में जेम्बेजी पर निर्मित विक्टोरिया प्रपात इसी प्रकार का प्रपात है।

(ii) **उत्थान जनित प्रपात** (Uplifled fau)—नदी के प्रवाह मार्ग में भूगर्भिक हलचलों के कारण जब किसी भाग का उत्थान हो जाता है, तो नदी मार्ग में तल परिवर्तन हो जाता है। फलस्वरूप जल उच्च भाग से निम्न भाग में गिरने लगता है व जल प्रपात बन जाता है। कुछ समय उपरान्त नदियाँ अपरदन द्वारा अपने पूर्ववर्ती मार्ग को प्राप्त कर ढाल को समायोजित कर लेती हैं।

(iii) **भूस्खलन द्वारा निर्मित जल प्रपात**—अपरदन चक्र की प्रथम अवस्था में नदी की ऊपरी घाटी में शैलें विघटित एवं विनयोजित होकर टूटकर नीचे गिरती रहती हैं। फलस्वरूप नदी तल में विषमतायें उत्पन्न हो जाती हैं एवं नदी का जल ऊँचाई से निचले भागों में गिरता है, जिससे जल प्रपात का निर्माण होता है।

(iv) **लावा अवरोध द्वारा उत्पन्न जल प्रपात**—जब लावा उद्गार द्वारा नदी के प्रवाह मार्ग में लावा की एक मोटी परत जमा हो जाती है, जिसके आगे वाले भाग में स्थित मुलायम परत कट जाती है तथा नदी का जल ऊँचाई से गिरने लगता है एवं जल प्रपात का निर्माण हो जाता है।

(v) **हिमानी निक्षेप द्वारा द्वारा निर्मित प्रपात**—अनेक बार नदी के मार्ग में हिमोढ़ (Moraine) के जमा होने से विषमता उत्पन्न हो जाती है, जिसके कारण नदी का जल ऊँचाई से नीचे की ओर गिरने लगता है तथा जल प्रपात बन जाता है।

(vi) **लटकती घाटी का प्रपात**—जब मुख्य नदी में उसकी सहायक नदी मिलती हैं, तो मुख्य नदी सहायक नदी से गहरी होती हैं। अतः सहायक नदी का जल मुख्य नदी में ऊँचाई से गिरता है, तभी जल प्रपात का निर्माण होता है। रारू नदी गंगा नदी में पूर्वी राँची के पठार में जोन्हा के समीप मिलती है, जहाँ इसी प्रकार का जल प्रपात बनता है।

(vii) **हिमानी की लटकती घाटी का प्रपात**—मुख्य हिमानी घाटी अपनी सहायक घाटी से अधिक अपरदन करती है, जिस कारण विसंगति उत्पन्न हो जाती है। हिमयुगों के दौरान हिम नदियाँ मर जाती हैं तथा हिम युगों के अन्त में हिम पिघलने से नदियाँ प्रवाहित होने लगती हैं तथा सहायक घाटी से प्रवाहित जल मुख्य घाटी के साथ प्रपात बनाता है। ऐसे जल प्रपात नार्वे, स्वीडन, फिनलैण्ड एवं कनाडा में सर्वाधिक मिलते हैं।

(viii) **नदी अपहरण द्वारा उत्पन्न प्रपात**—ऊंचे समतल भागों में प्रवाहित नदी का जल जब उसके निचले भाग में प्रवाहित

नदी द्वारा अपहरण कर लिया जाता है तो अपहृत नदी ऊंचाई से अपहरणकर्ता नदी में गिरती है तो जल प्रपात बन जाता है।

(ix) **सागर तटीय लटकती घाटी का प्रपात**—तीव्र वेगवती सागरीय लहरें सागरीय किनारों को काटकर खड़े क्लिफ का निर्माण कर देती हैं। निरन्तर अपरदन के कारण ये क्लिफ पीछे हटते रहते हैं। इस क्लिफ से सागर में मिलने वाली नदी की घाटी सागर में लटकती हुई दिखाई देती है तथा जल प्रपात का निर्माण करती हुई सागर में गिरती है। इसे सागरीय लहरों से निर्मित लटकती घाटी का प्रपात भी कहते हैं।

(x) **निक प्वाइंट प्रपात** (Knick Point Fall) – जब नदी अपनी घाटी का पूर्ण विकास करके क्रमबद्ध वक्र (Graded Curve) का निर्माण करती है तभी सागर तल में परिवर्तन से नदी में नवोन्मेष (Rejuvenation) आ जाता है। फलस्वरूप नदी पुनः अपनी पूर्व की अवस्था प्राप्त कर लेती है तथा निम्नवर्ती कटाव करने लग जाती है। इस स्थिति में जहाँ नवीन वक्र पुराने वक्र से मिलता है, वहाँ ढाल में अन्तर आने से नदी का जल प्रपात बनाता हुआ नीचे गिरता है। कुछ समय उपरान्त नदियाँ जब क्रमबद्ध हो जाती हैं तो निक प्वाइंट समाप्त हो जाते हैं तथा निक प्वाइंट प्रपात भी समाप्त हो जाते हैं।

उपर्युक्त सभी प्रकार के प्रपात अस्थायी प्रकृति के होते हैं, जो नदियों द्वारा किये जाने वाले परिवर्तनों के द्वारा बदलते तथा समाप्त होते रहते हैं। संयुक्त राज्य अमेरिका व कनाडा की सीमा पर सेंट लारेंस नदी पर स्थित नियाग्रा प्रपात प्रतिवर्ष 3 से 4 फीट की दर से पीछे हट रहा है तथा अब तक 12 किमी. पीछे हट चुका है।

प्रपात रेखा (Fall Line)

प्रपातों का एक क्रमबद्ध रूप रेखीय प्रतिरूप में अवस्थित होना प्रपात रेखा कहलाती है जिसके अन्तर्गत स्थित प्रपातों की ऊँचाई भिन्न-भिन्न होती है। संयुक्त राज्य अमेरिका में अप्लेशियन पर्वत के पूर्वी भाग में न्यू इंग्लैण्ड से प्रारम्भ होकर जल प्रपात रेखा मध्य अलबामा तक पर्वतपदीय पठार तथा तटीय रेखा के मध्य स्थित है। इसी प्रकार भारत में टोंस नदी के पूरवा प्रपात (70 मी.) से प्रारम्भ होकर पूर्व में बिहार के सासाराम तक स्थित है। इसमें विभिन्न ऊँचाइयों के जल प्रपात मिलते हैं। जिनमें टोंस की सहायक बीहर नदी का चचाई प्रपात (127 मीटर) महानदी का केवटी प्रपात (98 मीटर), बेलन की सहायक ओडा नदी का ओडा प्रपात (145 मीटर), कर्मनाशा नदी पर देवदरी प्रपात (58 मीटर), पश्चिमी सूरा नदी पर तेल्हार कुण्ड प्रपात (80 मीटर), गोपथ नदी पर आरवरियन प्रपात (90 मीटर), धोबा नदी पर धुआकुण्ड प्रपात (30 मीटर), ओसाने नदी पर कुमारीडाह प्रपात (180 मीटर) तथा गयाधारट नदी पर रकीम कुण्ड प्रपात (168 मीटर) प्रमुख हैं।

6. **अवनमन या प्रपात कुण्ड** (Plung Pools) – जल प्रपात के अन्दर जहाँ पर जल ऊंचाई से गिरता है, वहाँ जल के साथ प्रवाहित कंकड़ पत्थरों के कारण एक गहरा गड्ढा बन जाता है जिसे अवनमन या प्रपात कुण्ड कहते हैं विदित रहे कि अनेक विद्वान इसे *'जल गर्तिका (Pot holes)'* का ही विकसित रूप मानते हैं जो गलत है। जल गतिका नदी तल में बनती है जबकि अवनमन कुण्ड केवल जल प्रपात की तली में ही बनते हैं।

7. **जल गर्तिकायें** (Pot holes) – जब नदी में जल के साथ प्रवाहित कंकड़ पत्थर जल भंवर (Eddies) के दौरान तेजी से घूमते हुए चलते हैं तो नदी तल में छोटे-छोटे गोलाकार गर्तों का निर्माण हो जाता है। इस क्रिया में नदी जल के साथ प्रवाहित कंकड़-पत्थर एक छेदन यन्त्र (Grindering tools) का कार्य करते हैं। ये छेदक यन्त्र नदी तल में बर्मे की तरह कार्य करते हैं।

8. **नदी वेदिकाएं** (River Terraces) – नदी अपनी प्रौढ़ावस्था में अत्यधिक उथली एवं चौड़ी हो जाती है। जब कभी इस घाटी में नवोन्मेष (Rejuvenation) आ जाता है, तो घाटी का तल ऊपर उठ जाता है। जिसके कारण पुनः अपरदन होने लगता है तथा घाटी गहरी हो जाती है। अतः स्पष्ट है कि पूर्व में निर्मित घाटी में एक अन्य घाटी का निर्माण हो जाता है। इस स्थिति में पूर्व स्थित घाटी के पार्श्व (किनारे) सोपानी रूप में दृष्टिगत होता है। ये क्रिया जब एक से अधिक बार होती

है, तो अनेक सोपानी पार्श्व बन जाते हैं, जिन्हें नदी वेदिका कहते हैं।

चित्र 16.7 *नदी वेदिकायें (after W.M. Davis)*

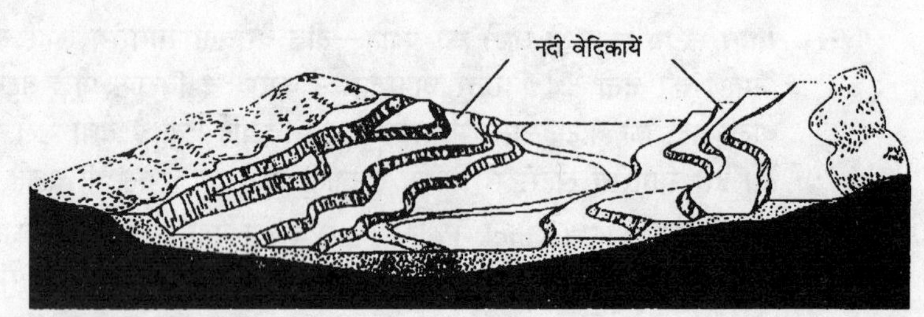

9. **संरचनात्मक सोपान** (Structural Benches) – संरचनात्मक सोपान दिखने में नदी वेदिका के सदृश्य लगते हैं लेकिन इनकी निर्माण प्रक्रिया में मूल अन्तर है। संरचनात्मक सोपान विशेषक अपरदन (Differential Erosion) द्वारा निर्मित होते हैं। जब नदी के मार्ग में पार्श्वों पर कठोर एवं मुलायम शैलों की परत क्षैतिज रूप में स्थित होती है। मुलायक शैलों की परतें शीघ्रता से अपरदित हो जाती हैं जबकि कठोर शैलों की परत उभरी हुई अवस्था में रहती है। जिनसे नदी घाटी के दोनों किनारों पर सोपनाकार सीढ़ियाँ बन जाती हैं, जिन्हें संरचनात्मक सोपान या पीठिकाएं कहते हैं।

10. **नदी विसर्प** (River Meanders) – नदी विसर्प जिसे अंग्रेजी भाषा में '*Meander*' कहते हैं, की उत्पत्ति तुर्की में प्रवाहित होने वाली मियेन्डर नदी के नाम से हुइ है। इस नदी के मार्ग में अनेक विसर्पों का निर्माण होता है। नदी अपनी प्रौढ़ावस्था में जब मैदानी भाग में प्रवाहित होती है, तो क्षैतिज अपरदन द्वारा अपनी घाटी को चौड़ा करने लगती है। प्रवाह मार्ग के विषम होने के कारण नदी में अनेक मोड़ बन जाते हैं, जिन्हें विसर्प कहते हैं। विसर्प के प्रत्येक मोड़ पर दो प्रकार के किनारे होते हैं। अवतल ढाल (Concave Slope) पर टकरा कर नदी अधिक अपरदन करती है जिस कारण यहाँ भृगु (Cliff) का निर्माण हो जाता है तथा दूसरे किनारे पर जहाँ उत्तल ढाल (Convex Slope) होता है निक्षेप अधिक होता है। नदी विसर्प का आकार अर्द्धवृत्ताकार या वृत्ताकार होता है। एक नदी विसर्प की लम्बाई नदी की चौड़ाई से 15 से 18 गुना अधिक होती है। अपरदन की प्रकृति के आधार पर नदी विसर्प तीन प्रकार के होते हैं—

(i) *सामान्य विसर्प (Normal Meanders)* – सामान्य विसर्प का निर्माण नदी के प्रथम अपरदन चक्र में होता है। अर्थात् बिना किसी नवोन्मेष के इनका निर्माण होता है। जब नदी अत्यधिक बोझ के साथ बहती है तो उसकी सम्पूर्ण ऊर्जा बोझ के परिवहन में खर्च हो जाती है तथा यहाँ केवल निक्षेपण कार्य होने से विसर्प का निर्माण होता है। बोझ तले दबी नदी निम्नवर्ती अपरदन में असमर्थ रहती है। अतः क्षैतिज अपरदन प्रभावी रहता है तथा अनेक

चित्र 16.8 *नदी विसर्पों का विकास (W. K. Hamblin et. al)*

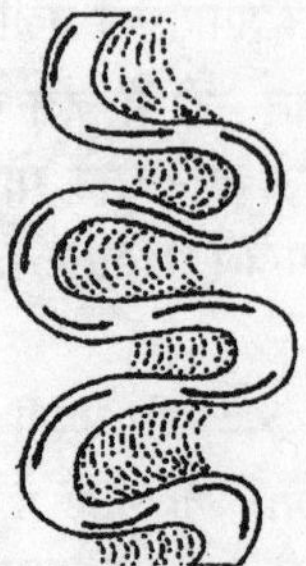

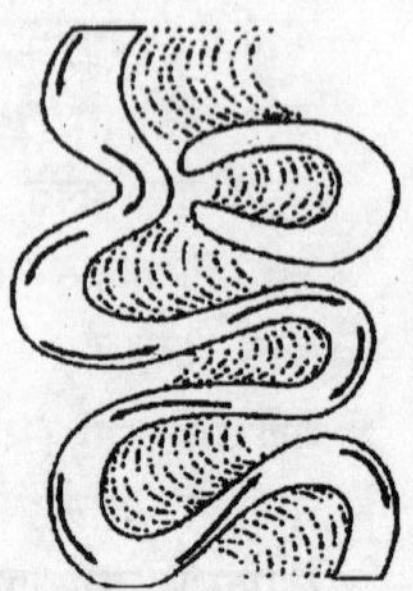

मोड़ बन जाते हैं, जिन्हें सामान्य विसर्प कहते हैं।

(ii) *अधःकर्तित विसर्प (Incised Meanders)*– अधःकर्तित विसर्पों का निर्माण नदी में नवोन्मेष होने से होता है। नवोन्मेष होने से नदी की अपरदन शक्ति में पुनः वृद्धि हो जाती है, जिस कारण् सामान्य विसर्पों में लम्बवत् कटाव होने से संकरे विसर्प का निर्माण हो जाता है, जिसे अधःकर्तित विसर्प कहते हैं। अधिकर्तित विसर्प को (Incised Meanders) गंभीरी भूत विसर्प (Entrenched or Intrended Meanders) अन्तःकर्तित विसर्प (Ingrown Meaders) तथा घिरा हुआ विसर्प (Inclosed Menders) भी कहते हैं।

(iii) **बेमेल या अनुपयुक्त विसर्प** (Misfit or unfit Meanders)नदी की प्रौढ़ावस्था में जल की कमी हो जाने पर पूर्व में विस्तृत वृहद् बाढ के मैदान में नदी संकरी हो जाती है, तभी उसके द्वारा निर्मित विसर्प पूर्व में निर्मित विसर्पों की तुलना में कम विस्तृत होते हैं, जिन्हें अनुपयुक्त या बेमेल विसर्प कहते हैं।

11. **समप्राय मैदान** (Peneplain)– समप्रायः मैदान का निर्माण नदी की अन्तिम अवस्था में क्षैतिज अपरदन एवं निक्षेप द्वारा होता है। अपरदन द्वारा उच्च भाग निम्न हो जाते हैं तथा निक्षेप द्वारा निम्नवर्ती भाग भर जाते हैं अतः इसके निर्माण में दोनों क्रियाओं की भूमिका होती है। अपरदन के उपरान्त अनेक प्रतिरोधी शैलें अवशेष रूप में खड़ी रह जाती हैं, जिन्हें *मोनेडनॉक (Monadnacks)* कहते हैं। मोनेडनाक का नामकरण डेविस ने 1895 में किया था जबकि संयुक्त राज्य अमेरिका के न्यू हैम्पशायर राज्य में मानेडनाक नाम का पर्वत भी है। मोनेडनाक के सदृश्य ही कुछ टीले होते हैं जिनका ढाल अपघर्षण द्वारा नदी के उद्गम की ओर तीव्र तथा मुहोन की ओर साधारण होता है, *क्वेष्टा (Cuesta)* कहते हैं। क्वेष्टा विशेष रूप से फ्रांस के पेरिस बेसिन में पायी जाती है।

निक्षेपात्मक स्थलरूप (Depositional Landforms)

अपरदन के दौरान नदियाँ विभिन्न क्रियाओं द्वारा स्थलों को काटती रहती हैं जिससे नवीन स्थलरूपों का विकास होता रहता है। कटाव द्वारा नदी अपने साथ शैल मलबा बहाकर लाती है जिसे जमाकर अनेक स्थलरूपों का निर्माण करती है। जिन्हें निक्षेपात्मक स्थलरूप कहते हैं। निक्षेप द्वारा निर्मित स्थलाकृतियाँ निम्नलिखित हैं यें जलोढ शंकु (Alluvial Cone) जलोढ़ पंख (Alluvial Fans), नदी एवं विसर्प चापाकार झील (Meanders and Oxbow lakes), प्राकृतिक तटबन्ध (Natural Leavees or Embankment), बाढ़ का मैदान (Flood Plains) तथा डेल्टा (Delta) आदि प्रमुख हैं।

1. **जलोढ शंकु** (Alluvial Cone)– जलोढ़ शंकु नदी की युवावस्था के अन्त तथा प्रौढ़ावस्था के प्रारम्भ का सूचक है। जब नदी पर्वतीय क्षेत्र से उतर कर मैदानी भाग में प्रवेश करती है, तो ढाल एवं वेग में अचानक कमी आ जाने से उसकी वहन क्षमता भी कम हो जाती है। फलस्वरूप नदी पर्वपदीय क्षेत्रों में शैल मलबे को शंकु के आकार में जमा कर देती है। इस जमाव में बड़े शिलाखण्ड सबसे नीचे तली में फिर उनके ऊपर बजरी तथा सबसे ऊपरी सतह पर महीन रेत का जमाव होता है। जलोढ़ शंकु तथा टालस शंकु (Talus Cone) देखने में समरूप ही लगते हैं लेकिन निर्माण की प्रक्रिया के आधार पर दोनों भिन्न होते हैं। टालस शंकु का निर्माण अपक्षय क्रिया द्वारा उत्पन्न विघटित ढीले शैल मलबे (Rock Waste or Debris) के सामूहिक स्थानान्तरण (Mass Translocation) के कारण होता है, जिसमें स्वयं की गति का महत्व होता है। जल की भूमिका नगण्य होती है। जबकि जलोढ़ शंकु में जल की भूमिका महत्वपूर्ण होती है।

2. **जलोढ़ पंख** (Alluvial Fans)– जलोढ़ पंख की निर्माण प्रक्रिया भी जलोढ़ शंकु के समान है। इनका निर्माण तीव्र पर्वतीय ढाल वाले भागों में नदी द्वारा संग्रहित शैल मलबे के कम तीव्र ढालों पर निक्षेप के रूप में होती है जो आकार एवं स्वरूप में जलोढ़ शंकु से भिन्न होते हैं। शैल मलबे को नदी अर्द्धवृत्ताकार या पंखाकार रूप में जमा कर देती है। जलोढ़ पंख का ढाल जलोढ शंकु से कम होता है तथा जलोढ़ शंकु का निर्माण तीव्र ढाल पर तथा जलोढ़ पंख का निर्माण सामान्य ढाल व जल की मात्रा अधिक होने पर होता है। नदी में नवोन्मेष आने पर पुराने जलोढ़ पंख की परिधि के पास पूर्व की अपेक्षा अधिक मलबा जमा हो जाता है, जिससे पुनः एक पंख बन जाता है। जिसे द्वितीय पंख कहते हैं। द्वितीय

पंख भी कट जाता है तथा पुनः इसकी परिधि के पास एक शंकु बन जाता है जिसे तृतीय पंख कहते हैं। इस प्रकार जलोढ़ पंखों की क्रमिक स्थिति से ढाल का स्वरूप भी बदल जाता है। जलोढ़ पंख के शीर्ष के पास नदी अनेक धाराओं में विभक्त होकर बहती हुई कुछ दूरी पर बजरी में अदृश्य हो जाती है जो आगे चलकर निचले ढालों पर जल स्त्रोत (Spring) के रूप में पुनः प्रकट होती है। ऐसी नदी को *गुम्फित नदी* (Braided Streram) कहते हैं। ये नदियाँ वर्षाकाल के अतिरिक्त अधिकांश समय में शुष्क ही रहती हैं। हिमालय का भाबर क्षेत्र भी इसी प्रकार का है। पर्वतीय ढालों के निचले भागों में अनेक छोटी बड़ी नदियों द्वारा विभिन्न आकार के अनेक पंखों का निर्माण किया जाता है, ये सभी मिलकर एक बड़े पंखे का निर्माण करते हैं, जिसे *संयुक्त जलोढ़ पंख* (Compound Alluvial Fan) कहते हैं। भारत में व्यास, रावी तथा तिस्ता महानदी संयुक्त पंख बनाती है। इनके विस्तार से एक बड़े भाग में निक्षेपकृत मैदान का निर्माण होता है जिसे पर्वतपदीय जलोढ़ मैदान (Piedmont Alluvial Fan) कहते हैं। इन मैदानों की गहराई सैकड़ों मीटर में पायी जाती है। पंखों का अर्द्धव्यास भी सैकड़ों किलोमीटर तक होता है। कैलिफोर्निया की मरसीड़ नदी के जलोढ़ पंख का अर्द्धव्यास 64 किलोमीटर है। भारत में भी हिमालय के पर्वतपदीय भागों में जलोढ़ पंख मिलते हैं। देहरादून जलोढ़ पंख प्रमुख हैं।

3. **नदी विसर्प एवं चापाकार झील** (Meanders and Oxbow lakes) – नदी विसर्पों के निर्माण में अपरदन एवं निक्षेपण दोनों क्रियाओं का योगदान रहता है। मैदानी भागों में ढाल कम होते ही अपने साथ प्रवाहित अवसादों को पार्श्वों (किनारों) पर जमा करने लगती है तथा प्रवाह धीमा होने के कारण घुमावदार प्रवाह मार्ग अपना लेती है। जिसके दौरान अपने बाहरी तट को काटती है तथा आन्तरिक भाग में जमाव करती है। फलस्वरूप विसर्प बनते जाते हैं। विसर्पों की ग्रीवा (Neck) संकरी होने से बाढ़ के दौरान कट जाती है तथा नदी का मार्ग सीधा हो जाता है। इस प्रकार कटे हुए विसर्पों में जल भरा रहने से चापाकार झील का निर्माण होता है। इसे गोखुर झील भी कहते हैं। गोखुर झील अर्द्ध चन्द्राकार (Crescent) रूप में बाढ के मैदान में पायी जाती है इसका निर्माण नदी के विसर्पों को काटकर सीधे प्रवाहित होने पर एक तरफ छोड़े गये विसर्प में जल भरने से होता है। यह झील *विलाबोगं (Bilabong) मोर्टलेक (Mortlake)* या बायु (Bayou) आदि नामों से भी जानी जाती है।

चित्र 16.9 *गोखुर झील (after Majid Husain)*

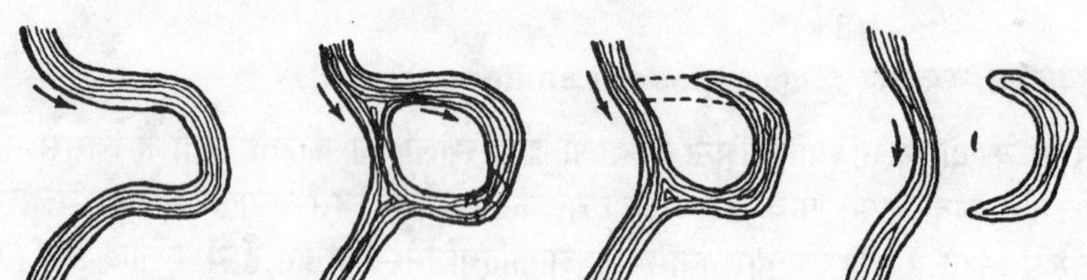

4. **प्राकृतिक तटबन्ध** (Natural Levees or Embankment) – नदी अपनी प्रौढ़ावस्था के अन्त में दोनों किनारों (तटों) पर जलोढ़क को जमा करती है जिससे लम्बे-लम्बे बंधों का निर्माण हो जाता है। प्राकृतिक रूप से बने इन बन्धों को तटबन्ध (Levees) कहते हैं। इनकी रचना बाढ़ के दौरान जल की मात्रा बढ़ने से होती है। तटबन्धों के निर्माण के बाद नदी की तली में भी जमाव होने लगता है। तटबन्धों की ऊँचाई भी भिन्न-भिन्न होती है। मिसीसिपी नदी के तटबन्धों की ऊंचाई 6 से 7 मीटर तक है। ये तटबन्ध नदी तल से ऊँचे होते हैं, जो समीपवर्ती क्षेत्र की बाढ से रक्षा करते हैं। तटबन्धों के टूटने पर भयंकर बाढ़ आती है। चीन की हाँगह्वो नदी के तटबन्ध टूटने से प्रायः बाढ़ें आया करती हैं।

5. **बाढ़ का मैदान** (Flood Plains) – प्रौढ़ावस्था में नदी अपने तटों के ऊपर फैलाव करती है। इसे बाढ़ का मैदान कहते हैं। इस अवस्था में अवसाद भार में वृद्धि तथा प्रवाह वेग में कमी के कारण नदी का निक्षेप कार्य बढ़ जाता है। नदी ये निक्षेप कार्य दूर तक करके बाढकृत मैदान का निर्माण करती है। प्राकृतिक तटबन्ध टूटने से भी बाढ़ का मैदान बनता है। बाढ़ के दौरान जमा हुई मिट्टी काफी उर्वर होती है।

चित्र 16.10 *बाढकृत मैदान के प्रमुख भूदृश्य (W. K. Hamblin et. al)*

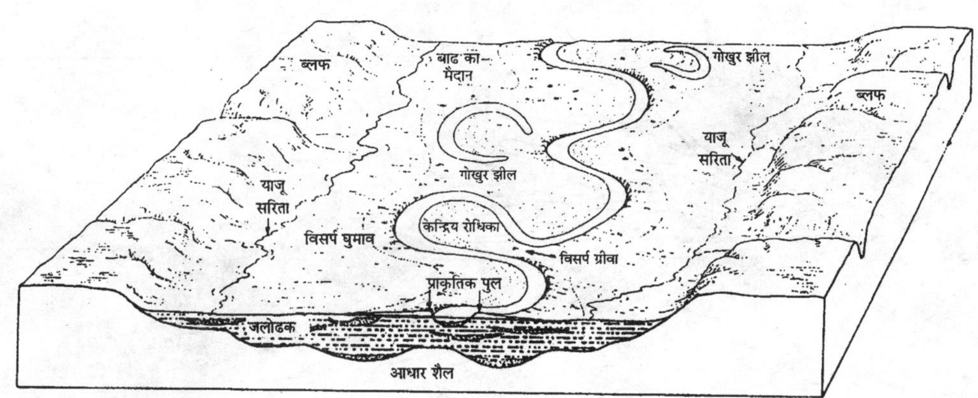

6. **डेल्टा** (Delta) – अपरदन चक्र की अन्तिम अवस्था (वृद्धावस्था) में नदी का वेग मन्द पड़ जाता है जिस कारण नदी अपने साथ बहाकर लाये गये जलोढ़क को सागर या झील में मिलते समय अपने मुहाने पर त्रिभुजाकार आकृति जमा करती है जिसे डेल्टा कहते हैं। डेल्टा शब्द का नामकरण लेटिन भाषा के (Delta) अक्षर के नाम पर किया गया है। डेल्टा शब्द का प्रयोग सर्वप्रथम होरोडोटस ने नील नदी के मुहाने पर निर्मित निक्षेपात्मक स्वरूप के लिए किया था तत्पश्चात् सभी नदियों के मुहाने पर निक्षेप द्वारा निर्मित स्थलरूपों के लिए डेल्टा शब्द का प्रयोग किया जाने लगा। डेल्टा का आकार तथा गहराई नदी द्वारा निक्षेपित जलोढक की मात्रा एवं कणाकार, सागरीय तरंगों, ज्वार की तीव्रता, लवणता, जल का तापमान, वर्षा की मात्रा, बाढ़ ता विवर्तनिकी आदि से प्रभावित होते हैं।

डेल्टा के निर्माण के लिए आवश्यक दशायें (Siutable Conditions for Delta Formation)

1. नदियों का झील अथवा सागर में गिरना ताकि नदियाँ अपने साथ लाये जलोढ़क को मुहाने पर जमा कर सके। अनेक नदियाँ जो अन्तःस्थलीय होती हैं, स्थलीय भागों में ही समा जाने के कारण डेल्टा का निर्माण नहीं कर पाती है।
2. नदी में पर्याप्त मात्रा में जलोढ़क की मात्रा हो अर्थात् नदी अतिभारित (Over loaded) होनी चाहिए ताकि जलोढक का परिवहन नहीं कर पाये व डेल्टा बन सके।
3. नदी का आकार तथा आयतन भी अधिक होना चाहिए ताकि लम्बे मार्ग से अधिक मात्रा में जलोढक का परिवहन करके मुहाने तक ले जाया जा सके।
4. नदी जलोढक में पाये जाने वाले पदार्थों का आकार भी महत्वपूर्ण होता है क्योंकि मोटे कण ही सागर तट के समीप जमा हो पाते हैं जबकि महीन कण सागर में तैरते हुए दूर तक चले जाते हैं जिनका डेल्टा निर्माण में योगदान नहीं होता है।
5. नदी के मार्ग में झीलों की संख्या अधिक नहीं होनी चाहिए क्योंकि मार्ग में झीलों की संख्या अधिक होने पर जलोढ़क की अधिकांश मात्रा इनमें जमा हो जाने से डेल्टा निर्माण पर प्रतिकूल प्रभाव पड़ेगा।
6. नदी के मुहाने के समीप नदी का वेग धीमा होना चाहिए जिससे नदी का जलोढक के मुहाने के समीप ही जमा हो सके तथा डेल्टा का विस्तार से निर्माण हो सके।
7. नदी के मुहाने के पास किसी प्रकार की विवर्तनिक क्रिया घटित नहीं होनी चाहिए।
8 पर्याप्त मात्रा मे सागरीय लवणता भी होनी चाहिए क्योंकि जब नदी सागर में मिलती है तो सागरीय लवणता के कारण नदी का जलोढक भारी होकर तली में जम जाता है तथा डेल्टा का निर्माण हो पाता है।

चित्र 16.11 *डेल्टा की संरचना एवं विभिन्न स्तर (After Park C.C. 1997)*

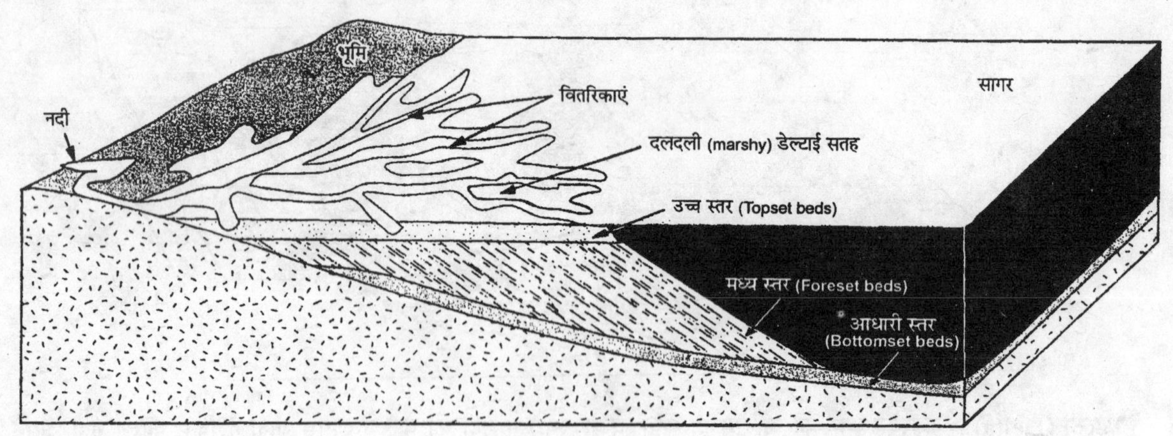

9. नदी के मुहाने के समीप सागरीय लहरों का वेग मन्द होना चाहिए। तीव्र वेगवती लहरें नदी द्वारा निक्षेपित जलोढक को सागर की ओर बहा कर ले जाती हैं।
10. नदी के मुहाने के समीप ज्वारीय तरंगों का प्रभाव नहीं होना चाहिए अन्यथा ज्वारीय तरंगें निक्षेपित जलोढक को लौटते समय बहा ले जाती हैं। जिसका डेल्टा निर्माण पर प्रतिकूल प्रभाव पड़ता है।

डेल्टा का निर्माण (Delta Formation)

गिल्बर्ट ने डेल्टा के निर्माण की छः अवस्थायें बतायी हैं, जिन्हें संक्षिप्त रूप में तीन भागो में विभक्त किया जा सकता है—

1. **प्रथम अवस्था**—जब नदी लम्बे मार्ग से प्रवाहित होकर सागर तट तक पहुँचती है तभी वह मन्द तथा अतिभारित (Over loaded) हो जाती है। जब नदी सागर से मिलती है तो और अधिक मन्द हो जाती है। परिणामस्वरूप नदी द्वारा बहाकर लाया गया जलोढ़क उसके किनारे, नदी की तली तथा नदी मुहाने के अग्र भाग में निक्षेपित हो जाता है। अतः ये जमाव एक पंखे का आकार ले लेता है जिसका विस्तार होता रहता है। नदी मार्ग में पंखे विकसित होने से अवरोध उत्पन्न होने से नदी अनेक शाखाओं में विभक्त हो जाती है। इस अवस्था को नदी का *द्विशाखन (Bifurcation)* कहते हैं। द्विशाखन क्रिया से मुख्य नदी विभाजित शाखाओं को जल वितरिकाएं (Distributeries) कहते हैं। इस तरह की तल वितरिकाओं वाली नदी को *गुम्फित नदी* (Braided River) कहते हैं। ये गुम्फित नदियाँ रोधिका, स्पिट तथा लेगून का निर्माण करती हैं।
2. **द्वितीय अवस्था**—मुख्य नदी से विकसित वितरिकाओं द्वारा नदी के तटबन्ध सागर की ओर बढ़ने लगते हैं। लेगून में नदी अवसादों का जमाव होने लगता है जिससे लेगून दलदली होने लगते हैं तथा डेल्टा का विस्तार सागर की ओर होने लगता है।
3. **तृतीय अवस्था**—तृतीय अवस्था में डेल्टा की ऊँचाई बढ़ जाती है तथा पूर्व में विकसित भागों पर वनस्पति का विकास हो जाता है। लेगून से दलदली बना भाग भी ऊँचा होकर शुष्क होने लगता है तथा बाढ के मैदान में परिवर्तित हो जाता है।

स्पष्ट है डेल्टा का निर्माण एक निश्चित प्रक्रिया के अन्तर्गत होता है, जिसमें जलोढ़क का जमाव उसकी प्रकृति के अनुसार होता है अर्थात् बड़े-बड़े कण पास में तथा महीन कण सागर की तरफ जमा होते हैं। जलोढक के इस प्रकार जमने से डेल्टा में स्तर बन जाते हैं। डेल्टा में जमाव मुख्यतः तीन स्तरों (Beds) में होता है। सबसे ऊपरी स्तर को उच्च निक्षेप या ***ऊपरी स्तर*** *(Top-Set bed)* कहते हैं। इसका ढाल मन्द तथा चौड़ाई में विस्तृत होता है। जो सागर तल से थोड़ा ऊँचा होता है। द्वितीय स्तर को ***अग्र स्तर*** *(Fore set Bed)* कहते हैं। यह सागर की ओर निकला हुआ खड़े ढाल वाला भाग होता है। अन्तिम स्तर को ***निम्न स्तर*** *(Bottom Set Bed)* कहते हैं, जो डेल्टा का सबसे निचला भाग होता है तथा सागर की तली पर दूर तक निकला होता है। इन तीनों स्तरों में डेल्टा का आदर्श रूप से विकसित होना कठिन कार्य है। ये केवल झील में बने डेल्टा में ही मिल सकते हैं जहाँ जल कम गतिशील रहता है।

डेल्टा का वर्गीकरण (Classification of Delta)

संसार की विभिन्न नदियों द्वारा विकसित डेल्टाओं के विस्तार, आकार तथा संरचना सम्बन्धी विभिन्नता के आधार पर निम्नलिखित रूप में विभाजित किया जा सकता है—

1. **आकृति के अनुसार डेल्टा का विभाजन**
   - i चापाकार डेल्टा (Arcuate Delta)
   - ii पंजाकार डेल्टा (Bird Foot Delta)
   - iii ज्वारनदमुखी डेल्टा (Esturine Delta)
   - iv रुण्डित डेल्टा (Truncated Delta)
   - v पालियुक्त डेल्टा (Lobate Delta)
   - vi अग्रवर्ती डेल्टा (Cuspate Delta)
2. **विस्तार के अनुसार डेल्टा का विभाजन**
   - i प्रतिशील डेल्टा (Growing Delta)
   - ii अवरोधित डेल्टा (Blocked Delta)
   - iii परित्यक्त डेल्टा (Abandoned Delta)

(i) **चापाकार डेल्टा** (Arcuate Delta)—अर्द्धवृत्त धनुष के समान आकार वाले डेल्टा को चापाकार डेल्टा कहते हैं। यह मध्यवर्ती भाग में अधिक तथा किनारो पर कम विस्तृत होता है। जिन नदियों में जलोढ़क की मात्रा अधिक होती है उनके द्वारा चापाकार डेल्टा का निर्माण किया जाता है। इसके चापाकार रूप में बनने में सागरीय लहरों तथा धाराओं का भी प्रभाव रहता है। इसके निर्माण में बजरी (gravel), रेत (Sand), तथा सिल्ट की भूमिका अधिक रहती है। ये सभी पदार्थ सरंन्ध्री (Porous) प्रकृति के हैं, जिस कारण जल रिसकर इनके नीचे चला जाता है तथा नदी शाखाओं में बंट जाती है। चापाकार डेल्टा का निर्माण मुख्यतः अर्द्धशुष्क जलवायु वाले प्रदेशों में सर्वाधिक होता है। चापाकार डेल्टा का सर्वोत्तम उदाहरण नील नदी प्रस्तुत करती है। यह डेल्टा निरन्तर विकासशील रहता है। गंगा, सिन्धु, मीकांग, हाँगहों, नाइजर, राइन, पो, इरावदी, वोल्गा डेन्यूब रोन तथा लीना नदियाँ भी चापाकार डेल्टा बनाती हैं।

(ii) **पंजाकार डेल्टा** (Bird Foot Delta)—पंजाकार डेल्टा के निर्माण में बारीक कणों वाले जलोढ़क का योगदान रहता है। ये कण जल में घुलनशील भी होते हैं, जिनमें चूने की मात्रा अधिक होती है। जब ये पदार्थ नदी के साथ सागर में प्रवेश करते हैं तो दूर तक प्रविष्ट हो जाते हैं तथा सागरीय खारे जल के सम्पर्क के बाद भारी होकर

चित्र 16.12 *विश्व के प्रमुख विशाल डेल्टा*

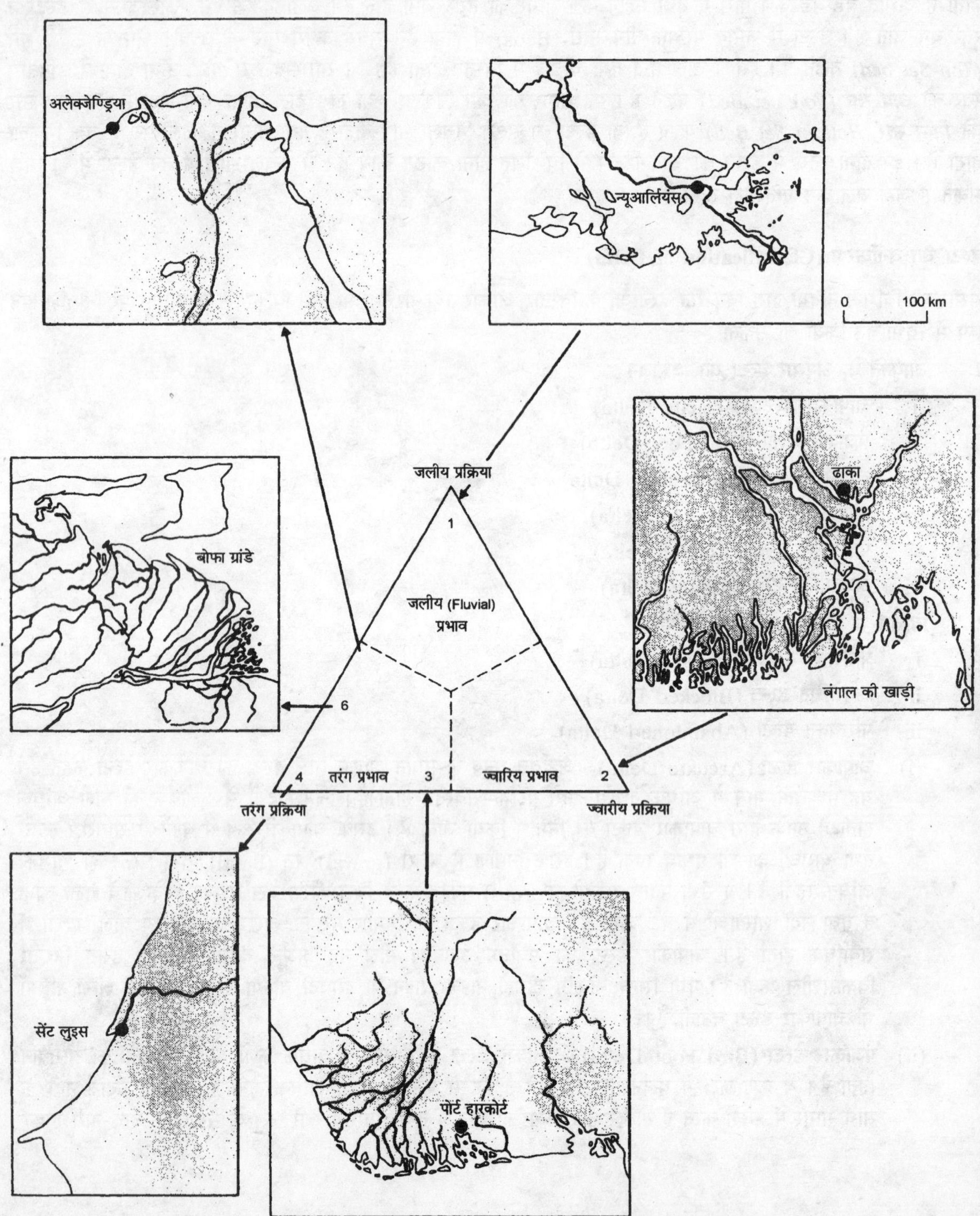

ये बारीक कण नीचे बैठते रहते हैं। फलस्वरूप डेल्टा का निर्माण होता है। इस प्रकार के डेल्टा में योग देने वाला कण बारीक होने के कारण रन्ध्रहीन (Non Porous) होते हैं जिस कारण इनसे जल रिस नहीं पाता है तथा नदी सागरीय क्षेत्र में दूर तक एक ही धारा के रूप में बनी रहती है इस मुख्य धारा के अन्त में विभाजित धारायें भी लम्बाई में अपने किनारों पर जमाव करती हैं जिससे इस डेल्टा का आकार मनुष्य के हाथ की अंगुलियों की तरह बन जाता है जिस कारण इसे अंगुल्याकार डेल्टा भी कहते हैं। पंजाकार डेल्टा का सर्वाधिक उपयुक्त उदाहरण संयुक्त राज्य अमेरिका की मिसीसिपी नदी का डेल्टा है। इसमें जमा पदार्थों के कण 1/10 मि.मी. व्यास के हैं। सर्वप्रथम *मिसीसिपी* की मुख्य धारा मैक्सिको की खाड़ी में कुछ दूरी तक एकाकी रूप में चली जाती है तत्पश्चात् चार उपशाखाओं में विभाजित होती है। यह डेल्टा भी निरन्तर सागर की ओर प्रगतिशील हैं।

(iii) **ज्वारनदमुखी डेल्टा** (Esturine Delta) – जब नदियों का ज्वारनदमुख (Estuary)* भर जाता है तो एक लम्बे एवं संकरे डेल्टा का निर्माण होता है जिसे ज्वारनदमुख डेल्टा कहते हैं। आरम्भ में ज्वारनदमुख का ढाल तीव्र होता है जब जमाव अधिक नहीं पाता लेकिन धीरे-धीरे ढाल कम होने से डेल्टा का निर्माण हो जाता है। यहाँ तटीय निम्नभूमि निमज्जित रूप में मिलती है। मैकेन्जी, ओडर, विश्चुला, एल्ब, सीन, ओब, हडसन, टेम्स प्लेट तथा भारत की नर्मदा एवं ताप्ती नदियाँ ज्वारनदमुखी डेल्टा बनाती हैं।

(iv) **रुण्डित डेल्टा** (Truncated Delta) – नदियों द्वारा निर्मित डेल्टा के आकार को जब सागरीय लहरें एवं धाराएँ तीव्र प्रहार करके परिवर्तित कर देती हैं, तो डेल्टा का स्वरूप कटा-फटा हो जाता है। इस प्रकार के भग्नाकार डेल्टा को रुण्डित डेल्टा कहते हैं। सागरीय गतियों द्वारा निरन्तर काटते रहने के कारण उसका विकास नहीं हो पाता जिस कारण इसे निष्कासित डेल्टा भी कहते हैं।

(v) **पालियुक्त डेल्टा** (Lobate Delta) – जब नदी की शाखाएं उसके अगल-बगल में डेल्टा का निर्माण करती हैं तो मुख्य धारा द्वारा विकसित डेल्टा का विस्तार रुक जाता है। जबकि इसकी शाखाएं पालि के आकार में डेल्टा का निर्माण करती हैं, जिसे पालियुक्त डेल्टा कहते हैं तथा मुख्य नदी द्वारा निर्मित अवरुद्ध गति वाले डेल्टा को क्षीणाकार या दांताकार डेल्टा कहते हैं।

(vi) **अग्रवर्ती डेल्टा** (Cuspate or Tooth Shaped Delta) – इस प्रकार का डेल्टा सागरीय क्षेत्रों में बनता है, जहाँ तीव्र सागरीय तरंगें प्रभावी रहती हैं। इसके प्रभाव से नदी द्वारा निक्षेपित जलोढ़क नदी के मुहाने के दोनों ओर सागर तट के सहारे निक्षेपित हो जाता है। जिससे मुख्य नदी के दोनों पार्श्व (किनारे) मुड़ जाते हैं तथा मुख्य नदी के मुहाने पर इसकी मुख्य धारा के सहारे एक नोकदार डेल्टा का निर्माण होता है। इटली की टाइबर नदी भूमध्य सागर में इसी प्रकार का डेल्टा बनाती है।

(vii) **प्रतिशील डेल्टा** (Growing Delta) – जब किसी नदी का डेल्टा सागर की ओर सतत् रूप में विस्तार करता रहता है तो उसे प्रगतिशील डेल्टा कहते हैं। गंगा, मिसीसिपी तथा नील आदि नदियों के डेल्टा प्रगतिशील डेल्टा हैं। गंगा का डेल्टा बंगाल की खाड़ी में विगत 300 वर्षों में 100 किलोमीटर से अधिक भाग में विस्तार कर चुका है। सन् 1690 में जॉब चारनाक द्वारा एक व्यापारिक संस्थान के रूप में गंगा के मुहाने पर कोलकाता की स्थापना की गई थी जो वर्तमान में सागर तट से 129 किलोमीटर दूर हो चुका है।

(viii) **अवरोधित डेल्टा** (Blocked Delta) – जब किसी नदी के डेल्टा का विकास रुक जाता है तो उसे अवरोधित डेल्टा कहते हैं। डेल्टा विकास में अवरोध सागरीय गतियों के कारण आता है।

(ix) **परित्यक्त डेल्टा** (Abandoned Delta) – जब कोई नदी अपने पूर्ववर्ती डेल्टा को छोडकर दूसरे स्थान पर नवीन

---

* नदी का वह ज्वारीय मुख जहाँ नदी का स्वच्छ जल सागरीय खारे जल से मिलता है, ज्वारनदमुख कहलाता है। यह V-आकार का होता है तथा यहाँ ज्वारीय लहरें क्रियाशील रहती हैं।

डेल्टा का निर्माण करने लग जाती है, तो छोड़े गये पूर्ववर्ती डेल्टा को परित्यक्त डेल्टा कहते हैं। हाँगहो नदी परित्यक्त डेल्टा निर्माण के लिए प्रसिद्ध है। इसका प्रारम्भिक डेल्टा शातुंग प्रायद्वीप के दक्षिण में है जबकि वर्तमान डेल्टा इसके उत्तर में है।

झील डेल्टा (Lacustrine Delta)

अनेक नदियाँ सागर में न गिरकर झील में गिरती हैं तो वहाँ निर्मित डेल्टा को झील डेल्टा कहते हैं। संसार के सबसे बड़े झील डेल्टा वोल्गा, यूराल तथा कुरा आदि नदियाँ बनाती हैं।

17

वायु द्वारा निर्मित स्थलाकृतियाँ
(Aeolian Landforms)

मरुस्थल (Deserts)

पृथ्वी पर मरुस्थलीय दशाओं वाले क्षेत्रों में वर्षा की कमी पायी जाती है तथा तापमान उच्च बना रहता है लेकिन मूलतः मरुस्थलों में वर्षा की प्रकृति को ही आधार माना गया है जिसके अनुसार संसार में दो प्रकार के मरुस्थल पाये जाते हैं। प्रथम, शीत मरुस्थल (Cold Desert) जो उच्च अक्षांशों में ध्रुवों के समीप स्थित हैं तथा यहाँ धरातल सदैव हिमाच्छादित रहता है। अण्टार्कटिका संसार का सबसे बडा शीत मरुस्थल है। द्वितीय, उष्ण मरुस्थल (Hot Desert) होते हैं, जहाँ वर्षा की कमी के साथ-साथ तापमान भी उच्च रहता है। ये भूमध्य रेखा के समीप 15° से 30° अक्षांशों में मिले हैं। सहारा संसार का सबसे बड़ा उष्ण मरुस्थल है। संसार की कुल 34 प्रतिशत भूमि शुष्क (Arid) है जिसका 4 प्रतिशत अतिशुष्क (Extremely Arid) है तथा 15 प्रतिशत भाग शुष्क व 15 प्रतिशत अर्द्धशुष्क दशाओं युक्त है इस प्रकार प्रारंभिक मरुस्थलीय दशायें पृथ्वी के लगभग 20 प्रतिशत भाग पर ही पायी जाती है तथा शेष 14 प्रतिशत भाग नियमित शुष्क नहीं रहता है। पवन के एक भ्वाकृतिक कारक के रूप में उष्ण मरुस्थल ही उपयुक्त स्थल हैं। यहाँ बालू की उपस्थिति पायी जाती है जबकि शीत मरुस्थलों में हिमावरण मिलता है। इस प्रकार पवन के भ्वाकृतिक कार्य उष्ण मरुस्थलों में प्रारूपिक स्वरूप में पूर्ण होते हैं।

मरुस्थलीय भागों में पेड़-पौधों की कमी के कारण वायु निर्बाध गति से प्रवाहित होती है, तथा यहाँ इसका वेग भी तीव्र रहता है, जिस कारण तीव्र अपरदन होता रहता है। अतः पवन का कार्य शुष्क एवं अर्द्ध शुष्क भागों मे ज्यादा सक्रिय पाया जाता है। शुष्क भाग उन प्रदेशों को कहा जाता है जहाँ वार्षिक वर्षा का औसत लगभग 10 से 25 सेमी. होता है। अर्द्ध शुष्क भागों में वार्षिक वर्षा 25 से 50 सेमी. तक होती है।

विश्व में मरुस्थल उन भागों में पाए जाते हैं जहाँ वार्षिक वर्षा का औसत 25 सेमी. से कम होता है, वाष्पीकरण की दर अत्यधिक तीव्र होती है। अतः मरुस्थल स्थल का वह भाग होते है जहाँ तीव्र वाष्पीकरण, निम्नतम वर्षा का औसत पाया जाता है। वर्षा की कमी के कारण इन मरुस्थलीय भागों में पेड़-पौधों की कमी पायी जाती है, तथा यहाँ वनस्पति के रूप में केवल छोटी झाड़ियाँ तथा दूर-दूर बबूल, कीकर, खेजड़ी तथा खजूर के पेड़ दिखाई देते हैं। वनस्पति आवरण की कमी के कारण यहाँ पवनों के रास्ते में अवरोधक का भी अभाव पाया जाता है, तथा चट्टानों के कण भी ढीले एवं बिखरे हुए पाए जाते हैं, जिस कारण पवन का अपरदनात्मक कार्य बिना किसी अवरोधक के तीव्र गति से होता रहता है।

मरुस्थलों में वर्षा की कमी के कारण यहाँ जल का अन्तःस्थलीय प्रवाह भी पाया जाता है। रेगिस्तानी भागों की नदियों का जल कुछ दूरी तक बहने के बाद मरुस्थल में ही विलीन हो जाता है।

कभी-कभी तीव्र वर्षा होने के कारण मरुस्थलीय भागों में बाढ़ आ जाती है, तथा चौड़ी व गहरी घाटियों का निर्माण हो जाता है। इन घाटियों को सहारा रेगिस्तान में *वादी* तथा अमेरिका के मरुस्थलीय भाग में *वाशेज* कहते हैं।

बाक्स 17.1 *मरुस्थलीय जलवायु (Desert Climate)*

मरुस्थलीय जलवायु जिसे शुष्क जलवायु के रूप में जाना जाता है, निम्नलिखित भौगोलिक विशेषताऐं होती है:

(i) वर्षा की न्यून मात्रा।

(ii) एक माह से दूसरे माह में तथा एक वर्ष से दूसरे वर्ष में वर्षा का विषम वितरण।

(iii) उच्च वाष्पीकरण की दर जो सदैव वर्षा से अधिक रहती है

(iv) वर्षा की प्रकृति भी परिवर्तित रहती है कभी तीव्र तो कभी बोछारें।

(v) न्यून सापेक्षिक आर्द्रता रहतीं है तथा सदैव जल की कमी बनी रहती है।

(vi) जैविक गतिविधियाँ संकेन्द्रित रूप में मिलती हैं।

(vii) ताप परिसर (Range of Temperature) उच्च मिलता है।

(viii) वर्ष भर सूर्य का प्रकाश मिलता है तथा बादलों का आवरण कम तथा आकाश सदैव साफ (खुला) रहता है।

विश्व में मरुस्थलों का वितरण (Distribution of Deserts in the World)

सम्पूर्ण पृथ्वी के लगभग 20 प्रतिशत भाग में मरुस्थलों का वितरण पाया जाता है। मरुस्थलों की स्थिति महाद्वीपों के पश्चिमी भाग में 15° से 30° अक्षांशों के मध्य पायी जाती है। इनके तटीय भागों मे ठण्डी जल धाराओं की स्थिति पायी जाती है तथा

चित्र 17.1 *विश्व के प्रमुख मरुस्थल*

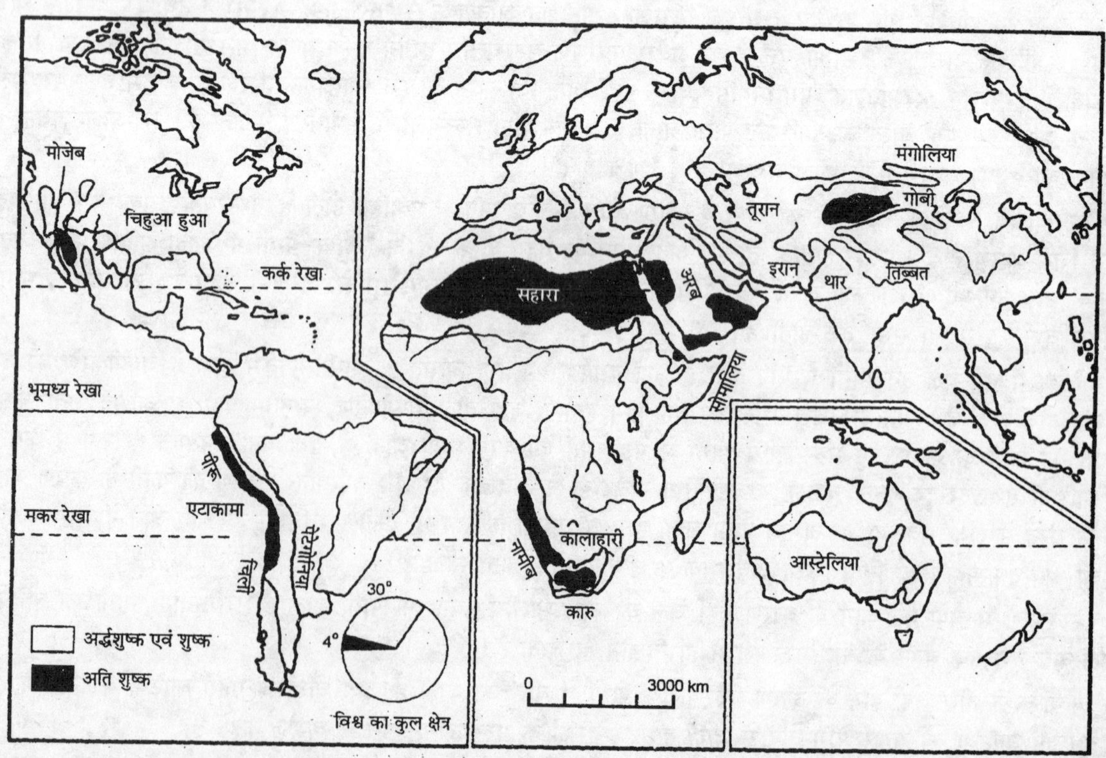

बाक्स 17.2 *मरुस्थलीय भूसतह के प्रकार (Types of Deserts Surfaces)*

मरुस्थलों में तीन प्रकार की भूसतहें पायी जाती है—

(i) *अर्ग (Erg or koum):* अर्ग अरबी भाषा का शब्द है जिसका अभिप्राय है संचलित रेत (Moving Sand)। इनमें मरुस्थल बालूका स्तूपों से आवृत रहता है। यहाँ बालूका पत्थर के धरातल पर पवन की क्रिया से ढीली रेत की सतह विकसित हो जाती है इसे *रेतीला या वास्तविक मरुस्थल (Sandy or True Desert)* भी कहते हैं। रेतीले मरुस्थल के लिए सहारा एवं तुर्कमेनिस्तान में अंर्ग का सर्वाधिक प्रचलन है।

(ii) *रेग (Reg):* इस सतह में रेत नहीं मिलती तथा केवल बजरी (Gravel) व कंकड पत्थर का आवरण मिलता है इसे पथरीला मरुस्थल (Stony Desert) भी कहते हैं। इसे अलजीरीया में रेग था लिबिया एवं मिश्र में *सेरिर (Serir)* कहते हैं।

(iii) *हमादा (Hammada):* इसमें अपवहन द्वारा शैलों का नग्न आवरण (Bared Rock) दृष्टिगत होते है तथा बजरी, रेत आदि नहीं मिलती है। अतः इसे चट्टानी मरुस्थल (Rocky Desert) भी कहते है।

उत्तरी पूर्वी व्यापारिक हवाएँ अपनी अधिकांश नमी महाद्वीपों के पूर्वी भागों में ही समाप्त कर देती हैं, अतः यहाँ मरुस्थलीय स्थिति पायी जाती है। (बाक्स जलवायु प्रादेशीकरण) संसार के मरुस्थलों को निम्न प्रकार से विभाजित किया गया है—

1. **निम्न अक्षांशीय मरुस्थल** (Low Latitude Deserts)—इनका विस्तार महाद्वीपों के पश्चिम में 15° से 30° अक्षांशों के मध्य पाया जाता है। यहाँ तक पहुंचते-पहुंचते व्यापारिक हवाएँ शुष्क हो जाती हैं, तथा वाष्प धारण करने की शक्ति बढ़ जाती है। अतः वर्षा बहुत कम होती है। इस भाग के प्रमुख रेगिस्तानी प्रदेश निम्न हैं—
   (अ) सहारा, अरब, थार आदि मरुस्थलीय प्रदेश।
   (ब) दक्षिणी अफ्रीका के कालाहारी, नामीब, कारु आदि।
   (स) दक्षिणी अमेरिका के अटाकामा और पेटेगोनिया के मरुस्थल।
   (द) पश्चिमी आस्ट्रेलिया का मरुस्थलीय भाग।
2. **ध्रुवीय मरुस्थल** (Polar Deserts)—ध्रुवीय क्षेत्र में अत्यधिक शीतलता के कारण सम्पूर्ण धरातल बर्फ से ढका रहता है। यहाँ वनस्पति काई और लिचेन के रूप में पायी जाती है। ग्रीनलैण्ड तथा अण्टार्कटिका प्रमुख ध्रुवीय मरुस्थल हैं।
3. **महाद्वीपीय आन्तरिक मरुस्थल** (Deserts of Continental Interiors)—महाद्वीपों के आन्तरिक भाग समुद्र से दूर स्थित होते हैं। यहाँ तक आते-आते आर्द्र पवनें शुष्क हो जाती हैं। इन भागों में गर्मियों में अत्यधिक गर्मी तथा शीत ऋतु में कड़ाके की सर्दी पायी जाती है। मध्य एशिया तकलामकान एवं गोबी का मरुस्थल यहाँ के प्रमुख मरुस्थल हैं।
4. **वृष्टि छाया मरुस्थल** (Deserts in the Lee of Mountains)—पर्वत का वह भाग जो आर्द्र पवनों की दिशा के सामने रहता है अत्यधिक वर्षा प्राप्त करता है, लेकिन पर्वत के विपरीत भाग तक आते-आते पवनें शुष्क हो जाती हैं जिस कारण यहाँ बहुत कम वर्षा होती है। अतः पर्वतों के इस विपरीत भाग को वृष्टि छाया मरुस्थल कहते हैं।

वृष्टि छाया मरुस्थल संयुक्त राज्य अमेरिका का नेवादा भारत के पश्चिमी घाट का पूवी भाग, रॉकी, एण्डिज पर्वतों का पूर्वी भाग आदि है।

पवन का कार्य (Work of Wind)

पवन के लिए *'एओलियन (Aeolian)'* शब्द प्रयुक्त किया जाता है। इसका अभिप्राय है पवन प्रवाह (Wind-Blown), जिसके

द्वारा निर्मित भूआकारों को पवन निर्मित भू-आकार (Aeolian Landfoms) कहते हैं इसमें पवन की सम्पूर्ण भ्वाकृतिक प्रक्रिया सम्मिलित है। अपरदन के अन्य साधनों के समान पवन भी प्रमुख रूप से तीन प्रकार के कार्य करता है—

1. अपरदन (Erosion)
2. परिवहन (Transportation)
3. निक्षेप (Deposition)

1. **पवन का अपरदन कार्य** (Erosion work of wind)—पवन द्वारा मरुस्थलीय भागों में अपरदनात्मक कार्य प्रमुख रूप से भौतिक या यान्त्रिक ही अधिक होता है। रासायनिक रूप से केवल अल्पकालीन वर्षा होने पर ही पाया जाता है। रेगिस्तानी भागों में अपक्षय की विभिन्न क्रियाओं द्वारा ढीली एवं असंगठित हुई चट्टानों का पवन निम्न तीन प्रकार से अपरदन करती है—

(i) **अपवाहन** (Deflation)—पवन द्वारा मरुस्थलीय भाग में स्थित चट्टान चूर्ण एवं मिट्टी को उड़ाकर एक स्थान से दूसरे स्थान पर उड़ाकर ले जाने की क्रिया को अपवाहन कहते हैं। अपवाहन कम अंग्रेजी पर्याय *'Deflation'* लेटिन भाषा के *'Deflare'* से बना है जिसका शाब्दिक अर्थ उड़ाना होता है। मरुस्थलों में वनस्पति की अनुपस्थिति के कारण पवनों की गति तीव्र होती है, जिस कारण पवनें अपने साथ चट्टान चूर्ण, मिट्टी, आदि को अपनी तीव्रता के कारण बहुत अधिक मात्रा में उड़ाकर ले जाती है। वहाँ छोटे-छोटे गर्त निर्मित हो जाते हैं जिन्हें वात गर्त कहते हैं। इस प्रकार के गर्तों का सर्वाधिक विकास मिश्र में पाया जाता है। यहाँ पाए जाने वाले गर्तों में कतारा गर्त अधिक महत्वपूर्ण हैं। इसकी गहराई सागर तल से 126 मीटर है। इस अपवाहन की क्रिया द्वारा पवन हर समय मिट्टी को उड़ाकर ले जाती रहती है।

(ii) **अपघर्षण** (Abrasion or Corrasion)—पवन के साथ उड़ने वाले कंकड़-पत्थर तथा धूल के कण आदि पवन के रास्ते में आने वाली चट्टानों को रगड़कर एवं घिस कर उनको काटते रहते हैं, इस क्रिया को पवन का अपकर्षण करना कहा जाता है। धूल कण एवं छोटे-छोटे कंकड़ पत्थर की मात्रा पवन के वेग पर निर्भर करती है। जब पवन का वेग तीव्र होता है तो उसके साथ धूल कणों की मात्रा भी अधिक होती है। अतः अपघर्षण भी अधिक होता है। पवन का अपघर्षण कार्य धरातल से केवल एक या दो मीटर ऊंचाई तक ही सक्रिय रहता है क्योंकि धूल कण एवं पत्थर पवन के नीचे के भाग में ही अधिक पाए

चित्र 17.2 *उष्ण मरुस्थलीय भूव्यवस्था का विकास (After. Butzer. 1976)*

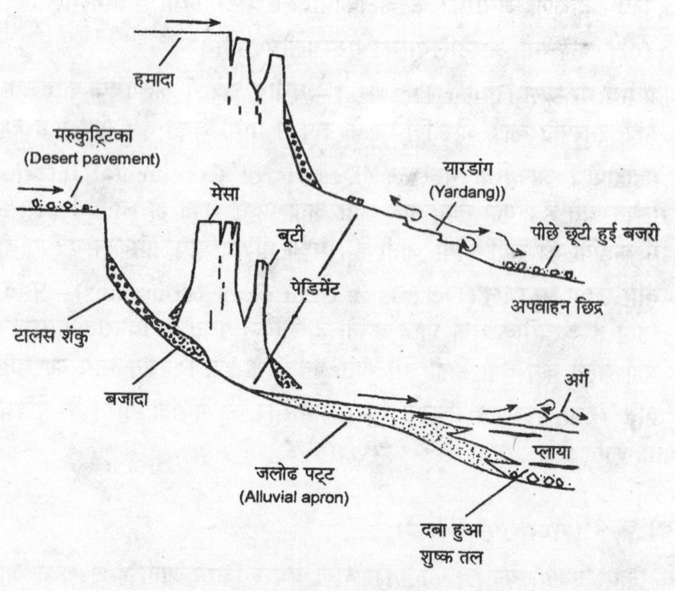

जाते हैं। पवन अपघर्षण में रासायनिक अपक्षय की क्रिया भी अधिक सहायक है, क्योंकि इसके द्वारा चट्टानें टूट जाती हैं एवं छोटे-छोटे कंकड़-पत्थरों एवं चट्टान चूर्ण में परिवर्तित हो जाती हैं, जिन्हें पवन अपने साथ आसानी से उड़ाकर ले जाती है।

पवन द्वारा अपघर्षण से कोमल चट्टानें तो लगभग पूरी नष्ट हो जाती हैं तथा कठोर चट्टानें अवशेष के रूप में खड़ी रहती हैं।

(iii) **सन्निघर्षण** (Attrition) – पवन के साथ उड़ने वाले कंकड़-पत्थर तथा धूली कणों द्वारा आपस में ही टकराकर टूटना एवं बिखरना सन्निघर्षण कहलाता है। पवन के साथ चलने वाले पदार्थ आपसी टकराव एवं रास्ते में आने वाली चट्टानों से टकराकर छोटे-छोटे टुकड़ों में परिवर्तित हो जाते हैं। लगातार टकराते रहने के कारण इनकी आकृति गोल हो जाती है। तीव्र पवन वेग होने पर यह क्रिया भी अधिक होती है क्योंकि इनके साथ कंकड़ पत्थरों की मात्रा भी अधिक होती है।

पवन अपरदन को प्रभावित करने वाले कारक (Factor Controlling Wind Erosion)

पवन द्वारा होने वाला अपरदनात्मक कार्य प्रमुख रूप से भौतिक रूप से होता है। अतः इसे निम्न कारक प्रभावित करते हैं—

1. **पवन वेग** (Wind Velocity) – मरुस्थलीय भागों में पवन द्वारा होने वाला अपरदनात्मक कार्य मुख्य रूप से पवन के वेग पर निर्भर करता है। अगर पवन का वेग तीव्र होगा तो उसके साथ उड़ने वाले कंकड़ पत्थर तथा धूली कणों की मात्रा भी अधिक होगी। कंकड़ पत्थरों की अधिकता से अपघर्षण तथा सन्निघर्षण भी अधिक तीव्र गति से होता है। तीव्र पवन वेग से अपवाहन की क्रिया द्वारा कम समय में ही गहरे गर्त बन जाते हैं। जबकि पवन वेग की गति यदि मन्द होगी तो उनके साथ धूली कणों की मात्रा भी कम होगी जिससे अपरदनात्मक कार्य भी मन्द गति से सम्पन्न होगा। जब तीव्र पवन वेग होता है तो उसके साथ अत्यधिक मात्रा में बड़े-बड़े धूली कण तथा कंकड़ पत्थर की अत्यधिक संख्या होती है, जिससे दिन में ही अंधेरा सा छा जाता है। इन तूफानों को राजस्थान में काली आंधियों (Black Storms) के नाम से जाना जाता है।
2. **धूल कणों की मात्रा एवं स्वभाव** (Amount and Nature of Dust Particles) – धूल के कण पवन के साथ एक औजार के रूप में कार्य करते हैं। अतः यदि पवन के साथ धूल कणों की मात्रा अधिक होगी तो अपरदन कार्य भी अधिक तीव्र गति से होता है लेकिन जब इनकी मात्रा पवन के साथ कम होगी तो अपरदन कार्य मन्द गति से या नगण्य होगा।
3. **शैल की संरचना** (Rock Structure) – शैल की संरचना से तात्पर्य उसकी कठोरता एवं कोमलता तथा उसकी स्थिति से है अगर चट्टानें संगठित होंगी तो वह कठोर होंगी जिस कारण अपरदनात्मक पदार्थों का प्रभाव भी कम होगा। लेकिन जब चट्टान असंगठित तथा कोमल होती है तो धूल कण तथा कंकड़ पत्थरों से अत्यधिक अपरदित होगी। इसके अतिरिक्त चट्टानों की लम्बवत् स्थिति होगी तो अपरदन तीव्र गति से तथा क्षैतिज स्थिति होने पर अपरदन मन्द गति से सम्पन्न होगा।
4. **जलवायु** (Climate) – पवन द्वारा अपरदनात्मक कार्य मरुस्थलीय भागों में तीव्र गति से होता है। रेगिस्तानी भागों में वर्षा कम तथा वाष्पीकरण अधिक होता है, जिस कारण चट्टानें असंगठित तथा ढीली हो जाती हैं। इसके अतिरिक्त रात और दिन के तापमान में भी रेगिस्तानों में अत्यधिक विभिन्नता पायी जाती है जिसको चट्टानें टूटती रहती हैं। जब तप्त चट्टानों पर कभी-कभी वर्षा होती है तो चट्टानें चटक जाती हैं। इन ढीली एंव असंगठित चट्टानों को पवन आसानी से उड़ा कर ले जाती है।
5. **वनस्पति का प्रभाव** (Effect of Vegetation) – जहाँ वनस्पति का अधिक आवरण पाया जाता है वहाँ चट्टानें पेड़ पौधों की जड़ों द्वारा मजबूत हो जाती हैं जिससे पवन का अपरदनात्मक कार्य मन्द पड़ जाता है। वनस्पतिविहीन भागों में पवन तीव्र गति से चट्टानों का अपरदन करके ले जाती हैं।

6. **वायु दिशा एंव प्रकृति** (Nature and Direction of Wind) – पवन यदि धरातल के नजदीक चलती है तथा एक ही दिशा में चलती है तो अपरदन अधिक तीव्र तथा गहराई तक होता रहता है, लेकिन अगर पवन धरातल से ऊपर कुछ ऊंचाई पर चलती है, तथा जल्दी-जल्दी दिशा परिवर्तित करती है तो अपरदन भी मन्द गति से होता है।

अपरदन से निर्मित स्थलरूप
(Erosional Landforms)

(i) **अपवाहन बेसिन अथवा वात गर्त** (Deflation Basin or Blow out) – पवन द्वारा मरुस्थलीय भागों मे धूल कणों को अपने साथ उड़ाकर ले जाने से वहाँ छोटे-छोटे गर्त बन जाते हैं। ये गर्त अपवाहन अर्थात् उड़ाने की क्रिया द्वारा बनते हैं, जिसके कारण इसे अपवाहन बेसिन या वात गर्त कहते हैं। अपवाहन बेसिन की गहराई भौम जल स्तर द्वारा निर्धारित होती है, लेकिन मरुस्थलीय क्षेत्रों में भौम जल स्तर के अत्यधिक गहराई में होने के कारण अपवाहन बेसिन 100 मीटर से भी अधिक गहरे पाए जाते हैं। मिश्र के मरुस्थलीय क्षेत्र में स्थित कतारा गर्त की गहराई समुद्र तल से 126 मीटर पायी जाती है।

(ii) **अपवाहन कवच** (Deflation Armour) – पवन की अपवाहन क्रिया द्वारा छोटे-छोटे धूल के कण तो उड़कर चले जाते हैं लेकिन बड़े-बडे कंकड़ पत्थर वहीं पड़े रह जाते हैं जो ऊपर एक परत के रूप में इकट्ठे हो जाते हैं। ये कंकड़ पत्थर धूल के उड़ने में बाधित होते हैं, अतः इन्हें अपवाहन कवच कहते हैं।

(iii) **इन्सेलबर्ग** (Inselberg) – 'इन्सेलबर्ग' जर्मन भाषा का शब्द है, जिसका शाब्दिक अर्थ 'पर्वतीय द्वीप' होता है। मरुस्थलीय भागों में पवन कोमल चट्टानों को काटकर ले जाती है, लेकिन कठोर चट्टानें शेष बच जाती हैं, जो दूर से देखने पर ऐसी लगती हैं जैसे समुद्र में कोई द्वीप स्थित हो। अतः इन्सेलबर्ग रेगिस्तानी मिट्टी के समुद्रों के बीच में स्थित कठोर चट्टानों के गुम्बदाकार, स्थलरूप होते हैं। इन्हें बोर्नहाट भी कहते हैं, क्योंकि बोर्नहाट नामक भू वैज्ञानिक ने ही सर्वप्रथम इन्सेलबर्ग की निर्माण प्रक्रिया का अध्ययन किया था। इन्सेलबर्ग का निर्माण अधिकतर ग्रेनाइट एवं नीस चट्टानों के अपक्षय तथा अपरदन द्वारा होता है। इन्सेलबर्ग के निर्माण के सम्बन्ध में बेली विलिस, पसर्गे, डेविस तथा किंग आदि विद्वानों ने अपने-अपने विचारों का प्रतिपादन किया है। किंग महोदय ने 1948 में बताया कि इन्सेलबर्ग का निर्माण नदी अपरदन से होता है।

चित्र 17.3 *इन्सेलबर्ग (after Majid Husain)*

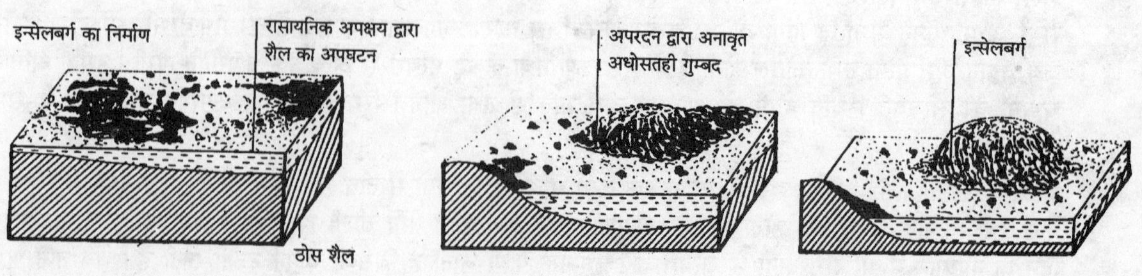

(iv) **छत्रक शिला** (Mushroom Rock) – छत्रक शिला को जर्मन भाषा में **'गारा'** भी कहते हैं, जिसका अर्थ छतरीनुमा शैल आकृति से माना जाता है। छत्रक शिला का निर्माण तब होता है, जब मरुस्थलीय भाग में कोई चट्टान अधिक ऊंचाई में स्थित होती है, तो पवन अपनी अपघर्षण क्रिया द्वारा उस चट्टान को काटने लगती है। पवन का अपघर्षण कार्य के द्वारा चट्टान को काटने का कार्य चट्टान के निचले भाग एंव आधार तल पर ही तीव्र गति से होता है, क्योंकि पवन के साथ

कंकड़ पत्थर तथा धूल के कण केवल नीचे के भाग में ही रहते हैं। अगर पवन की दिशा एक ही ओर है तो चट्टान का आधार एक दिशा में अधिक कट जाता है। लेकिन जब पवन चारों दिशाओं में चला करती है, तो चट्टान चारों ओर से कट कर छोटी होती जाती है, तथा उसका ऊपरी भाग अपघर्षण से अप्रभावित होने के कारण एक छतरी के रूप में शेष बच जाता है, जिसे छत्रक शिला कहते हैं। छत्रक शिला को सहारा में गारा, जर्मनी में *पिट्जफेल्सन* कहा जाता है।

चित्र 17.4 *छत्रक शिला*

(v) **भूस्तम्भ** (Demoiselles) – मरुस्थलीय भागों में जब कोमल एंव असंगठित चट्टानों के ऊपर संगठित एंव कठोर चट्टान का आवरण पाया जाता है तो इन कठोर चट्टानों के आवरण के कारण नीचे स्थित कोमल चट्टानों का पवन द्वारा अपरदन नहीं हो पाता है, लेकिन इनके पास स्थित कोमल एंव असंगठित चट्टानें पवन के अपरदन द्वारा वहाँ से अपवाहन क्रिया द्वारा कटकर एवं बिखरकर पवन के साथ चली जाती हैं। जिससे कठोर चट्टानों के आवरण से युक्त ये चट्टानें स्तम्भ के रूप में खड़ी दिखाई देती हैं। इन्हें भूस्तम्भ कहते हैं।

(vi) **ज्यूजेन** (Zeugen) – ज्यूजेन का निर्माण मरुस्थलीय भाग में वहाँ होता है, जहाँ पर कठोर एवं कोमल चट्टानें एक दूसरे के ऊपर परत दर परत के रूप में समानान्तर पायी जाती हैं। ज्यूजेन का ऊपरी भाग संकरा एवं कम चौड़ा होता है लेकिन इसका नीचे का भाग अधिक चौड़ा हो जाता है। ज्यूजेन का निर्माण तब होता है जब चट्टानों की संधियों में स्थित जल रात्रि के समय बर्फ के रूप में जम जाता है जिस कारण चट्टानों की दरारों में दबाव पड़ता है और चट्टान ऊपर से टूट जाती है। दिन में जल के पिघलने तथा रात्रि में बर्फ के रूप में जमने से चट्टानों में ऊपरी भाग में छोटे-छोटे छिद्र हो जाते हैं। इन छिद्रों में होकर पवन अपने अपक्षय एंव अपरदन द्वारा आन्तरिक भाग में स्थित कोमल चट्टानों का अपरदन करके अपने साथ उड़ाकर ले जाती रहती है, जिससे ये छिद्र ऊपरी भाग में कठोर चट्टान पाए जाने से कम चौड़े तथा आन्तरिक भाग में कोमल चट्टान होने के कारण अधिक अपरदन होने से अधिक चौड़े हो जाते हैं। इनका निचला भाग कठोर चट्टान तक पाया जाता है। अतः ज्यूजेन का निर्माण अपक्षय एवं अपरदन की विभिन्न दरों की विविधता के कारण होता है।

चित्र.17.5 *भूस्तंभ (after Majid Husain)*

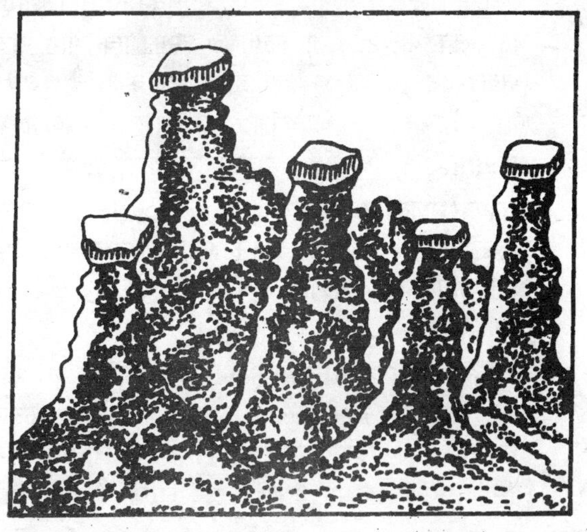

ज्यूजेन में कभी-कभी इन छिद्रों की गहराई 30 से 50 मीटर तक पायी जाती है।

(vii) **यारडांग** (Yardang) – यारडांग शब्द का निर्माण चीनी-तुर्किस्तानी भाषा से माना जाता है। यारडांग का निर्माण तब होता है जब चट्टानें लम्बवत् रूप में होती हैं। अतः ज्यूजेन में चट्टानें क्षैतिज एवं समानान्तर होती हैं, लेकिन यारडांग में चट्टानें लम्बवत् पायी जाती हैं। लम्बवत् रूप से स्थित कठोर एवं कोमल चट्टानों में पवन अपने अपरदन कार्य द्वारा कोमल चट्टानों को काटकर अपने साथ उड़ाकर ले जाती है तथा कठोर चट्टानें अपने स्थान पर ही खड़ी रहती हैं। कठोर चट्टानों के पास से कोमल चट्टानों के अपरदन हो जाने से कठोर चट्टानें नालीनुमा आकृति में दिखाई देती हैं। इन्हें यारडांग कहते हैं। यारडांग की ऊंचाई 7 मीटर तक तथा चौड़ाई 36 मीटर तक पायी जाती है।

चित्र 17.6 *ज्यूजेन*

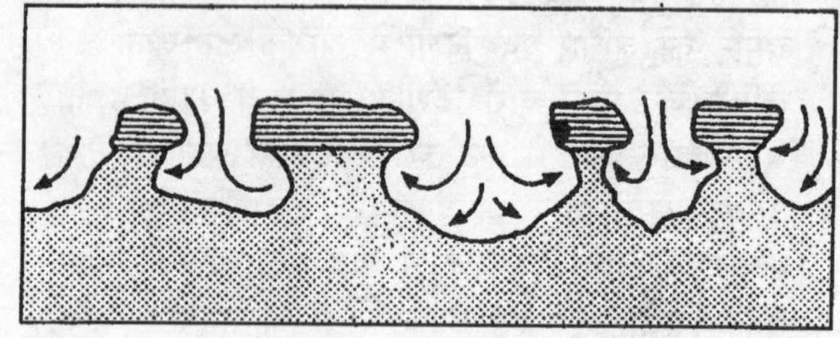

चित्र 17.7 *यारडांग (after Majid Husain)*

(viii) **ड्राइकान्टर या त्रिकोणक** (Dreikanter) – मरुस्थलीय भागों मे उन पत्थरों को ड्राइकान्टर कहा जाता है जिनकी आकृति पवन के अपघर्षण एवं अपरदन से तीन पार्श्वों वाली हो जाती है तथा पवन के अपघर्षण से ये पत्थर चिकने हो जाते हैं। 'ड्राइकान्टर' जर्मन भाषा का ही शब्द है। अतः इनका प्रयोग इन बड़े-बड़े पत्थरों के लिए ही किया जाता है। जब रेगिस्तानी भागों में पवन चारों दिशाओं से चलती है, तो पवनें के अपघर्षण द्वारा पत्थरों की आकृति चतुष्फलक के समान हो जाती है। इनका एक भाग नीचे दब जाता है तथा तीन भाग ऊपर की ओर त्रिकोणक के रूप में दिखाई देते रहते हैं, इन्हें ही ड्राइकान्टर कहते हैं। जब पवन एक ही दिशा से चला करती है तो पत्थरों का केवल एक भाग ही पवन के अपघर्षण द्वारा घिसकर चिकना हो जाता है। अतः ऐसी आकृति को इन्कान्टर या वेन्टीफेक्स (Ventifacts) कहते हैं। ड्राइकान्टर स्थलाकृतियाँ लगभग विश्व के सभी मरुस्थलीय भागों में पायी जाती हैं।

(ix) **जालीदार शिला या जालक** (Stone Lattice) – मरुस्थलीय भागों में प्रवाहित तीव्र पवन के रास्ते में जब कोमल एवं कठोर चट्टानें आती हैं तो पवन अपघर्षण तथा अपवाहन क्रिया द्वारा कोमल चट्टानों को उड़ाकर अपने साथ ले जाती हैं, जिस कारण कठोर चट्टानों के बीच-बीच में छोटे-छोटे छिद्र बन जाते हैं। इन छिद्रों युक्त चट्टानों को जालक या जालीदार शिला कहते हैं।

(x) **पवन खिड़की** (Wind Window) – रासायनिक एवं भौतिक अपक्षय की क्रिया तथा पवन के अपवाहन एवं अपघर्षण की क्रिया द्वारा कभी-कभी छोटी पहाड़ियों, कटकों एवं कठोर चट्टानों के मध्य स्थित कोमल चट्टानों का अपरदन हो जाता है तथा वहाँ आर-पार एक छिद्र का निर्माण हो जाता है। पवन अपने अपरदन कार्य द्वारा उस छिद्र को चौड़ा करती जाती है जिसको पवन आर-पार प्रवाहित होने लगती है। इन चौड़े छिद्रों को पवन खिड़की या पवन वातायन कहा जाता है।

(xi) **पुल** (Bridge) – पवन द्वारा निर्मित पवन खिड़की का ऊपरी चट्टानी भाग एक पुल की आकृति में पाया जाता है, इसे ही पुल कहते हैं।

पवन का परिवहन कार्य (Transportational Work of Wind)

अपरदन के अन्य प्रक्रमों के समान पवन भी पदार्थों को एक स्थान से दूसरे स्थान पर ले जाती है जिसे परिवहन कार्य कहते हैं।

बैगनाल्ड महोदय ने 1941 में पवन के परिवहन कार्य को निम्नांकित तीन भागों में विभाजित किया है—

(i) पवन धूल कणों को लटका कर ले जाती है।

(ii) छोटे-छोटे पदार्थों को उछालकर एवं आगे-पीछे खिसकाकर

(iii) कई पदार्थों को उठा-उठाकर ले जाती है।

लेकिन अन्य अपरदन के साधनों के विपरीत पवन का परिवहन कार्य अनिश्चित होता है क्योंकि इसकी दिशा अनिश्चित होती है तथा पवन द्वारा परिवहन कार्य काफी लम्बी दूरी तक होता है।

पवन का निक्षेपात्मक कार्य (Depositional Work of Wind)

पवन अपने अपरदन द्वारा उड़ाकर लाए पदार्थों का जब किसी स्थान पर निक्षेप करने लगती है, तो इसे पवन का निक्षेपात्मक कार्य कहते हैं। पवन का वेग जब मन्द पड़ जाता है, तो पवन इन धूल कणों और कंकड़ों को और आगे नहीं ले जा सकती तथा उनका निक्षेप करने लगती है। कभी कभी पवन के मार्ग में किसी प्रकार का अवरोध आ जाता है तब भी पवन लाए गए पदार्थों का निक्षेप करने लगती है।

पवन के निक्षेपात्मक कार्य से निर्मित स्थलाकृतियाँ (Depositional Desert Topography)

(i) **तरंग चिन्ह** (Ripple Marks)– मरुस्थलीय भागों में पवन द्वारा रेत के निक्षेप से समुद्री लहरों के समान आकृति का निर्माण हो जाता है, जिसे तरंग चिन्ह या *उर्मिका चिन्ह* कहते हैं। तरंग चिन्हों का निर्माण पवन की दिशा के समकोण पर पाया जाता है तथा इनकी ऊंचाई कुछ सेन्टीमीटर ही होती है।

(ii) **बालुका स्तूप** (Sand Dunes)– मरूस्थलीय भागों में पवन द्वारा मिट्टी या रेत का बड़े पैमाने पर किया गया निक्षेप बालुका स्तूप कहलाते हैं। बालुका स्तूपों का निर्माण उन सभी स्थानों पर पाया जाता है जहाँ पर रेत की मात्रा अत्यधिक होती है तथा तीव्र पवन चलती है। अतः बालुका स्तूप सागर तटीय भागों, झीलों के तट पर तथा नदियों के किनारों पर भी पाए जाते हैं। बालुका स्तूप गोलाकार, अर्द्ध-गोलाकार तथा अर्द्ध-चन्द्राकार आदि आकृतियों में पाए जाते हैं।

बालुका स्तूप की परिभाषा बैगनाल्ड महोदय ने निम्नानुसार दी है, *''बालुका स्तूप बालू के गतिशील टीले होते हैं, जिनका अस्तित्व एंव स्वरूप धरातलीय स्वरूप से स्वतन्त्र होता है।''*

बालुका स्तूपों के निर्माण की दशाएं

बालुका स्तूप के रूप में मिट्टी के कणों को जमा होने के लिए निम्नांकित दशाएँ आवश्यक हैं—

(i) **रेत की अधिकता**—बालुका स्तूपों का निर्माण रेत के निक्षेप से ही होता है। अतः जहाँ रेत प्रचुर मात्रा में पायी जाती है, वहाँ ही बालुका स्तूप पाए जाते हैं।

(ii) **तीव्र वायु वेग**—वायु की गति जितनी तीव्र होगी उसके साथ उतनी ही रेत की मात्रा अधिक होगी। मन्द वायु वेग से केवल उर्मिका का निर्माण होता है, क्योंकि उसे साथ रेत की मात्रा बहुत कम होती है।

(iii) **वायु मार्ग में अवरोध**—यदि वायु के मार्ग में अवरोध नहीं आता है तो चाहे पवन कितनी ही तीव्र हो तथा रेत की अधिकतम मात्रा हो तब भी बालुका स्तूप का निर्माण नहीं हो सकता है। जब पवन के मार्ग में पेड़-पौधों, चट्टानें, शिलाखण्डों आदि का अवरोध आता है, तो पवन मन्द पड़ जाती है तथा अपने साथ लायी रेत को स्तूप के रूप में जमा करने लगती है।

चित्र 17.8 *बालूका स्तूपों का निर्माण (after A. H. Doerr 1990)*

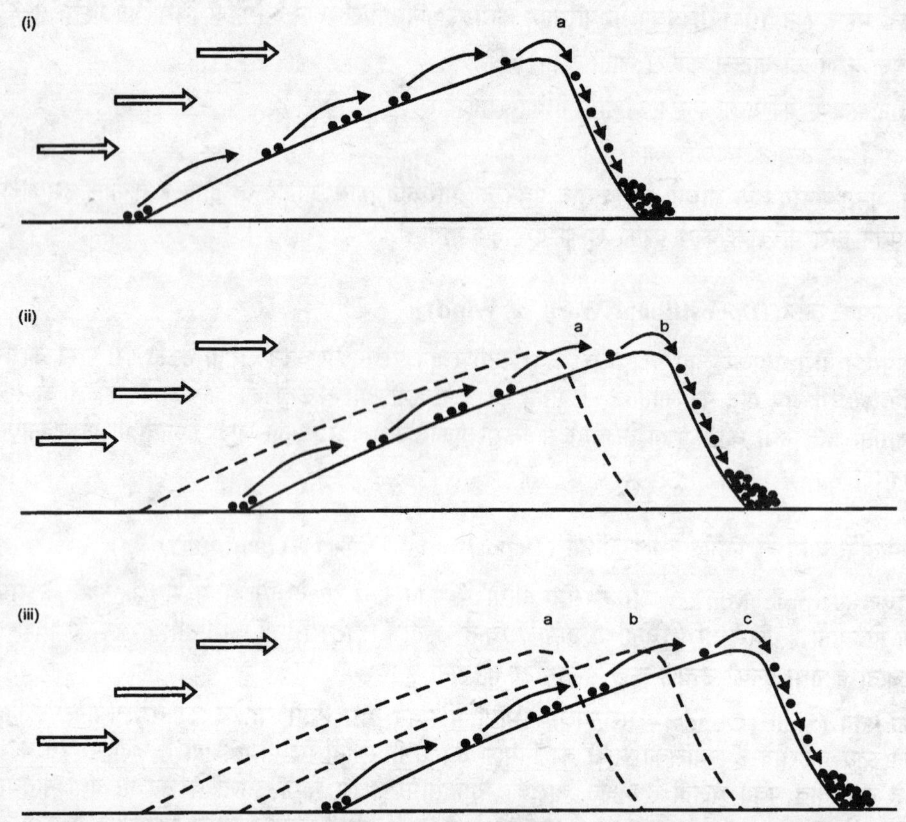

(iv) **बालू के निक्षेप के लिए स्थान**—बालू के निक्षेप के लिए स्थान अति आवश्यक है। यदि बालूका प्रवाह के मार्ग मे स्थित वृक्ष पर झाडी के पीछे जलाशय होता है तो बालूका स्तूप नहीं बन पाता है क्योंकि सम्पूर्ण बालू उसमें चली जाएगी अतः आवश्यक है कि अवरोध वाले स्थान के पास गर्त नहीं होना चाहिए।

बालुका स्तूपों का स्थानान्तरण (Migration of Sand Dunes)

बालुका स्तूपों का एक स्थान से दूसरे स्थान पर जाना बालुका स्तूपों का स्थानान्तरण कहलाता है। स्तूपों का पलायन पवन की दिशा में ही होता है। अधिकांशतः उन स्तूपों का स्थानान्तरण ज्यादा होता है जिनका निर्माण बिना अवरोध के होता है। वायु की दिशा में रेत के कण बालुका स्तूप के पवनभिमुखी (Windward) भाग से उड़कर उसके पवनविमुखी (Leeward) भाग की तरफ लुढ़कते रहते हैं, जिसके कारण स्तूप धीरे-धीरे आगे खिसकते जाते हैं। वाल्टर महोदय ने किजिलकुल मरुस्थल में अध्ययन करके बतलाया है कि यहाँ स्तूप एक दिन में 20 मीटर तक पलायन कर जाते हैं। बालुका स्तूपों का स्थानान्तरण कई कारणों से हानिकारक होता है, जैसे—

(i) मरुस्थल का प्रसार होना।

(ii) नखलिस्तान (Oasis) का रेत से भर जाना।

(iii) गांवों एवं शहरों का रेत के नीचे दब जाना।

बालूका स्तूपों का वर्गीकरण (Classification of Sand-Dunes)

अनेक विद्वानों ने विभिन्न कारकों के आधार पर वर्गीकरण किया है, बेगनाल्ड (Bagnold, 1953) महोदय ने बालुका स्तूपों को दो भागों में विभाजित किया है—

(i) अनुप्रस्थ, अर्द्धचन्द्राकार स्तूप या बरकान (Transverse crescentric or dune Barchan) (ii) अनुदैर्ध्य स्तूप या सीफ (Longitudinal dune or Seif)

हैक महोदय ने 1941 में एरिजोना प्रान्त के मरुस्थलीय भाग का अध्ययन करके स्तूपों का निम्न वर्गीकरण किया—1. अनुप्रस्थ स्तूप 2. परवलियक स्तूप 3. अनुदैर्ध्य स्तूप

1960 में मोल्टन महोदय ने स्तूपों को तीन भागों में विभाजित किया—

(i) सामान्य स्तूप—जिनका निर्माण एक ही दिशा में चलने वाली पवनों से होता है।

(ii) वनस्पति अवरोध द्वारा निर्मित स्तूप

(iii) जटिल स्तूप—जिनका निर्माण विभिन्न दिशाओं से चलने वाली पवनों द्वारा होता है।

चित्र 17.9 *बालूका स्तूपों के आकार एवं स्थानान्तरण (C.C. Park, 1997)*

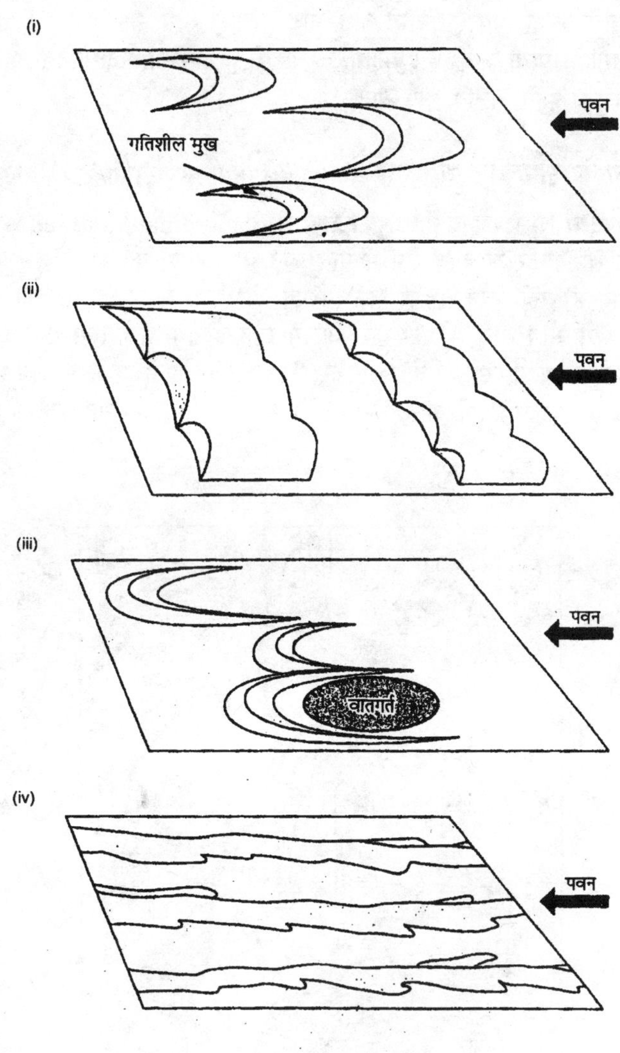

1. स्थिति के आधार पर वर्गीकरण (Classification according to Location)

(अ) **सागर तटीय बालुका स्तूप** (Coastal Sanddunes)—सागर से स्थल की ओर चलने वाली पवनें अपने साथ लाई रेत का निक्षेप सागर के तटीय भाग में कर देती हैं, इन्हें सागर तटीय स्तूप कहते हैं। फ्रांस के दक्षिण-पश्चिमी भाग में बिस्के की खाड़ी के समीप निर्मित बालुका स्तूप जिसकी लम्बाई 240 किमी. तथा चौड़ाई 8 किमी. है।

(ब) **नदी तटीय बालुका स्तूप** (Riverine Sanddunes)—शुष्क तथा अर्द्ध शुष्क मरुस्थलीय भागों में प्रवाहित होने वाली नदियों के तटों पर पवन द्वारा लाई रेत से निर्मित स्तूपों को नदी तटीय बालुका स्तूप कहते हैं। नदी तटीय बालुका स्तूप सतलज, सिन्धु, कोलम्बिया, स्नेक आदि नदियों के तटों पर पाए जाते हैं। अधिकतन नदी तटीय बालुका स्तूप अन्य टीलों की अपेक्षा आकृति में छोटे होते हैं।

(स) **सरोवरी बालुका स्तूप** (Lacustrine Sanddunes)—मरुस्थलीय तथा अर्द्ध मरुस्थलीय भागों में स्थित तालाबों, झीलों आदि के किनारे निर्मित स्तूपों को सरोवरी बालुका स्तूप कहते हैं। बालकश, बैकाल, केस्पीयन, मिशीगन तथा सुपीरियर आदि झीलों के किनारें ये स्तूप पाए जाते हैं।

(द) **मरुस्थलीय बालुका स्तूप** (Desert Sanddunes)–विस्तृत तथा विशाल बालू रेत से युक्त इन मरुस्थलीय भागों में सबसे अधिक, विस्तृत, लम्बे तथा चौड़े बालुका स्तूप पाए जाते हैं। बालुका स्तूपों के निर्माण की सभी दशाएँ मरुस्थलीय भागों में पायी जाती हैं। सहारा, कालाहारी, अटाकामा, पेटागोनिया, थार, अरब तथा पश्चिमी आस्ट्रेलिया के मरुस्थलों में बालुका स्तूप अधिक पाए जाते हैं।.

संरचना के आधार पर वर्गीकरण (Classification according to Structure)

(i) **अनुदैर्ध्य या पवनानुवर्ती बालुका स्तूप** (Longitudinal Sanddunes)– मरुस्थलीय भागों में हवाओं के चलने की दिशा के समानान्तर लम्बवत् रूप में पाए जाने वाले स्तूपों को अनुदैर्ध्य बालुका स्तूप कहते हैं। इस प्रकार के स्तूप वहाँ पाए जाते हैं, जहाँ पवन वर्षभर लगभग एक ही दिशा में चलती है, तथा अन्य स्थनीय पवनें भी उसी दिशा में चलती रहती हैं। ये स्तूप बीच में गर्तों द्वारा अलग रहते हैं तथा कई स्तूप एक दूसरे के समानान्तर हवा की दिशा में पाए जाते हैं। इनके मध्य में स्थित गर्तों में होकर हवा प्रवाहित होती रहती है। अधिकांश अनुदैर्ध्य स्तूप भारत के थार मरुस्थल, इरान, सिन्धु तथा पश्चिमी आस्ट्रेलिया के मरुस्थलीय भागों में पाए जाते हैं।

चित्र 17.10 *बरखान*

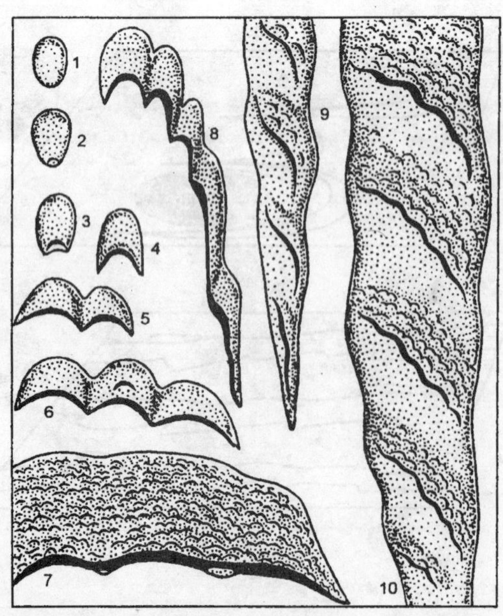

1. बरखान केक
2. प्रारम्भिक बरखान
3. युवा बरखान
4. अर्द्धचन्द्राकार बरखान
5. जोडा बरखान
6. बरखान श्रृंखला
7. बरखान श्रृंखला का बडा समूह
8. बरखान वर्ग, पवन से अनुदैर्ध्य परिवर्तन
9. बरखान का अनुदैर्ध्य कर्णवत परिवर्तन
10. वृहत अनुदैर्ध्य परिवर्तन कर्णवत किनारों सहित

(ii) **परवलयिक बालुका स्तूप** (Parabolic Sanddunes) – रेगिस्तानी भागों में विस्तृत चन्द्राकार आकृति में फैले हुए उन स्तूपों को परवलयिक स्तूप कहते हैं जिनका पवनमुखी ढाल अवतल तथा पवन विमुखी ढाल उत्तल पाया जाता है। फांस, डेनमार्क, मंगोलिया, तारिम तथा भारत के थार के मरुस्थलीय भाग में ये स्तूप पाए जाते हैं।

(iii) **अनुप्रस्थ बालुका स्तूप** (Transverse Sanddunes)—मरुस्थलीय भागों तथा सागरीय तटवर्ती भागों में पवन की दिशा के समकोण में स्थित स्तूपों को अनुप्रस्थ बालुका स्तूप कहते हैं। इनका निर्माण उन रेगिस्तानी भागों में अधिक होता है, जहाँ पवन अधिक तीव्र नहीं चलती है तथा रेत की मात्रा भी कम पायी जाती है।

(iv) **बरखान** (Barkhan) —यह एक तुर्की शब्द है। रेगिस्तानी भागों में चापाकार या नव चन्द्राकार आकृति में निर्मित टीले बरखान कहलाते हैं। इनका निर्माण प्रचलित पवन की दिशा के समकोण बनाते हुए होता है। बरखान में पवन के सामने वाले भाग का ढाल (Windward Slope 10°-15°) उत्तल तथा पवन विपरीत स्थिति भाग का ढाल (Leeward Slope 32-33°) अवतल (Concave) पाया जाता है। पवन द्वारा धीरे-धीरे स्तूप की मिट्टी का कटाव करते रहने के कारण इसका मध्य भाग अधिक अन्दर तक चला जाता है तथा दोनों सिरे नुकीले भाग की तरह आगे निकले रहते हैं। बरखान विस्तृत रूप से फैले हुए रहते हैं जिनकी ऊंचाई लगभग 30 मीटर होती है।

लोयस (Loess)

पवन द्वारा रेगिस्तानी भागों से उड़ाकर बहुत दूर लाकर किये गए रेत के निक्षेप को लोयस कहा जाता है। लोयस शब्द की उत्पत्ति जर्मन भाषा से हुई है। लोयस के निर्माण तथा विकास के सम्बन्ध में अध्ययन सर्वप्रथम जर्मनी के भूगोलवेत्ता वान रिचथोफेन ने चीन के उत्तरी-पश्चिमी भाग में पायी जाने वाली रेतीली मिट्टी के निक्षेप में किया था। फ्रांस के अलसस प्रान्त के लोयस नामक गांव में इस प्रकार की रेतीली मिट्टी का निक्षेप पाया जाता है। अतः इसी आधार पर इन रेतीले निक्षेपों को लोयस कहा जाता है। लोयस मिट्टी में रेत के कण बहुत बारीक होते हैं। अतः पवन इन बारीक कणों के अधिक दूर तक उड़ा ले जाती है।

लोयस का वितरण (Distribution of Loess)

लोयस के विस्तृत जमाव उत्तरी चीन में पाये जाते हैं ये मंगोलिया के मरुस्थलों से उड़ाकर उत्तरी पश्चिमी पछुआ पवनों द्वारा लाये जाते हैं। इसी प्रकार के जमाव यूक्रेन के पश्चिम में, यूरोप के हरसीनियन उच्च प्रदेशों के आरटोइस (Artois) एवं पीकार्ड़ी (Picard) पठारों के मध्य पाये जाते हैं। यूरोप में ये लोयस जमाव प्लीस्टोसीन काल के हिमनदों द्वारा निर्मित मैदानों पर उत्तर से उड़कर आयी मृदा से हुऐ हैं। इन क्षेत्रों के अतिरिक्त मध्य संयुक्त राज्य अमेरिका (कंसास नेब्रास्का) तथा अर्जेन्टीना में भी लोयस के जमाव मिलते हैं संयुक्त राज्य अमेरिका में लोयस जमावों को *एडोब (Adobe)* कहते हैं।

लोयस के प्रकार *(Types of Loess)*

पवन द्वारा विभिन्न स्थानों से उड़ाकर लाने के कारण इनके निक्षेप में भी विभिन्न प्रकार की मिट्टी पायी जाती है। अतः मिट्टी के आधार पर लोयस को दो भागों में विभाजित किया जाता है—

1. **मरुस्थलीय लोयस** (Desert Loess)—मरुस्थलीय भागों से पवन द्वारा उड़ाकर लाई गई मिट्टी के निक्षेप से निर्मित लोयस को मरुस्थलीय लोयस कहते हैं। चीन के उत्तर-पश्चिमी भाग में स्थित जमाव मरुस्थलीय लोयस के प्रमुख उदाहरण हैं।

2. **हिमनदीय लोयस** (Glacial Loess) – हिमनदी की घाटी में स्थित मिट्टी के छोटे-छोटे कणों को पवन उड़ाकर अपने साथ ले जाती है। अधिक दूरी पर जाने के बाद इसका निक्षेप कर देती है। इसे हिमनदीय लोयस कहते हैं। फ्रांस और बेल्जियम के मध्य पाए जाने वाले लोयस का निक्षेप हिमनदीय लोयस का उदाहरण है। इस हिमनदीय लोयस को फांस और बेल्जियम में *लिमन* के नाम से भी जाना जाता है।

मिल (Mill) ने लोयस के दो प्रकार बताये हैं : प्रथम *भूमि लोयस (Land Loess)*, जिसमें परते नहीं होती हैं तथा द्वितीय, *झील लोयस (Lake Loess)* ये मूलतः लवणीय झीलों में जमा होता है इसमें परतें होती है तथा केशीय संरचना (Capillary Structure) नहीं होती है।

मरुस्थलीय भागों में जलीय स्थलाकृतियाँ *(Fluvial Desert Landforms)*

मरुस्थलों में वाष्पीकरण की दर वर्षा से अधिक होता है। अधिकांश मरुस्थलों में सतही अपवाह वर्षा के अभाव में पूर्णतया अनुपस्थित रहता है। यहाँ दो प्रकार की सरीतायें (Streams) मिलती हैं: (i) आर्द्र प्रदेशों से निकलने वाली सरीतायें जो शुष्क भूमि से प्रवाहित होती है, तथा (ii) अस्थायी सरीतायें जो मरुस्थलीय उच्च भागों से निकलती हैं तथा मरुस्थलीय रेत में ही विलुप्त हो जाती है फिर भी मरुस्थलों में स्थायी सरीतायें होती हैं। आकस्मिक वर्षा से बाढ आ जाती है तथा त्वरित प्रवाह से जल बहता है जिसके साथ काफी मात्रा में अवसाद प्रवाहित होते हैं जो अपक्षय से प्राप्त होते हैं। ये सरीतायें शुष्क डेल्टा बनाती हैं। इस प्रकार के प्रवाह से मरुस्थलों में विभिन्न स्थलाकृतियाँ बन जाती हैं। जिन्हें जल द्वारा निर्मित मरुस्थलीय भू-आकार (Fluvial Desert Land Forms) कहते हैं ये निम्नलिखित हैं:

1. **उत्खात भूमि** (BadLand) – मरुस्थलीय भागों में कभी-कभी वर्षा के समय गहरी घाटियाँ बन जाती हैं। कठोर चट्टानें कठोर होने के कारण अपरदित नहीं हो पाती हैं। कहीं-कहीं गहरे खड्डे बन जाते हैं। अतः घाटियों, खड्डों, गर्त तथा कटकों से युक्त ऊबड़-खाबड भाग को ही उत्खात भूमि कहते हैं। चम्बल के बीहड़ (Ravines) उत्खात भमि कम अच्छा उदाहरण है।

2. **प्लाया** (Playas) – प्लाया (Playa) एक स्पेनिश शब्द है जिसे सामायिक रूप से बनने वाली अस्थायी झीलों के लिए प्रयुक्त किया जाता है। मरुस्थलीय भागों में स्थित निम्न गर्तों में वर्षा के समय जल भर जाने से छोटी-छोटी झीलों का निर्माण हो जाता है, इन्हें प्लाया, बालसन या सैलीनास कहते हैं। चीन के तारीम बेसिन की लोपनोर झील प्लाया है। प्लाया झीलों की तली में मृत्तिका, गाद के जमावों की परतें मिलती है जिनमें घुलनशील लवण पाये जाते हैं। झील की ओर स्थित सामान्य ढाल को बहादा कहते हैं।

चित्र 17.11 *प्लाया (After G.H. Dury 1981)*

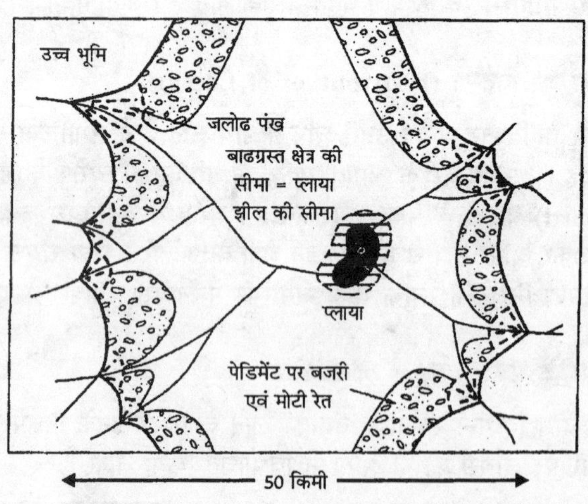

3. **बजादा** (Bajada) – मरुस्थलीय भागों में उच्च पर्वतीय भाग एवं प्लाया झील के मध्य लाए गए पदार्थों कंकड़-पत्थर, रेत, बजरी आदि का निक्षेप पाया जाता है। इस भाग को बजादा या बहादा कहते हैं। अचानक तीव्र वर्षा के समय नदियाँ पर्वतीय भाग का तीव्र गति से अपरदन करती रहती हैं। इस अपरदित पदार्थ को नीचे मरुस्थलीय भाग में जलोढ़ पंखों के रूप में निक्षेपित कर देती हैं। जिसेस मैदानी भाग का निर्माण होता है। बहादा (Bahada) एक स्पेनिष शब्द हैं जिसे शुष्क एवं अर्द्धशुष्क क्षेत्रों में पर्वतीय भाग से अन्तःस्थलीय बेसिन की के मध्य स्थित सामान्य ढाल के लिए प्रयुक्त किया जाता है।

4. **पेडीमेण्ट** (Pediment) – रेगिस्तानी भागों में स्थित पर्वतों के अग्र भाग तथा बजादा के मध्य स्थित पर्वत का वह भाग जो अपरदन द्वारा कटकर एक सामान्य ढालयुक्त भाग के रूप में निर्मित हो जाता है उसे पेडीमेण्ट कहते हैं। पेडीमेण्ट का निर्माण अपक्षय तथा अपरदन की सम्मिलित प्रक्रिया द्वारा होता है। पेडिमेण्ट पर्वत पदीय भागों में स्थित एक अवतल जलोढ मैदान होता है। पेडीमेण्ट का वह भाग जो पर्वत की तरफ होता है, उसका ढाल तीव्र पाया जाता है तथा जो भाग बजादा के नजदीक होता है उसका मन्द ढाल पाया जाता है। पेडीमेण्ट के निर्माण के सम्बन्ध में भी विद्वानों के अलग-अलग मत हैं। लेकिन सभी विद्वान यह मानते हैं कि इसका निर्माण सरिता अपरदन द्वारा पर्वतीय भाग के निचले ढाल पर होता है।

5. **मरुस्थलीय पठार** (Desert Plateau) – मरुस्थलीय पठार केनियन सदृश्य नदी घाटी द्वारा कटा रहता है। इस पर एकाकी रूप में मेसा तथा बूटी (Mesa and Butte) पाये जाते हैं। पर्वतपदीय तीव्र ढालों पर पर्वतपदीय पंखे पाये जाते हैं। इस प्रकार की स्थलाकृतियाँ लिबिया, पश्चिमी मिश्र तथा संयुक्त राज्य अमेरिका के उटाह तथा एरिजोना राज्यों में मिलती हैं।

चित्र 17.12 *पर्वतीय मरुस्थलों की स्थलाकृतियाँ (After Arthun Bkoom)*

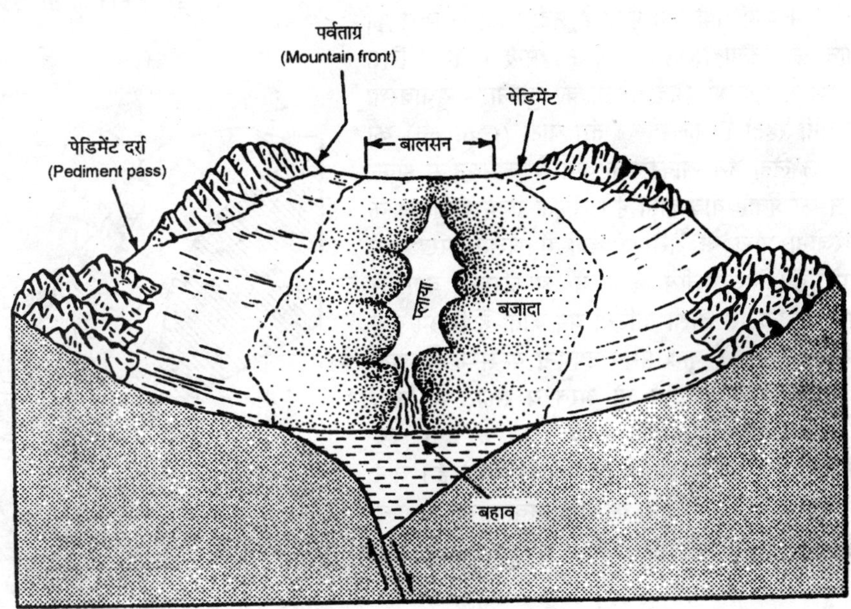

चित्र 17.13 *पठार, मेसा, बूटी तथा शिखरिकायें (After G.H. Dury 1981)*

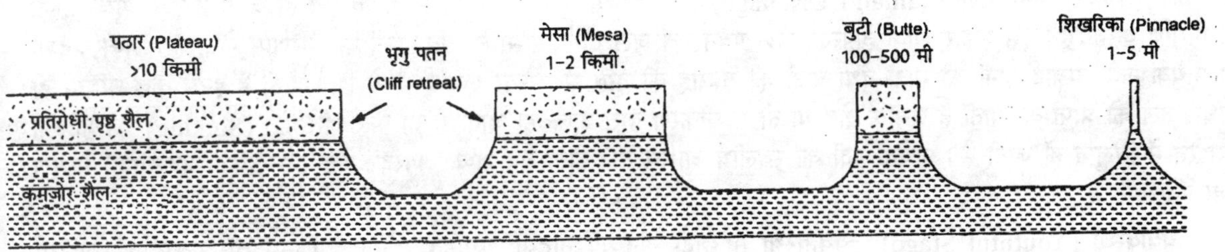

कांपीय शंकु (Alluvial Cone)

मरुस्थलीय क्षेत्रों में नदियाँ पहाडियों से नीचे अपने मुहाने पर विभिन्न धाराओं में बंट जाती है जिससे जलोढ शंकु का निर्माण होतता है इन जलोढ शंकुओं को शुष्क डेल्टा (Dry Delta) भी कहते हैं। ये कुछ समय बाद वायु अपरदन द्वारा उत्खात भूमि के रूप में विकसित हो जाते है।

शैल या जलोढ पंखे तथा तंग घाटियाँ (Rock fans or Canyons)

मरुस्थलों में पर्वतीय भागों से निकलने वाली नदी द्वारा घाटी में पंखों का निर्माण किया जाता है। पर्वतीय भागों में जहाँ वर्षा कम होती है, नदी घाटी के ढाल को धोने की क्रिया (Slope Wash) मन्द रहती है जिस कारण ये घाटियाँ आर्द्र प्रदेशों की तुलना में युवावस्था में बनी रहती है फलस्वरूप तंग घाटी (Canyon) का रूप ले लेती हैं। आकस्मिक वर्षा से केनियन से होकर जल का प्रवाह तीव्र होता है। संयुक्त राज्य अमेरिका के एरिजोना प्रान्त के सेरीता पर्वतों में जलोढ पंख पाये जाते हैं। मरुस्थलीय क्षेत्रों में आकस्मिक वर्षा से लम्बवत किनारों वाली घाटियाँ बन जाती हैं जिनमें वर्षा का जल बहता है कुछ समय उपरान्त ये शुष्क हो जाती हैं। ऐसी शुष्क घाटियों को अरब व सहारा में ***'वादी (Wadi)'*** कहते हैं जबकि भारत में ***'नाला'*** उत्तरी एवं दक्षिणी अमेरिका में ***अरोयो*** *(Arroyo)* कहते हैं। चीन की तारिम नदी , एरिजोना की वरदे, नेवादा की हम्बोल्ट तथा रीस, सूडान की वादी-एंला-मिल्क (Wadi-el-Milk) तथा भारत की लूनी नदी आदि घाटियाँ इसी प्रकार की शुष्क घाटियाँ हैं।

चित्र 17.14 *जलोढ पंख, तंग घाटियाँ तथा वादी (After A. Goudie 1993)*

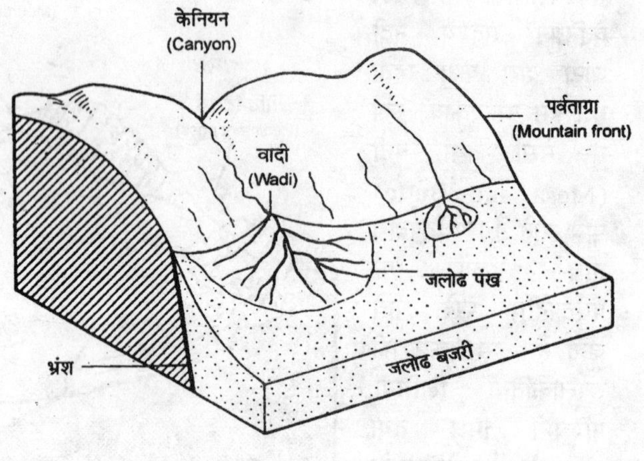

शुष्क अपरदन चक्र (Cycle of Arid Erosion)

शुष्क अपरदन चक्र की संकल्पना सर्वप्रथम सन् 1905 में डेविस महोदय ने प्रस्तुत की थी। मरुस्थलों में अपरदन का प्रमुख कारक पवन है लेकिन सहायक कारक के रूप में जल की भी प्रमुख भूमिका है। वर्षा की अल्प मात्रा के कारण यहाँ अल्पकालिक (Ephemeral) नदियाँ मिलती है जो अधिकांश समय शुष्क अवस्था में ही रहती है। प्रारंभ में नदियाँ अनुवर्ती (Consequent) होती हैं। ये नदियाँ अन्तःस्थलीय (Inland Drainage) होती हैं जहाँ स्थलीय भागों में ही विलुप्त हो जाती हैं तथा शुष्क डेल्टा का निर्माण करती हैं। इस प्रकार शुष्क अपरदन चक्र पवन एवं जल दोनों सम्मिलित क्रियाओं का परिणाम होता है। शुष्क प्रदेशों की प्रत्येक नदी लम्बाई, पानी की मात्रा तथा घाटी की गहराई की दृष्टि से परस्पर एक दूसरे से भिन्न होती हैं इनमें कुछ नदियाँ ही आधार तल को प्राप्त कर पाती है जबकि शेष या तो वाष्पीकरण द्वारा शुष्क हो जाती है या फिर अन्तर्धान (Sinking) की प्रक्रिया द्वारा रेत में विलुप्त हो जाती है। प्रत्येक नदी का स्थलीय आधार तल होता है। शुष्क अपरदन चक्र निम्नांकित अवस्थाओं में पूर्ण होता हैं।

1. **युवावस्था** (Youthful Stage)—युवावस्था में छोटी अनुवर्ती नदियाँ प्रवाहित होती है जिनमें वी-आकार की घाटियाँ बनती है। पहाड़ी ढालों से शैल संहति (Rockmass) प्रवाहित होकर नदी घाटियों में पहुँच जाता है जिससे ऊँचे भाग

चित्र 17.15 *शुष्क अपरदन चक्र की अवस्थायें (after Savindra Singh)*

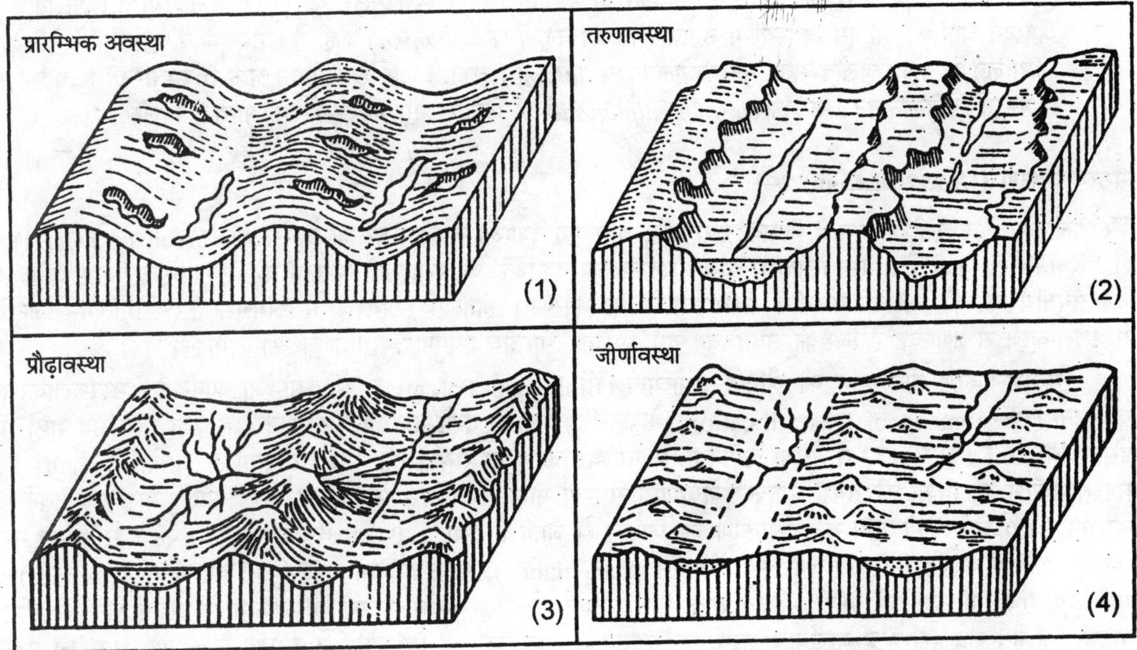

नीचे हो जाते हैं तथा निचले भाग अभिवृद्धि क्रिया (Aggradational Process) द्वारा उँचे होने लग जाते हैं। पर्वतीय तलहटी में जलोढ पंख बन जाते है। जिनमें नदियाँ विलुप्त हो जाती हैं। शुष्क प्रदेशों में प्रत्येक नदी का पृथक आधार तल (Base Level) होता है जिसे स्थानीय आधार तल कहते हैं। कुछ नदियाँ क्षारीय (Alkaline) मैदानों की रचना भी करती है। युवावस्था में पवन द्वारा वात गर्तों (Blow out) का निर्माण भी होता है। जिस स्थान पर क्षारीय मृदा का जमाव अधिक होता है, वहाँ पवन द्वारा अपवाहन (Deflation) की क्रिया कम हो पाती है। मैदानी भागों में बालूका स्तूप निर्मित होते हैं। युवावस्था में जल के प्रवाह के अतिरिक्त पवन की अपवहन क्रिया सर्वाधिक प्रभावी होती है जिससे पवन रेत को उड़ाकर दूर तक ले जाती है। घाटी तलों में भी बालूका स्तूपों का निर्माण हो जाता है। इस अवस्था में उच्चावच कम होता जाता है। अनाच्छादन द्वारा खुले चट्टानी क्षेत्र कट कर नीचे हो जाते हैं।

(ii) **प्रौढावस्था** (Mature Stage)—शुष्क अपरदन चक्र में युवावस्था से प्रौढावस्था के मध्य निम्न वर्षा के कारण विकास मन्द रहता है अपरदन क्रिया द्वारा पर्वतीय भाग पीछे हटने लगते हैं। उच्चावच का तीव्रता से निम्नीकरण (Rapid Reduction) होता है। विभाजक संकरे होने लगते हैं तथा पर्वतों के पीछे हटने से उनके स्थान पर पेडीमेण्ट (Rock cut Plain) का निर्माण हो जाता है तथा निचले भागों में अवसाद जमा होने से बहादा (Bahada) की रचना होने लगती है इनके बहरी किनारों पर **'प्लाया'** बन जाती हैं। घाटियों की तली में भराव से मध्यवर्ती भाग चौड़े होने लगते हैं। बहादा बनने से जलोढ पंख भी ध्वस्त हो जाते हैं। बेसिन चौड़े होने से प्रौढावस्था में भी अपवहन क्रिया सक्रिय रहती है। इस अवस्था में उच्चावच कम होने से भूमि समतल हो जाती है जिससे धीरे-धीरे जल की जगह पवन का कार्यक्षेत्र बढ जाता है।

(iii) **वृद्धावस्था** (Old Stage)—वृद्धावस्था में उच्चावच पूर्णतया नष्ट हो जाता है तथा सर्वत्र समतल भाग दृष्टिगत होता है। द्वीप सदृश्य पहाड़ियाँ (Inselberg) कठोर शैलों के रूप में खड़े रह जाते हैं। वातगर्त एवं बातूला स्तूपों (Sand dunes) की संख्या बढ जाती है क्षारीय मैदानों में एकत्रित अवसाद तथा नमक भी उड़ाकर ले जाया जाता है। नदियाँ भूमि को

नीचा करने का कार्य लगभग पूर्ण कर लेती है तथा शुष्क अपरदन चक्र की अन्तिम भूदृश्य बन जाती है जिसे मरु पेनीप्लेन (Desert Peniplain) कहते हैं। इसके विकास में पेडीमेण्टों के परस्पर मिलने को प्रमुख माना गया है। लासन ने शुष्क अपरदन चक्र की अन्तिम अवस्था में उत्पन्न स्थलरूप को *पैनफैन (Panfen)* कहा है। मैक्सन व एण्डर्सन ने पेडिमेण्ट के सम्मिलिन से उत्पन्न जलोढ सतह को *पेडीप्लेन (Pediplaine)* कहा है। शुष्क अपरदन चक्र से सम्बन्धित किंग की 1950 में प्रस्तुत *'पेडिप्लेनेशन चक्र (Cycle of Pediplanation)'* विचार धारा को सर्वाधिक मान्यता मिली है।

मरुस्थलीकरण (Desertification)

मरुस्थलीकरण एक ऐसी प्रकिया है जिसके द्वारा उर्वर भूमि मरु दशाओं वाली बंजर या मरुस्थल (Barren or Desert) भूमि में परिवर्तित हो जाती हैं। मरुस्थलीकरण शब्द 'मरुस्थलीय दशाओं' के प्रसार की प्रक्रिया के लिए प्रयुक्त किया जाता है जो जलवायुवीय कारकों अथवा मानवीय क्रियाकलापों का परिणाम होती है। विश्व में लगभग 135 मिलियन जनसंख्या मरुस्थलीकरण से प्रभावित है जिसका सर्वाधिक भाग अफ्रीका, भारतीय उपमहाद्वीप तथा दक्षिणी अमेरिका में है।

मरुस्थलीकरण द्वारा भूमि की जैविक सभांव्यता (Biological Potential) में कमी आ जाती है। मरुस्थलीकरण की परिघटना (Phenomena of Desertification) केवल विकासशील देशों तक ही सीमित नही है वरन् विकसित राष्ट्रों में भी इसका विस्तार है। सन् 1977 में नैरोबी (कीनिया) में मरुस्थलीकरण पर संयुक्त राष्ट्र संघ द्वारा सगोष्ठी आयोजित की गई जिसमें मरुस्थलीकरण को विश्व की सबसे घातक पर्यावरणीय समस्या माना गया। इस संगोष्ठी में स्पष्ट किया गया कि प्रतिवर्ष विश्व लगभग 6000 वर्ग किमी भूमि मरुस्थलीकरण का शिकार हो जाती है तथा 2,10,000 वर्ग किमी भूमि की उर्वर क्षमता नष्ट हो रही है। भविष्य में 3.1 मिलियन वर्ग किमी रैंजभूमि (Rangelands), 3.35 मिलियन वर्ग किमी वर्षापोषित (Rainfed) कृषि भूमि तथा 0.4 मिलियन वर्ग किमी सिंचित शुष्क भूमि सामान्य से तीव्र मरुस्थलीकरण की प्रक्रिया से ग्रसित होने की संभावना बतायी गई है। सन् 1967 में वर्ल्डवाच संस्था, वाशिंगटन ने दावा किया है कि लोगों ने भूसतह के 6.7% भाग को मरुस्थल बना दिया है इसे *सांस्कृतिक मरुस्थलीकरण (Cultural Desertification)* कहा है। इस प्रक्रिया में सहारा के दक्षिण सीमान्त क्षेत्र में 4,00,000 वर्ग किमी क्षेत्र में मरुस्थल का प्रसार हुआ है।

मरुस्थलीकरण की प्रक्रिया (The Process of Desertification)

मरुस्थलीकरण की प्रक्रिया में सामान्य भूमि मरुस्थलीय दशाओं में परिवर्तित हो जाती है जिसके अन्तर्गत कृषि क्षेत्रों के सहारे बालूका स्तूपों का विस्तार हो जाता है वास्तविक रूप में मरुस्थलों का विस्तार विषम मौसमी दशाओं से सम्बद्ध रहता है। इसमें

बाक्स 17.3 *विश्व तापन तथा मरुस्थलीकरण (Global Warming and Desertification)*

मरुस्थलीकरण की प्रक्रिया पर विश्वतापन एवं जलवायु परिवर्तन का प्रभाव यद्यपि स्पष्ट नही हो पाया है लेकिन यह माना जा रहा है कि जलवायु पेटियों के उच्च अक्षांशों की तरफ खिसकने के साथ-साथ ही मरुस्थलीय दशायें भी विस्तृत हो रही हैं। भविष्य में इसका गंभीर प्रभाव खाद्य आपूर्ति पर पड़ेगा। यह आकलन लगाया गया है कि सन् 2050 तक पृथ्वी का तापमान 3° सेल्सियस बढ जायेगा इससे भूमध्य सागरीय क्षेत्रों में निम्नाकित प्रभाव परिलक्षित होगे (Houerou H. N. 1993)

- प्रतिवर्ष 200 मिमि. वाष्पीकरण बढेगा।
- 20 से 60 सेमी तक सागर तल में उत्थान होगा।
- उत्तरी गोलार्द्ध में अनाज उत्पादन के बड़े क्षेत्र खत्म हो जायेंगे।
- जैवविविधता पर हानिकारक प्रभाव।
- मरुस्थलीकरण की प्रक्रिया में तीव्रता आयेगी।

वास्तविक समस्या मृदा अवक्रमण (Soil Degradition) की रहती है जिसमें अच्छी भूमि धीरे-धीरे अनुर्वर होती जाती है। मरुस्थलीकरण की प्रक्रिया मुख्यतः शुष्क एवं अर्द्धशुष्क क्षेत्रों में सम्बद्ध है जहाँ वनस्पति आवरण के नष्ट होने पर प्रभावी होती है। यहाँ पादपों तथा जीवजन्तुओं की विविधता में भी कमी आ जाती है। वनस्पति में कमी आने से मृदा की प्रकृति भी बदल जाती है जिसके तहत जीवांश पदार्थ में कमी आ जाती है मृदा की संरचना कमजोर हो जाती है जिससे उसमें जलधारण क्षमता कम हो जाती है परिणामस्वरूप मृदा उर्वरता कम होने से भी वनस्पति में कमी आने लग जाती है। वनस्पति विहिन भूसतह पर पवन तीव्रता से आक्रमण करती है तथा पवन एवं जल द्वारा अपरदन भी तीव्र हो जाता है। इस दशा में विकसित मृदाओं को पुन उर्वरता के चक्र में लाना बहुत कठिन कार्य हो जाता है क्योंकि प्रकृति अपनी स्वनियमन व्यवस्था में मानवीय हस्तक्षेप को एक सीमा तक ही स्वीकार करती है। फलस्वरूप मरुस्थल ही मरुस्थलीकरण का कारण बन जाता है।

मरुस्थलीकरण के कारण (Causes of Desertification)

मरुस्थलीकरण की प्रक्रिया में विभिन्न कारकों का योगदान रहता है। लेकिन इनमें जलवायु की मुख्य भूमिका है। जलवायु के अतिरिक्त अतिचारण, कृषि का विकास, वनोन्मूलन आदि प्रमुख कारक है जो मरुस्थलीकरण को बढाते हैं।

जलवायु (Climate)

जलवायु परिवर्तन के कारण मरुस्थलीकरण प्रभावित होता है। जलवायु की विषमता (Anomalies of Climate) में वर्षा तथा तापमान के प्रकृति में परिवर्तन को सम्मिलित करते हैं। जलवायु विषमता के साथ यदि सांस्कृतिक गतिविधियाँ भी तीव्र हो जाती हैं तो मरुस्थलीकरण तीव्र होता है उत्तरी अफ्रीका के सहेल प्रदेश में जलवायु की विषमता पायी जाती है।

अतिचारण (Overgrazing)

मरुस्थलों में पारम्परिक पशुपालन के तहत अनियंत्रित पशुचारण किया जाता है तथा धीरे-धीरे पशुओं की संख्या बढने पर यह क्रिया विस्तृत हो जाती है जिसके फलस्वरूप मरुस्थलीकरण बढता है अतिचारण द्वारा वनस्पति आवरण कम हो जाता है। जिससे अपवहन गर्त तथा बालूका स्तूपों का निर्माण होने लगता है।

कृषि प्रसार (Over Cultivation)

शुष्क क्षेत्रों के सीमान्त भागों में कृषि विस्तार के कारण भी मरुस्थलीकरण बढता है विशेषकर जहाँ जनसंख्या दबाव अधिक है। कृषि प्रसार द्वारा मृदा का उपयोग बढने से उर्वरता घटती है तथा वनस्पति आवरण भी कम होता है। इस प्रकार अतिचारण तथा कृषि प्रसार से वनोन्मूलन बढता है जो प्रत्यक्ष रूप से मरुस्थलों के विस्तार में योगदान देता है। वनस्पति की कमी से उर्वर मृदा की रचना नहीं हो पाती है सूखा प्रवृत होने की बराबर संभावना बनी रहती है।

मरुस्थलीकरण पर नियन्त्रण (Control on Desetification)

मरुस्थलीकरण वर्तमान समय में सबसे बड़ी पर्यावरणीय समस्या है जिसे नियन्त्रित करके ही संधृत विकास (Sustainable Development) की कल्पना की जा सकती है। इसके लिए भौतिक गतिविधियों के साथ-साथ जैविक क्रियाओं को भी प्रभावी रूप में विकसित किया जाना चाहिए। भौतिक गतिविधियों में बालूका स्तूपों का स्थायीकरण किया जाना, अनियन्त्रित खनन कार्यो पर नियन्त्रित, मरुस्थलीय क्षेत्रों की मृदाओं की जलधारण क्षमता में वृद्धि करना, सिंचित क्षेत्रों में लवणीयता में कमी लाना आदि प्रमुख हैं। जैविक गतिविधियों में वनोन्मूलन पर नियन्त्रण, अनियन्त्रित पशुचारण पर रोक तथा पारम्परिक कृषि में सुधार, आदि प्रमुख हैं। इनके अतिरिक्त शिक्षा, शोध (Research), प्रशिक्षण, इस समस्या के प्रति जागरुकता (Awarness) तथा निगरानी (Monitoring) आदि मरुस्थलीकरण की समस्या को कम करने में सहायक हो सकते हैं।

18

हिमनद के कार्य एवं हिमानीकृत स्थलाकृतियाँ
(The Work of Glaciers and Glaciated Landforms)

हिम एवं बर्फ (Snow and Ice)

हिम एवं बर्फ दोनों ही ठण्डे परिवेश से सम्बद्ध हैं, जहाँ कुछ समय के लिए या दीर्घकाल तक तापमान जमाव बिन्दु (freezing Point) से नीचे (0° C) पहुँच जाता है अथवा बना रहता है। बर्फ (Ice) जल की ठोस अवस्था है, जो जल के जमने से बनती है। ये कहीं भी उस समय तक बनी रहती है जब तक तापमान जमाव बिन्दु से नीचे रहता है। हिम नदियों या समुद्रों में तथा जलवाष्प के संघनन से बर्फ कणों (Ice Crystals) के रूप में वायुमण्डल आदि में बन सकती है। इसका घनत्व 0.9166 रहता है, जो जल से कम होने के कारण जल में तैरती हैं।

हिम (Snow) का निर्माण औसांक बन्दु (Dew Point) के जमाव बिन्दु से नीचे पहुँचने पर होता है। इस दशा में वायुमण्डलीय वाष्प षटकोणीय आकार के हिमकणों (ice Crystals) के रूप में संघनित (Condense) होती है, जो भूसतह पर आ जाती है। यदि इस दौरान तापमान जमाव बिन्दु से नीचे चला जाता है, तो हिम धरातल पर संचयित (Accumulate) हो जाती है तथा हवा आदि के प्रभाव से एक संघटित आवरण के रूप में फैल जाती है। तापमान के जमाव बिन्दु से ऊपर होने पर पुनः ये हिम पिघलती है।

चित्र 18.1 *जल के परिवर्तन की दशायें*

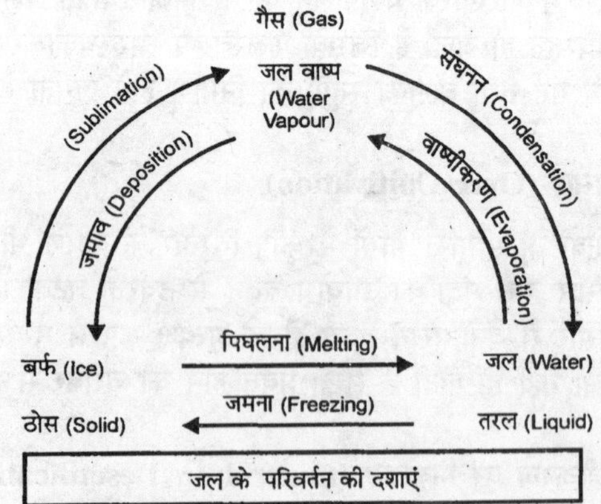

बर्फ का गठन (Ice Formation)

हिम के सम्पीड़ित (Compressed) होने पर बर्फ बनती है। हिम से बर्फ निम्न दो प्रक्रियाओं के द्वारा बनती है—

(i) संचयन (Accumulation) तथा (ii) संहनन तथा सम्पीडन (Compaction and Compression)

(i) **संचयन** (Accumulation)—हिम रेखा के ऊपर वाले भागों में जो हिम गिरती है वह गहराई तक संचित होती रहती है क्योंकि न्यून तापमान के कारण इसके पिघलने की दर कम होती है। जब स्वतन्त्र हिम पत्रक (Snow Flakes) भूमि पर गिरते हैं तो परस्पर मिलकर स्वयं के भार से संगठित हो जाते हैं। गिरते समय ये कणाकार रूप में होते हैं लेकिन अपने भार से ये कण मिल जाते हैं। ये मिले हुए *कणहिम (Firn or neve)* निरन्तर घने होते जाते हैं।

(ii) **संहनन तथा सम्पीड़न** (Compaction and Compression)—कणहिम जैसे-जैसे संघठित होते जाते हैं, उनपर निरन्तर

हिम परतों का भार बढ़ते रहने से हिमनद बर्फ बनती है, जिसकी संरचना कणाकार (Granular Structure) होती है। सम्पीड़न से इन कणों के पिसकर भिंच जाने (Squash) से बर्फ ओर सघन हो जाती है। इस प्रकार उपर्युक्त दोनों प्रक्रियाओं से विभिन्न अवस्थाओं के अन्तर्गत साधारण हिम से कठोर बर्फ बनती है । सर्वप्रथम उच्च स्थानों (ऊँचाई एवं उच्च अक्षांश) में स्वतन्त्र हिम की एक परत जमा होती है, इसका घनत्व 0.1 से कम है, जो बहुत कम है। द्वितीय अवस्था में हिम पत्रकों (Snow Flakes) के सम्पीड़न से कणाकार हिम की परत बनती है, जिसका घनत्व 0.3 होता है, जो कणहिम (Firn) के घनत्व (0.5) से कम होता है। अन्त में एक आधार परत बनती है, जो स्पष्टतः बर्फ होती है तथा जिसमें घने पदार्थों की तरह प्रवाह क्षमता होती है इसका घनत्व 0.8 होता है।

चित्र 18.2 *हिम से हिमनद बर्फ निर्माण की प्रक्रिया, हिमपत्रक, कणाकार हिम संरचना में बदलते हुए संगठित होकर कणहिम (Firn) तथा बाद में हिमनद बर्फ का रूप ले लेते हैं (After A. H. Doerr 1990)*

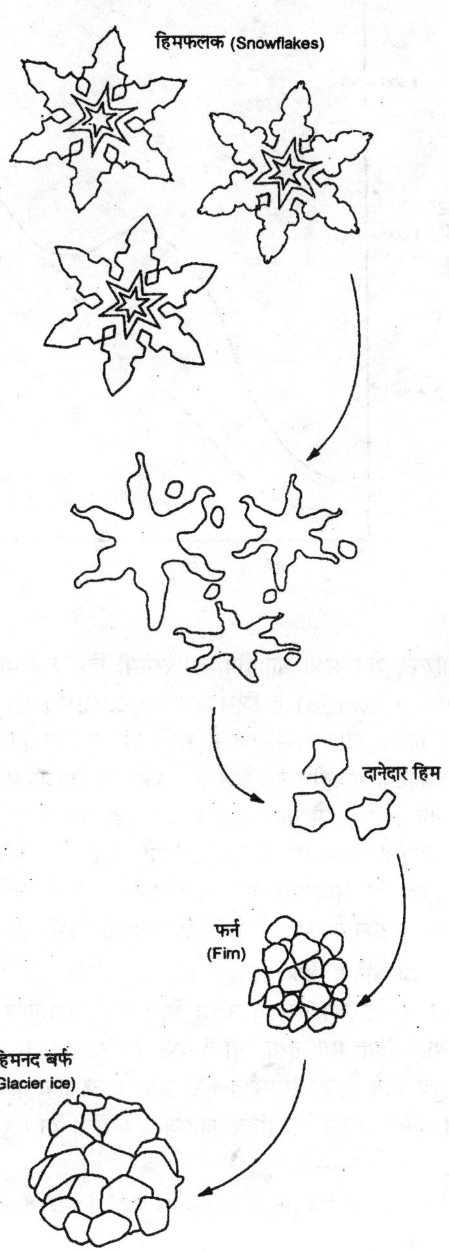

हिम रेखा (Snow Line)

हिम रेखा वह रेखा होती है, जिसके ऊपर सदैव हिमावरण (Snow Cover) पाया जाता है। दूसरे शब्दों में यह हिमक्षेत्र की निचली सीमा होती है, जिसके नीचे स्थायी रूप से हिमावरण नहीं मिलता है। पृथ्वी पर हिम रेखा की ऊँचाई सर्वत्र समान नहीं होती, वरन् भूमध्य रेखा से ध्रुवों की ओर जाने पर तथा सागर तल से ऊँचाई की ओर जाने पर इसमें परिवर्तन आता है। ध्रुवों के समीप हिम रेखा सागर तल पर ही पायी जाती है जबकि भूमध्य रेखा पर 5200 से 5480 मीटर के मध्य मिलती है। स्पष्ट है, भूमध्य रेखा से ध्रुवों की ओर जाने पर हिम रेखा की ऊँचाई घटती जाती है तथा ध्रुवों पर सागर तल जमा हुआ मिलता है। दक्षिणी ग्रीनलैण्ड तथा दक्षिणी चिली में हिम रेखा 666 मीटर, आल्पस में 3000 मीटर, हिमालय पर्वत पर 4300 से 5300 मीटर तथा किलीमंजारो पर्वत पर 5895 मीटर पर पायी जाती है। इस प्रकार हिमरेखा की स्थिति सागर तल से ऊँचाई तथा अक्षांशों के द्वारा निर्धारित होती है।

हिम क्षेत्र (Snow Fields)

हिम रेखा के ऊपर स्थित उस भाग को हिम क्षेत्र कहते हैं, जहाँ सदैव हिम आच्छादित रहती है। ये क्षेत्र सर्वत्र स्थायी रूप से सीमाबद्ध न होकर ऋतु परिवर्तन के साथ परिवर्तित होते रहते हैं। पृथ्वी पर कुछ क्षेत्र ऐसे भी हैं जहाँ पर स्थायी रूप से सदैव बर्फ जमा रहती है, ऐसे भागों को स्थायी हिम क्षेत्र (Permanently Snow Fields or Permafrost) कहते हैं। पृथ्वी पर आस्ट्रेलिया महाद्वीप के

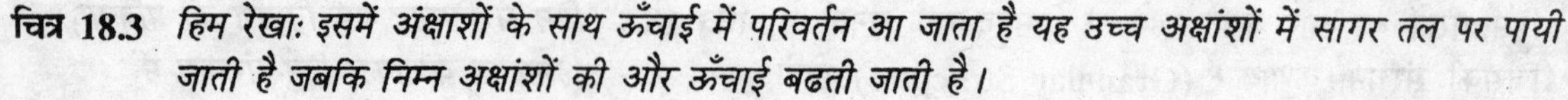

चित्र 18.3 *हिम रेखा: इसमें अंक्षाशों के साथ ऊँचाई में परिवर्तन आ जाता है यह उच्च अक्षांशों में सागर तल पर पायी जाती है जबकि निम्न अक्षांशों की और ऊँचाई बढती जाती है।*

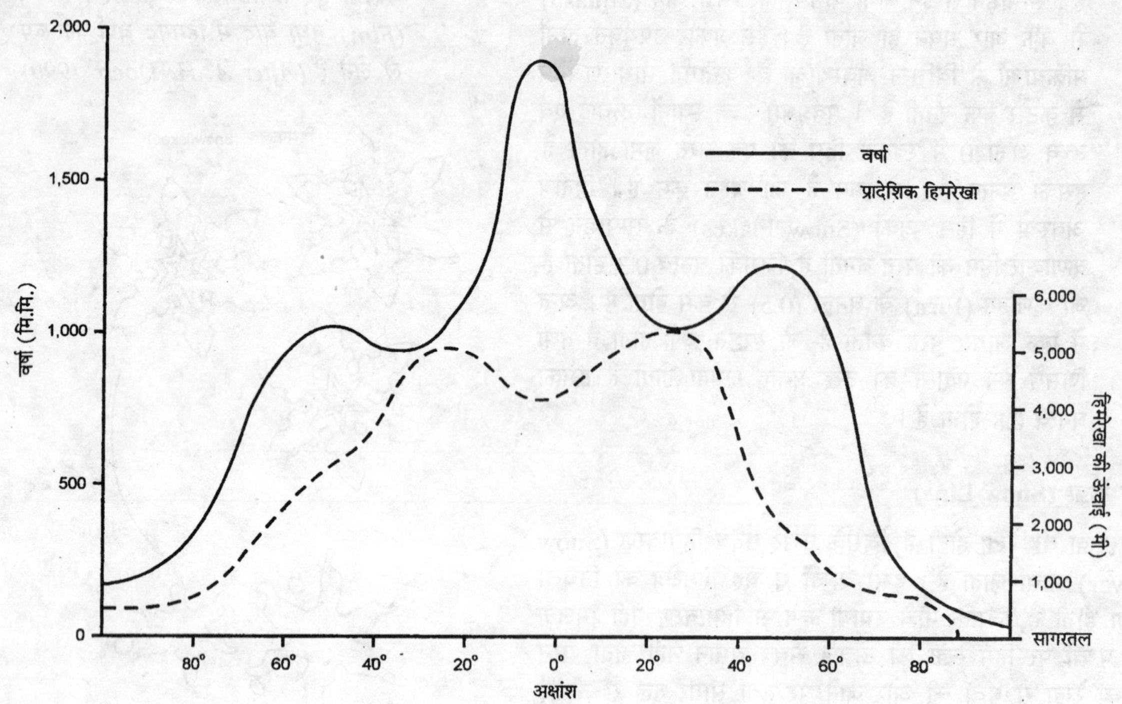

अतिरिक्त शेष सभी महाद्वीपों पर स्थायी हिम क्षेत्र पाये जाते हैं। वर्तमान में सम्पूर्ण पृथ्वी का 24 प्रतिशत क्षेत्र स्थायी हिमावरित (Snow Covered) है जिसका विस्तार लगभग 15 मिलियन वर्ग किलोमीटर मे है। कुल हिमनदीय बर्फ का 96 प्रतिशत भाग अण्टार्कटिका तथा ग्रीनलैण्ड में मोटी संहति (Thick Masses) के रूप में स्थित है। ये सभी क्षेत्र आर्कटिक महासागरीय तथा अण्टार्कटिक महाद्वीप पर फैले हैं। जहाँ ध्रुवीय प्रकार की जलवायु (कोपेन द्वारा प्रस्तुत E वर्ग) पायी जाती है। यहाँ ग्रीष्मकालीन तापमान 10° C से कम रहता है, जो यहाँ का ग्रीष्मतम महीना होता है। टुण्ड्रा के आगे वाले भागों में अतिशीत तथा अतिकठोर हिमावरण है जिन्हें स्थायी हिम टोपियाँ कहते हैं। ध्रुवीय भागों पर स्थित होने के कारण *ध्रुवीय हिम टोपीयाँ* (Polar Ice Caps) भी कहते हैं। आर्कटिक भाग में ग्रीनलैण्ड का आन्तरिक भाग तथा अण्टार्कटिका इसमें समाहित हैं। यहाँ पर प्रादेशिक हिम परत पर्वतीय कटकों के रूप में दृष्टिगत होती हैं जिन्हें *नुनाटक* (Nunatak) कहते हैं।

आर्कटिक क्षेत्र (The Arctic)– इस क्षेत्र में आर्कटिक महासागर तथा समीपवर्ती क्षेत्र को सम्मिलित किया जाता है जिसमें कनाड़ा का विस्तृत उत्तरी भाग रूस, ग्रीनलैण्ड, स्केण्डेनेविया, आइसलैण्ड तथा अलास्का आदि प्रमुख हैं। इनमें ग्रीनलैण्ड में स्थायी हिमावरण तथा प्लावी बर्फ पुंज (Pack Ice)* पाया जाता है। यहाँ हिम नदों से टूटकर प्लावी बर्फ (Iceberg) सागर में पहुँच जाते हैं, जो सागर तल से 700 मीटर तक ऊपर निकले रहते हैं। अप्रेल 1912 में ऐसी ही प्लावी बर्फ से टकराकर संयुक्त राज्य अमेरिका का टाइटेनिक जहाज डूब गया था।

---

* प्लावी बर्फ पुंज (Pack Ice) — यह प्लावी हिमखण्डों का एक विस्तृत क्षेत्र होता है, जिसमें हिमखण्ड समीप रहते हुए एक साथ सामूहिक रूप से गति करते हैं।

चित्र 18.4 *आर्कटिक तथा उपआर्कटिक क्षेत्र जहाँ शीत जलवायु पायी जाती है (after A. H. Doerr, 1990)*

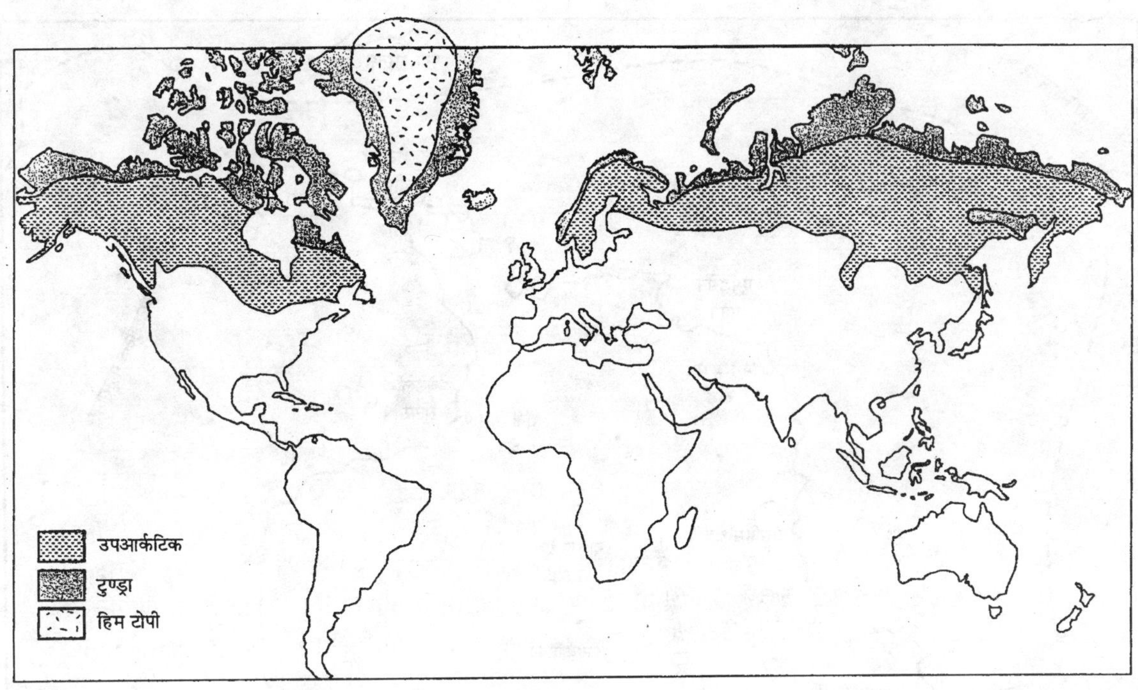

अण्टार्कटिका (Antarctica) – यह विश्व का पाँचवा बड़ा महाद्वीप है, जो मुख्यतः अण्टार्कटिक वृत्त (Antarctic Circle)* के मध्य स्थित है। यह पृथ्वी का सर्वाधिक ठण्डा महाद्वीप है। यहाँ पर न्यूनतम तपमान - 88.3°C वोस्टोक स्टेशन पर 24 अगस्त 1960 को अंकित किया गया। इसके 95 प्रतिशत भाग पर हिमावरित है जो औसतन 2000 मीटर मोटी परत है। हिम की अधिकतम मोटाई 4270 मीटर है। विश्व के कुल स्वच्छ जल संसाधन का 90 प्रतिशत अण्टार्कटिका महाद्वीप में बर्फ के रूप में स्थित है। विश्व तापन के कारण यह हिमराशि पिघल रही है जिसके फलस्वरूप सागर तल में भी परिवर्तन आयेगा। अण्टार्कटिका की विश्व जलवायु एवं महासागरीय पारिस्थितिकी तन्त्र के नियमन में महत्वपूर्ण भूमिका है जहाँ पृथ्वी का प्रांरभिक वन्यजीवन, आवास मिलता है।

हिमनद (Glacier)

हिमरेखा से ऊपर स्थित एक विशाल गतिशील बर्फ सहंति (Mass of Ice) हिमनद कहलाती है यह गुरुत्वाकर्षण के कारण गतिशील रहती है ये उच्च अक्षांशों या उच्च पर्वतीय भागों में स्थित हिमक्षेत्र में गतिशील रहते हैं। हिमनद हिमरेखा के ऊपर बर्फ के संचयन तथा संहनन (Accumulation and Compaction) से बनते हैं। सम्पूर्ण पृथ्वी पर विभिन्न प्रकार के 70,000 से 2,000,00 हिमनदों की संख्या आकलित की गई है।

---

* अण्टार्कटिक वृत्त (Antarctic Circle) – इसे दक्षिणी ध्रुव वृत्त भी कहते हैं। यह दक्षिणी गोलार्द्ध में 66° 32′ अक्षांश का समानान्तर वृत्त है।

चित्र 18.5 *अण्टार्कटिक हिम क्षेत्र*

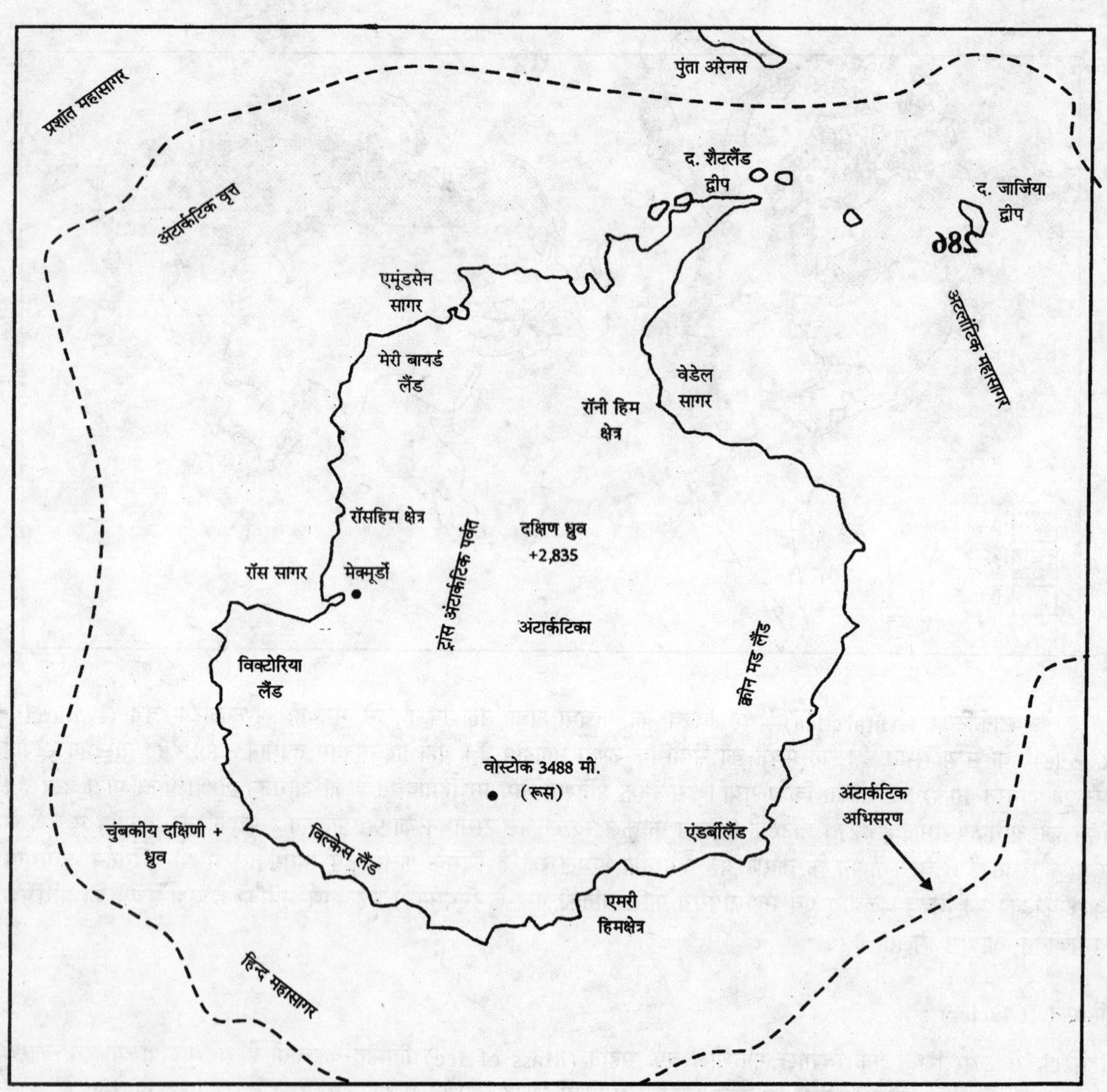

बाक्स 18.1 *स्थायी हिम (Perma frost)*

पृथ्वी तल की नियमित हिमावरित भूमि (Perennially frozen Ground) स्थायी हिम क्षेत्र कहलाती है। पृथ्वी के कुल भूक्षेत्र के 24 प्रतिशत भाग पर स्थायी हिम आवरण पाया जाता है जिसका विस्तार साइबेरिया, कनाडा, अलास्का, ग्रीनलैण्ड, स्पीट्जबर्जन (Spitzbergen) तथा उत्तरी स्केण्डेनेविया में हैं। सागर अपतटीय भागों (Offshore) में भी स्थायी हिम मिलती है इनमें पश्चिम आर्कटिक क्षेत्र का ब्यूफोर्ट सागर, लेप्टेव तथा पूर्वी साइबेरिया सागर प्रमुख है जो उच्च अक्षांशों में स्थित हैं (चित्र 18.5) इनके अतिरिक्त उच्च पर्वतीय क्षेत्रों में भी स्थायी हिम क्षेत्र मिलते हैं। स्थायी हिम क्षेत्र का सर्वाधिक विस्तार अण्टार्कटिका में (13%) है।

स्थायी हिम क्षेत्र की सीमा से आगे मृदा की एक सक्रिय परत मिलती है जिसकी गहराई 5 से 15 सेमी है यहाँ मौसम बदलाव के साथ हिम पिघलती है। स्थायी हिम के दो प्रमुख क्षेत्र हैं। जिनमें प्रथम क्षेत्र नियमित रूप से हिमावरित रहता है इसे टुण्ड्रा के रूप में जाना जाता है यहाँ पर झीलें, नदियाँ आदि जमी रहती हैं। द्वितीय अनियमित हिमक्षेत्र है जहाँ बीच-बीच में हिम विहिन क्षेत्र (Unfrozen Areas) बिखरे मिलते हैं इसे उप आर्कटिक क्षेत्र भी कहते हैं। स्थायी हिम की अधिकतम ज्ञात गहराई 1400-1500 मीटर तक उत्तरी रूस में तथा 700 मीटर उत्तरी कनाड़ा में मिलती है। यहाँ लघु शीत ग्रीष्मकाल रहता है। वनस्पति बहुत कम मात्रा में दृष्टिगत होती है। यहाँ बिखरे स्थायी हिम क्षेत्रों में औसत वार्षिक वायुमण्डलीय तापमान -1° सेल्सियस से -8° सेल्सियस के मध्य रहता है। जबकि नियमित स्थायी हिम क्षेत्रों में समताप रेखायें -7° C से -1° C के मध्य रहती है। स्थायी हिम क्षेत्रों में भूमि में पायी जाने वाली हिम को भूमि बर्फ (Ground Ice) कहते हैं यह काफी कठोर (Massive) होती है।

हिमनद के प्रकार (Types of Glacier)

निर्माण प्रक्रिया, आकार, स्वरूप तथा स्थिति एवं विस्तार की दृष्टि से हिमनदों में विभिन्न प्रकार के होते हैं। सामान्यतः आकार एवं स्थिति के आधार पर हिमनद निम्नलिखित चार प्रकार के होते हैं—

1. हिम टोपी हिमनद (Ice Cap Glaciers)
2. अल्पाइन या घाटी हिमनद (Alpine or Valley Glaciers)
3. पर्वतपदीय हिमनद (Piedmont Glaciers)
4. महाद्वीपीय हिमनद (Continental Glaciers)

1. **हिम टोपी हिमनद** (Ice Cap Glaciers) – हिम टोपी हिमनद अल्पाइन एवं महाद्वीपीय हिमनदों का संयोग हैं, जो पर्वतों एवं उच्च पठारों पर एक हिम चादर (Ice sheet) के रूप में विस्तृत हैं तथा अल्पाइन हिमनदों से आवृत्त रहते हैं। ये अल्पाइन हिमनद तीव्र ढालों पर प्रवाहित होते हैं। इन्हें लघु महाद्वीपीय हिमनद भी कहते हैं। 50,000 वर्ग किमी. से कम विस्तार वाले हिमपिण्ड हिम टोपी कहलाते हैं। नार्वे का *'स्वलबर्ड आइलेण्ड'*, इसी प्रकार का हिमनद है।
2. **अल्पाइन या घाटी हिमनद** (Alpine or Valley Glaciers) – पर्वतीय भागों से जब हिम टोपी हिमनद गुरुत्व के कारण निचले ढालों पर खिसकते हैं तो इन्हें घाटी हिमनद कहते हैं। सर्वप्रथम इनका अध्ययन आल्पस पर्वत में किया गया जिसके नाम पर इसे अल्पाइन हिमनद भी कहते हैं। हिमालय (एशिया) तथा रॉकीज (उत्तरी अमेरिका) पर्वतों में ऐसे हिमनद बहुतायत से मिलते हैं। ये हिमनद नीचे उतरने के साथ ही संकरे होने लगते हैं। घाटी हिमनद हिम रेखा के ऊपर ही पाये जाते हैं। घाटी हिमनद घाटी के शिखर पर सर्क में हिम के संचयन के साथ आरम्भ होता है जो क्रमिक रूप से हिमनद में संलीन या सम्मिलित (Coalesce) होता रहता है।
3. **पर्वपदीय हिमनद** (Piedmont Glaciers) – ये विस्तृत हिमनदिय आवरण (Glacier Sheet) होते हैं, जो अनेक

चित्र 18.6 हिमनद के मुख्य प्रकार (a) अल्पाइन हिमनद (b) ध्रुवीय शीत हिमचादर (c) हिमताल (Iceshelt) (after Smithson, 2002)

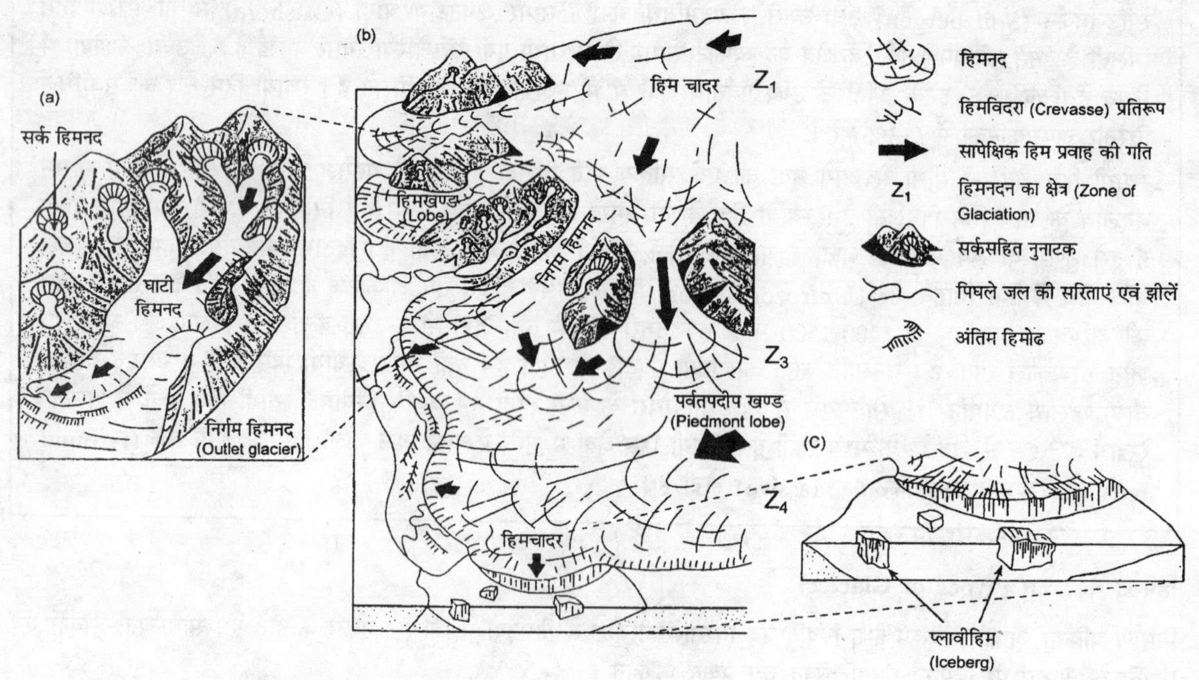

अल्पाइन हिमनदों के अभिसरण तथा सम्मिलन (Coalesce) द्वारा पर्वतों के आधार या तली पर बनते हैं। इस प्रकार के हिमनद विशेषरूप से अलास्का में मिलते हैं। *मेलास्पाइना* अलास्का का एक प्रमुख पर्वतपदीय हिमनद है, जो 3900 वर्ग किमी. में विस्तृत है।

4. **महाद्वीपीय हिमनद** (Continental Glaciers) – ये सघन बर्फ के विस्तृत आवरण होते हैं, जो अपने क्षेत्र की सम्पूर्ण भूसतह को घेरे रहते हैं। इनका विकास किसी विस्तृत क्षेत्र में हिम के सतत् संचयन (Accumulation) से विस्तृत हिम चादर बनने से होता है। इसे हिम चादर (Ice Sheet) भी कहते हैं।

अण्टार्कटिका में 13,000,00 वर्ग किमी. क्षेत्र में महाद्वीपीय हिमनद का विस्तार है। ग्रीनलैण्ड का भी 18,000,00 वर्ग किमी. क्षेत्र हिमचादर से आवृत्त है। लेब्रेडोर हिमनद में जेम्स की खाड़ी के पास हिम की मोटाई 3000 मीटर मोटी है।

अलमैन ने 1948 में हिमनदों का आकृति के वर्गीकरण (Morphological Classification) प्रस्तुत किया। जिसमें तीन प्रमुख तथा 11 गौण हिमनद वर्गीकृत किये। ये निम्नलिखित हैं :

1. सतत् आवरण वाले हिमनद जिनमें हिम चारों दिशाओं में गतिशील होती है

(Glaciers that are continuous sheets from which the ice may move in all directions)

(i) महाद्वीपीय हिमनद या अन्तःस्थलीय हिमावरण वाले विस्तृत क्षेत्र (Continental glaciers or inland ice covering large areas)

(ii) हिमनद टोपी (Glacier Caps) ये महाद्वीपीय हिमनद से छोटे होते हैं।

(iii) उच्चस्थलीय हिमनद (Highland Glaciers) ये पर्वतीय क्षेत्र उच्चस्थ एवं मध्यवर्ती भागों में मिलते हैं।

2. निश्चित मार्ग वाले हिमनद
(Glaciers Confined to more or less Marked Covrses)

इनमें कुछ हिमनद स्वतन्त्र तथा कुछ प्रथम वर्ग के हिमनदों की हिम से बने होते हैं।

(iv) अल्पाइन प्रकार के घाटी हिमनद (Valley glaciers of Alpine Types)

(v) अनुप्रस्थकार हिमनद (Transection Glacier)—जो कमोबेस रूप में सम्पूर्ण घाटी को आवृत्त कर लेता है।

(vi) सर्क हिमनद (Cirque Glacier)

(vii) दीवारी हिमनद (Wallsided Glacier)

(viii) तैरता हआ जिह्वाकार हिमनद (Glacier Tongues Aflout)

3. समतल सतह पर फैलने वाले बड़े या छोटे हिमचादर वाले हिमनद
(Glacier ice which Spreads in Large or Small cake like Sheet over Level ground)

(ix) पर्वतपदीय हिमनद (Piedmont Glacier)

(x) पदीय हिमनद (Foot Glacier)

(xi) ताक हिम (Shelf Ice)

उपर्युक्त वर्णित हिमनदों में सामान्य वर्गीकरण के अन्तर्गत प्रमुख चार प्रकार के हिमनदों का विवरण दिया जा चुका है। शेष गौण हिमनदीय रूपों का विवरण निम्नलिखित है—

(i) **बर्फ चादर** (Ice Sheet)—हिमचादर का विस्तार 50,000 वर्ग किमी. से अधिक क्षेत्र में होता है। ये समतल गुम्बदाकार रूप में फैली होती है। इसका निर्माण हिम के संचयन से होता है। वर्तमान में पृथ्वी पर दो विस्तृत हिम चादर हैं, ग्रीनलैण्ड हिम चादर तथा अण्टार्कटिका हिमचादर। जहाँ क्रमशः 11% तथा 85% हिम (Ice) स्थित है। इनके अतिरिक्त आर्कटिक कनाडा, आइसलैण्ड तथा नार्वे में भी अनेक गौण हिम चादर मिलती हैं।

(ii) **बर्फ छत्रक** (Ice Cap)—ये छोटी हिमचादर होती हैं, जिसका विस्तार 50,000 वर्ग किमी. से कम क्षेत्र में होता है। ये एक स्थायी बर्फ संहति (Ice Mass) होती है जो ऊँचे पर्वतों तथा उच्च अक्षांशों में मिलती है। बरनेस बर्फ टोपी तथा बैफिन बर्फ टोपी प्रमुख हिम टोपियाँ हैं।

(iii) **बर्फ गुम्बद** (Ice Dome)—यह बर्फ चादर तथा बर्फ छत्रक का केन्द्रीय भाग होता है।

(iv) **निर्गम हिमनद** (Outlet Glacier)—निर्गम हिमनद एक धारा होती है, जो बर्फ चादर तथा टोपी के भाग से प्रवाहित होती है। आगे चलकर ये घाटी हिमनद से मिल जाते हैं।

(v) **हिमताल** (Ice Shelf)—ये तटीय भागों से सम्बद्ध तैरती हुई बर्फ चादर होती है। इसका तलीय भागों से कोई घर्षण नहीं होता तथा स्वतन्त्र प्रवाह करती है।

(vi) **बर्फ स्थल** (Ice field)—यह प्लावी बर्फ पुंज (Pack Ice) अथवा समुद्री बर्फ का एक विस्तृत क्षेत्र होता है। ये विशेषतः ध्रुवीय क्षेत्रों में मिलता है।

(vii) **सर्क हिमनद** (Cirque glacier)—सर्क हिमनद लघु बर्फ के भाग होते हैं जो आर्मचेयर की आकृति में फैले होते हैं।

हिमनदों के सतही लक्षण (Surface Features of Glaciers)

हिमनदों का सतही स्वरूप परिवर्तित होता रहता है। शीतकाल में हिमावरण की मात्रा गहराई तक बढ़ जाती है तथा सतह समतल रहती है। लेकिन जैसे ही ग्रीष्मकाल प्रारम्भ होता है, सर्वत्र परिवर्तन होने लगता है। हिम पिघलने तथा गतिशीलता के कारण अनेक लक्षण विकसित होते हैं। हिमनदों के प्रमुख सतही लक्षण निम्नांकित है:

(i) *हिमानी प्रोथ (Snout or Tongue of a Glacier):* यह हिमनद का अन्तिम भाग होता है यहाँ हिम के पिघलने की मात्रा इसके संचयन के लगभग समान होती है यह हिम हिमनदीय संचलन द्वारा निम्नवर्ती स्थानों पर लायी जाती है।

(ii) *फर्न (Firn or Neve):* फर्न एक जर्मन शब्द है जिसका अभिप्राय है पुरानी दानेदार हिम। यह अन्त में संचयन द्वारा संगठित होकर एक हिमनद में परिवर्तित हो जाती है।

(iii) *रेण्डक्लफट (Randkluft):* यह एक जर्मन शब्द है जिसका प्रयोग हिमनद एवं शेल पृष्ठ (Rock face or Back Wall) के मध्य की शिखर दीवार (Head Wall) के लिए किया जाता है यह शिखर दीवार सर्क के पीछे स्थित होती है। यह बर्गश्रृण्ड (Bergschrund) के समान ही होता है लेकिन बर्गश्रृण्ड दोनों तरफ से हिम से आवृत होता है जबकि रेण्डक्लफ्ट के केवल निचले भाग ही हिमनिर्मित होते हैं।

(iv) *हिमविदर (Crevassee):* यह हिमचादर या हिमानी सतह पर गहरी दरार (Fissure) या खाई होती है। यह दाब चीरण द्वारा हिम के संचलन से बनती है। जब हिमनद ढालू अनुप्रवण (Gradient) के सहारे गति करता है तो यह अनुप्रस्थ (Transverse) होती है जबकि हिमनद के केन्द्रीय भाग की तुलना में किनारों पर अधिक गति होती है तो यह अनुदैर्ध्य बन जाता है। जब दो हिमविदर एक दूसरे से मिलते हैं तो यह हिम शिखरिका (Ice Pinnacles or Serac) बन जाते हैं। हिम विदरों के सहारे हिम पिघल जाती है तथा हिमोढ तीव्रता से हिमनद में प्रवेश कर जाता है जब ये हिमोढ से भर जाते हैं तो इसे हिमविदर भरण कहते हैं।

(v) *सेरेक (Serac):* यह एक फ्रेंच शब्द है जिसका प्रयोग हिमानी हिम के शिखरों (Pinnacle) के लिए करते हैं जहाँ दो हिमविदर मिलते हैं।

(vi) *पत्रण एवं मेहराब (Foliation and Ogives):* पत्रण हिमनद की निचली परत में संरचनात्मक परतनिर्माण (Stratiform) की क्रिया होती है यह एक भाग के दूसरे भाग पर पलटने से बनती है। लेकिन यह हिम के स्तरीकरण से भिन्न है क्योंकि इसमें जमाव के दौरान वृद्धि भी होती रहती है। मेहराब (Ogive) हिमनद की सतह पर एक वक्राकार घुमाव (Curved Band) होता है।

(vii) *हिमप्रपात (Ice Fall):* यह हिम की एक प्रपात श्रृंखला (Cataract) होती है जो हिम के निम्नवर्ती अनुप्रवण

बाक्स 18.2 *हिम आवरण तथा विश्व तापन (Ice Sheet and Global Warming)*

पृथ्वी पर बढते तापमान के कारण स्थायी हिम का पिघलना प्रारंभ हो गया है विगत शताब्दी में पृथ्वी का तापमान 0.3°C से 0.6°C तक बढा है जिस कारण स्वच्छ जल के विशाल भण्डार के रूप में स्थित हिम पिघलने लगी है। मार्च 2002 में लन्दन के वैज्ञानिकों ने बताया कि अण्टार्कटिका के पूर्वी प्रायद्वीपीय भाग से जुड़ा लार्सन-बी (Laarson -B) हिमनद टूट गया है। 1250 वर्ग मील क्षेत्रफल वाला यह हिमनद दुनिया के लिए खतरा बन गया है। अण्टार्कटिका में विश्व के कुल स्वच्छ जल का 90 प्रतिशत भाग स्थित है जहाँ लाखों व्हेल, सील, क्रील मछलियाँ, पेंगिवन तथा अन्य पक्षी पाये जाते हैं। यह सागरीय पारिस्थितिकी तन्त्र तथा विश्व जलवायु को नियन्त्रित करने वाले में प्रमुख भूमिका रखता है। शोध के उपरान्त स्पष्ट हुआ है कि आगामी 40 वर्षों में पृथ्वी का औसत तापमान 2°C बढ जायेगा जिससे अण्टार्कटिका प्रायद्वीप की हिम पिघलने से ही सागर तल में 1 मीटर तक उत्थान हो जायेगा।

(Gradient) संचलन के स्थान पर बनती है इसमें अनेक हिम विदर होते हैं। माउण्ट एवरेस्ट के नीचे स्थित खुम्बु (Khumbu) हिमपात ऐसा ही प्रपात है।

हिमनदीय गति (Glacial Movement)

प्रारम्भिक समय में हिमानियों को स्थिर माना जाता था लेकिन प्रसिद्ध स्विस विद्वान ह्यूजी (Hugi) ने हिमानियों की गतिशीलता को प्रमाणित किया। इन्होंने आल्पस प्रदेश के आर हिमनद पर एक जगह खूंटी लगाकर उसे 14 वर्ष बाद देखा तो वह अपने पूर्व स्थान से 4200 मीटर आगे की ओर बढ़ चुकी थी। इनके उपरान्त स्विटजरलैण्ड के विद्वान् लुई आगासीज ने भी हिमनदीय गति का अध्ययन कर बताया कि हिमनद में गति होती है। यह गति उसके मार्ग में सर्वत्र समान नहीं होती है। किनारों की अपेक्षा मध्य में तथा तली की अपेक्षा सतह में हिमनदीय गति अधिक होती है। प्रत्येक हिमनद की गति दर भी भिन्न होती है। विश्व की सर्वाधिक गतिशील हिमानियाँ ग्रीनलैण्ड में मिलती हैं, जहाँ इनकी गति 3 मीटर प्रतिदिन है। अण्टार्कटिका का बीयर्डमोर हिमनद (Beardmore Glacier) प्रतिदिन 1 मीटर से भी कम दर से गति करता है। हिमनदों की गतिशीलता को निम्नलिखित कारक प्रभावित करते हैं—

(i) बर्फ का आयतन (Volume of Ice)

(ii) भूमि का ढाल (Ground Slope)

(iii) सतह की प्रकृति तथा जिस पर हिमनद प्रवाहित होती है (Nature of the Surface),

(iv) वायु का तापमान (Air Temperature)

हिमनदों का आगे बढ़ना तथा पीछे हटना (Advancement and Retreat of Glaciers)

हिमनदों में गतिशीलता का मुख्य कारण गुरुत्व (Gravity) को माना गया है। हिम के निरन्तर संचयन से उसका भार बढ़ जाता है, जिस कारण हिम संचालित होने लगती है। इस प्रकार जब हिमनद अग्रसर होता है, तो इसे हिमनद का आगे बढ़ना (Advancement of Glacier) कहते हैं। इसके विपरीत जब हिमनद के अगले भाग पर वाष्पीकरण या पिघलने के कारण बर्फ नष्ट होने लगती है तो इसे हिमनद का पीछे हटना (Retreat of Glacier) कहते हैं। वर्तमान में बढ़ते तापमान से उत्पन्न विश्वतापन के कारण विश्व के प्रमुख हिमावरित क्षेत्रों के हिमनद पिघल रहे हैं। हिमनदों के पीछे हटने को **अपक्षरण या अवसान** (Ablation or Melting) कहते हैं। उपर्युक्त क्रियाओं में यदि बर्फ बनने की क्रिया की ततुलना में नष्ट होने की क्रिया तीव्र होती है तो हिमनद लगातार पीछे हटने लगते हैं। इस क्रिया को हिमनद का निवर्तन कहते हैं।

चित्र 18.7 *हिमनदों में संतुलन की स्थिति (after, C. Park. 1997)*

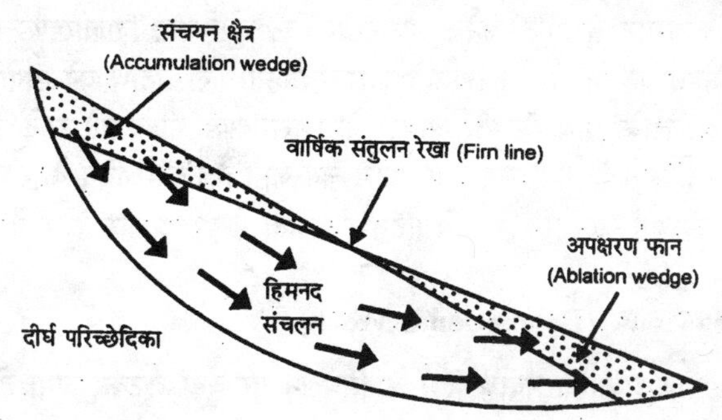

हिमनद के अपरदनात्मक कार्य (Erosional Work of Glaciers)

हिमानी के अपरदानात्मक कार्यों के बारे में सभी विद्वान् एकमत नहीं हैं। एक वर्ग का विचार है कि हिमनद अपरदन न करके शैलों को संरक्षण प्रदान करता है क्योंकि यह शैलों पर आवरित रहता है जिससे उनका अपरदन नहीं हो पाता है। इस विचारधारा को *संरक्षणवादी संकल्पना* (Protectionist Concept) कहते हैं। दूसरे वर्ग के विद्वानों का यह मत है कि हिमनद अपरदन करते हैं। रेमजे तथा टिण्डल ने हिमनद को अपरदन का एक सक्रिय कारक बताया है। अपरदन के समर्थक विद्वानों के अनुसार गतिशील हिम निम्न रूपों में अपरदन करती है—

1. ***अपघर्षण** (Corrasion or Abrasion)* – जब हिमानी कंकड, पत्थर तथा शिलाखण्डों के साथ प्रवाहित होती है, तो घर्षण के कारण ये पदार्थ रेगमाल की तरह हिमानी के पार्श्वों तथा तलस्थ भाग को घिसकर एवं रगड़कर अपरदित करती हैं।
2. ***उत्पाटन** (Plucking)* – हिम के पिघलने तथा वर्षा से प्राप्त जल जब शैल सन्धियों एवं दरारों में प्रवेश करता है तब ये तापमान कम होने पर जमने लगता है जिससे दबाव बढ़ता है। इस दबाव से शैलें कमजोर होकर टूट जाती हैं। इस प्रकार टूटने की क्रिया को *फन्नीकरण (Wedging)* कहते हैं। टूटे हुए इन शैल खण्डों को हिम अपने साथ बहा ले जाती है इस क्रिया को उत्पाटन (Plucking) कहते हैं।
3. ***सन्निघर्षण** (Attrition)* – हिमनद के साथ प्रवाहित कंकड़, पत्थर तथा शैल खण्ड के परस्पर रगड़ से आकार में छोटे होते रहते हैं। इसे सन्निघर्षण कहते हैं।

हिमानी अपरदन के बारे में **डी मार्टोनी** (De Martonne) ने **"हिमानी अपरदन सिद्धान्त"** (Law of Glacial Erosion) का प्रतिपादन किया है। उन्होंने बताया कि हिमनद की विषम ढाल वाली तली में दरार क्षेत्रों के दोनों ओर, ऊपर व नीचे सर्वाधिक अपरदन होता है। स्पष्ट है कि हिमनद की तली असमान होने के कारण सर्वत्र अपरदन समान नहीं होता है। हिमनद के केन्द्रीय भाग में अपरदन तथा निक्षेप नगण्य होता है, इसे केन्द्रीय सुरक्षित भाग (Central Protected Zone) कहते हैं। मध्यवर्ती भाग (Intermediate Zone) में अपरदन सर्वाधिक होता है तथा परिधीय भाग (Peripheral Zone) में निक्षेप कार्य अधिक प्रभावकारी रहता है।

परिवहन कार्य (Transportational Work)

हिमानी अपरदन से प्राप्त अनेक प्रकार के शैल चूर्ण तथा शिलाखण्ड परिवहन करता है। नदी की तुलना में हिमानी की परिवहन क्षमता बहुत कम होती है। हिमानी द्वारा प्रवाहित कुल पदार्थ को **अपोढ (Drift)** कहते हैं। हिमानी अपोढ को ठेलती हुई आगे बढती है जिसके साथ विभिन्न आकार के शिलाखण्ड भी चलते रहते हैं। दिन में ये शिलाखण्ड सूर्यातप से गर्म होकर नीचे धँस जाते है। जिससे हिमानी सतह पर गड्डे बन जाते है जिनमें दिन के समय पिघला हिम जल भर जाता है तथा पुनः रात्रि में तापमान में कमी से यह जल हिम में परिवर्तित हो जाता है इस प्रकार के गर्तों को *'धूलिकूप' (Dust Well)* कहते हैं।

निक्षेपात्मक कार्य (Depositional Work)

हिम के साथ प्रवाहित पदार्थ हिम के पिघलने पर वहीं छूटकर जमा हो जाता है। ऐसे असंगठित पदार्थों को *टिल (Till)* कहते हैं। हिमनद पिघलते समय व पीछे हटते समय विभिन्न संरचना वाले शैल पदार्थों को जमा करते रहते हैं यह निक्षेप विभिन्न स्वरूपों में जमा होकर अनेक नामों से जाना जाता है।

अपरदनात्मक स्थलरूप (Erosional Landforms)

हिमनद द्वारा निर्मित प्रमुख अपरदनात्मक स्थलरूप निम्नलिखित हैं—

1. हिमगह्वर (Cirque)
2. टार्न झील (Tarn Lake)
3. तीक्ष्ण (Arete)
4. गिरी श्रृंग (Horn)
5. हिमानी दर्रा (Col)
6. यू-आकार की घाटी (U-Shaped Valley)
7. लटकती घाटी (Hanging Valley)
8. हिमानी द्रोणी (Glacial Trough)
9. हिमानी सोपान (Glacial Stairway)
10. पेटरनास्टर झीलें (Paternoster Lakes)
11. रुण्डित स्कंध (Truncated Spur)
12. रिबन झील (Ribbon Lake)
13. मेष शिला या भेड़ पीठ (Rouche Moutonees)
14. श्रृंग एवं पुच्छ (Crag and Tail)
15. फियोर्ड (Fiords)
16. फियॉर्ड (Fiards)
17. सुरंग घाटी (Tunnel Valley)
18. नूनाटक (Nunatakas)
19. हिमानी खरोंच (Glacial Striation)
20. हिमानी खाँच (Glacial Groves)

1. **हिमगह्वर** (Cirque) – सर्क (Cirquc) एक फ्रेंच शब्द है जिसे व्यापक स्तर पर तीव्र शिखर ढाल वाली हिमनदीय अपरदित शैल बोसिन के लिए प्रयुक्त किया जाता है। अल्पाइन हिमनद द्वारा निर्मित स्थलाकृतियों में सर्क सर्वाधिक महत्वपूर्ण है। यह पर्वतीय पार्श्वों में रंगशाला (Amphitheatre) अथवा गहरी आराम कुर्सी (Armchair) जैसी आकृति होती है। सर्क हिमनदीय घाटी के ऊपर एक कटोरेनुमा या अर्द्धवृत्ताकार गहरा गर्त होता है, जिसके किनारे खड़े होते हैं। ये एक किनारे पर खुले रहते हैं तथा पर्वतीय हिमनदों के लिए यहीं हिम एकत्रित होती रहती है। अतः ये हिम से भरे रहते हैं। जिस कारण इन्हें हिमगह्वर कहते हैं।

सर्क निर्माण के बारे में विभिन्न विद्वान एक मत नहीं हैं। सामान्यतः यह माना जाता है कि सर्वप्रथम तुषार चीरण (Frost

चित्र 18.8 *सर्क का निर्माण (after, A. Clowes and P. Comfort 1982)*

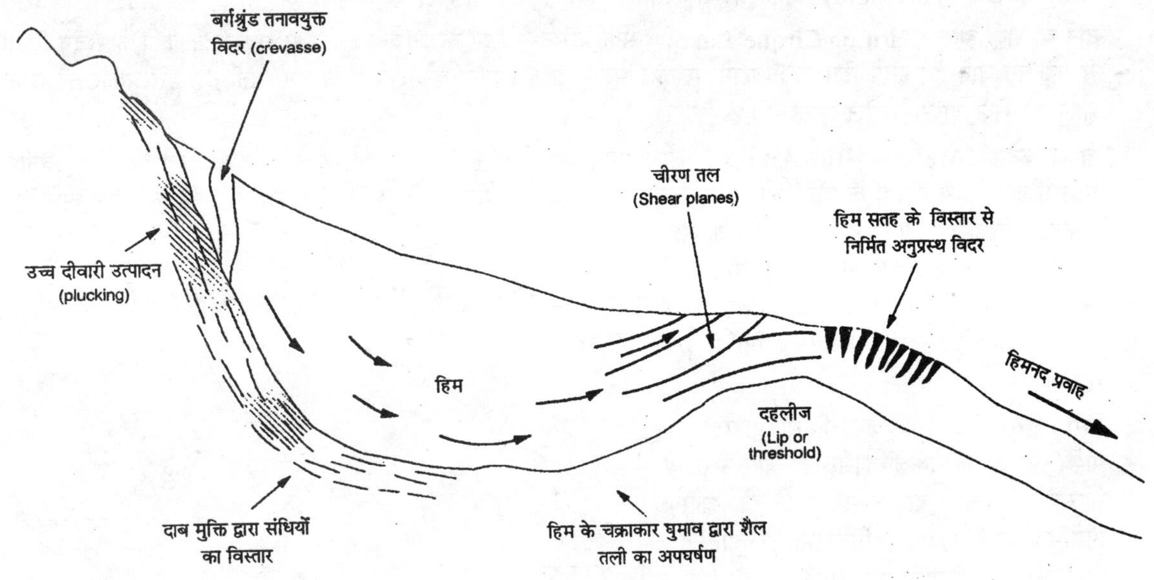

Wedging) द्वारा हिमनद की सतह पर छिद्र बनते हैं, तत्पश्चात् ग्रीष्मकाल में हिम पिघलने से प्राप्त जल इन छिद्रों में प्रवेश कर नीचे पहुंचता है। रात्रि में तापमान कम होने पर यह जल जमकर फैलता है जिससे दबाव पड़ता है तथा छिद्र टूट कर विस्तृत हो जाते हैं। जब ये छिद्र बड़े हो जाते हैं तो सर्क का रूप ले लेते हैं। सर्क निर्माण की इस सामान्य विचारधारा से मिलते जुलते विचार जॉनसन (Johnson), गारवुड (Garwood), हाब्स (Hobbs), लेविस (Lewis), तथा बोमेन (Bowman) आदि ने प्रस्तुत किये हैं। इनमें **'जानसन का बर्गश्रण्ड सिद्धान्त'** (Bergschrund Theory) सर्वाधिक महत्वपूर्ण है। उन्होंने बताया कि पर्वतीय ढाल पर तुषार चीरण (Frost Wedging) की क्रिया से एक छिद्र या हिमविदर (Crevasse) का विकास होता है। इस छिद्र के आधार में निरन्तर विकास होने से विस्तार हो जाता है। इस प्रकार के विस्तृत हिमविदरों को बर्गश्रण्ड (Bergschrund) कहते हैं। इस बर्गश्रण्ड में हिम से पिघला जल प्रविष्ट होकर रात्रि में जमकर फैलता है, जिससे आयतन बढ़ता है व शैलों पर दबाव पड़ता है। फलस्वरूप बर्गश्रण्ड के विस्तृत होने पर एक पूर्ण सर्क का निर्माण होता है।

सर्क को अनेक स्थानीय नामों से जाना जाता है। इसे आल्पस क्षेत्र में *सर्क (Cirques)*, स्कॉटलैण्ड में *कोरी (Corries)*, वेल्स में *क्वम (Cwm)*, जर्मनी में *कार (Kar)*, स्वीडन में *नीश्च (Nisch)* तथा स्केण्डेनेविया में *बोथक्जेदल* (Bothkjedel) कहा जाता है। आकार की भिन्नता के आधार पर यह विभिन्न प्रकार का होता है, जिनमें (i) साधारण सर्क (Simple Cirque), (ii) मिश्रित सर्क (Compound Cirque), (iii) लटकते सर्क (Hanging Cirques), (iv) निवेशन सर्क (Nivation Cirque) तथा (v) खुले या रिक्त सर्क (Empty Cirque) प्रमुख हैं।

एक साधारण खुले या रिक्त सर्क के निम्नलिखित तीन भाग होते हैं—

(i) **शीर्ष दीवाल** (Head Wall) – यह सर्क बेसिन से लम्बवत् रूप में ऊपर की ओर लगभग 600 से 900 मीटर की ऊँचाई तक विस्तृत रहती है। इसके आधार पर शैल मलबा या टालस (Talus) एकत्रित नहीं हो पाता है।

(ii) **ऊपरी बेसिन** (Upper Basin) – यह सर्क का आधार होता है जो तली को प्रदर्शित करता है। हिम के पिघलने से इस बेसिन में एक झील बन जाती है।

(iii) **चौखटा** (Threshold) – जहाँ पर सर्क समाप्त होते हैं, उसे चौखटा कहते हैं।

2. **टार्न या सर्क झील** (Tarn or Cirque Lake) – सर्क बेसिन में हिम के अधिक दबाव से चट्टानी तली में अपरदन क्रिया से गड्ढे बन जाते हैं। इनमें हिम के पिघलने पर जल भर जाता है जिससे एक लघु झील बन जाती है। इस प्रकार की छोटी झील को सर्क या टार्न झील कहते हैं।

3. **तीक्ष्ण कटक** (Arete) – अरेत (Arete) फ्रांसीसी भाषा का शब्द है जिसका अर्थ है *तीव्र ढाल वाले किनारे*। पर्वतीय भाग में जब किसी पहाड़ी के दोनों ओर सर्क परस्पर एक दूसरे के समीप आने लगते हैं, तो उनको मध्यवर्ती भाग अपरदित होकर नुकीला हो जाता है। अन्त में ये तीव्र नुकीले हो जाते हैं। इस प्रकार के कंघीदार या आरे की तरह नुकीले कटकों को तीक्ष्ण कटक कहते हैं। इसे फ्रांस में *'Arete'*, जर्मनी में *ग्राट (Grat)* कहते हैं।

4. **गिरी श्रृंग** (Horn) – जब किसी पहाड़ी के पार्श्वों पर अनेक सर्क विकसित हो जाते हैं तो ये निरन्तर अपघर्षण द्वारा पीछे हटने के कारण पिरामिड की आकृति में विकसित हो जाते हैं। इस प्रकार की पिरामिडनुमा चोटी को गिरी श्रृंग कहते हैं। इसका नामकरण स्विटजरलैण्ड के

चित्र 18.9 *सर्क के पीछे खिसकने से गिरिश्रृंग एवं तीक्ष्ण कटक विकास की अवस्थायें (after, A. Goudie 1993)*

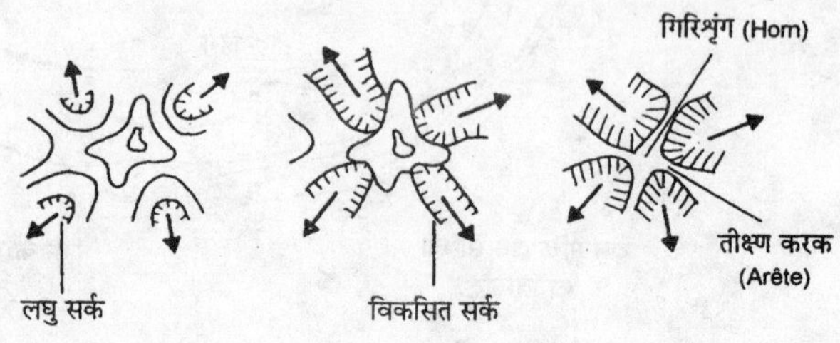

प्रसिद्ध मैटरहार्न (Matter horn) के नाम पर किया गया है।

5. **दर्रा या विभाजक पात्र** (Col) – जब दो सर्क अपनी मध्यवर्ती दीवार को काटते हुए मिलते हैं तो मध्यवर्ती श्रेणी समाप्त होकर वे एक ही बिन्दु पर एक दूसरे को छूते हैं। इनके मध्य मे घोड़े की काठी जैसी आकृति बन जाती है जिसे दर्रा (Col) कहते हैं। कारकोरम क्षेत्र में रिमू हिमनद (Rimu Glacier) क्षेत्र में ऐसी आकृति बनी है। उत्तरी अमेरिका का कैनेडियन पैसेफिक रेलमार्ग ऐसे ही दर्रे से होकर गुजरता है।

6. **यू-आकार की घाटी** (U-shaped Valley) – पर्वतीय क्षेत्रों में हिमनद ऐसी घाटियों से प्रवाहित होते हैं, जिनकी तली सपाट एवं चौरस तथा किनारे खड़े ढाल वाले (Steep like) होते हैं। इनका आकार अंग्रेजी के U अक्षर के समान होता है जिस कारण इसे U-आकार की घाटी कहते हैं (चित्र 18.11) हिमनद में ऐसी घाटियाँ बनाने की क्षमता नहीं होती है, वरन् ये पूर्व में अन्य साधनों से निर्मित घाटी का अनुसरण करते हुए हिमनद अपघर्षण (Abrasion) तथा उत्पाटन (Plucking) की क्रिया से इन घाटियों को काट कर चौड़ी कर देते हैं। हिमनद जब वी-आकार की घाटी में प्रवाहित होता है, तो वह इसकी दोनों दीवारों को कांट-छांट कर सीधा सपाट बना देता है। जिस कारण वी-आकार की घाटी की तली चपटी तथा पार्श्व खड़े ढाल वाले हो जाते हैं तथा घाटी यू-आकार ले लेती है। संयुक्त राज्य अमेरिका की सेंट लारेन्स घाटी इसी प्रकार विकसित हुई है।

चित्र 18.10 *एक हिमनदीय पर्वतीय भाग में हिमरगड़ (ice scour) से निर्मित स्थलाकृतियाँ (after, A. H. Doerr 1990)*

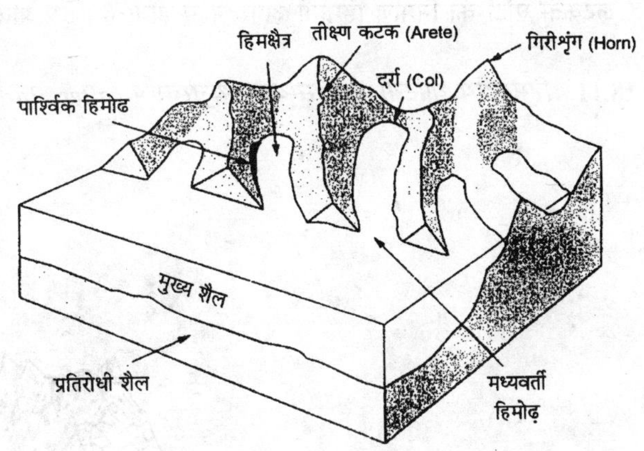

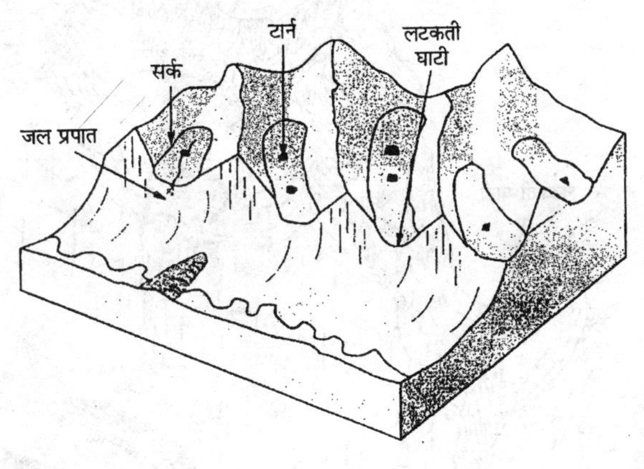

यू-आकार की घाटी के निर्माण के बारे में विद्वान एक मत नहीं हैं। एक वर्ग यह मानता है कि हिमनद स्वयं घाटी का निर्माण नहीं करता है, वरन् नदियों द्वारा निर्मित घाटियों को ही विकसित करते हैं। दूसरे वर्ग का मत है कि हिमनद स्वयं अपरदन का एक सक्रिय कारक है जो घाटी निर्माण में नदी का सहारा नहीं लेता है। वरन् अपघर्षण तथा उत्पाटन द्वारा यू-आकार की घाटी निर्माण करता है। इस मत के अग्रणी समर्थक टिण्डल (Tindall) महोदय हैं। सामान्यतः यू-आकार की घाटियों की गहराई एवं चौड़ाई को दृष्टिगत किया जाये तो स्पष्ट होता है कि केवल हिमनद ही इनके निर्माण के लिए उत्तरदायी नहीं वरन् ये पूर्व में निर्मित घाटी का अनुसरण करते हुए उसको यू-आकार में विकसित कर लेते हैं।

7. **लटकती घाटी** (Hanging Valley) – मुख्य हिमनद घाटी में मिलने वाले सहायक हिमनदों का तल मुख्यत हिमनद घाटी से ऊंचा होता है। इस स्थिति में सहायक घाटी मुख्य घाटी पर लटकती हई दिखती है। इस कारण इन्हें लटकती घाटियाँ कहते हैं। लटकती घाटी के हिमनद से हिम के पिघलने से जल निचली घाटी में गिरता है तो प्रपाती रूप ले लेता है। इस कारण लटकती घाटी को प्रपात घाटी भी कहते हैं। इनके निर्माण के बारे में दो मत प्रचलित हैं प्रथम मतानुसार लटकती घाटी का निर्माण हिमानी अपरदन से होता है। इस प्रक्रिया में मुख्य घाटी एवं सहायक घाटी द्वारा किये जाने वाले

चित्र 18.11 *हिमनदीय घाटियाँ तथा सम्बद्ध स्थलस्वरूप (after, Tarbuck and Lutgen)*

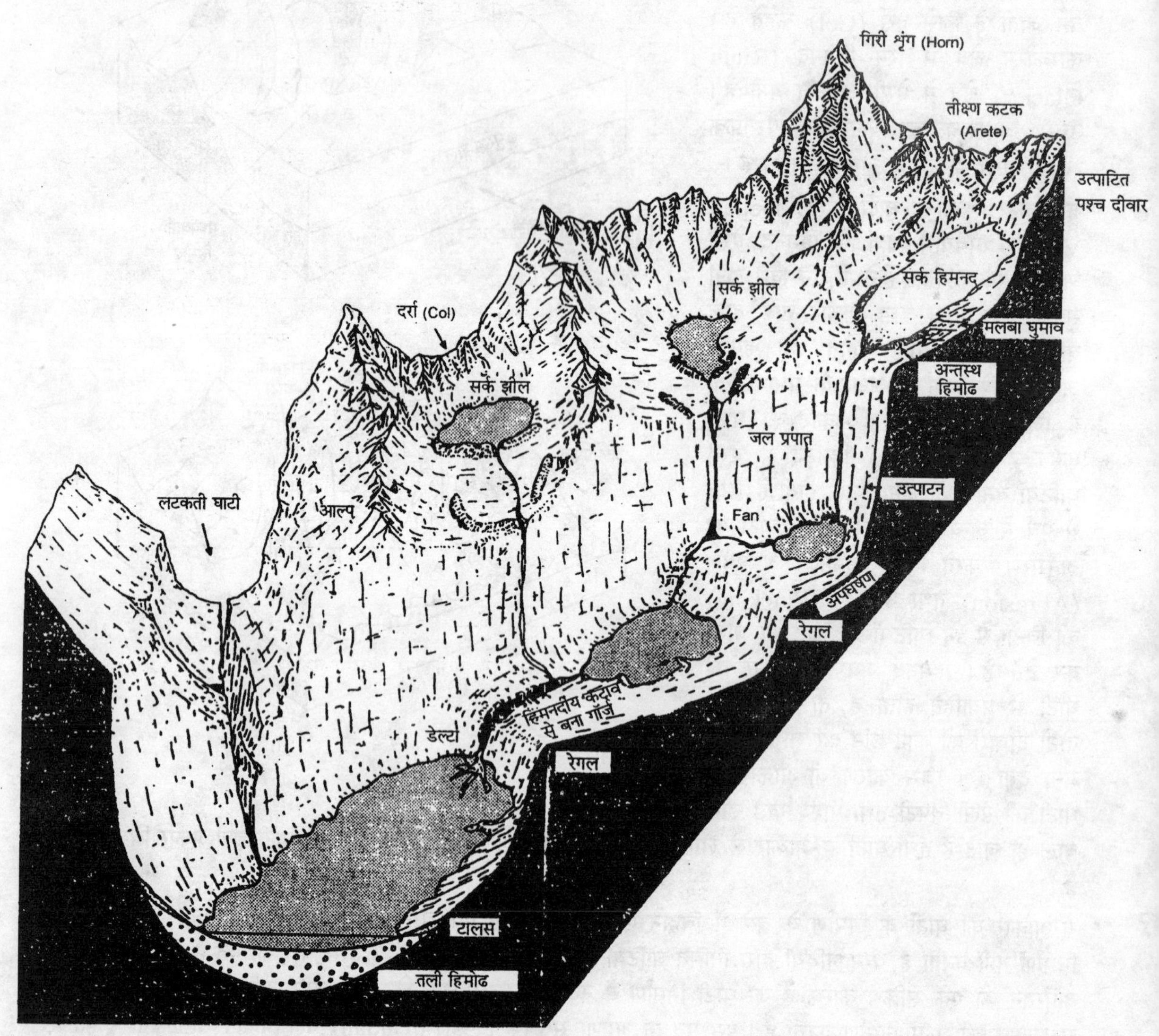

अपरदन की दर में अन्तर होता है। मुख्य हिमनद अपने सहायक हिमनदों की तुलना में अधिक लम्बा, चौड़ा तथा विस्तृत होता है। इस अन्तर से सहायक घाटी मुख्य घाटी तल से अधिक ऊँची रहती है। द्वितीय मत के समर्थकों ने हिमनदों को शैलों का संरक्षक माना है। उनके अनुसार मुख्य घाटी में नदी का विकास होता है जबकि ऊपरी भाग में सहायक नदियाँ मिलती हैं। ये अधिक ऊंचाई पर स्थित होने से सहायक नदियाँ हिम से परिपूर्ण रहती हैं जो मुख्य घाटी से निचले भागों में मिलती हैं। इनमें जल होने के कारण अपरदन द्वारा तीव्रता से गहरी एवं चौड़ी होती है। जबकि हिमनद घाटी जल की तुलना में कम अपरदन कर पाता है। जिस कारण केवल उन्हीं पर्वतीय भागों में पायी जाती हैं, जहाँ सहायक हिमनद अधिक उच्च भागों से आकर मिलते हैं। लटकती घाटियों से हिम के पिघलने से प्राप्त जल से जल प्रपात बनते हैं, जिनसे जल विद्युत का उत्पादन भी किया जा सकता है, अतः ये आर्थिक दृष्टि से भी महत्वपूर्ण हैं।

8. **हिमानी द्रोणी** (Glacial Trough) – सुविकसित घाटी हिमनदों को हिमनदीय द्रोणी कहते हैं। इनके शीर्ष दीवार सर्क की तरह तीव्र ढालू होती है जिसे द्रोणी अन्त (Trough End) कहते हैं। जहाँ पर हिमनदी घाटी का गहरा होना बन्द हो जाता है तथा अनेक सर्क पाये जाते हैं। सर्क के चारों ओर से बर्फ आकर मिलती है तथा मुख्य द्रोणी को पोषित करती है जिससे उसका आकार एवं प्रवाह शक्ति बढ़ जाती है। हिमानी द्रोणी भी पूर्व में नदी द्वारा निर्मित घाटी का अनुसरण कर उसे विकसित करती है।

9. **हिमानी सोपान** (Glacial Stairway) – मुख्य हिमनद की सहायक हिम नदियाँ कभी-कभी अपरदन द्वारा सीढ़ीनुमा आकार के सोपान बना देती हैं। इन सोपानों को हिमानी सोपानी कहते हैं। दूर से देखने पर ये डरावने लगते है, जिस कारण इन्हें *दैत्याकार सोपान (Giant Stairway or Cyclopean Stairs)* कहते हैं। इस सीढ़ीनुमा कटाव को चट्टानी ढाल (Rock Bastion) कहते हैं। जब यह ढाल अधिक तीव्र हो जाता है, तो इन्हें शैल अवरोध (Rock Bar) कहते हैं। हिम सोपान लम्बाई में कई किलोमीटर में विस्तृत होते हैं। सोपानों को पृथक् करने वाले क्लिफ की ऊंचाई 100 से 1000 मीटर तक होती है। हिमानी सोपानों का निर्माण विभिन्न रूपों में होता है। जब हिमनद घाटी में चट्टानी भ्रंशों (Faults) के होने पर हिमनद द्वारा अपघर्षण एवं उत्पाटन से भ्रंश कगारों (Scarps) के आधार पर अनेक लम्बवत् भृगु (Cliff) बन जाते हैं। दूसरे रूप में हिमनद शैल संधियों को अपरदित करके ढाल प्रवणता को बढ़ा देते हैं तथा प्रत्येक दो शैल संधियों के मध्य हिमनद सोपान बन जाते हैं। कई बार भूगर्भिक क्रिया द्वारा भी किसी हिमनद की घाटी के तलीय भाग उत्थान से विषम हो जाता है, जिससे हिमनद घाटी में दरारें पड़ जाती हैं, जो कालान्तर में अपरदन द्वारा हिमानी सोपानों का रूप ले लेते हैं।

10. **झील माला या पेटरनास्टर झीलें** (Paternoster Lakes) – हिम सोपानों में निर्मित भृगु के पास गहरे गर्त बन जाते हैं, जिनमें हिम से पिघला जल भर जाने से छोटी झीलें बन जाती हैं। इस प्रकार से हिमनद की घाटी में बनी झीलों की श्रेणी को झीलमाला कहते हैं।

11. **रुण्डित स्कंध** (Truncated Spur) – रुण्डित स्कंध हिमनदीय द्रोणी के अधिक खड़े चट्टानी भाग होते हैं जो इनकी सहायक घाटियों के मध्य स्थित होते हैं।

12. **रिबन झील** (Ribbon Lake) – हिमनदी घाटी के विभिन्न खण्डों को शैल बेसिन कहते हैं, जो ये हिमनद के द्वारा चक्रीय संचलन या चयनात्मक अपरदन के कारण संधियों तथा विभंगों (Joints and Fractures) के गहरे होने से बनता है। इन शैल बेसिनों में जल भरने से बनी झीलों को द्रोणी झील (Trough Lakes) अंगुल झील (Finger Lakes) या रिबन झील (Ribbon Lakes) कहते हैं। इस संरचना के निर्माण के बीच बीच में प्रतिरोधी शैल आने से शैल कटकों द्वारा शैल बेसिन पृथक् रूप में विकसित होते जाते हैं। ये सभी झीलें बाद में एक श्रृंखला में विकसित हो जाती हैं तथा पेटरनास्टर झीलों का रूप ले लेती हैं।

13. **मेष शिला** (Rouche Moutonees) – मेष शिला आधार शैल दृश्यभूमि (Bedrock Landscape) का उत्तम उदाहरण है जो अपघर्षण एवं उत्पाटन के सम्मिलित योग से बनती है। हिमनद जब आगे की ओर अग्रसर होता है तो अपने मार्ग

में आने वाले सभी अवरोधों को कांट-छांट कर चौरस एवं सपाट बना देता है। इस प्रकार अपघर्षण एवं उत्पाटन द्वारा हिमानी का सम्मुख ढाल चिकना एवं सपाट हो जाता है लेकिन विमुख ढाल टूटा-फूटा तथा ऊबड़-खाबड़ हो जाता है। ये गोलाकार टीले दूर से देखने पर भेड़ की पीठ के समान दिखाई देते हैं, जिन्हें मेष शिलायें कहते हैं। सर्वप्रथम 1804 में डीसॉसर महोदय ने इस प्रकार के टीलों को **'रॉश मुटोने'** कहा था। मेष शिला का सम्मुख ढाल चिकना एवं सपाट होता है लेकिन दूसरे और का ढाल जहाँ हिमनद उतरता है, ऊबड़-खाबड़ तथा तीव्र होता है क्योंकि इस ओर उत्पाटन से खरोचें पड़ जाती हैं।

चित्र 18.12 *मेष शिला (after, C. Buckle, 1978)*

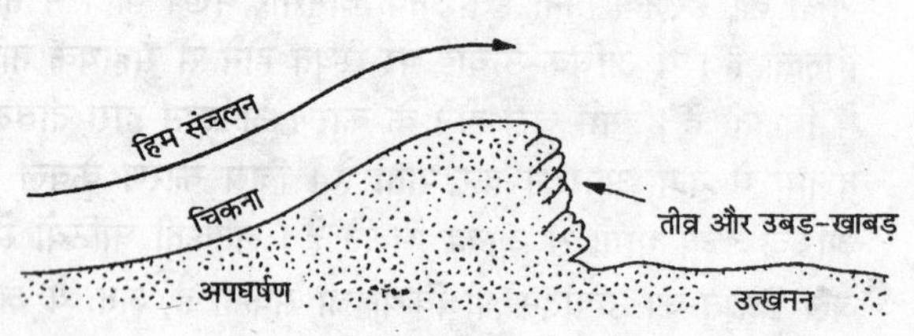

चित्र 18.13 *श्रृंग एवं पुच्छ (after, C. Buckle 1978)*

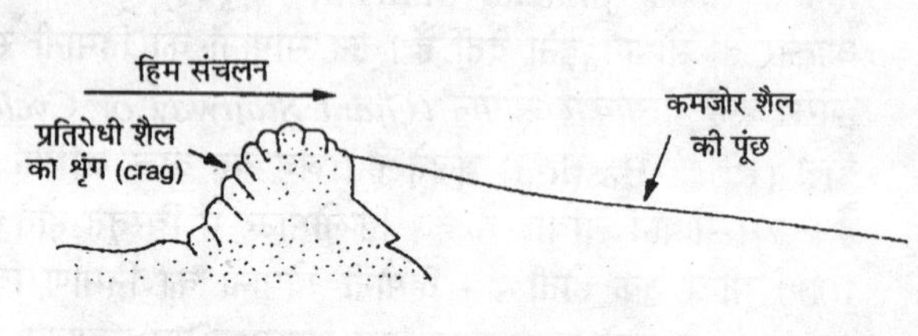

14. **श्रृंग एवं पुच्छ** (Crag and Tail) – जब किसी हिमनद के प्रवाह क्षेत्र में बेसाल्ट या ज्वालामुखी प्लग ऊपर की ओर उभरा रहता है, तो जिस दिशा से हिमनद प्रवाहित होता है उस ओर उत्थित प्लग या बेसाल्ट का मुलायम भाग को कांट-छांट कर ऊबड़-खाबड़ तथा तेज खड़े ढाल युक्त बना दिया जाता है। लेकिन जब हिमनद इस ढाल से होकर प्लग या बेसाल्ट के ऊपर से दूसरी ओर प्रवाहित होता है तो यहाँ की मुलायम शैलों का अपरदन कम होता है, क्योंकि यहाँ की शैलों को हिमनद संरक्षण प्रदान करता है। साथ ही ढाल भी मन्द रहता है। यह देखने पर लम्बी पुच्छ की तरह लगते हैं। इस प्रकार के प्लग या बेसाल्ट का हिमनद अभिमुखी ढाल श्रृंग (Crag) तथा विमुख ढाल पुच्छ (Tail) कहलाता है।

15. **फियोड** (Fiords or Fjords) – ये फियोर्ड लम्बी संकरी तथा तीव्र ढाल वाली हिमानीकृत जलमग्न घाटियाँ होती हैं। यह उच्च अक्षांशों में एक प्रकार का सागर तट होता है। फियोर्ड के किनारे के पास गहरा तथा सागर में कुछ दूरी पर उथला होता है, जो पुनः आगे गहरा हो जाता है। स्पष्ट है, फियोर्ड एवं सागर के मध्य स्थित उथले भाग को फियोर्ड का चौखटा (Threshold) कहते हैं। यदि ये चौखटा सागर तल से ऊपर उठ जाये, तो फियोर्ड झील या पीडमाण्ट झील बनती है। फियोर्ड का निर्माण हिमनदी घाटियों के भूगर्भिक हलचल के कारण निमज्जन (Submerged) होता है। एक अन्य मत के अनुसार फियोर्ड का निर्माण सागर तल से हिमनदियों द्वारा अपरदन द्वारा हुआ है। हिम युग के दौरान सागर तल नीचा होने से घाटियों का निर्माण हुआ तथा बाद में सागर तल के पुनः ऊपर उठने पर हिमानीकृत घाटियाँ जलमग्न हो गई एवं फियोर्ड का निर्माण हुआ। कुछ विद्वानों ने फियोर्ड की उत्पत्ति विवर्तनिक (Tectonic) घटनाओं के कारण सागर तटीय भागों में भ्रंशन क्रिया से उत्पन्न ग्राबेन (Graben)* के जलमग्न होने से हुई है। न्यूजीलैण्ड, चिली, अलास्का, ब्रिटिश, कोलम्बिया, लेब्रेडोर, ग्रीनलैण्ड नार्वे एवं स्वीडन आदि के सागरीय तट फियोर्ड तट हैं।

16. **फियॉर्ड** (Fiards) – फियॉर्ड फियोर्ड से छोटे तथा उथले होते हैं। नार्वे को फियोर्ड की भूमि कहते हैं जबकि फियॉर्ड (Fiard) स्वीडन में अधिक मिलते हैं। इसी प्रकार की स्थलाकृति को जर्मनी में *फोरडेन (Forden)* तथा स्कॉटलैण्ड में

* दो प्रसामान्य भ्रंशों के मध्य की शैल पट्टी के धँसने से ग्राबेन (Graben) उत्पन्न गर्त को ग्राबेन (Graben) या द्रोणिका कहते हैं

फर्थस (Firths) कहते हैं। फियोर्ड तथा फियॉर्ड से भिन्न फोर्डे (Fohrde) एक जर्मन शब्द है जिसका अर्थ है, उथले ज्वारनदमुख (Shallow Esturies)। दक्षिणी बाल्टिक सागर तट के चारों ओर निमज्जित रेखीय घाटी के लिए फोर्डे शब्द प्रयुक्त किया गया है।

17. **सुरंग घाटी** (Tunnel Valley) – हिमनद के पिघलने से काफी मात्रा में जल उपलब्ध होता है, जिसका कुछ भाग हिमनद के ऊपर, कुछ भाग इसके अन्दर तथा कुछ भाग आधार शैलों पर प्रवाहित होता है। हिम पिघलने से प्राप्त यह जल हिमनद के प्रोथ (Snout of Glacier) से घाटी तल तक तीव्रता से प्रवाहित होता है। यह उच्च जलीय दबाव के नीचे बहता है जिससे बनने वाले प्रवाह मार्ग को सुरंग घाटी कहते हैं।

18. **नुनाटक** (Nunatakas) – किसी विस्तृत हिम क्षेत्र में उभरे हुए शैल श्रृंग या टीले नुनाटक कहलाते हैं। ये द्वीप सदृश्य लगते हैं। ये टीले विस्तृत हिमराशि के मध्य ऊँचाई में विस्तृत रहते हैं। जिस कारण इन्हें हिमान्तरण द्वीप भी कहते हैं। नुनाटक हिमनद द्वारा क्षेतिज अपरदन एवं तुषार क्रिया के कारण नीचे होते रहते है।

19. **हिमानी ख़रोंच** (Glacial Striation or Strial) – हिमनदों में फंसे शैलखण्डों की अपघर्षी क्रिया द्वारा शैल पृष्ठों (Rock Surface) पर उत्पन्न खरोचों (Scratches) को हिमानी खरोंच कहते हैं। ये जब हिमनद के साथ बजरी या गोलाश्म चलते हैं, तो मुलायक शैलों पर ऐसे खरोंच उत्पन्न हो जाते हैं।

20. **हिमानी खाँच** (Glacial Groves) – हिमनद के साथ प्रवाहित बजरी तथा कंकड शैल पृष्ठों पर उत्पन्न खरोंचों (Striations) विखण्डित होकर अधिक गहरे तथा विस्तृत हो जाते हैं, जिन्हें खाँच (Groves) कहते हैं। ये 20 किलोमीटर तक लम्बे, 25 मीटर ऊंचे तथा 100 मीटर चौड़े होते हैं।

निक्षेपात्मक स्थलरूप (Depositional Landforms)

हिमनद द्वारा निक्षेप दो रूपों में होता है। प्रथम हिमनद से निक्षेप (Glacial deposit) तथा द्वितीय हिम जलीय निक्षेप (Glacio fluvial deposit)। ये हिमनदीय जमाव विभिन्न प्रक्रियाओं के अन्तर्गत होता है जिनमें तीन प्रक्रियायें प्रमुख हैं, प्रथम *अन्तःपिघलन* (Undermelt) द्वितीय *आधारी ठहराव* (Based Lodgment) तथा तृतीय *आधारी प्रवाह* (Basal Flowage) हैं। अन्तः पिघलन प्रक्रिया में भूतापीय ऊष्मा तथा ऊपरी हिमनद के दबाव के कारण नीचे की बर्फ पिघल हाती है तथा पिघले जल द्वारा अपोढ (drift) का जमाव होता है। आधारी ठहराव की प्रक्रिया में धीमे प्रवाह के कारण अधोहिमानी (Subglacial) मलबा हिमानी तल पर ठहर जाता है। हिम के नीचे ठहरा यह मलबा धीमी गति से रगड़ के साथ चलता हुआ जमा होता है। ये रगड़ ऊपरी हिमनद के उच्च दबाव से उत्पन्न होती है। **तृतीय प्रक्रिया** आधारी प्रवाह (Basal Flowage) है, जिसमें जमाव के साथ आंशिक अपरदन भी होता है। इसमें बिखरा हुआ जल दबाव (Squeezing) द्वारा शैल मलबे द्वारा सोख लिया जाता है तथा शैल मलबा प्रवाह के मध्य में जमा होता है। इस प्रकार हिमनद द्वारा विभिन्न प्रक्रियाओं द्वारा किये गये निक्षेप से निम्नलिखित स्थलाकृतियाँ बनाती हैं—

1. टिल (Till)
2. हिमोढ (Moraines)
3. ड्रमलिन (Drumlin)
4. विस्थापित खण्ड (Eratics Blocks or Erratics)
5. टिलाइट (Tillite)
6. मृदुकटक (Esker)
7. केम (Kame)
8. केटिल (Kettles)
9. हिमविदर भरण (Crevassee Filling)
10. हिमनद अपक्षेप (Glacial Outwash)

1. **टिल** (Till) – हिमनद द्वारा कमोबेश रूप में जमा किये गये अस्तरित तथा असंगठित मलबे को टिल कहते हैं। सामान्यतः यह दो प्रकार का होता है—(i) *टिका हुआ या ठहरा हुआ टिल (Lodgement Till)* – ये अधोहिमनदीय (Subglacial) जमाव होता है, जो प्रत्यक्ष रूप से बर्फ की तल्ली से निर्मुक्त होता है। हिमनद के ऊपरी दबाव से आधार के पिघलने से

ये मलबा तली पर ठहर जाता है। जब इसका जमाव मोटी परत तथा विस्तृत समतली भाग के रूप में हो जाता है इसे **टिल मैदान** (Till Plain) कहते हैं। (ii) *अपक्षरण टिल (Ablation Till)* – हिमनद की सतह पर गलन (Melting) के कारण साथ में प्रवाहित शैल मलबा जमा हो जाता है। इसमें पिघला टिल तथा वाहित टिल (Flow till) सम्मिलित हैं।

2. **हिमोढ** (Moraines) – हिमनद के साथ विभिन्न आकार के पदार्थ चलते हैं। जब हिमनद इन पदार्थों को बहाकर नहीं ले जा पाता तो इनको निक्षेपित कर देता है। हिमनद द्वारा निक्षेपित पदार्थों की संहति या मात्रा (Mass of Materials) को हिमोढ़ कहते हैं। ये हिमनद के विभिन्न भागों में जमा होते हैं। इसमें विषम आकृति तथा आकार के पदार्थ सम्मिलित होते हैं, जिनमें शैल गोलाश्मों के कोणीय टुकड़े, गुटिका (Pebbles), तथा मृत्तिका प्रमुख हैं। हिमोढों को निर्माण प्रक्रिया तथा जमाव स्थिति के आधार पर निम्नलिखित रूपों में विभक्त किया जा सकता है—

   (i) **पार्श्विक हिमोढ़** (Lateral Moraine) – ये हिमोढ़ हिमनदी के पार्श्वों (किनारों) पर जमा होता है। यह हिमोढ़ हिमनद की मन्द गति एवं हिम गलन (Icemelting) से किनारों पर जमा होते हैं। पार्श्विक हिमोढ़ सीधी रेखा के रूप में सैकड़ों मीटर ऊँचे अव्यवस्थित शैल मलबे के टीले के रूप में मिलते हैं।

   (ii) **मध्यवर्ती हिमोढ़** (Medial Moraine) – यह हिमोढ़ दो हिमनदों के मिलन स्थल पर एकत्रित होता है। जब एक हिमनद दूसरे से मिलता है तो इनके पार्श्विक हिमोढ मिल जाते हैं, जिन्हें मध्यवर्ती हिमोढ़ कहते हैं।

   (iii) **तलवर्ती हिमोढ़** (Ground Moraine) – हिमनद के तलीय भागों में जमा निक्षेपों से तलवर्ती हिमोढ़ बनते हैं।

चित्र 18.14 *घाटी हिमनद के हिमोढ (after, A Clowes and P. Comfort, 1982)*

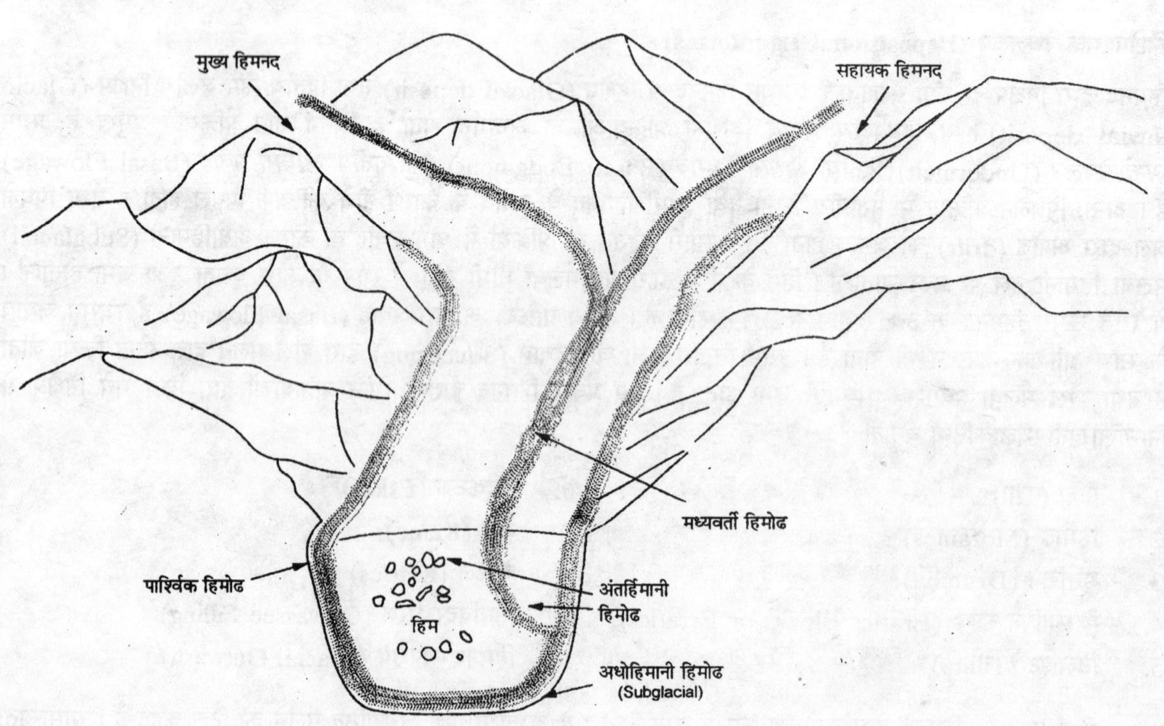

हिमनद के गलन से ये घाटी की तली पर फैल जाते हैं। इनमें शैल चूर्ण के साथ (रेत सहित) धारीदार तथा खरोंच वाले शैल खण्ड प्रमुख हैं। हिमानी के अपक्षरण (Ablation) के कारण ये बनते हैं। अतः इन्हें अपक्षरण या प्रवाह हिमोढ (Ablation Moraine) भी कहते हैं।

(iv) **अन्तिम या अन्तस्थ हिमोढ़** (Terminal or End Moraine)– ये हिमोढ़ हिमनद के अन्तिम भाग पर जमा होता है। इसका जमाव हिमनद के प्रोथ (Snout) के पिघलने से हिमनद के आगे की ओर प्रसार के रुकने से होता है क्योंकि हिम का आगे बढ़ना एवं पिघलना समानान्तर गति से होने पर हिमनद की आगे की ओर गति रुक जाती है। तथा बलबे का जमाव उसके अग्र भाग में हो जाता है। ये जमाव घोड़े की नाल अथवा अर्द्ध-चन्द्राकार कटक के रूप में होते हैं। अनियमित रूप में जमा होने के कारण यहाँ टिल के अनेक टीले तथा बेसिन बन जाते हैं जिन्हें *नाब और बेसिन स्थलाकृति* (Knob and Basin Topography) कहते हैं। ग्रीनलैण्ड के थूले (Thule) तथा कनाडा के बैफिन द्वीप में हिमचादर के किनारों पर जमा अन्तिम हिमोढ़ों को इनके सम्मिलित नाम से *थूले-बेफिन हिमोढ़ (Thule-Baffin Moraine)* कहते हैं यहाँ हिमनद के मुहाने पर हिमोढ़ मलबे का सघन जमाव हो गया है, जो प्रत्यक्ष सूर्यातप से इसको पिघलने से रोकता है।

उपर्युक्त वर्णित हिमोढ़ों के अतिरिक्त कुछ अन्य गौण हिमोढ़ भी होते हैं, जिनमें अवकाशीय हिमोढ (Recessional or Stadial Moraine) मृत हिम हिमोढ़ (Dead Ice Moraine), वाशबोर्ड हिमोढ़ (Washboard Moranine) आदि प्रमुख हैं। अन्तिम हिमोढ़ की तरह ही अवकाशीय हिमोढ़ बनते हैं लेकिन ये हिमानी के पीछे हटते रहने से अग्र भाग में विभिन्न स्थितियों में विराम लेते हैं, जहाँ पर ये निक्षेप करते हैं। इस प्रकार के क्रम को अवकाशीय या प्रतिसारी हिमोढ़ कहते हैं। हिमनद के पीछे हटने पर हिमनद का प्रवाह कुछ समय के लिए रुक जाता है, जिससे जमाव हो जाता है।

3. **ड्रमलिन या हिमनदोढ टिब्बा** (Drumlin)– ड्रमलिन एक आयरिश शब्द है, जिसे छोटी अण्डाकार पहाड़ियों के लिए प्रयुक्त किया जाता है। ये देखने में उल्टी नाव या अण्डों की टोकरी की तरह लगती है, इसलिए इसे **'अण्डे की टोकरी स्थलाकृति' (Egg basket topography)** कहते हैं। ड्रमलिन का निर्माण गोलाश्म मृत्तिका (Boulderclay) द्वारा होता है। इसका ढाल असमान होता है। हिमनद के मुख की ओर का भाग खड़े ढाल वाला तथा खुरदरा होता है जबकि दूसरा भाग मन्द ढाल वाला होता है। ड्रमलिन का विस्तार 8 से 32 किमी. की लम्बाई में तथा 7 से 40 मीटर की ऊँचाई में होता है। ये कभी-कभी 100 मीटर तक भी ऊँचे होते हैं। इनके मध्य में लघु बेसिन तथा गड्ढे मिलते हैं। ड्रमलिन के

चित्र 18.15 *ड्रमलिनों का एक समूह (after, A Clowes and P. Comfort, 1982)*

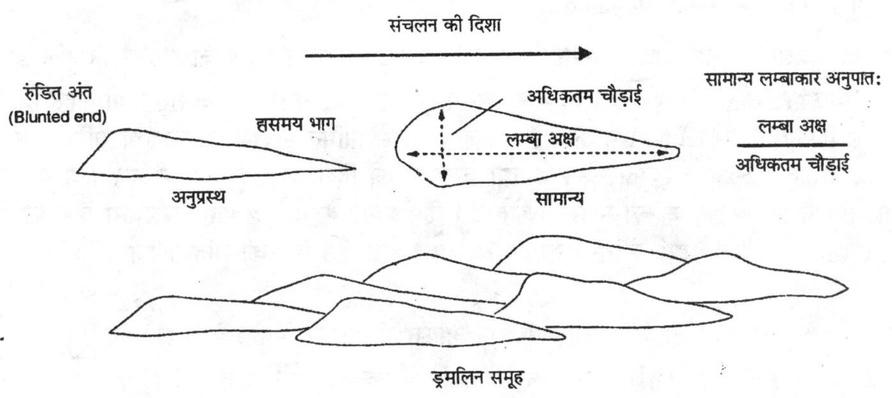

निचले भाग दलदली होते हैं। उत्तरी आयरलैण्ड तथा संयुक्त राज्य अमेरिका के विस्कासिन तथा पश्चिमी मध्य न्यूयार्क और फिनलैण्ड में अनेक ड्रमलिन मिलते हैं। ड्रमलिन पर अपवाह प्रतिरूप अनियमित तथा अनिश्चित होता है। बड़े एवं विस्तृत ड्रमलिन पर सड़क विकास तथा बस्तियाँ भी विकसित हो जाती हैं।

ड्रमलिन के निर्माण के बारे में विभिन्न विद्वान एक मत नहीं हैं। कुछ विद्वान इसे जल अपरदन का प्रतिफल मानते हैं जबकि अधिकांश विद्वान इसे हिमनदीप निक्षेप से निर्मित स्थलरूप मानते हैं। विद्वानों का एक वर्ग यह मानता है कि ड्रमलिन का निर्माण अन्तिम हिमोढ में हिमनद द्वारा परिवर्तन से बनता है। जब हिमनद पीछे हटता है तो क्रमिक रूप से बने हिमोढ अवकाशीय हिमोढ कहलाते हैं। लेकिन जब हिमनद पुनः आगे बढ़ने लगता है, तो यह हिमोढ के ऊपर से गुजरता है। इस कारण सम्मुख भाग को अपरदित करके विमुख ढाल पर हिमोढ बिछाने लगता है। स्पष्ट है, सम्मुख ढाल खड़ा एवं ऊबड़-खाबड़ होगा तथा विमुख ढाल मन्द एवं समतल होगा। *लेवरेट* (Leverett) के अनुसार ड्रमलिन का निर्माण हिमनदों द्वारा मलबे के जमाव से होता है। इसकी रचना विभिन्न आकार के मिश्रित टिल से होती है। **वारसेस्टर** महोदय ने लेवरेट महोदय के मत का समर्थन करते हुए बताया कि ड्रमलिन का निर्माण उस समय होता है जब एक गतिशील हिमनद मलबे से युक्त गतिहीन हिम के ऊपर से प्रवाहित होता है। गतिहीन हिम द्वारा बाधा उत्पन्न होने पर मलबे का निक्षेप हो जाता है तथा ड्रमलिन का निर्माण होता है।

ड्रमलिन तथा भेड़ पीठ शैल में प्रत्यक्षतः अन्तर कर पाना कठिन है। इनमें निम्नलिखित अन्तर हैं—(i) ड्रमलिन निक्षेपात्मक स्थलरूप है जबकि भेड़पीठ शैल अपरदनात्मक आकृति है। (ii) ड्रमलिन असंगठित पदार्थों से तथा भेड़पीठ शैल कठोर शैलों से बनते हैं। (iii) ड्रमलिन में टिलों का सम्मुख ढाल तीव्र एवं विमुख ढाल मन्द होता है जबकि भेड़पीठ शैल में इसकी विपरीत स्थिति है अर्थात् सम्मुख ढाल मन्द एवं समतल तथा विमुख ढाल तीव्र एवं विषम होता है।

4. **विस्थापित खण्ड** (Eratics Blocks or Erratics or Boulders) – ये एक प्रकार की शैल होती है, जो भिन्न शैल क्षेत्र में हिम द्वारा परिवहन करके जमा की जाती है। इसे हिमनद उद्गम स्थल से प्रवाहित करके कुछ दूरी पर लाकर जमा कर देता है। जब कभी बर्फ पिघल जाती है तो यह यथेष्ठ दूरी पर पहुँच जाता है तथ उसी दशा में पड़ा रहता है। अतः ये स्थानीय शैलों से भिन्न होता है। ज्वालामुखी शैलों से भी ऐसे शैलखण्ड बनते हैं।

5. **टिलाइट** (Tillite) – हिमनदन (Glaciation) के दौरान विस्तृत रूप से फैले मृत्तिका तथा टिल के जमाव को टिलाइट कहते हैं। ये टिल तथा मृत्तिका के शिलीभवन (Lithification) से कठोर बनते हैं। कार्बोनीफेरस में इस प्रकार के टिलाइट का विस्तार हुआ था।

हिमानी जलोढ निक्षेप (Glacio-Fluvial Deposits)

इस वर्ग में हिमनद के पिघलने से प्राप्त जल से निर्मित स्थलाकृतियों को सम्मिलित किया जाता हैं ये निम्नलिखित है :

6. **मृदुकटक या एस्कर** (Esker) – एस्कर को स्केण्डेनेविया में *ओसर* या *ओस (Osar or oss)* भी कहते हैं। इसका निर्माण बालू बजरी से हिमनद के निचले भाग में होता है। बालू बजरी से निर्मित ये लम्बे, संकरे तथा सर्पिलाकार लहरनुमा तीव्र ढालयुक्त कटक होते हैं। इसका विस्तार हिमनद तथा जलधारा की दिशा के समानान्तर होता है। ये घाटी, दलदल झील तथा विषम भूमि में एक कटक के रूप में स्थित होते हैं। हिम प्रवाह के नीचे प्रवाहित जलधारा हिम को पिघलाकर एक सुरंग का निर्माण कर लेती है। इसी सुरंग में एस्कर का जमाव होता है। हिम की गतिशीलता के आधार पर एस्कर निम्न प्रकार के होते हैं—

   (i) ***एस्कर पंखे** (Esker Fan)* – ये जलोढ पंख के आकार में अन्तिम हिमोढ के पास बनते हैं।

   (ii) ***एस्कर डेल्टा** (Esker Delta)* – इसका निर्माण प्रवाह में रुकावट आने से होता है।

   (iii) ***एस्कर ट्रेल** (Esker Trail)* – इसमें क्रमिक रूप से एक के बाद एक एस्कर बनते हैं। ये सामान्य आकार के होते हैं।

(iv) **मालाकार एस्कर** *(Beaded Eskar)* – जब एस्कर ट्रेल का निर्माण होता है, तो उसमें प्रत्येक दो ट्रेल के मध्य में एक टिला बन जाता है। जो इन ट्रेलों को परस्पर जोड़ता है। इस प्रकार ये सम्पूर्ण श्रेणी मोतियों की माला जैसी लगती है, जिसे मालाकार एस्कर कहते हैं।

7. **केम** (Kame) – हिमनद के अग्र भाग में रेत, बजरी एवं टिल से तीव्र ढाल वाले टिले बन जाते हैं, इन्हें केम कहते हैं। इनका निर्माण हिमनद के साथ प्रवाहित रेत, बजरी तथा टिल के हिम के पिघलने पर जमा होने से होता है। इसमें मुख्यतः सूक्ष्म रेत की प्रधानता होती है। इन टीलों या पहाड़ियों को जैमिसन महोदय ने सर्वप्रथम 1874 में *'केम'* कहा था। हिम के पिघलने से निर्मित जलधाराओं द्वारा मलबे का निक्षेपण किया जाता है। जब अनेक केम परस्पर मिल जाते हैं तो उन्हें **'केम कटक'** (Kame Ridge), **केम हिमोढ** (Kame Moraines), तथा **केम वेदिका** (Kame Terraces) कहते हैं।

चित्र 18.16 *हिमजल संपर्क के निक्षेपात्मक रूप में एस्कर एवं सम्बद्ध स्थलाकृतियाँ*

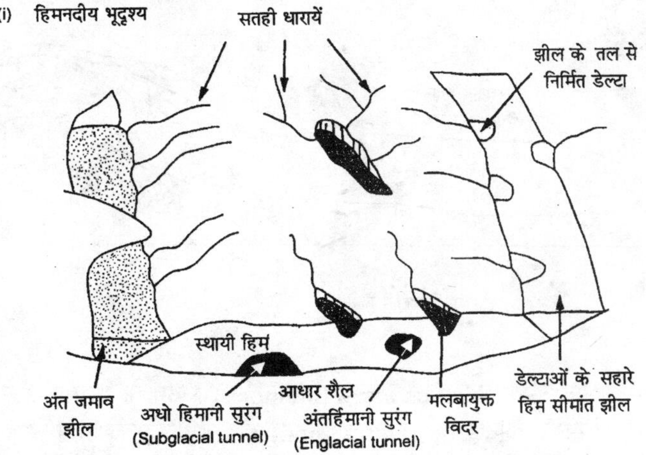

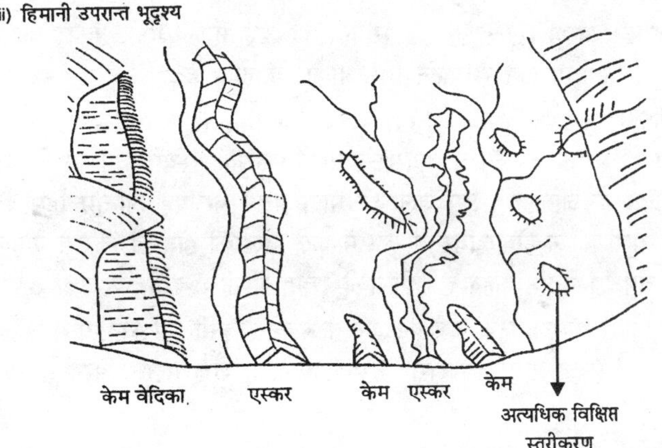

बाक्स 18.3 *हिमनद अपवाह तन्त्र (Glacier Drainage Network)*

पिघला जल सामान्यतया विभिन्न सरिताओं में एकत्रित होकर हिमानी धरातल के ऊपर तथा निचले क्षेत्रों से प्रवाहित होता है ये अपवाह तन्त्र निम्नांकित तीन रूपों में होता है:

- अधिहिमानी सरीता (Supraglacial Streams): यह हिमानी धरातल के ऊपर प्रवाहित होती है।
- अन्तर्हिमानी सरीता (Englacial Streams): यह हिमानी पुंज (Ice body) में होकर प्रवाहित होती है।
- अधोहिमानी सरीता (Subglacial Streams): यह हिमानी के आधार पर जमा पदार्थों के सहारे प्रवाहित होती है।

अनेक हिमनदों का समग्र अपवाह तन्त्र भी होता है जो विभिन्न प्रकार के हिमानी अपवाह तन्त्रों से संयोजित रहता है तथा पिघले जल से एक त्रिविम सरीता का रूप ले लेता है

चित्र 18.17 *हिमनदीय अवक्षेप मैदान तथा सम्बद्ध स्थलाकृतियाँ (after C. Buclcle 1978)*

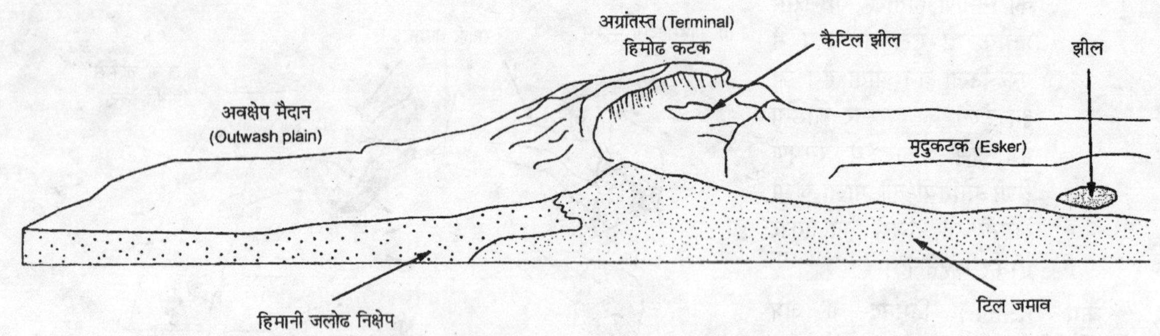

8. **केटिल एवं हमक** (Kettles and Hummock) – केम के साथ केटिल गर्त भी होते हैं। जहाँ केम पर्वतीय टिले होते हैं इसके विपरीत केटिल गर्त (Depression) होते हैं। बड़े-बड़े हिम के टुकड़ों के पिघलने से केटिल का निर्माण होता है। केटिल के रूप में स्थित गर्तों के मध्य अनेक छोटे-छोटे टीले होते हैं। केटिल में स्थित इन टीलों को हमक कहते हैं। हमक का निर्माण केम की तरह तथा संरचना पार्श्विक एवं तलस्थ हिमोढ के सदृश्य होती है।

9. **हिमविदर भरण** (Crevassee Filling) – यह एक विशेष प्रकार का केम ही होता है। इसका निर्माण हिम विदरों में पदार्थों के जमा होने से कटकनुमा आकार में होता है।

10. **हिमनदीय अपक्षेप** (Glacial Outwash or Sandr, Sandar, Sandur) – हिमनद के पिघलने से प्राप्त जल उसके अग्र भाग से सरीता के रूप में अग्रसर होता है। इसकी स्थिति अन्तिम हिमोढ की होने के कारण सम्पूर्ण जल हिमोढ के पीछे एकत्रित हो जाता है। इस जल की मात्रा बढ़ने पर यह अन्तिम हिमोढ को पार करके दूसरी ओर उतरता है यह स्थिति जल धारा की न होकर विस्तृत रूप में फैले जल की होती है जिससे एक मैदान का निर्माण होता है। इस मैदान को हिमनद का अपक्षेप मैदान कहते हैं। जिसकी रचना में नीचे बड़े कण तथा ऊपर महीन कणों की प्रधानता होती है।

हिमनद से पिघला जल जब फैलकर व बहकर किसी निश्चित धारा के रूप में प्रवाहित होता है तो वह अपक्षेप मैदान का निर्माण नहीं कर सकता तथा इस दौरान उसकी घाटी में शैल मलबा भरने से *घाटी हिमोढ (Valley Train)* का निर्माण होता है।

हिमानी अपरदन चक्र (Glacial cycle of Erosion)

हिमानी का कार्य पृथ्वी के सर्वसुगम क्षेत्रों में स्थित नहीं है अतः विषम धरातलीय एवं जलवायु दशाओं के कारण हिमानी अपरदन चक्र का विस्तृत अध्ययन नहीं किया जा सकता है। इस कारण विभिन्न विद्वानों ने इस बारे में व्यवहारिक ज्ञान प्रस्तुत न कर केवल सैद्धान्तिक चक्र ही प्रस्तुत किया है। हिमानी अपरदन द्वारा अन्त में समतल मैदान की कल्पना की गई है जिसे केयरनेस (Cairness) ने **इक्वीप्लेनेशन (Equiplaination)** क्रिया से उत्पन्न होना माना है। ईकिन ने निक्षेपात्मक समतल मैदानों को **अल्टीप्लेनेशन (Altiplation)** क्रिया से तथा ब्रायन किर्क ने **क्रायोप्लेनेशन (Cryoplanation)** क्रिया से निर्मित होना माना है। हिमानी अपरदन चक्र की सैद्धान्तिक चक्रीय अवस्थायें निम्नांकित हैं :

(i) **युवावस्था** (Youthful Stage): अपरदन चक्र की इस प्रारंभिक अवस्था में छोटे गर्तों, सर्क, गिरीश्रृंग, टार्न आदि भूआकारों का निर्माण होता है। मुख्य घाटी जो भूआकार में विकसित होती है उस पर लटकती घाटीयाँ बन जाती हैं।

(ii) **प्रौढावस्था** (Mature Stage): प्रौढावस्था में सहायक हिमानी घाटियाँ मुख्य घाटी से मिलकर उसे चौड़ा बनाती है। सर्क

की दीवारें पीछे हटने लगती है जिससे अरेटी (Arete), गिरीश्रृंग तथा कॉल (Col) का निर्माण होता है। घाटी के ढालों पर हिमपात्र, दैत्याकार सोपान तथा पेटरनास्टर झीलें बन जाती हैं। लगातार अपरदन से उच्च पर्वत शिखर नुनाटक का रूप ले लेते हैं।

(iii) **वृद्धावस्था** (Old Stage): इस अवस्था में उच्च पर्वतीय भाग अपघर्षित होकर क्षीण हो जाते हैं गर्तों एवं बोसिनों में अपोढ (Drift) का जमाव हो जाता है हिमोढ विभिन्न रूपों में जमा होने लगते हैं तथा हिमानी के अग्रभाग में अवक्षेप मैदान बन जाते हैं।

हिमानीकरण (Glaciation)

पृथ्वी पर हिमानीकरण एक व्यवस्थित एवं क्रमबद्ध घटना मानी गई है। जब पृथ्वी तल पर विस्तृत रूप में जलवायु परिवर्तित होकर इतनी ठण्डी हो जाती है कि पृथ्वीतल का बड़ा भाग हिमाच्छादित हो जाता है यह हिमाच्छादन एक लम्बी अवधि तक बना रहता है। इस प्रकार हिमाच्छादन की लम्बी अवधि को महा हिमकाल कहते है जिसमें अनेक हिमयुग (Ice Ages) होते हैं। हिम युगों के दौरान हिम चादरों (Ice Sheets) का विस्तार होता है। दो हिमकालों के मध्य एक आगे की ओर ऐसा समय आता है जब जलवायु में उष्णता आने से हिम चादरों का निवर्तन (Retreat) होता है तो इसे अन्तर्हिमकाल (Interglacial Period) कहते हैं। इस प्रकार विभिन्न समयावधियों में भूतल पर हिमावरण के प्रसार एवं निवर्तन की प्रक्रिया को हिमानीकरण कहते है। हिमानीकरण आकस्मिक न होकर क्रमिक रूप में दीर्धावधि तक चलता है। विभिन्न अध्ययनों के उपरान्त हिमयुगों की चक्रीय व्यवस्था को मान्यता मिल गई है जिस आधार पर पृथ्वी की उत्पत्ति से लेकर अब तक तीन बड़े हिमकालों की जानकारी मिल सकी है :

(1) प्रीकेम्ब्रियन हिमकाल (Precambrian Ice age)

(2) पर्मोकार्बोनीफेरस हिमकाल (Permocarboniferrous Ice age)

(3) प्लीस्टोसीन हिमकाल (Pleistocene Ice age)

(1) *प्रीकेम्ब्रियन हिमकाल (Precambrian Ice age):* इस हिमकाल के साक्ष्य सुपीरियर झील के पास खोजे गये हैं जिन्हे **टिलजीवाश्म या टिलाइट** (Fossil till or tillite) के नाम से जाना जाता है। टिलाइट हिमोढ जमाव हैं जो 180 मीटर तक गहरे तथा हजारों वर्ग किमी में विस्तृत रहे हैं। इनसे पता लगा है कि यह हिमकाल हजारों मितियन वर्ष पूर्व आया था प्रीकैम्ब्रियन टिलाइट तथा गोलाश्मों (Boulders) स्तरों के जमाव स्कॉटलैण्ड तथा उत्तरी मिशिगन के पास मिले हैं जिससे स्पष्ट होता है कि इस दौरान हिमावरण काफी विस्तृत था।

(2) *पर्मोकार्बोनिफेरस हिमकाल (Permocarboniferous Ice age):* उत्तर कार्बोनिफेरस तथा पर्मियन कालों में दक्षिणी अमेरिका, दक्षिणी अफ्रीका, भारत तथा दक्षिणी पूर्वी आस्ट्रेलिया में हिमावरण रहा है। इस समय की पाँच विभिन्न टिलाइट परतें (Tillite Bed) मिली है जो 600 मीटर तक मोटी है ये परतें कोयले की परतों के अन्तर शिरा जमाव से पृथक है जो उष्ण अन्तर्हिमकालों को प्रकट करते हैं। इन विभिन्न स्थानों में मिलने वाले समकालीन टिलाइट तथा अवसादों की उपलब्धता पूर्व में गोण्डवाना भूमि की उपस्थिति को सिद्ध करती है। इस काल के भेड़ पीठ शैलें, स्तरित कुटिकम (strated Pavements) तथा इरेटिक्स (Erratics) भी खोजे गये हैं। इस हिमकाल के उपरान्त तापमान में वृद्धि हो गई थी।

(3) *प्लीस्टोसीन हिमकाल (Pleistocene Ice age):* इसे क्वाटरनरी हिमकाल भी कहते है। यह आज से 10 लाख वर्ष पूर्व प्रारंभ हुआ था इस हिमकाल के दौरान भूतल का लगभग 20 प्रतिशत भाग हिमाच्छादित हो गया था।

हिमकाल के कारण (The Causes of Ice Age)

हिमकाल के बारे में विभिन्न विद्वानों ने भूवैज्ञानिक इतिहास में उसे जलवायु परिवर्तन के प्रमाणों के आधार पर विभिन्न मत प्रस्तुत किये हैं लेकिन जलवायु परिवर्तन के कारणों की भी स्पष्ट व्यवस्था नही हो सकी है इस बारे में चेम्बरलिन, सेलिसबरी, शुकर्ट,

हम्फ्री ब्रुक्स आदि ने विभिन्न मत प्रतिपादित किये हैं। विभिन्न साक्ष्यों एवं अध्ययनों के उपरान्त हिमकाल के निम्नांकित कारण बताये गये हैं :

1. ***सौर विकिरण में परिवर्तन** (Changes in Solar Radiation)*—सूर्य से पृथ्वी के वायुमण्डल के बाहरी किनारों पर पहुँचने वाली सौर विकिरण की मात्रा (सौर स्थिरांक) समय के साथ सापेक्षिक रूप में स्थिर रही है। लेकिन सौर कलकों (Sunspots) के अनुसार ताप की मात्रा घटती-बढती रहती है जो सूर्य पर होने वाली तापआणविक (Thermonuclear) प्रतिक्रिया के प्रतिरूप एवं विस्तार से भी सम्बद्ध रहती है। लम्बी अवधि के जलवायु परिवर्तन का विश्लेषण करने के उपरान्त स्पष्ट हुआ है कि सौर कलंक अधिक होने पर प्राप्त पृथ्वी पर ठण्डी मौसमी दशायें उत्पन्न होती हैं (1938 में ये उच्चतम अवस्था में रहे हैं) । सौर कलंकों की यह संख्या 11 वर्ष से अधिकतम होती है। लेकिन यह अवधि हिमकाल उत्पन्न करने के लिए बहुत कम मानी गई है। ह्मम्फ्री (Humphreys) ने सौर विकिरण में अन्तर के बारे में बताया है कि समय-समय पर सूर्य के वायुमण्डल में धूल की मोटी परत उत्पन्न होती है, जो सौर ताप के विकिरण को रोकती है फलस्वरूप भूसतह पर तापमान कम होने से भी हिमकाल आते है। धूल की परत छँटने पर पुनः तापमान की प्राप्ति होती है तथा हिमकाल समाप्त हो जाता है। ओपिक ने यह बताया कि लाखों वर्षों में सूर्य का अन्तरतम (Core) घटता-बढता है जिससे भी सौर विकिरण की मात्रा नियन्त्रित होती है।

बाक्स 18.4 *सौर स्थिरांक (The Solar Constant)*

पृथ्वी के वायुमण्डल की बाहरी सीमा प्रति वर्ग मीटर 1360 वाट ऊर्जा सूर्य से प्राप्त करती है सूर्य से प्राप्त ऊर्जा की यह मात्रा सौर स्थिरांक कहलाती है। यह यद्यपि लगभग स्थिर रहती है लेकिन समय के साथ सूर्य से युक्त ऊर्जा की मात्रा (सौर कलंकों के चक्र द्वारा) पृथ्वी की धूर्णन गति में अन्तर आने तथा सूर्य के चारों ओर पृथ्वी की कक्षा (Orbit) में अन्तर आने से सौर स्थिरांक परिवर्तित होता है लेकिन इसकी अवधि काफी लम्बी होती है।

2. ***एल्बीड़ों में परिवर्तन** (Changes in Albedo)*—सूर्य से प्राप्त प्रकाश की पृथ्वी तल से परावर्तित (Reflected) मात्रा को एल्बीड़ों कहते हैं। पृथ्वी के निचले वायुमण्डल का तापमान भूसतह एवं वायुमण्डल के एल्बीड़ों की मात्रा से अत्यधिक प्रभावित होता है। हिम तथा बर्फ (Snow and Ice) का एल्बीड़ों शैलों अथवा वनस्पति से काफी अधिक होता है अतः यदि एक बार हिम का संचयन (Accumulation) प्रारंभ हो जाता है तो यह वायुमण्डलीय तापमान में निरन्तर कमी करती रहती है। बादलों में भी सापेक्षिक रूप से उच्च एल्बीड़ों होता है। जिस कारण बादलों का आकाश में आच्छादन *एल्बीड़ों-शीतलन-हिम प्राप्ति (Albedo-Cooling-Ice feed back)* को क्रियाशील करता है जिसके हिमावरण में वृद्धि होती है। इस प्रकिया में प्रत्यक्ष कारण एवं प्रभाव सम्बन्ध बहुत कठिन है क्योंकि वायुमण्डलीय परावर्तन ज्वालामुखी राख के बादलों (Volcanic dust clouds), मरूस्थलीय धूल भरी आंधियों (Dust Storms), वनाग्नि तथा वायु प्रदूषण से अत्यधिक प्रभावित होती है।

सारणी 18.1 *कुछ प्रारूपिक एल्बीडो मान*

पदार्थ (Material)	प्रतिशत एल्बीडो
स्वच्छ हिम (Fresh Snow)	80-90
कपासी वर्षा मेघ (Cumulonimbus clouds)	70-90
मरूस्थल (Desert)	25-30
घास (Grass)	18-25
कंक्रीट (Concrete)	17-27
उष्ण कटिबंधीय वर्षावन (Tropical Rainforest)	7-15

3. **पृथ्वी की कक्ष में अन्तर (Variation in Earth's orbit)**—हिमानीकरण एवं अन्तर्हिमकालों का समय तथा अवधि के साक्ष्य यह स्पष्ट करते हैं कि इनकी चक्रीय समयान्तराल अवधि 1,00,000 वर्ष है। यह समय अवधि पृथ्वी की कक्षा में आने वाले अन्तर की समयावधि से समानता रखती है। इस बारे में सर्वप्रथम मिलानकोविच ने स्पष्टीकरण प्रस्तुत किया था। मिलनकोविच (Milankovitch) ने बताया कि जलवायु परिवर्तन की चक्रीय व्यवस्था जो 100000 वर्ष, 41000 वर्ष तथा 26000 वर्ष है पृथ्वी के अक्षीय परिवर्तन से सटीक रूप में सम्बद्ध है। मिलानकोविच ने पृथ्वी की कक्ष के निम्नलिखित तीन अन्तर पहचानकर हिमानीकरण के लिए उत्तरदायी माने हैं :

   (i) *कक्ष की उत्केन्द्रता (Eccentricity of the orbit):* यह सूर्य के चारों ओर स्थित चक्रीय पथ में आने वाला अन्तर है जो प्रति 93408 वर्षों में एक चक्र पूरा करता है। जब पृथ्वी एवं चन्द्रमा सूर्य से दूर होते हैं तो पृथ्वी चन्द्रमा तन्त्र काफी धीरे घुमते हैं तथा पृथ्वी के चुम्बकीय क्षेत्र सापेक्षिक रूप से कमजोर हो जाते है। इसके परिणामस्वरूप सूर्य से पृथ्वी पर पहुँचने वाली ऊर्जा की काफी मात्रा कम हो जाती है जिससे तापमान में कमी आ जाती है।

   (ii) *पृथ्वी के घुर्णन अक्ष का झुकाव (Tilt of the earth's axis of rotation)*: यह अन्तर पृथ्वी की अक्ष में झुकाव से आता है जिस पर पृथ्वी घुमती है यह ऊर्ध्वाधर रूप में 21.5° से 24.5° के मध्य रहता है। यह अन्तर लगभग 41000 वर्षों के अन्तराल से आता है। यह हिमानी तथा अन्तर्हिमानी कालों के मध्य तापमान के अन्तर को एक चौथाई समयावधि सन्दर्भ में स्पष्ट करता है।

   (iii) *पुरस्सरण चक्र (Cycle of Precession):* पृथ्वी अपने अक्ष (Axis) पर धूमते हुऐ सूर्य के चारों ओर परिक्रमा करती है पृथ्वी का अक्ष कक्षा तल पर लम्ब के रूप में (Vertical) परिक्रमा करता है इसे पृथ्वी **'अक्ष का पुरस्सरण'** कहते हैं। यह पृथ्वी का अक्ष लगभग 26000 वर्षों में एक परिक्रमा पूरी करता है यह निर्धारित करता है कि जो गोलार्द्ध शीतकाल में सूर्य के निकटतम होगा वहाँ मृदु से तीक्ष्ण ग्रीष्मकाल शीतकाल होगा तथा वर्तमान समय में उत्तरी गोलार्द्ध में सापेक्षिक रूप से मृदु (Mild) ग्रीष्मकाल तथा शीतकाल पाया जाता है लेकिन लगभग 11000 वर्ष पूर्व ग्रीष्मकाल उष्ण तथा शीतकाल आज से ठण्डा रहा था। शीतकालीन हिम उच्च अक्षाशों में ग्रीष्मकाल में लम्बे समय तक आच्छादित रहती है जबकि उपोष्ण कटिबन्धीय क्षेत्रों में सूखा पड़ता है।

4. ***ध्रुवों का परिभ्रमण*** *(Wandering of poles)*—प्राचीनकाल में पृथ्वी के उत्तरी एवं दक्षिणी ध्रुवों के स्थानान्तरण के अनेक प्रमाण मिलते हैं जिनके अनुसार जलवायु कटिबन्धों में भी परिवर्तन हुऐ हैं। वेगनर ने भी बताया था कि पर्मियन युग में हिम प्रवाह के समय दक्षिणी ध्रुव तत्कालीन सयुंक्त गोण्डवाना में नेटाल (दक्षिणी अफ्रीका) के समीप तथा उत्तरी ध्रुव हवाई द्वीपों के समीप स्थित था नवजीवी महाकल्प के प्रारंभ में उत्तरी ध्रुव अलास्का पहुँच गया तथा इसके बाद ग्रीनलैण्ड वर्तमान स्थिति में आया लेकिन आज तक इस प्रकार के परिवर्तन के ठोस बलों का पता नहीं लग पाया है।

5. ***महाद्वीपीय विस्थापन*** *(Continental Drift)*—ओण्टोनियो स्नाइडर, एफ.बी. टेलर, वेगनर आदि विद्वानों ने महाद्वीपों का वर्तमान वितरण विस्थापन क्रिया का परिणाम माना है मध्यजीवी महाकाल के कार्बोनीफेरस युग में सभी वर्तमान महाद्वीप एक विशाल भूखण्ड के रूप में संयोजित थे तब विषुवत रेखा इग्लैण्ड से गुजरती थी तथा दक्षिणी ध्रुव नेटाल के पास था इसीलिए दक्षिणी अमेरिका, अफ्रीका, प्रायद्वीपीय भारत, आस्ट्रेलिया तथा अण्टार्कटिक क्षेत्र हिमाच्छादित थे इस सकंल्पना से केवल पर्मोकार्बोनिफेरस युग का ही स्पष्टीकरण होता है।

6. ***कार्बन डाई आक्साइड परिकल्पना*** *(Carbon di-oxide Hypothesis)*—वायुमण्डल में पायी जाने वाली कार्बन डाई आक्साइड की मात्रा के अनुपात में यदि वृद्धि हो जाती है तो पृथ्वी का तापमान बढेगा क्योंकि यह गैस पृथ्वी से विकसित पार्थिव विकिरण (Terrestrial Radiation) को अवशोषित कर लेती है इसे ही वर्तमान में 'हरित ग्रह प्रभाव' कहा जा रहा है चैम्बरलिन (Chamberlin) ने बताया कि यदि वायुमण्डल में इस गैस की मात्रा कम हो जाये तो तापमान में कमी आयेगी तथा तापमान कम होने से हिमाच्छादन अधिक होगा जिससे हिमकाल आयेगा। हम्फ्री ने इस विचारधारा का विरोध करते हुऐ बताया कि वायुमण्डलीय संगठन में कार्बन डाइ आक्साइड (Co_2) की मात्रा में 50% कमी अथवा 100% वृद्धि होने पर भी पृथ्वी का तापमान परिवर्तित नहीं होगा। लेकिन वर्तमान समय में हो रहे विश्व तापन (Global

Warming) का प्रमुख कारण हरितगृह प्रभाव को ही माना जा रहा है जो Co_2 की मात्रा बढने से परिलक्षित हुआ है।

7. ***ज्वालामुखी राख की परिकल्पना*** *(Volcanic Dust Hypothesis)*—वायुमण्डल में पाये जाने वाले धूल कण सूर्यातप का परावर्तन (Reflection), विकिरण (Radiation) तथा अवशोषण (Absorption) करते हैं। सौर ताप के परावर्तन से वायुमण्डलीय तापमान कम होता है धूल कणों की अधिकता वर्षा एवं हिमपात में भी सहायक होती है ज्वालामुखी उद्‌गार के दौरान निसृत राख एवं धूल कण वायुमण्डल में जमा होकर सौरताप में कमी लाते हैं फलस्वरूप जलवायु ठण्डी हो जाती है जिससे हिमकाल का आगमन होता है। पर्मियन तथा प्लीस्टोसीन युगों में हुऐ ज्वालामुखी उद्‌गारों के प्रमाण इस परिकल्पना को सही सिद्ध करते हैं।

8. ***पटलविरूपण के प्रभाव*** *(Effects of Diastrophism)*—महाद्वीपीय धरातल पर पर्वतीकरण द्वारा उच्चावच परिवर्तन हुऐ हैं। भूवैज्ञानिक इतिहास में आज तक चार बड़ी पर्वतीकरण की क्रियायें पहचानी गई है प्रथम, प्रीकेम्ब्रियन द्वितीय, कैलेडोनियन, तृतीय, हर्सीनियन तथा चतुर्थ अल्पाइन। इन पर्वतीकरण की क्रियाओं से धरातल का बड़ी मात्रा में उत्क्षेप (Profound Elevation) होता है धरातलीय ऊँचाई पर तापमान कम होता है जिसकी पतन दर प्रति 1000 मीटर पर 6.5^{o} सेल्सियस है इस प्रकार उच्च पर्वतों पर हिम का प्रसार होता है लेकिन यह प्रभाव केवल टर्शियरी काल के पर्वतीकरण (अल्पाइन) में ही स्पष्ट हो सका है।

9. ***सिम्पसन की परिकल्पना*** *(Simpson's Hypothesis)*—सन् 1938 में सर जार्ज सिम्पसन ने एक विशेष परिकल्पना प्रस्तुत कर बताया कि सौर विकिरण का परिवर्तन चक्रीय रूप में पाया जाता है। उन्होंने प्लीस्टोसीन हिमकाल का उदाहरण देकर स्पष्ट किया कि सौर विकिरण की वृद्धि के साथ वाष्प एवं बादल अधिक उत्पन्न होते हैं। बादलों की मात्रा में वृद्धि होने से सूर्यातप पूर्णतया भूसतह पर नहीं पहुँच पाता है जिससे तापमान कम होने से हिमकाल का प्रादुर्भाव होता है किन्तु सौर विकिरण की मात्रा बढने के साथ ही हिमकाल समाप्त होने लगता है। इस प्रकार सौर विकिरण के दो पूर्ण चक्रों द्वारा प्लीस्टोसीन हिमकाल के दौरान चार बार हिम प्रसार तथा अन्तर्हिमकालों की पुनरावृत्ति स्पष्ट होती है। लेकिन पर्मियन तथा प्लीस्टोसीन हिमकालों के मध्य पाये गये लम्बे अन्तराल का स्पष्टीकरण नहीं मिला।

इस प्रकार विभिन्न सिद्धान्तों एवं तथ्यों के परस्पर विवरण से स्पष्ट होता है कि पृथ्वी के इतिहास में आये हिमकाल किसी एक कारण विशेष का परिणाम नहीं रहे हैं अकस्मात् या संयोगवश अनेक कारणों के परस्पर मिलने पर हिमकालों का प्रादुर्भाव हुआ है।

प्लीस्टोसीन हिमानीकरण (Pleistocene Glaciation)

भूगर्भिक इतिहास में प्लीस्टोसीन काल आज से लगभग 20 लाख वर्ष पूर्व प्रारंभ हुआ जो 10 हजार वर्ष पूर्व ही समाप्त हुआ है इसी काल में सबसे नूतन हिमकाल आया है। इस काल में विभिन्न हिमानी तथा अन्तर्हिमानी चक्र सम्पन्न हुऐ हैं। जिनमें कई बार हिमावरण का प्रसार निवर्तन (Retreat) हुआ। इसका विस्तार कनाड़ा के बड़े भाग पर स्केण्डेनेविया तथा उत्तरी अटलाण्टिक क्षेत्र पर हो गया था। आर्कटिक सागर विस्तृत रूप में हिमाच्छादित हो गया था यह आवरण 700000 वर्षों तक बना रहा था उत्तरी अमेरिका में महाद्वीपीय हिमनद महान झीलों तक तथा उत्तरी यूरोप में पोलैण्ड, उत्तरी जर्मनी, यूनाइटेड किंगडम, दक्षिणी स्वीटजरलैण्ड तथा इटली व आस्ट्रेलिया तक फैल गये थे। इस विस्तृत हिमावरण पर स्थायी हिम तथा परिहिमानीयों का प्रभाव रहा जिन्होंने पादपों एवं जीव-जन्तुओं के वितरण, मृदा के विकास विभिन्न हिमनदिय तथा जलीय भूआकारों आदि को प्रभावित किया। प्लीस्टोसीन हिमकाल के दौरान दक्षिणी गोलार्द्ध में केवल अण्टार्कटिका के अतिरिक्त शेष भागों में कम प्रभाव रहा। इस प्रकार प्लीस्टोसीन हिमकाल में भूपटल का लगभग 20 प्रतिशत भाग हिमाच्छादित हो गया था।

प्लीस्टोसीन हिमकाल की समाप्ति लगभग 10 हजार वर्ष पूर्व हो गई है लेकिन यह माना जा रहा है कि अभी तक हिम का पूर्णतया निवर्तन नहीं हो पाया है जिसके अवशिष्ट भागों में अण्टार्कटिका तथा ग्रीनलैण्ड के अधिकांश भाग हिमावरित हैं। क्योंकि यह माना गया है कि प्लीस्टोसीन हिमकाल का प्रभाव लगभग 7,00,000 वर्षों तक रहा था तथा इसका अन्तिम निवर्तन

चित्र 18.18 यूरोप में प्लीस्टोसीन कालीन हिमानीकरण

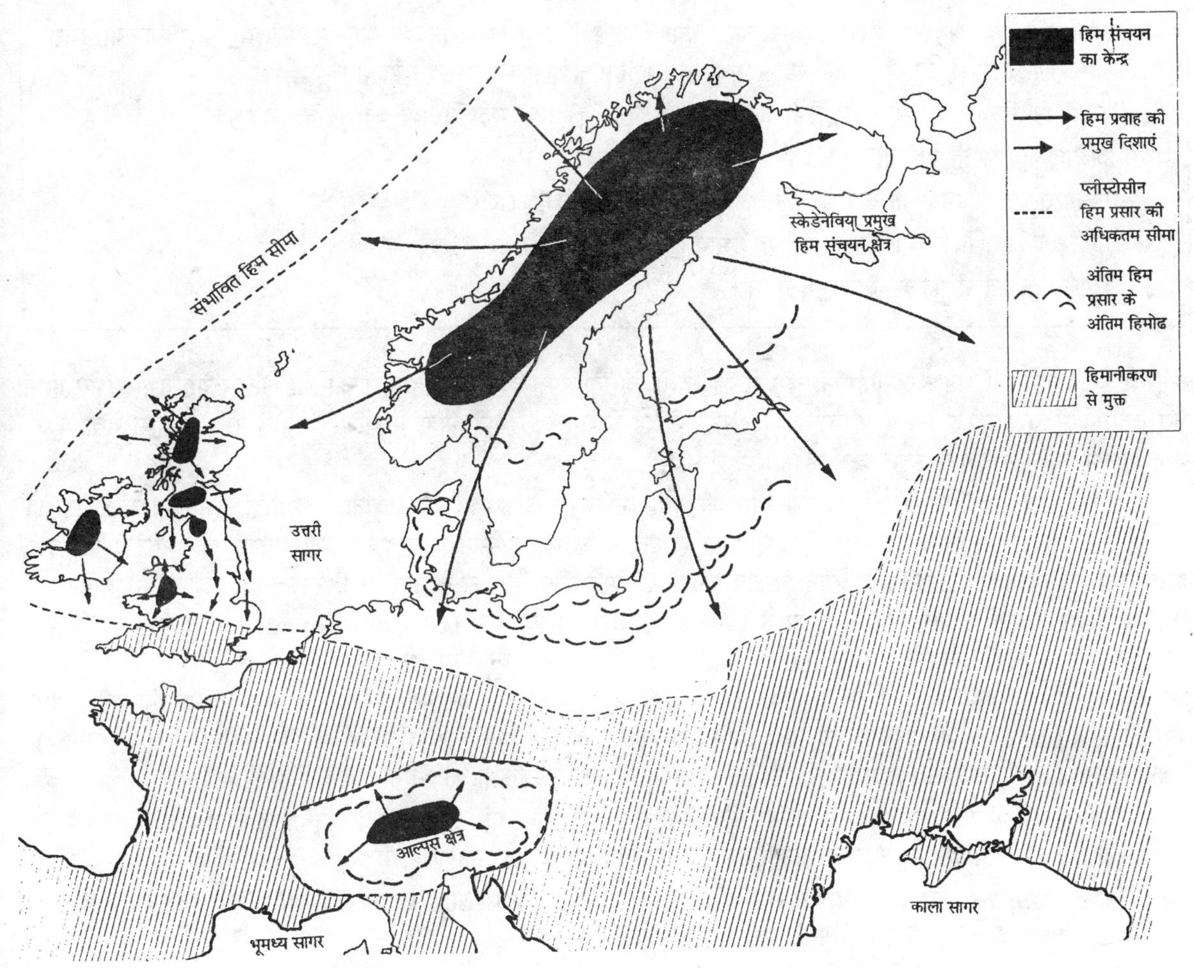

आज से लगभग 25000 वर्ष पूर्व प्रारंभ हुआ था यह निवर्तन काल 16000 वर्षों तक चलता रहा तथा आज से 9000 वर्ष पूर्व पूर्णतया निवर्तन हुआ।

हिमकाल तथा अन्तर्हिमकाल (Glacial and Interglacial Period): प्लीस्टोसीन हिमकाल में अनेक हिमानी अवस्थायें आयी थीं जिनके मध्य जलवायु के ठण्डे होने तथा उष्णता के दौर आये थे आज से लगभग 10,000 वर्ष पूर्व होलोसीन काल प्रारंभ हुआ। यह एक अन्तर्हिमकाल है जिसमें हम रह रहे हैं इस काल के प्रारंभ होते ही प्लीस्टोसीन हिमकाल की अधिकांश बर्फ पिघल गई। अतः वर्तमान समय के बाद जलवायु उष्ण होगी या शीतल यह वर्तमान समय में चल रहे जलवायु परिवर्तन के दौर पर निर्भर करेगा। अभी तक यह निश्चित नहीं हुआ है कि कितनी हिमानी तथा अन्तर्हिमानी अवस्थायें आ चुकी हैं। अधिकांश साक्ष्य यह सिद्ध करते है कि चार हिमानी युग आये जो तीन अन्तर्हिमानी युगों द्वारा विभक्त हुऐ तथा भूवैज्ञानिक इतिहास के

बाक्स 18.5 *हिमानीकरण के प्रभाव (Impacts of Glaciation)*

प्लीस्टोसीन तथा वर्तमान हिमावरण के निम्नांकित प्रभाव परिलक्षित हुऐ है:

- भूआकारों एवं भूदृश्यों को स्वरूप प्रदान किया जिसमें विशेषतया यूरोप के आल्पस, एशिया के हिमालय, उत्तरी अमेरिका के रॉकीज तथा न्यूजीलैण्ड में भूदृश्यों पर हिमानीकरण का प्रभाव पड़ा है।
- उत्तरी अमेरिका तथा यूरोप में सतही तलछटी (Sediment) तथा मृदा जमावों की प्रवृति पर प्रभाव।
- अल्पाइन वनस्पति एवं जीवों के लिए आवास की व्यवस्था हुई।
- हिमपरत एवं हिमनदों के रूप में स्वच्छ जल की विशाल मात्रा का संग्रह।
- प्रादेशिक तथा विश्वव्यापी जलवायु पर प्रभाव।
- भ्वाकृतिक प्रक्रमों की प्रकृति में परिवर्तन।

अनुसार हम वर्तमान में चतुर्थ अन्तर्हिमानी युग में रह रहे हैं जिसके उपरान्त पाँचवा हिमयुग आयेगा लेकिन यह तभी संभव होगा जब वर्तमान में चल रहा जलवायु परिवर्तन का दौर जारी रहे जिसमें Co_2 की मात्रा में वृद्धि, ओजोन परत में ह्रास तथा बढता वायु प्रदूषण अनुकूल दशायें उत्पन्न कर रहे हैं।

प्लीस्टोसीन तथा होलोसीन कालों को मिलाकर क्वाटरनरी युग के रूप में जाना जाता है क्योंकि अभी यह स्पष्ट नहीं हो सका है कि प्लीस्टोसीन हिमकाल समाप्त हो गया या हो रहा है अथवा वर्तमान काल एक अन्तर्हिमकाल की अवस्था है। इसी कारण प्लीस्टोसीन तथा होलोसीन (वर्तमान अन्तर्हिमकाल) को सम्मिलित रूप से क्वाटरनरी हिमकाल कहा जाता है। क्वाटरनरी हिमकाल के लिए एल्ब्रेच्ट पेंक तथा ई ब्रकनर ने 1909 में एक हिमानी कालक्रम (Glacial Chronology) का निर्धारण किया। अल्पाइन क्षेत्र की उन्होंने कान्स्टेण्ट (Contance-*Swiss*) झील के उत्तर पूर्वी भाग का अध्ययन कर चार विभिन्न जलीयहिमानी अवक्षेप जमावों की पहचान की। ये वर्तमान नदी तल से काफी ऊँचे हैं। इस पत्रकार उन्होंने चार विभिन्न हिमानी प्रसारों (Glacial Advances) की पहचान की तथा उनका नामकरण डेन्यूब नदी चार सहायक बवेरियन नदियों : गुंज (Gunz), मिडंल (Mindal), रिस (Riss) तथा वुर्म (Wurm) आदि के नाम पर किया जो निम्नलिखित है:

(i) *गुंज (Gunz):* यह यूरोप में आये प्लीस्ट्रोसीन हिमयुग का प्रारंभिक भाग था। इसकी अनुमानित अवधि 50,000 वर्ष पूर्व रही है। गुंज एवं मिडंल के मध्य अन्तर्हिमकाल लगभग 65000 वर्ष माना गया है।

(ii) *मिडंल (Mindal):* यह रिस एवं वुर्म से प्राचीन हिमकाल है जो लगभग 50,000 वर्ष तक रहा। मिडंल तथा रिस के मध्य एक लगभग 190,000 वर्ष की अवधि का अन्तर्हिमकाल भी रहा।

(iii) *रिस (Riss):* यह प्लीस्टोसीन हिमानी कालक्रम का तीसरा हिमयुग था यह हिमानी अवस्था 60,000 वर्षों तक रही थी तथा इसके वुर्म के मध्य एक 65000 वर्ष की अवधि का अन्तर्हिमकाल आया था।

(iv) *वुर्म* (Wurm): वुर्म प्लीस्टोसीन हिमयुग की अन्तिम अवस्था थी जो लगभग 70,000 से 1,00,000 वर्ष तक चली थी।

बाक्स 18.6 *हिमकाल तथा अन्तर्हिमकाल की अवस्थायें (Stages of Glacial and Interglaciages)*

- *हिमकाल की अवस्थायें (Glacial Stages):* जिस काल में हिमचादर (Icesheet) का प्रसार (Advancement) होता है उस काल को हिमकाल की अवस्था कहते हैं।
- *अन्तर्हिमकाल की अवस्था (Interglacial Stages):* दो हिम कालों के मध्य की वह समयावधि जिसमें हिमचादर पिघलकर लुप्त हो जाती है। वर्तमान समय एक अन्तर्हिमकाल की अवस्था है। अनेक हिमकाल तथा अन्तर्हिमकाल की अवस्थाओं को सामूहिक रूप से हिमकाल (Ice Age) कहते हैं।

आगामी हिमयुग (Next Ice Age)

हिमानीकरण की पृथ्वी के विभिन्न भूवैज्ञानिक युगों के सन्दर्भ में विवेचना से स्पष्ट हुआ है कि वर्तमान समय में चल रहे जलवायु परिवर्तन के दौर में आगामी हिमयुग 10,000 वर्षों के बाद प्रारंभ हो सकता है। अनेक विद्वानों ने यह भी कहा है कि हिमकाल प्रारंभ हो चुका है। सागर नितल जमावों तथा ग्रीनलैण्ड हिमनदों के अन्तरतम (Core) क्षेत्रों के नूतन अध्ययनों से स्पष्ट हुआ है कि जलवायु परिवर्तन हो रहा है। हम जानते हैं कि विगत 8000 से 10,000 वर्षों से जलवायु लगभग स्थिर रही है लेकिन आगामी 8000 वर्षों में बड़ा जलवायु परिवर्तन होगा।

लघु हिमकाल (Little Ice Age)

विगत 2000 वर्षों में आये जलवायु परिवर्तन के दौर की विवेचना से स्पष्ट हुआ है कि सन् 900 से 1300 तक का काल उष्णतम रहा जिसे मध्यकालीन उष्णकाल (Medieval Warm Period) के नाम से जाना जाता है। इस काल के उपरान्त तापमान में कमी आयी तथा सन् 1450 से 1850 का काल सबसे ठण्डा रहा है इस अवधि को सर्वत्र *'लघु हिमकाल'* के रूप में जाना जाता है। इस अवधि में अनेक घाटी हिमनदों का प्रसार हुआ (विशेषत यूरोप के पर्वतीय भागों में) । यहाँ अनेक परिहिमानी क्रियायें पुनः सक्रिय हुई। विगत 560 वर्षों में सर्वाधिक ठण्डी अवधि सन् 1570 से 1730 के मध्य रही इस काल को लघु हिमकाल का सर्वोच्च कहते हैं। सत्रहवीं शताब्दी में टेम्स नदी लन्दन के पास शीतकाल में पूर्णतया जम गई थी लघु हिमकाल के मूल कारण वायुमण्डलीय संगठन में परिवर्तन, सागर तथा हिमपुनः प्राप्ति (Ice Feedback) तथा प्रकृतिविरोधी मानवीय गतिविधियाँ रही हैं।

19

भूमिगत जल के कार्य
(The Work of Ground Water)

भूसतह के नीचे स्थित शैलों के रन्ध्रों (Pores), दरारों (Cracks) सुराखों (Cavities) में विद्यमान जल **'भूमिगत जल'** कहलाता है। वर्षा जल जब अन्तःस्रवण (Percolation)* द्वारा भूमिगत होकर जलभृतों (Aquifers) में संचित हो जाता है तो यह भूजल का रूप ले लेता हैं। प्रकृति में पायी जाने वाली कुल जल राशि का 0.58% भाग 400 मीटर तक की गहराई में पाया जाता है। संयुक्त राज्य अमेरिका के भूगर्भिक सर्वेक्षण विभाग के अनुसार धरातल पर उपलब्ध कुल जल सम्पदा 1360,000,000 घन किलोमीटर है जिसमें से 83,50,000 घन किमी. जल भूमिगत जल है। भूमिगत जल भूसतह के नीचे पाया जाता है, जिस कारण इसे **'अधोभौमिक जल'** (Sub Surface Water) भी कहते हैं। भूमिगत जल भूसतह से अन्तःस्रवण द्वारा जब नीचे जाता है तभी अपना कार्य प्रारम्भ कर देता है तथा नीचे जाते समय घोलीकरण (Solution) द्वारा अनेक छोटे कटकों तथा गर्तों का निर्माण करता है। भूमिगत जल स्तर के नीचे अपारगम्य शैलें (Impermeable Rocks) पायी जाती हैं।

भूमिगत जल के स्रोत (Sources of Groundwater)

वायुमण्डलीय तथा सतही जल भूसतह के अन्दर प्रत्यक्ष तथा परोक्ष रूप में निम्नलिखित स्रोतों द्वारा पहुँच कर भूमिगत जल का स्थन लेता है—

1. ***वर्षा** (Rainfall)* – वर्षा भूमिगत जल का सबसे बड़ा स्रोत है। वर्षा में जल वर्षा (Precipitation) एवं हिम सम्मिलित है। वर्षा से प्राप्त जल को *उल्का जल* या *आकाशी जल* (Meteoric water) कहते हैं। वर्षा तथा हिम से पिघला जल धरातल के ऊपरी भाग से चट्टानों की संधियों, छिद्रों, दरारों तथा शैलों के संस्तर तल (Bedding Plane) से होकर अन्तःस्रवण क्रिया द्वारा अपारगम्य शैल सतह तक पहुंच कर संग्रहित होता रहता है। यहाँ इसे भूमिगत जल बाटर या भूजल कहते हैं। भूमिगत जल स्तर में उतार-चढ़ाव वर्षा की मात्रा पर निर्भर करता है।
2. ***सहजात जल** (Connate Water)* – सागरों तथा झीलों में जमा तलछटी शैलों के छिद्रों तथा सुराखों (Pores and cavities) में स्थित जल को सहजात जल कहते हैं। नदियों द्वारा जब सागरों में तलछट निक्षेपित की जाती है तो इसमें बहुत सा जल रुका रहता है। जब यह तलछट स्थल से ऊपर उठती है, तो जल स्वतन्त्र रूप से भूमिगत जल में सम्मिलित हो जाता है। इसे *'तलछट जन्य जल'* भी कहते हैं। यह जल लम्बे समय तक मिट्टी में रहने के कारण कई पदार्थों को घोलकर मिश्रित कर लेता है। यह भूमिगत जल का दूसरा प्रमुख स्रोत है।
3. ***मैग्मा जल** (Magmatic Water)* – भूगर्भ के अन्दर ज्वालामुखी क्रिया द्वारा तप्त मेग्मा शैलों में प्रवेश करता है, तो मैग्मा

---

* मृदा एवं चट्टानों में उपस्थित रन्ध्रों, भ्रंशों तथा विदरों (Fissures) से होकर जल के नीचे की ओर प्रवाहित होने की क्रिया को अन्तःस्रवरण (Percolation) कहते हैं।

में उपस्थित वाष्प घनीभूत होकर जल में परिवर्तित होकर भूमिगत जल में मिल जाते हैं। इसे *मैग्मज जल (Juvenile Water)** भी कहते हैं।

भौम जल स्तर (Water Table)

विभिन्न स्त्रोतों से प्राप्त सतही जल जब रिसकर नीचे पहुँचता है, तो ये शैलों के रन्ध्रों में संग्रहित होता रहता है, जिससे शैलें धीरे-धीरे जलयुक्त होने लगती हैं इस सम्पूर्ण प्रक्रिया को शैलों कम संतृप्त होना (Saturation** of Rocks) कहते हैं। इस प्रकार पूर्णरूपेण जलयुक्त शैल को *संतृप्त शैल* (Saturated Rock) कहते हैं। इस प्रकार जलयुक्त शैल के ऊपरी तल को जल तल या भौम जल स्तर कहते हैं। दूसरे शब्दों में यह भूसतह के नीचे स्थित संतृप्त शैलों वाले भाग, जिसे संतृप्त मण्डल (Saturated Zone) कहते हैं, का ऊपरी तल होता है। संतृप्त मण्डल में सम्पूर्ण अन्तराकाश (Interstices) भौम जल से भरे रहते हैं। भूमिगत जल की स्थिति के आधार पर भूसतह के नीचे निम्नलिखित तीन मण्डल पाये जाते हैं—

1. **वातन-मण्डल** (Zone of Aeration) – यह भूमिगत जल स्तर का ऊपरी भाग है, जहाँ जल रिसकर पहुंचता है। इसमें शैलों के रन्ध्र प्रायः वायु से भरे रहते हैं, जिस कारण इसे पवन मिश्रित मण्डल भी कहते हैं। वर्षा काल में यहाँ कुछ मात्रा में जल मिलता है। शेष समय में इसकी शैलें जल से संतृप्त नहीं हो पाती हैं जिस कारण इसे *असंतृप्त मण्डल* (Unsaturated Zone) या वेडोज मण्डल भी कहते हैं। भूसतह के समीप स्थित होने से यहाँ पौधों द्वारा अधिकांश जल को वाष्पोत्सर्जन (Transpiration) द्वारा पुनः वायुमण्डल में लौटा दिया जाता है।

2. **संतृप्त मण्डल** (Saturated Zone) – वातन मण्डल से जल रिसकर नीचे पहुंच जाता है, जिससे इस मण्डल की शैलों के रन्ध्र जलपूर्ण हो जाते हैं। इसे संतृप्त मण्डल कहते हैं। इस मण्डल को *अधोभोममण्डल (Phreatic Zone)* भी कहते हैं। इस मण्डल का ऊपरी भाग ही *भौमजल स्तर (Water Table)* कहलाता है। यह जल स्तर बदलता रहता है। वर्षाकाल में जल स्तर सबसे ऊँचा तथा शुष्क काल में सबसे नीचा रहता है। इस घटते-बढ़ते संतृप्त मण्डल के बीच वाले भाग को आन्तरायिक संतृप्त मण्डल (Zone of Intermittent Saturation) कहते हैं। इस मण्डल के नीचे स्थायी संतृप्त मण्डल (zone of Permanent Saturation) स्थित रहता है जिसका भौम जल स्तर सदैव स्थिर रहता है। इसकी गहराई सामान्यतः 2000 से 3000 फीट तक मानी गई है, लेकिन यह सर्वत्र एक समान न होकर भूगर्भिक दशाओं पर निर्भर करती है।

चित्र 19.1 *जलस्तर भूमिगत जल का ऊपरी तल होता है जो भूसतह के नीचे पारगम्य शैलों में स्थित होता है ये शैलें संतृप्त होती है (after C. Buckle)*

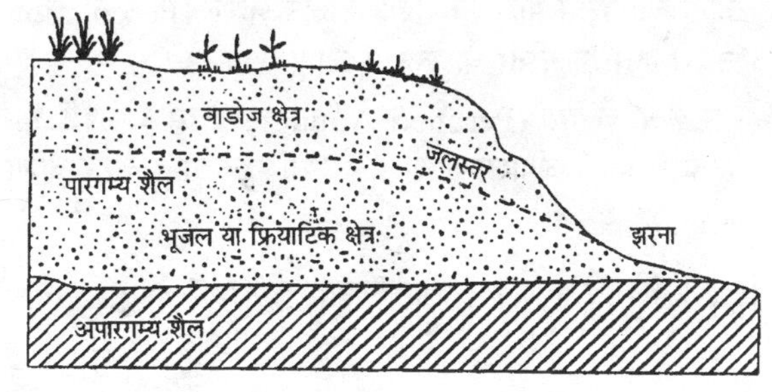

3. **शैल प्रवाह मण्डल** (Rock Flowage Zone) – यह मण्डल भूपटल के नीचे लगभग 16 किलोमीटर की गहराई पर स्थित है, जहाँ अत्यधिक दाब के कारण शैलों के छिद्र बन्द हो जाते हैं जिस कारण जल इसके नीचे रिस नहीं पाता है। इसे शैल प्रवाह मण्डल कहते हैं।

---

* भूगर्भ से उत्पन्न होने वाला वह जल जो पूर्व में कभी वायुमण्डल एवं भूसतह पर उपस्थित न रहा हो, मैग्मज जल (Juvenile Water) कहलाता है।

** शैलों की रिक्तियों (Voids) में जल की उपस्थिति की सीमा या मात्रा को संतृप्ति (Saturation) कहते हैं

जलभृत (Aquifers)

पारगम्य शैल या तलछट का ऐसा भाग जिसमे जल भरा रहता है, जलभृत या जलभरा (Aquifer) कहलाता है। *'Aquifer'* लेटिन भाषा का शब्द है जिसका अर्थ है *'To bear water'* चाक, बलुआ, पत्थर, मलबे का ढेर अच्छे जल-भरे होते हैं, इनसे होकर भूमिगत जल प्रवाहित भी होता है। दो जल भरों के मध्य स्थित अपारगम्य शैल स्तर को *मितजलभृत (Aquiclude)* कहते हैं। लेकिन इसमें मंदगति से जल का अवशोषण होता है। जलभरे तीन प्रकार के होते हैं—

(i) *परिरूद्ध जलभृत* (Confined Aquifers)– परिरूद्ध जलभृत में पर्याप्त जल राशि होती है जो अपारगम्य (Impermeable) पदार्थों से ढकी रहती है जिससे इसका सम्बन्ध ऊपरी जल से नहीं हो पाता है। यह अपारगम्य शैल परत इस पर दबाव बनाये रखती है। इस परिरूद्ध जलभृत में कूप से जल को ऊपर उठने में यह जलीय दबाव पर्याप्त होता है जिससे जल उत्स्त्रुत होकर धरातल पर आता है जल के इस धरातलीय प्रवाह को उत्स्त्रुत प्रवाह (Artesian Flow) कहते हैं अपरिरूद्ध जलभृत से उत्स्त्रुत प्रवाह होने के कारण इस जलभृत को उत्स्त्रुत या दबाव जलभृत (Artesian or Pressure Aquifers) कहते हैं।

बाक्स 19.1 *जलभृत मितजलभृत एवं जलवर्जित*

- जलभृत (Aquifer)—एक जलधारी शैल समूह जिससे कूपों या झरनों के संभरण के लिए पर्याप्त मात्रा में जल संचारित हो सकता है, जलभृत कहलाता है।
- मितजलभृत (Aquiclude)—यह वह शैल समूह है जिसमें जल इतनी मन्द गति से संचारित होता है कि जल संभरण किसी कूप के लिए पर्याप्त नहीं हो पाता है।
- जलवर्जित (Aquifuge)—ऐसा शैल समूह जहाँ रन्ध्र (Pores) तथा अन्तः सम्बद्ध छिद्र अनुपस्थित रहते हैं जिस कारण जल का अवशोषण तथा संचरण नहीं हो पाता है।

(ii) *अपरिरुद्ध जलभृत* (Unconfined Aquifers)—अपरिरुद्ध जलभृत का सम्बन्ध पारगम्य शैल द्वारा सीधा धरातल से होता है। इसमें पारगम्य शैलों से अन्तस्त्रवण (Percolation) द्वारा जल का पुनर्भरण (Recharge) होता रहता है। इसका ऊपरी भाग जलस्तर के रूप में जाना जाता है।

(iii) *लटकता जलमृत* (Perched Aquifer)—इसके ऊपरी भाग को स्थानीय जलस्तर कहते हैं। यह मुख्य जलस्तर के ऊपर होता है इनमें अपारगम्य शैलों से पार्श्विक गति करने वाला भूजल स्त्रोतों (Springs) के रूप में धरातल पर प्रकट होता है।

चित्र 19.2 *जलमृत के प्रकार तथा उत्स्त्रुत कूप (after P. Smithson, 1985)*

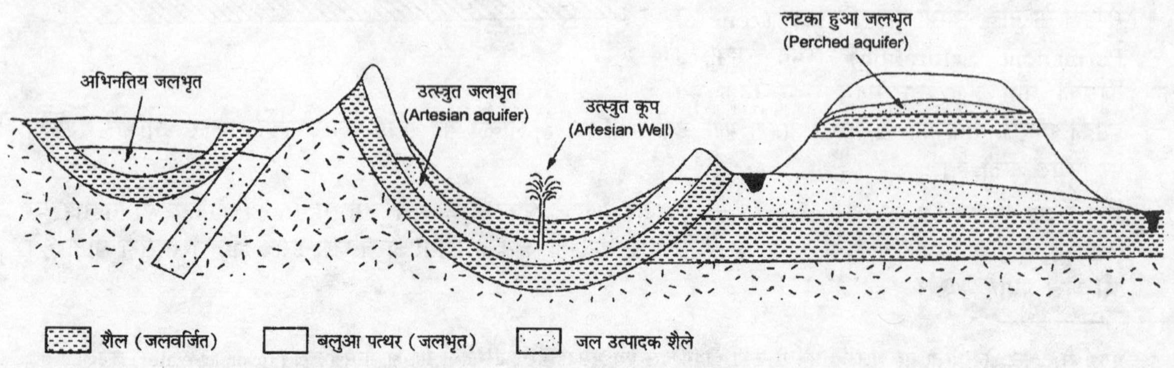

उत्स्रुत कूप (Artesian Well)

Artesian शब्द फ्रांस के *Artois* नामक प्रांत के नाम से लिया गया है जहाँ कैलेस (Calais) के समीप यूरोप का प्रथम उत्स्रुत कूप खोदा गया था। उत्स्रुत कूप या पाताल तोड़ कुए ऐसे प्राकृतिक स्रोत होते हैं, जो भूगर्भ से स्वतः प्रकट होते हैं जिनसे भूसतह पर जल निकलता रहता है। ये विशेष परिस्थितियों में ही बनते हैं इनमें जल द्रव स्थैतिक दाब (Hydrostatic Pressure) के कारण ऊपर की ओर अग्रसर होने लगता है उत्स्रुत कूप के निर्माण के लिए निम्नलिखित दशाएँ आवश्यक हैं—

1. शैल संस्तरों (Rock beds) की संरचना अभिनतिय या उल्टी गुम्बदीय होनी चाहिए।
2. धरातल पर सरन्ध्र तथा पारगम्य शैलें स्थित होनी चाहिए जिसमें से जल का नीचे की ओर अन्तःस्रवण (Percolation) हो सके।
3. भूसतह से रिस कर पहुँचे जल के भूगर्भ में एकत्रित होने वाले स्थान के नीचे अपारगम्य (Impermeable) शैल होनी चाहिए जिन्हें *'मितजलभृत' (Aquiclude)* कहते हैं।
4. एकदिग्नत संरचना (Homoclinal Structure) होनी चाहिए। ऐसी संरचनात्मक स्थिति जिसमें शैल संस्तर समान रूप से एक ही दिशा में नत (Dip) रहते हैं, एक दिग्नत संरचना कहलाती है।
5. उत्स्रुत कूप का जल जिस स्तर से ऊपर की ओर निकलता है उसे जलभृत (Aquifer) कहते हैं। इसके ऊपर तथा नीचे अप्रवेश्य या अपारगम्य शैल स्तर स्थित होना चाहिए ताकि जलभरे में स्थित जल का न तो वाष्पीकरण हो सके तथा न ही वह रिसकर नीचे जा सके।
6. एक ऐसी भूवैज्ञानिक संरचना जिसमें जल उत्स्रुत दाब के कारण परिरुद्ध (Confined) रहता है, उत्स्रुत बेसिन या उत्स्रुत *द्रोणी (Artesian Basin)* कहते हैं। अतः उत्स्रुत बेसिन में पर्याप्त मात्रा में वर्षा होनी चाहिए ताकि जल स्तर उच्च बना रहे।

संसार का सबसे बड़ा उत्स्रुत बेसिन आस्ट्रेलिया स्थित है। इसका विस्तार क्वींसलैण्ड, न्यूसाउथवेल्स तथा दक्षिणी आस्ट्रेलिया में 17,00,000 वर्ग किलोमीटर (656420 वर्गमील) में है जो आस्ट्रेलिया लगभग 20 प्रतिशत क्षेत्र है। इसके समानान्तर पूर्वी भाग में ग्रेट डिवाइडिंग रेंज नामक पर्वत विक्टोरिया से क्वींसलैण्ड तक विस्तृत है, जो सागर तटीय आर्द प्रदेश को अर्द्धशुष्क से शुष्क आन्तरिक भाग विभक्त करता है। आस्ट्रेलिया के उत्स्रुत कूप क्षेत्र को *ग्रेट आस्ट्रेलियन बेसिन* (The Great Australian Basin) कहते हैं। यहाँ 9000 से भी अधिक उत्स्रुत कूप हैं।

दूसरा बड़ा पातालतोड़ कूप क्षेत्र संयुक्त राज्य अमेरिका का डकोटा आर्टीजियन बेसिन (The Dakota Artesian Basin) है। यहाँ प्रथम पातालतोड़ कूप 1881 में दक्षिणी डकोटा में खोदा गया तथा वर्तमान में यहाँ 3000 से अधिक पातालतोड़ कूप हैं। जिनका विस्तार उत्तरी नेब्रास्का, दक्षिणी डकोटा, उत्तरी डकोटा, तथा पश्चिमी मिन्नसोटा से होता हुआ कनाडा तक है। इनके अतिरिक्त लन्दन बेसिन, मास्को का आर्टीजियन बेसिन तथा भारत में तराई क्षेत्र, गुजरात में जलोढ क्षेत्र तथा तमिलनाडु उत्तरी अर्काट जिले व पाण्डिचेरी में भी पातालतोड़ कुए पाये जाते हैं। उत्तरी यूक्रेन क्षेत्र के नीपरडोटस गर्त भी एक प्रमुख पातालतोड़ कूप क्षेत्र हैं।

स्रोत (Springs)

भूमिगत जल का जो भाग धरातल पर किसी प्राकृतिक छिद्र से निकलता है तो जलस्रोत झरना या चश्मा कहलाता है। यह शैल सस्तरों की संरचना के अनुसार संचरित होते हैं। वर्षा जल पारगम्य शैलों से होकर रिसता हुआ भूमिगत होता है लेकिन जब संचरण मार्ग मे अपारगम्य शेलें विद्यमान होती हैं तो जल नीचे की ओर गति नहीं कर पाता तथा इन अपारगम्य शैलों के सहारे ऊपर की ओर प्रवाहित हो जाता है तथा यही जल स्रोत या झरने के रुप में धरातल पर प्रकट होता है। यह जल पर्वतीय या ढाल क्षेत्रों में भूसतह पर उभरी हुई भेद्य (पारगम्य) शैलों से एकत्रित जल स्रोत के रुप में भूसतह पर फूट पड़ता है। ये जल स्रोत जल

के स्थायित्व के आधर पर दो प्रकार के होते हैं—

(i) **स्थायी स्रोत** (Premanent Springs) – जब भूसतह के नीचे अपारगम्य शैलें झुकी अवस्था में होती हैं तथा जलस्तर ऊंचा होता है जो भूजल ढाल मिल जाने से स्थायी रुप में प्रवाहित होता रहता है।

(ii) **अस्थायी स्रोत** (Temporary Springs) – ये भूसतह के नीचे असमान रुप में पाये जाने वाले जलस्तर के कारण बनते हैं जो वर्षा पर निर्भर करते हैं।

जल की प्रकृति के आधार पर स्रोत निम्न प्रकार के होते हैं—

(i) **साधारण जलस्रोत** (Common Springs) – ये जलस्रोत साधारण गहराई वाले होते हैं जिनसे स्वच्छ, शीतल तथा पेयजल निकलता है।

(ii) **तापीय स्रोत** (Thermal Springs) – ये अधिक गहरे होते हैं जिनसे गर्म जल निकलता है। कैलिफोर्निया पार्क में ऐसे स्रोत मिलते हैं।

(iii) **उष्ण स्रोत** (Warm Springs) – इन स्रोतों का ताप क्वथनांक (Boiling Point) से भी उच्च रहता है क्योंकि ये काफी गहरे होते हैं। भारत में हिमाचल प्रदेश का कुल्लु तथा संयुक्त राज्य अमेरिका का यलोस्टन नेशनल पार्क में 4000 स्रोत स्थित हैं।

(iv) **खनिज स्रोत** (Mineral Springs) – ये स्रोत विशेषतः ज्वालामुखी क्षेत्रों में मिलते हैं जिनसे गन्धक लवण आदि खनिजों से मिश्रित जल निकलता है जो औषधीय महत्व का होता है। उत्तरांचल में देहरादून के समीप सहस्त्रधारा, उड़ीसा का अतारी, छिन्दवाड़ा में इसी प्रकार के स्रोत मिलते हैं।

गीजर (Geysir)

आसलैण्ड की भाषा में गोसिर शब्द का अर्थ फुहार छोड़ने वाला (Sponter) होता है। होम्स के अनुसार, "गीजर गर्म पानी के स्रोत होते हैं जिनसे कुछ समय के अंतराल पर उष्ण जल एवं वाष्प तीव्रता से निकलती रहती है।" इस जल का तापमान 75° C - 90° C तक होता है। अमेरिका (U.S.A.) के वायोमिंग राज्य के यलोस्टन नेशनल पार्क में विश्व प्रसिद्ध ओल्ड फेथफुल सहित 100 गीजर हैं। आइसलैण्ड तथा न्यूजीलैण्ड में भी कई गीजर मिलते हैं।

भूमिगत जल के कार्य (The Work of Ground Water)

अपरदन के अन्य साधनों नदी, हिमानी तथा पवन की तरह ही भूमिगत जल भी अपरदन परिवहन तथा निक्षेपात्मक कार्य करता है। लेकिन उनकी तुलना में इसके प्रवाह की गति मन्द होती है तथा इसकी अनाच्छादनकारी प्रक्रिया भी भिन्न होती है।

अपरदनात्मक कार्य (Erosional Work)

अपक्षय क्रिया द्वारा विघटित एवं वियोजित शैलों के सामूहिक स्थानान्तरण (Mass Translocation) में भूमिगत जल की प्रमुख भूमिका होती है, क्योंकि भूमिगत जल अपक्षय के द्वारा विघटित व वियोजित ढीली शैलों को खिसकने में स्नेहक (Lubricant) का कार्य करता है जिसके कारण शैलें जल से संतृप्त होकर ऊँचाई से निचले भागों की ओर खिसकने लगती हैं। इस सम्पूर्ण क्रिया को *'भग्नराशि का सामूहिक स्थानान्तरण' Mass Translocation of Rockwaste)* कहते हैं। इसमें भूमिस्खलन (Landslide), मृदासर्पण (Solifluction), भूमि सर्पण (Earthslide), पंक प्रवाह (Mud Flow), अवसर्पण (Slumping) आदि क्रियायें होती हैं। इनका विवेचन भ्वाकृतिक प्रक्रियाऐं नामक अध्याय में किया गया है। भूमिगत जल द्वारा अपरदन निम्न रूपों में होता है—

1. **घुलन क्रिया** (Solution) – कार्बन डाई आक्साइड मिश्रित वर्षा का जल भूसतह की चूनेयुक्त शैलों को घोलने का कार्य

करता है। जिस कारण घुलनशील खनिज शैलों से पृथक् हो जाते हैं तथा भूसतह पर छोटे-छोटे छिद्र बन जाते हैं। इन छिद्रों से होकर वर्षा का जल निचले भागों में पहुंचकर शैलों के घुलनशील पदार्थों को अलग कर देता है। फलस्वरूप शैलें ढीली होकर वियोजित हो जाती हैं।

2. **जलगति क्रिया** (Hydraulic Action)—जलगति क्रिया में जल बिना किसी दूसरे साधन के जलभृत (Aquifer) में बहता हुआ शैलों के ढीले पदार्थों को सरलता से पृथक् कर देता है। प्रवाह वेग मन्द होने के कारण ये क्रिया अधिक महत्वपूर्ण नहीं है।
3. **अपघर्षण** (Corrasion or Abrasion)—भूमिगत जल के साथ बहने वाले छोटे शैल खण्ड, कंकड-पत्थर तथा घुलित सूक्ष्म पदार्थ आदि शैलों को रगड़कर, घिसकर तथा घर्षण द्वारा अपरदन करते रहते हैं। भूमिगत जल की गति मन्द होने के कारण यह क्रिया भी अधिक प्रभावकारी नहीं होती है।
4. **सन्निघर्षण** (Attrition)—सन्निघर्षण क्रिया में शैल कणों का परस्पर प्राकृतिक रूप से घर्षण होता है, जिससे उनका आकार छोटा तथा गोल हो जाता है। इस क्रिया द्वारा भूमिगत जल के साथ प्रवाहित शैल खण्ड आपस में परस्पर टकराकर रगड़ खाते हैं जिससे टूटकर छोटे होते रहते हैं। भूमिगत जल की गति धीमी होने के कारण सूक्ष्म कण नीचे बैठते रहते हैं।
5. **संक्षारण** (Corrosion)—यह एक रासायनिक अपरदन की क्रिया है जिसमें जल घुलन क्रिया (Solution) कार्बोनेशन, जलयोजन, आक्सीकरण आदि क्रियाओं द्वारा शैलों के मूलभूत खनिजों में परिवर्तन करता है जिससे शैल कण ढीले हो जाते हैं।

परिवहन कार्य (Transportation)

भूमिगत जल की गति मन्द होने के कारण परिवहन कार्य अधिक महत्वपूर्ण नहीं है, अतः यह जलोढक का परिवहन करने में समर्थ नहीं होता है तथा केवल महीन पदार्थों का ही परिवहन कर पाता है। ये पदार्थ लुढक कर (By Traction) चलते हैं।

निक्षेपात्मक कार्य (Depositional Work)

भूमिगत जल घुलन क्रिया द्वारा विभिन्न प्रकार के पदार्थों को मिश्रित कर लेता है जिन्हें परिवहन शक्ति कम होने के कारण निक्षेपण करते रहते हैं। घुलन क्रिया से मिलने वाले रासायनिक पदार्थ एक सीमा के बाद जमने लगते हैं, जिससे अनेक प्रकार की स्थलाकृतियों का जन्म होता है। भूमिगत जल का वेग मन्द होने के कारण अपरदन क्रिया से प्राप्त शैल कण जमा होते रहते हैं। स्पष्ट है इसके द्वारा अपरदन एवं निक्षेपण साथ-साथ होने वाली क्रिया है। भूमिगत जल के साथ प्रवाहित पदार्थों का निक्षेपण निम्न कारणों से होता है—

1. भूमिगत जल के प्रवाह मार्ग में आंशिक अवरोध आने पर भी मन्द वेग के कारण घुलित पदार्थ जमा होने लगते हैं।
2. भूमिगत जल का तापमान बढ़ने पर जल वाष्प बन जाता है फलस्वरूप जल के आयतन में कमी आ जाती है तथा घुलन शक्ति कम हो जाने से बचे हुए जल के घुलित पदार्थ जम जाते हैं। इसके विपरित तापमान कम होने पर भी पूर्व में घुलित पदार्थ जमा हो जाते हैं।
3. दबाव भी घुलनशक्ति को प्रभावित करता है। दबाव बढ़ने पर घुलनशक्ति भी बढ़ती है जबकि दबाव कम होने पर घुलनशक्ति भी कम हो जाती है।
4. कार्बन डाई ऑक्साइड की मात्रा भी भूमिगत जल की घुलनशक्ति को नियन्त्रित करती है। इसकी मात्रा बढ़ने के साथ घुलनशक्ति बढ़ती है तथा घटने के क्रम में घटती है।

बाक्स 19.2 *पारगम्यता एवं सरन्ध्रता (Permeability and Porosity)*

- *पारगम्यता (Permeability):* यह शैल की वह क्षमता होती है जिससे होकर तरल पदार्थ व गैसें गुजरती हैं शैलों में पारगम्यता की मात्रा उनके रन्ध्रों के प्रमाप तथा आकार व परस्पर संयोजन (Interconnection) के विस्तार पर निर्भर करती है।
- *सरन्ध्रता (Porosity):* शैल या मृदा उपस्थित अन्तराकाशों के पुजिंत आयतन (Aggregate Volume of Inter Stices) तथा शैल या मृदा के कुल आयतन के अनुपात को सरन्ध्रता कहते हैं। शैलों में स्थित लघु रिक्त (Void) को रन्ध्र (pore) कहते हैं।

भूमिगत जल की क्रिया विस्तृत रूप से चूना पत्थर के क्षेत्रों में प्रभावकारी है। चूना युक्त शैलों वाले क्षेत्र की जलवायु आर्द्र होनी चाहिए। इस प्रकार चूना युक्त क्षेत्रों में प्रभावशील होने के कारण भूमिगत जल से उत्पन्न स्थलाकृतियों को कार्स्ट स्थलाकृति (Karst Topography) कहते हैं।

कार्स्ट (Karst) शब्द की उत्पत्ति युगोस्लाव भाषा के शब्द से हुई है जिसका अभिप्राय *'चूने के प्रदेश'* से है। कार्स्ट (Karst) शब्द का प्रयोग यूगोस्लोवाकिया के एड्रियाटिक सागर तटीय संकरे चूनायुक्त पठारी भाग के लिए किया गया है, जो अब स्लोवानिया में है। स्पष्ट है कार्स्ट से तात्पर्य चूने के प्रदेश से है, जिसके नाम से एक प्रदेश भी है।

चित्र 19.3 *यूगोस्लाविया एवं निकटवर्ती देशों के कार्स्ट क्षेत्र (after Majid Husain)*

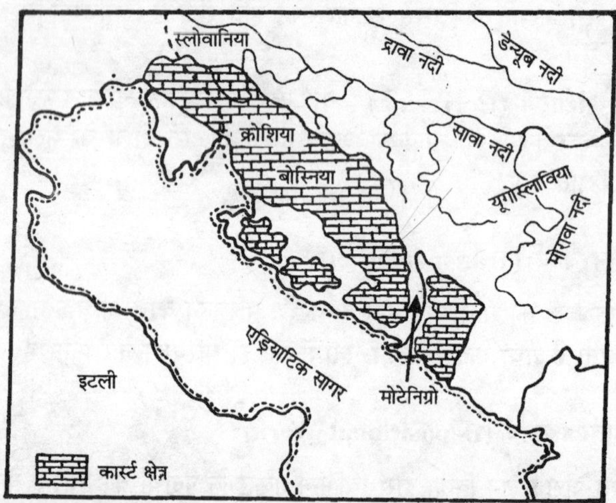

कार्स्ट स्थलाकृति (Karst Topography)

चूने युक्त प्रदेश में जल की घुलन क्रिया से निर्मित अपरदनात्मक एवं निक्षेपात्मक स्थलाकृतियों को कार्स्ट स्थलाकृति कहते हैं। संसार के प्रमुख चूना प्रदेशों में स्लोवानिया देश (पूर्व यूगोस्लाविया) का एड्रियाटिक सागर तटीय क्षेत्र प्रमुख है, जो लगभग 480 किलोमीटर लम्बा, 80 किलोमीटर चौड़ा है। विश्व के अन्य भागों में दक्षिणी फ्रांस का कौसे (Causse) ग्रीस, स्पेनिश एण्डालूशिया उत्तरी प्यूर्टोरिका, जमैका, मैक्सिको के यूकाटन एवं टेबेस्का, पश्चिमी क्यूबा, मध्य उत्तरी गुयाना, दक्षिणी पश्चिमी सेलेबीज, न्यू साउथवेल्स तथा पश्चिमी आस्ट्रेलिया संयुक्त राज्य अमेरका के पेन्सिलवानिया का ग्रेट बेली प्रदेश, वर्जीनिया, टेन्नेसी, इण्डियाना, केन्टुकी तथा मध्य फ्लोरिडा, इंग्लैण्ड का चाक क्षेत्र तथा भारत के कल्लू, कांगड़ा, देहरादून (सहस्त्रधारा एवं टपकेश्वर तथा राबर्ट कन्दरा) जबलपुर, सोलन, पंचमढी, बस्तर तथा रोहतास का पठार (गुप्तधाम कन्दरा) प्रमुख कार्स्ट क्षेत्र हैं।

भूआकृतिविदों ने सम्पूर्ण विश्व में तीन प्रकार के कार्स्ट भूदृश्य बताये हैं—

(i) *शीतोष्ण कार्स्ट (Temperate Karst)*—पूर्व यूगोस्लाविया (स्लोवानिया) इसी वर्ग में आता है। यहाँ भू-आकारों का निर्माण बहुत धीमा होता है। सरीतायें अनुपस्थित रहती है घोलीय अवदाब एवं विस्तृत कन्दरा तन्त्र भी मिलते हैं।

(ii) *उष्ण कटिबन्धीय कार्स्ट (Tropical Karst)*—यहाँ वर्षा की उच्च मात्रा के कारण स्थलरूप तीव्रता से विकसित होते हैं। यहाँ जैविक तथा कार्बनिक अम्ल मृदा में पाये जाते है। घुलन भूदृश्य शीतोष्ण कार्स्ट की तुलना में अधिक मिलते हैं।

चित्र 19.4 *संसार के प्रमुख कार्स्ट स्थलाकृतिक क्षेत्र (after Majid Husain)*

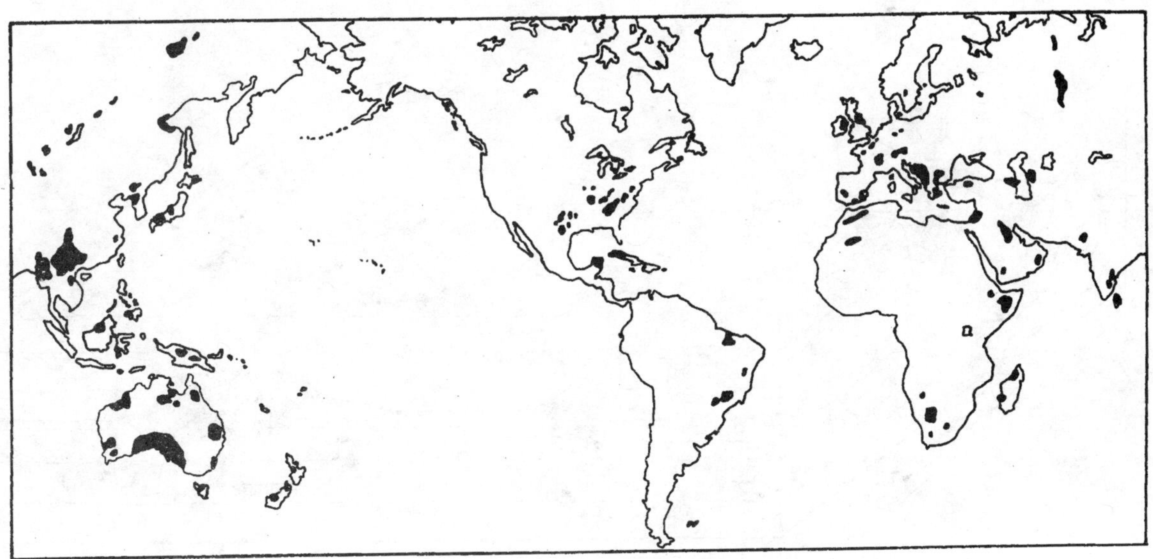

(iii) *केरिबेयन कार्स्ट (Caribean Karst)*—यह विशेष दशाओं में कुछ स्थानों पर ही मिलते हैं। इस प्रकार के कार्स्ट फ्लोरिड़ा व मैक्सिको के यूकाटन में मिलते हैं।

अपरदनत्मक स्थलरूप (Erosional Landforms)

कार्स्ट क्षेत्रों में स्थलरूपों के विकास की सर्वाधिक महत्वपूर्ण क्रिया कार्बोनेशन (Carbonation) है। कार्बन डाई ऑक्साइड के उच्च अनुपात के कारण चूना पत्थर जल के द्वारा आसानी से घुल जाता हे। कार्स्ट क्षेत्रों में अपवाह सतही तथा अधोसतही (Sub-surface) दोनों रूपों में सक्रिय रहता है। कुछ कार्स्ट प्रदेशों में, जहाँ चूना पत्थर की मोटी परत पायी जाती है तथा विस्तृत अपवाह मिलता है वे पूर्ण विस्तृत कार्स्ट (Holokarst) प्रदेश कहलाते हैं। इन्हें *वास्तविक कार्स्ट (True Karst)* भी कहते हैं। ऐसे क्षेत्र, क्रोशिया तथा स्लोवानिया में मिलते हैं। कुछ भागों में जलीय एवं कार्स्ट स्थलाकृतियाँ सम्मिलित रूप से मिलती हैं, इन्हें *जलीय कार्स्ट (Fluviokarst)* कहते हैं। शीत प्रदेशों में पतली हिम परत के नीचे चूनायुक्त शैलें मिलती हैं तथा बर्फ के निरन्तर पिघलते रहने से उत्पनन जल द्वारा घुलन क्रिया से भी स्थलाकृतियाँ बनती हैं, जन्हें *हिम कार्स्ट (Glaciokarst)* कहते हैं। स्पष्ट है, अपरदनात्मक स्थलाकृतियाँ या तो जलीय प्रवाह या जलीय तथा कार्स्ट प्रवाह के सम्मिलित प्रवाह से उत्पन्न होते हैं।

कार्स्ट स्थलाकृति के विकास के लिए अनुकूल दशाएं

कार्स्ट स्थलाकृतियों का विकास निम्नलिखित दशाओं में सम्भव है :

1. धरातलीय सतह के समीप घुलनशील शैलें पायी जानी चाहिये, जिनमें शुद्ध चूना पत्थर डोलोमइट की शैल उपयुक्त होती है क्योंकि घुलन क्रिया गहराई पर अधिक प्रभावशील नहीं रहती है।
2. कार्स्ट क्षेत्र की शैलों में संधियाँ (Joints) पर्याप्त मात्रा में विकसित होने चाहिए ताकि जल संधियों तथा रन्धों से प्रवाहित होकर शैलों को घोलने का कार्य कर सकें।

चित्र 19.5 *शीतोष्ण कार्स्ट प्रदेशों में सतही एवं भूमिगत दृश्यभूमि*

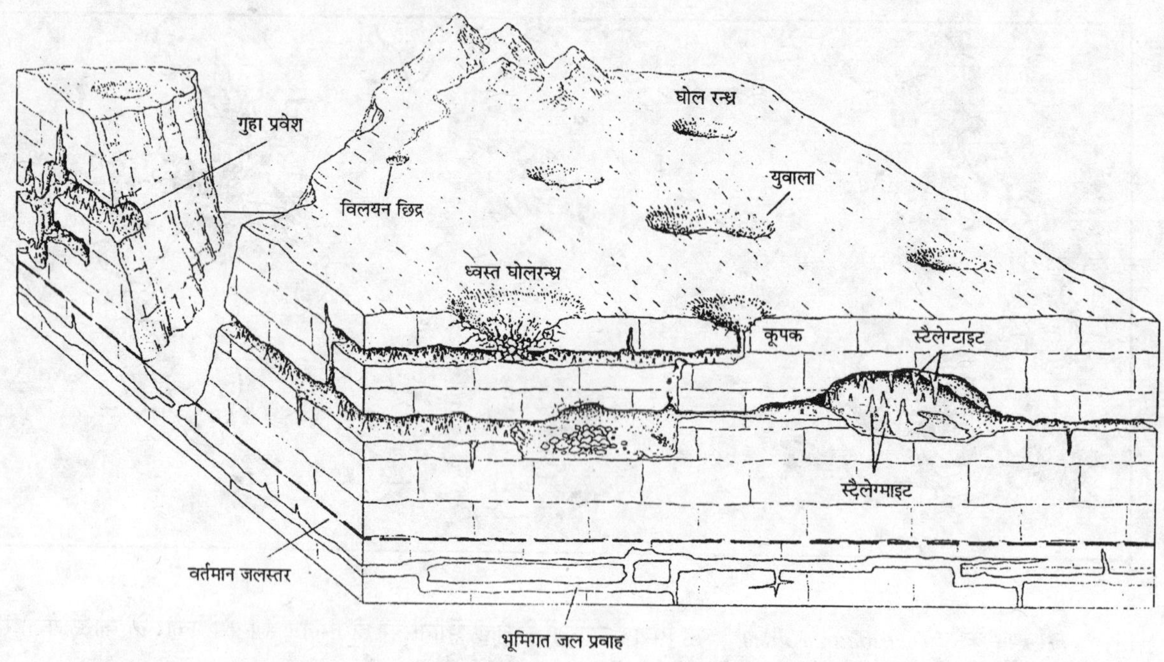

3. शैलें पारगम्य होनी चाहिये जिससे जल उनसे होकर शीघ्रता से प्रवाहित होगा। परिणामस्वरूप घुलनक्रिया अच्छी तरह से हो सके लेकिन अधिक पारगम्य शैलों में घुलन क्रिया पर्याप्त मात्रा में नहीं हो पाती, अतः सीमित मात्रा में ही पारगम्यता अनुकूल मानी जाती है।
4. चूना प्रदेशों में घाटियों का विस्तृत एवं गहराई में होना चाहिए जिनके समीप उच्च स्थलखण्ड हों जिनके नीचे चूना पत्थर या डोलोमाइट शैलों का विस्तार हो ताकि ऊपर से रिसने वाला जल इन्हें घोल सके। यह स्थिति स्लोवानिया के कार्स्ट की तरह वलित (Folded) अथवा फ्रांस के कोसे की तरह भ्रांशित (Faulted) भी हो सकती है।
5. भूमिगत जल की पूर्ति पर्याप्त होने के लिए या तो पर्याप्त वर्षा हो या फिर सतही प्रवाह होना चाहिए।

अपरदन से निर्मित स्थलाकृतियाँ निम्नलिखित हैं—

1. **टेरा रोसा** (Terra Rossa) – जहाँ पर ढाल मध्यम से सामान्य होता है, वहाँ चूने की सतह पर जल रिसकर घुलनक्रिया करता रहता है जिससे चूना तो घुल जाता है लेकिन लाल मृत्तिका युक्त मिट्टियों (Red Clayey Soils) के अवशेष रह जाते हैं। ये अवशेष सतह पर तथा खुले हुए जोड़ों पर पाये जाते हैं। इन्हें टेरा रोरा कहते हैं। ये पर्याप्त मात्रा में सघन होते हैं तथा कहीं-कहीं तो पूर्ण चूना प्रदेश को आवरित कर लेते हैं। ये उष्ण कटिबन्धीय क्षेत्रों में पायी जाने वाली लेटेराइट मिट्टी से भी समरूपता रखते हैं। ये दक्षिणी यूरोप तथा दक्षिणी इण्डियाना (U.S.A.) में मिलते हैं।
2. **अवकूट** (Lapies) – जिन विषम संरचना वाले प्रदेशों में सतह टेरारोसा से आवरित नहीं होती है वहाँ वैशेषिक अपरदन (Differentiate Erosion) द्वारा धरातल असमतल तथा ऊबड़-खाबड (Ruggedness) हो जाता है। जिसमें खाँचे (Grooves) तथा गर्त (Pits) बन जाते हैं। शैल संधियाँ अधिक विस्तृत होकर नुकीली हो जाती हैं। जिन्हें *शिखरिकाएं* (Pinnacles) कहते हैं। दीवार की तरह खड़ी शिखरिकाओं के मध्य संकरे विदर (Clefts) पाये जाते हैं जो इन्हें अलग करते हैं। इस प्रकार की कटी-फटी सतह वाले ऊबड़-खाबड़ भाग को लेपीज कहते हैं। लेपीज को विभिन्न देशों में

अलग-अलग नामों से जाना जाता है। इसे फ्रांस में *लेपीज (Lapies)*, जर्मनी में *कारेन (Karren)*, इंग्लैण्ड में *क्लिण्ट (Clint)* स्लोवानिया (पूर्व यूगोस्लाविया) में *बोगाज (Bogaz)* कहते हैं। लेपीज का विस्तृत अध्ययन करते हुए स्वजिक (Cvijic, 1924) महोदय ने बताया कि इनकी रचना में शैल संगठन एवं संरचना तथा वनस्पति आवरण का विशेष प्रभाव पड़ता है। लेपीज बनावट के आधार निम्न प्रकार के होते हैं—

(i) ***रिल कारेन** (Rillen Karren)* – यह जर्मन शब्द है जिसका अंग्रेजी पर्याय *'Rill Lapies'* होता है, ये उच्च वर्षा के कारण तीव्र ढालू बन जाते हैं, जिनमें नुकीली कटकों के मध्य खाँचे (Grooves) बन जाते हैं। रिल कारेन अल्पाइन कार्स्ट क्षेत्र में मिलते हैं।

(ii) **रुण्ड कारेन** (Rund Karren) – ये शैलों तथा मृदा के बीच से जल प्रवाह के कारण बने गोलाकार कटकों को विभक्त करने वाले गोलाकार खाँचे होते हैं।

चित्र 19.6 *कारेन (लेपीज) के प्रकार (After A. Goudie 1993)*

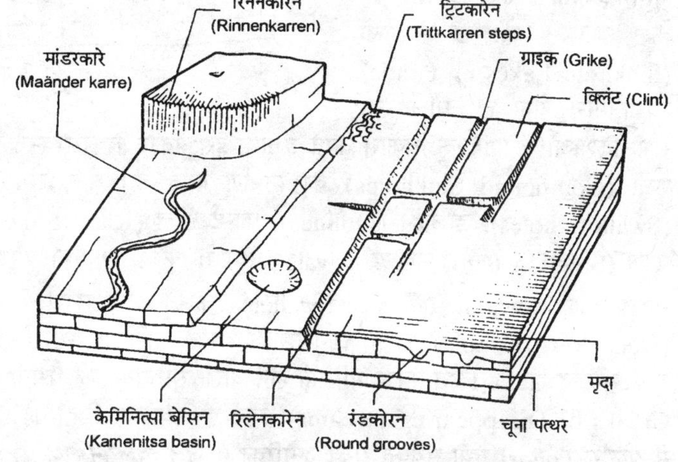

(iii) **क्लफ्ट कारेन** (Kluft Karren) – इसे विदर कारेन (Cleft Karren) भी कहते हैं। ये सन्धियों से सम्बन्धित भू-आकार हैं जिसमें गहरे विदर (Deep Cleft or Fissure) बन जाते हैं।

(iv) **ट्रिट्कारेन** (Tritt Karren) – ये लघु सीढीनुमा चिकनी सतहें तथा घोल बेसिन (Solution basin) होते हैं, जिन्हें जर्मनी में कामेनिट्सा (Kammenitsa) कहते हैं।

(v) **स्पिट्सकारेन** (Spits Karren) – ये एक कटी-फटी सतह (Dissected Surface) होती है, जिसकी गहराई सीमित है।

(vi) **डेकन कारेन** (Decken Karren) – ये उथले आकार में होते हैं जिनका निर्माण पौधों की प्रत्यक्ष क्रिया द्वारा होता है।

(vii) **हॉलकारेन** (Hohl Karren) – हॉलकारेन का निर्माण पंक या दलदली (Peaty) दशाओं में होता है।

(viii) **रिनेन कारेन** (Rinnen Karren) – इसका शिखर तीव्र तथा धरातल झुका हुआ (Inclined) होता है।

3. **चूना कुट्टिम** (Limestone Pavement) – यह एक हिम द्वारा समतल तथा चिकना किया हुआ आवरण रहित (Bared) चूना पत्थर का क्षेत्र होता है। जिसे हिम कार्स्ट (Glaciokarst) भी कहते हैं। इसको ऊर्ध्वाधर सन्धियों (Grikes) में घुलन क्रिया द्वारा कटा-फटा (Dissected) बना दिया जाता है।

4. **घोल रन्ध्र** (Solution or Sinkholes) – घोलरन्ध्र छोटे, उथले, किपाकार, गोलाकार से अण्डाकार रूप के रन्ध्र होते हैं, जिनका निर्माण क्षैतिज परतों वाले चूना प्रदेश के समतल सतह पर कार्बन डाई-आक्साइड युक्त जल द्वारा घुलन क्रिया से

होता है। ये जल सन्धियों में पहुंचकर घुलनशील तत्वों को घोलकर विस्तार करता है। घोल रन्ध्रों का विकास सन्धियों के सहारे पंक्तियों में होता है। घुलन क्रिया के अतिरिक्त इसका निर्माण कभी-कभी घुलन गुफा (Solution Cavity) या ऊपरी सतह के ध्वस्त (Collapse) होने से भी होता है। सतही जल इन रन्ध्रों से होकर भूमिगत होता है तथा जिससे भूमि के अन्दर **घोलरन्ध्र झीलों** (Sinkhole Lakes or Ponds) का निर्माण होता है। घोल रन्ध्र सभी दिशाओं में पार्श्विक विकास करते हैं तथा इस प्रकार विकास करते रहने से अनेक घोल रन्ध्र मिलकर **संयुक्त घोल रन्ध्रों** (Compound Sinkholes) का निर्माण करते हैं। घोल रन्ध्र से सम्बन्धित स्थलाकृतियों में विलयन छिद्र (Swallow holes), डोलाइन (Dolines), कार्स्ट झील (Karst Lakes), कार्स्ट खिड़की (Karst Window), घोल पटल (Solution Pan), सकुण्ड (Uvala) तथा राजकुण्ड (Polje) प्रमुख हैं।

चित्र 19.7 *चूना कुट्टिम (After Briggs and Smithson)*

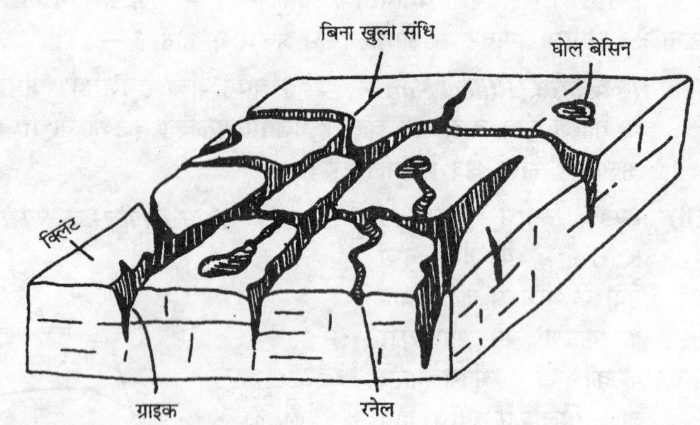

5. **विलयन छिद्र** (Swallow holes or Swallet) – कार्स्ट प्रदेशों में शैलों की घुलन क्रिया द्वारा उत्पन्न गहरे ऊर्ध्वाधर छिद्र (Deep Vertical hole) को विलयन छिद्र कहते हैं, जो घोल रन्ध्रों के विस्तार से बनता है। इस छिद्र से होकर सतही जल भूमिगत होता है। इस प्रकार भूमिगत होने वाली सरिताओं को धंसती निवेशिका या विलुप्त हो रही सरिता (Sinking Creaks or Disappearing Streams) कहते हैं। विलयन छिद्रों को फ्रांस में *एम्बूट (Embut)*, स्लोवानिया, क्रोशिया में *पोनोर (Ponor)* तथा संयुक्त राज्य अमेरिका में *जल विलयन (Water Sink)* आदि स्थानीय नामों से जाना जाता है।

6. **डोलाइन** (Dolines or Dolinas) – विलयन छिद्रों का आकार बढ़ जाने पर उन्हें डोलाइन कहते हैं। इसे सार्बिया में डोलीनास कहते हैं। कभी-कभी डोलाइन का निचला छिद्र जिससे जल रिसता है वह चीका मिट्टी द्वारा बन्द हो जाता है तथा पानी भरने से झील बन जाती है। जिसे *कार्स्ट झील* कहते हैं। कालान्तर में यह बन्द होने वाले छिद्र का मलबा हट जाता है, जिससे छिद्र पुनः खुल जाता है, परिणामस्वरूप कार्स्ट झील पुनः डोलाइन में परिवर्तित हो जाती है। बनावट के आधार पर डोलाइन निम्न प्रकार के होते हैं—

   (i) **विलयन डोलाइन** (Solution Doline) – इसका विकास निम्नवर्ती मन्द विकास के द्वारा होता है। ये कीपाकार, गोलाकार तथा सर्पिलाकार होते हैं।

   (ii) **निपात डोलान** (Colapse Doline) – ये भूमिगत गुफा की छत के ध्वस्त होने से बनते हैं। इन्हें ध्वस्त डोलाइन भी कहते हैं। इसकी दीवारें तीव्र ढालवाली क्लिफनुमा होती हैं। ये दीवारें बाद में उपसतह (Subarial) अपक्षय द्वारा समतल भी हो जाते हैं। अनेक विद्वान इनका निर्माण भ्रंश के कारण मानते हैं।

   (iii) **अवतलनी डोलाइन** (Subsidence Doline) – कार्स्ट क्षेत्रों में अनेक जगह ऊपरी शैल परत अघुलनशील होती है। जबकि उसके नीचे चूनायुक्त शैल घुलकर हटती रहती है जिसके कारण ऊपरी सतह धंसकर नीचे गिर जाती है तथा अवतलनी डोलाइन का निर्माण होता है।

चित्र 19.8 *डोलाइन के प्रकार*

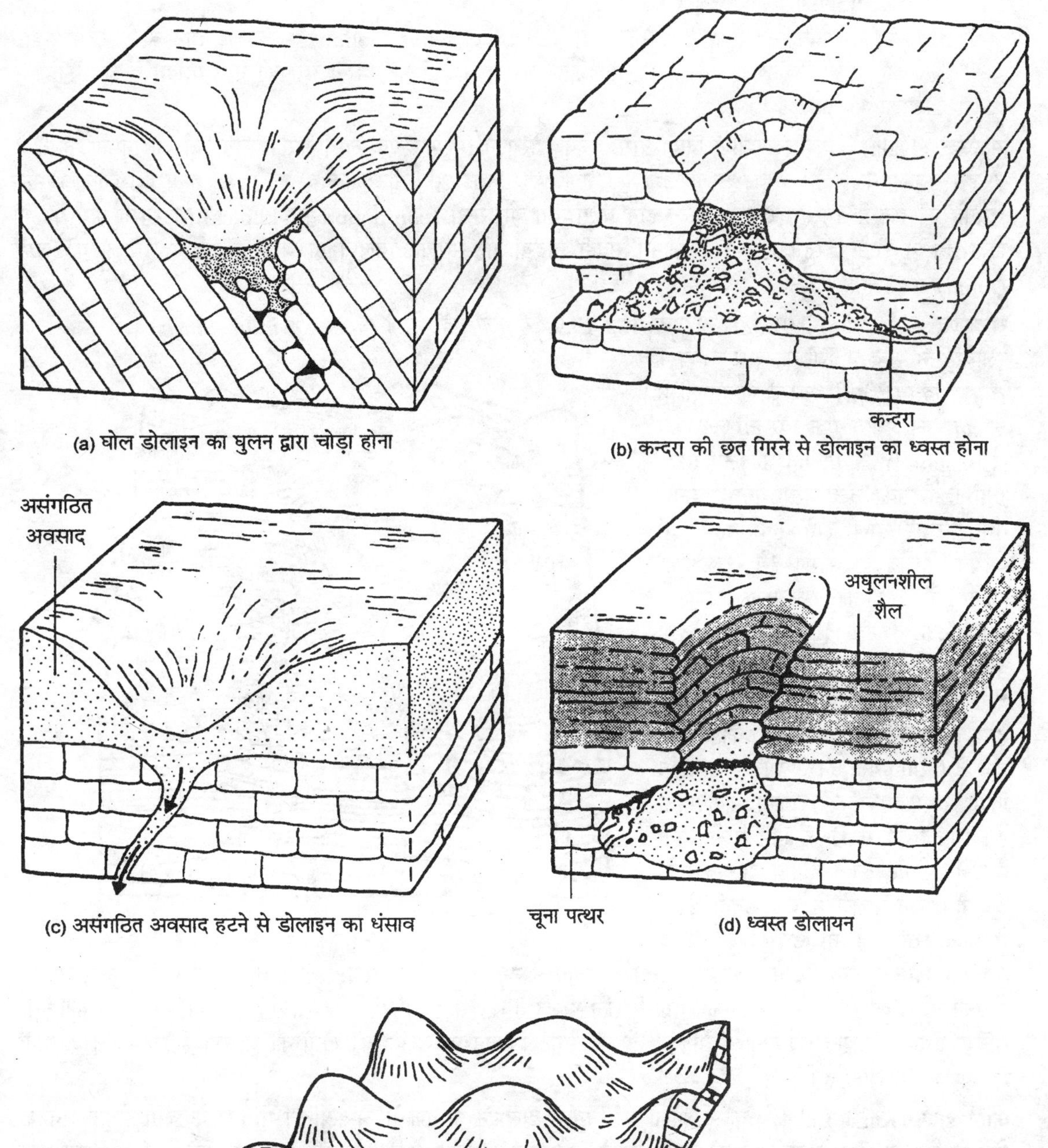

(a) घोल डोलाइन का घुलन द्वारा चोड़ा होना

(b) कन्दरा की छत गिरने से डोलाइन का ध्वस्त होना

(c) असंगठित अवसाद हटने से डोलाइन का धंसाव

(d) ध्वस्त डोलायन

(e) कॉकपिट, तारा सदृश्य डोलाइन

(iv) **अधोगमन निपात डोलाइन** (Subjacent Collapse Doline) – अवतलनी डोलाइन के भूमि के अन्दर धंसने से अधोमन नियात डोलाइन बनते हैं।

(v) **मधुकरंड या कॉकपिट डोलाइन** (Honey Comb or Cockpit Doline) – जब कई छोटे डोलाइन पास-पास बन जाते हैं तो निकटवर्ती गर्त परस्पर मिल जाते हैं, जो बाद में मधुमक्खी छत्ते की तरह दिखते हैं इन्हें कॉकपिट डोलाइन भी कहते हैं।

7. **सकुण्ड** (Uvala) – जब घुलनशील क्रिया द्वारा अनेक डोलाइन मिलकर एक लम्बाकार विस्तृत गर्त का निर्माण करते हैं, तो इसे यूवाला कहते हैं। इसकी लम्बाई 1 किमी. तक तथा गहराई 200 मीटर तक व तल विषम होता है। इनका निर्माण भूसतह की छत के विस्तृत रूप में ध्वस्त होने व संयुक्त घोलरन्ध्रों (compound Sinkholes) के ध्वस्त होने पर भी होता है। ये इतने विस्तृत होते हैं कि इनमें सतही नदियाँ भी समाकर विलुप्त हो जाती हैं। छोटे युवाला को *जामा (Jama)* कहते हैं।

8. **राजकुण्ड** (Polje) – *'Polje'* एक स्लोवेनियन शब्द है, जिसका अर्थ है, *खुला क्षेत्र या खेत (Field)*। कार्स्ट शब्दावली में *'Field'* का प्रयोग एक विस्तृत लम्बाकार (Elongated) आवृत गर्त के लिए किया गया है जिसका तल जलोढयुक्त समतल तथा किनारे ढालू होते हैं। गहराई में अधिक फैलाव के कारण इसे 'राजकुण्ड' कहते हैं। इनका अनुकूल विकास एड्रियाटिक तटीय स्लोवानिया तथा क्रोशिया में होता है। इनका निर्माण कार्स्ट क्षेत्रों में अवतलित भागों में घुलन क्रिया द्वारा होता है। ये युवाला से काफी बड़े होते हैं। सामान्यतः इनकी चौड़ाई 1 से 5 किमी. तथा लम्बाई 60 किमी. तक होती है। जिन छिद्रों से होकर इनमें पानी जाता है उन्हें *'पोनोर'* कहते हैं। ये दो प्रकार के होते हैं। जिन पोलजे में जल सतही स्रोतों से जाता रहता है तो उन्हें खुले पोल्जे (Open Polje) तथा जिनमें जल घोल रन्ध्रों से जाता है उन्हें बन्द पोल्जे (Closed Polje) कहते हैं। बुल्गारिया के बाल्कन प्रदेश का *लिवानों पोल्जे* एक प्रमुख विस्तृत पोल्जे है। 5 से 11 किमी. चौड़ा तथा 64 किमी लम्बा है। क्रोशिया, सर्बिया तथा बोस्निया-हर्जगोविना में पोल्जे क्षेत्रों की समतल सतह पर मक्का की खेती की जा रही है, जहाँ जल आसानी से उपलब्ध हो जाता है।

चित्र 19.9 *यूवाला एवं पोल्जे (after Savindra Singh)*

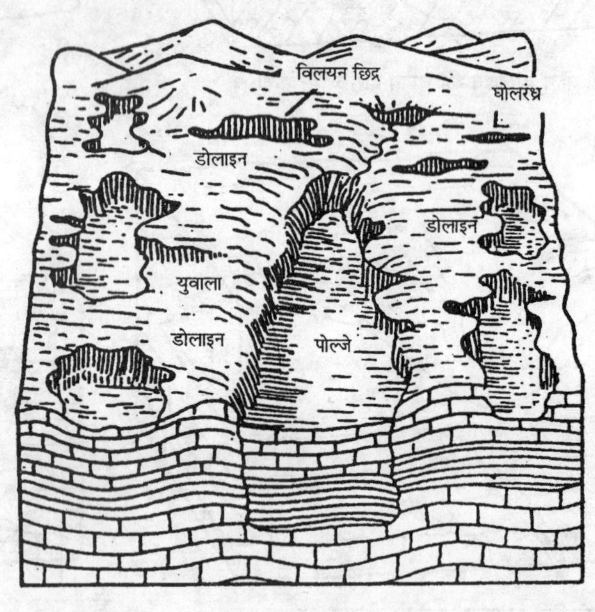

9. **कार्स्ट झील** (Karst Lake) – कार्स्ट झीलों का निर्माण डोलाइन के तल में अन्तःघुलित मृत्तिका के जमा होकर अवरुद्ध होने से होता है। इससे डोलाइन की तली में बने छिद्र बन्द हो जाते हैं जिससे जल रिस कर नीचे नहीं जा पाता तथा एकत्रित होकर झील का रूप ले लेता है। अनेक बार ये झीलें ध्वस्त होकर पुनः डोलाइन में भी परिवर्तित हो जातं ये केवल वर्षाकालीन ही होती हैं। फ्लोरिडा (U.S.A.) की *एलाशुआ* झील एक प्रमुख कार्स्ट झील है।

10. **कार्स्ट खिड़की** (Karst Window) – कई बार जब डोलाइन या विलयन रन्ध्र की सतह के ध्वस्त होने से एक छिद्र का निर्माण होता है। इस झरोखेदार छिद्र को कार्स्ट खिड़की कहते हैं। इन रन्ध्रों के द्वारा कभी-कभी सतही जल भी भूमिगत हो जाता हे। ये जल भूमिगत होकर घुलनक्रिया को तीव्र करता है, जिससे सकुण्ड तथा राजकुण्ड का निर्माण होता है।

11. **घोल पटल** (Solution Pan) – ये डोलाइन से काफी समानता रखते हैं। लेकिन डोलाइन से उथला तथा विस्तृत क्षेत्र वाला होता है। इण्डियाना (U.S.A.) मे लीस्ट नदी क्षेत्र में एक घोल पटल 30 एकड़ में फैला हुआ है।

12. **पोनोर** (Ponors) – ये लम्बवत् गहरे छिद्र (Holes) होते हैं, जिनसे होकर रन्ध्रों व सन्धियों का जल गुफाओं में प्रवेश करता है। पोल्जे से जल प्रवाहित होने वाले छिद्रों को भी पोनोर कहते हैं।इन्हें स्लोवानिया एवं क्रोशिया में 'घोल रन्ध्र' का समानार्थी माना है।

चित्र 19.10 *पोनोर (after Savindra Singh)*

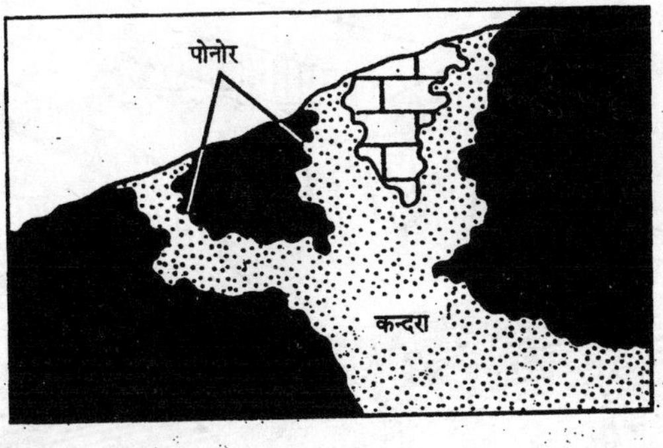

13. **कार्स्ट घाटी** (Karst Valley) – आर्द्र कार्स्ट क्षेत्रों में वर्षाकाल में सतही नदियाँ चूने के धरातल पर प्रवाहित होती हैं तो घोलीकरण द्वारा यह धरातल तीव्र खड़े ढालों वाली यू-आकार की घाटी बनां देती है। ऐसी अस्थायी घाटियों को **घुलन घाटी** (Solution Valley) भी कहते हैं। वर्षा जल कम होते ही यह जल विलयन रन्ध्रों द्वारा भूमिगत हो जाता है। धंसती निवेशिका (Sinking Creek) तथा अन्धी घाटी (Blind Valley) भी कार्स्ट घाटियों के क्रम में ही बनती हैं।

14. **धँसती निवेशिका** (Sinking Creek) – जब कार्स्ट मैदान में अनेक छिद्र हो जाते हैं, तो वह एक छलनी सदृश्य दिखता है। कार्स्ट प्रदेश की नदी का जल इन छिद्रों से होकर भूमिगत हो जाता है तथा ये नदियाँ धंसती निवेशिका के रूप में बहने लगती हैं। सम्पूर्ण जल भूमिगत होने के कारण सतही प्रवाह अदृश्य हो जाता है। इण्डियाना (U.S.A.) की लीस्ट नदी 13 किमी. भूमिगत प्रवाहित होती है। ये धंसती निवेशिकाएं भूमिगत कन्दराओं के निर्माण में योग देती हैं।

15. **अन्धी घाटी** (Blind Valley) – कार्स्ट प्रदेशों में भूसतह पर जिस स्थान पर नदी का जल भूमिगत होता है, उससे आगे नदी घाटी शुष्क रहती है। इसके ऊपरी शुष्क भाग को शुष्क नदी तल (Dry River Bed) कहते हैं। वर्षा के समय इस शुष्क नदी तल में विलयन छिद्रों से होकर जल पर्याप्त मात्रा में संग्रहित हो जाता है, जो समाप्त न होकर पूर्व घाटी में प्रवाहित होने लगता है। इस प्रकार भूसतह पर विलयन छिद्र पर समाप्त होने वाली नदी के आगे वाले प्रवाह की दिशा का पता नहीं लग पाता है। इस प्रकार की नदी घाटी को अन्धी घाटी कहते हैं।

16. **गुफा या कन्दरा** (Cave or Cavern) – कन्दरा भूमिगत जल की घुलन क्रिया तथा अपघर्षण (Solution and Corrasion) द्वारा निर्मित एक खोखली आकृति होती है, जिनका प्रवेश द्वारा भूसतह से संयोजित रहता है। कन्दरा के अन्दर जल प्रवाहित होना आवश्यक नहीं है। कन्दरा शुष्क भी हो सकती हैं। इनका आकार विभिन्न प्रकार का होता है। कन्दरा निर्माण की प्रारम्भिक क्रिया में घुलन क्रिया सर्वाधिक महत्वपूर्ण होती है तथा इसका विस्तार भूमिगत जल के अपघर्षण द्वारा होता है। कन्दराओं का निर्माण उन्हीं स्थानों में संभव है जहाँ चूने की चट्टानें गहरी एवं मोटी परतों के रूप में विस्तृत होती हैं। जब जल का संयोग कार्बन डाई ऑक्साइड से होता है तो वह चूने युक्त शैलों से क्रिया करके कैल्सियम बाई-कार्बोनेट बनाता है, जो कैल्सियम कार्बोनेट (लाइमस्टोन का सर्वप्रमुख तत्व) की तुलना में 30 गुना अधिक घुलनशील होता है। जब कार्बन डाई आक्साइड युक्त जल रिसकर नीचे की ओर जाता है, तो शैलों के छिद्रों तथा संधियों

चित्र 19.11 *कार्स्ट प्रदेश में नदी से सम्बद्ध स्थलाकृतियाँ*

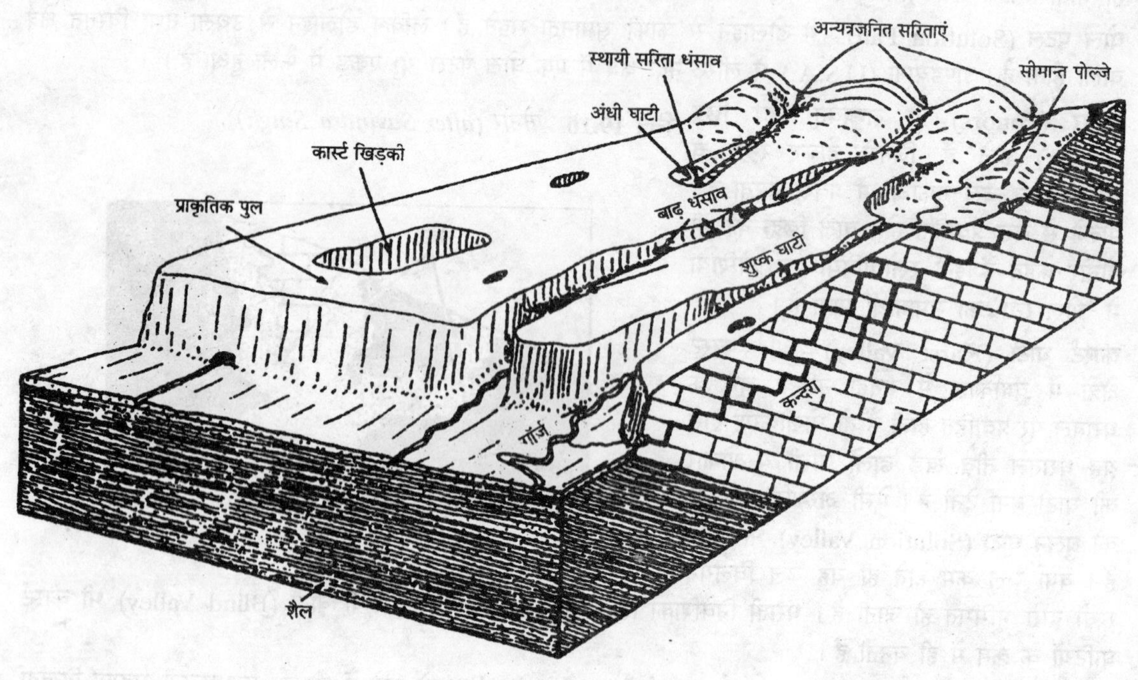

से होकर विभिन्न संस्तरों में लम्बवत् गति करता है। इस क्रिया में शैलों की संधियों एवं छिद्रों का विस्तार होता है तथा कालान्तर में ये मिलकर कन्दरा का रूप लेने लगते हैं। यह क्रिया भूमिगत जल स्तर (Water Table) तक ही होती है इसके उपरान्त अपारगम्य शैलें मिलती हैं। जहाँ जल की गति लम्बवत् न होकर क्षैतिज होने से कन्दरा का क्षैतिज विस्तार होता है। विश्व में क्रोशिया, स्लोवानिया, फ्रांस, तथा संयुक्त राज्य अमेरिका में कन्दरायें सर्वाधिक मिलती हैं। संयुक्त राज्य अमेरिका के न्यू मेक्सिको की कार्ल्सवाद तथा केण्टुकी राज्य की मैमथ कन्दराएं विश्व प्रसिद्ध हैं। भारत में देहरादून (टपकेश्वर कन्दरा), बिहार रोहतास का पठार (गुप्तधाम कन्दरा), छत्तीसगढ़ के बस्तर (कुटुम्बसर) आदि क्षेत्रों में भी कन्दरायें मिलती हैं।

कन्दरा उत्पत्ति के विषय में विद्वान एक मत नहीं हैं, अतः विभिन्न विद्वानों ने भिन्न-भिन्न मत प्रस्तुत किये हैं जिनमें निम्नलिखित प्रमुख हैं—

(i) **अपघर्षण सिद्धान्त** (Corrasion Theory)—कन्दरा निर्माण में अपघर्षण को महत्वपूर्ण मानते हुए 1910 में लापरेण्ट, मर्तोनी, मार्टेल, वैलर तथा मैलाट ने इस सिद्धान्त को प्रस्तुत किया तथा कन्दरा का निर्माण भूमिगत जल द्वारा अपघर्षण से होना बताया हैं

(ii) **डेविस का द्विचक्र सिद्धान्त** (Two-cycle Theory of Davis)—सन् 1930 में डेविस ने अपघर्षण सिद्धान्त की आलोचना करते हुए द्विचक्र सिद्धान्त प्रस्तुत किया। अपने पेपर *'Origin of Limestone Cavern'* में उन्होंने बताया कि कन्दराओं का निर्माण घुलन क्रिया द्वारा दो अवस्थाओं में होता है।

सारणी 19.1 *विश्व की प्रमुख कन्दराएं*

नाम	अवस्थिति	लम्बाई कि.मी.
होलोक कन्दरा	माउरेटल (स्विटजरलैण्ड)	85.2
फ्लिंट कटक तन्त्र	केन्दुकी (U.S.A.)	81.4
मैमथ कन्दरा तन्त्र	केन्दुकी (U.S.A.)	71.2
इसरेसिनवेल्ट कन्दरा	साल्जबर्ग (आस्ट्रिया)	42.0
ब्लू स्प्रिंग कन्दरा	इण्डियाना (U.S.A.)	32.2
ग्रीनब्रीअर कन्दरा	पीश्चमी वर्जीनिया (U.S.A.)	24.3
डोमिका कन्दरा	हंगरी युगोस्लाविया	22.0
जवेल कन्दरा	दक्षिणी डकोटा (U.S.A.)	21.0
एनविल कन्दरा	अलबामा (U.S.A.)	19.2
सुलीवान कन्दरा तन्त्र	इण्डियाना (U.S.A.)	18.5
डेन्ट डी क्रोलस तन्त्र	इजिरे (फ्रांस)	18.0

Source: Thronbury, W.D. (2000 : 328)

(iii) **स्विनर्टन का भौम जल स्तर सिद्धान्त** (Water Table Theory of Swinnerton) – स्विनर्टन से (Swinnerton A.C., 1929, 1932) के विचार डेविस से समानता रखते हैं। उनके अनुसार कन्दराओं के निर्माण में भौम जल स्तर प्रमुख नियन्त्रक कारक है। उन्होंने स्पष्ट किया कि कन्दराएँ घुलन क्रिया द्वारा ही बनती हैं, लेकिन इनका विकास भौम जल स्तर तक ही होता है।

(iv) **गार्डनर का स्थैतिक जलमण्डल सिद्धान्त** (Static Water Zone Theory of Gardner) – गार्डनर महोदय (Gardner, J. H., 1935) ने बताया कि कन्दराओं का निर्माण संरचनात्मक रूप से उत्थित भागों के पार्श्वों* (Flanks) पर दो अवस्थाओं में होता है। प्रथम, अवस्था में भौम जल स्तर स्थिर रहता है क्योंकि सतही नदियाँ गहराई तक कटाव नहीं कर पाती हैं। जिस कारण वे स्थिर भौम जल को प्रवाहित नहीं कर सकती हैं। द्वितीय अवस्था में घाटियाँ गहरी होकर स्थिर भौम जल को प्रवाहित कर लेती हैं, जिससे अद्योभौम जल (Vadose Water)** तथा आकाशी जल (Meteoric or Rain Water) लम्बवत् गति करते हुए शैल संधियों तथा रन्ध्रों को घुलन क्रिया से विस्तृत करके कन्दरा का निर्माण करता है।

(v) **मैलाट का आक्रमण सिद्धान्त** (Invasion Theory of Malott) – मैलाट महोदय ने 1937 में बताया कि जब सतही जल भूमिगत होकर बहता है, तो वह अपने मार्ग के सहारे कन्दरा का निर्माण करता है। यह जल कुछ निश्चित स्थानों पर विलयन छिद्रों के द्वारा भूमिगत होता है। इस दौरान होने वाली अपघर्षण क्रिया से कन्दराओं का निर्माण होता है।

17. **प्राकृतिक पुल** (Natural Bridge) – प्राकृतिक पुल की उत्पत्ति सामान्यतः दो प्रकार से होती है। प्रथम कन्दरा की छत के ध्वस्त हो जाने के उपरान्त शेष बचा भाग प्राकृतिक पुल की तरह दिखाई देता है। द्वितीय जब सतही प्रवाह विलयन

* पॉर्श्व (Flanks) वलनों की दोनों भुजाओं के लिए प्रयुक्त शब्द।

** अधिभौम जल (Vadose Water) – भूसतह के नीचे तथा स्थयी भौम जल स्तर के ऊपर स्थित निस्यन्द (Infiltration) जल राशियों को अधिभौम जल कहते हैं।

छिद्र से होकर भूमिगत होता है, तो वह अपघर्षण तथा घुलन क्रिया द्वारा कन्दरा का निर्माण करता है, जिसकी छत के धँसने से दोनों किनारों को जोड़ने वाला भाग शेष बच जाता है जो पुल के सदृश्य होता है। अनेक स्थानों पर विलयन छिद्र से नदी के भूमिगत होकर पुनः बाहर निकलने तक के मध्यवर्ती भाग भी प्राकृतिक पुल की तरह ही दिखाई देते हैं।

18. **चूर्णकूट** (Hums) – कार्स्ट क्षेत्रों में अधिकांश शैलें घुलन क्रिया द्वारा नष्ट होकर समतल हो जाती हैं, लेकिन कुछ कठोर शैलें अपरदन से अधिक प्रभावित नहीं होती तथा मोनेडनाक के सदृश्य अवशिष्ट पहाड़ी (Residual Hills) रूप में दृष्टिगत होती हैं। इन्हें चूर्णकूट या हम्स कहते हैं। इन्हें प्यूरटोरिको में *पेपिनो पहाड़ी* या *हेस्टेक पहाड़ी* (Pepino or Haystack Hill) क्यूबा में *मोगोट्स (Mogotes)* तथा फ्रांस में *बुटे (Butte)* कहते हैं।

निक्षेपात्मक स्थलरूप (Depositional Landforms)

भूमिगत जल में घुलित पदार्थ अन्त में निक्षेपित हो जाते हैं। ये निक्षेप विभिन्न रासायनक क्रियाओं, ताप-दाब की दशाओं में परिवर्तन, कार्बन डाई आक्साइड की कमी तथा जल के वाष्पीकृत होने से होता है। कार्स्ट प्रदेशों में जल के वाष्पीकृत होने पर उसमें मिश्रित कार्बन डाई-आक्साइड गैस की कमी से कन्दराओं की छत एवं फर्श पर कैल्सियम कार्बोनेट एकत्रित होने लगता है जिन्हें *ट्रेवर टाइन (Travertine)* कहते हैं। अनेक विद्वानों ने इसे न्दरा ट्रेवरटाइन (Cave Travertine) भी कहा है। मूर (Moore, 1952) ने इसके समान अर्थ में *'स्पीलिओथेमस'* (Speleothems) शब्द का प्रयोग किया। इसी प्रकार डेविस (Davis, 1930) ने कन्दरा की छत से जल के टपकने से निर्मित स्थलाकृतियों को *ड्रिपस्टोन (Dripstone)* कहा है। आगे चलकर डेविस ने प्रवाहित जल द्वारा कन्दरा के फर्श पर निर्मित स्थलाकृतियों के लिए *फ्लोस्टोन (Flow stone)* तथा बेसिन से अतिप्रवाह वाले स्थलों के लिए *'रिमस्टोन' (Rimstone)* शब्द प्रस्तावित किये थे। इस प्रकार कार्स्ट क्षेत्रों की निक्षेपात्मक स्थलाकृतियाँ निम्नलिखित हैं—

1. **आश्चुताश्म** (Stalactite) – भूमिगत जल जब कन्दराओं की छत में स्थित रन्ध्रों एवं सन्धियों से होकर नीचे रिसता है, तो वाष्पीकरण होने से कार्बन डाई-आक्साइड जल से अलग हो जाती है। जिससे कन्दरा की छत से टपकते हुए पदार्थों का जमाव होने लगता है। ऐसा जमाव होते रहने से छत के नीचे की ओर लटकते हुए पतले स्तंभ की रचना हो जाती है, जिसे स्टेलेक्टाइट कहते हैं। छत से लटके रहने के कारण इन्हें आकाशी स्तंभ भी कहते हैं। ये स्तंभ छत के पास मोटे होते हैं तथा नीचे की ओर पतले होते जाते हैं।

2. **निश्चुताश्म** (Stalagmite) – कन्दराओं की छत से टपकने वाले जल की कुछ मात्रा टपक कर कन्दरा के फर्श पर गिरती रहती है जिससे फर्श पर भी ऊपर की ओर स्तंभनुमा आकृति बनने की रचना हो जाती है। इस प्रकार फर्श पर कैल्सियम बाई कार्बोनेट के निक्षेप से बनने वाली स्तंभनुमा आकृति को निश्चुताश्म कहते हैं। निश्चुताश्म सदैव आश्चुताश्म के नीचे ही बनता है। निश्चुताश्म फर्श पर अधिक विस्तृत तथा ऊपर की ओर पतले एवं नुकीले होते हैं।

3. **कन्दरा स्तंभ** (Cave Pillars) – आश्चुताश्म (Statactitc) सदैव निश्चुताश्म (Stalagmite) से लम्बे होते हैं। जब आश्चुताश्म निरन्तर लम्बाई में वृद्धि करते हुए फर्श तक पहुंच जाते हैं तथा एक स्तंभ की रचना करते हैं, जो कन्दरा की छत को फर्श से मिलाते हैं। इस प्रकार के स्तंभों को कन्दरा स्तंभ कहते हैं। संयुक्त राज्य अमेरिका की कार्ल्सवाद (न्यू मैक्सिको) में हजारों कन्दरा स्तंभ मिलते हैं।

4. **हैलेक्टाइट** (Helectite) – हैलेक्टाइट स्टैलेग्माइट के आसपास बने हुए ड्रिपस्टोन होते हैं जो जल द्वारा न बनकर आर्द्रतायुक्त सतह पर बनते हैं। इनका विकास किसी भी दिशा में हो सकता है। गोलाकार हैलेक्टाइट को ग्लोबूलाइट (Globulite) कहते हैं।

5. **हैलेग्माइट** (Heligmite) – ये कन्दरा फर्श से ऊपर की ओर विकसित एक ड्रिपस्टोन है। जो स्टेलेग्माइट की तुलना में घुमावदार होता है।

6. **टूफा** (Tuffa) – यह एक इटेलियन शब्द है जिसका प्रयोग चूने युक्त भूमिगत सतह पर पाये जाने वाले स्रोत (Spring)

के चारों ओर निर्मित *कैल्सियम कार्बोनेट* के जमाव के लिए किया जाता है। टूफा को केल्क टूफा (Calca Tufa) भी कहते हैं।

7. **ड्रेप्स या कर्टेन** (Drapes or Curtains)—जब भूमिगत जल की नदिका (Rivulet) कन्दरा की छत के झुकाव (Inclination) के सहारे प्रवाहित होती है तो कन्दरा की छत से नीचे की ओर सुइनुमा लटकते हुए ड्रिपस्टोन बनते हैं, जिन्हें ड्रेप्स या कर्टेन कहते हैं। ये परदेनुमा ड्रेप्स आगे बढ़ते हुए छत के नीचे की ओर लटके हुए मिले रहते हैं।
8. **जियोड** (Geode)—कार्स्ट क्षेत्रों में भूमिगत जल द्वारा शैल सन्धियों तथा विदरों में गोलाकार खोखली कोटरेनुमा (Hollow Cavities) बन जाती है जिसमें सिलिका की परत जमा रहती है। इस खोखली ग्रन्थिका को जियोड़ कहते हैं।
9. **सग्रंथन** (Concretion)—भूसतह के नीचे कार्स्ट प्रदेशों में किसी ठोस कण या रेत के कणों आदि के चारों ओर केल्साइट, डोलोमाइट, सिलिका तथा लोहा आक्साइड आदि जमा हो जाते हैं, जिससे गांठनुमा ग्रन्थिकाओं (Nodules) का निर्माण होता है। इसे संग्रंथन कहते हैं। कंकड़ (Pebbles) संग्रथन द्वारा ही बनते हैं।
10. **शिराएं** (Veins)—कार्स्ट क्षेत्रों में स्थित शैलों की सन्धियों में होने वाले खनिजों के निक्षेपण को शिराएं कहते हैं।

कार्स्ट प्रदेश में अपरदन चक्र (Cycle of Erosion in Karst Region)

कार्स्ट प्रदेशों का सर्वप्रथम अध्ययन अल्ब्रेच्र पेंक ने दिनारिक प्रदेश के चूना क्षेत्रों में किया तत्पश्चात इनके निर्देशन में स्विजिक ने 1893 में अध्ययन किया 1899 में दिनारिक क्षेत्र में ही चूना प्रदेशों का अध्ययन डेविस ने किया लेकिन कार्स्ट प्रदेशों में भूमिगत जल के द्वारा सम्पन्न अपरदन चक्र के बारे में सर्वप्रथम 1911 में बीदी (Beedie, J. W) ने अपना मत प्रस्तुत किया। तत्पश्चात् 1918 में स्विजिक (J. Civijic) महोदय ने डेविस तथा पेंक के विचारों से प्रेरणा लेकर कार्स्ट अपरदन पर अपने विचार व्यक्त किये।

बीदी का कार्स्ट चक्र (Karst Cycle of Beedie)

बीदी ने सामान्य अपरदन चक्र के समान ही कार्स्ट अपरदन चक्र की निम्न तीन अवस्थायें बताई हैं—

1. **तरुणावस्था** (Youthful Stage)—इस अवस्था में डोलाइन तथा विलियन छिद्रों द्वारा सतही जल भूमिगत जल के रूप में नीचे जाता है।
2. **प्रौढ़ावस्था** (Mature Stage)—विलयन छिद्र, डोलाइन आदि की संख्या में वृद्धि होती है। अधिकांश भूसतही जल भूमिगत हो जाता है। धंसती निवेशिकायें (Sinking Creaks), विलयन छिद्र (Swallow Hole), अन्धी घाटी तथा डोलाइन का विस्तार हजारों की संख्या में होता है।
3. **वृद्धावस्था** (Old Stage)—इस अवस्था में भूमिगत जल पुनः सतह पर प्रकट हो जाता है। कार्स्ट खिड़की, प्राकृतिक पुल, कार्स्ट सुरंग तथा हम्स आदि का विकास होता है। बीदी ने इन स्थलाकृतियों के निर्माण को चक्र की समाप्ति का परिचायक माना है।

कार्स्ट अपरदन चक्र पर 20वीं शताब्दी में प्रकाश डाला गया जिसको अधिक स्पष्ट करने के लिए विश्व के विभिन्न कार्स्ट क्षेत्रों का अध्ययन किया गया स्विजिक महोदय ने कार्स्ट अपरदन की निम्नांकित अवस्थायें बताई हैं जिनमें लोबेक महोदय ने युवावस्था के दो चरण बताये हैः

(i) **युवावस्था** (Youthstage)—युवावस्था में सर्वप्रथम चूने की शैलों वाले धरातल पर सतही प्रवाह (Surface Drainage) का विलयन होता है। धीरे-धीरे धरातलीय जल रिसकर सतह के नीचे जाकर भूमिगत जल का रूप ले लेता है। घोल रन्ध्र (Sink Holes), लेपीज (Lapies), विलयन छिद्र (Solution Holes) तथा डोलाइन का विकास होता है लेकिन भूमिगत प्रवाह अपूर्ण रहता है तथा कोई बड़ी कन्दरा का निर्माण नहीं होता है।

चित्र 19.12 *कार्स्ट अपरदन चक्र (after Savindra Singh)*

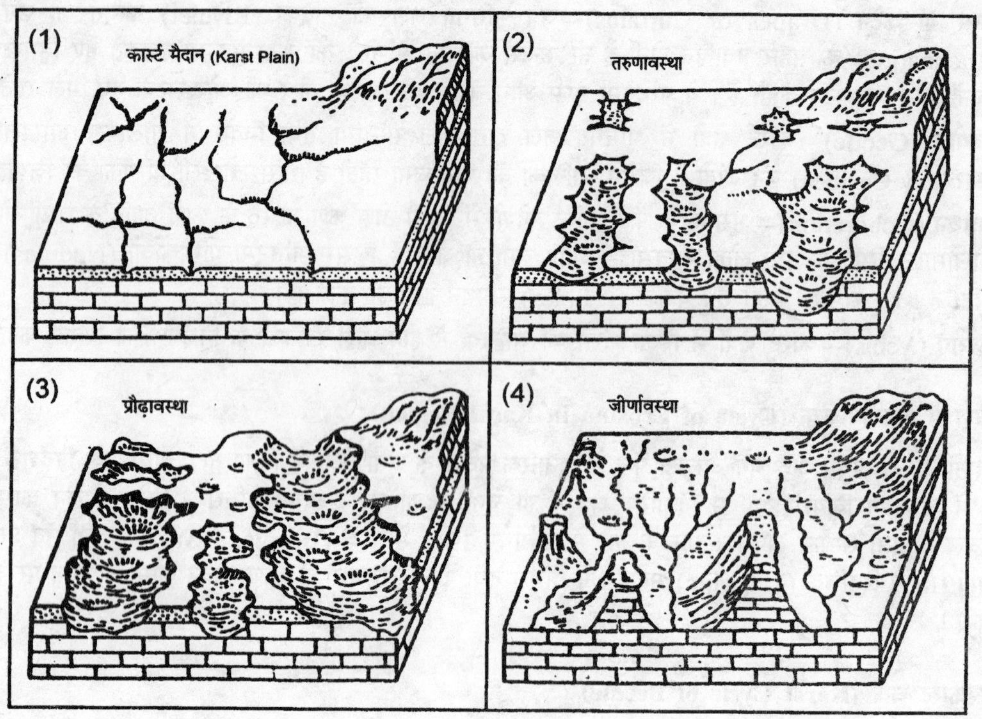

(ii) **प्रौढ़ावस्था** (Mature Stage) – इस अवस्था में घोल रन्ध्रों का अधिक विकास होता है तथा युवावस्था का पृष्ठीय जल भूमिगत जल का रूप धारण कर लेता है तथा भूसतह के ऊपर की जल धाराएँ सतह के नीचे प्रविष्ट हो जाती हैं। जिस कारण धसँती निवेशिकाओं (Sinking Creeks), विलयन रन्ध्रों (Swallow Holes), अन्धी घाटियाँ (Blind Vallegs), मिश्रित रन्ध्र (Compound Sinks) आदि का अविर्भाव होता है। कन्दराओं का निर्माण बड़े पैमाने पर होता है कन्दरा ट्रेवरटाइन भी बनते हैं। वास्तव में इस अवस्था में कार्स्ट स्थलाकृतियों का सर्वाधिक विकास होता है।

(iii) **अन्तिम प्रौढावस्था** (Late Maturity) – प्रौढावस्था के अन्त में कार्स्ट स्थलाकृतियों का पतन प्रारंभ हो जाता है। कन्दराएँ नीचे धँसने लगती है जिससे कार्स्ट खिड़कियाँ बनती हैं युवाला का निर्माण होता है युवाला एवं कन्दरा के धँसने से पोल्जे का निर्माण होता है। इस प्रकार सम्पूर्ण कार्स्ट प्रदेश का उच्चावच कम होकर समप्राय मैदान बन जाता है जिसमें कहीं-कहीं हम्स (एकाकी पहाड़ियाँ) दृष्टिगत होती हैं।

(iv) **जीर्णावस्था** (Old Age) – कार्स्ट अपरदन चक्र की इस अन्तिम अवस्था में स्थलखण्ड अपरदित होकर आधार तल को प्राप्त कर लेता है। सतह पर कार्स्ट खिडकी, कार्स्ट सूरंग (Karst Tunnel), प्राकृतिक पुल, ध्वस्त हम्स आदि दृष्टिगत होते हैं। इस अवस्था के अन्तिम चरण में भूमिगत जल धारायें सतह पर पुनः व्यवस्थित हो जाती हैं।

20

तटीय भूआकृतियाँ
(Coastal Landforms)

सागर तटीय क्षेत्र ऐसे भूभाग होते हैं, जहाँ भूमि तथा सागर मिलते हैं इस प्रकार के क्षेत्र स्थलीय तथा सागरीय पर्यावरण के अन्तरापृष्ठ (Interface) क्षेत्र होते हैं। ये उच्च गतिक तथा खुले तन्त्र होते हैं जहाँ भौतिक तथा पारिस्थितिकीय प्रक्रियायें परस्पर सांस्कृतिक प्रभाव व नियन्त्रण से प्रतिक्रिया करते हैं।

सागर तटीय भागों में सागरीय तरंगें प्रतुख भ्वाकृतिक प्रक्रम के रूप में सक्रिय रहते हुए अपरदन परिवहन तथा निक्षेप द्वारा विभिन्न भूआकारों का निर्माण करती हैं पृथ्वी पर तापमान की भिन्नता से उत्पन्न पवन प्रवाह सागरीय तरंगों को गति प्रदान करता है ये तरंगें अनाच्छादानकारी क्रियायें करती हैं। सागरीय भागों में स्थित जल अपनी विभिन्न प्रक्रियाओं द्वारा तटीय भाग में अनेक प्रकार की स्थलाकृतियों का निर्माण करता रहता है। सागरीय जल में मुख्य रूप से तीन प्रकार की क्रियाएं होती हैं—

1. लहर या तरंग (Marine Waves)
2. सागरीय धाराएं (Marine Currents)
3. ज्वारभाटा (Tides)

1. **सागरीय लहर** (Marine Waves)— सागरीय भाग पर चलने वाली पवन की घर्षण एवं दाब की प्रक्रिया द्वारा जल भंवर की आकृति में ऊपर नीचे होने लगता है। इसी जलीय क्रिया को **'लहर'** या **'तरंग'** कहते हैं। लहर में जल आगे या पीछे गतिशील नहीं होता है। केवल अपने स्थान पर ही ऊपर नीचे होता रहता है तरंग के ऊपर उठे भाग को **श्रृंग शीर्ष** (Crest) तथा नीचे भाग को **गर्त** (Trough) कहते हैं। दो शीर्षों या दो गर्तों के मध्य की दूरी तरंग की **लम्बाई** (Length) तथा गर्त एवं शीर्ष के बीच की दूरी को तरंग की **ऊंचाई** कहते हैं। लहर या तरंग सागर के तटवर्ती भाग के अपरदन एवं निक्षेप द्वारा अनेक प्रकार की स्थलाकृतियों का निर्माण करती रहती है। सागरीय जल का वह स्तर जिस पर लहरें अग्रसर होती हैं **तरंग परास या वार्तोमि क्षेत्र (Fetch)** कहलाता है। वुलरिज तथा मार्गन ने जल स्तर की लम्बाई अथवा विस्तार को जिस पर पवन प्रवाहित होती है वार्तोमि क्षेत्र कहा है।

चित्र 20.1 *तरंग ऊँचाई एवं तरंगदैर्ध्य शिखर एवं द्रोणी के मध्य की उर्ध्वधर दूरी तरंग की ऊँचाई तथा दो शिखरों या द्रोणी के मध्य की क्षैतिज दूरी तरंग दैर्ध्य कहलाती है*

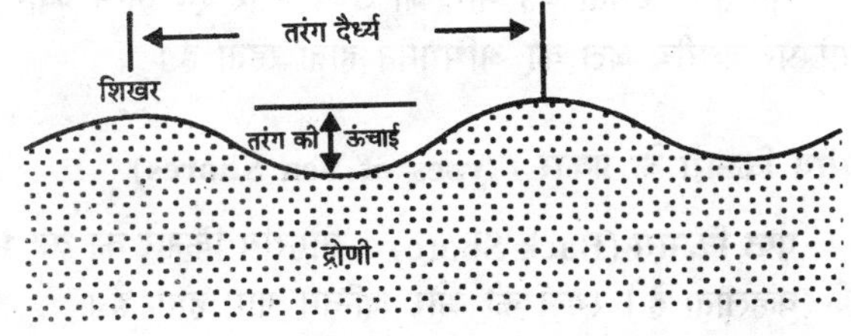

लहर या तरंग भी दो प्रकार की होती हैं—

(i) **दोलन तरंग** (Wave of Oscillation) – सागरीय भाग में उत्पन्न तरंग में जब जल की गति वृत्ताकार रूप में होती है तो उस तरंग को दोलन तरंग कहते हैं। इन तरंगों में जल केन्द्र से वृत्ताकार रूप में बाहर की ओर जाते हुए दिखाई देता है।

(ii) **स्थानान्तरी तरंग** (Wave of Translation) – जब सागरीय भाग में उत्पन्न तरंग में जल गति वृत्ताकार रूप में न होकर केवल एक ही और सीधी संचरण दिशा में होती है तो उसे स्थानान्तरणी तरंग कहते हैं। इन तरंगों को एक श्रृंगी तरंग भी कहते हैं।

(iii) **भग्नोर्भि** (Breaker) – यह तरंग तट की तरफ प्रवाहित होती है तब जल की कम गहराई के कारण निचले तल पर रगड़ते हुऐ चलती है जिससे तरंग की गति में अवरोध पैदा होने से इसकी लम्बाई तथा ऊँचाई अधिक हो जाती है फलस्वरूप यह टूटकर तट पर अग्रसर होती है इसे **फेनिल तरंग (Surf)** भी कहते हैं।

चित्र 20.2 *भग्नोर्भि (after A. H. Strahlar)*

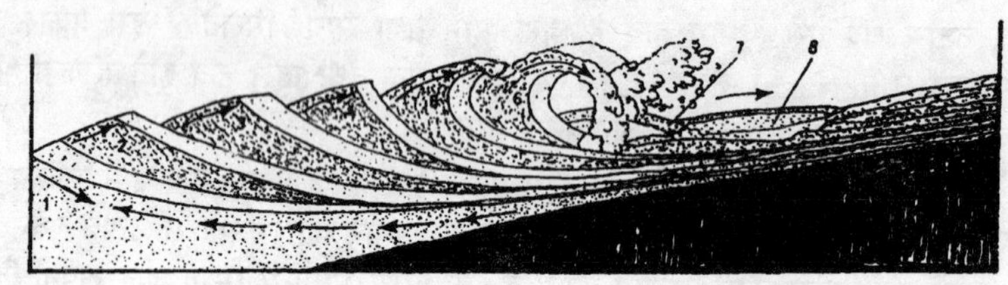

(iv) **अधः प्रवाह या पश्चप्रवाह** (Backwash) – जब जल गति करता हुआ तट से टकराकर पुनः पीछे की ओर लौटता है तो अपने साथ शैल मलबा बहाकर सागर की ओर ले जाता है। तब इसे पश्च प्रवाह कहते हैं।

2. **सागरीय धारायें** (Currents) – जब सागरीय जल विभिन्न प्राकृतिक कारकों से प्रभावित होकर एक स्थान से दूसरे स्थान की ओर क्षैतिज रूप में चलने लगता है, तो उस सागरीय जल की गति को धारा या प्रवाह कहते हैं। धाराओं की उत्पत्ति तापमान की विभिन्नता, घनत्व, दबाव की विभिन्नता, पृथ्वी की घूर्णन गति तथा स्थायी पवनों द्वारा होती है। धाराएं अपरदन तथा अपरदित पदार्थों के परिवहन में अधिक सहायक होती हैं।

3. **ज्वारीय तरंगें** (Tidal Waves) – सूर्य एवं चन्द्रमा के गुरुत्वाकर्षण बल तथा पृथ्वी की घूर्णन गति द्वारा उत्पन्न अपकेन्द्रीय बल के द्वारा सागरीय जल के तटवर्ती भाग में ऊपर उठने तथा नीचे गिरने की क्रिया को ज्वारभाटा कहते हैं। भूकम्पीय क्रिया के समय उत्पन्न ऊंची लहरों को *सुनामिस (Tsunamis)* कहते हैं। सुनामिस की तरंग दैर्ध्य (Wave Length) 160 किमी तक तथा गति 650 किमी प्रति घण्टे तक होती है जापान सागर तथा चिली तट सुनामिस से सर्वाधिक प्रभावित रहते हैं। यहाँ 30 से 40 मीटर तक ऊँची सुनामिस आती हैं।

सागरीय तटवर्ती वह भाग जो उच्च ज्वार एवं निम्न ज्वार के मध्य स्थित होता है, सागरीय किनारा कहलाता है। सागरीय किनारे पर ज्वारीय जल का अभिगमन होता रहता है।

सागरीय किनारों के प्रकार (Types of Sea Shores)

1. **पृष्ठ किनारा** (Back Shore) – सागरीय किनारे का वह भाग जहाँ जल तरंगों द्वारा आगे बढ़कर पहुंचता है। पृष्ठ किनारा कहलाता है। स्थल की ओर अन्तिम भाग होता है।

2. **अग्रिम किनारा** (Fore Shore) – उच्च एवं निम्न ज्वार रेखा के मध्य स्थित वह भाग जहाँ सदैव सागरीय जल रहता है, अग्रिम किनारा कहलाता है।

3. **बाहरी या सुदूर किनारा** (Off Shore) – महाद्वीपीय ढाल का वह भाग जो पृष्ठ भाग तथा अग्रिम किनारे के आगे सागर की तरफ स्थित रहता है। यह भाग हमेशा सागरीय जल से घिरा हुआ रहता है।

सागरीय तट (Sea Coast)

पृष्ठ किनारे से स्थल की तरफ विस्तृत स्थलीय भाग **'सागरीय तट'** कहलाता है। यह तटीय भाग अधिकांश समय में जल रहित रहता है। इस आधार पर सागर की ओर स्थित स्थल के उस भाग जो हमेशा शुष्क रहता है, तट कहा जाता है।

सागरीय तरंगों के कार्य (Work of Sea Waves)

महासागरीय गतियों, लहरों, धाराओं एवं ज्वारभाटा में लहरें प्रमुख हैं, अतः इसी कारण सागर तटवर्ती भाग में निर्मित स्थलरूपों को लहर या तरंग द्वारा निर्मित स्थलरूप कहते हैं। अन्य सभी भ्वाकृतिक प्रक्रमों (Geomorphic Agents) के समान लहरें भी तीन प्रकार के कार्य करती हैं:

1. अपरदनात्मक कार्य (Erosional Work)
2. परिवहन (Transportation)
3. निक्षेप (Deposition)

सागरीय अपरदन कार्य (Marine Erosion)

महासागरीय तटवर्ती भाग में चलने वाली लहर एवं धाराएं तटवर्ती भाग का विभिन्न प्रक्रियाओं द्वारा कटाव करती रहती हैं, इसे अपरदनात्मक कार्य कहते हैं। सागरीय क्षेत्रों में लहरें अपरदन कार्य निम्न प्रक्रियाओं द्वारा करती हैं—

1. **जलगति क्रिया द्वारा** (By Hydraulic Action) – सागरीय तरंगों द्वारा लाया गया जल तटवर्ती भाग की चट्टानों पर गिरता है, जिस कारण जल के दबाव से चट्टानें कमजोर हो जाती हैं तथा टूटकर तरंगों के साथ बहकर चली जाती हैं। इसे जलगति क्रिया कहते हैं।
2. **अपघर्षण क्रिया द्वारा** (By Corrasion or Abrasion) – सागरीय लहरों के साथ छोटे-छोटे कंकड़, पत्थर तथा रेत के कण होते हैं। ये अपरदनात्मक पदार्थ लहरों के साथ तटवर्ती भाग की चट्टानों को रगड़ कर तथा घिस कर तोड़ते रहते हैं। इस प्रक्रिया को अपघर्षण कहते हैं। सागरीय तरंगें मुख्यतः अपरदन इसी प्रक्रिया द्वारा करती हैं।
3. **सन्निघर्षण क्रिया द्वारा** (By Attrition) – सागरीय तरंगों के साथ पाए जाने वाले कंकड़, पत्थर, रेत के कण आदि अपरदनात्मक पदार्थ आपस में भी एक दूसरे से टकराकर छोटे होते रहते हैं तथा टूटते रहते हैं। इसे सन्निघर्षण कहते हैं।
4. **घुलन क्रिया द्वारा** (By Solution) – सागर के तटवर्ती भाग में कठोर चट्टानों के मध्य पायी जाने वाली कोमल चट्टानों को तरंगें अपने जल के द्वारा घुलाकर ले जाती हैं। इस कारण तटवर्ती भाग में छोटी-छोटी सन्धियों का विकास भी हो जाता है।
5. **जल दाब क्रिया द्वारा** (By Water Pressure) – सागरीय तरंगों का जल जब तटवर्ती चट्टानों पर पड़ता है तो उसके दाब से तटवर्ती चट्टानों की सन्धियों में स्थित वायु जल के दबाव से अत्यधिक संपीड़ित हो जाती है, जिससे चट्टानों पर भारी दबाव पड़ता है। जल के वापिस लौटने पर संपीड़ित वायु तेजी से बाहर निकलने का प्रयास करती है, जिस कारण तटवर्ती चट्टानें टूट जाती हैं।

सागरीय अपरदन को प्रभावित करने वाले कारक (Factors affecting marine erosion)

1. **चट्टानों का स्वभाव** (Nature of Rocks)—सागर के तटवर्ती भाग पर स्थित चट्टानों की कठोरता तथा कोमलता अपरदन

को सर्वाधिक प्रभावित करती है। कोमल चट्टानों का अपरदन शीघ्रता से होता है, जबकि कठोर चट्टानें बहुत समय तक बिना अपरदित हुए रहती हैं।

2. **शैलों की संरचना** (Rock Structure)—तटवर्ती भाग में स्थित चट्टानों में यदि संधियाँ अधिक होती हैं तो अपरदन भी अधिक होगा। सपाट चट्टानों का अपरदन कम होता है।

3. **तरंग शक्ति** (Wave Strength)—तीव्र एवं तेजी से आने वाली तरंगों द्वारा अपरदन अधिक होता है। लेकिन मन्द गति से प्रवाहित तरंगों द्वारा अपरदन नगण्य होता है। वार्तोमि क्षेत्र में विस्तार होने पर भी लहरों का आकार एवं शक्ति बढती है।

4. **अपरदनात्मक पदार्थ** (Erosional Materials)—तरंगों के साथ पाए जाने वाले अपरदनात्मक पदार्थों की मात्रा भी अपरदन कार्य को प्रभावित करती हैं।

5. **तटाकृति** (Configuration of Coast)—तट पर पुलीन एवं खाड़ियों की उपस्थिति अपरदन में बाधक होती है जबकि खुला समुद्री किनारा अधिक अपरदित होता है।

6. **ज्वारीय प्रभाव** (Tidal Range)—ज्वारीय तरंगें भी अपरदन में सहायक होती हैं। इनके अतिक्ति तट पर वनस्पति की उपस्थिति, जलवायु तथा सागर तल की स्थिरता आदि कारक भी सागरीय अपरदन को प्रभावित करते हैं।

सागरीय अपरदन द्वारा निर्मित स्थलाकृतियाँ (Marine Erosion Landforms)

1. **तटीय भृगु** (Coastal Cliff)—समुद्र के तटवर्ती भाग पर सर्फ तरंगें अपरदनात्मक पदार्थों कंकड, पत्थर, रेत कण आदि के द्वारा तट को काटती रहती हैं। तरंगों द्वारा अपरदनात्मक कार्य से तट का नीचे का भाग कटता रहता है, तथा ऊपरी भाग अपरदन रहित रहता है जिस कारण ऊपर एक नुकीला चट्टानी भाग आगे निकला रहता है। निचले भाग पर अपरदन द्वारा एक अवतलित आकार की स्थलाकृति का निर्माण हो जाता है, इसे दांता (notch) कहते हैं। धीरे-धीरे अधिक अपरदन होते रहने से भृगु का ऊपरी नुकीला भाग कटकर नीचे गिर जाता है। यह प्रक्रिया धीरे-धीरे लगातार चलती रहती है।जिससे भृगु निरन्तर स्थल की ओर अग्रसर रहता है।

2. **तरंग घर्षित वेदिका** (Wave Cut Terrace or Abrasion Platform)—इसे तरंग घर्षित चबूतरा (Wave Cut Platform) भी कहते हैं। तरंग अपरदन द्वारा भृगु पीछे हटता जाता है, तथा उसके सामने समुद्र की ओर वाला भाग तरंग द्वारा घर्षित होता रहता है। कालान्तर में यह भाग तरंग अपरदन द्वारा एक समतल मैदानी भाग में परिवर्तित हो जाता है, इसे तरंग घर्षित वेदिका कहते हैं।

3. **शैल भित्ति** (Rock Reefs)—तरंग घर्षित चबूतरे पर सर्फ द्वारा अपरदन होते रहने से इस पर स्थित कोमल चट्टानें कटकर बह जाती हैं, लेकिन कठोर चट्टानें अपरदन द्वारा कम प्रभावित होती हैं, तथा चबूतरे पर छोटी-छोटी टीलेयुक्त आकृति में स्थित रहती हैं। इन्हें शैल भित्ति कहते हैं।

4. **जवारीय कुण्ड** (Tidal Pool)—सागरीय तरंगों का जल तट पर स्थित चट्टानों की सन्धियों में घुसकर उसका अन्दर से अपरदन करती रहती है जिस कारण सन्धियाँ अपरदित होकर चौड़े-चौड़े गर्तों का निर्माण करती हैं। इन गर्तों या खड्डों को ज्वारीय कुण्ड कहते हैं।

5. **समुद्री गुफाएं** (Sea Caves)—सर्फ धाराएं तट पर स्थित कोमल चट्टानों का अपरदन शीघ्रता से करती हैं, लेकिन कठोर चट्टानें अपरदन से अप्रभावित रहती हैं। जब कठोर चट्टानों के नीचे कोमल चट्टान होती है तो तरंगें कोमल चट्टानों को काट कर अपने साथ ले जाती हैं, तथा ऊपर कठोर चट्टानें यथावत स्थित रहती हैं। धीरे-धीरे सागरीय तरंगें काफी अन्दर तक चट्टानों का अपरदन कर देती हैं, जिस कारण अन्दर एक खोखले भाग का निर्माण हो जाता है, इन्हें सागरीय गुफायें कहते हैं।

चित्र 20.3 *शैल तटरेखा की बनावट (after K. Addison and K. Smithson 2002)*

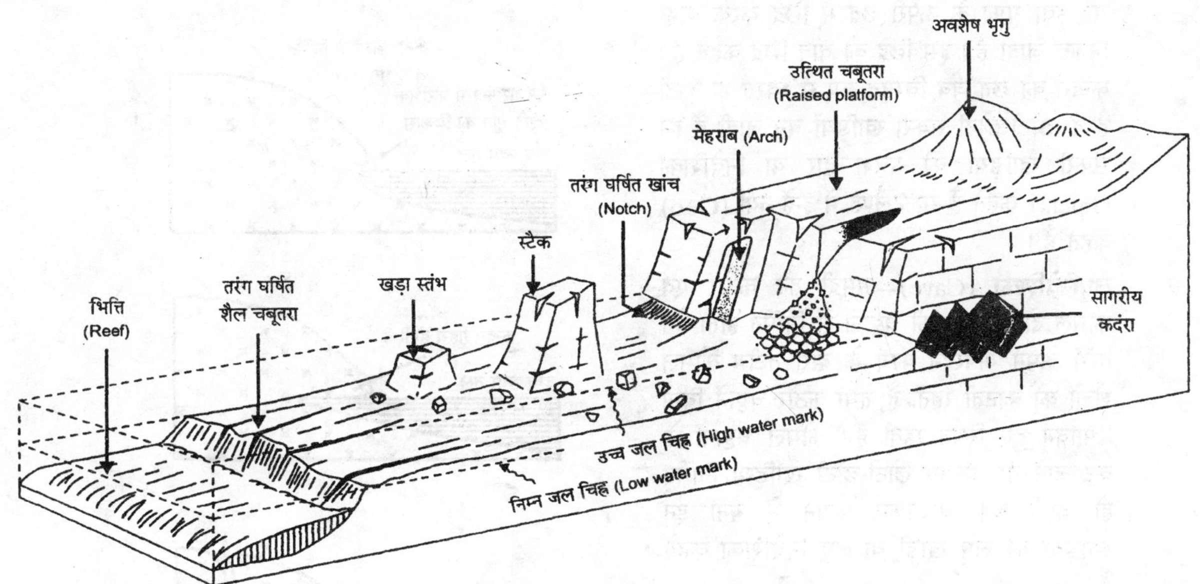

6. **समुद्री मेहराब** (Marine Arches) – तटवर्ती भाग में तरंगों के अपरदन द्वारा निर्मित गुफाओं के मध्य कठोर चट्टान अवस्थित होती है। जब दो गुफाओं के मध्य स्थित चट्टान तरंगों के अपरदन द्वारा कट जाती है तो दोनों गुफाओं में पानी आरपार बहने लगता है तथा दोनों गुफाओं का एक-दूसरे से सम्बन्ध स्थापित हो जाता है। इन दोनों के इस ऊपरी भाग को जो दोनों के मिलन स्थल के ऊपर होता है, समुद्री मेहराब या प्राकृतिक पुल कहते हैं।

7. **समुद्री स्तम्भ** (Stack Needles, Columns, Pillars or Skerries) – तटवर्ती भाग में कठोर चट्टानें समुद्र के अन्दर तक जल के ऊपर निकली हुई आगे तक फैली हुई रहती हैं। इस चट्टानी भाग के तट की ओर स्थित भाग का जल की घुलन क्रिया द्वारा अपरदन हो जाता है। स्टैक को चिमनी शैल या स्केरी भी कहते हैं।

8. **वात् छिद्र** (Blow Holes) – समुद्र तट पर निर्मित गुफाओं के अन्दर हवा भरी रहती है। जब जल का दबाव इस हवा पर पड़ता है तो हवा तेजी से सिकुड़ती

चित्र 20.4 *कंदरा, मेहराब एवं स्टैक का निर्माण*

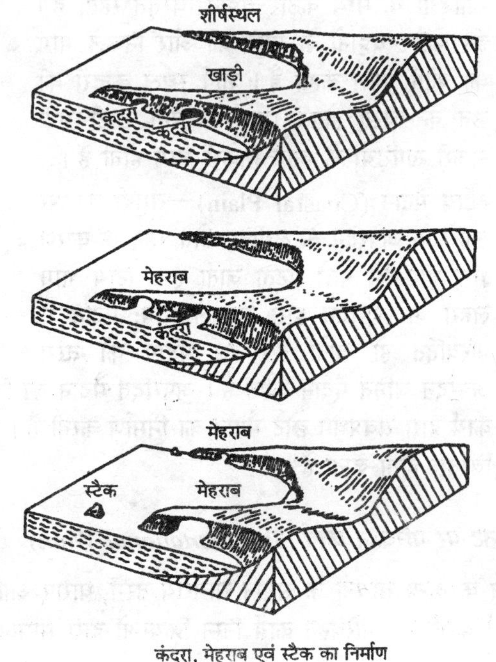

कंदरा, मेहराब एवं स्टैक का निर्माण

है तथा अधिक दबाव डालती है। अत्यधिक दबाव होने पर हवा बाहर निकलने का प्रयास करती है। यह हवा गुफा के ऊपरी छत में छिद्र करके बाहर निकल जाती है। इस छिद्र को वात् छिद्र कहते हैं। कन्दरा की छत जब विस्तृत रूप में ध्वस्त हो जाती है तो छोटी-छोटी संकरी खाड़ियाँ बन जाती हैं इन संकरी खाड़ियों को प्रवेश द्वार या निवेशिका (Inlets) कहते हैं स्काटलैण्ड में इन्हें ज्यो (Geo) कहते हैं।

चित्र 20.5 *वात छिद्र का निर्माण*

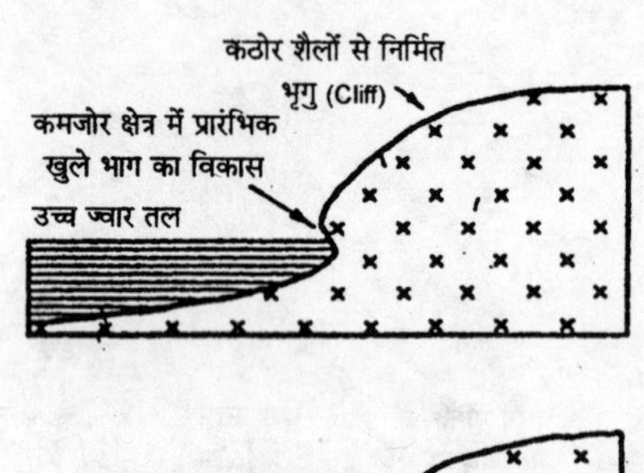

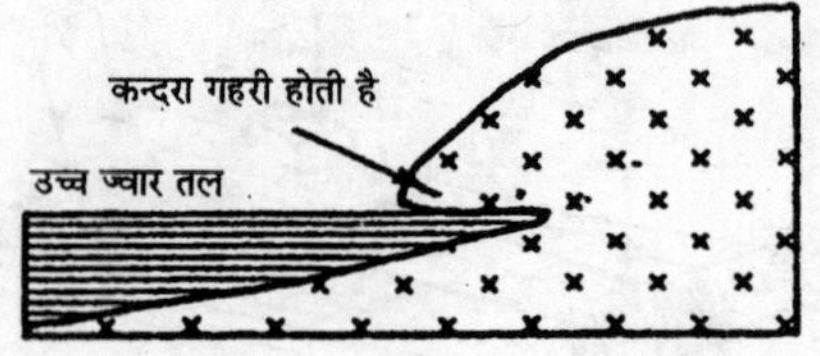

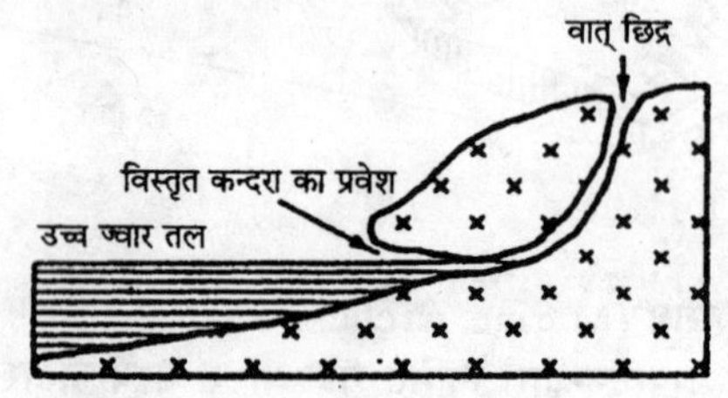

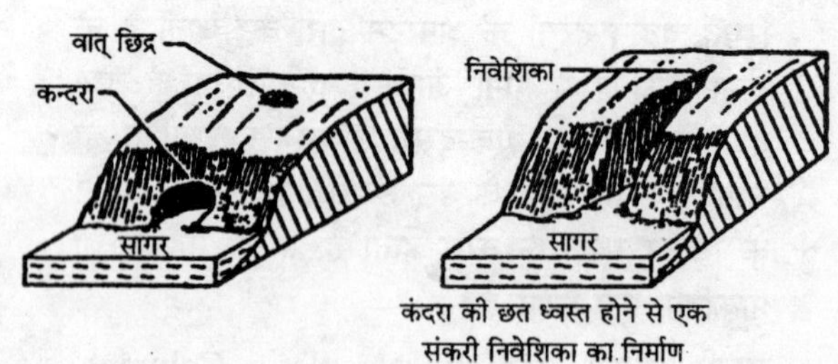

कंदरा की छत ध्वस्त होने से एक संकरी निवेशिका का निर्माण

9. **लघुनिवेशिका** (Cave)—समुद्री तट कठोर एवं कोमल दोनों प्रकार की चट्टानों से निर्मित होता है। तरंगें अपने अपरदन कार्य के द्वारा तटीय कोमल शैलों को काटती रहती हैं, तथा कठोर चट्टानें बिना प्रभावित हुए स्थित रहती हैं। कोमल चट्टानों के कट जाने पर तट पर छोटी-छोटी खाड़ियाँ निर्मित हो जाती हैं। अण्डाकार कटान में बनी इन खाड़ियों को लघु खाड़ी या लघु निवेशिका कहते हैं।

10. **शीर्ष स्थल** (Head Land)—तट पर कोमल चट्टानों के कटकर बह जाने पर निर्मित लघु खाड़ियों के मध्य कठोर चट्टानें विस्तृत रहती हैं। इन कठोर चट्टानों के समुद्र की ओर निकले भाग को शीर्ष स्थल कहते हैं। शीर्ष स्थल कन्दरा की छत के ध्वस्त होकर गिरने से बनी छोटी-छोटी संकरी खाड़ियों के आगे निकले भाग होती हैं।

11. **तटीय मैदान** (Coastal Plain)—समुद्री तट पर लहरों के अपरदन के लगातार होते रहने के कारण भृगु धीरे-धीरे पीछे हटता जाता है। तटीय भाग लहरों के अपरदन द्वारा समतल प्रायः मैदान में परिवर्तित हो जाता है। इस मैदान को तरंग अपरदन जनित मैदान कहते हैं। अपरदित मैदान का निर्माण धीरे-धीरे लहरों के द्वारा होता रहता है। तरंगें अपने अपरदन कार्य द्वारा सर्वप्रथम छोटे मैदान का निर्माण करती है। भृगु तरंग अपरदन से धीरे-धीरे पीछे हटता जाता है, तथा मैदान का विस्तार होता जाता है।

समुद्री तट पर परिवहन कार्य (Transportational Work)

अपरदन के अन्य साधनों के समान सागरीय तरंगें, धाराएं आदि भी अपरदित पदार्थों को एक स्थान से दूसरे स्थान पर ले जाने का कार्य करती हैं। परिवहन कार्य निम्न क्रियाओं द्वारा सम्पन्न होता है—

(i) **तरंगें** (Waves)—तरंगें तट से टकराकर जब वापिस लौटती हैं तो वहाँ पर स्थित कंकड़-पत्थर, गोलाश्म तथा रेत कणों को अपने साथ ले जाती हैं।

(ii) **धारायें** (Currents)—धारायें तट पर स्थित शेल मलबा को बहाकर अपने साथ ले जाती हैं।

(iii) **पवन** (Wind)—पवन समुद्र पर स्थित रेत चूर्ण एवं कंकड़-पत्थर को उड़ा कर समुद्र में डालती रहती हैं।

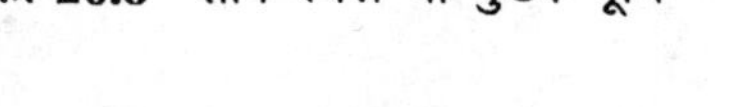

चित्र 20.6 *शीर्ष स्थल या मुख्य भूमि*

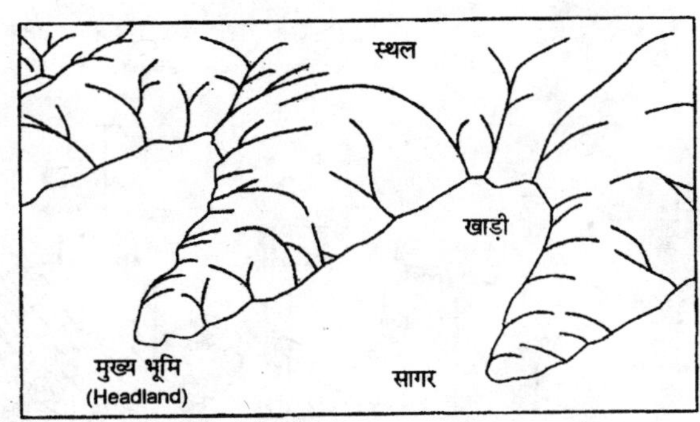

समुद्री लहरों का निक्षेपात्मक कार्य
(Depositional Work)

समुद्र तटवर्ती भाग पर स्थित शैल चूर्ण को लहरें अपने साथ बहाकर ले जाने के बाद उनका निक्षेपण करने लगती हैं। इसके अलावा लहरें समुद्र से तट की ओर भी लाये गये पदार्थों का निक्षेप तट पर करती रहती हैं। इस कार्य को अर्थात् पदार्थों के जमाव की प्रक्रिया को निक्षेप कहते हैं। अधः प्रवाह (under flow) द्वारा भी अपरदित पदार्थ तट से दूर सागरों में जमा होते रहते हैं। बड़े अवसादों को तूफानी तरंगों द्वारा तट पर जमा किया जाता है।

चित्र 20.7 *सागरीय जल के साथ अवसादों (तलछट) का परिवहन (after Carter, 1988)*

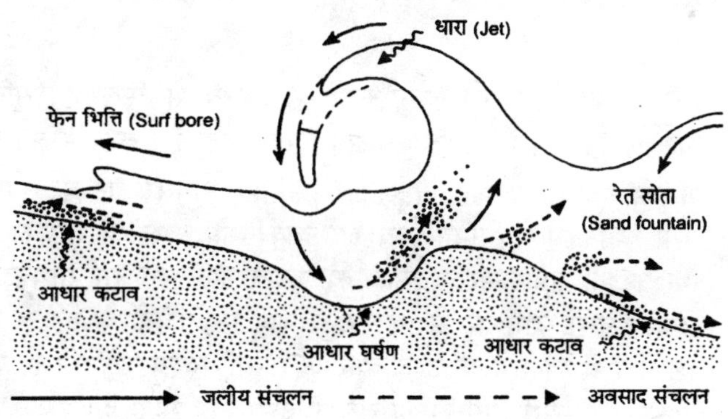

निक्षेपात्मक स्थलरूप (Depositional Landforms)

1. **पुलिन** (Beach)—सागरीय तरंगें अपने साथ लाए अपरदित पदार्थों को निम्न एवं उच्च ज्वार तल के निचले भाग के तट के पास जमा कर देती हैं। इस निक्षेपित पदार्थ के जमाव से तट उथला हो जाता है। जलमग्न तट का यह उथला भाग ही जो तरंगों के द्वारा निक्षेपित पदार्थों से निर्मित होता है, पुलिन कहलाता है।

   पुलिन के सागरवर्ती भाग पर कंकड़-पत्थर आदि का निक्षेप पाया जाता है जबकि स्थल की ओर स्थित भाग पर रेत का निक्षेप पाया जाता है स्थानान्तरी तरंगों (Transiation Waves) द्वारा अपने साथ लाये पदार्थों को जमा करते रहने से तट की ओर पुलिन का विस्तार होता रहता है। पुलिन एक अस्थायी स्थलरूप होता है। जब तरंगों की गति तीव्र होती है, तो पुलिन धीरे-धीरे कटने लगता है, तथा उसका आकार छोटा होता जाता है।

   पूर्ण विकसित आदर्श पुलिन के दो संघटक होते हैं प्रथम ऊपरी पुलिन तथा द्वितीय निचली पुलिन। पुलिन के तथ्यों में स्टार्म पुलिन, पुलिन कटक (Berms), पुलिन कस्प, रनेल (Runnel), तरंगिका चिह्न आदि प्रमुख हैं। अवसादों की प्रकृति के अनुसार पुलिन तीन प्रकार का होता है। (i) रेत पुलिन (ii) शिगिंल पुलिन (iii) गोलाश्म पुलिन।

2. **कस्प पुलिन** (Cusps Beach)—सागरीय तट पर स्थल का नुकीला भाग सागर की ओर निकला हुआ रहता है। इस

चित्र 20.8 *पुलिन स्तूप (Beach Dune) आकारिकी (after A., Goide, 1993)*

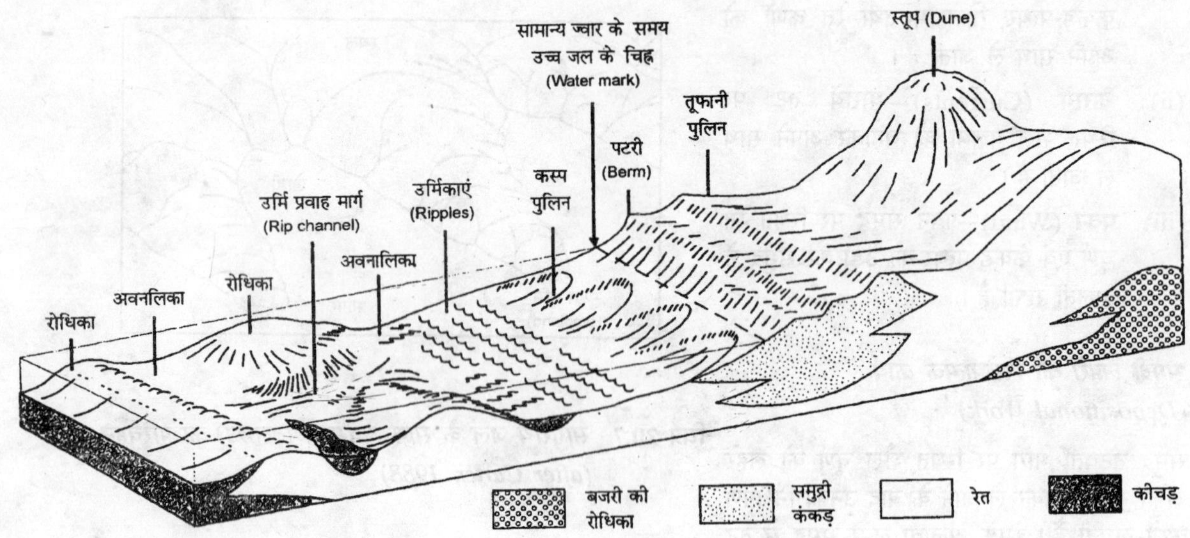

नुकीले स्थल भाग को *कस्प* कहते हैं। कस्प से मिले हुए पुलिन को कस्प पुलिन कहते हैं। कस्प पुलिन एक आश्चर्यजनिक भूस्थलाकृति की तरह दिखाई देती है। कस्प पुलिन एक दूसरे से खाड़ियों द्वारा पृथक् पाए जाते हैं।

3. **रोधिका एवं रोध** (Barriers and Bars)—सागरीय तट के समानान्तर तट से कुछ दूरी पर समुद्र की ओर सागरीय तरंगों के निक्षेप से निर्मित लम्बाकार आकृति के स्थल को रोधिका तथा रोध कहते हैं। रोधिका सागरीय जल से आवृत तथा तट के समानान्तर अवसाद का जमाव होती है जिसे रोधिका द्वीप (**Barrier Island**) कहते हैं। इनका निर्माण सागरीय तरंगों द्वारा तट से बहाकर ले जाए गए पदार्थों के तट के समानान्तर निक्षेप से होता है। रोधिका या तो हमेशा जल में डूबी रहती है या उच्च ज्वार के समय अवश्य जलमग्न हो जाती है। लेकिन रोध कभी भी जल में नहीं डूबता है तथा उसका ऊपरी भाग हमेशा जल से ऊपर उठा रहता है।

4. **अपतट रोधिका** (Offshore Bar)—रोधिका का निर्माण तट से दूर उसके समानान्तर पदार्थों के निक्षेप से होता है। लेकिन रोधिका का सम्बन्ध तट से किसी न किसी प्रकार से रहता है। वह रोधिका जिसका सम्बन्ध तट से नहीं होता है तथा वह जलमग्न रहती है, तो उसे अपतट रोधिका कहते हैं। लेकिन जब रोधिका जल से बाहर होती है तो उसे अपतट रोध कहते हैं।

5. **स्पिट** (Spits)—सागरीय तट पर स्थित शीर्ष स्थल के सागर की ओर स्थित नुकीले भाग के आगे जब तरंगें पदार्थों का निक्षेप इस प्रकार से करती है कि इन निक्षेपित पदार्थों का एक भाग सागर में आगे तक चला जाता है। इस प्रकार के स्थलरूप को स्पिट कहते हैं। स्पिट का निर्माण होने पर इसका विकास होता रहता है। अगर सागर तटवर्ती भाग शान्त होता है तो स्पिट का तीव्र विकास होता है तथा स्थित सागर में काफी आगे तक चला जाता है।

6. **हुक** (Hook)—सागरीय तरंगों के निक्षेपण क्रिया द्वारा स्पिट का सागरवर्ती भाग काफी आगे तक लम्बाई में फैल जाता है। स्पिट के विकास में सहायक तरंगों के अलावा अन्य विपरीत दिशा में प्रवाहित होने वाली लहरें स्पिट के मुंह को मोड़ने का प्रयास करती रहती हैं। जब स्पिट के विकास में सहायक तरंगों के विपरीत स्पिट को मोड़ने वाली लहरें प्रबल होती हैं तो स्पिट का आगे का भाग हुक की आकृति में मुड़ जाता है। इस आकृतियुक्त स्थलभाग को हुक कहते हैं।

हुक की आकृति का विकास मोड़ने वाली लहरों की तीव्रता पर निर्भर करता है। कभी-कभी तट पर कई स्पिट पाए जाते हैं। इन स्पिटों के जब सागरवर्ती सिरे मुड़कर हुक का आकार ग्रहण कर लेते हैं, तो इन्हें मिश्रित हुक (Compound hook) कहते हैं। मिश्रित हुक में एक से अधिक हुक एक साथ शृंखला के रूप में पाए जाते हैं।

चित्र 20.9 *खाड़ी रोधिका, हुक एवं टोम्बोलों*
(after Majid Husain)

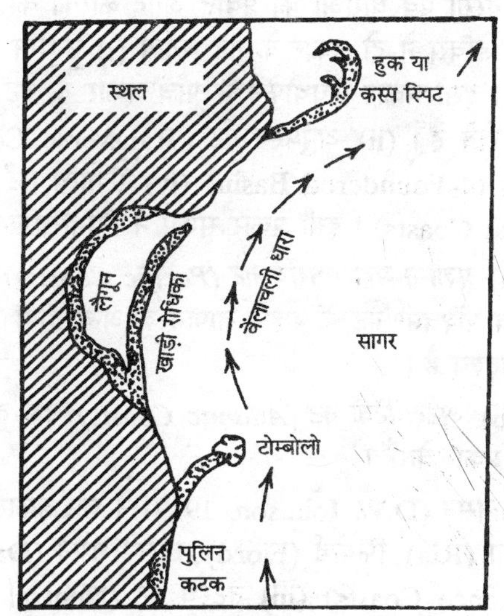

7. **लूप या छल्ला** (Loop)—वेलांचली धाराओं (Littoral Currents) के विपरीत बहने वाली विरोधी लहरें (Opposing Currents) जब अधिक प्रबल तथा तीव्र होती हैं, तो हुक का मुड़ने वाला भाग तट से मिल जाता है, तथा गोलाकार छल्ले जैसी आकृति का निर्माण हो जाता है, इसे छल्ला कहते हैं। जब छल्ले का विकास किसी द्वीप के चारों ओर होता है तो उसे छल्लेदार रोधिका (Looped Bar) कहते हैं।

8. **संयोजक रोधिका** (Connecting Bars)—सागर के तटवर्ती भाग पर कठोर चट्टानें तरंगों के अपरदन से कम प्रभावित होती हैं। ये कठोर चट्टानें जब सागर की ओर नुकीले आकार में निकली होती हैं, तो इन्हें शीर्ष स्थल कहते हैं। सागर के तटीय भाग पर स्थित दो शीर्ष स्थलों को मिलाने वाली रोधिका को संयोजक रोधिका कहते हैं।

9. **टोम्बोलों** (Tombolo)—सागरीय तटवर्ती भाग से सागर के अन्दर स्थित द्वीप को या तटवर्ती भाग पर स्थित शीर्ष स्थल को सागरीय द्वीप से मिलाने वाली रोधिका को टोम्बोलो कहते हैं। टोम्बोलों के कारण सागरीय द्वीप का सम्बन्ध स्थल भाग से आसानी से हो जाता है। इस प्रकार टोम्बोलो तट तथा द्वीप के मध्य एक पुल का कार्य करता है।

10. **ज्वारीय प्रवेश द्वार** (Tidal Inlets)—सागरीय भाग में चलने वाली ज्वारीय धारायें जब अपने अपरदनात्मक कार्य के द्वारा संयोजक रोधिका को जगह-जगह से काट देती है तो तट तथा संयोजक रोधिका के मध्य स्थित जल का सम्बन्ध सागरीय जल से हो जाता है। इन प्रवेश द्वारों को ज्वारीय धाराओं से निर्मित होने के कारण ज्वारीय प्रवेश द्वार कहते हैं।

11. **पंखयुक्त शीर्ष स्थल** (Winged Head Land)—सागरीय वेलांचली प्रवाह के निक्षेपात्मक कार्य के द्वारा जब शीर्ष स्थल के दोनों ओर कंकड़-पत्थर शैल चूर्ण आदि के जमाव से पंख की आकृति का निर्माण हो जाता है, तो इसे पंख युक्त शीर्ष स्थल कहते हैं।

12. **अन्य स्थलरूप** (Other Landforms)—सागर के तटवर्ती भाग पर स्थित खाड़ी के मुहाने पर जब रोधिका का निर्माण हो जाता है, तो उसे **खाड़ी मुख रोधिका** (Bay Mouth Bar) कहते हैं। खाडी के मध्य के भाग में जब तरंगें अपने साथ लाए पदार्थों के निक्षेप द्वारा रोधिका का निर्माण करती हैं, तो इसे खाड़ी के मध्य में स्थित होने के कारण **खाड़ी मध्य रोधिका** (Mid Bay Bar) कहते हैं। तटवर्ती खाड़ी के ऊपर शीर्ष भाग पर निर्मित रोधिका को **खाड़ी शीर्ष रोधिका** (Bay Head Bar) कहते हैं। दो संलग्न रोधिकाओं के मिलने से बनने वाली रोधिका को उच्चभाग रोधिका (Cuspate Bar) कहते हैं। इसे *डगनैस (Dungness)* भी कहते हैं।

इन प्रमुख स्थलरूपों के अलावा तटीय तरंगों के निक्षेपण के द्वारा दलदली भाग तथा पंख युक्त मैदान का निर्माण भी होता है। तरंगों के द्वारा तटवर्ती भाग पर कीचड़ के निक्षेप के द्वारा पंकयुक्त मैदान का निर्माण होता है। पंकयुक्त मैदान का विस्तार धीरे-धीरे लहरों के द्वारा होता रहता है।

तटों के प्रकार (Types of Coast)

सागरीय तटों को वर्गीकृत करना काफी कठिन है क्योंकि इनकी बनावट पर शैल संरचना, भूपृष्ठीय रचना, सागर तल से ऊँचाई, सागरीय तरंगों एवं धाराओं की प्रवृति आदि कारकों का प्रभाव रहता है। जिस कारण इनकी प्रकृति परिवर्तनशील रहती है। सन् 1902 में डेविस ने दो प्रकार के तट बतायें (i) उन्मग्न तट (Emergence Coasts) तथा (ii) निमग्न तट (Submergence Coast)। इसी प्रकार रिचथोफेन ने पाँच प्रकार के तट बताये: (i) अनुदेर्ध्य तट (Longitudinal Coasts): जो संरचना के अनुकूल होते हैं। (ii) अनुप्रस्थ तट (Transverse Coasts): ये संरचना के प्रतिकूल होते हैं। (iii) भ्रंशित बेसिनों के तट (Coasts of Foundered Basin) (iv) भ्रंशोत्थ तट (Block Coasts): ये पठारों के किनारे बनते हैं तथा (v) जलोढ तट (Alluvial Coasts)। इसी प्रकार सुएेस ने निम्नलिखित दो प्रकार के तट बताये हैं:

(i) *प्रशान्त महासागरीय तट (Pacific Coasts):* इसके सहारे नवीन वलित पर्वत मिलते हैं पूर्वी तट के सहारे रॉकीज तथा एण्डीज व पश्चिमी तट के सहारे जापान व अन्य द्वीपों में वलित पर्वत स्थित हैं। ये तट रीवा रिचथोफेन द्वारा वर्णित अनुदैर्ध्य तट के सदृश्य है।

(ii) *अटलांटिक तट (Atlantic Coasts):* इस तट पर संरचना का प्रभाव नहीं पड़ा है रिचथोफेन द्वारा वर्णित अधिकांश तट इसी प्रकार के हैं।

जानसन (D.W. Johnson, 1919) ने चार प्रकार के सागरीय तट बताये हैं: (i) निमग्न तट (Submergence Coasts) इसमें रिया (Ria), फियोर्ड (Fiord), डालमेशियन (Dalmatian) तथा हेफ (Haff) तट सम्मिलित किये हैं (ii) उन्मग्न तट (Emergence Coasts) (iii) तटस्थ तट (Neutral Coasts) तथा (iv) संश्लिष्ट तट (Compound Coasts) तटों का 1952 में प्रस्तुत वेलेण्टाइन (Valentine) का वर्गीकरण विश्वस्तर पर मानक रूप में स्वीकार किया गया है। इन्होंने दो मुख्य वर्गों की पहचान की है: (i) प्रसार करने वाले तट (Coast which have Advanced) तथा (2) निवर्तित तट (Retreated Coasts)।

निमज्जित या निमग्न उच्च भूमि तट (Submerged Upland Coasts)

विश्व के अधिकांश तट इसी प्रकार के हैं इनका निर्माण किसी अनियमित तटीय भूभाग के जलमग्न होने से होता है। इनके निर्माण में दो विचारधारायें है एक तो पटलविरूपणी क्रिया द्वारा जिसमें भूभाग का अवतलन (Subsidence) होता है दूसरी ओर अनेक विद्वानों ने इसे प्लीस्टोसीन हिमकाल का परिणाम भी बताया। जब प्लीस्टोसीन हिमकाल की बर्फ पिघली तो जलस्तर बढने से तटीय भूभाग जलमग्न हो गये। प्रमुख निमग्न किनारे निम्नलिखित है: (i) रिया (Rias), (ii) फियोर्ड (Fiord), (iii) डालमेशियन (Dalmatian) तथा (iv) हैफ (Haff)। कुछ अन्य महत्वपूर्ण प्रकार निम्न है: (i) उन्मग्न उच्च भूमि (Emerged Upland), (ii) उन्मग्न निम्न भूमि (Emerged Low land), (iii) प्रवाल तट (Coral Coasts)।

(i) रिया तट (Ria Coasts)

'रिया' एक स्पेनिश शब्द है जिसका प्रयोग विस्तृत रूप से निमग्न (Submerged) तटीय घाटी या ज्वारनदमुख (Estuary) के लिए किया जाता है जो सागर तल में उत्थान के परिणामस्वरूप जलमग्न हुऐ हैं। रिया तट में तटरेखा के सहारे पहाड़ियाँ तथा नदी घाटियाँ मिलती हैं। ये तट किपाकार (Funnel Shaped) होते है तथा भूमि की ओर जाने पर चौड़ाई एवं गहराई घटती जाती हैं। इस प्रकार के तट उत्तरी पश्चिमी स्पेन तथा दक्षिणी पश्चिमी आयरलैण्ड तथा ब्रिटेन के सहारे मिलते हैं।

(ii) फियोर्ड तट (Fiord or Fjord Coasts)

यह तट हिमानी घाटियों के जलमग्न होने से बनते हैं। प्लीस्टोसीन हिमकाल की हिमपरत के पिघलने से सागर तल में उत्थान

हुआ तथा हिमानी घाटियाँ जलमग्न हो गई। ये तट लम्बे संकरे सागरीय क्षेत्र होते है जो तीव्र ढालू पर्वतीय भागों से आबद्ध होते हैं। इन पर्वतों की गहराई 1100 मीटर तक होती है। फियोर्ड तट पश्चिमी स्काटलैण्ड, नार्वे ग्रीनलैण्ड, लेब्रेडोर ब्रिटिश कोलम्बिया, अलास्का, दक्षिणी चिली तथा न्यूजीलैण्ड में मिलते है इन सभी क्षेत्रों में प्लीस्टोसीन हिमकाल के दौरान हिमचादर का प्रसार हुआ था। फियोर्ड तटों में हिमानी घाटी की अनेक विशेषतायें जैसे यू-आकार की घाटी, लटकती घाटी, रून्धित स्कन्द (Truncated Spur) आदि मिलते हैं। तटीय भागों में हिमोढ निर्मित द्वीप भी मिलते हैं। नार्वे फियोर्ड स्केण्डेनेविया के पठार में गहराई तक (1500 मीटर) काट दिया गया है। इसी प्रकार जोस्टेडेल्सब्र (Jostedalsbre) के पठार को 900 मीटर तक काट दिया गया है। प्रत्येक फियोर्ड के मुहाने के पास सागर तल से रोधिका (Bar) मिलती है जहाँ ठोस शैल मलबे का जमाव हो गया है। यह अन्तिम हिमोढ (Terminal Moraine) का ही एक रूप है।

*(iii) **डालमेशियन तट** (Dalmatian Coasts)*

'डालमेशियन' शब्द यूगास्लावियन एड्रियाटिक तट से लिया गया है जिसमें तट स्थलाकृतिक भूआकारों के समानान्तर पाया जाता है इनके नीचे स्थित भूवैज्ञानिक संरचना भी समान होती है क्योंकि डालमेशियन तट का निर्माण विस्तृत तटीय पर्वत श्रेणी के जलमग्न होने से होता है। इन पर्वत श्रेणियों के मध्य स्थित घाटियों में जल भर ाता है तथा सागरीय किनारे लम्बाकार द्वीप सदृश्य बन जाते हैं। यहाँ संकरी प्रायद्वीपीय तट रेखा मिलती है जिसमें लम्बी खाड़ियाँ, चैनल तथा रेखीय द्वीप मिलते है। डालमेशियन तट को अनुदैर्ध्य तट भी कहते है। प्रशान्त महासागर का पूर्वी तट जो अमेरिका के पश्चिमी तट के सहारे स्थित है इसी प्रकार का तट है।

*(iv) **हैफ तट** (Haff Coasts)*

ये बालूका निक्षेपों के निमग्न होने से बनते है जिनमें रोध्रिका, हुक आदि आकृतियाँ उत्पन्न होती हैं पूर्वी एशिया तट, व फ्रांस का गरोन (सोमरसटेशायर) तट हैफ तट के प्रारूपिक उदाहरण हैं।

*(v) **उन्मग्न उच्चभूमि तट** (Emerged Upland Coasts)*

इन तटों के सहारे उत्थित पुलिन (Beach) या भृगुरेखा मिलती हैं। तटीय ढालों पर खाँचे (Notches) मिलते है जिन्हें भृगु द्वारा पीछे तक धकेल दिया गया है। गुफायें तथा तरंग धर्षित चबुतरे भी मिलते हैं जहाँ तरंग धर्षित चबूतरों से प्रवाहित शैल मलबा गुफाओं तक प्रविष्ट हो जाता है। माल्टा का पश्चिमी तट उन्मग्न तट का प्रसिद्ध उदाहरण है।

*(vi) **उन्मग्न निम्नभूमि तट** (Emerged Lowland Coasts)*

उन्मग्न निम्न भूमि का विकास समीपवर्ती महाद्वीपीय मग्नतट के उत्थान द्वारा होता है। संयुक्त राज्य अमेरिका के दक्षिणी मैदानी तटीय भाग में प्रपात रेखा द्वारा इनके किनारे बना दिये गये हैं जहाँ अप्लेशियन से एक कृमिक श्रंखला में निकलने वाली नदियों पर जलप्रपात पाये जाते हैं। मैक्सिको की खाड़ी तथा अर्जेन्टीना का रियो-डे-ला-प्लाटा (Rio-de-La-Plata) तट भी उन्मग्न निम्नभूमि तट के प्रसिद्ध उदाहरण हैं।

*(vii) **प्रवाल तट** (Coral Coasts)*

उष्ण कटिबन्धीय सागरों में अनेक तटों में प्रवाल पाये जाते हैं ये तट चूनाप्रधान होते हैं क्योंकि प्रवाल के शरीर में केल्सियम कार्बोनेट की मात्रा सर्वाधिक होती है तथा ये तट मृत प्रवालों के जमा होते रहने से बनते हैं। आस्ट्रेलिया के पूर्वी भाग के सहारे स्थित ग्रेटबेरीयर रीफ प्रवाल तट का एक प्रसिद्ध उदाहरण है।

तटीय अपरदन चक्र (Coastal Cycle of Erosion)

पृथ्वी तल पर होने वाली भ्वाकृतिक प्रक्रिया में अपरदन के अन्य कारकों की तरह ही सागरीय जल भी तटीय भागों में अपरदन करता है जिससे सागरीय किनारा भी अपरदन चक्र की विभिन्न अवस्थाओं से गुजरता है। सागरीय अपरदन चक्र उन्मग्न तथा निमग्न किनारों पर भिन्न होता है।

चित्र 20.10 *निमग्न तट के सहारे अपरदन चक्र की अवस्थायें (after Majid Husain)*

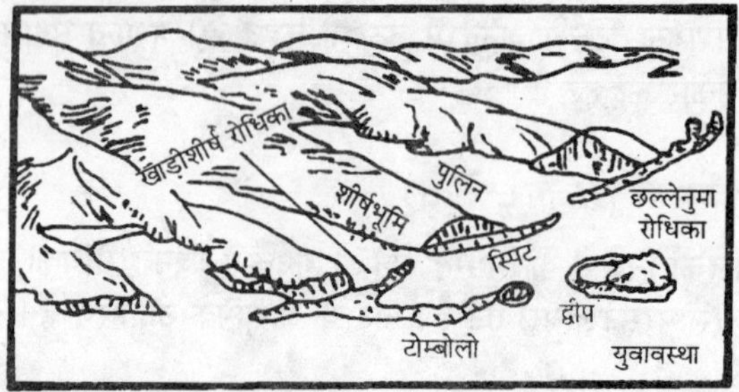

निमग्न तट पर अपरदन चक्र (Cycle of Erosion along the Submergent Coasts)

प्रारंभिक अवस्था (Initial Stage)

अपरदन चक्र की प्रारंभिक अवस्था में तट निमग्न होता है यह चक्र यातो सागर तल में उत्थान होने से या फिर सागरीय किनारों का ही अवतलन (Subsidence) होने से प्रारंभ होता है। जलमग्न तट रिया या फियोर्ड होता है तथा नदियों के मुहाने भी निमज्जित (Submergence) हो जाते हैं। तटीय अपरदन चक्र की यह प्रारंभिक अवस्था अत्यन्त विषम होती है जिसमें शीर्ष स्थल (Headlands), खाडियाँ (Bays), छोटे द्वीप, हिम श्रेणियाँ (Glacial Trough) आदि दृष्टिगत होती हैं।

तरूणावस्था (Youth Stage)

सागर तटीय क्षेत्रों में तरंगे अपरदन क्रिया प्रारंभ कर देती हैं जिससे सागरीय किनारा कटकर टेढा-मेढा हो जाता है। तट के समीप लघु निवेशिकायें (Caves) मेहराब स्टेक तथा सागर की ओर स्थित भाग शीर्षस्थल (Headland) के रूप में विकसित हो जाता है। ब्रेकर तरंग शैलों को सागर तल पर काटती है जिससे सागरीय भृगु का निर्माण हो जाता है तथा इसके सामने भूमि के पीछे हटने से तरंग घर्षित चबूतरा बन जाता है। यद्यपि युवावस्था में अपरदन की प्रधानता रहती है लेकिन निक्षेप द्वारा भी कुछ स्थायी स्थलाकृतियाँ बनती है। पृष्ठ किनारे (Backshore) पर अस्थायी पुलिन (Beach) का निर्माण होता है तरंग घर्षित चबूतरे का अपरदन होने पर ही मेहराब (Arches), प्राकृतिक चिमनी आदि का विकास होता है। इनके अतिरिक्त रोधिका (Bar), हुक (Hook), छल्ला (Loop), संयोजक रोधिका, स्पिट, तथा टोम्बोलो आदि बनते **है**। जब खाडी मुख रोधिका खाड़ी को बन्द कर देती **हैं तो किनारे**

तथा खाड़ी मुख रोधिका के मध्य बन्द क्षेत्र लैगून (Lagoon) का रूप ले लेता है। भृगु (Cliff) का पूर्ण विकास हो जाने से किनारे का ढाल तीव्र तथा खड़ा हो जाता है।

***प्रौढावस्था** (Mature Stage)*

इस अवस्था में युवावस्था के अधिकांश स्थलरूप विलुप्त हो जाते है। अपरदन तथा निक्षेप क्रिया में सन्तुलन स्थापित हो जाता है इस दशा को साम्यावस्था की परिच्छेदिका (Profile of Equilibrium) कहते हैं। लेगून अवसादों से भरने लगते हैं। अनेक निक्षेपात्मक स्थलरूप भी कटने लगते है। तट निरन्तर पीछे हटते रहते है किनारा सीधा होने लगता है तथा उसकी ऊँचाई तथा ढाल में कमी होने लगती है। अवशिष्ट रोधिका तथा शीर्ष भूमि भी विलुप्त हो जाती है तथा तट रेखा मूल खाड़ी शीर्ष तक पहुँच जाती है।

***जीर्णावस्था** (Old Stage)*

इस अवस्था में तट तथा किनारा अधिक नीचे हो जाते हैं। समीपवर्ती स्थलखण्ड अपरदित होकर सागर तल के समान हो जाता है। तट तथा किनारा दोनों ही सीधे हो जाते हैं इस अवस्था में भी अपरदन, परिवहन तथा निक्षेप की प्रक्रिया बन्द नहीं होते हैं। सागर की ओर ढाल मन्द हो जाता है तथा तट एक सीधी रेखा के रूप में हो जाता है। इस अवस्था में उन्मग्न तथा निमग्न क्रियायें होती रहती है। अतः जीर्णावस्था का रूप सैद्धान्तिक ही है क्योंकि पटलविरूपणी संचलनों के कारण तट व किनारा दीर्घ अवधि तक स्थिर नहीं रहते हैं।

उन्मग्न किनारों पर अपरदन चक्र (Cycle of Erosion along the Emergent Coasts)

***प्रारंभिक अवस्था** (Initial Stage)*

उन्मग्न तटों की उत्पत्ति तट तथा किनारे के सागर तल से ऊपर उठ जाने अथवा सागर तल के ही तट या किनारे से नीचे होने से होती है। इस दृष्टि से या तो पटलविरूपणी क्रिया होनी चाहिए या फिर जलवायु परिवर्तन से हिमानीकरण आदि से जल तल में कमी आये तभी उन्मग्न किनारों का अविर्भाव होगा। उन्मग्न तटीय अपरदन चक्र की प्रारभिक अवस्था में तट प्रायः सीधे होते हैं। तट से संलग्न मैदानी भाग सागर में काफी दूरी तक फैला होता है किन्तु उसका ढाल मन्द होता है। प्रारंभिक अवस्था में जल की गहराई कम होने से सुदूर किनारे (Off Shore) के सहारे ही अधिकांश तरंगे टूटने लगती हैं। तट तक पहुँचने वाली तरंगे तट की शैलों को अपरदित करके खाँचे (Notches) तथा कम ऊँचाई वाले लघु भृगु (Cliff) बनाती है। इन भृगुओं को 'निप (Nip)' कहते हैं। इस अवस्था में जलमग्न मैदानों पर तलछट जमा होने से अन्त सागरीय रोधिकायें बनने लगती है जो प्रायः तट के समानान्तर होती है।

***युवावस्था** (Youth Stage)*

तट सामान्य एवं सीधा होता है। जल में कहीं-कहीं रोधिकायें दिखने लगती है।तट की ओर क्रमिक ढाल (Gradual Slope) पाया जाता है रोधिकायें जैसे ही जल से ऊपर दृष्टिगत होने लगती है वैसे ही अपरदन चक्र की युवावस्था प्रारंभ हो जाती है। लोबेक महोदय ने युवावस्था को प्रारंभिक, मध्यवर्ती तथा अन्तिम तीन उप अवस्थाओं में विभक्त किया है। प्रारंभिक युवावस्था में रोधिकायें विस्तृत होकर परस्पर मिल जाती है। फलस्वरूप क्रमबद्ध अपतट रोधिका (Offshore Bars) का निर्माण होता है। रोधिकाओं के कारण तरंगे तट तक नहीं पहुँच पाती, जिससे तट का अपरदन कम हो पाता है। तट तथा रोधिका के मध्य लैगून बन जाते है। लेकिन कुछ स्थानों पर तरंगे रोधिकाओं को काटकर अपना मार्ग बना लेती हैं। इस प्रकार के मार्गों को ज्वारीय प्रवेश मार्ग Tidal Inlet कहते हैं। लैगून में भी अवसाद जमा होने लगती है अनेक बार लैगून में तलछट भरने से दलदली

भूमि बन जाती है जिन पर वनस्पति विकसित हो जाती है। भारत में उत्तरी अण्डमान, भीतरनीका (उडीसा) कच्छ की खाडी आदि में दलदल मिलती है।

युवावस्था के अन्तिम चरण में अपतट रोधिकाओं का प्रसार तट की ओर होने लगता है। रोधिका का सागर की ओर वाला भाग अपरदित होकर तीव्र ढालू (Steep) हो जाता है। यहाँ के अपरदन से प्राप्त तलछट दूसरे छोर पर जमा हो जाती है फलस्वरूप लैगून संकरे तथा उथले हो जाते हैं।

प्रौढावस्था *(Mature Stage)*

प्रौढावस्था के प्रारम्भ होने पर रोधिकायें (Sand Bars) लैगून (Lagoon) दलदले (Swamps) आर्द्रक्षेत्र (Marshes) तथा ज्वारीय प्रवेश द्वार (Tidal Inlets) नष्ट हो जाते हैं। सागरीय तरंगें जलमग्न तटीय चबूतरे को तरंग आधार (Wave Base) तक काट देती हैं। तट के सहारे उत्पन्न असमानतायें नष्ट हो जाती है तथा सागरीय किनारा सामान्य हो जाता है। तट का ढाल तीव्र हो जाता है तथा जल की गहराई अधिक हो जाती है। तट जमावों से ढक जाता है।

जीर्णावस्था *(Old Stage)*

उन्मग्न तट के सहारे सैद्धान्तिक रूप में जीर्णावस्था संभव नहीं है। इसकी कल्पना केवल व्यावहारिक रूप में ही की जा सकती है। क्योंकि तटीय भागों में उन्मग्न तथा या निमग्न होता रहता है। जीर्णावस्था में तट रेखाओं का अनुक्रम (Sequence of shorelines) मुख्यतः निमग्न तटों के प्रतिरूप का ही अनुसरण करता है।

चित्र 20.11 *उन्मग्न तट के सहारे अपरदन चक्र की अवस्थायें (after Majid Husain)*

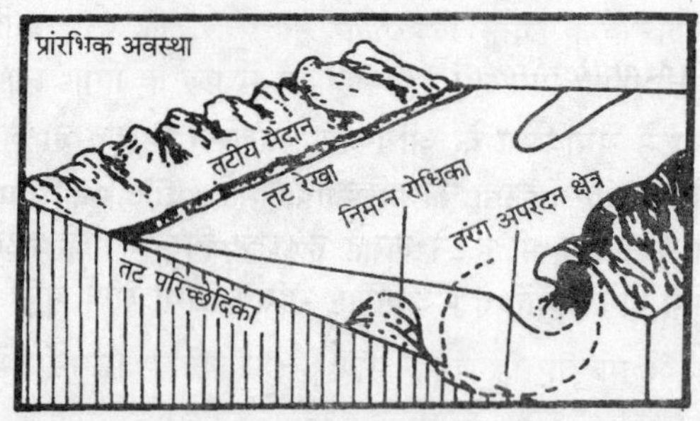

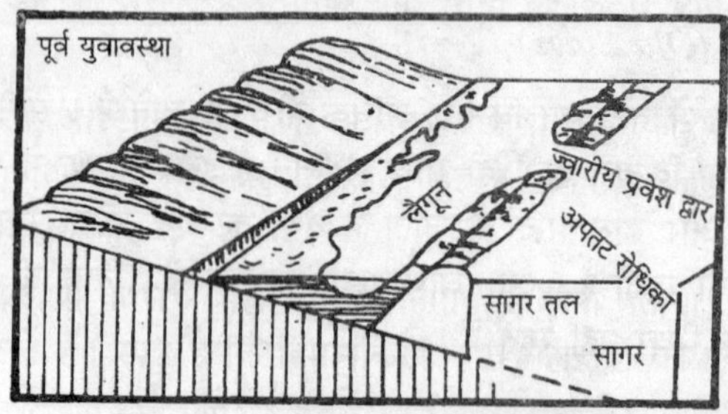

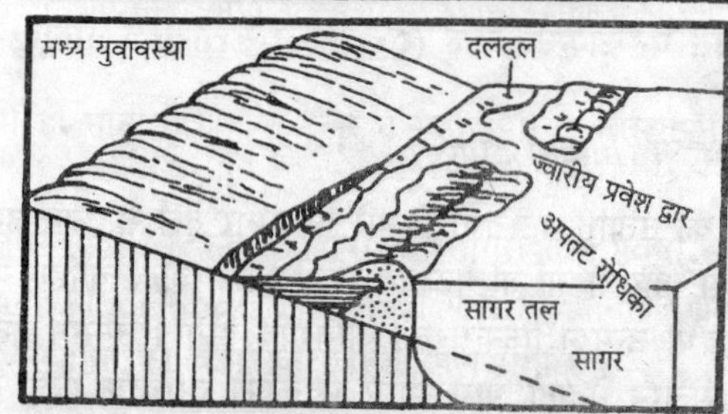

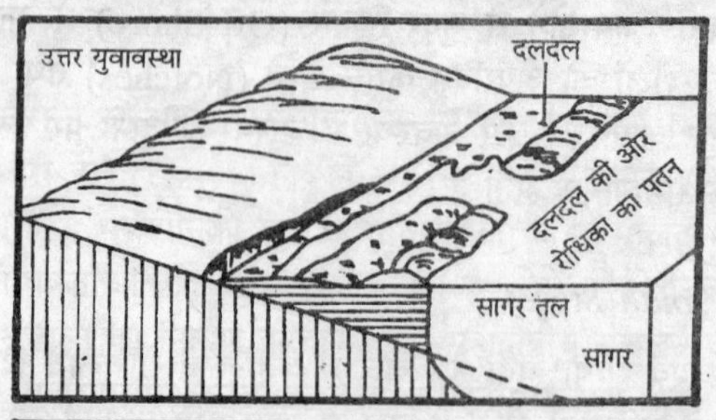

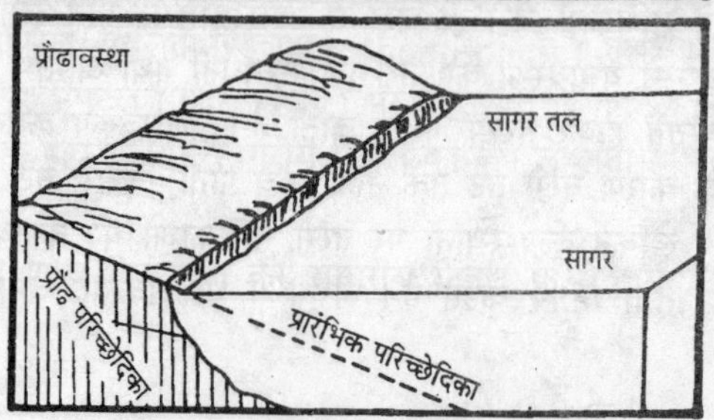

21

व्यावहारिक भू-आकृति विज्ञान
(Applied Geomorphology)

भू-आकृति विज्ञान के 19वीं सदी में स्वतन्त्र शाखा के रूप में स्थापित होते ही निरन्तर इसका विषय क्षेत्र बढ़ता गया तथा वर्तमान समय में इसका अध्ययन व्यावहारिक दृष्टिकोण से भी किया जाने लगा है। सन् 1880 के दशक से प्रगतिशील इस विषय का प्रारम्भिक स्वरूप भौतिक पर्यावरण की सतही संरचना को स्पष्ट करने तक सीमित रहा लेकिन 1950 के उपरान्त प्रत्येक वैज्ञानिक विषय की तरह इसके अध्ययन को भी मानव जीवन के लिए उपयोगी बनाने हेतु क्रमिक एवं सैद्धान्तिक पहलू के साथ ही व्यावहारिक पहलू (Applied Aspect) पर बल दिया गया। 19वीं शताब्दी के उत्तरार्द्ध मे प्रसिद्ध अमेरिकन भूआकृति वैज्ञानिक पावेल (Powell, J. W.), डटन (Dutton), मेकगी (McGee), गिलबर्ट (Gilbert, G.K.) आदि संयुक्त राज्य सरकार के अधीन पश्चिम क्षेत्र के विकास हेतु सर्वेक्षण कार्य कर रहे थे। इसी प्रकार हार्टन (Horton R.E.) जिन्हें आधुनिक मात्रात्मक भू-आकृति विज्ञान का संस्थापक माना जाता है, 1930 में उत्पन्न धूलीय तूफान (Dust Bowl) की स्थिति उत्पन्न होने पर मृदा संरक्षण की दिशा में कार्य करने वाले सक्रिय विद्वान थे। इन सभी विद्वानों ने समग्र रूप से भू-आकृति विज्ञान के व्यावहारिक पक्ष को विकसित करने का सराहनीय कार्य किया।

संयुक्त राज्य अमेरिका में व्यावहारिक भू-आकृति विज्ञान का महत्व अभियान्त्रिकी भू-आकृति विज्ञान एवं पर्यावरण अधिप्रभाव मूल्याँकन (Environmental Impact Assessment) की दृष्टि से अधिक माना गया (Coates, 1976) जबकि ग्रेट ब्रिटेन में शुष्क पर्यावरण सम्बन्धी भू-आकृतिक समस्याओं के लिए (Cooke et.al., 1983), आस्ट्रेलिया में विभिन्न द्वीपीय भागों मे पर्यावरणीय दशाओं सम्बन्धी खोज के लिए, कनाड़ा, में स्थायी हिम (Permafrost) क्षेत्रों के विकास के लिए (Williams, 1979), तथा फ्रांसीसी भू-आकृति वैज्ञानिकों द्वारा वैज्ञानिक एवं तकनीकी शोध के कार्यालयों के लिए किया गया। विगत दो दशकों में भूआकृति वैज्ञानिकों की भूमिका में आंशिक परिवर्तन आया है। क्योंकि बढते जनसंख्या दबाव एवं तकनीकी विकास के द्वारा मानव के भूआकृतिक प्रभाव बढ़ गये हैं (Goudie, A 1993)। इसलिए भू-आकृति वैज्ञानिकों के अनाच्छादन कालक्रम तथा पर्यावरण अधिप्रभाव के अध्ययन तक सीमित न रहकर मानवीय दृष्टिकोण के सन्दर्भ में अध्ययन पर बल दे रहे हैं जिसके तहत विभिन्न नियोजन सम्बन्धी कार्यों का अध्ययन किया जा रहा है।

मानवीय गतिविधियों में भू-आकृति विज्ञान का प्रयोग
(Application of Geomorphology in Human Activities)

वर्तमान समय में भू-आकृति विज्ञान का अनुप्रयोग विविध समस्याओं के समाधान हेतु किया जा रहा है जिनमें पर्यावरण अधिप्रभाव मूल्याँकन के अतिरिक्त संसाधन विकास एवं मानवीय गतिविधियों पर बल दिया गया है। विविध भ्वाकृतिक प्रक्रमों से सम्बन्धित सिद्धान्तों को अब उनके अध्ययन से आगे प्रायोगिक महत्व तक लाया गया है तथा उनका प्रयोग करके अनेक समस्याओं के समाधान खोजे गये हैं। स्थलरूपों के अध्ययन के दौरान भूवैज्ञानिक संरचना (Geological Structure) तथा स्तरशैल विज्ञान (Stratigraphy) का अध्ययन किया जाता है। इसके साथ ही क्षेत्र विशेष के अनाच्छादन कालक्रम

(Denudation Chronology) के अध्ययन के दौरान भूगर्भिक गतिविधियों से समबन्धित अध्ययन खनिज सम्पदा के निर्धारण एवं खनन कार्य मे सहायक होता है। आकारामिति (Morphometry) के प्रयोग से भू-आकृतिक अध्ययन को बल मिला है क्योंकि मानव का पृथ्वी के उच्चावचीय लक्षणों से अन्तर्सम्बन्धों का विस्तृत विवरण दृष्टिगत होने लगा है। भूआकारिकी का प्रयोग प्रादेशिक नियोजन एवं विकास, राजनैतिक प्रादेशिक सीमांकन, खनिज सम्पदा का निर्धारण एवं खनन, बाँधों का निर्माण, यातायात के मार्गों का विकास, बाढ़ नियन्त्रण बस्तियों का विकास, जल विज्ञान, संसाधन मूल्याँकन तथा सैन्य विभाग द्वारा किया जाता है।

प्रादेशिक नियोजन में भूआकारिकी का प्रयोग (Application of Geomorphology in Regional Planning)

किसी भी भौगोलिक प्रदेश या राष्ट्र में प्रादेशिक नियोजन को आधार मानकर विकास करने की प्रवृत्ति विकसित हो चुकी है। प्रादेशिक नियोजन का आधार राजनैतिक इकाई को माना जाता है। जबकि समस्यायें राजनैतिक इकाई विशेष की न होकर प्रादेशिक होती हैं। सरदार सरोवर परियोजना तथा दामोदर घाटी परियोजना किसी एक राजनैतिक इकाई की न होकर भौगोलिक प्रदेश मे विस्तृत हैं। इस क्षेत्र मे सर्वप्रथम संयुक्त राज्य अमेरिका मे कार्य हुआ जब सन् 1933 में प्रादेशिक नियोजन तथा विकास के लिए **'टेनेसी घाटी प्राधिकरण (Tennessee Valley Authority)'** ने कार्य प्रारम्भ किया। जिस पर गतिक भूआकारिकी और नियोजकों का ध्यान आकर्षित हुआ तथा प्रादेशिक नियोजन के लिए नदी के प्रवाह बेसिन को एक आदर्श इकाई के रूप में मानकर अनेक बेसिनों मे कार्य प्रारम्भ हुआ। संयुक्त राज्य में टेनेसी घाटी परियोजना की सफलता के उपरान्त मिसौरी घाटी परियोजना पूर्ण की गई। इसी आधार पर भारत में दामोदर घाटी कार्पोरेशन (Damoder Valley Corporation) का गठन कर नियोजन कार्य किया गया।

भ्वाकृतिक अनुप्रयोग द्वारा प्रादेशिक नियोजन के लिए वास्तविक रूप मे नदी बेसिन एक आदर्श भ्वाकृतिक इकाई (Geomorphic Unit) का उदाहरण है जिसमे उच्चावच, जलीय प्रक्रम तथा मानवीय कारकों के मध्य परस्पर अन्तर्सम्बन्ध होता है। भ्वाकृतिक कारकों की समरूपता के कारण वहाँ की समस्यायें भी समान होती हैं। उदाहरणार्थ दामोदर घाटी क्षेत्र में प्रतिवर्ष आने वाली बाढें, सरदार सरोवर बाँध का सामाजिक-आर्थिक परिदृश्य, चम्बल घाटी की बीहड़ों (Ravines) वाली भूआकारिकी (Physiology) आदि अनेक समस्यायें सम्बन्धित प्रवाह बेसिन में समानता रखती हैं तथा राजनीतिक सीमाओं के बदलने के साथ बदलती नहीं हैं। चम्बल नदी राजस्थान मध्यप्रदेश तथा उत्तरप्रदेश मे प्रवाहित होती है जो तीन पृथक् राजनीतिक इकाइयाँ हैं लेकिन इनमे पाया जाने वाला चम्बल का अपवाह क्षेत्र समान समस्याओं से ग्रसित है तथा इसके नियोजन की रणनीति बनाते समय सम्पूर्ण बेसिन को इकाई माना जायेगा। यदि राजनीतिक आधार पर नियोजन किया जाये तो चम्बल के एक भाग का नियोजन मध्य प्रदेश करेगा तथा शेष दोनों का क्रमशः राजस्थान तथा उत्तरप्रदेश करेंगे जिनमें भिन्नता होने से पूर्णतया सफल नहीं होंगे।

परिवहन (Transportation)

सड़क एवं रेलमार्गों को निर्माण में स्थलाकृति सर्वाधिक प्रभावित करती है। पृथ्वी तल पर विभिन्न प्रकार की स्थलाकृतियाँ पायी जाती हैं जिनमे पायी जाने वाली उच्चावच सम्बन्धी भिन्नता को मध्येनजर रखते हुए परिवहन मार्गों का विकास किया जाता है। सड़क एवं रेल मार्गों के निर्माण के समय भूगर्भिक संरचना, शैलों की प्रकृति, अश्म विज्ञान (Lithology) तथा स्तर शैल विज्ञान (Stratigraphy) की पर्याप्त जानकारी होना आवश्यक है। परिवहन मार्गों के विकास वाली स्थलाकृति के भ्वाकृतिक इतिहास व वहाँ के धरातल के संगठन में सहयोगी शैलों की रन्ध्रता (Porosity), पारगम्यता (Permeability), संधि (Joints), शक्ति (Strength) तथा सम्पीड़नात्मकता (Compressibility) आदि विशेषताओं की भी पर्याप्त जानकारी होनी चाहिए। इस प्रकार की सभी जानकारियाँ भूआकृति विज्ञान से मिलती हैं। पहाड़ी भागों में परिवहन मार्गों का विकास करते समय शैल रचना, ढाल

प्रवणता, नदी घाटियों के मार्ग में मिलने वाली जल धाराओं आदि को मद्देनजर रखा जाता है। इसी प्रकार चूना प्रदेशों (Karst Regions) में सड़क निर्माण में समस्या आती है, क्योंकि यहाँ भूमिगत प्रवाह के कारण अनेक स्थलाकृतियाँ बन जाती हैं। इनमें कन्दरा, घोल रन्ध्र, पोनोर तथा अन्धी घाटियाँ होती हैं। जिन पर सड़क या रेल मार्ग बनाने पर इनके नीचे धँसने का डर रहता है। इसलिए इनके निर्माण से पूर्व कार्स्ट स्थलाकृतियों की पूर्ण जानकारी ले लेनी चाहिए। इस हेतु सड़क निर्माणकर्त्ता इंजीनियर आकार जनक मानचित्रों (Morphogenic maps) की सहायता लेते हैं।

सड़क निर्माण मे परिहिमानी क्षेत्रों मे स्थायी हिम (Permafrost) की स्थिति भी प्रतिकूल होती है। यहाँ भूसतह के नीचे का भाग स्थायी रूप से जमा रहता है तथा ऊपरी भाग वनस्पति आवरण की उपस्थिति से ठोस अवस्था में रहता है। इस वनस्पति आवरण के हटते ही कठोर भूसतह सूर्यातप के प्रभाव मे आ जाता है तथा स्थायी हिम पिघल जाती है जिससे भूसतह की निम्नवर्ती भाग ध्वस्त हों जाता है। भूसतह के ध्वस्त होकर बने गड्ढे में पिघले जल एकत्रित होता है तथा थर्मोकार्स्ट झीलें (Thermokarst Lakes) बन जाती हैं। धरातल पर होने वाले ऐसे परिवर्तनों से सड़क एवं रेलमार्ग नष्ट हो जाते हैं। ऐसी समस्या सर्वप्रथम ट्रांस साइबेरियन रेल लाइन बिछाते समय प्रकाश मे आयी थी। यहाँ पहले तो जंगलों को साफ करके रेल लाइन डाल दी गई लेकिन कुछ समय उपरान्त स्थायी हिम के पिघलने से रेल पटरियाँ जमीन में धँस गई। इस घटना के उपरान्त रूस में व्यावहारिक भूआकारिकी को महत्व मिला एवं परिहिमानी भूआकारिकी (Periglacial Geomorphology) नामक नवीन शाखा का विशेष अध्ययन किया गया तथा **'ज्योक्रायोलॉजी'** (Geocryology) नामक विज्ञान अस्तित्व में आया। इसमें परिहिमानी वातावरण तथा स्थलाकृतियों के अध्ययन को महत्व दिया गया। इसी प्रकार कनाडा में भी परिवहन मार्गों के लिए वनस्पति को साफ करके एक लम्बे समय तक खाली छोड़ा गया तथा बोरिंग द्वारा स्थायीहिम की वास्तविक जानकारी प्राप्त करके वहाँ सड़क व रेलमार्गों का विकास किया गया। उच्च पहाड़ी क्षेत्रों में सड़क निर्माण यद्यपि आर्थिक दृष्टि से उपयुक्त नहीं होता लेकिन आवश्यकतानुसार इसका विकास किये जाने पर भूआकारिकी की सहायता लेनी पड़ती है क्योंकि यहाँ एक ओर भूवैज्ञानिक संरचना का ज्ञान होना चाहिए वहीं दूसरी ओर ढाल की भी जानकारी होनी चाहिए। ढाल के स्वभाव के अनुसार ही अनाच्छादनकारी गतिविधियाँ होती हैं। तीव्र ढालों पर भूस्खलन (Landslide), पंक प्रवाह (Mud flow), मृदा प्रवाह (Earth Flow) तथा शैल पात (Rock fall) आदि क्रियायें होती रहती हैं, जो सड़क एवं रेल मार्गों के निर्माण में हानिकारक होती हैं। हिमालय क्षेत्र में ऐसी दृश्यभूमि दृष्टिगत होती हैं।

खनन कार्य में भूआकृतिविज्ञान का प्रयोग
(Application of Geomorphology in Mining)

खनिज संसाधनों के निर्धारण एवं विदोहन मे भूआकारिकी का प्रयोग महत्वपूर्ण माना गया है। खनिजों की खोज एवं खनन मे भ्वाकृतिक स्थलाकृतियों एवं भ्वाकृतिक इतिहास की जानकारी आवश्यक है। खनिज संसाधनों का भूवैज्ञानिक संरचना से प्रत्यक्ष सम्बन्ध होता है जिसके बारे मे उस क्षेत्र विशेष की स्थलाकृतियों की विशेषताओं से जानकारी मिल सकती है। इस बारे में मेकिन्स्ट्री (Mckinstry, 1948) ने बताया कि कुछ खनिजों के जमाव तो प्रत्यक्षतः स्थलाकृतिक लक्षणों में दृष्टिगत होते हैं। किसी भी क्षेत्र की स्थलाकृति वहाँ की भूगर्भिक संरचना का सुराग दे देती है जिससे वहाँ खनिजों के संचयन का अनुमान लगाया जा सकता है। पश्चिमी राजस्थान से जुड़े पाकिस्तानी क्षेत्र में थार के मरुस्थल की भूगर्भिक संरचना में समरूपता है तथा पाकिस्तान में मिले उच्च गुणवत्ता के पेट्रोल के समान ही राजस्थान में प्राप्ति हुई है।

स्थलाकृतिक स्वरूप के आधार पर अनेक खनिजों का पता लगाया जा सकता है। ये जमाव भ्रंशों तथा दरारों वाली संरचना में मिलते हैं। इसी प्रकार आस्ट्रेलिया की ब्रोकन हिल में सीसा-जस्ता के जमाव मिले हैं। पृथ्वी की भूपर्पटी में पायी जाने वाली शिराओं (Veins) में उपस्थित स्फटिक खनिज (Quartz) कटक के रूप में पाया जाता है क्योंकि दो शिराओं के मध्य स्थित भाग का कटाव हो जाने से विदर (Clefts) बन जाते हैं। कुछ खनिज कटक के विपरीत गर्तनुमा स्थलाकृतियों में मिलते हैं। रासायनिक अपक्षय के दौरान खनिजों के आक्सीकरण (Oxidation) होने से उनका आकार घटने से उनके ऊपर स्थित

जमावों का नीचे धँसाव (Subsidence) हो जाता है तथा दोनों ओर का भाग धँसाव से मुक्त रहता है जिसे देखकर अभिव्यक्ति द्वारा ही खनिजों का निर्धारण किया जा सकता है।

वर्तमान या प्राचीन भ्वाकृतिक चक्रों के दौरान अपक्षय के अवशेषों के रूप में अनेक महत्वपूर्ण खनिजों की पहचान की गई है। इस प्रकार अपरदन चक्र के ज्ञान के आधार पर खनिजों की खोज में भूआकृतिविज्ञान की महत्वपूर्ण भूमिका रही है। कुछ लौह धातु के जमाव, मृत्तिका खनिज (Clay Minerals), बॉक्साइट, मैंगनीज तथा निकिल धातुएं अपक्षय के अवशेष के रूप में मिलती हैं (थार्नबरी, 1954)। अपरदन चक्र की प्रारम्भिक अवस्थाओं (युवावस्था व प्रौढ़ावस्था) में खनिजों का स्थानान्तरण होता रहता है लेकिन अन्तिम अवस्थाओं में ये खनिज अवशेष के रूप में बच जाते हैं तथा अपरदन सतह पर दृष्टिगत होते हैं। संयुक्त राज्य अमेरिका के अरकंसास राज्य इयोसीन अपरदन तथा अपक्षय की सतह पर नेफलीन साइनाइट (Nepheline Syenite) के अपक्षय के प्रत्यक्ष उत्पाद के रूप में बॉक्सइट के जमाव मिले हैं (Bramlettes, 1936)। दक्षिणी पूर्वी राज्यों में पाये जाने वाले बॉक्साइट के विस्तृत जमाव भी पूर्व में अपरदन सतह से सम्बन्धित माने गये हैं। शैलों के अपक्षय से निर्मित खनिजों पर जलवायु का प्रभाव स्पष्ट रूप से देखा गया है। शीतोष्ण जलवायु में आग्नेय शै के अपक्षय से उत्पन्न अवशेष मृत्तिका खनिज (Clay Minerals) के रूप में मिलता है जबकि बॉक्साइट का निर्माण उष्ण कटिबन्धीय जलवायु में होता है। इस सम्बन्ध में हैरिसन (Harrison, J.W. 1910) ने बताया कि लेटराइट तथा मृत्तिका दोनों का निर्माण उष्ण कटिबन्धीय जलवायु के अन्तर्गत होता है। पश्चिमी द्वीप समूह में अल्यूमिना युक्त लेटेराइट का निर्माण चूना प्रस्तर तथा डोलोमाइट में स्थित अलुमिना (Alumina) के अपक्षय एकत्रीकरण से हुआ माना गया है तथा यह धातु प्लायोसीन सतह के ऊपर पायी जाती है। इसी तरह के बॉक्साइट के विस्तृत जमाव हंगरी में निचली क्रिटेशियस सतह के ऊपर ट्रियसिक युग के डोलोमाइट के अलुमिना के एकत्रीकरण के फलस्वरूप हुआ है (Singewald, 1938)। इस प्रकार अपक्षयित अवशेषों से खनिजों का जमाव खोजने की अच्छी संभावनायें हैं। भूविज्ञान की एक शाखा का प्राचीन अपक्षय धरातलों (Weathering Surfaces) तथा मृदा के अध्ययन एवं पहचान के लिए विकास किया गया है जिसे *पुरामृदाविज्ञान (Paleopedology)* कहा गया है।

अधिपृष्ठजनक खनिज एवं विषम विन्यास (Epigenetic Minerals and Unconformity)

पर्वतीय तथा पठारी भागों में कुछ ऐसे क्षेत्र होते हैं जहाँ प्राचीन काल के अपरदन तलों के बाद युगों में कुछ नवीन निक्षेप विषम विन्यास वाली शैल संरचना में मिलते हैं। संयुक्त राज्य तथा कनाड़ा के लगभग 70% खनिज विषम विन्यास वाली संरचना से बाहर निकाले गये हैं। इनमें सीसा, निक्किल, मैगनीज, बैराइट, फ्यूराइट, ताम्बा, यूरेनियम, वेडेनियम आदि मुख्य है। इनका निक्षेप प्रीकेम्ब्रियन युग से लेकर टरर्शियरी युग के मध्य के थे। विषम विन्यास की शैल संरचना में तरलावस्था वाले खनिज सरलता से अधोभौमिक भागों में प्रवाहित होते रहते हैं। खनिजों की अवस्थिति बताने में विषम विन्यास संरचना की भूमिका को मिल्स एवं एरिच (Mills and Eyrich, 1966) ने स्पष्ट किया। इन्होंने संयुक्त राज्य अमेरिका एवं कनाडा में विषम विन्यास संरचना में 68 खनिजों का पता लगाया।

बाक्स 21.1 *अधिपृष्ठजन एवं विषम विन्यास (Epigene and Unconformity)*

***अधिपृष्ठजन** (Epigene):* भूसतह पर या उसके निकट घटित होने वाले भूवैज्ञानिक प्रक्रमों और इन प्रक्रमों के उत्पादों को अधिपृष्ठजन कहते हैं।

***विषम विन्यास** (Unconformity):* यह अन्तर्निहित (Buried) अपरदन पृष्ठ होता है जो दो ऐसी शैल संहतियों (Rock Masses) को अलग करता है जिनमें पुरानी शैल संहति पर नवीन शैल संहति के जमाव के पूर्व एक लम्बी अवधि तक अपरदन कार्य चलता रहा हो।

प्लेसर निक्षेपों की खोज (Exploration of Placer Deposits)

प्लेसर भारी धातुओं का मिला-जुला ऐसा जमाव होता है, जो रासायनिक अपक्षय तथा अपरदन के कारण प्राप्त पदार्थों के एक साथ एकत्र होने से बनता है। इस प्रकार प्लेसर गतिमान जल या वायु के बलकृत सान्द्रण द्वारा निर्मित मूल्यवान खनिज कणों का जमाव होता है (A placer is an alluvial deposit of sand or gravel with particles of valuable minerals)। यह शब्द प्रायः जलोढ़ स्वर्ण निक्षेपों के लिए प्रयुक्त होता है। भारत के इल्मेनाइट के जमाव समुद्री प्लेसर वर्ग में आते हैं। प्लेसर निक्षेपों के निर्धारण में भ्वाकृतिक सिद्धान्त महत्वपूर्ण सिद्ध हुए हैं। प्लेसर जमावों से मूल्यवान धातुएं जैसे सोना, हीरा, चाँदी आदि प्राप्त होती है। अब तक 9 प्रकार के प्लेसर निक्षेपों का पता लगाया जा चुका है—

(i) अवशिष्ट प्लेसर (Residual Placer), (ii) जलोढ़ प्लेसर (Alluvial Placer), (iii) पवनकृत प्लेसर (Eolian Placer), (iv) बजादा प्लेसर (Bajada Placer), (v) पुलिन प्लेसर (Beach Placer) (vi) हिमानी प्लेसर (Glacial Placer) (vii) तिरोहित प्लेसर (Burried Placer) (viii) प्राचीन प्लेसर (Ancient Placer) तथा (ix) मिश्रोढ (Colluvial)। इनमें जलोढ़ प्लेसर सर्वाधिक महत्वपूर्ण है। अवशिष्ट प्लेसर का निर्माण अपक्षय क्रिया द्वारा स्वस्थाने (in situ) ही होता है लेकिन जब अपक्षय अवशिष्ट संचलित होकर ढाल के सहारे जमा हो जाते हैं तो उसे मिश्रोढ प्लेसर (Colluvial Placer) कहते हैं। ये जमाव अवशिष्ट एवं जलोढ़ प्लेसर के मध्य का संक्रमण क्षेत्र होते हैं। ऐसे जमावों में केलिफोर्निया, न्यूजीलैण्ड तथा आस्ट्रेलिया में सोना मिलता है।

मलेशिया के टिन प्लेसर मिश्रोढ प्लेसर (the Keolits) तथा जलोढ़ प्लेसर (the Kaksas) हैं। विश्व का लगभग एक तिहाई प्लेटिनम रूस तथा कोलम्बिया के जलोढ़ प्लेसर से मिलता है। इसी प्रकार सोना टिन तथा हीरा भी जलोढ़ प्लेसर से ही मिलता है। दक्षिणी अफ्रीका की ओरेंज तथा काल नदियों में, बेल्जियम कांगों तथा ब्राजील के मिनास गोरास क्षेत्रों के जलोढ़ प्लेसर में मिलते हैं। आस्ट्रेलिया तथा निचले केलिफोर्निया व मेक्सिको में पवनकृत प्लेसर जमावों से सोना मिलता है। पुलिन प्लेसर से अलास्का व केलिफोर्निया में सोना तथा दक्षिणी अफ्रीका में हीरा, भारत, ब्राजील तथा आस्ट्रेलिया में जिरकन, भारत के ट्रावनकोर तट से इल्मेनाइट तथ मोनोजाइट के जमाव मिले हैं। इस प्रकार भूआकृति विज्ञान के अनाच्छादनकारी क्रियाओं से सम्बन्धित सिद्धान्तों के आधार पर बहुमूल्य खनिजों का पता लगाया जा सकता है।

ख़निज तेल की ख़ोज में भूआकृतिक विज्ञान का प्रयोग
(Application of Geomorphology in Oil Exploration)

भ्वाकृतिक सिद्धान्तों का उपयोग करके खनिज तेल क्षेत्रों की खोज की जाती है। खनिज तेल मुख्यतः सरन्ध्र (Porus) तथा पारगम्य (Permeable) शैलों में मिलता है। इस दृष्टि से बलूआ पत्थर तथा चूना पत्थर उपयुक्त रहते हैं। खनिज तेल क्षेत्रों में शैल संरचना तथा स्थलाकृति में बहुत निकट सम्बन्ध होता है क्योंकि पटलविरुपण के प्रभाव अनाच्छादन के उपरान्त भी परिलक्षित होते हैं जिन्हें अपरदन तथा अपक्षय की क्रियायें पूर्णतया मिटा नहीं पाती हैं। वनस्पति आवरण वाले पर्वतीय व पठारी भागों के ढालू भाग स्पष्टतः नहीं दिखते हैं। ऐसे भाग ऊपर से देखने पर अपनतिक (Anticlind) तथा गुम्बदाकार संरचना (Dome structure) के रूप में दृष्टिगत होते हैं।

खनिज की उत्पत्ति के सम्बन्ध में दो विचारधारायें प्रचलित हैं। प्रथम कार्बनिक तथा द्वितीय अकार्बनिक। कार्बनिक सिद्धान्त के अनुसार खनिज तेल की उत्पत्ति जैविक पदार्थों के सड़ने-गलने (अपघटन) से हुई है। इसी कारण इसे जीवाश्मीय ईधन भी कहते हैं। खनिज तेल के जमाव के लिए दो प्रकार की शैलें उपयुक्त मानी गई हैं। प्रथम, संरचनात्मक जाल (Structural Traps) तथा द्वितीय, स्तरीकरण जाल (Stratigraphic Traps)। अवसादी (परतदार) शैलों में वलन क्रिया के कारण अपनति (Anticline) तथा अभिनति (Syncline) बन जाती है जिसके कारण पारगम्य तथा अपारगम्य शैलें मिल जाता है। फलस्वरूप तेल का बहाव रुक जाता है। अधिकांश तेल अपनतियों के सहारे ही मिलता है। तेल क्षेत्र (Oil Belt) के नीचे अपारगम्य तथा ऊपर पारगम्य शैलें होती हैं। इस प्रकार की संरचना में तेल के कूप खोदने पर द्रव स्थैतिक दाब (Hydrostatic Pressure)

के कारण तेल स्वतः ही ऊपर आ जाता है। संसार के अधिकांश तेल क्षेत्र इसी प्रकार की अपनतीय संरचना वाली ट्रेप में मिलता है। इसी प्रकार जल स्थैतिक दाब द्वारा पाताल तोड़ कुओं में जल स्वतः ऊपर आता है।

सागरीय भागों में तेल एवं प्राकृतिक गैस के जमाव सागरीय अवसादों के मोटे प्रस्तरों के बीच में मिलता है। अन्वेषणकर्ता मुख्यतः अवसादी शैलों तक ही सीमित रहते हैं। संयुक्त राज्य अमेरिका, कनाडा तथा रूस के अधिकांश अन्वेषकों ने संसार की अधिकांश अपनतियों का निरीक्षण कर उनमें तेल की उपलब्धता तलाशने का कार्य किया है। मध्यपूर्व (Middle East) तथा संयुक्त राज्य अमेरिका के अप्लेशियन क्षेत्रों में अधिकांश तेल क्षेत्र अपनतियों के सहारे संरचनात्मक ट्रेप में मिले हैं। तेल एवं गैस अन्वेषण की नवीन विधि अपवाह विश्लेषण (Drainage Analysis) विकसित की गई है। इस विधि में वायु फोटो सर्वेक्षण द्वारा अपवाह प्रतिरूप, अपवाह विन्यास, सरिता प्रतिरूप तथा अपवाह विसंगति (Drainage Anomalies) का अध्ययन किया जाता है। अपवाह तन्त्र का क्रमबद्ध अध्ययन करके सरिता मार्ग परिवर्तन, घाटी कटाव, प्रवणता आदि जानकारी प्राप्त करके इनके आधार पर अन्वेषण कार्य को गति देते हैं। इस प्रकार के अध्ययनों से संरचनात्मक नियंत्रण की जानकारी मिल जाती है तथा वलनों (Folds), भ्रंशों (Faults), विलगों या दरारों (Fractures), संधियों (Joints) तथा विषम विन्यास (Unconformity) आदि की उनके प्रभावों सहित जानकारी ले लेते हैं। अधिकांश खनिज तेल के जमाव विषम विन्यास संरचना से जुड़े हुए हैं। कोयले की खोज (Exploration of Coal) में भी भूआकारिकी सिद्धान्तों से सफलता मिली है।

कोयला भी पेट्रोलियम की तरह मूल पदार्थों (Parent Materials) की दृष्टि से जीवाश्मीय ईधन माना गया है क्योंकि इसका निर्माण दलदली भागों में वनस्पतियों के दबकर रूपान्तरित होने से हुआ है। कोयला सामान्यतः परतों (Coal Seams) में मिलता है। इसका निर्माण कार्बोनिफेरस काल में (360 से 286 मिलियन वर्ष पूर्व) हुआ था। कोयला निर्माण की प्रक्रिया की ऐतिहासिक जानकारी के आधार पर नवीन कोयला क्षेत्रों की खोज की जा सकती है।

भूमि उपयोग में भू-आकारिकी का प्रयोग (Application of Geomorphology in Landuse)

भूमि उपयोग प्रत्यक्ष रूप से भू-आकारिकी से सम्बंधित है। उच्चावच (Relief), भूवैज्ञानिक सरंचना व अपरदन के प्रक्रम जलवायु के साथ किसी भी क्षेत्र के भूमि उपयोग को प्रभावित करते हैं। कृषि उत्पादन की विभिन्न फसलों के लिए विशिष्ट प्रकार की भूमि की आवश्यकता होती है। उदाहरणार्थ चाय की खेती पहाड़ी भागों पर उच्च वर्षा वाले क्षेत्रों में होती है। कपास की कृषि काली मिट्टी में अच्छी होती है। कॉफी की कृषि ज्वालामुखी लावा मृदा, जिसकी प्रकृति कुछ अम्लीय होती है, उपयुक्त होती है। इसी प्रकार मैदानी भागों में सघन कृषि की जाती है तथा पहाड़ी भागों में पशुचारण किया जाता है। अतः व्यापारिक फसलें, चाय, कॉफी, कोको, रबर, मसाले आदि का उत्पादन उच्चावच लक्षणों से नियन्त्रित होता है।

भूमि उपयोग के लिए सर्वप्रथम भूमि सर्वेक्षण तथा भूमि का मूल्याँकन करना आवश्यक है। भूसर्वेक्षण के उपरान्त ही भूमि का वर्गीकरण किया जाता है। प्रो. डडले स्टेम्प ने ग्रेट ब्रिटेन में भूमि उपयोग सर्वेक्षण का आधार भौतिक कारकों को ही माना था। भू-आकारिकी की दृष्टि से भूमि का वर्गीकरण करने से पूर्व उच्चावच का सर्वेक्षण, स्थलाकृतिक रूपरेखा एवं विश्लेषण, शैल संरचना, शैल के प्रकार तथा मृदा का विश्लेषण करना आवश्यक है। इस दृष्टि से भूमि उपयोग में भू-आकृति विज्ञान का प्रयोग महत्वपूर्ण सिद्ध हुआ है।

कृषि फसलों के लिए भूमि की उपयुक्तता जाँचने के लिए स्थलाकृतिक मानचित्रों की सहायता से मृदा वर्गों का मानचित्रण किया जाता है। कुछ विशेष या फसलों के लिए मृदा परिच्छेदिका का भूवैज्ञानिक अध्ययन भी किया जाता है क्योंकि मृदा का वर्गीकरण उसकी भौतिक संरचना व कण संरचना पर निर्भर करता है। पहाड़ी भाग की मिट्टी मोटे कणों वाली तथा पूर्ण विकसित नहीं होती है जबकि मैदानी भागों में बारीक कणों वाली उर्वर मृदा मिलती है।

पर्यावरणीय प्रकोप एवं मूल्याँकन में भूआकृति विज्ञान का प्रयोग
(Application of Geomorphology in Environmental Hazard and Assessement)

प्रकोप किसी स्थान विशेष पर घटित होने वाली विनाशात्मक परिघटना (Destructive Phenomena) की संभावना होती है। अर्थात् यह एक ऐसी भौतिक घटना से होने वाला खतरा या संकट होता है जो किसी विशिष्ट स्थान पर घाटित होने या हानि पहुंचाने की पर्याप्त क्षमता रखता है। प्रकोप को अनेक बार आपदा का समानार्थी मान लिया जाता है। लेकिन दोनों भिन्न अर्थ रखते हैं। उदाहरणार्थ यदि भूकम्प या ज्वालामुखी उद्गार गैर बसे क्षेत्रों जैसे समुद्री क्षेत्रों आदि में परिलक्षित होता है तो इसे प्रकोप कहेंगे लेकिन यदि यही घटना बसे हुए क्षेत्रों में घटित होती है तथा इसे भौतिक तथा मानवीय सम्पत्ति की हानि होती है, तो इसे आपदा कहा जाएगा। स्पष्ट है कि प्रकोप आपदा के पूर्व की स्थिति होती है, जिसकी परिणति विशाल आपदा के रूप में हो सकती है। अनेक बार खतरे या जोखिम (Risk) को भी प्रकोप के स्थान पर प्रयुक्त करते हैं।

प्रमुख पर्यावरणीय प्रकोपों में भूकम्प, ज्वालामुखी उद्गार, बाढ, सूखा, वृहद स्तर पर होने वाली ढाल विफलता (Slope Failures), उष्ण कटिबन्धीय चक्रवात तथा सुनामिस आदि प्रमुख हैं। भारतीय उपमहाद्वीप में सुनामिस लहरों के अतिरिक्त सभी प्रकार के प्रकोप प्रभावी हैं लेकिन ज्वालामुखी भी केवल अण्डमान सागर में स्थित बैरेन द्वीप पर पायी जाती है। भूआकृति वैज्ञानिकों द्वारा भूकम्प का अध्ययन भी विशेष रूप से नहीं किया गया है। उष्ण कटिबन्धीय चक्रवातों का अध्ययन तटवर्ती क्षेत्रों में आने वाली बाढ के सन्दर्भ में किया गया है। भारत में उपर्युक्त प्रकोपों में से केवल बाढ तथा जल मार्ग परिवर्तन या ढाल विफलता (Channel Modification or Slope Failure) में ही भूआकृति वैज्ञानिकों का विशेष अध्ययन केन्द्रित रहा है। भूआकृति विज्ञान में बाढ के प्रभावों का उसके गतिक क्षेत्रों में अध्ययन किया गया है। इस सन्दर्भ में विस्तृत तकनीकियों के बारे में डुने एवं लियोपोल्ड (Dunne, T. and Leopold, L.B., 1978) ने बताया था, लेकिन इस परिघटना के बारे में भूआकृति विज्ञानी निम्नांकित बिन्दुओं के अन्तर्गत रुचि रखते हैं—

(i) नदियों द्वारा आने वाली बाढ की संभावना का निर्धारण,
(ii) इस प्रकार की बाढ़ों के प्रभावों की जानकारी तथा
(iii) बाढ क्षेत्रों का विस्तार।

इन तथ्यों को मद्देनजर रखते हुए एक लम्बी अवधि तक अध्ययन करके इसके पर्यावरणीय प्रभावों का आकलन किया जा सकता है। नदियों में आने वाली बाढ निम्नलिखित तीन प्रकार की होती है—

(i) वर्षा से पोषित बाढ (Rainfed Floods)
(ii) हिम के पिघलने से आने वाली बाढ (Snowmelt or Nival Floods)
(iii) बाँधों के टूटने से आने वाली बाढ (Dam failure floods)

इन सभी प्रकार की बाढ़ों के स्रोत की प्रकृति के अनुसार अध्ययन कर बाढ जलारेख (Flood Hydrograph or Storm) तैयार कर यह आकलन कर लिया जाता है कि किस जलग्रहण की कितनी बाढ़ क्षमता है। इस प्रकार के बाढ़ संभावित क्षेत्रों का सीमांकन करके बाढ संभाव्य क्षेत्रों का उनकी तीव्रता की श्रेणी के अनुसार मानचित्रण किया जाता है।

भू-आकृति विज्ञान का प्रयोग वृहद संचलन (Mass Movement) के प्रभावों को निश्चित करने में किया जाता है। वृहद संचलन भौतिक एवं मानवीय दोनों प्रकार की हानि पहुंचाता है। विभिन्न प्रकार के वृहद संचलनों का विवरण उनकी भूआकृतिक दशाओं सहित भ्वाकृतिक प्रक्रियाएँ नामक अध्याय में दिया गया है। वृहद संचलन की तीव्रता उच्चावच, ढाल की प्रकृति, वनस्पति आवरण, भूगर्भिक संरचना तथा विवर्तनिक घटनाओं पर निर्भर करता है। अतः भूआकृति विज्ञान में उच्चावच लक्षणों के अध्ययन के साथ ही ढाल की प्रकृति प्रतिशत एवं डिग्री में स्पष्ट कर दी जाती है। इसी के साथ किसी स्थान विशेष की भूवैज्ञानिक संरचना की विस्तृत विवेचना करके वृहत संचलन के प्रभावों के बारे में आश्वस्त कर दिया जाता है।

पर्यावरण प्रबन्धन (Environmental Management)

पर्यावरण प्रबन्धन में भूआकृति विज्ञान की भूमिका विविध रूपों में महत्वपूर्ण है। प्रथम उस तथ्य पर बल दिया जाता है कि वर्तमान समय तक पर्यावरण का किस सीमा तक अवनयन (Degradation) हो चुका है तथा द्वितीय इसे पूर्ण की स्थिति में लाने के लिए कैसी प्रबन्ध नीति अपनाई जाये। इसी कारण भूआकृति विज्ञान का अध्ययन जो प्रारम्भिक समय में अनाच्छादनकारी पदार्थों एवं प्रक्रियाओं तक सीमित था वर्तमान समय में पर्यावरणीय समस्याओं के समाधान को महत्व दिया जा रहा है। इस प्रकार समग्र रूप से पर्यावरण प्रबन्धन में भूआकृति विज्ञान की भूमिका को निम्नांकित छः वर्गों में विभक्त किया जा सकता है—

(i) भूआकृतिक परिघटनाओं (Geomorphological Phenomena) का मानचित्रण करना जिसमें विभिन्न प्रकार के भूआकारों को सम्मिलित किया जा सकता है। इनमें निक्षेपात्मक भूआकार निर्माण कार्यों के लिए प्राप्त पदार्थों की दृष्टि से उपयोगी संसाधन हैं। इसी प्रकार ढालों का वर्गीकरण (डिग्री एवं प्रतिशत) कर मानचित्रण करना भूमि नियोजन में सहायक हो सकता है। आपदाकारी धरातल का मानचित्रण विभिन्न अभियान्त्रिकी कार्यों के लिए उपयुक्त अवस्थिति प्रदान करता है।

(ii) भूआकार वायु फोटो एवं सुदूर संवेदन चित्रों पर आसानी से पहचान लिये जाते हैं। अतः इनका उपयोग पर्यावरण के अन्य दृष्टिकोणों के लिए मानचित्रण में हो सकता है। इसी आधार पर मृदा मानचित्र, वनस्पतिक आवरण का मानचित्र, तथा ढाल का मानचित्र तैयार किया जा सकता है।

(iii) भूआकृतिक परिवर्तनों की दर का पता लगाना तथा उसे प्रकृति में विविध रूपों में पहचानना। ऐसे परिवर्तन मानव के लिए आपदाकारी हो सकते हैं। सुदूर संवेदन तकनीकी एवं भौगोलिक सूचना तन्त्र द्वारा जोखिम की संभाव्यता वाले क्षेत्रों (Risk Potential Zones) की निगरानी रखी जानी चाहिए। इसके लिए पहले ऐसे क्षेत्रों की सामयिक सूचनाएं लेकर उनकी पहचान की जाये, तत्पश्चात् निगरानी प्रक्रिया प्रारम्भ जाये। उदाहरण के लिए किसी भी अपवाह क्षेत्र में नदियों द्वारा किये जाने वाले मृदा अपरदन की दर का आकलन किया जाये यदि अपवाह क्षेत्र विस्तृत है तो उसके विभिन्न क्षेत्रों का तुलनात्मक अध्ययन किया जाये। इस प्रकार के आकलन जोखिम से बचाने के साथ ही भावी रचनात्मक कार्यों के लिए लाभकारी होंगे जैसे कोई बाँध बनाना है तो उसकी स्थान उपयुक्तता (Site suitability) इससे आसानी से पता की जा सकती है।

(iv) भूआकृति विज्ञान का प्रयोग प्रकोपों की प्रकृति में आने वाले परिवर्तनों के मूल्याँकन में किया जाता है। उदाहरणार्थ किसी क्षेत्र में मृदा अपरदन की दर तीव्र हुई है तथा भूस्खलनों की बारम्बारता भी बढ़ी है, इसका मूल्याँकन करने के लिए वहाँ पर उपस्थित बवावरण तथा वनोन्मूलन की दन को ज्ञात करना पड़ेगा जिसके उपरान्त इसका प्रबन्धन किया जा सकता है।

(v) प्रकोपकारी घटनाओं के कारण, दर तथा अवस्थिति को ज्ञात होने पर उनके समाधान के लिए उपयुक्त अभियान्त्रिकी तथा अन्य सहयोगी उपाय किये जाने चाहिए। इसमें वर्तमान समय में सुदूर संवेदन तथा भौगोलिक सूचना तन्त्र तकनीकी प्रभावी उपकरण सिद्ध हुआ है।

(vi) विभिन्न प्रकार की पर्यावरणीय समस्याओं के समाधान के लिए अपनाये गये साधन अनेक रूपों में समानता रखते हैं। अतः व्यावहारिक भू-आकृति वैज्ञानिकों को विशेष समस्या के लिए एक निर्धारित संस्तुति प्रस्तुत की जानी चाहिए। उदाहरण के लिए जल अपरदन को रोकने के लिए सघन वृक्षारोपण किया जाये तथा सागर तटीय अपरदन रोकने के लिए पुलिनरोध (Groyne) का निर्माण करना चाहिए।

भू-आकृति विज्ञान का प्रयोग दीर्घकालिक निर्माण कार्यों के लिए अति लाभकारी सिद्ध हुआ है। किसी भूआकृतिक प्रदेश में कैसा एवं कितनी तीव्रता (Intensity) वाला कार्य किया जाये, यह पूर्णतया भूवैज्ञानिक संरचना पर निर्भर करता है। यदि कोई बाँध बनाना है, तो उसके ऊपरी अपवाह क्षेत्र में मृदा अपरदन की दर को मद्देनजर रखने के साथ ही उस स्थान की संरचना (Structure) का भी अध्ययन किया जाता है। इसी सन्दर्भ में भारत में भूवैज्ञानिकों ने उत्तरांचल में बनाये जा रहे टिहरी बाँध के लिए वहाँ की भूगर्भिक संरचना को उपयुक्त नहीं माना तथा भविष्यवाणी की है कि भविष्य में इसकी परिणति एक बड़ी

विपदाकारी घटना के रूप में हो सकती है।

भूआकृति विज्ञान की नवीन शाखा **मानव 'भूआकृति विज्ञान' (Anthropogeomorphology)** का विकास हुआ है जिसमें मानव निर्मित दृश्यभूमि का अध्ययन किया जाता है। मानव निर्मित दृश्यभूमि से तात्पर्य यहाँ सम्पूर्ण साँस्कृतिक दृश्यभूमि से न होकर केवल भूआकारों से सम्बन्धित दृश्यभूमि से ही है अर्थात् वह दृश्यभूमि जिसमें मानव ने भौतिक पर्यावरण को विविध रूपों में परिवर्तित करके छोटे-बड़े भू-आकारों का निर्माण किया है। इनमें छोटे गड्ढे (Pits), तालाब (Ponds), अपक्षयित ढेर, सीढीदार भू-आकार, कटक, खाइयाँ, तटबन्ध, बाँध, नहरें, जलभण्डारगृह (Reserviores) अवतलित गर्त (Subsidence depressions), मोट्स (Motes) आदि प्रमुख हैं। मानव ने इनका निर्माण खनन, कृषि, यातायात के मार्गों का विकास, नदी तटों के प्रबन्धन, सुरक्षा, जल प्रबन्धन, मानवीय व्यवसायों, शक्ति के उत्पादन आदि के लिए किया है। इनमें से अधिकांश कार्य तो पर्यावरण संरक्षण के लिए किये हैं, लेकिन शेष कार्यों से पर्यावरण को हानि भी हुई है। अतः इन सभी कार्यों का भ्वाकृतिक अध्ययन कर इनसे होने वाले पर्यावरणीय खतरों के समाधान की रूपरेखा भी भू-आकृति विज्ञान की सहायता से तैयार की जाती है।

बड़े बाँधों का निर्माण (Construction of Large Dams)

विश्व में अधिकांश बाँधों का निर्माण बीसवीं शताब्दी के मध्यपूर्व में किया गया। विशाल बाँधों के अन्तर्राष्ट्रीय आयोग (International Commission on Large Dam, ICOLD) ने आकलित किया कि विश्व में लगभग 35000 बाँध (15 मीटर से अधिक ऊंचाई वाले) हैं तथा सर्वाधिक बाँध चीन में बनाये गये हैं। इनमें अनेक बाँध काफी विस्तृत हैं। घाना में अक्सोम्बो बाँध के कारण निर्मित वोल्टा जल भण्डार गृह (Reservoir) 8500 वर्ग किमी. में विस्तृत है। बाँधों का निर्माण अनेक लाभों के लिए किया जाता है जिनमें बाढ़ नियन्त्रण, शक्ति का उत्पादन, सिंचाई, सूखा से निजात आदि प्रमुख हैं। बाँधों के अनेक लाभ होते हुए भी इनके द्वारा पर्यावरण को निम्नांकित रूपों में अवनयित (Degraded) किया गया है—

(i) ढाल अस्थिरता (Slope Instability) – बाँधों में जल संग्रहण से भूजल स्तर में परिवर्तन हुआ तथा इसने ढाल अस्थिरता को जन्म दिया।

(ii) सरिता प्रवाह के प्रतिरूप में परिवर्तन होता है जिसमें ऋत्विक विसरण (Seasonal Variation) तथा जलीय आकार में परिवर्तन होता है।

(iii) जलाक्रान्ता (Water logging) तथा लवणीयकरण की समस्या उत्पन्न हुई है।

(iv) जल भण्डारगृहों में अवसाद जमा हुई है जिससे अवसाद की आगे बाढकृत मैदानों में कमी आयी है।

बाक्स 21.2 *जलवायु परिवर्तन के प्रभाव से अनिश्चितता की स्थिति में आने वाले प्रमुख क्षेत्र*

- नदियों तथा झीलों में जल की अनुक्रिया।
- उष्ण कटिबन्धीय चक्रवातों की बारम्बरता (Frequency)।
- स्थायी हिम (Permafrost) के पिघलने का प्रतिरूप।
- हिमनदों व हिम टोपियों की अनुक्रिया।
- सागर तल में उत्थान की सीमा।
- सागर तल में उत्थान से पुलीन क्षेत्रों (Beaches) की अनुक्रिया।
- प्रवाल भितियों, डेल्टा तथा आर्द्र भूमि की स्थिति।
- भ्वाकृतिक प्रक्रमों की क्रियाशीलता की प्रवृति में बदलाव।
- जैव विविधता का सन्तुलन।

चित्र 21.1 *बडे बाधों का भूआकृतिक प्रभाव*

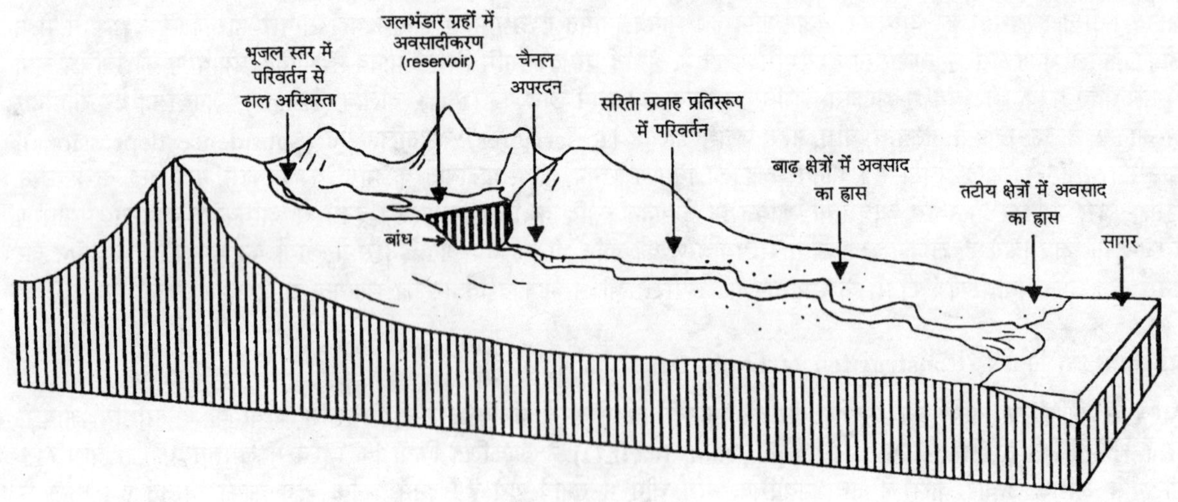

(v) भूमि अवतलन (Land Subsidence) की समस्या उत्पन्न हुई है।

(vi) भूकम्प का खतरा बन जाता है।

इन सभी समस्याओं के लिए भूआकृतिक मानकों का अध्ययन आवश्यक है क्योंकि इसे नजरन्दाज करने पर आपदाकारी प्रभाव परिलक्षित हुए हैं, जिनमें इटली का बोइण्ट बाँध, संयुक्त राज्य का हुवर बाँध, जाम्बिया का केरीबा बाँध तथा भारत का कोयना बाँध अपना प्रभाव दिखा चुके हैं। ऐसे पूर्व के अध्ययनों के आधार पर ही टेहरी बाँध तथा काली नदी पर बन रहे पंचेश्वर बाँध भूवैज्ञानिक दृष्टि से सक्रिय पेटी में स्थित होने के कारण खतरा उत्पन्न कर सकते हैं।

भौतिक पर्यावरण में परिवर्तन (Change in Physical Environment)

भौतिक पर्यावरण में हो रहे परिवर्तनों की दृष्टि से भूआकृतिक वैज्ञानिकों का ध्यान इनसे उत्पन्न समस्याओं पर केन्द्रित हो रहा है। भौतिक पर्यावरण में हो रहे मूल परिवर्तनों में जलवायु परिवर्तन तथा सागर तल में परिवर्तन मुख्य हैं क्योंकि जलवायु परिवर्तन हरित गृह प्रभाव, ओजोन अल्पता, विश्वतापन (Global Warming) अम्ल वर्षा आदि का संचयी प्रभाव है। भूआकृतिक दृष्टि से जलवायु परिवर्तन के प्रभावो में तापमान वर्षा तथा तूफान एवं चक्रवातों के प्रतिरूप बदलने से सतही तथा अधोसतही (Subsurface) जलविज्ञान प्रभावित होगी जिसका प्रभाव आसपास या परिवेशी (Ambinent) भ्वाकृतिक प्रक्रियाओं पर पड़ेगा। उदाहरण के लिए जलवायु परिवर्तन के दौर में हिमालय के हिमनद पिघलने से हिम पोषित नदियों में असामयिक बाढ आयेगी जिसका प्रभाव सम्बन्धित नदी के पूर्ण प्रवाह पर पड़ेगा। अतः भविष्य में भूआकृति वैज्ञानिकों को इस बारे में भविष्यवाणी करके निगरानी व्यवस्था विकसित करनी चाहिए।

विश्व तापन से पृथ्वी की विशाल हिमराशियों के पिघलने से सागर तल में परिवर्तन होगा। फलस्वरूप नदियों के आधार तल (Base Level) परिवर्तित होंगे तथा अनेक द्वीपों की अधिकांश तटीय भूमि जलमग्न हो जाएगी। सागर तल में प्रसार का सर्वाधिक प्रभाव सघन बसे क्षेत्रों, उर्वर भूमि तथा ऊर्जा संसाधनों युक्त क्षेत्रों पर होगा। सागर तल में 30 से 100 सेमी. उत्थान होने पर सागर तटीय कृषि भूमि के नष्ट होने के अतिरिक्त दलदली भूमि एवं प्रवाल भित्तियों जैसे महत्वपूर्ण परिस्थितिक तन्त्र नष्ट हो जायेंगे।

स्पष्ट है कि वर्तमान समय में पर्यावरणीय प्रकोप भयावह रूप लेते जा रहे हैं जिनके कारण एवं सम्भावी परिणामों को मद्देनजर रखते हुए इनके समाधान की दिशा में व्यावहारिक भूआकृति विज्ञान का प्रयोग महत्वपूर्ण सिद्ध होगा। इसके साथ ही विगत शताब्दी में पृथक् शाखा के रूप में विकसित इस विषय का दायरा भी बढ़ेगा। वर्तमान समय में इसका प्रयोग जल संसाधन, आर्थिक भूविज्ञान, अभियान्त्रिकी कार्यों के अतिरिक्त पर्यावरणीय समस्याओं के समाधान में किया जा रहा है। इनके अतिरिक्त बस्तियों के संसाधनों के मूल्याँकन, सैन्य सुरक्षा, स्वास्थ्य, संचार एवं दूरदर्शन प्रसारण केन्द्रों के निर्माण, हवाई अड्डों के निर्माण स्थलों के निर्धारण आदि में भी भूआकृति विज्ञान का प्रयोग किया जा रहा है।

22

जलीय चक्र एवं जलमण्डल

(Hydrological Cycle and Hydrosphere)

पृथ्वी तल पर सभी भ्वाकृतिक प्रक्रियाओं को प्रभावित करने वाले कारकों में जल की महत्वपूर्ण भूमिका है। भूमिगत एवं भूसतह पर प्रवाहित होते हुए तथा हिमावरित क्षेत्रों में ठोस अवस्था में अनाच्छादान में सक्रिय रहता है। अपक्षय, वृहद क्षरण तथा भोतिक एवं रासायनिक अपरदन में जल मुख्य कारक के रूप में कार्य करता है। जल पृथ्वी पर एक आधारभूत संसाधन है, जो सभी प्राकृतिक संसाधनों में प्रमुख महत्ता रखता है। जल प्रकृति की रचना में सहभागी होकर सम्पूर्ण जीवमण्डल को आधार प्रदान करता है। इसका वितरण पृथ्वी पर विभिन्न स्थानों पर विभिन्न रूपों में पाया जाता है। इसका स्वरुप स्थिति एवं जलवायु के अनुसार परिवर्तित होता रहता है। गैसीय अवस्था में वायुमण्डल में जलवाष्प के रूप में, ठोस अवस्था में सूक्ष्म हिम कणों के रुप में तथा द्रव अवस्था में जलबून्दों के रूप में पाया जाता है। ये सभी दशायें तापमान मे परिवर्तन के कारण बदलती रहती हैं तथा मौसमी प्रतिरुप को प्रभावित करती हैं। पृथ्वी पर जैविक समुदाय को जल की नियमित आपूर्ति की आवश्यकता होती है। यह जल संतुलित गुणवत्तायुत होना चाहिए जो मुख्यतः नदियों, झीलों तथा भूमिगत जलभृतों (Aquifers) से प्राप्त होता है। सागरीय जल लवणीय होने के कारण मानवीय उपयोग के लिए उपयुक्त नहीं है। स्वच्छ जल का अधिकांश भाग हिम के रुप में जमा है, जो मानवीय पहुँच से काफी दूर है तथा उसका यथासंभव उपयोग भी संभव नहीं है।

जलीय चक्र (Hydrological Cycle)

जलीय चक्र में जल की जलमण्डल, वायुमण्डल तथा स्थलमण्डल पर नियमित चक्रीय व्यवस्था को सम्मिलित किया जाता है। जल सागरों, झीलों, नदियों, स्थलभाग (मृदा नमी), पौधों आदि से वाष्पीकरण एवं वाष्पोत्सर्जन द्वारा वायुमण्डल में पहुँचता है तथा वहाँ बदलती मौसमी दशाओं के अंतर्गत संघनन द्वारा बादल बनकर यह जल राशि पुनः वर्षा के रुप में जलमण्डल तथा स्थल मण्डल पर पहुंचता है। जल की विभिन्न रुपों में सम्पन्न होने वाली चह चक्रीय व्यवस्थं जलीय चक्र कहलाती है। जल चक्र में जल का परिसंचरण विभिन्न परिमण्डलों (Realms) में भी स्वतंत्र रूप से होता है। इसके अंतर्गत वायुमण्डल में वायु का उर्ध्वाधर तथा क्षैतिज परिसंचरण, एक स्थान से दूसरे स्थान पर नमी का स्थानान्तरण, जल मण्डल में सागरीय धाराओं द्वारा जल संचलन

बाक्स 22.1 *जल चक्र की मुख्य चालक प्रक्रियायें (Main Drive Processes of Hydrological Cycle)*

- *वाष्पीकरण तथा वाष्पोत्सर्जन (Evaporation and Evapotranspiration):* इनके द्वारा जल भूसतह से वायुमण्डल में पहुंचता है।
- *वर्षण (Precipitation):* इस प्रक्रिया द्वारा जल वायुमण्डल से पुनः भूसतह पर पहुँचता है।
- *वायु संचरण (Air Movement):* इसमें पवनें तथा मौसम तन्त्र सम्मिलित है, जिसके द्वारा वायुमण्डल में जल का एक स्थान से दूसरे स्थान पर पुनः वितरण संभव होता है।

तथा स्थलमण्डल से नदियों एवं हिमनद्रों द्वारा जल सागरों की ओर जाता है। इसी प्रकार मृदा से वाष्पीकृत एवं पौधों द्वारा वाष्पोत्सार्जित स्थल से अन्त स्पन्दन द्वारा भूमि में पहुँचता है। इस प्रकार जलीय चक्र में तीन मुख्य प्रक्रिया सक्रिय भाग लेती हैं।

चित्र 22.1 *जलीय चक्र*

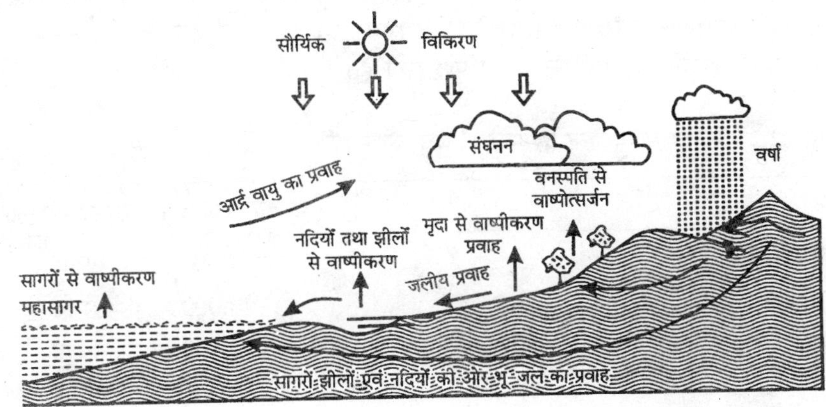

प्रतिवर्ष पृथ्वी पर उपलब्ध जल का 1% जल ही जलीय चक्र में संचारित होता है। यह चक्र विभिन्न प्रकार से शाखाओं तथा जल भण्डारों की दृष्टि से काफी जटिल है। जल चक्र में सहभागी जल का बड़ा भाग सागरों एवं महासागरों में स्थित है (सारणी 22.1)। जल का केवल 2.6 प्रतिशत भाग ही शुद्ध जल है शेष भाग स्थायी हिम के रूप में जमा है।

सारणी 22.1 *जल चक्र में वार्षिक जल परिसंचरण का आकलन*

जल	आयतन (Km^3)	कुल जल का प्रतिशत
वाष्पीकरण: (Evaporation)*		
महासागरों से (From world oceam)	3,50,000	0.026
स्थल से (From land areas)	70,000	0.005
योग (Total)	4,20,000	0.031
वर्षण (Precipitation)		
महासागरों पर (On world ocean)	3,20,000	0.024
स्थल पर (On land areas)	1,00,000	0.007
योग (Total)	4,20,000	0.031
नदियों एवं हिमटोपियों से सागरों को प्रवाह (Rumoff to oceans from Rivers and icecops)	38,000	0.003
भूजल से सागरों को प्रवाह (Groundwater out flow to ocean)**	16,00	0.0001
कुल	39,600	0.0031

*वाष्पीकरण (420,000 km3) जल चक्र में संचारित कुल जल की वार्षिक माप है

** कुल सतही जल का लगभग 5.1 भाग अनुमानित किया गया है।

Source: R.L. Nace, U.S. Geological Survey Circular 536, 1967.

विश्वव्यापी जल चक्र में नदियों की महत्वपूर्ण भूमिका रहती है क्योंकि स्थल से महासागरों तथा सागरों की ओर जल को प्रवाहित करती हैं। नदियों जल को तीव्रता से प्रवाहित कर देती हैं तथा संचय नहीं रख पाती हैं जबकि झीलें नदियों की तुलना में जल का संचय अधिक रखती हैं। पृथ्वी पर लगभग 250 बड़ी झीलें हैं। जल विभिन्न संचयन स्थलों में गति करता है लेकिन जलीय चक्र में इसकी गति विभिन्न दर से पूर्ण होती है।

सारणी 22.2 *प्रकृति में विभिन्न दशाओं में जल का स्थायित्व*

स्थान	आकार (Km^3)	ठहरने की समयावधि
पादप एवं जीव जन्तु	700	1 सप्ताह
वायुमण्डल	13,000	8-10 दिन
नदियाँ	1,700	2 सप्ताह
मृदा	65,000	2 सप्ताह से 1 वर्ष
झील, भण्डारगृह (Reservoirs) आर्द्र भूमि	125,000	वर्षों तक
शैलें (भूमिगत जल)	70,00000	कुछ दिनों से हजारों वर्षों तक
हिम	26,000,000	हजारों वर्षों तक
महासागर	1,370,000,000	हजारों वर्षों तक

Source: After Chris Park, 1997

महासागरों, हिम टोपियों तथा शैलों में जल लम्बे समय तक संचित रहता है, जबकि नदियों तथा वायुमण्डल में लघु अवधि तक ही संचय रह पाता है, जबकि इसका जल के पुनःचक्रण अधिक महत्व है।

जल चक्र की क्रिया-विधि (Mechanism of Hydrological Cycle)

पृथ्वी पर संचालित होने वाले जल चक्र के मध्य अनेक ऐसे अभिकरण होते हैं जो इसकी गतिशीलता को प्रभावित करते हैं। नमी की अवस्था तथा अवस्थिति में निरंतर संबंधित परिवर्तन होते रहते हैं यथा जो नमी वायुमण्डल को प्राप्त होती है वह जल, औस हिम, पाले आदि किसी भी रूप में धरातल या समुद्रों को पुनः प्राप्त हो सकती है। अतः अवस्था एंव अवस्थि में होने वाले इन परिवर्तनों के फलस्वरुप जलीय चक्र की प्रक्रिया में बाधाएँ आती हैं।

सूर्य से प्राप्त ऊर्जा (तापमान) के कारण महासागरों का जल जलवाष्प का रुप धारण कर वायुमण्डल में प्रवेश करता है। महासागरों से स्थल की ओर चलने वाली पवन इस जलवाष्प को गति देती है तथा ऐक स्थान से दूसरे स्थान पर स्थानान्तरित करती है। इसके उपरान्त इस जलवाष्प का जब संघनन (Condensation) होता है, तो भूसतह पर वर्षा होती है तथा वर्षा से धरातल को प्राप्त होने वाला यह जल नदी नालों के रुप में पृष्ठ पर बहता है और अन्त में महासागरों में प्रवेश कर जाता है। सौर ऊर्जा से यह जलचक्र गति करता है। इस प्रकार वर्षा से प्राप्त इस जल काकुछ भाग वनस्पतियों द्वारा वाष्पोत्सर्जन होने से ह्रास हो जाता है तथा कुछ जल नदियों, तालाबों, झीलों आदि से वाष्पीकरण द्वारा पुनः वायुमण्डल में पहुंच जाताहै। धरातल पर होने वाली जलवर्षा के कुछ भाग की भूसतह के नीचे अन्तः स्पन्दन (Infiltration) हो जाता है। मृदा इस जल भण्डार को मृदा जल भण्डार कहते हैं। जिसका पौधों से वाष्पोत्सर्जन द्वारा ह्रास होता रहता है। कुछ जल स्त्रोतों (Springs) के रुप में पुनः धरातल पर आ जाता है तथा मृदा जल भण्डार से कुछ भाग नीचे की ओर संचरित हो जाता है। धरातल के नीचे संग्रहीत इस जलीय भाग को भूमिगत जल कहते हैं। इस प्रकार विश्व स्तरीय जल चक्र में निम्न क्रिया विधियाँ महत्वपूर्ण हैं—

1. **वाष्पीकरण (Evaporation)** – सौर विकिरण द्वारा पृथ्वी पर स्थित जल जलवाष्प में परिणत होने की प्रक्रिया को वाष्पीकरण कहते हैं। इसी प्रक्रिया के द्वारा महासागरीय जल वायुमण्डल में पहुंचता है। महाससागरों से जल का वाष्पीकरण महाद्वीपों से अधिक होता है। इसका प्रमुख कारण जल की पर्याप्त उपलब्धता होना है। एक अनुमान के अनुसार समुद्रों से 4,55,000 घन किलोमीटर जल प्रतिवर्ष वाष्पीकरण द्वारा वायुमण्डल में पहुंचता है। भू सतह पर स्थित जलस्त्रोतों से 62,000 घन किलोमीटर वाष्पीकरण द्वारा वायुमण्डल में पहुंचता है इसके विपरीत 98,000 घन किलोमीटर जल जब वाष्पित होता है तो यह वायुमण्डल में समा जाता है। एक निश्चित सीमा से अधिक जलवाष्प वायु मे समा सकता है। आपेक्षिक आद्रता 100 प्रतिशत होने पर वायु को सन्तृप्त कहा जाता है। प्रायः यह देखा गया है कि पृथ्वी पर प्राप्त जल की कुल मात्रा का 5 प्रतिशत भाग ही जल चक्र के लिए सुलभ हो पाता है।

सारणी 22.3 *पृथ्वी पर क्षैतिज कटिबन्धों के अनुसार वर्षण वाष्पीकरण तथा प्रवाह*

क्षैतिज कटिबन्ध (उ. व द. गोलार्द्ध)	वर्षण (मि. मि.)	वाष्पीकरण (मि. मि.)	प्रवाह (मि. मि.)
0° से 30° अक्षांश	1180	1307	-127
30° से 60° अक्षांश	908	812	96
60° से 90° अक्षांश	380	176	202

Source: Baumgartner and Reichel. 1975

प्रायः यह विश्वास किया जाता है कि वाष्पीकरण एवं वर्षा में सन्तुलन कहीं भी समान नीं है। बुडाइको (M.I. Budyko, (1971) के आंकलन के अनुसार, महासागरीय क्षेत्रों में वाष्पीकरण की मात्रा वर्षा से अधिक होती है। इनके अनुसार महासागरों से प्रतिवर्ष 4,55,000 घन किलोमीटर जल का वाष्पीकरण होता है, जबकि वर्षा द्वारा प्रतिवर्ष मात्र 4,09,000 घन किलोमीटर जल ही महासागरों को पुनः प्राप्त हो पाता है। इस प्रकार महासागरों से प्रतिवर्ष 46,000 घन किलोमीटर जल की हानि होती है। दूसरी ओर स्थलीय भागों से प्रतिवर्ष 62,000 घन किलोमीटर जल का वाष्पीकरण होता है, किन्तु वर्षा द्वारा स्थलीय भागों को प्रतिवर्ष 1,08,000 घन किलोमीटर जल प्राप्त होता है। अतः स्थलीय भागों पर प्रतिवर्ष 46,000 घन किलोमीटर अतिरिक्त जल प्राप्त होता है। यह अतिरिक्त जल धरातलीय प्रवाह द्वारा पुनः महासागरों में पहुंच जाता है। अतः महाद्वीपों पर कुल वाष्पीकरण से वर्षा की मात्रा अधिक होती है।

2. **वाष्पोत्सर्जन (Transpiration)** – वाष्पोत्सर्जन वह प्रक्रिया है जिसके द्वारा पेड़-पौधे अपनी जड़ों से नमी को अवशोषित करके पत्तियों द्वारा पुनः जल को वायुमण्डल में निर्मुक्त कर देते हैं। यह क्रि पत्तियों मे स्थित रन्ध्रों (Stomata) द्वारा सम्पादित होती है। इस प्रक्रिया में भू-जल की काफी मात्रा में हानि होती है। इस माध्यम से जल की हानि मुख्य रुप से दिन में होती है।

   विभिन्न पौधों में वाष्पोत्सर्जन की क्षमता भिन्न-भिन्न होती है। जल चक्र की क्रियाविधि में इसका महतवपूर्ण योदान रहता है। मरुस्थलीय क्षेत्रों में वनस्पति की मात्रा कम पाये जाने के कारण वाष्पोत्सर्जन कम होता है, जबकि सघन वनस्पति आवरण वाले क्षेत्रों में वाष्पोत्सर्जन तीव्र होने पर जलीय चक्र की क्रिया विधि भी तीव्र रहती है। जलीय चक्र की इस क्रिया विधि का भू-जल की मात्रा पर प्रतयक्ष प्रभाव परिलक्षित होता है। वाष्पोत्सर्जन की मात्रा को मृदा का गठन एवं संरचना भी प्रभावित करते हैं, क्योंकि पौधों की जड़ों को प्राप्त होने वाला जल अन्तःस्पन्दन द्वारा भूमि के अन्दर पहुंचता है। यह जल मृदा गठन की प्रकृति के आधार पर ही स्पन्दित होता है।

3. **वर्षा (Precipitation)** – किसी स्थान विशेष की वर्षा की दर को वर्षा की तीव्रता कहते हैं अर्थात् किसी स्थान विशेष मे वर्षा प्रतिदिन एवं प्रति घण्टे किस दर से हो रही है। जिन स्थानों पर वर्षा की हवाएं सर्वप्रथम प्रवेश करती हैं वहां वर्षा

अधिक तीव्र होने की संभावना रहती है। अधिक वर्षा वाले क्षेत्रामें में वर्षा की तीव्रता अधिक होती है। जबकि कभी-कभी कम वर्षा वाले क्षेत्रों में भी बहुत तीव्र वर्षा होती है। तीव्र वर्षा से लाभ कम तथा हानि अधिक होती है। तीव्र वर्षा से प्राप्त जल का उसी गति से अन्तःस्पन्दन नहीं हो पाता है जिससे भूमिगत जलीय चक्र प्रभावित होता है। वर्षा की कुल मात्रा के आधार पर ही उक्त क्षेत्र मे वनस्पति तथा फसलों का विकास होता है।

वर्षा की मात्रा के साथ-साथ वर्षा के दिनों की संख्या भी महत्वपूर्ण होती है। यदि किसी स्थान पर प्राप्त होने वाली कुल वर्षा वर्ष के अधिकांश दिनों में वितरित है तो जलीय चक्र के संतुलित होने के लिए आवश्यक है। कम वर्षा के कारण सूखा पड़ता है अधिक वर्षा के कारण बाढ़ें (Floods) आती हैं। इस प्रकार वर्षा का स्वभाव जलीय चक्र की क्रिया विधि को प्रभावित करता है। वर्षा के साथ ही हिमवृष्टि, ओस, तुषार आदि भी जल को नियंत्रित करते हैं। वर्षा की मात्रा के साथ धरातलीय उच्चावच का भी सामंजस्य होता है। वर्षा का स्वभाव तीव्र हो या ढीला, भूसतह का ढाल उसके प्रवाह, अन्तःस्पन्दन तथा वाष्पीकरण को प्रभावित करते हैं।

5. **अन्तःस्पन्दन (Infiltration)** – वर्षा का पानी जैसे ही भूसतह पर पहुँचता है, उसके एक भाग को भूमि द्वारा सोख लिया जाता है। पानी के अन्तःस्पन्दन की दर मृदा के संगठन तथा संरचना से प्रभावित होती है। भूमि के जल को सोखने की क्रिया को अन्तःस्पन्दन (Infiltration) कहते हैं। वर्षा से प्राप्त जल का कुछ भाग ढाल के अनुसार प्रवाहित हो जाता है। उसे सतही प्रवाह कहते हैं। मृदा की प्रकृति अन्तःस्पन्दन को प्रतयक्ष रुप से प्रभावित करती है। चिकनी मृदा में अन्तःस्पन्दन की दर न्यून होती है, जबकि बहुई मुदा में तीव्र होती है। इसी प्रकार भूमिके रन्ध्र जितने बड़े होंगे उतनी ही तीव्र मात्रा में अन्तःस्पन्दन तीव्र होगा। भूमि की संरचना के साथ ही उसके अन्तर्गत पाये जाने वाला जैविक तत्व भी पानी के अन्तःस्पन्दन को तीव्र करताहै। वर्षा जल अन्तः स्पन्दन द्वारा भूमि रन्ध्रों में पहुँच कर भूमिगत जल के रुप में विद्यमान रहता है। मृदा रन्ध्रों में सामान्य रुप से वायु विधमान रहती है। जैसे-जैसे धरातलीय जल भूमि के अन्दर प्रवेश करता है तो इस वायु का स्थान ले लेता है। इस प्रकार वायु मात्रा की कम होने व पानी का मात्रा बढ़ने की स्थिति को जलाक्रान्त (Water logging) स्थिति कहते हैं। यह भूमि की सन्तृप्त अवस्था होती है अर्थात् इस सीमा के बाद भूमि जल को धारण नहीं करती है। मृदा में जल तीन रुपों में स्थित रहता है। प्रथम वह जल जो बड़े रन्ध्र स्थानों में रहता है उसे गुरुत्वीय जल (Gravitational water) कहते हैं। पौधे इस जल का उपयोग नहीं कर पाते हैं। दूसरा, मृदा कणों के चारों ओर पारस्परिक आकर्षण द्वारा फिल्म के रूप में चिपका रहता है, केशीय जल (Capillary water) कहते हैं। यह जल केशिका स्थानों तथा रन्ध्राकाशों में रहता है। पौधे मुख्यतया इसी जल का उपयोग करते हैं। तृतीय मृदा कणों की सतह पर बहुत पतली परत के रूप में रहता है, जिसे **आर्द्रताग्राही जल (Hygroscopic Water)** कहते हैं।

अधिक तापमान के कारण या अधिक दिनों तक वर्षा न होने के कारण छोटे-छोटे रन्ध्र स्नों में पानी समाप्त हो जाता है। इसके उपरांत पौधे सूखने लग जाते हैं। इस स्थिति को पौधों का **'म्लानी बिन्दु (Wilting point)** कहते हैं। बालू मृदा में म्लानी बिन्दु चिकनी मृदा की अपेक्षा शीघ्रता से आता है।

6. **धरातलीय प्रवाह (Surface flow)** – वर्षा से प्राप्त जल का वह भाग जो भूमि के अन्दर नहीं पहुंच पाता है। भूसतह पर प्रवाहित होता है तथा ढाल के अनुसार विभिन्न दिशाओं में बहने लगता है। इसे धरातलीय प्रवाह कहते हैं। प्रवाहक की गति ढाल पर निर्भर करती है। तीव्र ढाल होगा तो प्रवाह तीव्र होगा व ढाल कम होगा तो प्रवाह धीमा व अन्तःस्पन्दन (Infiltration) अधिक होता है। तीव्र ढाल में अन्तःस्पन्दन कम हो पाता है। इसके भूमि के अन्दर रिसने पर अधोभूमि प्रवाह होने लगता है। यह अपवाह बड़े-बड़े रन्ध्रों से होता है। इसकी गति काफी कम होती है। धरातलीय प्रवाह हानिकारक भी होता है। इस प्रवाह के कारण ही भूमि का जल अपक्षरण होता है। तथा मृदा कण बहने लगते हैं। प्रवाह की गति इसकी मात्रा निर्धारित करती है। प्रवाह धीमा होगा तो महीन कण ही बहते हैं, जबकि प्रवाह तीव्र होने पर बड़े-बड़े चट्टानों के टुकड़े भी प्रवाह के साथ बहते हैं। सतही अपवाह को वर्षा की मात्रा प्रभावित करती है, इसमें वर्षा की मात्रा, अवधि एवं दर प्रमुख हैं। वर्षा की तीव्र मात्रा में अपवाह तीव्र व कम मात्रा में धीमा होता है। वर्षा की तीव्रता धरातलीय प्रवाह की मात्रा एवं दर दोनों पर प्रभाव डालती है। इसी प्रकार धरातलीय क्षेत्र के जलग्रहण का आकार भी प्रवाह को

प्रभावित करता है। धरातल काढाल भी भूस्तरी प्रवाह को प्रभावित करता है। तीव्र ढलान वाले भागों में ऊपरी क्षेत्रों में वर्षा होने पर निचले क्षेत्र शीघ्र प्रभावित होते हैं। इस प्रकार धरातलीय जल का प्रवाह एवं मात्रा दोनों जलीय चक्र को नियंत्रित करते हैं।

जलीच चक्र के संतुलित संचारण में भूमिगत जल का महत्वपूर्ण योग रहता है। वर्षा जल भूसतह पर स्थित विभिन्न स्त्रोतों में एकत्रित होताहै। जिनसे वह अन्तःस्पन्दन (Infiltration) द्वारा भूमि के अन्दर पहुंचता है, जहां से वह पौधों एवं जीव-जन्तुओं के उपयोग के लिए उपलब्ध होता है। पौधे इसका उपयोग प्राकृतिक रुप से अपनी जड़ों द्वारा करते हैं, जबकि मानव कृत्रिम कुएं खोदकर भूजल को उपयोग में लेता है। यह जल नदियों, झीलों, तालाबों तथा प्रत्यक्ष वर्षा प्रवाह अन्तःस्पन्दन (Infiltration) द्वारा भूमिगत होता है। इसको पौधे अपनी जड़ों से सोखकर पत्तियों द्वारा वाष्पोत्सर्जित (Transpirate) कर देते हैं, जिसके उपरांत वह जल की चक्रीय क्रिया में सम्मिलित होता है, उसी प्रकार जैविक उपयोगों के दौरान प्रतयक्ष वाष्पीकरण द्वारा भी जल वायुमण्डल में पहुँचता है। सीधे मृदा से भी जल वाष्पीकृत होता है।

धरातलीय प्रवाह में से जो भाग अन्तःस्पन्दन (Infiltration) करके भूमिगत होता है। उसे अन्तभौम जल कहते हैं। यह जल मिट्टियों, वनस्पतियों, नदियों तथा महसागरों की ओर गतिशील होता है। इस प्रकार यह जल प्रत्यक्ष-अप्रत्यक्ष रूप से जलीय चक्र में निर्मुक्त कर दिया जाता है। अन्तभौम जल को पौधे वाष्पोतसर्जन द्वारा निर्मुक्त करते हैं। ये प्रक्रियाऐं जल-चक्र को इस प्रकार पूर्ण करती हैं कि जो नमी कभी जल पिण्ड (महासागर) से वाष्पीकृत द्वारा हुई थी। वह वहीं पुनः लौट आती हैं। इस चक्र को जलवायु भी प्रभावित करती है। यह शुष्क जलवायु में सीधा पड़ता है जबकि अतयधिक शीतल जलवायु में जल-चक्र का क्रियान्वयन बहुत ही सीमित हो जाता हैं। जल चक्र की कमजोर क्रियाशीलता के परिणामस्वरुप वर्षा की मात्रा भी स्वभावतः कम होगी।

जलीय चक्र के उपचक्र (Subcycles of Hydrological Cycle)

जलीय चक्र निरंतर गतिशील रहता है। इसके सुचारु चालन के लिए सुर्यताप प्राप्त होता है, परंतु ऊपर वर्णित जल-चक्र कदाचित ही देखने को मिलता है, कयोंकि यह अधिक जटिल प्रकार को होता है। यह जल चक्र उप जलीय चक्रों से मिलकर पूर्ण होता

चित्र 22.2 *जलीय चक्र के उपचक्र*

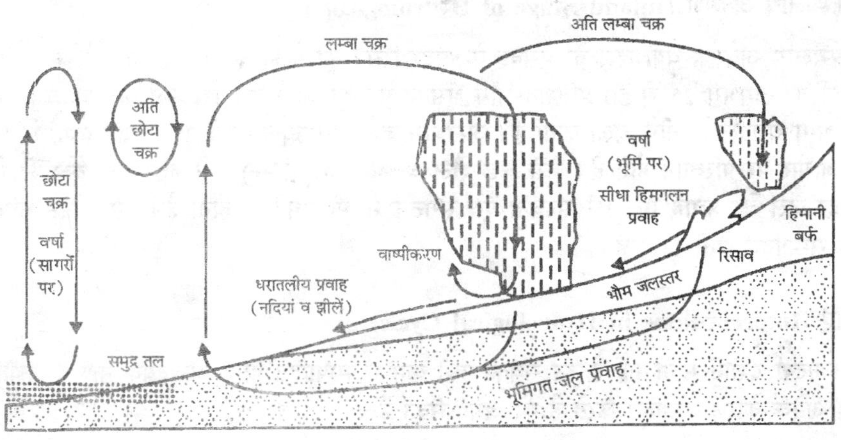

है। इसमें अग्रलिखित उपचक्र होते हैं—

*1. **लघु उपचक्र** (Micro subcycle)*

लघु उपचक्र अल्प अवधि में पूर्ण होने वाला उपचक्र है, इसे पुनः दो प्रकारों में बांटा जा सकता है—

(i) **अति लघु चक्र**—जब वर्षा होती रहती है तो वायुमण्डल में ही वर्षा की बूंदों का वाष्पीकरण होता रहता है। वाष्पीकृत होकर यह जल पुनः वायुमण्डल में तापमान के कारण संघनित होकर वर्षा द्वारा धरातल पर आता है तथा अति लघु उपचक्र को पूर्ण करता है।

(ii) **लघु उपचक्र**—महासागरों से जल वाष्पित होकर वाष्प के रुप में गतिशील होने के बाद संघनित होकर घर्षण द्वारा पुनः महासागरों में पहुंच जाता है अर्थात् महासागरों से जल वायुमण्डल में, वायुमण्डल से पुनः महासागरों में आकर लघु उपचक्र को पूर्णता प्रदान करता है।

चित्र : जलीच चक्र के उपचक्र

*2. **दीर्घ उपचक्र** (Macro subcycle)*

इस जलीय उपचक्र को पूर्ण होने मे लघु उपचक्र की अपेक्षा अधिक समय लगता है। इसे भी दो प्रकारों में विभाजित किया जा सकता है—

(i) **दीर्घ उपचक्र**—जब वर्षा जल भूसतह पर गिरता है तो इस जल का कुछ भाग तुरन्त ही पृष्ठ से (वाहित जल में से) वाष्पीकृत होकर वायुमण्डल में पहुँच जाता है तथा घर्षण द्वारा पुनः भू-पृष्ठ पर गिरकर दीर्घ जल चक्र पूर्ण होता है।

(ii) **अति दीर्घ उपचक्र**—वर्षा के उपरांत जो जल भूसतह पर वाहित होता है। उसका कुछ भाग भूमि में स्पन्दित हो जाता है जो वनस्पति की जड़ों द्वारा सोख लिया जाता है, वनस्पति से वाष्पोत्सर्जन एवं वाष्पीकरण द्वारा यह जल पुनः वायुमण्डल में पहुँच जाता है तथा वर्षा द्वारा पुनः भूसतह पर आ जाता है। इस प्रकार के उपचक्र में सर्वाधिक समय लगता है।

आदर्श जल-चक्र महासागरों पर मिलता है। स्थलीय भाग पर नदियों, झीलों एवं अन्य न्यून जलसंग्रह स्थानों से जल के महासागरों तक पहुंचने से पूर्व ही कुछ भाग का वाष्पीकरण हो जाता है एवं जलीय उपचक्र पूर्ण होते रहते हैं।

जलीय चक्र की अन्तःस्थलीय अवस्था (Inland Stage of Hydrological Cycle)

जलीय चक्र की अधःस्थलीय अवस्था वर्षा जल के भूसतह के अंदर रिसने की प्रिया के साथ ही आरंभ हो जाती है। ज्ञातव्य है कि औसत वार्षिक वर्षा का लगभग 25 से 50 प्रतिशत भाग भूसतह पर बह जाता है। इस जल का एक बड़ा हिस्सा वाष्पीकृत हो जाती है तथा शेष भाग धरातल के नीचे चला जाता है। अन्तभौम जल द्वारा इकतयार ये गये प्रवाह मार्गो में संबंधित क्षेत्र की भूगर्भिक संरचना के आधार पर परिवर्तन होते हैं। जेसे कुछ शैल जलभरे (Aquifer) होते हैं, जबकि कुछ शैल मित-जल भरि होते हैं। भूमि के अंदर जल का प्रवाह मृदा की संरचना एंव संगठन से भी प्रभावित होता है। इस प्रकार भूमि के अन्दर भी जलीय-चक्र की क्रिया सम्पादित होती रहती है।

जलीय चक्र की बाधाएँ (Interruptions in Hydrological Cycle)

जल चक्र की जितनी आदर्श दशाएँ मानी गई हैं उन सबका उसी क्रम में सम्पादित होना आवश्यक नहीं है, क्योंकि इस सम्पूर्ण भौगोलिक प्रक्रिया को अनेक कारण प्रभावित करते हैं जो अग्रलिखित हैं—

(i) **वायुमण्डलीय संगठन में परिवर्तन**—मनुष्य की आर्थिक गतिविधयों जिस तरह बढ़ती जा रही हैं। उसी प्रकार उसकी प्रौद्योगिकी मे तीव्रता आती जा रही है। इससे स्पट है कि मनुष्य ने जल चक्र को काफी प्रभावित किया है। मनुष्य ने कृत्रिम रुप से वायुमण्डलीय संघटन में परिवर्तन किया है। मौसम सुधार कार्यक्रम, अन्तःस्पन्दन (Infiltration) में औजोन

परत का ह्रास, वायुमण्डलीय जलवाष्प की मात्रा में परिवर्तन आदि द्वारा वायुमण्डलीय संचार प्रतिरुप में परिवर्तन की आशंका व्यक्त की गई है। इस परिवर्तन के परिणामस्वरुप स्थल एवं महासागरों से जलवाष्प के गमत तथा स्थानान्तरण में परिवर्तन हो सकता है तथा इस परिवर्तन का प्रत्यक्ष प्रभाव वर्षा की मात्रा पर पड़ता है।

(ii) बढते औद्योगिकरण के कारण वायुमण्डल में धूलिकणों की मात्रा में परिवर्तन आ रहाहै, क्योंकि कारखानों से विसृजित ये इस कण वर्षा की बून्दों के निर्माण के लिए आद्रताग्रीही नाभिक का कार्य करते हैं। इस प्रकार वायुमण्डल में ठोस कण प्रदूषणका प्रभाव बादलों के निर्माण, वर्षा की मात्रा एवं प्रतिरुप प्रभावित होते हैं।

(iii) मेघ बीजन की क्रिया भी जलीय चक्र को प्रभावित करती है।

(iv) मनुष्य ने वन विनाश द्वारा प्रकृति के पारिस्थितिकीय संतुलन को विघटित करके जल-चक्र को प्रभावित किया है।

(v) नगरीयकरण द्वारा कई पय्रावरणीय प्रभाव परिलक्षित हो रहे हैं, जैसे—वायु प्रदूषण, नगरीय फैलाव हेतु वन विनाश आदि। जिनके कारण जल-चक्र विक्षिप्त होता है।

(vi) जल के अन्तःसंचरण में परिवर्तन का भी जल-चक्र पर प्रभाव पड़ता है। वन विनाश से कमी आती है, जबकि सिंचाई वृक्षारोपण बांध निर्माण जल भण्डारों के निर्माण से वृद्धि होती है एवं वाष्पीकरण में भी वृद्धि होती है। मनुष्य नेजलीय चक्र के भूसतह पर वाहित जल को कई तरह से प्रभावित करता है।

(vii) पृथ्वी तल पर उत्पन्न हो रहे विभिन्न प्रकार के प्रदूषण भी जलीय-चक्र को बाधिक कर रहे हैं। आर्थिक दौड़ में शामिल मानव ने अवैज्ञानिक तरीके से खनन कार्य करके प्रकृति को असन्तुलित किया है, जिससे भी जल-चक्र में बाधा आई है।

प्रकृति मे जलीय चक्र की महत्ता
(Importance of Hydrological Cycle in Nature)

पृथ्वी पर जलीय चक्र विभिन्न जैविक क्रियाओं के लिए महत्वपूर्ण हैं, क्योंकि जलीय संचार के बिना जल संतुलन बिगड़ जायेगा और किसी भी तरह का जीवन असंभव हो जायेगा। जल के वाष्प में परिवर्तित होकर वायुमण्डल में जमा होना अत्यन्त महत्वपूर्ण प्रक्रिया है। जिस पर मौसम परिवर्तन निर्भर करता है। पृथ्वी पर वर्षा की क्रियाशीलता जल चक्र द्वारा ही पूर्ण होती है। पृथ्वी पर विभिन्न जैवभूरसायन चक्रों द्वारा ही पूर्ण होती है। पृथ्वी पर विभिन्न जैवभूरसायन चक्रों के अंतर्गत अवसादो एवं रासायनिक तत्वों के संचरणमें वनस्पति प्रभावी माध्यम होती है। इस प्रकार जीवमण्डल में ये जैवभूरासायनिक चक्र जल के संचरण द्वारा ही संभव होते हैं।

जलीय चक्र में सन्तुलन (Balance in Hydrological Cycle)

प्रकृति में विश्वव्यापी जलचक्र एक बन्द पर्यावरणीय तंत्र (Close Environmental System) है क्योंकि पृथ्वी पर संचालित जलचक्र में ब्रह्माण्ड ऊर्जा आर्द्रता का आदान-प्रदान नहीं हो पाता है, केवल ऊर्जा ही मिलती है। स्पष्ट है पृथ्वी पर इसके बाहर से नमी नहीं मिलती तथा जल चक्र में सहभागी जल की मात्रा स्थिर रहती है इसमें कमी या वृद्धि नहीं होती है। इसका संतुलन वाष्पीकरण तथा घर्षण से बना रहता है यद्यपि इसमें प्रादेशिक स्तर पर मौसमी विसरण (Seasonal Cariation) आता रहता है लेकिन विश्व स्तर पर इसकी मात्रा में परिवर्तन नहीं होता है।

जल संतुलन में एक स्थान से दूसरे स्थान पर गतिक परिवर्तन मिलता है। उदाहरण के लिए महासागरों पर जल का वाष्पीकरण वर्षा से कम होता है। लेकिन स्थल भागों (कुछ शुष्क क्षेत्रों व मरुस्थलों के अतिरिक्त) में यह स्थिति विपरीत है। कुल मिलाकर विश्वव्यापी वाष्पीकरण वर्षा को संतुलित करता है। यदि वाष्पीकरण कम होता है तो वायुमण्डल में आर्द्रता की मात्रा में समय के साथ कमी या वृद्धि हो जायेगी। भूमि पर नदियों का प्रवाह वर्षा एवं वाष्पीकरण को संतुलित करता है इस आधार पर जल संतुलन का सामान्य समीकरण निम्न है—

वर्षा = वाष्पीकरण +/- प्रवाह

जल एवं स्थल दोनों से विश्व स्तर पर जल का संतुलन पाया जाता है यद्यपि इसके स्थानिक प्रतिरुप में भिन्नता मिलती है जो मुख्यतः जलवायु में विभिन्नता से प्रभावित होती है (Legates and Mather, 1992)। उदाहरण के लिए ऊष्मा एवं शुष्क आस्ट्रेलिया में जहाँ वर्षण वाष्पीकरण पर बहुत कम भारी रहता है जबकि उष्ण कटिबन्धीय दक्षिणी अमेरिका में वाष्पीकरण उच्च रहने पर भी उच्च प्रवाह रहता है क्योंकि वर्षा पर्याप्त मात्रा में प्राप्त होती है (Park, 1997)। महासागर विश्व जल चक्र में महत्वपूर्ण भूमिका निभाते हैं क्योंकि उनमें जल चक्र में सहभागी जल का अधिकाश भाग स्थित है। सर्वाधिक वर्षा प्रशान्त महासागर में होती है। इस प्रकार स्पष्ट है कि जल चक्र में प्रकृति में उपलब्ध जल का विभिन्न स्थानों से विभिन्न रुपों में परिसंचण मात्र होता है उसकी वास्तविक मात्रा स्थिर रहती है। जिसे विश्वि जलसंतुलन कहते हैं तथा जलमण्डल को संतुलित मात्रा में रखने में जल चक्र की महत्वपूर्ण भूमिका रहती है।

चित्र 22.3 *विश्व जलीय चक्र में संतुलन की दशा*

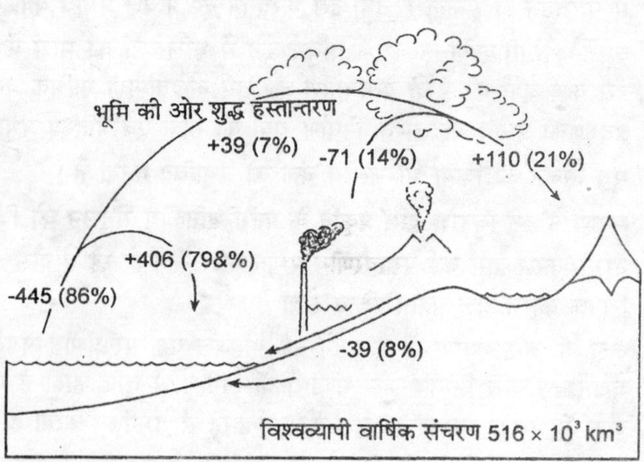

सारणी 22.4 *पृथ्वी पर महाद्वीपों एवं महासागरों का औसत जल सन्तुलन*

महाद्वीप/महासागर	वार्षिक वर्षण (सेमी.)	वार्षिक वाष्पीकरण (सेमी.)	वार्षिक प्रवाह (सेमी.)	अन्तःसागरीय प्रवाह (सेमी.)
अफ्रीका	69	43	26	
एशिया	60	31	29	
आस्ट्रेलिया	47	42	5	
यूरोप	64	39	25	
उत्तरी अमेरिका	66	32	34	
दक्षिणी अमेरिका	163	70	93	
कुल स्थल	**73**	**42**	**31**	
अटलांटिक महासागर	89	124	23	-12
हिन्द महासागर	117	132	8	-7
प्रशान्त महासागर	133	132	7	+7
विश्व महासागर	**114**	**126**	**12**	**0**

Source: M. Budydo, 1974 (227-28 and 238)

जल मण्डल (Hydrosphere)

पृथ्वी का सम्पूर्ण जलीय भाग जल मण्डल कहलाता है, जिसमें द्रव जल, जलवाष्प, बर्फ (Ice), हिम (Snow) को सम्मिलित किया जाता है। महासागरों, नदियों, झीलों तथा तालाबों, हिम आवरण, हिमनद, हिम क्षेत्रों (Snow Fields), भूमिगत क्षेत्र के सन्तृप्त तथा असतृप्त भाग तथा भूसतह से ऊपर स्थित वायु में विद्यमान जलीय मात्रा जलमण्डल के भाग हैं। अनके बार वायुमण्डलीय जल को जलमण्डल में सम्मिलित नहीं करते हैं जबकि यह इसका प्रमुख भाग है। जलमण्डल में लगभग 13,84,120,000 किमी^{3} जल विभिन्न दशाओं में (सारणी—22.3) पाया जाता है। इसका सबसे बड़ा भाग महासागरों में स्थित है। सम्पूर्ण जलमण्डल का 2.6 प्रतिशत भाग (36020.000 किमी^{3}) शुद्ध जल (Fresh Water) के रूप में पाया जाता है। इसका 77.23 प्रतिशत भाग हिम टोपियों (Ice Caps) हिमखण्डों (Icebergs) तथा हिमनदों (Glaciers) के रूप में है। 22.21 प्रतिशत जल भूजल के रुप में 41 किमी. की गहराई तक स्थित है। शेष जल अल्प रूप में मृदा, झीलों, जीवमण्डल तथा वायुमण्डल में पाया जाता है।

सारणी 22.5 *जलमण्डल में स्थित जल का आयतन*

जल	आयतन (Km^3)	आयतन (%)
सम्पूर्ण जल (शुद्ध एवं लवणीय)		
महासागर	1,348,000,000	97.39
हिम टोपियां, हिमखण्ड, हिमनद	227,820,000	2.01
भूजल एवं मृदा नमी	8,062,000	0.58
झीलें तथा नदियां	225000	0.02
वायुमण्डल	13000	0.001
कुल योग	**13,84,120,000**	**100.00**
शुद्ध जल (सम्पूर्ण जल का 2.6 प्रतिशत)		
हिम टोपियाँ, हिमखण्ड, हिमनद	27,818,246	77.23
भूजल, 0-0.8 किमी. तक की गहराई	3,551,572	9.86
भूजल, 0.8-4 किमी. तक	4,448,470	12.35
मृदा नमी	61,234	0.17
स्वच्छ जलीय झीलें	126,070	0.35
नदियाँ	1,080	0.003
पृथ्वी के जलीकृत खनिज	360	0.001
वायुमण्डल	14,408	0.04
जीवन	1081	0.003
योग	**36,020,000**	**100.00**

Source: After Baumgarther and Reichel (1975)

जलमण्डल में जल का वितरण (Distribution of Water in Hydrosphere)

जल मण्डल में पाया जाने वाला जल पृथ्वी पर विभिन्न स्थानों पर विभिन्न रूपों में वितरित है। इसका अधिकांश भाग (97.39) लवणीय रुप में सागरों में वितरित है। जबकि स्वच्छ जल बहुत कम मात्रा में मिलता है। जलवाष्प वायुमण्डल का महत्वपूर्ण घटक है जो ऊर्जा चक्र में अपनी प्रमुख भूमिका रखता है इस प्रकार सामान्यतः जलीय वितरण में धरातलीय, भूमिगत तथा महासागरीय जल को सम्मिलित करते हैं जबकि वायुमण्डलीय जलवाष्प अनेक क्रियाओं को पूर्ण करती है। जल का विश्वव्यापी वितरण जलीय चक्र के माध्यम से पूर्ण संतुलित रहता है जिसमें जल वाष्प का अपना भौगोलिक महत्व होता है।

जल का वितरण प्राचीन काल से समान रुप में नहीं रहा है। हिमकालों के दौरान यह वायुमण्डलीय नमी तथा सागरीय जल का बड़ा भाग बर्फ बन गया था जो जलवायु परिवर्तन के बाद पुनः द्रव अवस्था में आया। इस प्रकार समय के साथ परिवर्तित रूप में वितरित हुआ जल संसाधन वर्तमान में पृथ्वी पर निम्नलिखित रूपों में वितरित है—

1. महासागर (Oceans)
2. भूजल (Ground Water)
3. सतही जल (Surface Water)
4. वायुमण्डल (Atmosphere)

1. महासागर (Oceans)

पृथ्वी का 70.87 प्रतिशत भाग जलीय है जिसका 97.39 भाग महासागरों के रुप में विद्यमान है जिसमें कुल 13,48,000,000 किमी^{3} जल पाया जाता है। इस प्रकार पृथ्वी पर इतने विशाल जलीय भाग के कारण विद्वान इसे जलीय गृह (Water Planet) भी कहते हैं। उत्तरी गोलार्द्ध में 40 प्रतिशत भाग पर जल तथा 60 प्रतिशत भाग पर स्थल है जबकि दक्षिणी गोलार्द्ध में 81 प्रतिशत भाग पर जल तथा 19 प्रतिशत भाग पर स्थल है जिस कारण दक्षिणी गोलार्द्ध को **जलीय गोलार्द्ध (Water Hemisphere)** कहा जाता है।

सारणी 22.6 *प्रमुख महासागरों का तथ्यात्मक भूगोल*

महासागर	क्षेत्रफल (10^6 किमी^{2})	विश्व महासागरों का %	भूसतह का %	आयतन (10^6 किमी^{3})	औसत गहराई (मी.)	अधिकतम गहराई (मी.)
अटलांटिक महासागर	94.3 (82.2)	24.9	17.7	340.3	3570	8381 (प्यूर्टोरिका)
आर्कटिक महासागर	12.2	0.9	0.6	13.7	1170	5450 (यूरेशियन बेसिन)
हिन्द महासागर	74.1 (73.4)	21.1	14.9	286.7	3840	8047 (डायमेन्टीना)
प्रशान्त महासागर	181.3 (165.3)	53.1	37.6	717.8	3940	11033 (मेरियाना)
विश्व	361.9	100.0	70.8	1358.5	3730	11033 (मेरियाना)

नोटः दक्षिण में तीनों दक्षिणी महासागरों को नियमित रूप से दक्षिणतम सीमा तक सम्मिलित किया गया है तथा इन सभी महासागरों में तटवर्ती सागरों को भी सम्मिलित किया गया है जबकि कोष्ठक में इनका वास्तविक क्षेत्रफल दिया गया है।

Source: After, Smithson. P. Addison. K. and Atkinson K, 2002:214.

चित्र 22.4 *विश्व के महासागर एवं सागर (after Majid Husain)*

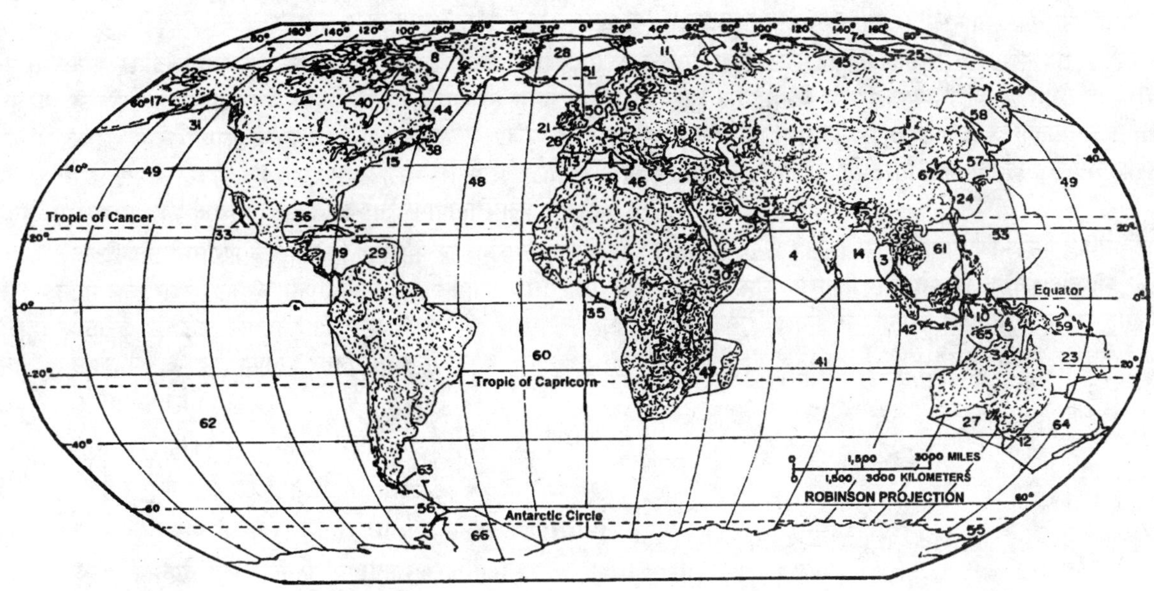

1. एड्रियाटिक सागर
2. एजियन सागर
3. अंडमान सागर
4. अरब सागर
5. आराफुरा सागर
6. अरल सागर
7. आर्कटिक महासागर
8. बेफिन की खाड़ी
9. बाल्टिक सागर
10. बांदा सागर
11. बैरेण्टस सागर
12. बॉस जलडमकमध्य
13. बिस्के की खाड़ी
14. बंगाल की खाड़ी
15. फंडी की खाड़ी
16. ब्यूफोर्ट सागर
17. बेरिंग सागर
18. काला सागर
19. कैरीबियन सागर
20. केस्पियन सागर
21. सेल्टिक सागर
22. चुकन्ची सागर
23. कोरल सागर
24. पूर्वी चीन सागर
25. पूर्वी साईबेरियन सागर
26. इंग्लिश चैनल
27. ग्रेट आस्ट्रेलियन बाइट
28. ग्रीनलैण्ड सागर
29. वेनेजुऐला की खाड़ी
30. अदन की खाड़ी
31. अलास्का की खाड़ी
32. बोथनिया की खाड़ी
33. केलिफोर्निया की खाड़ी
34. कार्पेन्ट्रीया की खाड़ी
35. गुयाना की खाड़ी
36. मैक्सिको की खाड़ी
37. ओमान की खाड़ी
38. सेंट लारेंस की खाड़ी
39. थाइलैंड की खाड़ी
40. हडसन की खाड़ी
41. हिन्द महासागर
42. जावा सागर
43. कारा सागर
44. लेब्रेडोर सागर
45. लेप्टेव सागर
46. भूमध्य सागर
47. मोजाम्बिक चैनल
48. उत्तरी अटलांटिक महासागर
49. उत्तरी प्रशांत महासागर
50. उत्तरी सागर
51. नार्वेजियन सागर
52. पर्शिया की खाड़ी
53. फिलिपींस सागर
54. लाल सागर
55. रॉस सागर
56. स्कोशिया सागर
57. जापान सागर
58. ओरवोटस्क सागर
59. सोलोमन सागर
60. दक्षिणी अटंलाटिक महासागर
61. दक्षिणी चीन सागर
62. दक्षिणी प्रशांत महासागर
63. मैगेलन जलडमरूमध्य
64. तस्मान सागर
65. तिमोर सागर
66. वेडैल सागर
67. पीला सागर

महासागरों मे सबसे बड़ा प्रशान्त महासागर है जिसमें विश्व का 53.9 प्रतिशत जलीय भाग विद्यमान है जबकि अटलांटिक महासागर में 24.9 प्रतिशत तथा हिन्द महासागर में 21.1 प्रतिशत जल उपस्थित है (सारणी 22.3)। इन तीनों महासागरों का जल नवणीय है। इनके अतिरिक्त उत्तरी ध्रुव एवं दक्षिणी ध्रुव महासागरों में पाये जाने वाले जल का अधिकांश भाग हिम के रुप में विद्यमान है। हिम क्षेत्र के रूप में आर्कटिक महासागर कुल जलीय क्षेत्र के 3.97 प्रतिशत भाग पर आवृत है।

महासागरों के सीमान्त सागरों में भी जल की बड़ी राशि उपस्थित है इनमें प्रशांत महासागरीय क्षेत्र में बेरिंग सागर, ओखोटस्क सागर, जापान सागर, चीन सागर सुलू सागर, पीला सागर, जावा सागर, बादां सागर सेलीबीज सागर कैलिफोर्निया की खाड़ी तथा एल्यूशियन तथा बाल्टिक सागर, उत्तरी सागर, भूमध्य सागर, काला सागर, एजियन सागर, एड्रियाटिक सागर, बेफिन की खाड़ी, हडसन की खाड़ी, मैक्सिको की खाड़ी, तथा कैरीबियन सागर प्रमुख हैं। बंगाल की खाड़ी, मोजाम्बिक चैनल, अरब सागर, लाल सागर, फारस की खाड़ी अदन की खाडी तथा अण्डमान सागर आदि हिन्द महासागर के प्रमुख सीमांत सागर हैं।

आर्कटिक महासागर (Arctic Ocean)

आर्कटिक महासागर उत्तरी गोलार्द्ध में अलास्का से लेकर बैरिंग सागर तक 14056000 वर्ग किलोमीटर में विस्तृत है। इसका अधिकांश भाग हिमावरित है जो मध्यवर्ती भाग में अधिक सघन है। मध्य सागरीय पहाड़ी, तोमोनोसोम पहाड़ी तथा एल्फा पहाड़ियाँ इसमें समानांतर रुप में फैली हैं। इसमें विद्यमान जल का आयतन 137000000 घन किमी. है।

आर्कटिक महासागर में 100 मीटर तक की ऊँचाई तक के हिमखण्ड प्रवाहित होते हैं। सन् 1912 में ग्रेट ग्रीनलैण्ड हिम आवरण से पृथक एक विशाल हिमखण्ड (Iceberg) से टकराकर प्रसिद्ध टाइटेनिक जहाज टकरा गया था जिससे 1500 लोग मारे गये थे। यहाँ जलवायु अति शीत (Extreme Cold) है।

2. *भूजल (Ground Water)*

भूसतह के नीचे स्थित शैल छिद्रों तथा दरारों मे विद्यमान जल को भूजल कहते हैं जो वर्षा की मात्रा एवं गति, वर्षा के समय, वाष्पीकरण की मात्रा, तापमान, भूमि के ढाल, वायु की शुष्कता, शैलों की रन्ध्रता एवं अभेद्यता, वनस्पति आवरण तथा मृदा की जल अवशोषक क्षमता से नियंत्रित होता है। धरातलीय प्रवाह अन्तस्त्रवण (Percolation) द्वारा भूमिगत होता है। कुल जल संसाधन का भूमिगत जल 0.58 प्रतिशत है तथा सम्पूर्ण जलीय राशि के शुद्ध जलीय भाग (2.67 प्रतिशत) का 22.21 प्रतिशत है जो 4 किमी. तक की गहराई तक स्थित है। धरातल के नीचे मिलने के कारण इसे अद्यो : जल (Subsurface Water) भी कहते हैं। इसकी विस्तृत विवेचना अध्याय 19 में की गई है।

3. *धरातलीय जल (Surface Water)*

पृथ्वी के धरातल पर जल राशि स्थित एवं गतिशील दोनों रूपों में पायी जाती है। जलीय स्वरूप (Faoms of Water) के आधार पर भी जल विभिन्न रुपों में मिलता है, उच्च पर्वतीय क्षेत्रों में हिम टोपियों तथा हिमनदों के रूप में तथा निम्नवर्ती भागों में द्रव अवस्था में मिलता है। धरातलीय जल महाद्वीपीय भागों पर वितरित है। संसार में सात महाद्वीपों में से अण्टार्कटिका महाद्वीप की भौगोलिक स्थिति अन्य से भिन्न है जिस पर दो तिहाई से भी अधिक स्वच्छ जल हिम के रूप में स्थित है जबकि ऑस्ट्रेलिया में स्थायी हिमक्षेत्र नहीं है। अण्टार्कटिका एंव ग्रीनलैण्ड के अतिरिक्त अन्य स्थलीय भागों में हिम राशि पायी जाती है जो हिम रेखा (Snow Line) के ऊपर मिलती है।

हिम रेखा की ऊँचाई विभिन्न स्थानों पर भिन्न-भिन्न मिलती है। यह विषुवत् रेखा पर 5600 से 6000 मीटर पर, हिमालय में 4300 से 5300 मीटर पर तथा दक्षिणी चिली एवं दक्षिणी ग्रीनलैण्ड में 666 मीटर पर मिलती है। इस प्रकार भूसतह पर जल विभिन्न दशाओं में वितरित है जिसका सामान्य विवरण निम्नलिखित है—

बाक्स 22.2 *भूजल के स्रोत (Sources of Ground Water)*

भूजल पृथ्वी तल के ऊपर विभिन्न स्रोतों से प्राप्त होकर भूमिगत होने वाला जल है जो धरातल के अन्दर पाये जाने वाले रन्ध्रों (Pores) से पारगम्य (Permeable) शैलों द्वारा भूमिगत होता है। यह निम्नलिखित स्रोतों द्वारा प्राप्त होता है।

- **आकाशीय जल (Meteoric Water)** – यह भूजल का प्रधान स्रोत है। यह जल वर्षा एवं हिम के रुप में प्राप्त होता है। तालाबों, झीलों, नदियों तथा सागरों का जल वाष्पीकृत होकर पुनः वर्षा द्वारा धरातल को प्राप्त होता है। जल वर्षा एवं हिम के पिघलने से प्राप्त इस जल को आकाशी या उल्का जल कहते हैं। यह जल भूसतह से शैल सन्धियों, छिद्रों व दरारों (Fissures) से रिसकर (Seepage) नीचे की ओर पहुँचता है जो नीचे स्थित अपारगम्य शैलों पर भूजल के रूप में संग्रहित होता है।
- **सहजात जल (Connate Water)** – सागरों एवं झीलों में निक्षेपित अवसादी शैलों के छिद्रों तथा सुराखों (Cavities) में स्थित जल सहजात जल कहलाता है। जिसे अवसाद या तलछट जल भी कहते हैं। यह भूजल का दूसरा महत्वपूर्ण स्रोत है।
- **मैग्मा जल (Magmatic Water)** – ज्वालामुखी क्रिया के कारण तप्त मैग्मा शैलों में प्रवेश करता है तो इसके वाष्पीय कण संघनीत या घनीभूत होकर जल में परिवर्तित हो जाता है जिसे मैग्मा जल कहते हैं।

नदियाँ (Rivers) – धरातलीय जल स्रोतों में नदियों का महत्वपूर्ण स्थान है। ये उच्च पर्वतीय क्षेत्रों, हिमाच्छादित चोटियों, झीलों आदि से निकलकर विस्तृत भूभाग में प्रवाहित होती है। स्पतंत्र प्रवाह के अतिरिक्त अनेक स्थानों से अन्तःप्रवाह (Interflow), अन्तस्त्रवण (Percolation) द्वारा प्राप्त जल तथा भूजल की झरनों (Springs) प्राकृतिक मृदा लाइनों तथा निष्यन्दन (Seepage)* द्वारा नदियों को प्राप्त होता है। इस प्रकारर विभिन्न धारायें (Streams) परस्पर मिलकर एक नदी का रुप लेती हैं तथा अन्त में किसी सागर में गिर जाती हैं। अनेक कुछ नदियाँ झीलों में भी गिरती हैं जैसे वोल्गा एवं यूराल नदियाँ कैस्पियन सागर में गिरती हैं जबकि कुछ नदियाँ अन्तःस्थलीय भी होती हैं। हिमालय से निकलने वाल घग्घर नदी थार के रेगिस्तान में विलीन हो जाती है। नदियों का प्रवाह अपवाह क्षेत्र बेसिन के क्षेत्रफल (Area of the drainage basin), अपवाह बेसिन की आकृति (Shape of the drainage basin), कुल वर्षा (Total Rainfall), वर्षा की तीव्रता (Intensity of Rainfall) तथा अपवाह बेसिन की सतही दशाओं (Surface Conditions of the drainage basin) द्वारा नियन्त्रित होता है।

झीलें (Lakes) – झीलें पृथ्वी तल पर पाये जाने वाली प्रमुख स्थिर जल राशियाँ हैं, जिनमें पृथ्वी पर अपलब्ध जल का 0.017 प्रतिशत जल उपलब्ध है। झीलें जलीय गुणवत्ता एवं प्रकृत्ति के अनुसार भिन्न-भिन्न प्रकार की होती हैं इस दृष्टि से अलवणीय या स्वच्छ झीलें, लवणीय या खारे पानी की झीलें तथा हिम झीलें प्रमुख हैं। स्थिति के अनसार पर्वतीय, पठारी तथा मैदानी झीलें होती हैं। उत्तरी-पश्चिमी रुस की लाडोगा, ओनेगा अरल सागर तथा बेकाल आदि मैदानी भागों की तथा मध्य एशिया की कोरोनार, अफ्रीका का टाना दक्षिणी अमेरिका की टीटीकाका पर्वतीय व तिब्बत की मानसरोवर झील महत्वपूर्ण हैं।

कुल शुद जलीय झीलों के जल का 75 प्रतिशत उत्तरी अमेरिका की महान् झीलों तथा वेकाल झील में स्थित है। केस्पियन सागर एक बन्द झील है जिसमें जल ठहराव की अवधि 200 वर्ष मानी गई है इसका प्रमुख कारण वाष्पीकरण की दर का तीव्र होना है।

---

* निष्यन्दन एवं अन्तःस्त्रवण (Seepage and Percolation): भूमिगत जल का किसी भ्रंश से होकर भूसतह पर मन्द गति से प्रवाहित होना निष्पन्दन कहलाता है जबकि मृदा एवं शैल संहति (Rock Mass) में उपस्थित रन्ध्रों, भ्रंशों तथा विदरों (Fissures) से होकर जल के नीचे की ओर बहने की गति को अन्तःस्त्रवण कहते हैं।

सारणी 22.7 *विश्व की प्रमुख नदियाँ (Important Rivers of the World)*

क्र.सं.	नाम	उद्गम	अन्त	लम्बाई (कि.मी.)
1.	नील-नदी*	युगाण्डा-किनिया-तंजानिया	भूमध्यसागर	6695
2.	आमेजन नदी	लैगो बिलफेरी (पेरू)	दक्षिणी अटलांटिक महासागर	6570
3.	यांगटीसीक्यांग (चांग जियांग)	तिब्बत का पठार	पूर्वी चीन सागर	6300
4.	मिसीसिपी	द. मोन्टाना (सं. रा. अमेरिका)	मैक्सिको की खाड़ी	6020
5.	येनीसी	मंगोलिया	कारा सागर	5540
6.	ओब	मंगोलिया	ओब की खाड़ी	5600
7.	ह्वांगहो	जरिंग नोर (चीन)	पीला सागर	5464
8.	पराना	ब्राजील का पठार	रियो-डि-ला प्लाटा	4500
9.	जायरे (कांगो)	जाम्बिया एवं जायरे का सीमावर्ती क्षेत्र	द. अटलांटिक	4500
10.	आमूर	खथ्यान श्रेणी	ओखोटस्क सागर	4416
11.	लीना	रूस का पठार	लैप्टे सागर	4400
12.	मीकांग	तिब्बत का पठार	द. चीन सागर	4425
13.	मेकेन्जी	टाट्लाई झील (राकी पर्वत)	ब्यूफोर्ट सागर	4240
14.	नाइजर	गीनिया	अटलांटिक महासागर	4185
15.	मर्रे-डार्लिंग	क्वीन्सलैंड (आस्ट्रेलिया)	इन काउंटर खाड़ी	3750
16.	वोल्गा	रूस	कैस्पियन सागर	3685
17.	जाम्बेजी	जाम्बिया	द. हिन्द महासागर	3540
18.	यूकान	ब्रिटिश कोलम्बिया	बेरिंग सागर	3185
19.	सेंट लारेंस	मिनसोटा अमेरिका	उ. अटलांटिक महासागर	3130
20.	रियो ग्रांडे	सान ज आन श्रेणी	मैक्सिको की खाड़ी	3033
21.	सिन्धु नदी	तिब्बत	अरब सागर	2850
22.	ब्रह्मपुत्र	तिब्बत	बंगाल की खाड़ी	2900
23.	डेन्यूब	ब्लैक फारेस्ट (जर्मनी)	काला सागर	2850
24.	साल्वीन	तिब्बत	मर्तबान की खाड़ी	2810
25.	दजला-फरात	तुर्की	फारस की खाड़ी	2740
26.	ओरोनिको	वेनेज एला	अटलांटिक महासागर	2740
27.	सीक्यांग	यून्नान पठार	द. चीन सागर	2650
28.	आमू दरिया	अफगवेनेजुएलायून्नान पठारानिस्तान-चीन सीमा	अरल सागर	2575
29.	यूराल नदी	यूराल पर्वत	कैस्पियन सागर	2540
30.	गंगा नदी	गंगोत्री (हिमालय पर्वत)	बंगाल की खाड़ी	2510

** नील नदी नदियों; नीली नील एवं श्वेत नील के रुप में निकलती है, जिनके उद्गम स्रोत क्रमशः इथियोपिया की टाना झील (नीली नील) तथा विक्टोरिया झील (श्वेत नील) हैं। ये दोनों नदियाँ खार्तूम (सूडान) के पास मिलती हैं।*

सारणी 22.8 *विश्व की प्रमुख झीलें (Important Lakes of the World)*

क्र. सं.	नाम	स्थिति/देश	क्षेत्रफल (हजार वर्ग कि.मी.)	अधिकेतम गहराई (मी.)
1.	कैस्पियन सागर	रूस, कजाखिस्तान, ईरान, अजरबेजान	370.9	980
2.	सुपीरियर	कनाडा एवं अमेरिका	82.3	406
3.	विक्टोरिया	यूगान्डा, तंजानिया, कीनिया	69.5	80
4.	अरल सागर	कजाखस्तान-उज्बेकिस्तान	65.5	68
5.	ह्यूरन	कनाडा एवं अमेरिका	59.6	228
6.	मिशिगन	अमेरिका	58.0	281
7.	टैंगानिका	जायरे, तंजानिया, जाम्बिया, बुरुंडी	32.9	1435
8.	ग्रेट बियर	कनाडा	31.8	82
9.	बैकाल	रूस	30.5	1940
10.	मलावी/न्यासा	तंजानिया, मलावी, मोजाम्बिक	29.6	678
11.	ग्रेट-स्लेव	कनाडा	28.5	163
12.	ईरी	कनाडा एवं अमेरिका	25.7	64
13.	विनीपेग	कनाडा	24.5	36
14.	ओंटेरियो	कनाडा एवं अमरिका	19.5	237
15.	लैडोगा	रूस	17.7	225
16.	बाल्खश	कजाखस्तान	17.4	26
17.	चाड	नाइजर, राइजीरिया, चाड, कैमरून	16.3	8
18.	माराकैबो	वेनेज ऐला	13.5	-
19.	ओनेगा	रूस	9.6	110
20.	आयर	आस्ट्रेलिया	9.5	20
21.	टिटिकाका	पेरू, बोलीविया	8.3	278
22.	अथाबास्का	कनाडा	8.1	124

झीलों की उत्पत्ति हिमनदों से, ज्वालामुखी से भ्रंशन किया तथा सम्पीडन आदि से होता है। इस क्रम में पूर्वी अफ्रीका की रिफ्ट घाटी में रुडोल्फ, अल्बर्ट, एडवर्ड तथा टांगानिका ताजा पानी की सबसे लम्बी तथा बेकाल सबसे गहरी झील है। केस्पियन सागर लवणीय जल की सबसे लम्बी झील है। सांभर तथा चिल्का भारत की खारे पानी की विशाल झीलें हैं। महाराष्ट्र की लोनार झील क्रेटर झील है।

महान् झीलें (Great Lakes)

उत्तरी अमेरिका की पाँच विशाल झीलों की एक श्रृंखला महान् झीलों के नाम से जानी जाती हैं जो संयुक्त राज्य अमेरिका तथा कनाडा में स्थित हैं। सुपीरियर, मिशिगन, ह्यूरन, दूरी तथा ओरेरियो आदि पाँचों झीलें एक दूसरे से परस्पर अन्तःसम्बद्ध रुप में

चित्र 22.5 *महान झीलों की परिवर्तनशील अवस्थिति*

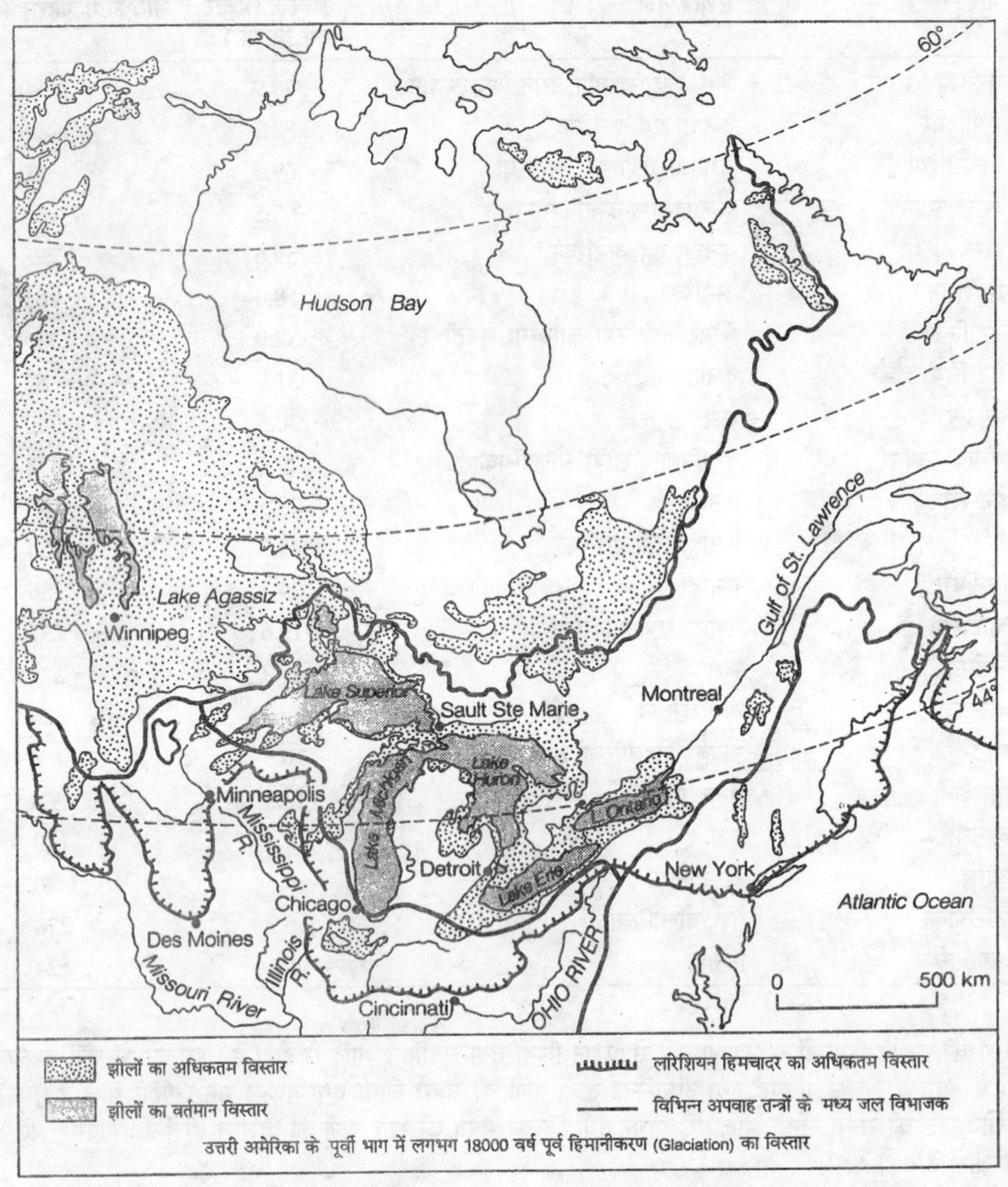

उत्तरी अमेरिका के पूर्वी भाग में लगभग 18000 वर्ष पूर्व हिमानीकरण (Glaciation) का विस्तार

फैली हुई हैं। सुपीरियर झील इनमें सबसे बड़ी है, तथा ओंटेरियो सबसे छोटी झील है।

महान् झीलें लगभग 244,650 वर्ग किमी. क्षेत्रफल पर फैली हुई हैं। इन झीलों में स्वच्छ ताजा जल पाया जाता है। सुपीरियर झील विश्व की सबसे बड़ी स्वच्छ जल की झील है, जिसका क्षेत्रफल 82350 वर्ग किमी. है। संयुक्त राज्य अमेरिका के मिनिसोटा, विस्कॉन्सिन तथा मिशिगन राज्यों में सुपीरियर झील के कुल क्षेत्रफल का 53,600 वर्ग किमी. क्षेत्र पाया जाता है। इस झील का बाकी क्षेत्र कनाडा में फैला हुआ है।

भूगोलवेत्ताओं के मतानुसार इन महान् झीलों का निर्माण आज से लगभग 15,000 वर्ष पहले विस्तृत हिमानियों की बर्फ के पिघलने के कारण हुआ था। वर्तमान समय तक इन झीलों के आकार में पृथ्वी की विभिन्न आकस्मिक शक्तियों के कारण परिवर्तन हो गया है। वर्तमान समय मे आंतरिक जल परिवहन के रुप में इन झीलों का अत्यधिक उपयोग किया जाता है। सुपीरियर एवं ह्यूरन के मध्य सू तथा ईरी एवं ओण्टेरियो के मध्य बेलेण्ड नहर बनाकर संयोजित किया गया है। इन झीलों के तट पर अनेक नगर एवं बन्दरगाह विकसित हो गए हैं। परिवहन एवं जल की उपलब्धता के कारण यहाँ इस्पात उत्पादक केंद्र स्थापित हो गए हैं। इरी झील के तट पर बफैलो, क्लीवलैण्ड डेट्रायत एवं मिशीगन झील के तट पर शिकागो, गैरी आदि प्रमुख औद्योगिक नगर तथा मिलवाउकी प्रमुख बन्दरगाह तथा ओण्टेरियो पर विकसित हो गए हैं। टोरण्टो बन्दरगाह आदि सुपीरियर झील के तट पर स्थित डूलुथ एवं मिन्नसोटा प्रमुख इस्पात उत्पादक केंद्र हैं।

सारणी 22.9 *उत्तरी अमेरिका की महान् झीलें*

झील का नाम	क्षेत्रफल (वर्ग कि.मी. में)	गहराई मीटर में	सागर तल से अधिकतम
सुपीरियर	82100	183	405
मिशिगन	58000	-	281
ह्यूरन	60000	177	229
इरी	25720	174	264
ओण्टेरियो	19200	45	244

इरी तथा ओण्टेरियों झीलों के मध्य प्रवाहित नियाग्रा, नदी पर विश्व प्रसिद्ध नियाग्रा प्रपात स्थित है।

4. वायुमण्डल (Atmosphere)

वायुमण्डल में पृथ्वी पर पाये जाने वाले जल की कुल मात्रा का 001 प्रतिशत भाग तथा पृथ्वी पर उपलब्ध कुल शुद्ध जल (कुल जल का 2.6 प्रतिशत) का 0.04 प्रतिशत जल विद्यमान है। यह आंकलन किया गया है कि यदि वायुमण्डल में विद्यमान कुल जल की मात्रा संघनित होकर वर्षा के रुप में पृथ्वी तल पर आजाये तो 2 मि.मी की परत जमा हो जायेगी। यह जल विश्व की नदियों में उपलबध जल की मात्राक बराबर है। विभिन्न आंकलनों से स्पष्ट हुआ है कि वायुमण्डल में जल का ठहराव समय लगभग 10 दिन होता है तथा इस आधार पर वायुमण्डलीय आद्रता का भूसतह से एक वर्ष में लगभग चालीस बार आदान-प्रदान होता है। इस अत्यन्त कम के कारण ही वायुमण्डल गतिक अवस्था में रहता है, जिससे यह अन्य जलीय तन्त्रों से विस्तृत कड़ी के रुप में संबंद्ध रहता है। विश्व जलीय चक्र की क्रियाविधि में भी वायुमण्डलीय जल एक महत्वपूर्ण कड़ी का कार्य करता है।

हिम क्षेत्रों के रुप में धरातलीय जल राशियाँ (Surface Water Bodies as Snow Fields)

धरातल पर नदियों, झीलों में पाये जाने वाले द्रवरुपी जल के अतिरिक्त हिम के रुप में भी स्थलीय भागों पर एक बड़ी जल राशि

पायी जाती है। यह जलराशि उत्तरी ध्रुव पर आर्कटिक क्षेत्र तथा ग्रीनलैण्ड पर तथा दक्षेणी ध्रुव व अण्टार्कण्डिका पर पायी जाती है। इसके अतिरिक्त उच्च पर्वतीय क्षेत्रों पर स्थित हिम टोपियाँ तथा हिमदन भी प्रमुख जल राशियाँ हैं।

आर्कटिक जल क्षेत्र में स्थित कनाडा, रूस, ग्रीनलैण्ड, स्केन्डेनिवियाखाइसलैण्ड तथा अलास्का के हिमावरित स्थलीय भाग सम्मिलित हैं। इनमें ग्रीनलैण्ड सबसे बड़ा हिम आवरित क्षेत्र है। दक्षिणी गोलार्द्ध में स्थित अण्टार्कटिका महाद्वीप संसार का पाँचवाँ बड़ा महाद्वीप है, इसका 95 प्रतिशत भाग औसतन 2000 मीटर मोटी हिमपरत से आवरित है। यहाँ सम्पूर्ण पृथ्वी का लगभग 90 प्रतिशत शुद्ध जल (Fresh Water) पाया जाता है लेकिन विश्व तापमान वृद्धि के कारण यह हिम पिघल रही है। आर्कटिक तथा अण्टार्कटिका के अतिरिक्त हिमालय, आल्पस, रॉकीजख् एण्डीज, कीलिमंजारो आदि पर्वतों पर भी हिम टोपियों तथा हिमनदों के रुप में जल की मात्रा पायी जाती है। यही हिमराशियों अनेक नदियों के उद्गम स्रोत बनकर जलापूर्ति में सहायक बनती है।

जलमण्डल एवं जलीय चक्र की क्रिया विधि में पारस्परिक अन्तर्सम्बन्धों की भौगोलिक विवेचना से स्पष्ट है कि प्रकृति में विशाल मात्रा में पाया जाने वाला जल जीवमण्डल के जीव जगत के लिए सीमित मात्रा में ही उपलब्ध होता है क्योंकि इसका बड़ा भाग लवणीय है तथा कुल शुद्धजल का लगभग 80 प्रतिशत भाग हिम के रुप में जमा है। वर्तमान समय में जबकि एक ओर जनसंख्या तीव्रता से बढ़ती जा रही है जिससे जल की निरंतर मांग बढ रही है वहीं दूसरी ओर जल की गुणवत्ता में भी ह्रास हो रहा है।

विश्व की विशाल स्वच्छ जल राशि के रूप में स्थित हिमनद विश्व तापमान में वृद्धि से पिघल रहे हैं जिनका सम्पर्क प्रत्यक्ष-अप्रत्यक्ष रुप से लवणीय सागरों से हैं। अण्टार्कटिका की हिम पिघल रही है मार्च 2002 में लन्दन के वैज्ञानिकों ने बताया कि अण्टार्कटिका के पूर्वी से जुड़ा लार्सन-बी हिमनद टूट गया है। जो 1500 वर्ष पुरानी 1250 वर्ग मील क्षेत्रफल वाली विशाल हिम राशि है। इसके अतिरिक्त महासागरों, झीलों तथा नदियों को लोगों ने अपशिष्ट निस्तारण का उपयुक्त स्थान बना लिया है। निरंतर बढ़ते कृषि क्षेत्र के लिए सिंचाई विकास कर तीव्र भूजल दोहन किया है जिससे जल संकट खड़ा हो गया है। स्पष्ट है कि बिगड़ते जल संतुलन एवं जल के गुणवत्ता ह्रास की मद्देनजर रखते हुए इसके प्रबन्धन की रणनीति बनानी चाहिए ताकि जल प्रकृति में अपना सन्तुलन कायम रख सके।

परिशिष्ट
(Appendices)

मापन की इकाइयाँ तथा उनका संपरिवर्तन
(Units of Measurment and their Conversion)

लम्बाई (Length)

1 माइक्रोमीटर (Micrometre, μm) = 0.0000001 मीटर = 0.0001 सेमी.

1 मिलीमीटर (Millimetre, mm) = 0.03937 इंच = 0.1 सेमी.

1 सेण्टीमीटर (Centimetre, cm) = 0.39 इंच = 0.01 मीटर

1 इंच (Inch. in) = 2.54 सेण्टीमीटर = 0.083 फुट

1 गज (Yard, yd) = 0.9144 मीटर

1 मीटर (Metre, m) = 3.2808 फीट = 1.0936 गज

1 किलोमीटर (Kilometre, km) = 1000 मीटर = 0.6214 मील

1 मील (Mile, mi (Statute = मानक मील) 5280 फीट (1760 गज) 0.6093 किलोमीटर

1 मील (Nautical Mile समुद्री मील) = 6076 फीट =1.8531 किलोमीटर

1 फेदम (Fathom, Fath) = 6 फीट (ft)

क्षेत्रफल (Area)

***मीटरी मापक** (Metric Meaures)*

1 वर्ग किलोमीटर (Square Kilometre, km^2) = 1,000,000 वर्गमीटर

(Square metre, m^2) = 100 हेक्टेयर (Hactares, ha)

1 वर्ग मीटर (m^2) = 10,000 वर्ग सेण्टीमीटर (cm^2)

1 वर्ग सेण्टीमीटर (cm^2) = 0.0001 वर्ग मीटर

1 हेक्टेयर (ha) = 10,000 वर्ग मीटर (Square Metres m^2)

***गैर मीटरी मापक** (Non-metric Meaures)*

1 वर्ग मील (Square mile, mi^2) = 640 एकड़ (Acres)
1 एकड़ (Acre, ac) = 4840 वर्ग गज (yd^2)
1 वर्ग गज (yd^2) = 9 वर्ग फीट (ft^2)
1 वर्ग फुट (ft^2) = 144 वर्ग इंच (in^2)

***संपरिवर्तन** (Conversions)*

1 वर्ग किलोमीटर (km^2) = 0.386 वर्ग मील (mi^2)
1 हेक्टेयर (ha) = 2.471 एकड़ (ac)
1 वर्ग मीटर (m^2) = 10.764 वर्ग फीट = 1.196 वर्ग गज (yd^2)
1 वर्ग सेण्टीमीटर (cm^2) = 0.155 वर्ग इंच (in^2)
1 वर्ग मील (mi^2) = 2.59 वर्ग किलोमीटर (km^2)
1 एकड़ (ac) = 0.4047 हेक्टेयर (ha)
1 वर्ग फुट (ft^2) = 0.0929 वर्ग मीटर (mi^2)
1 वर्ग इंच (in^2) = 6.4520 वर्ग सेण्टीमीटर (m^2)
1 एअर (Are) = 100 वर्ग मीटर 119.6 वर्ग गज (yd^2)

आयतन (Volume)

***मीटरी मापक** (Metric Meaures)*

1 घन सेण्टीमीटर (Cubic Centrimetre, cm^3) = 1000 घन मिलीमीटर
1 घन मीटर (m^3) = 1000,000 घन सेण्टीमीटर (cm^3)
1 लीटर (Litre, l) = 1000 घन सेण्टीमीटर या 1000 मिलिलीटर (m) या 0.001 घनमीटर
1 मिलिलीटर (ml) = 1 घन सेण्टीमीटर

***गैर मीटरी मापक** (Non-metric Meaures)*

1 घन फुट (Cubic Foot, ft^3) = 1728 घन इंच (Cubic inch, in^3)
1 घन गज (yd^3) = 27 घन फीट

***संपरिवर्तन** (Conversions)*

1 घनमीटर (m^3) = 264.2 गैलन (U. S.) (Gallons, gal) = 35.314 घन फीट
1 लीटर (l) = 1.057 क्वार्ट्ज (gt) = 33.815 औंस (Ounces, fl.oz)
1 घन सेण्टीमीटर (cm^3) = 0.0610 घन इंच
1 घन मील (mi^3) = 4.168 घन किलोमीटर

1 घन फुट = 0.0283 घन मीटर
1 घन इंच = 16.39 घन सेण्टीमीटर
1 गैलन (Gallon, gal) = 3.784 लीटर = 4 क्वार्ट्ज (quarts)

द्रव्यमान एवं वजन (Mass and Weights)

मीटरी मापक *(Metric Meaures)*

1 मीट्रिक टन (Metric ton, m.t.) = 1000 किलोग्राम (kg.)
1 किलोग्राम (kg) = 1000 ग्राम (g.)

गैर मीटरी मापक *(Non-metric Meaures)*

1 लघु टन (Short ton, sh.t) = 2000 पोण्ड्स (Ponds, lb) = 907 किलोग्राम
1 लांग टन (Long ton) = 2240 पोण्ड्स
1 पोण्ड = 16 औंस (Ounce, oz)

संपरिवर्तन *(Conversions)*

1 मीट्रिक टन (Metric ton or tonne) = 2205 पोण्ड्स (lb) = 1000 किलोग्राम
1 किलोग्राम = 2.205 पोण्ड्स या 1000 ग्राम
1 ग्राम (Gram) = 0.03527 औंस (ounce, oz) = 15.34 ग्रेन्स
1 पोण्ड (lb) = 0.4536 किलोग्राम = 16 औंस
1 औंस (oz) = 28.35 ग्राम = 437.59 ग्रेन

वेग *(Velocity)*

1 मीटर प्रति सेकेण्ड ($m.s.^{-1}$) = 2.237 मील प्रति घण्टा
1 किलोमीटर प्रति घण्टा ($km.\ hr^{-1}$) = 27.78 सेण्टीमीटर प्रति सेकेण्ड
1 नॉट (knot, kt.) = 1.151 मील प्रति घण्टा
= 1.852 किलोमीटर प्रति घण्टा
= 0.5144 मीटर प्रति सेकेण्ड

ऊर्जा *(Energy)*

1 कैलोरी (Calorie, cal.) = उष्मा की बहु मात्रा जो 1 ग्राम जल का 1° सेल्सियस तापमान बढ़ाने के लिए आवश्यक हो।

दबाव (Pressure)

सागर तल की वायु का मानक दबाव = 1013.25 मिलिबार (Millibar, mb) या 14.7 पोण्ड प्रति वर्ग इंच
= 29.92 इंच = 76.0 सेण्टीमीटर

1 बार (Bar, b) = 1000 मिलिबार (mb)

1 हेक्टोपास्कल (Hecopascal, hPa)* = 1 मिलिबार (mb)

1 एटमॉस्फीयर (Atmosphere, Atmos) = 14.7 पोण्ड वायुदाब प्रति वर्ग इंच अर्थात् 1013.2 mb = ac. 1 Atmos.

***तापमान** (Temperature)*

(i) फार्नहाइट से सेल्सियस में परिवर्तन के लिए

$$\text{सेल्सियस } (^{o}C) = \frac{^{o}F - 32}{1.8}$$

या (^{o}F-32)/1.8

(ii) सेल्सियस (^{o}C) से फार्नहाइट में बदलने के लिए

= $^{o}F = (^{o}C \times 1.8) + 32$

(iii) सेल्सियस से केल्विन (Kelvin, K) में बदलने के लिए डिग्री प्रतीक हटाकर उसमें 273 जोड़ देंगे। उदाहरण के लिए पृथ्वी के वायुमण्डल का औसत तापमान -23°C है तो 273-23°C = 250 K है।

(iv) केल्विन (K) से सेल्सियस में बदलने के लिए = 273 बाकी निकाल कर डिग्री प्रतीक (Symbol) लगा देंगे। उदाहरण के लिए पृथ्वी के धरातल का औसत तापमान 283 K है तो 283-273 = 10°C (50°F) होगा। केल्विन में डिग्री का प्रयोग नहीं होता है।

---

* एक दिसम्बर 1986 से वायुदाब मापन में 1 mb = 1 hPa को स्वीकार कर इसका प्रयोग किया जाने लगा है।

संदर्भ सूची
(Bibliography)

Ahmad, E., 1982, *Physical Geography*, Ludhiana, Kalyani Publications.

Asada, T. ed., 1982, *Earthquake Prediction Techniques*, Tokyo, University of Tokyo Press.

Berry, W.B.N., 1988, *Growth of Prehistoric Time Scale*, Palo Alto, Blackwell.

Best, M.G., 1982, *Igneous and Metamorphic Petrology,* San Francisco, Freeman.

Bird, C.F. and M.L. Schwargz, 1985, *The World's Coastlines,* New York, Van Nostrand Reinhold.

Bird, J.M. ed., 1980, *Plate Tectonics*, Washington, D.C., American Geophysical Union.

Blackwelder, E., 1925, Exfoliation as a Phase of Weathering, *J. Geol.* 33: 793-806.

Blackwelder, E., 1933, 'Lake Manly: An Extinct Lake of Death Valley', *Geographical Review*, 23.

Blatt, H., 1992, *Sedimentary Rocks*, 2nd ed., New York, Freeman.

Bloxhm, J. and David Gubbins, 'The Evolution of the Earth's Magnetic Field', *Scientific American* 261, No. 6 December, 1989: 68-75.

Boggs, S. Jr., 1987, *Principles of Sedimentology and Stratigraphy,* N.J., Prentice Hall.

Bolt, B.A., 1993, *Earthquakes,* San Francisco, Freeman.

Bolt, W.H.P., 1982, *The Interior of the Earth: Its Structure, Constitution, and Evolution,* New York, Elesvier.

Brookfield, M.E. and T.S. Ahlbrandt, 1983, *Eolian Sediments and Process,* New York, Elsevier.

Budyko, M.I., 1982, *The Earth's Climate: Past and Future*, International Geophysical Series, Vol. 29, New York, Academic Press.

Charlton, W., 1983, *Ice Ages,* Alexandria, Time Life.

Christopherson, R.W. et. al., 1995, *Elemental Geosystems: A Foundation in Physical Geography*, New Jersey, Prentice Hall.

Condie, K.C., 1989, *Plate Tectonics and Crustal Evolution,* 3rd ed., Elmosford, New York, Pergamon.

Cox, A. and R.B. Hart, 1986, *Plate Tectonics: How it Works,* Palo Alto, California, Blackwell.

Dalrymaple, G.B., 1991, *The Age of the Earth*, Stanford, Stanford University Press.

Davis, G.H., 1984, *Structural Geology of Rocks and Regions*, New York, Wiley.

Davis, W.M., 1909, '*The Geographical Cycle*', Chapter 13 in *Geographical Essays*, New York, Ginn & Co.

Dayal, P., 1996, *A Textbook of Geomorphology*, Patna, Shukla Book Depot.

Denton, G.H. and T.J. Hugher, 1981, *The Last Great Ice Sheet,* New York, Wiley.

Dietze, R.S., 1961, 'Continent and Ocean Basin Evolution by Spreading of Sea Floor', *Nature* 190: 854-857.

Doerr, A.H., 1990, *Fundamentals of Physical Geography*, W.M.E. Brown Publishers, Dubuque, Iowa.

Eiby, G.A., 1980, *Earthquakes*, New York, Van Nostrand, Reinhold.

Embleton, C. and C.A.M. King, 1975, *Glacial Geomorphology,* London, Edward Arnold.

Flint, R.F., 1973, *The Earth and its History*, New York, W.W. Norton.

Francheteau, J., 1983, 'The Ocean Crust', *Scientific American,* September: 114-129.

Freeman, O.W. and H.F. Rauf, 1959, *Essentials of Geography*, London, McGraw Hill.

Garrison, T., 1994, *Essentials of Oceanography,* New York, Wadsworth Pub. Co.

Gaudie, Andre, 1995, *The Nature of the Enironment*, Blackwell, London.

Hallam, A., 1982, *Great Geologic Controversies,* New York, Oxford University Press.

Hamblin, W.K., 1995, *Earth's Dynamic Systems*, 7th ed., Prentice Hall, Englewood Cliff, N.J.

Harbough, J.W., 1968, *Stratigraphy and Geologic Time*, Dubuque, IA, Brown.

Hatcher, R.D., 1990, *Structural Geology,* Columbus, Merrill.

Heirtzler, J.R., 1968, 'Sea-Floor Spreading', *Scientific American,* December: 60-70.

Holmes, A., 1965, *Principles of Physical Geology*, London, Nelson.

Hough, J.H., 1958, *Geology of the Great Lakes*, Urbana, University Illinois Press.

Hurley, P.M., 1968, 'The Confirmation of Continental Drift', *Scientific American* 218, No. 4: 52-64.

Hussain, Majid, 2001, Fundamentals of Physical Geography, Rawat Publications, Jaipur.

Hyndman, D.W., 1985, *Petrology of Igneous and Metamorphic Rocks,* New York, McGraw-Hill.

Imbrie, J. and K. Imbrie, 1979, *Ice Age: Solving the Mystery,* Short Hill, Enslow.

Johnson, D.W., 1929, Base Level, *J. Geol*. 37: 775-782.

King, C.L., 1967, *Morphology of the Earth,* 2nd ed., Edinburgh, Oliver and Boyd.

Kinghton, D., 1984, *Fluvial Forms and Processes*, London, Edward Arnold.

Krutch, J.W., 1954, *The Voice of the Desert,* Wm Sloane, Associates, 1954.

Lake, P., 1974, *Physical Geography,* Indian revised ed. S.C. Chatterjee, Macmillan.

Leopold, Luna B., 1994, *A View of the River*, Cambridge, Harvard University Press.

Marsh, W.M. and Grossa, J.M., 1996, Environmental Geography. Science and Landuse and Earth System, John Wiley and Sons, New York.

Matsch, C.L., 1976, *North America and the Great Ice Age*, New York, McGraw-Hill.

Mckee, E.D., 1979, *A Study of Global Sand Seas*, Washington D.C., Government Printing Office.

Monkhouse, F.J., 1993, *Principles of Physical Geography*, Kent, Hodder and Stoughton.

Newman, W.L., 1978, *Geologic Time,* Geological Survey Information Booklet No. 0-261-262 (a).

Oliver, J.E., 1979, *Physical Geography Principles and Applications*, Massachusetts, Duxbury Press.

Park, C.C., 1987, *Acid Rain, Rhetoric and Reality*, Methoen, London.

Park, C.C., 2002, *The Environment, Principles and Applications*, Routledge, London.

Press, F., 1975, 'Earthquake Prediction', *Scientific American* 232 (5): 14-23.

Price, R.J., 1972, *Glacial and Fluvioglacial Landforms,* New York, Hafner.

Reading, H.G., 1985, *Sedimentary Environments and Facies,* 2nd ed., New York, Elsevier.

Richard, K., 1982, *Rivers*, New York, Methuen.

Richter, Charles F., 1958, *Elementary Seismology*, San Francisco, Freeman.

Ritter, D.F., 1985, *Process of Geomorphology*, New York, J. Wiley & Sons.

Schumm, S.A., 1977, *The Fluvial System*, New York, J. Wiley & Sons.

Sharpe, C.F.S., 1938, *Landslides and Related Phenomena*, Columbia University Press.

Singh, S., 1999, *Physical Geography*, Allahabad, Prayag Pustak Bhawan.

Spencer, E.W., 1969, *Introduction to the Structure of the Earth*, New York, Mc Graw Hill.

Strahler, A. and A. Strahler, 1996, *Physical Geography,* New York, John Wiley & Sons.

Strahler, A.N., 1968, *The Earth Science,* Harper International ed.

Tarbuck, E.J. and Frederick, K. Lutgens, *Earth Science,* Ohio, Charles E. Merril Pub. company

Tarbuck, E.J., 1976, *Earth Science,* Columbus, Ohio, Charles E. Merrill Co.

Thornbury, W.D., 1998, *Principles of Geomorphology*, 2nd ed., New Delhi, New Age International Press.

Thurman, H.V., 1994, *Introductory Oceanography,* 7th ed., New York, Macmillan Pub. Co.

Trudgill, S., 1985, *Limestone Geomorphology*, White Plain, New York, Longman.

Wadia, D.N., *Geology of India.* 4th ed., New Delhi, Tata McGraw Hill.

Wegener, A., 1924, *The Origin of Continents and Oceans*, trans. from 3rd German ed. by J.G.A. Skerl, New York, Dutton.

Whittow, J., 1984, *Dictionary of Physical Geography*, Penguin Books.

Wooldridge, S.W. and R.S. Morgan, 1948, *The Physical Basis of Geography,* First Pub. 1937, Longman.

Wylle, P.J. 1971, *The Dynamic Earth,* New York, J. Wiley & Sons.